近代稀见旧版文献再造丛书

民国中国文化史要籍汇刊

（影印本）

侯杰 主编

第十七卷

陈安仁 中国上古中古文化史

南開大學出版社

图书在版编目(CIP)数据

民国中国文化史要籍汇刊. 第十七卷 / 侯杰主编
. —影印本. —天津 ：南开大学出版社，2019.1
(近代稀见旧版文献再造丛书)
ISBN 978-7-310-05716-0

Ⅰ. ①民… Ⅱ. ①侯… Ⅲ. ①文化史－文献－汇编－
中国 Ⅳ. ①K203

中国版本图书馆 CIP 数据核字(2018)第 278418 号

南开大学出版社出版发行
出版人:刘运峰
地址:天津市南开区卫津路 94 号 邮政编码:300071
营销部电话:(022)23508339 23500755
营销部传真:(022)23508542 邮购部电话:(022)23502200
*
北京隆晖伟业彩色印刷有限公司
全国各地新华书店经销
*
2019 年 1 月第 1 版 2019 年 1 月第 1 次印刷
148×210 毫米 32 开本 17.375 印张 4 插页 501 千字
定价:220.00 元

如遇图书印装质量问题,请与本社营销部联系调换,电话:(022)23507125

出版说明

一、本书收录民国时期出版的中国文化史著述，包括通史性文化著述、断代史性文化著述和专题性文化史著述三大类；民国时期出版的非史书体裁的文化类著述，如文化学范畴类著述等，不予收录；同一著述如有几个版本，原则上选用初始版本。

二、个别民国时期编就但未正式出版过的书稿如吕思勉的《中国文化史六讲》和民国时期曾以文章形式公开发表但未刊印过单行本的著述如梁启超的《中国文化史·社会组织篇》，考虑到它们在文化史上的重要学术影响和文化史研究中的重要文献参考价值，特突破标准予以收录。

三、本书按体裁及内容类别分卷，全书共分二十卷二十四册；每卷卷首附有所收录著述的内容提要。

四、由于历史局限性等因，有些著述中难免会有一些具有时代烙印、现在看来明显不合时宜的内容，如『回回』『满清』『喇嘛』等称谓及其他一些提法，但因本书是影印出版，所以对此类内容基本未做处理，特此说明。

南开大学出版社
二〇一八年十一月

总序

侯杰

中国文化，是世代中国人的集体创造，凝聚了难以计数的华夏子孙的心血和汗水，不论是和平时期的锲而不舍、孜孜以求，还是危难之际的攻坚克难、砥砺前行，都留下了历史的印痕，闪耀着时代的光芒。其中，既有精英们的思索与创造，也有普通人的聪明智慧与发奋努力；既有中华各民族儿女的发明创造，也有对异域他邦物质、精神文明的吸收、改造。中国文化，是人类文明的一座巨大宝库，发源于东方，却早已光被四表，传播到世界的很多国家和地区。

如何认识中国文化，是横亘在人们面前的一道永恒的难题。虽然，我们每一个人都不可避免地受到文化的熏陶，但是对中国文化的态度却迥然有别。大多离不开对现实挑战所做出的应对，或恪守传统，维护和捍卫自身的文化权利、社会地位，或从中国文化中汲取养料，取其精华，并结合不同历史时期的文化冲击与碰撞，进行综合创造，或将中国文化笼而统之地视为糟粕，当作阻碍中国迈向现代社会的羁绊，欲除之而后快。这样的思索和抉择，必然反映在人们对中国文化的观念和行为上。

中国文化史研究的崛起和发展是二十世纪中国史学的重要一脉，是传统史学革命的一部分——传统史学在西方文化的冲击下，偏离了故道，即从以帝王为中心的旧史学转向以民族文化为中心的新史学，又和中国的现代化进程有着天然的联系。二十世纪初，中国在经受了一系列内乱外患后，千疮百孔，国力衰微；与此同时，西方的思想文化如潮水般涌入国内，于是有些人开始对中国传统文化产生怀疑，甚至持否定态度，全盘西化论思潮的出笼，更是把这种思想推向极致。民族自信力的丧失既是严峻的社会现实，又是亟待解决的问题。而第一次世界大战的惨剧充分暴露出西方社会的弊端，其文化取向亦遭到人们的怀疑。人们认识到要解决中国文化的出路问题就必须了解中国文化的历史和现状。很多学者也正是抱着这一目的去从事文化史研究的。

在中国文化史书写与研究的初始阶段，梁启超是一位开拓性的人物。早在一九〇二年，他就深刻地指出：『中国数千年，唯有政治史，而其他一无所闻。』为改变这种状况，他进而提出：『历史者，叙述人群进化之现象也。』而所谓『人群进化之现象』，其实质是文化演进以及在这一过程中所进发出来的缤纷事象。以黄宗羲『创为学史之格』为楷模，梁启超呼吁：『中国文学史可作也，中国种族史可作也，中国财富史可作也，中国宗教史可作也。诸如此类，其数何限？』从而把人们的目光引向中国文化史的写作与研究。一九二一年他受聘于南开大学，讲授『中国文化史』，印有讲义《中国文化史稿》，后经过修改，于一九二二年在商务印书馆以《中国文化史稿第一编——中国历史研究法》之名出版。截至目前，中国学术界将该书视为最早的具有史学概论性质的著作，却忽略了这是梁启超对中国文化历史书写与研究的整体思考和潜心探索之举，充满对新史学的拥抱与呼唤。

与此同时，梁启超还有一个更为详细的关于中国文化史研究与写作的计划，并拟定了具体的撰写目录。梁启超的这一构想，部分体现于一九二五年讲演的《中国文化史·社会组织篇》中。在这个关于中国文化史的构想中，梁启超探索了中国原始文化以及传统社会的婚姻、姓氏、乡俗、都市、家族和宗法、阶级和阶层等诸多议题。虽然梁启超终未撰成多卷本的《中国文化史》（其生前，只有《中国文化史·社会组织篇》等少数篇目问世），但其气魄、眼光及其所设计的中国文化史的书写与研究的构架令人钦佩。因此，鉴于其对文化史的写作影响深远，亦将此篇章编入本丛书。

此后一段时期，伴随中西文化论战的展开，大量的西方和中国文化史著作相继被翻译、介绍给中国读者。桑戴克的《世界文化史》和高桑驹吉的《中国文化史》广被译介，影响颇大。国内一些学者亦仿效其体例，参酌其史观，开始自行编撰中国文化史著作。一九二一年梁漱溟出版了《东西文化及其哲学》，这是近代国人第一部研究文化史的专著。尔后，中国文化史研究进入了一个短暂而兴旺的时期，一大批中国文化史研究论著相继出版。在二十世纪二三十年代，有关中国文化史的宏观研究的著作不可谓少，如杨东莼的《本国文化史大纲》、陈国强的《物观中国文化史》、柳诒徵的《中国文化史》、陈登原的《中国文化史》、王德华的《中国文化史略》等。在这些著作中，柳诒徵所著《中国文化史》被称为『中国文化史的开山之作』，而杨东莼所撰写的《本国文化史大纲》则是第一本试图用唯物主义研究中国文化史的著作。与此同时，对某一历史时期的文化研究也取得很大进展。如孟世杰的《先秦文化史》、陈安仁的《中国上古中古文化史》和《中国近世文化史》等。在宏观研究的同时，微观研究也逐渐引起学人们的注意。其中，中西文化交流史研究成绩斐然，如郑寿麟的《中西文化之关系》、张星烺的《欧化东渐史》等。一九三六至一九三七年，商务印书馆出版了由王云五等主编的《中国文化史丛书》，共有五十余种，体例相当庞大，内容几乎囊括了中国文化史的大部分内容。

此外，国民政府在三十年代初期出于政治需要，成立了『中国文化建设会』，大搞『文化建设运动』，致力于『中国的本位文化建设』。一九三五年十月，陶希盛等十位教授发表了《中国本位文化建设宣言》，提出『国家政治经济建设既已开始，文化建设亦当着手，而且更重要』。因而主张从中国的固有文化即传统伦理道德出发建设中国文化。这也勾起了一些学者研究中国文化史的兴趣。

同时，这一时期又恰逢二十世纪中国新式教育发生、发展并取得重要成果之时，也促进了『中国文化史』课程的开设和教材的编写。清末新政时期，废除科举，大兴学校。许多文明史、文化史的著作因非常适合作为西洋史和中国史的教科书，遂对历史著作的编纂产生很大的影响。在教科书撰写方面，多部中国史的教材，无论是否以『中国文化史』命名，实际上都采用了文化史的体例。而这部分著作也占了民国时期中国文化史著作的一大部分。如吕思勉的《中国文化史二十讲》（现仅存六讲）、王德华的《中国文化史略》、丁留余的《中国文化史问答》、李建文的《中国文化史讲话》、范子田的《中国文化小史》等。

二十世纪的二三十年代实可谓中国学术发展的黄金时期，这一时期的文化史研究成就是有目共睹的，不少成果迄今仍有一定的参考价值。此后，从抗日战争到解放战争十余年间，中国文化史的书写和研究遇到了困难，陷入了停顿，有些作者还付出了生命的代价。但尽管如此，仍有一些文化史论著问世。此时，综合性的文化史研究著作主要有缪凤林的《中国民族之文化》、陈安仁的《中国文化史》、王治心的《中国文化史类编》、陈竺同的《中国文化史略》和钱穆的《中国文化史导论》等。其中，钱穆撰写的《中国文化史导论》和陈竺同撰写的《中国文化史略》两部著作影响较为深远。钱穆的《中国文化史导论》，完成于抗日战争时期。该书是继《国史大纲》后，他撰写的第一部系统讨论中国文化史的著作，专就中国通史中有关文化史一端作的导论。因此，钱穆建议读者『此书当与《国史大纲》合读，庶易获得写作之大意所在』。不仅如此，钱穆还提醒读者该书虽然主要是在专论中国，实则亦兼论及中西文化异同问题。数十年来，『余对中西文化问题之商榷讨论屡有著作，而大体论点并无越出本书所提主要纲宗之外』。故而，『读此书，实有与著者此下所著有关商讨中西文化问题各书比较合读之必要，幸读者勿加忽略』。陈竺同的《中国文化史略》一书则是用生产工具的变迁来说明文化的进程。他在该书中明确指出：『文化过程是实际生活的各部门的过程』，『社会生产，包含着生产力与生产关系。这本小册子是着重于文化的过程。至于生产关系，就政教说，乃是权力生活，属于精神文化，而为生产力所决定』。除了上述综合性著作外，这一时期还有罗香林的《唐代文化史研究》、朱谦之的《中国思想对于欧洲文化之影响》等专门性著作影响较为深远。

不论是通史类论述中国文化的著作，还是以断代史、专题史的形态阐释中国文化，都包含着撰写者对中国文化的情怀，也与其人生经历密不可分。柳诒徵撰写的《中国文化史》也是先在学校教习之用，后在出版社刊行。鉴于民国时期刊行的同类著作，有的较为简略，有的只可供学者参考，不便于学年学程之讲习，所以他发挥后发优势，出版了这部比较丰约适当之学校用书。更令人难忘的是，柳诒徵不仅研究中国文化史，更有倡行中国文化的意见和主张。他在《弁言》中提出：『吾尝妄谓今之大学宜独立史学院，使学者了然于史之封域非文学、非科学，且创为斯院者，宜莫吾国若。三二纪前，吾史之丰且函有亚洲各国史实，固俨有世界史之性。丽、鲜、越、倭所有国史，皆师吾法。夫以数千年丰备之史为之干，益以近世各国新兴之学拓其封，则独立史学院之自吾倡，不患其异于他国也。』如今，他的这一文化设想，在南开大学等国内高校已经变成现实。正是由于有这样的文化观念，所以他才自我赋权，主动承担起治中国文化史者之责任：『继往开来……择精语详，以诏来学，以贡世界。』

杨东莼基于『文化就是生活。文化史乃是叙述人类生活各方面的活动之记录』的认知，打破朝代观念，将各时代和作者认为有关而又影响现代生活的重要事实加以叙述，并且力求阐明这些事实前后相因的关键，希望读者对中国文化史有一个明确的印象，而不会模糊。不仅如此，他在叙述中，尽力坚持客观的立场，用经济的解释，以阐明一事实之前因后果与利弊得失，以及诸事实间之前后相因的关联。这也是作者对『秉笔直书』『夹叙夹议』等历史叙事方法反思之后的选择。

至于其他人的著述，虽然关注的核心议题基本相同，但在再现中国文化的时候却各有侧重，对中国文化的评价也褒贬不一，存在差异。这与撰写者对中国文化的认知，及其史德、史识、史才有关，更与其学术乃至政治立场、占有的史料、预设读者有关。其中，既有学者之间的对话，也有学者与读者的倾心交流，还有对大学生、中学生、小学生的知识普及与启蒙，对中外读者的文化传播，及其跨文化的思考。他山之石，可以攻玉。二十世纪二十年代日本学者高桑驹吉的著述以世界的眼光，叙述中国文化的历史，让译者感到：数千年中，我过去的祖先曾无一息与世界相隔离，处处血脉流转，气息贯通。如此叙述历史，足以养成国民的一种世界的气度。三十年代，中国学者陈登原不仅将中国文化与世界联系起来，而且还注意到海洋所带来的变化，以及妇女地位的变化等今天看来都亟待解决的重要议题。实际上，早在二十世纪二十年代，就有一些关怀中国文化命运的学者对十九世纪末到二十世纪初通行课本大都脱胎于日本人撰写的《东洋史要》一书等情形提出批评：以外人目光编述中国史事，精神已非，有何价值？而陈旧固陋，雷同抄袭之出品，竟占势力于中等教育界，垂二十年，亦可怜矣。乃者，学制更新，旧有教本更不适用。为改变这种状况，顾康伯广泛搜集文化史料，因宜分配，撰成《中国文化史》，脉络分明，宗旨显豁，不徒国史常识可由此习得，即史学门径，亦由此窥见。较之旧课本，不可以道里计，故而受到学子们的欢迎。此外，中国文化的海外传播、中国对世界文化的吸收以及中西文化关系等问题，也是民国时期中国文化史撰写者关注的焦点议题。

围绕中国文化史编纂而引发的有关中国文化的来源、内涵、特点、价值和贡献等方面的深入思考，耐人寻味，发人深思。孙德孚更将翻译美国人盖乐撰写的《中国文化辑要》的收入全部捐献给因日本侵华而处于流亡之中的安徽的难胞，令人感佩。

实际上，民国时期撰写出版的中国文化史著作远不止这些，出于各种各样的原因，没有收入本丛书，也是非常遗憾的事情。至于已经收入本丛书的各位作者对中国文化的定义、解析及其编写体例、使用的史料、提出的观点、得出的结论，我们并不完全认同。但是作为一种文化产品值得批判地吸收，作为一种历史的文本需要珍藏，并供广大专家学者，特别是珍视中国文化的读者共享。

感谢南开大学出版社的刘运峰、莫建来、李力夫诸君的盛情邀请，让我们徜徉于卷帙浩繁的民国时期中国文化史的各种论著，重新思考中国文化的历史命运；在回望百余年前民国建立之后越演越烈的文化批判之时，重新审视四十年前改革开放之后掀起的文化反思，坚定新时代屹立于世界民族之林的文化自信。

感谢与我共同工作、挑选图书、撰写和修改提要，并从中国文化中得到生命成长的区志坚、李净昉、马晓驰、王杰升等香港、天津的中青年学者和志愿者。李力夫全程参与了很多具体工作，表现出一位年轻编辑的敬业精神、专业能力和业务水平，从不分分内分外，让我们十分感动。

总目

第八卷　王德华　中国文化史略
陈竺同　中国文化史略
第九卷　李继煌译　中国文化史
第十卷　姚名达　朱鸿禧　中国文化小史
范子田　中国文化小史
常乃悳　中国文化小史
第十一卷　李建文　中国文化史讲话
靳仲鱼　中国文化史要
孙德孚译　中国文化辑要
第十二卷　王云五　编纂中国文化史之研究
陈安仁　中国文化建设问题
陈安仁　中国文化演进史观

陈国强　物观中国文化史（上、下）

第十三卷　丁留余　中国文化史问答

姚江滨　民族文化史论

缪凤林　中国民族之文化

第十四卷　王治心　中国文化史类编（上、中）

第十五卷　雷海宗　中国文化与中国的兵

蒋星煜　中国隐士与中国文化

第十六卷　孟世杰　先秦文化史

罗香林　唐代文化史研究

第十七卷　陈安仁　中国上古中古文化史

第十八卷　陈安仁　中国近世文化史

第十九卷　朱谦之　中国思想对于欧洲文化之影响

第二十卷

张星烺　欧化东渐史

郑寿麟　中西文化之关系

梁启超　中国文化史·社会组织篇

吕思勉　中国文化史六讲

陈安仁《中国上古中古文化史》

陈安仁（1889—1964），字任甫，广东东莞人，一九一〇年加入同盟会。辛亥革命后，任广东新军军部秘书。后曾任国民革命军总政治部编审委员、国民政府侨务委员、国立中山大学史学系教授，其间，在东莞创办多所学校。抗战爆发后，任第九战区少将参事、中国史学会理事、教育部史地教育委员会委员。撰写《文明家庭教育法》《中国政治思想史大纲》《中国近世文化史》等专著。

陈安仁所著《中国上古中古文化史》共一册，一九三八年由商务印书馆出版。其与同由商务印书馆一九三六年出版发行的《中国近世文化史》，两书将夏至清的文化划分为上古（夏至周）、中古（秦汉唐）、近世（宋至清）三个时期，按照政治社会、社会风习、家族制度、农业税制、商业、交通等十六个专题加以阐述。《中国上古中古文化史》末尾还附有《中国文化发展之路线》《中国唯心派的政治思想与唯物派的政治思想》等七篇文章。一九四七年，商务印书馆将这两部著作结集出版，定名为《中国文化史》。

陳安仁著

中國上古中古文化史

商務印書館發行

中國上古中古文化史

陳安仁著

商務印書館發行

序言

文化，是人類社會創造之產物，又是社會進化之產物；未有社會，而文化未有成立之可言也。社會未有進化，而文化未有發展之可言也。文化由傳遞而遺留，以縱的方面言之：文化是由過去歷史以積累者也。文化，是在人類集團中互相影響而交替其形態。以橫的方面言之：文化之在一國家一民族，常表現其機能，以促社會集團之進步，控制自然界事物之更新者也。吾人欲了解社會進展之趨勢，與民族集團之盛衰，吾人必先了解文化。吾人欲了解現代國家民族之文化形態，必先了解上古中古近代之文化形態。文化有物質的精神的二方面之表現：物質與精神，未能平均發展，則文化亦未能平均發展。中國數千年來之文化如何，吾人須從物質與精神二方面之探討，只從物質方面而棄其精神方面，抑只從精神方面而棄其物質方面，則文化之實質，未能明悉也。文化隨人類歷史以進展，又常隨人類價值以進展。故在一時期之文化階層與在其他一時期之文化階層，必有異然；而文化未有進步，則文化常在停頓中，如航舟漂海，失去推進之力，終未知誕登彼岸之何期。寖假文化失去其推進之力量，必陷於停頓，由停頓而陷於衰落，國家民族受重大之影響，或相率而淪胥以亡。是故文化衰落之國家民族欲談復興，是猶緣木而求魚者也。

（甲）民族之本質的價值與文化價值　民族之本質的價值，是指一個民族之品質才能力量，表現於文化之形態者而言。人類學家威士拉(Clark Wissler)有曰：『一切混合組成文化之物自身，都是內在行為之表現發展，或者是部分之修整。』劍橋大學教授哈登(A. C. Hadden)於人類之種族一書有曰：『某民族之文化，全是根據於他們生活之方式，又是根據於地理之環境。』依此二說，文化之表現，一由於地理環境之影響，一由於民族本身意志之表現。二者有相互之影響作用，不是絕對相反者也。某一國家某一民族雖有優良之環境，寖假民族之本質卑下，其對於文化亦未有若何之發展也。今日之人種學者，人類學者，認定世界最卑下之民族，有曰：澳大利亞人（如斯賓塞、哈伯特 Spencer, Herbert 之說。）顧澳洲之地理環境亦佳，動植物之資源甚富，何以英吉利人移殖，而促進文化之舊觀？而澳洲人之文化，則長此落後乎？為之解曰：民族品質之劣下有以階之也。中國文化在上古中古時期，如漢唐之世，文化皆冠絕於當時。鄰居之民族，數千年來環居之異族，常併力以侵奪中國之領土，且有二次覆亡其邦家，中國民族終能奮發有為，以光復故國，在民族本身之品質而言：中國之民族固優勝於其他環居之民族也。然近代以來，中國文化，每況愈下，而民族本質之品質，又復不如前，缺少自尊心與自信力，而自利性，保守性，渙散性，又復潛伏於民族之本身，而消磨奮鬭犧牲獨立之精神。故民族本質之改進，與文化之更新，為目前民族起九淵而升九天之活命丹也。吾向者常言：『民族之新生時代，是常少壯而不衰老之謂也；民族之少壯者，其於文化，常呈蓬勃復興之景象，其精神事功，亦丕著而臻於光明燦爛之時代。寖假文化衰老矣，則不能推演進行，國家社會民族，必受影響，而毫無活氣，甚或死氣沉沉，生機斷盡，即古人所謂哀莫大於心死之謂。是故評斷一國民族之盛衰，常可以文化之盛衰而推測之；評斷一國文化之興廢，常可以民族之興廢而證驗之。』（拙著中國文化演進史觀一書第三頁）由是觀之：民族之本質價值，與文化價值，固互相表裏者也。

（乙）文化之本質的價值與民族價值　中國民族數千年來所創造文化，間有其本質之價值，此具有史的價值之文化，當發展之，而未有價值的文化，則當淘汰以去之者也。歐美數百年之文化，亦有其史的價值，此具有史的價值之文化當吸收之，而凡世界具有進步性的文化，則當利用之，以期至大同者也。各民族自有史以來所創造之文化，有其本質的價值。文化之優美者，常能擴展而浸潤其他環居比較卑下民族之文化。例如：前漢於武帝時代，漢民族之文化，皆取擴張形勢；遂東半島朝鮮以及西域等地，皆常沐浴中國之文化，所謂樂浪四郡爲中國文化東北部分移殖之本營。又如日本中古之文化，全是由唐移殖，其負直接移殖之使命者，則日本赴唐之學問僧。可知中國文化之本質，於中古時代，常表現其價值者也。然而在中古時代以優異見稱於世界之中國文化，至近代則不能維護其本身之價值，而今遂以落後見譏於世矣。法國歷史家及政治家居佐（Guizot），曾論及：『文化即是暗示進步觀念及增進人民生活之觀念。』歐西近代與現代之文化，其表現文化之本質價值，固足以當之，而中國現代之文化，則不足以語此也。歐洲之近代史現代史臻於光明之燦爛時代者何耶？是由於歐洲近代與現代之文化，充分表其本質之價值與人類進步有關，人民生活有關者也。例如：培根發見之科學方法，牛頓之發明萬有引力，一七六四年哈格里佛士氏之發明汽機，一七九二年輝特瓦氏之發明軋棉機，一八〇四年道爾頓氏之創原子論，一八〇七年富爾頓氏之實用汽船，一八七六年鄂圖氏之發明內燃機，科和氏之證明細菌致病說，一八七七年愛迪生之發明留聲機，一八九五年欒琴氏之發明愛克斯光線，林得氏之製造液體空氣，一八九八年居禮夫人之發明鐳質，一九〇三年來特氏之製成飛機飛船等；其他文學、算學、教育、思想、哲學，皆有突越之進步，而促成世界未有之奇的價值，而民族之本質的價值之表現也。歐美人士，智周宇宙，懷實挺秀，表現文化之本質價值，而民族之本質的觀。凡此者何耶？文化本質的價值之表現也。歐美人士，智周宇宙，懷實挺秀，表現文化之本質價值，而民族之本質的價值因相得而益彰，遂以其駕御天然之偉力鞭驅世界之弱小，可知文化價值之高下，常爲民族興衰民質優劣判決之標準也。中國於歷史上表現文化之本質價值，如印刷、指針、火藥、美術、文藝、哲學、史學等，然而因循故舊，未有改進，今後樹立文化本質之價值，對於歐美優異之文化，爲極度之吸收，並以最大之努力創造未來之新文化，爲目前民族復興之基石，斯則國人所當致力者也。

予近著中國近世文化史既竟（由宋代以迄清代爲期約一千年），復續著中國上古中古文化史，（合前後兩冊約六十萬言）將物質的精神的二方面之文化形態敍列而評論之，中國文化之本質的價值與中國民族創造文化力量之本質的價值，其實相如何？由茲隱括大綱，以貫衆理，亦滄海不厭細流之意也。昔柳冕與徐給事書有言：『文章本於教化，形於治亂，繫於國風。』吾於文化之影響於國家與民族者，亦云然。本書與中國近世文化史一書，均得王雲五先生之介紹出版，遂得早而問世，當誌其感謝之忱者也。時民國二十六年四月一日，陳安仁序於國立中山大學。

目次

第二編　中國中古文化之探討

第五章 隋代之文化……三八二

第六章　唐代之文化

中國上古中古文化史

第一編　中國上古文化之探討

緒論

中國是東亞一個大國家，中國民族是世界衆多的民族。他有五千年的歷史，在世界文明的古國，佔一重要的位置。他的文化，可說是東亞文化的中心，不論橫的方面，縱的方面，對於這個國家內容，都應該探討的。中國的社會，是什麼的社會？中國的文化，是什麼的文化？都有申述的必要；中國古代的社會，是什麼的社會？中國古代的文化，是什麼的文化？亦有申述的必要。我們想了解世界各國的文化，必先了解中國的文化；想了解中國近代現代的文化，必先了解中國古代中代的文化。

人類歷史，是人類在他的環境中演進的記錄；人類的文化史，是人類在他的環境中征服自然駕御自然的記錄；而且人類史的縮影，是在文化史中而表現，人類的行爲在一個人羣圈活動，而活動是人類能力的表現，可說人類沒有能力，就沒有活動，沒有活動，就不能征服自然駕御自然而創造各種文化。中國文化史是世界文化之一部，中國的歷史，是自作起訖，與世界各國史異；中國的文化，是自成系統，與世界各國文化亦異。人類社會的活動是永不斷止的，人們文化的進展，亦是永不斷止的，這永不斷止的形態在他的歷程有時若斷若續，在他若斷若續的歷程中，必然留了許多的文化痕迹，這文化痕迹是人類辛苦奮鬥的成果，看他的成果就知道人類過去的經驗是什麼樣？在文化史上指示着人類許多的經驗，這種經驗是錯誤的幼稚的，要知道他的實在性，他錯誤的經驗，不要跟着來走，他好的經驗遺留着給後人看，要倣效他，不要把好的經驗廢掉。歷史是社會的縮影，文化是社會的寫眞。中國古代的歷史和文化史，因爲探究的方法不妥，許多湮沒不彰，許多迷濛不著，在浩如煙海的二十四史中，縱令讀完，也很難找社會實際生活的系統。司馬光的資治通鑑，袁樞的通鑑紀事本末，馬端臨的文獻通考，鄭樵的通志，杜佑的通典等書，他們搜討之勤，致力之苦，值得讚嘆，在這等巨量史料中，能將中國的社會實際生活，將中國整個民族的演進形態，完全描寫出來，實很少的。研究中國文化史，不單止知道過去，尤在創造現在與未來，單就知道過去說，過去的年代愈遠者，知道愈少，從這愈遠的年代中，雖知道不多，然亦不能終止搜討之工。在過去的文化史料中能夠從缺乏裏求充實，從紛亂中得整理，從荒蕪中來開闢，不單止在文字上研討，應盡量推廣人類歷史的時期，去擴充材料。換句說，從考古學、地質學、生物學、人種學、人類學各方面去探索，然後人類有史以前的歷史在黑暗的長夜裏，得到一線的曙光。

人類自發現地球上以來，爲着生存的目的而活動，何以達到生存的主要目的，是要靠住生存的工具與方法，有史以後的人類需要生存的工具與方法，有史以前的人類，也是需要生存的工具與方法。

法、就是創造文化的動機，所以進一步說，有史以後的人類需要文化的生活，而有史以前的人類也需要文化的生活，不過有史以前的人類所需要的文化生活是簡單的，是粗魯的而已。他們不能跳過當時的時代與環境，必受了時代與環境的限制與約束，因此他們所創造的文化，是受限制的。比方在遠古期的時代裏，若果在文化很低團體的一般智識很小當中，即使在團體中有最優秀的人物，也很難發見新的創作，個人心力的卓越，最多不過能比團體文化略進一步，不能遠出於團體文化之上；非常人物之行事大部分仍須有團體生活所供給於他的物質東西和觀念。大音樂家的天才，如果生長於未開化的非洲民族中，那是很不利的，他所能做到的，最多不過是學打大鼓，打得比他的同伴好一點，或者能發明一些簡單的新樂器而已。同樣，在遠古期的社會裏，個人的創作，為當時的環境當時的團體所限制所約束，最多不過是比他的同伴好一點，或超越當時一些簡單的工具而已。人類的歷史，是前進的，是發展的，在綿遠渺茫的遠古期是如此，在無涯的未來時間中也是如此。人類史的遠古期，他的進步性，雖然是很緩慢，很延誤，但他不是停止毫無進步的。我們看見在今日進步很迅速的文化世界中，而探索到遠古期狉狉榛榛，許多蠢動未具高深文化的人類，必然想到他們可憐的生活，可憐的盲目行動，可是他們在可憐的生活可憐的盲目行動當中，也是經過許多年代在生存的領域爭扎的結果。文化的進化，社會的進化，是由於人類求生存的努力，人類不努力則不能得到生存的要素，他因為要得到生存的要素，不能不準備生存需要的方法和工具。生存需要的方法和工具，有等是關於物質的，是維持人類的生活保護個人生命所必需的；有等是關於精神的，即是關於社會的組織構造風俗制度文物典章政治法律宗教等，為精神生活的基礎。物質生活和精神生活，是人類生活的兩面，在文明的世界裏物質生活和精神生活平衡進行；在上古文化沒有發展的社會裏，物質生活重於精神生活，精神生活是受物質生活所影響的。在新石器時代人類之需要物質，無殊於今日；惟物質的享受，沒有今日的豐富與複雜，但是他們精神生活中的意識形態，僅宗教崇拜觀念的發達而已。在這宗教崇拜的觀念中，有許多錯誤與幼稚的見解，這錯誤與幼稚的見解，是他們精神生活的寄託，在他們思想沒有進步以前，決沒有廢掉的。我們知道文化的歷程是一種學習的過程，在文化發展過程中的學習，必須經過嘗試的方法，大自然沒有教師來引導他們走上文化的楷梯，他們必須暗中摸索他的道路，從許多曲折的塗徑度進，宗教崇拜的神祕觀念，就是初民羣衆暗中摸索的小燈蓋，由大自然許多的祕奧中，而想像他當然的道理，而爲自己精神生活的慰安，等到文化略爲進步，從宗教觀念以發展倫理道德政治法律文字藝術，一直走科學之路，而人類文化乃有新開展的道路。

文化的開展，是經過幾種的階段的。我們一想到上古必然推想到上古時代人類是如何在淺演的社會中度活，是如何在粗野的文化領域中依存。文化學者摩爾根（Morgan）在古代社會一書中，劃分文化進化階段爲野蠻(Savagery)未開化（Barbarism）和文明(Civilization)三階段。他說明野蠻是漁獵時期，未開化是原始農業時期，而狹義的文明是開始於文字發明和紀錄保留的時期。美國愛爾烏(Charles A. Ellwood)在文化進化論中，提出下列的分類：(一)野蠻民族：(a)低級野蠻民族，以採集野食及佃獵爲主要生活的文化前的民族，例如南非洲的布西曼人（Bushmen）；錫蘭的維荼族(Veddahs)；馬來半島的西門族(Semangs)；中部非洲的亞加族（Akkas）；安達曼島（Andaman Island)的明可披族（Mincopies）。(b)中級的野蠻民族，文化前的漁獵者，例如澳洲的土人塔斯曼尼族（Tasmanians）非支族（Fuegians）。（c）高級野蠻民族，仍以漁獵方法爲生活的文化前民族沒有耕種，有皮製的衣服，有不甚舒服的住所，例如北美洲北冰洋沿岸的埃斯基摩民族（Eskimos）；加拿大北方的亞達帕斯干印第安族（Athapascan Indians）；巴西（Brazil）的波陀古多印第安族（Botocudo Indians）；阿根廷（Argentina）的巴他峨尼印第安族（Patagonian Indians）；以及北美洲許多西宛族（Siouan Tribes）。（二）未開化民族：（a）低級未開化民族，是仍依賴漁業爲主要生活的文前民族；但他們多少也從事於農業及牧養家畜，衣服仍爲獸皮和樹皮所製的，住所建設稍進步，略知製造陶器，少數人能知粗型的紡織，例如北美印第安族之阿爾公坤族（Algonquians），易洛魁族（Iroquoians），西宛族；新幾尼亞（New Guinea）的巴布族（Papuans）；南非的霍屯督族（Hottentots）；婆羅（Borneo）的戴亞克族（Dayaks）。（b）中級未開化民族，是耕種田地的文前民族；他們多少有些家畜以爲一部分的食物供給，陶器和紡織，大都實行製造，金工也有相當的程度，衣服做得比較好些，房屋也建築得稍爲堅固，例如西非洲大部分的黑人，如達荷美族（Dahomeyans），阿散第族（Ashantees），范第族（Fantees），約魯巴族（Yorubas）；剛果河流域的大部分班圖民族（Bantu）；南非洲的蘇魯族（Zulus）；太平洋的夏威夷族（Hawaiians）；西伯利亞的耶庫族（Yakuts）。（c）高級未開化民族，是牧畜大羣家畜的文前民族，男子是照料這些東西，而婦女仍在家庭紡織，及從事別種家庭的職務，金工是很進展，也知道鐵的應用，例如東非洲的伽拉斯族（Gallas），山毛族（Somals）；西伯利亞的通古斯族（Tungus）；馬大伽斯加（Madagascar）的馬拉加西族（Malagasy）；阿拉伯沙漠的游牧民族。（三）文明民族：

（a）低級文明民族有了文字發明的開始，並漸次擴充到文學普及化，有成文文學成文法律，都可使他們的傳說和習慣帶有永久性；文字最初僅限於上層階級和經濟階級纔得應用，鐵的應用成了很普通的正式用料為農業的工具，衣服是用紡織物製造的，上層階級已有奢華的重要形式，城市開始用磚石建築，公共建築物已有很好的結構，正式法庭已經設立，職業階級開始分化，政治大都是獨裁的，奴隸制或農奴制是很普通的，宗教則為神學的，例如亞洲大部分的土耳其族，非洲的曼丁干族（Mandingans）好薩族（Haussas）山黑族（Songhays）滿洲的滿族，印度支那的安那米族（Annamese）。（b）中級文明民族，讀寫的技術在有閒的人民中成了普遍的情形，文學有了地位，科學開始興起，各種技術與職業，開始找到了科學的基礎。公共建築物、大都用石築成的，城市開始美術化，成文的固定的民法漸次出現，政府官吏很多，而且很注意等級的差別，政治仍為獨裁，奴隸制和農奴制，仍為風習慣例，商業興起，均勢的和平，為人民所要求，例如十九世紀的歐洲人，以及中國人，日本人、大部分的印度人，歷史上的民族如希臘民族，羅馬民族，以及地中海沿岸的其他民族，都可併入此類。（c）高級文明民族，文字普及，教育普及，科學因學校之獎勵而昌明，農業趨於科學化，科學管理，用在食物和健康的情況中，一切人民都有適宜的衣住，民治主義定為政治組織的中心，法律之目的在乎普遍的幸福，而不在乎階級的統治，文學和美術成為大衆所珍重的東西，宗教成為人道的，奴隸制和農奴制，都被廢除，增進各階級幸福，財富公平分配，妨礙弊害之消滅，戰爭之廢除，都可實現。（註一）現代世界的許多民族，有那一種民族，可以當這級的文明呢？可說是沒有的。我們祇可以說，現在世界所謂文明民族，剛剛從中級文明走到高級文明的過程中。我國上古時代的文化，是那一階段的文化呢？在歷來的傳說習慣，均說古代爲中國有史時代的盛世，所謂堯天舜日，是上古文化的點綴。舊史家的眼光，大都以爲三代以後，世風日下，中國禮義文化有愈趨愈下的景況；中國整個文化的歷史進程果眞如舊史家的見解，有逆轉的情勢麼？三代後之文化，果眞一代不如一代麼？三代以前及三代期間的文化，果達到了世界文化的最高期麼？這種種問題，是値得注意而加以探討的。

人類文化演進的歷程，有共同的軌轍，這是世界各民族所共同的；有特殊的蛻變，這是世界各民族所特異的。因此，各國各民族間的文化歷程，有時循相同的階段，有時走歧異的塗徑；有時由傳播得到文化相同的性質，有時由自創發生文化特殊的性質；決不能說有創而無因，亦不能說有因而無創。世界有非常發明能力的民族和人物是很少的，大部分的文化形式，都是轉相模仿而成功的。歐洲環居的各國民族，因接觸繁密的關係，互相模仿，互相傳播，又互相自爲創造，所以文化發展很容易而敏速。中國屹立亞東，在東南方爲大洋所隔離，在西北方有一部分崇山峻嶺所隔離，其環居的民族，因文化的低下，雖有接觸，但未得有利於模仿的條件；故他的文化在上古時代，雖因民族遷徙移殖而帶有原居地方的文化，而在殖居於中國本部後，因缺少較爲高等民族文化之模仿，遂成獨步的發展，陷於慢性的進行，依中國文化開發之早來說，是應該超越世界各國的文化，而爲之先導；乃至今反居於世界各文化民族之後，根據上述的原因，不難解釋的。舊史家因爲看見中國文化幾千年來慢性的進行，遂以爲上古文化之美，是超越於後代了。

中國上古文化，到了周秦時代，曾經過一次大進展，漢唐之間，也有相當的進步，以後遂停頓沒有甚麼進步。反之歐洲在宋代之後約一千年來，文化大有進步，兩相比較，不可同日語。文化的進展，不是走直線的，是走曲線的；有時看到進展很快，有時看到進展很慢，進展很慢，也許經過很久的時間，有相當的進步；然而一個民族的文化機能，失去其彈性的時候，他必有衰落的象徵，等到文化衰落的象徵，達於相當程度的時候，文化遂由衰落而至於滅亡，而民族到那時，也相隨沉淪，不可振拔。這是我們研究文化史者，得到一個不可磨滅的定律。中國文化經過了相當的年代，也曾表現了光榮的時期，中國文化能否繼續維持下去？能否吸收新的生命素，而創造優異的文化特質，與世界文化並駕齊驅？這就是要靠中國民族今後之如何努力以爲斷。我們知道治歷史者，職在綜合人類過去時代種種複雜之事實，以求因果之相互關係，詔示來茲。研究文化史者也是一樣。想知道現代文化的成果，不可不知道近代文化的造因；想知道近代文化的成果，不可不知道中古文化的造因；想知道中古文化的成果，不可不知道上古文化的造因。人類歷史爲說明之方便計，雖然分開許多年代，但人類歷史有他的總合性全體性，不能有果而無因，亦不能有因而無果的。

文化進展有許多的原因，持地理環境說者，以爲人類文化的進展，是由於適應他的地理環境，特別是由於他的地理環境的選擇影響，人類文化像樹上的果實一樣，是依照氣候和別種地理條件而產生的。地理要素雖是重要，然不是決定的原動的要素，地理環境不過是供給些物質情況和刺激文化之發展。因爲同樣的地理環境，常常包涵有不相同的文化；同樣的地理環境，有一時期文化很進步，有一時期文化又衰落，文化之歸於消失，有時很少由於地理原則的關係。中國現在的地理環境，無殊於數千年前的地理環境，何以周秦漢唐四代文化日益進步，而近代與現代的文化，何以仍然衰落呢？可見地理環境，雖爲原因之一，惟不是唯一主要的原因，持種族生物說者，以爲文化之產生和進步是種族遺傳和先天性癖的事情；血液種族和遺傳的不同，可以解釋一切文化，或文化中的主要異點。文化的繼續是有賴於種族血統之繼續純粹而文化之衰落，卽主要的由於種族之混雜。人類思想行爲之活動，是由於神經系統的結構，而神經系統的結構，是先天的，所以文化的模式也是先天的。一個團體的人民血統能純粹幾久，則他們可以有同樣長期的相同思想，他們的文化模式，也可以仍然保留相同的。如果他們的血統是混雜了，則他們相同的心理，將被破壞而衝突的趨勢，也將出現於他們的文化中。種族學者是這樣解釋人類文化史，這說有相當的道理，但不足以解釋文化全部的原因。中國民族在周秦漢唐等時代表見文化的特色，何以在近代文化不能繼續發展呢？豈前者則血統純粹麽？後者則血統混雜麽？抑前者種族遺傳氣質較爲優異後者種族遺傳氣質較爲劣下麽？凡此皆非單純的原因能夠解釋整個文化之全體性的。其他有主張心理偶然模仿說者，以爲各種工具的製造，經過模仿過程而製的，一個文化的特質，是偶然出現於別個文化特質之後，由模倣過程而傳播的。主張習慣環境說者，以爲主要事物經過心理偶然或別種方法產生了發明以後，卽有新環境之存在，人類必須有一種習慣，使其自己適應於這種新環境；物質文化的各種新成分，都使環境更加複雜，並足以喚起文化團體中一部分的人，有更加複雜的反應動作；一切進化，都是對環境的適應，而適應的模型，在人類中就是經濟或工藝的環境；地理環境和工藝環境比較起來，是在背後的地位。主張本能習慣環境說者，以爲人類有些特殊本能趨勢，由這些本能去獲得文化和參加文化的活動，這些本能趨勢如建設的好奇的模仿的和慈愛的，都和人類文化活動很有關係。主張心理社會說者以為人類有一個比較更有組織的頭腦，由此而產生新穎的很有組織的腦膜和語言部位的高級中樞，以及產生更為複雜的總神經系統，此外還發達了一個更為精密的交互刺激和反應的機關，而成立一種良好的交通方法，產生了團體的文化。總之，各家立說不同，而所持的見解亦有片面的道理。我們知道文化是有機進化和社會進化二者的產物。有機進化供給了創造文化的能力，而社會進化人類因交互傳達的作用，發展了這種能力。由這二者交互推演的作用，而人類活動沒有停止，而文化的進步亦沒有停止。世界各國民族所創造的文化是如此，而中國民族所創造的文化，亦是如此。

各國各民族的文化，都具有進步性發展性。但各國各民族的文化之進步發展，非均屬同一的動向，非完全同具一定的特質的。哥登威薩曾說過：「各地方的文化，有幾點與任何文化相同，有幾點與原始文化相同，所以有幾點很像大陸的文化，有幾點很像地方狹小的文化，最後有幾點是他自己獨有的文化，有地方獨有的性質，個別而奇特。」（註二）中國社會，有中國社會文化之特質；歐美社會，有歐美社會文化之特質；不能說中國文化之特質，與歐美文化之特質完全相同，亦不能說中國上古文化之特質，與上古其他國家其他民族文化之特質完全相同。文化雖可以由傳播而得到許多類似之相同點，但不能說文化可以由吸收模仿得到完全相同的特質。（註三）一切有機生物（包括人類）隨時間演進，而自起變異和選擇淘汰作用；文化之吸收與模仿，亦不能避免這個定律。各國各民族中，都有個別的發明能力，而創始文化特質；同時在鄰近之各國各民族中由傳播而吸收模仿不相同之文化特質；並由許多複雜之文化特質中，而產生新異的文化。這是文化歷程中不可磨滅的定律。

文化是人類行爲的表現(Manifestation of human behavior)，從歷史演進的觀點，可以發現他行爲中的區別：一種是先天的行爲完全是生物地決定（Biologically determined），一種是後天的習慣（Acquired habits），完全學習得來客觀存在的社會現象是習俗的，而非自然的，或者可說是社會規程的形式而非先天生物地決定的反應。雖然如此，可是一個邦族的風俗習慣以及其他傳統思想程式等一切混合組成文化的東西，自身都是內在行爲的表現發展，所以文化的創造有他的自由意志（Free will）與選擇能力（The power of choice），總在人類天性範圍之內，不能超越的。文化之產生的原因，在他方面可以由習俗限制其特質的傳播，或者使他的傳播有一定的範圍，但最大的限制還是由於生物學上的情形來決定。文化也是內在行爲的表現，有些特質也要在生物學範圍之內傳播，所以文化雖可以由各國各民族中吸收模仿，到底也由種族特質的範圍所限制；故各國各民族有他不相同的文化，而中國上古的文化，與當時各國各民族的文化，有等是由傳播得到相同，有等是由自創而得到獨異，由上述的理由，亦不難解釋的。

參考書舉要

(註一)文化進化論漢譯本三七頁至四六頁。

(註二)Goldenweiser, Alexander A. Early Civilization: An Introduction to Anthropology, New York, P. 123.

(註三)拙著中國文化演進史觀中國文化與中國民族一章。

第一章　中國上古期文化的溯源

第一節　中國民族的來源與其所淵源的文化

我們想探討中國民族的來源之先，要略爲探討世界人類的來源。人類寄跡託生於大地是始於何年代，考古學家是紛紛其說的。地球的構成大約可分爲四大時代：（一）前古生代 (Pre-cumbrian Eras)（二）古生代 (Palaeozoic Epoch)（三）中生代 (Mesozoic Period)（四）近生代 (Cenozoic Epoch)。至近生代地層達第十四層，卽上第四紀 (Holocene Period)，稱冲積紀，這是地殼最表面的一層，人類的權威至此大顯，稱此紀爲人類紀亦可。(註一) 現假定近生代爲二百萬年，中生代爲五百萬年，古生代爲一千四百萬年，而前古生代之悠久難考，不待論了。人類至近生代之洪積紀 (Pleistocene Period) 方始發現，人類發現於地球上，有以爲在一百萬年前，有以爲在五十萬年前。依日人西村眞次世界文化史所記載，人類在這地球上面出現，距現在約有百五十萬年，更詳細說，約在百三十五萬年之前。(註二) 人類的歷史，以創造文字爲分野，未有文字以前，與既有文字以後，有不同的界域，而有文字以後之歷史，不過數千年，這數千年有文字的歷史，與百萬年未有文字的歷史比較，或與地球之年齡及悠久無始無終之太空相比較，則人類有文字之一階段，實彈指的時光而已。

原始人類，取怎樣的途徑而移動和繁殖，非今日之知識所能得詳。人類學者以種種名字稱呼四十萬年以前的人類，如海得爾堡人(Homo Heidelburgensis)，內安得達爾人(Homo Neanderthalensis)，羅特西亞人(Homo Rhodesiensis)，格里馬第人(Grimaldi)，克魯馬囊人(Cromagnon)，這些諸型，與近代人不同，總稱爲原人(Homo Primigenius)，又因易以區別稱現存諸型爲近代人(Homo Recens)。前述諸型的原人，在最新統(Pleistocene)活動，其中也有成了近代人之祖者。例如有人傳說克魯馬囊與白人之祖，格里馬第人與黑人之祖，屬於同一模型。在最新統生活的原人，早已創造其他動物所沒有的工具，那工具之材料，是石材的，所以歷史家稱那時代爲石器時代(Stone Age)。石器時代，普通分爲五期：(一)曙石器時代(Eolithic Age)，(二)舊石器時代(Palaeolithic Age)(三)中石器時代(Mesolithic Age)，(四)新石器時代(Neolithic Age)，(五)金石器時代(Eneolithic Age)。人類在各期代中，爲了生存而創造發展，以推演他的文化生活。(註三)

關於人類祖先的問題，歐洲法蘭西、西班牙、兩國，已經發見了許多在今日科學上所知道的初期的遺跡和遺物。最初發見的純粹人類，有兩種族：第一種族是高級的模型，身高腦大，所發見的女頭蓋，以容積而論，比今日普通男子還要大，男骸骨有高至六英尺以上的，體格很像北美印度人，這骸骨最初在克魯馬囊(Cromagnon)的洞穴內發見的，故名爲克魯馬囊人；他們雖是野蠻人，但已是高級的野蠻人。第二種族是在格里馬第(Grimaldi)的洞穴內發見的，和黑人的特徵極似，和這種族最相近似的種族，是南亞非利加的布西曼(Bushmen)霍屯督族(Hottentots)，這些野蠻人，生在四萬年以前的太古時代，他們的種種行爲，都足以表示人類的特性。例如把貝殼打碎，製造頸飾，以彩色塗於身上，或雕肖像於骨石，或刻物像於石岩與骸骨，又在洞窟滑壁表面或通路石岩表面畫出獸類，及其他非常巧妙的壁畫等等。他們最初的職業，是狩獵，所獵得的野獸，大概是野馬和有些鬍毛的小馬。他們用槍或投石以狩獵野獸，似乎還沒有使用弓矢。他們是否知道馴服某種動物，是否知道採取動物的乳汁以做食品，還是疑問。他們沒有建築房屋，祇有獸皮的天幕，他們雖然用黏土作出各物的形像，卻還沒有知道製造陶器，他們又不知道耕種土地，編製紐帶，織布做衣服，除了用毛皮纏身以外，盡是文身的裸體。這些原始人類，或許是在一百世紀間，徬徨於歐洲曠野，隨着氣候變化，漸次移住於各地的。(註四) 這時代所以稱為石器時代，是因為當時只有用石製成的器具之故。古石器時代歐羅巴的住民，大概都是長頭的（Dolichocephalic），及至新石器時代始有短頭的人種出現。短頭人種，一說以為他們來自南方，另一說以為來自東方，或來自亞細亞一帶罷。新石器時代人類的文化，有了相當的進步，在這時代各地方的人類，有共通的特徵五點：(一)創始農業，(二)飼養動物，(三)製造土器，(四)琢磨石器，(五)精鍊金屬。(註五) 人類分為黃白黑的三大人種，至少也是四十萬年以前的事。當黑人住在亞非利加或澳洲及太平洋諸島上，毫未見文化的發展時，黃種人早已在亞細亞建設了許多可觀的文化，白人也已在西亞細亞及北亞非利加，南歐羅巴等處，造成優越的文化。白人歷史家稱為雅利安人種（Aryans）。雅利安族約在紀元前一萬年頃離開他們的故鄉土耳其斯坦（Turkestan）向各處分布，居西亞細亞的，為閃族（Semites），分為巴比崙人，古亞述人，希伯來人，腓尼基人，薩拉森人；進亞非利加的，為含族（Hamites），成為古代埃及人（Ancient-Egyptians）；入印度的，便成了印度人。地球上最早創始文化者，大家都推古代的埃及人，但據最近歷史家的研究，以爲佔據美索波達米亞（Misopotamia）地方的閃族（Semites）反比埃及人的含族更早建設文化。這些文化有些由希臘拉丁民族繼承着，更有些由印度族傳承下去；前者形成地中海的文化，後者完成印度的文化。

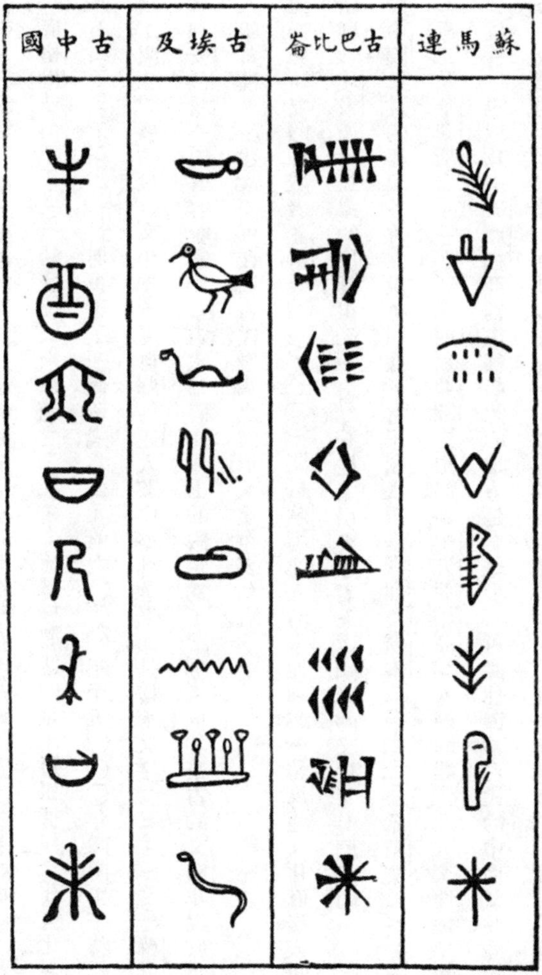

上古人類有組織的能力，藝術的技能，記載的知識，積蓄的財富，是在埃及與美索波達米亞。那地方有尼羅河(Nile)底格里斯河(Tigris)幼發拉底斯河(Euphrates)流域極肥沃的地土，可根據以產生文化，(註六)所以蘇馬連人(Sumerians)到那裏，建了一個帝國，當公元前六〇〇〇年至五〇〇〇年間，開拓了特殊的文化，把他傳給了閃族，閃族的最古文化，都承受自蘇馬連人，其中格外著名的，是楔形文字(Cuneiform)，蘇馬連人的言語與雅利安族語不同，其容貌爲類蒙古式的，假使以上的假定爲不謬，那末世界最古的文明，非說於亞細亞由類蒙古人卽黃種人所建設不可。茲將古代數國之楔形文字列表如右。

巴比崙史研究的權威者欽格(L. W. King)關於蘇馬連人的事，他以爲：『蘇馬連文化直接或間接給與亞細亞諸種族、埃及及西方民衆的影響很大。』(註七)從上引表來看，上古國家的文化是有淵源的。

關於中國民族的起源，各方立說不同。據考古學家人類學家如奧斯本(Osborn)韋斯萊(Wissler)克魯柏(Kraeber)及華萊斯(Wallis)等人，則以亞洲之中部，卽中央亞細亞爲人種的起源地，人文地理學家亨丁頓(Huntington)，也以爲中央亞細亞爲人種起源的地方，是有絕大的可能性，因爲古代的中亞氣候，極爲温暖，而非常適合於人類的生存，以後人口漸多，西南向小亞西亞而至非洲，西向歐洲，東北向西伯利亞、外蒙邊境而至美洲，南向印度而至南洋羣島一帶，東南向中國而至臺灣、日本等處。其他民族，大都由中亞散出去的。依據中亞與中國的文化聯繫看來，漢族之由中亞遷入是無疑的。(註八)中亞的人類有一部份向中國邊境移殖，而遷到巴勒克什湖，伊犂河附近，這就是漢族的祖先。有些也許經過伊犂河而入於新疆邊境及其鄰近的各地；伊犂河便是新舊石器過渡時代漢族從中亞遷入中國唯一的途徑。漢族從伊犁河遷入新疆邊境以後，多屯積於天山山脈附近，而過着狩獵的生活，經過多時人口更向東移動，從迪化附近入於天山南路，而漸漸向南遷移，沿焉耆移動，到羅布泊、塔里木河。漢族遷移到羅布泊、塔里木河附近的時候，因爲生活安適的緣故，在新石器時代創了許多的文化，以後漢族藉着遷移的生活，漸漸把文化傳播各地；因此，新石器初期的新疆文化與我國數千年來的文化，發生了血統的關係。到了新石器中期以後，向東遷移的漢人便大批移動到甘肅、寧夏，及沿青海邊境，其大部份則屯積於甘肅漢族在甘肅各地停留着許久以後，在新石器末期，即距今七八千年之時，更向綏遠、陝西，而至於山西、山東、河南，及沿四川邊境；到這個時候，大部份的漢人皆屯積於黃河流域及其附近的山谷中。遷於黃河流域的漢人多實行漁獵生活，除了主要的漁獵外，同時也有農業與畜牧之副業產生。新石器末期漢人已大批遷到河南去，到了石銅兼用的時代，又有大批的漢人從甘肅陝西等地蠭擁於河南及山東安徽湖北等地帶，這是由於人口增加，與食料缺乏之所致，此外，各地氏族間的鬬爭，也是遷移的動機。法人拉克柏里引據亞洲西方古文，證中西事物法制之多同，而彼處亦有民族東遷之事。（註九）中國學者如劉光漢之華夏篇、思故國篇、黃節之立國篇章、太炎之種族篇、蔣觀雲之中國人種考及日人所著之興國史譚，均以中國人種西來之說爲信據。丁謙中國人種從來考有說：『西亞古史，中國人種爲去那尼安族，其族分二派，一思米爾（按即 Sumerians），一阿加逖（Akkadian），皆起於亞洲中境。思米爾人先入美索波達米南境，建立加列底（Chaldean）國，阿加逖人後至沙蛟山麓，建都城於蘇薩，稱霸南國。其王廓特奈亨臺，兼併加列底諸部，既乃率其種人遷入中華，謂即黃帝，以此王時代在西紀元前二千二百八十年間也。但其說不確，因此年數卽彼士亦不衷一，或謂在二十四世紀至二十七世紀，據竹書所紀之年，上推黃帝爲二千六百二十年，與第一說不相應，但亦無實證，不足爲憑。』又說：『西史謂徙中國者爲巴克民族，巴克乃盤古轉音，中國人謂盤古氏開闢天地，未免失實，盤古之爲中國始遷祖，則固有可考矣。』（註十）王桐齡有說：『中國民族起源地，大概在葱嶺一帶，卽亞洲中部的山脊，西洋書上稱帕米爾高原，……現在世界人類祖宗從帕米爾高原分道下山，遷到平原，往西遷的，大半移到中央亞細亞、阿富汗、俾路芝、波斯、美所波達米亞、小亞細亞、阿剌比亞、及歐洲等地，後來成爲白色人種。往東遷的，移到新疆、青海、西藏、蒙古、滿洲、朝鮮、及中國內地。黃色人種，下了帕米爾高原以後，便分道爲東南東北兩方面進行；往東南方面進行的有三族，歷史家稱之爲東三系；往東北方面進行的亦有三族，歷史家稱爲北三系。南三系中第一族，遷到中國中部南部——卽揚子江流域七省，西江流域五省——同印度支那半島——卽安南暹羅等地，——歷史家稱之爲交趾支那民族。現在四川南部之猓，貴州之苗，廣西湖南之猺，雲南之猓猓，廣東之蠻，同暹羅越南境內之土人，皆屬於此族。因中國唐虞時代，此族曾創立過大國，與漢對抗，國名三苗，所以後人就稱之爲苗族。第二族，遷到中國北部，就是黃河流域六省，因爲此族在中國中古時曾創立過大一統之帝國，國名爲漢，後人就稱此族爲漢族。第三族遷到青海、西藏，歷史家稱之爲圖伯特族（Tibet），因此族大多數住在西藏，所以現在就稱之爲藏族。北三系中第一系遷到中國東北方，歷史家稱之爲通古斯族（Tungus），因爲此族大多數住在滿洲，所以現在就稱之爲滿族。第二系搬到中國正北地方，在中國近古時代，曾創立過蒙古大帝國，所以後人就稱之爲蒙古族（Mongol）。第三系遷到中國西北地方，卽阿爾泰山系以東以西等地，歷史家稱爲突厥族(二〇六)，因爲此族大多數奉回教，所以現在就稱之爲回族』(註十一)依王桐齡所引證，中國民族的起源，由帕米爾高原東向移殖，非素來根據中國江河流域以爲繁殖的。張國仁有說：『漢族爲漢族三大支派黃色人種中的主族，亦起源於古地中盆地之東畔小亞細亞一帶，與巴比倫人及色馬人有若干之淵源；其後經裏海之南與都庫什山以北而至葱嶺，卽古代之所謂崑崙。漢族遊牧於此一帶森林草野及山嶽之地，不知經若干年，分爲若干部，或依據森林，則其領袖謂之林蒸；或據山嶽，則其首領號稱爲嶽；其後越葱嶺遵河源東下，故漢族游牧於塔里木河一帶盆地。又不知經若干歲月，然後才到了眞正的黃河流域。』(註十二)章本有說：『古書上載中國人民古代祭祀所供的神有崑崙之神，或者崑崙地方，就是漢族人的老家了。崑崙在那兒裏、考據下來、就在現今新疆省西北一帶高原上，這一帶高原，據人種學家的意見，以爲是世界各大民族的老家。所以研究中國歷史的人，也大都以爲我們漢族人，是從這一帶高原，經由現今的新疆、甘肅、兩省地方，遷到黃河流域來的。』(註十三)呂思勉有說：『古書上說崑崙的很多，周禮大宗伯「以黃琮禮地，」鄭注「此禮地以夏至，謂神在崑崙者也。」典瑞「兩圭有邸，以祀地，旅四望。」鄭注「祀地謂所祀於北郊，神州之神。」疏「案河圖括地象，崑崙東南萬五千里，神州是也。」入神州以後，還祭崑崙之神，可見得崑崙是漢族的根據地。然則崑崙究在何處呢？爾雅「河出崑崙墟。」史記大宛列傳「禹本紀言河出崑崙，崑崙其高二千五百餘里，日月所相隱蔽爲光明也。其上有醴泉瑤池。」說文「河水出敦煌塞外崑崙山，發源注海。」水經「崑崙墟在西北，去嵩高五萬里，地之中也，其高萬一千里，河水出其東北陬。」都以河所出爲崑崙。河源所在，雖有異說，然都起於唐以後，不能拿來解釋古書。要講古代所謂河源，史記大宛列傳所謂「漢使窮河源，河源出于闐，（案卽今新疆之和闐域，）其山多玉石，采來。而天子案古圖書，名河所出山曰崑崙云。」其說自極可靠。那麼，如今于闐河一帶一定是漢族古來的根據地了。』（註十四）孟世傑有說：『中國民族之有史據書契所載，可考之時代，幾五千年。——自黃帝紀元元年至民國紀元十五年共四千六百二十三年。——以中國民族史與全人類史較，相去直不可以道里計；故論中國民族，在未有史以前，卽依崑崙山脈遷入黃河流域。』（註十五）蔣智由有說：『夫盤古事旣邈茫，世事頗編述異記，皆云生於火荒，莫知其始。今所傳盤古墳者，殆不免後人之附會，而不能不附之闕疑之列。而天皇氏則古書已言其所自出，春秋命歷序：天地初立，鴻濛滋萌，歲起甲寅，有天皇氏出崑崙之東南無外之山。崑崙之下，古代實號柱州，故遂有謂天皇氏起於柱州崑崙之下者。蓋中國古說，有大九州，大九州之中有柱州，而中國則名爲赤縣神州。柱州神州皆大九州之一；而神州之中亦自有九州，此小九州也。……又古史言：共工氏頭觸不周之山；淮南子：西北方曰不周之山，又共工之力，觸不周之山，使地東南傾。王逸、高誘，皆云：不周山在崑崙西北，是則當共工之世，雖已入神州，尚有關涉崑崙之跡。又拾遺記云：庖犧所都之國在華胥，今人以崑崙爲花，花卽華，然則華胥亦當在崑崙歟？……又山海經云：羿與鑿齒戰於壽華之野，在崑崙虛東。又云：崑崙高華仞，非仁羿莫能上岡之巖。是皆記吾人民在崙崑時之事；羿嘗爲上古時人，而夏時之羿乃襲用其名者。（淮南子以殺鑿齒爲堯時之事，今難確考。）故曰：崑崙之丘，實惟帝之下都，帝者非指天帝，蓋謂吾古代之諸帝耳。近日本有賀長雄著社會進化論，亦云：漢土之社會，從崑崙移來之人民，與土著之諸族，爭存立而相結合云云。是則我種人之祖國，推其原始當在崑崙之下之略有可證者也。』（註十六）張國仁有說：『假使我們民族從發源地向東進展，並不是一口氣就到了黃河流域；這其中棲遲於兩河流域（美索波大米亞）之上游者，不知若干時日然後進展至中央亞細亞巴克特里亞一帶度游牧之生活者又不知若干歲月然後族中之富於冒險精神之一部分種姓，復進展至帕米爾高原，雄踞世界之屋脊；美麗之風景，壯偉之地勢，豐茂之水草及快樂之生活，此種印象遺留於我先民之腦際者至爲深刻。惟其後子孫繁衍，此一片高原，已不敷分配，於是本我族富有之冒險精神繼續東進，而對於故土之印象常不勝其眷戀之思；如黃帝之夢遊華胥（即大夏）如周穆王之會西王母皆可作眷念宗邦之表示。以後不知更經若干歲月，方始達於黃河流域。』（註十七）俄國沙發諾夫有說：『中國人種起源問題，又要歸結到原始的外來民和接觸他們而到黃河上游及黃土地質區域來的那些游牧民如何過渡到農業的問題。原始的移民從中亞細亞帶來了爲過渡到農業所必需的一點文化的萌芽，祇有在黃土區域的條件之下，才能發展而成爲獨立的經濟力量。』（註十八）以上諸說皆論及中國民族，是從西方遷徙而植基於中土者。然亦有不以此說爲是者，陳漢章有說：『近今一般社說，並謂中國黃種皆黃帝子孫，而黃帝實由西北遷徙而來。按法人拉克伯里說以奈亨臺爲去那尼安種，非塞米的（閃）種，與黃種合奏底格里士河（Tigris）邊地與幼發拉的河（Euphrates）側地，並即加勒底（Chaldean）古國，而裏海西岸之巴克，並其統領加勒底國之地，當時實爲波斯、巴撒迦特族人所居，若率巴克民族東來則東來者仍是白種，非黃種，且紀元前二千八百八十二年，當中國顓頊帝之二十二年，猶得謂底格里士河邊之酋長由土耳其斯坦來中國者爲黃帝乎？』（註十九）梁啓超有說：『欲知中國何時始有人類，當先問其地氣候何時始適於住居，據近年地質學者發掘之結果，則長城以北冰期已有人跡；即河南中原之地，亦新發現石器時代之遺骨及陶器多具；則此地之有住民，最少亦經五萬年。若不能舉出反證以證實此骨非吾族遠祖所遺，則不能不承認吾族之宅斯土，已在五萬年以上。故所傳「九頭」「十紀」等神話，雖不敢認爲史實，然固足爲我族淵源悠遠之一種暗示。然則卽云外來，亦決非黃帝、堯、舜以後之事。外來說之較有力者，則因有數種爲此地稀乏之物，我先民習用而樂道之；例如玉爲古代通寶，而除于闐外，此土竟無產玉之區；麟、鳳、龍三靈，而其物皆中亞細亞以西所有。然此等事實，認爲古代我族對西方交通頻繁之證，差足言之成理，逕指彼爲我之所自出，恐終涉武斷也。』（註二十）夏曾佑有說：『種必有名，而吾族之名，則至難定。今人相率稱曰支那，案支那之稱，出於印度，其義猶邊地也。此與歐人之以蒙古概吾種無異，均不得爲定名。至稱曰漢族，則以始通匈奴得名，稱曰唐族，則以始通海道得名，其實皆朝名而非國名也。諸夏之稱，差爲近古，然亦朝名，非國名也。惟左傳襄公十四年，引戎子支駒之言曰：我諸戎飲食不與華同，華非朝名，或者吾族之眞名歟？至吾族之所從來，尤無定論，近人言吾族從巴比崙遷來，據下文最近西曆一千八百七十餘年後，法、德、美各國人數次在巴比崙故墟掘地所發見之證據觀之，則古巴比崙人與歐洲之文化相去近，而與吾族之文化相去遠，恐非同種也。』（註二十一）章嶔有說：『近世歐洲學者謂華族之始源，本在亞洲西方之地，後由西方東徙，徑行本國之黃河上流沿岸，折入內部，擯斥苗人而有其地，遂爲華族建國之起源。而其率族東徙之人，西士號爲那苛貢特（Nakhunte），世俗淺信，或以黃帝擬之，此第就音譯之近同，藉端推測；自餘如紀時之分析，文字之簡單，雖或相符，而究不足定吾族西來之鐵證。故在今日華族西來之一語，尚無何種完全之論，卽欲勉推其說，等諸假定，而亦有所不能者，誠愼之也。』（註二十二）繆鳳林有說：『中國爲黃人種，巴比崙之塞米的人與譏南人，則屬白人種；其前之思米爾人（Sumerians）阿加狄人（Accadians），雖有謂屬黃人種之烏拉阿爾泰族（Ural Altaic Family）者，亦以屬白人種之印度歐羅馬系（Indo-Europeans）之去那尼安族（Turanians Family）近是。（拉克伯里亦主此說。）從西來之說，則是伏羲、神農、黃帝爲白種人，而國人亦皆白人之子孫矣。』（註二十三）其他西人主張中國民族西來之說者不一，以爲來自埃及者，德國有基爾罕（Athanasiur Kircher）波蘭有卜彌格（Michael Boym），法國有胡愛（Huet），英國有威爾金生（J. Gardner Wilkinson）等；以爲來自巴比崙者，英國有湛約翰（John Chalmers），法國有拉克伯里（Terrien de Lacouperie）等；以爲來自印度者，法國有哥比諾（A. de Gobinean）等；以爲來自中亞細亞者，英國有鮑爾（Dr. Ball），美國有彭伯賴（R. Pumpelly），威廉士（E. F. Williams）等；以爲來自于闐者，德國有李希多芬（F. V. Richthofen）等；以爲來自土耳其者，瑞典有加爾格倫（Karlgarn）等；以爲來自甘肅者，日本有鳥居龍藏等；以爲來自印度支那半島者，德國有衞格爾（Dr. Wieger）等。諸說各是所是，各非所非。我以爲欲知中國民族的來源，當知世界諸民族所產生的區域，今假定考古學家人類學家，如奧斯本、韋斯萊克、魯柏、華萊斯、亭丁頓諸氏，以爲中央亞細亞氣候溫暖爲人類起源的地方，其說如確，則中國民族之起源，在於中央亞細亞，較有可能性。

又有以中國民族之起源，是在於蒙古者，民國十年美國亞洲探險隊安德魯斯（R.C. Andrews）探討蒙古，以世界大動物皆發現於蒙古一帶，謂動物既發現於此，則最初依動物爲生之人類，當亦導源於此，因主華人由蒙古南下之說。（註二十四）美國紐約博物院院長奥斯本（H. F. Osborn）氏來蒙調查，亦謂蒙古或爲原始人類之家。

(註二十五)美國人安德魯斯在蒙古的探險有兩個發見，一個是蒙古的原始人文明的存在；一個是戈壁沙漠成就以前極大的哺乳動物的存在。近年來在中國北部的發掘是由幾個齒而認出原始人類的存在，這些齒是屬於極似人的動物之齒型但牠們已同非人的類型不同；從這些發掘品上看出人類之最初漸成人形，其地實在亞洲。這幾顆齒發見之地點在周口店其地離北平五十英里，最初的發見人是澳洲古生物學家士丹斯基博士(Dr. O. Zdansky)。民國十七年間北平地質調查所楊鍾健、裴文中二人在周口店發掘三月餘得猿人化石牙齒數枚，不完整之牙床二個，破碎頭骨數塊；十八年十二月二日裴文中又在一洞內發現一未經破碎之成年人猿頭骨及牙齒十餘於是人類最古之北京猿人，遂爲科學界所公認。(註二十六)因此，遂有主張中國民族之起源是由於中國本部之北部者。

近年以來，許多學者皆信中部亞洲爲人類之發源地，持此見解者具十大理由：(一)最初之人類骸骨爲爪哇人猿，即發見於爪哇島上，此島在昔時爲亞洲大陸之一部。(二)一九二一年在北平西南周口店洞中，發見前臼齒(Premolar tooth)及臼齒各一，據此研究當爲第四紀 (Quaternary) 初期之物。(三)有史以前人類之工藝品，計其年代，當不後於紀元前二萬五千年，爲安得魯(Roy Chapman Andrews)在蒙古發見。(四)爲沙漠所漂移之極古之廢址，亦在蒙古發見，此處尚未完全探勘明白，或可代表極古之文化。(五)兩種人猿發見於亞洲，如某種猩猩(Orangs)及長臂猿(Gibbons)是也。(六)靈長動物之遺骸如最高級哺乳類，既爲人猿之祖先，又與生存之人猿極近，亦在此大陸上掘得。(七)大部之家畜及穀類，皆從亞洲傳來。(八)蒙古爲全球最高之乾地，約經二千萬年之乾期至別處則皆沉沒者，(九)亞洲地大物博，生活富庶，適宜於初民之發展。(十)亞洲位於各陸地之中央，向四方遷移皆極利便。(註二十七)

我以爲想知道中國民族的來源，須考證在上古時所淵源的文化，而後可得些信據。人類在中亞遷移，很早就開始了，他的開始時期，無疑是在始石器時代向東遷移的人種至少也在舊石器初期也已經開始了。中國舊石器之發現是由法國博物學者德日進、桑志華(Père Teilhard de Chardin及Père Sicent)等在陝、甘、河套一帶特別是寧夏南之水東溝採掘的數目特多。其次中亞探險隊在外蒙亦有大批的舊石器之發現，但從中國原始文化分析之結果，中國民族(華族)在舊石器時代是沒有遷到中國地帶來的。華人由中亞遷到甘、陝等地，是在新石器時代的事。因爲在新石器中同時發現的陶器，及其各種的文化特質複體，是與我國有史時代所承繼下來的文化相關，所以新石器時代的新疆、甘肅、河南等地的人種，是現代華人的祖先遺留下來的；同時甘肅所採掘的新石器時代之人骨化石，與河南所採掘的，據解剖學家步達生(Dr. Davidson Black 北平協和醫學院解剖學教授)之研究，以爲和現代華人非常相似，可見新石器時代之人種，爲現代華人之直接祖先，是無疑的。新石器的發現，大部份都在黃河流域及西北一帶：第一個發現的遺址，是在河南澠池縣仰韶村。據安特生博士(J. G. Anderson)在中華遠古文化上說，此處所發現的，有新石器甚多，石斧、石刀、石鑿、石錛扁平石環、石鏃，有無數的陶器及骨器，同時亦有人骨化石之發現。第二個發現的遺址，在遼寧錦西縣沙鍋屯的洞穴。民國十一年夏，安特生與步達生等，在沙鍋屯覓得一洞穴，在穴中貯藏新石器器物極多，有磨光的小斧數枚，石刀、石箭簇四具，同時也發現有許多陶器，又發見人骨化石數具第三個發現的遺址在甘肅，發現者爲安特生。據安氏在甘肅考古記中說，以爲甘肅的遺址可以分做六個時代：(1)齊家期。在這一期中發現有研磨的石斧、石鐮、及許多尖銳的古器(2)仰韶期。此期與河南仰韶村所採掘的頗多相同，然亦有與河南不同者，如琢磨之玉片、玉瑗、與多數之骨刀等，同時河南發現的陶鼎陶鬲等，在甘肅遺址亦未有發現。(3)馬廠期。此期所發掘的墓地有兩處，但無村落遺址，而陶甕花紋卻異常美麗。(4)新店期。發現這期的器物，其所附葬陶器，卻與上列各期完全相異。其石器骨器除牛馬胛骨所製的鶴嘴鋤外，其他也有相同的。(5)寺窪期。這期的模範址在狄道縣(屬甘肅蘭山道)之寺窪山，其中以馬鞍口之單色大陶甕及足部肥大之陶鬲爲最特色。(6)沙井期。在鎮番縣(屬甘肅甘涼道)附近，尋獲古址多處，爲沙丘所沒。這些古物頗爲相近，故可視爲一期所出，同時在葬地與村落遺址之中，獲得很多的銅器，內有帶翼之銅鏃，爲很精緻的作品。由近年所採掘出來的新石器加以考證，最古的有甘肅的齊家期，次爲河南之仰韶期與遼寧沙鍋屯之石器，以考古上的證據來推論漢族(華族)祖先移動的路線，則可以假定漢族在舊石器末期或新石器初期，大概從中亞遷到巴勒克什湖、伊犂河附近，而入於新疆邊境之上，後更向東移動，而入於甘肅一帶，與黃河流域南部幾省，特別是河南一帶，成了漢族屯積之中心地帶，那裏因爲氣候土質與地勢的優良，成了漢族文化的搖籃地。(註二十八)大概在新石器時代的新疆，是一個中亞與遠東文化交通的孔道，因爲古代的新疆，並無現在沙漠連綿，同時新疆的山嶺亦不能阻止兩處的民族接觸，所以甘肅、河南一帶的文化，皆和中亞發生了密切的關係。自漢族遷入黃河流域後，新疆便成了中國文化與西方文化交通的橋樑，自然這文化是非常複雜的，因爲不只是具有遠東的文化特質，同時也染有近東的成分，不過遷到中國來的漢族，因爲環境之不同，亦產生了大量的異質文化，然在新石器時代，因爲漢族遷入不久，故其文化的同質性，亦有顯著的保留。瑞典人安特生（J. G. Anderson）於民國十年在河南澠池縣仰韶村發現新石器時代之遺物後，曾著中國遠古之文化一文，有說：「仰韶陶器中尙有一部份或與西方具有關係者，近與俄屬土耳其斯坦相通，遠或與歐洲相關，施彩色而磨光之陶器，卽其要證，此項陶器于仰韶層中發見極多，雖殘破不全，而大概形態不難推見。其器體積不大，形式簡單，多作碗狀。其所用陶土之質，較他種陶器所用較細，器質頗薄，工作精美，面多磨光，紅地施以黑白花紋。與此相似之陶器，歐洲新石器時代，或其末期亦有之；如意大利之西西利島，北希臘之科隆尼亞（Choeronia），東歐之格拉西亞（Gacia），俄國西南部鳩城（Kiew）附近之脫里波留（Tripal-je），其尤有意味者，厥爲彭伯萊（Pumpolly）在俄屬土耳其斯坦，阿思喀巴（Askabad）附近阿瑙（Anau）地方所發見之陶器。此各處之陶器，固各自有其特點，然取以爲仰韶陶器相較，則皆有相似之點，而以阿瑙爲最。夫花紋樣式，固未必不能獨立創作，彼此不相連屬。然以河南與阿瑙之器相較，其圖形相似之點，既多且切，實令吾人不能不起同出一源之感想，以爲兩地藝術彼此流傳，固未可知也。誠知河南距阿瑙道里極遠，然兩地之間，不乏交通孔道，西藏高原之北，西伯利亞之南，東自太平洋，西至黑海，其間或爲農地，或爲草田，或爲沙漠，據彭伯萊及亨丁頓氏（Huntington）之研究，以爲該帶古代氣候，於人類生活當較今適宜，則兩地藝術流傳，非不可能明矣。」（註二十九）安氏發表此文後，更以陶器數片送瑞典王太子，瑞典王太子於遊倫敦時，與英博物院中國陶器專家郝步森（Hobson）互相討論，結果由郝步森提出意見如下：『紅陶器帶黑色綵紋與近東石器時代諸址所發見者同屬一類。其地址爲：（甲）巴比崙，據浩魯氏（Dr. H. R. Hall）以爲在蘇馬連（Sumerian）之前，（按即上文所稱思米爾人）即公元前三千五百年；（乙）波斯東界；（丙）小亞細亞，約在公元前二千年至一千二百年間。以年代論此種陶器歷時頗久，自公元前四千年起至一千五百年止，定屬新石器時代之文化。其分布之範圍則自近東至俄屬土耳其斯坦。今既在河南有發見，則可見其東西流傳之遠。其間連接之地，如新疆等地，亦應有同類發見之望也。然中國仰韶陶器，究屬何代乎？如上所言，似可謂此種陶業，創始於巴比崙，後乃四出流傳。中國地處極東，達到之時日，自當較後。」（註三十）浩魯氏之說，則以爲仰韶期陶器與巴比崙文化有淵源。日本學者戶水寬人有說：「支那之開化，與巴比崙之開化，其相似之點，固驚其多。例若十二律，巴比崙有之，支那亦有之；陰陽之說，巴比崙有之，支那亦有之；歷法，巴比崙之與支那，又甚相近。然是等文化，其源實本於阿加迭人。」（註三十一）古代巴比崙歷法，還要比埃及古遠。古代巴比崙歷法與埃及歷法大致相同。古巴比崙歷法，係一年分爲十二月，一月爲三十日，埃及歷法以每年所餘之五日加在每年末；巴比崙則以每年所餘的五日，不加在每年之末，而於第五年或第六年之後，加一全月，就是置閏。同時，古巴比崙歷，又使一年十二月，與陰歷年首配合，其後分月法漸變爲陰歷月法。埃及人分一月爲三旬，每旬十日，巴比崙人則分一月爲六週，每週五日。我國十二地支古名，究竟起於何時，已不可考。若謂伏羲作甲歷，則起於紀元前二九一〇年間（據最新世界年表所推定）若謂始於黃帝，則起於紀元前二六四〇年間。古巴比崙歷法，薩艮時代的各月名稱，係紀元前二八四五年間之事，東西遙遙相對，可稱同時，因此有人疑中國民族是自巴比崙遷來，或以巴比崙文化與中國文化是有淵源的。此外，巴比崙呼精靈之名爲 Zi，與中國神祇之祇音合，又中國古音呼鬼爲幾巴比崙古文之朴，中國爲北巴比崙古文之金，中國爲金而金字之音兩地皆同。又迦勒底稱沙士即中國之甲子。（迦勒底 Chaldea 是地名，古代巴比崙王國之州。）法國拉克伯里（Terrien de Lacouperie）則以爲山海經與巴比崙一古史相同。(註三十二)從上引說，各有一部分的理由，我以爲人類起源的地方如確定是在中亞細亞，則中國民族與文化的來源，依據於中亞細亞，亦較有可憑的地方。

參考書舉要

(註一)張國仁著世界文化史綱緒論。

(註二)西村眞次著世界文化史第二章漢譯本九頁。

(註三)M. Rostovtzeff: "A History of The Ancient World" p. 8.

(註四)H. G. Wells: "Short History of World," 漢譯本五五至五八頁。

(註五)M. C. Burkitte: "Prehistory," p. 157.

(註六)J. S. Hoyland 著世界文化史要略漢譯本一八頁。

(註七)西村眞次著世界文化史第三章漢譯本四二頁。

(註八)曾松友著中國原始社會之探究二八頁。

(註九)Terrien de Lacouperie著 "Origin of the Chinese Civilization."

(註十)柳詒徵編著中國文化史上册十二至十三頁引。

(註十一)王桐齡著中國民族史第一章第一節。

（註十二）張國仁著世界文化史大綱第五章東方文化的起源引證。

（註十三）韋休編中國史話第一章。

（註十四）呂思勉著白話本國史第一章引。

（註十五）孟世傑著先秦文化史第一章。

（註十六）蔣智由著中國人種考第六章八二頁。

（註十七）張國仁著中華民族考第三章四二頁。

（註十八）沙發諾夫著中國社會發展史漢譯本第一章一四頁。

（註十九）陳漢章著中國通史。

（註二十）梁任公近著第一輯下卷四三頁中國歷史上民族之研究。

（註二十一）夏曾佑著中國古代史第一章三頁。

（註二十二）章嶔著中華通史導言一六頁。

（註二十三）繆鳳林著中國通史綱要第二章二九頁。

（註二十四）民國十年五月號亞細亞雜誌安德魯斯著"Digging for the Roots of Our-Family Tree."

（註二十五）民國十二年十月十日北京英文導報奥斯本著"Mongolia Might be the Home of Primitive Man."

（註二十六）科學雜誌十四卷八期裴文中著中國猿人化石之發見。

（註二十七）東方雜誌二十七卷第四期。

（註二十八）曾松友著中國原始社會之探究五四至五八頁

（註二十九）農商部地質調查所出版地質彙報第五號第一冊。

（註三十）地質彙報第五號第一冊中華遠古之文化。

（註三十一）蔣智由著中國人種考八三頁引。

（註三十二）蔣智由著中國人種考一一四頁引。

第二節　中國上古期（前期）之文化形態

此節論中國上古期之文化形態，是指堯舜及堯舜以前之文化形態而說。先論及堯舜以前之文化形態。

堯舜以前的歷史，是渺茫難以稽考的；所以堯舜以前的文化，也是渺茫難以稽考的。但是無論如何渺茫，總要考究一下。中國史的上古期，經過多少年代，還是值得探討的，司馬貞補三皇本紀引春秋緯說：『自開闢至於獲麟，凡三百二十七萬六千歲，分爲十紀：……一曰九頭紀，二曰五龍紀，三曰攝提紀，四曰合雒紀，五曰連通紀，六曰序命紀，七曰脩飛紀，八曰回提紀，九曰禪通紀，十曰流訖紀。（尚書序正義引廣雅作二百七十六萬歲，脩飛作循飛，流訖，毛刻本作疏仡。袁王綱鑑合編回提紀作因提紀。）』這裏所說三百二十七萬六千歲，如指地球的開闢，年歲或可相當；如指中國歷史的開闢，當然是很不正確的年代。又說：『天地初立，有天皇氏，……兄弟十二人，立各一萬八千歲。地皇氏……十一人，……亦各一萬八千歲。人皇氏……兄弟九人……凡一百五十世，合四萬五千六百年』。這裏所說的天皇、地皇、人皇各兄弟經歷如此長遠的年歲，當然是屬於神話。徐整三五歷說：『天地渾沌如雞子，盤古生其中，一萬八千歲天地開闢，陽清爲天，陰濁爲地，盤古在其中，一日九變，神於天，聖於地，天日高一丈，地日厚一丈，盤古日長一丈，如此萬八千歲，天數極高，地數極深，盤古極長。』（註一）這裏所說的九變，如指地球發生時的變化，是可以的，如指中國歷史開創之君，是屬於虛僞的。盤古之說，起自雜書，不足爲信史，後人以爲天地間的現象，必有所自來，遂以創造之全功歸之盤古，使誠如五運歷年紀之所論，則凡天地間之風雲雷電日星雨澤，推而至於四極五嶽江河田土之區，草木金石珠玉之微，無不自盤古一人之所化，可見造詞之詭異。（註二）盤爲大之借訓，盤古可說是大古，未必有是人，即有是人，未必有此神化之創造功能。三皇之說，亦與盤古論同一游談，舊說相傳，盤古之後，即爲三皇。（甲）天皇。項峻始學篇說：『天地立，有天皇十二頭，號曰天靈。』洞冥記說：『古人質以頭爲數，猶今鳥獸以頭計也。』遁甲開山圖說『天皇被迹在柱州崑崙山下。』（乙）地皇。項峻始學篇說『地皇十二頭，治萬八千歲。』遁甲開山圖說『地皇興於熊耳龍門山。』（丙）人皇。春秋命歷序說：『人皇氏九頭，駕六羽，乘雲車，出谷口，分九州。』遁甲開山圖說：『人皇起於形馬。』崑崙山爲亞洲大山脈之一，起自帕米爾東境之葱嶺，沿西藏新疆之境，東走入內地。這種神話所述天皇氏的來源，亦恍惚爲漢族西來說之一證。（註三）谷永說：『夫周秦之末，三五之隆。』師古說：『三謂三皇，五謂五帝。』則三皇五帝之說，起自晚周，漢師古已言之。秦博士有說：『古者有天皇，有地皇，有泰皇，泰皇最貴。』武帝時人有上書說：『古者天子三年一用大牢祠三天一、地一、泰一。』可知三皇之說，本於三一。世或據春秋後語，欲易泰皇爲人皇，而不知泰皇之說出自泰一，人皇之名又出自泰皇。（註四）雙湖胡氏說：『三皇之號，昉於周禮外史掌三皇五帝之書，而不指其名。其次則見於秦博士有天皇地皇人皇之議，秦去古未遠，意三皇之稱，此或庶幾焉。漢孔安國書序，乃始以伏羲、神農、黃帝爲三皇，少昊、顓頊、高辛、堯、舜爲五帝，不知果何所本。蓋孔子於家語，自伏羲以下，皆稱曰帝，易大傳、春秋內外傳，有皇帝之稱，呂氏月令，雖不可爲據，然有曰帝太昊、帝炎帝、帝黃帝，亦足以表先秦未嘗以伏羲、神農、黃帝爲三皇也。至宋五峯胡氏，直斷以孔子易大傳，以伏羲、神農、黃帝、堯、舜，爲五帝，不信傳而信經，其論始定。然三皇之號，不可泯也。則亦以天皇地皇人皇言之，但此三者本無所稽，意混茫初開，先有天而後有地，既有天地而人生焉。皇極經世書於元經會所謂天開於子，地闢於丑，人生於寅，始爲開物之初，意三皇之說，由此而稱，所謂三墳者亦必因文籍既生之後，述上古之事而有定書；大抵鴻荒遼遠，不可得詳，況夫子於書首唐虞，於易首伏羲，伏羲以前，皆未嘗道，闕之可也。』（註五）鴻荒遼遠，不可得而詳知，而三皇之說，亦言人人殊。三皇之後，有有巢氏。項峻始學篇說：『上古皆穴處，有聖人教之巢居，號大巢氏，今南方人巢居，北方人穴處，古之遺俗也。』韓子說：『上古之世，人民少而禽獸多，人不勝禽獸蛇虺，有聖人作，構木爲巢以避羣害，而人悅之，使王天下，號之曰有巢氏。』有巢氏之後，有燧人氏。古史考說：『古之初，人吮露精，食草木實，穴居野處，山居則食鳥獸，衣其羽皮，飲血茹毛；近水則食魚鱉螺蛤，未有火化，腥臊多害腸胃；於是有聖人以火德王，造作鑽燧出火，教人熟食，鑄金作刃，民人大悅，號曰燧人。』禮說：『昔者先王未有火化，食草木之實，鳥獸之肉，飲其血，茹其毛，後聖有作，然後脩火之利，範金合土，以炮以燔，以烹以炙，以爲醴酪。』燧人氏之後，有庖犧氏。易下繫說：『古者庖犧氏之王天下也，仰則觀象於天，俯則觀法於地，觀鳥獸之文，與地之宜，近取諸身，遠取諸物，於是始作八卦，以通神明之德，以類萬物之情。』禮緯含文嘉說：『伏者別也，犧者獻也，法也，伏犧德洽上下，天應之以鳥獸文章，地應之以龜書，伏犧乃則象相易卦。』庖犧氏之後，有女媧氏，帝王世紀說：『女媧氏亦風姓也，承庖犧制度，亦蛇身人首，一號女希。』淮南子說：『往古之時，四極廢，九州裂，天不兼覆，地不周載，火濫炎而不滅，水結漾而不息，猛獸食精民，鷙鳥攫老弱，於是女媧鍊五色石以補蒼天，斷鼇足以立四極，殺黑龍以濟冀州，積蘆灰以止淫水。』庖犧氏之後，有神農氏。易下繫說：『神農氏作，斲木爲耜，揉木爲耒，耒耨之利，以教天下，蓋取諸益。』禮緯含文嘉說：『神者信也，農者濃也，始作耒耜，教民耕種，其德濃厚若神，故爲神農也。』以上有巢氏，燧人氏，太昊庖犧氏，女媧氏，炎帝神農氏，在上古前期的文化，都是佔一重要的位置。

人類在原始的階段中，生活是很簡單，文化是很粗鄙；在那時不知道用火，在不知道用火的時候，食物要靠自然的草木果實，居處則爲禽獸一樣的巢穴，衣裳則爲草葉羽毛之類。中國古書中關於這類事情傳說的記載就不少。禮記禮運說：『昔者未有宮室，冬則居營窟，夏則居橧巢。未有火化，食草木之實，鳥獸之肉，飲其血，茹其毛，未有麻絲，衣其羽皮。』淮南子要略訓說：『茹草飲水，采樹木之實，食蠃之肉，時多疾病。』韓非子說：『古者丈夫不耕，草木之實足食也；婦人不織，禽獸之皮足衣也。』墨子辭過篇說：『古之民……就阜陵而居，穴而住，……衣皮帶茭，……素食而分處。』莊子盜跖篇說：『古者禽獸多而人民少，於是民皆巢居以避之，晝食橡栗，暮棲木上，故命之曰有巢氏之民。』白虎通三綱六紀說：『飢卽求食，飽而棄餘，茹毛飲血而衣皮革。』以上一類的紀載，散在各種古籍中，都是關於中國上古期社會衣食住的說明，由這種的說明，我們就知道中國上古期的文化，原來就是如此。

衣食住是人類生存的要件，除卻衣食住之外，而生殖以保存種族，是人類重要事件之一。中國上古期之婚姻制度是什麼樣？這裏也要探討一下：

上古是雜婚時代，以女子爲男子所公有。社會通詮說：『蠻夷昏屬，男子於所昏圖騰之女子，同妻行者，皆其妻也；女子於所嫁圖騰之男子，同夫行者，皆其夫也；凡妻之子女，皆夫之子女也；其同圖騰，同輩行，則兄弟姊妹也；與其同圖騰，同崇行者，則諸父諸母也，母重於父，視母而得其相承之宗。』（註六）上古之世，男女雜游，不媒不娉，且無君主，其民聚生羣處，無親戚兄弟夫婦男女之別，無上下長幼之道。（註七）當時非特以女子爲一國所共有，且有刼奪婦女之風，凡戰勝他族，必係纍其婦女以備嬪嬙，故取女必在別的部分，（如神農母爲有嬌氏，少昊母爲西陵氏，顓頊母爲蜀山氏，）而婦女亦與奴婢相同，（如婦字象持帚之形，而奴字古文象女子械繫之形，婢字亦從女卑，）其始是盛行雜婚之制，及伏羲之世，慮刼略之易以造亂，乃創爲儷皮之禮，定夫婦之道，而女媧亦佐伏羲定婚禮，並置女媒；然儷皮之禮，即買賣婦女之俗，故視婦女爲財產之一，（如妃字本義爲帛匹，帑字本義爲庫藏，）後世婚姻行納采、納吉、問名、納徵、請期、親迎六禮，納采納吉皆奠雁，而納徵則用玄纁束帛，所以沿買賣婦女之俗；而親迎必以昏者，乃古代刼略婦女，必乘婦家不備，且使之不知爲誰何，故必以昏時。（註八）這時期經過多少年代，是我們不能知道的。關於婚姻嫁娶之禮的制定，是始於何時，則持說各有不同。主張始於庖犧氏者，如史記補三皇本紀說：『太皥庖犧氏始制嫁娶，以儷皮爲禮。』通鑑外紀說：『上古男女無別，太昊始設嫁娶，以儷皮爲禮，正姓氏，通媒妁，以重人倫之本，而民始不瀆。』白虎通號篇說：『古之時未有三綱六紀，民但知其母，不知其父，臥之詓詓，行之吁吁，於是伏羲仰觀象於天，俯察法於地，因夫婦，正五行，始定人道。』路史說：『太昊伏羲氏正姓氏，通媒妁，以重萬民之儷，儷皮薦之以嚴其禮，示合姓之難，拼人情之不瀆。』主張始於黃帝者，如淮南子覽冥訓說：『黃帝治天下，別男女，異雌雄。』主張始於顓頊者，如淮南子齊俗訓說：『顓頊（黃帝之孫昌意之子）之法，婦人不避男子於路者，拂之四達之衢；』由是嫁娶取儷皮之俗。』這裏所說的正姓氏，別男女，通媒妁，是否氏族社會的婚姻形式呢？氏族社會是建築於血統關係之上而構成的一種社會形式。（圖騰社會是先於氏族社會。）圖騰社會有一個特徵，即族外婚姻，族外婚姻是禁止同一圖騰內的男女結合。這種血緣之漸次認識，爲形成氏族社會血統關係之主要成分。圖騰社會，雖然是實行族外婚姻，但卻履行兄弟間的共妻制，即兄弟同妻，妻子同夫，所生下來的是兄弟間共有的，他們互相稱爲父親與兒子。對於這種方式，現在野蠻民族的圖騰中多有流行，用摩爾根的術語來說，便是彭那魯亞家庭(Panaluan Family)族外婚姻爲新石器時代之特徵，但對於族內較遠的結合卻是有的。現今尼爾格利（Nilgiri）山附近之度達人（Toda），仍有這種風俗；達沙羅（Tarthurol）族中的「潘」（Pan）小族的人，不能向泰華羅（Teivaliod）族去選擇女人，但只能向自己達沙羅族中的另小族去選取。（註九）這個轉形期的婚姻形式，在現在世界的各圖騰族中，有等仍有這樣的殘留。凡有這個形式殘留的，大概亦有共婚制（Sexual Communism）的遺留。我以爲庖羲以前的社會婚姻制度，或是行過族外婚姻，即多夫多妻制的家庭，到了庖羲的時代，見了這男女雜游不媒不娉的混亂婚姻制度，大以爲不宜，那末，就決定正姓氏，通媒妁。所謂正姓氏，就是不許在氏族社會內通婚姻的證據。

中國古史，神農氏之後，有黃帝。黃帝時代，爲中國文化的開展時期。史記說：『黃帝少典之子，姓公孫，名軒轅。諸侯有不順者，從而征之。未嘗寧居。東至於海，登丸山及岱宗；西至崆峒，登雞頭山；南至江，登熊湘；北極葷粥，合符釜山，而邑於涿鹿之阿，遷徙無常處，以師兵爲營衛，官名皆以雲，置左右大監，監于萬國。』春秋內事說：『軒轅氏以土德王天下，始有堂室，高棟深宇，以避風雨。』管子五行篇說：『黃帝得蚩尤而明乎天道，得太常而察乎地利，得奢龍而辨乎東方，得祝融而辨乎南方，得大封而辨乎西方，得后土而辨乎北方。黃帝得六相，天下治。』又說：『黃帝鑽燧生火以熟葷臊，民食之無腸胃之病。』通典說：『昔黃帝始經土設井，以塞爭端，立步制畝，以防不足，使八家爲井，井開四道而分八宅，鑿井於中，一則不洩地氣，二則無費一家，三則同風俗，四則齊巧拙，五則通財貨，六則存亡更守，七則出入相同，八則嫁娶相媒，九則有無相貸，十則疾病相救，是以情性可得而親，生產可得而均，均則欺陵之路塞，親則鬬訟之心弭。』淮南子說：『黃帝治天下而力牧太山稽輔之，以理日月星辰之行，治陰陽之氣，節四時之度，正律歷之數，明上下，等貴賤，使強不得掩弱，衆不得暴寡，人民保命不夭，歲時熟而不凶，百官正而無私，上下調而無尤，法令明而不闇，輔佐公而不阿，田者不侵畔，漁者不侵隈，道不拾遺，市不豫價，城郭不關，邑無盜賊，商旅之人相讓以財，狗彘吐菽粟於道路，而無忿爭之心。』綱鑑彙纂說：『黃帝有熊氏，姓公孫，名軒轅，有熊國君之子也。帝生而神靈，弱而能言，幼而狥齊，長而敦敏，成而聰明，國於有熊（今河南新鄭），故號有熊氏，長於姬水，故又以姬爲姓。是時神農氏衰，諸侯相侵伐，炎帝榆罔弗能征，於是軒轅習用干戈，以征不享，諸侯咸來賓從。炎帝榆罔，侵陵諸侯，諸侯叛之，軒轅修德治兵，藝五穀，撫萬民，度四方，與炎帝榆罔，戰於阪泉之野，三戰而後勝之，又擒殺蚩尤於涿鹿，（軒轅徵師諸侯，與蚩尤戰於涿鹿之野，蚩尤作大霧，軍士昏迷，軒轅爲指南車以示四方，遂擒蚩尤於中冀，）於是諸侯咸歸軒轅氏，代神農氏爲天子，是爲黃帝。黃帝既爲天子，於是始立制度，天下有不順者，從而征之，披山通道，未嘗寧居；其土地東至于海，西至崆峒，南至于江，北逐熏鬻，合符（合諸侯符契圭瑞而朝之於釜山，釜山在保定府安肅縣）于釜山，邑于涿鹿之阿，遷徙無常處，以師兵爲營衛，以雲紀官，有土德之瑞。……帝受河圖，見日月晨之象，於是始有星官之書。命大撓探五行之情，占斗綱所建，於是始作甲子。命容成作蓋天（渾天儀），以象周天之形，綜六術以定氣運，（六術謂羲和占日，常儀占月，臾區占星氣，伶倫造律，隸首作算數，大撓作甲子）……命榮猨鑄十二鍾，協月筩以和五官，立天時，正人位焉。命大容作咸池之樂，命車區占星氣，容成兼而總之。帝作冕垂旒充纊，爲玄衣黃裳，以象天地之正色，旁觀翬翟（翬飛舉貌翟雉名），草木之華，乃染五色爲文章，以表貴賤，於是袞冕衣裳之制興。命寧封爲陶正，赤將爲木正，以利器用。命共鼓、化狐，刳木爲舟，剡木爲楫，以濟不通。邑夷法斗之周旋，魁方杓直，以攜龍角作大輅以行四方。由是車制備，服牛乘馬，引重致遠，而天下利矣。帝作宮室之制，遂作合宮（即周明堂），祀上帝，接萬靈，布政教焉。范金爲貨，制金刀，立五幣，設九棘之利，爲輕重之法，以制國用，而貨幣行矣。帝以人之生也，負陰而抱陽，食味而被色，寒暑盪之於外，喜怒攻之於內，夭昏凶札，君民代有，乃上窮下際，察五氣，立五運，洞性命，紀陰陽，咨於岐伯而作內經，復命俞跗、岐伯、雷公察明堂，究息脈，巫彭、桐君處方餌，而人得以盡年。命元妃西陵氏教民蠶。於是畫野分州，得百里之國萬區，命匠營國邑，置左右大監，監於萬國，萬國以和。遂經土設井，以塞爭端，立步制畝，以防不足。使八家爲井，井開四道而分八宅，井一爲鄰，鄰三爲朋，朋三爲里，里五爲邑，邑十爲都，都十爲師，師十爲州，分之於井而計於州，則地著而數詳。』由上所引述，我們就知道黃帝的時代，是中國上古文化開展的時代；在那時代最重要的創作，就是武備、天文、音樂、衣服、陶業、舟車、宮室、貨幣、醫術、養蠶、政治組織、田畝制度等，這是在中國文化演進史上值得注重的。

當黃帝時代，植基中土，頻頻戰爭，據史書所載，與戰者有炎帝、榆罔、蚩尤。黃帝是少典之後，與神農（炎帝）爲同族，何致互相戰爭？故有以史記本文之稱炎帝爲稱蚩尤者。清代梁玉繩引周書嘗麥解，蚩尤攻逐赤帝於涿鹿，黃帝乃執蚩尤殺之。左傳僖公二十五年黃帝戰阪泉之兆，亦指蚩尤。然則阪泉之戰卽涿鹿之戰，是軒轅勤王之師而非有兩事，故逸周書稱蚩尤曰阪泉氏，斯爲碻證。始緣炎帝世衰，諸侯不享，軒轅征之而來賓，爲炎帝征也；旣因蚩尤謀逆，炎帝蒙塵，軒轅徵師以誅之，爲炎帝誅也。紀中兩炎帝俱蚩尤之誤。路史後紀云：『蚩尤姜姓，炎帝之裔，逐帝自立，僭號炎帝。』當是因此之誤。(註十)有人說：『蚩尤爲九黎之君，黎卽苗也。』黃帝率領漢族植基中土，同異民族的苗相戰爭，苗族最大的首領是蚩尤，他是一個苗族的英雄，有猛將夸父創制刀、戟、大弩、驚人的武器，先與神農分占江山，成立漢苗對峙的新局勢。神農死後，蚩尤率領部族叛亂，出洋水，登九淖，伐神農後裔於空桑，神農的後裔，遂避居涿鹿。當時神農的都城在魯的曲阜，而空桑之地亦在魯，蚩尤率其強悍的苗族，壓迫漢族，北踰黃河，其時黃帝挺身而出，廣徵諸侯，大破蚩尤，黃帝與蚩尤大戰先後三回，第一次在阪泉，第二次在涿鹿，第三次在中冀，最後勝利，乃在中冀；這一次戰役，是以應龍爲元帥，居然把窮兇極惡的蚩尤殺死，而且把他的大將夸父斬了；後人因追崇這位將軍——應龍——的功業，就把他當作神龍看待，傳爲神話。(註十一)我們知道黃帝統軍與苗族的蚩尤搏戰，把苗族之勢力消滅，而使漢族在黃河兩岸的地方安居，民族疆界爲之擴展；社會基礎因之確立。凡民族已成爲安定生活組織之後，必在特定之區域中，以完成其政治之組織和制度，黃帝畫野分州，是中國社會之最初組織，社會有了組織，而文化乃可逐漸發展。(註十二)大戴禮五帝德篇說：『黃帝撫萬民，度四方，生而民得其利百年，死而人民畏其神百年，亡而人民用其教百年。』這可以說是推崇備至了。

黃帝完成中國社會最初之組織，和政治制度之雛形，是否需要法律而統治呢？在古代的社會裏，人民有公約而無苛刑，淮南子說：『古之人同氣於天地，與世而優游。當此之時，無慶賞之利，刑罰之威，禮義廉恥不設，毀譽仁鄙不立。』又說『伏羲女媧，不設法度。』商君書畫策篇說：『神農之世，男耕而食，婦織而衣，刑政不用而治，甲兵不起而王。神農旣沒，以彊勝弱，以衆暴寡，故黃帝作爲君臣上下之義，父子兄弟之禮，夫婦妃匹之合，內行刀鋸，外用甲兵，故時變也。由此觀之，神農非高於黃帝也，然其名尊者，以適於時也。故以戰去戰，雖戰可也；以殺去殺，雖殺可也；以刑去刑，雖重刑可也。』從上引證來看，黃帝以前是沒有法制的，依商君書所說，神農之世，刑政不用而治，在黃帝之世，則『內行刀鋸，外用甲兵』，所謂內行刀鋸，卽是以刑罰約束其民，因爲政治的組織完成了以後，刑罰是不能少的。

有人說：黃帝時代和黃帝以前的時代是圖騰（Totem）的社會，所以他的文化也是圖騰社會的文化。黃帝的誕生，據說是由附寶感大電大電能生子，似乎也有圖騰的意思在裏面；再考傳說，黃帝所誕育的苗裔，則更給我們圖騰的寫照。山海經海內經說：『黃帝生駱明，駱明生白馬，白馬是爲鯀。』又大荒北經說：『黃帝生苗龍，苗龍生融吾，融吾生弄明，弄明生白犬，白犬有牝牡，是爲犬戎。』大荒東經說『黃帝生禺䝞，禺䝞生禺京，禺京處北海，禺䝞處南海。』所謂白馬、鯀、苗龍、白犬、禺䝞、禺京，這一串名詞，很像一幅動物圖。在中國的古代，氏族的名稱，亦幾於全部採取動或無生物的名稱，據傳說的紀載，黃帝之族有蟜氏（國語），神農氏卽神龍氏（帝王世紀農母有神龍首感而生神農）黃帝少典之族有熊氏（譙周古史考），和有熊氏敵對的爲蚩尤氏（史記）舜之先族窮蟬氏，牛蟜氏（本紀），堯之族有駘氏（帝王紀左傳說部作駘）后稷之族有駘氏（詩大雅），契之族有娀氏（帝王紀，）

夏之先族—牛蟜氏。屬於蚩尤之各族，有貔氏、熊氏、虎氏、豹氏（史稱蚩尤率熊貔虎豹與黃帝戰。）屬於庖犧氏之各族，有飛龍氏、潛龍氏、居龍氏、降龍氏、土龍氏、水龍氏、青龍氏、赤龍氏、白龍氏、黑龍氏、黃龍氏，（竹書紀年及竹書箋註。）屬於軒轅氏之各族，有青雲氏、縉雲氏、白雲氏、黑雲氏（左昭十七年。）屬於金天氏（五帝外紀少昊金天氏）之各族，有玄鳥氏、青鳥氏、祝鳩氏、鳲鳩氏、鳴鳩氏、爽鳩氏、鶻鳩氏（左昭十七年。）屬於有熊氏之各族，有熊氏、貔氏、貅氏、貙氏、虎氏（通鑑軒轅教熊貔貅貙虎以與炎帝戰）雕氏、鶡氏、鷹氏、鳶氏、（列子黃帝與炎帝戰於阪泉之野帥熊羆虎豹貙爲前驅，雕鶡鷹鳶爲旗幟。）以上所引之各氏族作爲證明圖騰制的存在，是有可能的。其次傳說中所謂庖犧氏以龍紀，神龍氏以火紀，軒轅氏以雲紀，少昊氏以鳥紀，共工氏以水紀（竹書紀年史記左昭十七年郯子說），這對於原始圖騰之存在也有相當的說明。說明氏族之原始的圖騰名稱到後來便漸次爲個人的名稱或地名所代替；如傳說中之有駘氏之轉換爲陶唐氏，牛蟜氏之轉換爲夏氏，便都以地名而代替了原來的圖騰名稱。在中國上古傳說式的記載中曾說過：『太古至德之世以物紀，至堯舜以德紀，降及後世以人或地紀。』這可以說明歷史發展的順序。(註十三)莫爾甘也說過：『當家系轉入男系，或者比此還早的時候，氏族的動物名稱就被拋棄而代之以個人或地方的名稱，似乎是可能的。』(註十四)我們知道黃帝時代，假定是圖騰社會的時代，能否有如傳說中所創造武備、天文、音樂、衣服、舟車、宮室、貨幣、醫術、養蠶、政治組織、田畝制度等的文化呢？這是無從證明的。史記五帝本紀說及黃帝：『生而神異，弱而能言，幼而徇齊，長而敦敏，成而聰明。』又說他『披山通道，未嘗寧居，東至於海，登丸山及岱宗，西至於空桐，登雞頭，南至於江，登熊湘，北逐葷粥，合符釜山，而邑於涿鹿之阿。』像這樣特具的神姿，而又能廣闢鴻土，奠定中國，是有爲的大人物；他創造如傳說中之種種文化，是有可能的。

黃帝之後，有少昊金天氏。綱鑑彙纂說：『少昊金天氏名摯，姓已，黃帝之子玄囂也，母曰嫘祖，感大星如虹下臨華渚之祥而生帝，黃帝之世降居江水，邑於窮桑，故號窮桑氏（窮桑地名在兗州府魯城北）國于青陰，因號青陽氏，以金德王天下，遂號金天氏，能修太昊之法，故曰少昊，都曲阜。』（魯邑）帝王世紀說：『少昊帝名摯，字青陽，姬姓也，母曰女節，黃帝時有大星如虹，下流華渚，女節夢接意感，生少昊，是爲元囂，降居江水，有聖德，邑於窮桑，以登帝位，都曲阜，故或謂之窮桑，帝以金承土，帝圖讖所謂白帝朱宣者也，故稱少昊，號金天氏，在位百年而崩。』又據河圖握矩記所載，少昊的誕生，由於女節感大星，春秋元命苞及宋書符瑞志所記略同。拾遺記則將皇蛾與白帝子，構成一妖艷動人的故事，不問而知，是附會而成。拾遺記所說窮桑，就是西海之濱的孤桑，固然是荒唐，但少昊亦名窮桑，見於左傳昭公二十九年，考窮桑兩字，與古史裏很多的人物發生關係。路史循蜚紀有空桑氏，空窮音義相近，空桑卽窮桑。歸藏說：『蚩尤出洋水，登九淖以伐空桑。』路史共工氏傳謂共工『振滔洪水，以薄空桑。』路史禪通紀又稱：『軒轅氏作於空桑之北。』（黃帝前之軒轅。）是窮桑之名，來歷甚遠。就故事起源處推測，空桑或窮桑，初時諒是族名。蓋中國蠶事在古代很早發生，未有蠶事之先，必有美茂之桑林，徧於境域，必以桑爲圖騰，古代既有以桑爲圖騰的氏族，則少昊之名爲窮桑，似與此不無關係。（註十五）少昊對於文化之創作，是很少的，史稱：『帝之御世也，諸福之物畢至，爰書鸑鳳，立建鼓，制浮磬，以通山川之風，作大淵之樂，以諧人神，和上下，是曰九淵。』（註十六）據元結補樂歌序說及：『九淵，少昊氏之樂歌也，其義蓋稱少昊之德，淵然深遠。』然少昊爲德不卒，諸侯作樂，天下之人相懼以神相惑以怪，家爲巫史，民瀆于禮，薦禍荐至』他死後，兄昌意之子高陽立，是爲顓頊。帝王世紀說：『帝顓頊高陽氏，黃帝之孫，昌意之子，姬姓也。母曰景僕，（蜀國春秋作景嬟）蜀山氏女，爲昌意正妃，謂之女樞。金天氏之末，女樞氏生顓頊於若水，首戴干戈，有聖德。父昌意之嫡，以劣降居若水，爲諸侯；顓頊生十年而佐少昊，十二年而冠，二十而登帝位。平九黎之亂，以水事紀官，命南正重司天以屬神，北正黎司地以屬民，於是民神不雜，萬物有序。』據淮南子說：『顓頊之法，婦人不避男子於路者，祓之於四達之衢。』（掃除其不祥之意。）斯言如確，則中國男權的伸展，是在顓頊的時代了。綱鑑彙纂說『帝靜淵以有謀，疏通而知事，養材以任地，載時以象天，依鬼神以制義，治氣以教化，潔誠以祭祀，北至於幽陵，（今順天府，）南至於交趾，西至於流沙，（甘肅張掖居延縣，）東至於蟠木。動靜之物，小大之神，日月所照，莫不砥屬；在位七十八年崩，年九十一，葬濮陽，（今河南滑縣東北，）少昊之孫帝嚳立。』顓頊之後，有帝嚳高辛氏。帝嚳高辛氏名夋，姓姬，祖曰少昊，父曰蟜極。年十五，佐顓頊帝，受封於辛，年三十，以水德代高陽氏爲天子，以其肇基於辛，故號高辛氏。即位之後，命咸黑典樂，爲聲歌，命曰九韶之樂。大戴禮說：『宰我曰：請問帝嚳。孔子曰：元囂之孫，蟜極之子，曰高辛氏，生而神靈，自言其名，取地之財而節用之，撫教萬民而利誨之，歷日月而送迎之，明鬼神而敬事之，其色郁郁，其德湙湙，其動也時，其服也士，春夏乘龍，秋冬乘馬，黃斧黼衣，執中而獲天下。』帝嚳在位七十年崩，年一百五歲，葬頓丘，（在直隸大名府清豐縣，）子摯嗣立，荒淫無度，不修善政，居九年，諸侯廢之，而尊堯爲天子。

中國上古前期的文化，至堯舜之世，可說是一個階段，在這時代有許多的歷史事實，是屬於神話傳說，很難得到正確的信據。在這時代，黃帝是首出的偉大人物，他所創造的文化，爲當時各帝所不及。總結這時代可注意之點，郎(一)治術上之進化，(二)生產上之進化，(三)樂制上之進化，(四)曆法上之進化，(五)地域區畫上之進化。(高陽之世，有九州之建，如兗、冀、青、徐、豫、荊、揚、雍、梁，分地而治，包有全國。）到堯舜時，中國古代文化，乃更進於開展的時期。資治通鑑外紀說：『帝堯帝嚳之子，年十五，長十尺，佐兄摯受封唐侯，姓伊祁，號陶唐氏，都平陽。（山西臨汾縣。）尚白，鷟玉以白繒，茅茨不翦，樸桷不斲，素題不枅，大路不畫，越席不緣，大羹不和，粢食不毇，藜藿之羹，飯於土簋，飲於土鉶，金銀珠玉不飾，錦繡不展，奇怪異物不視，玩好之器不寶，淫佚之樂不聽，宮垣室屋不堊色，布衣掩形，鹿裘御寒，衣履不敝盡不更爲也。不以私曲之故，害耕稼之時；吏忠正奉法者，尊其位，廉貞平絜愛民者，厚其祿；民有孝慈力耕桑者，遣使表其閭，正法度，禁詐僞，存養孤寡，賑亡禍之家，自奉甚薄，賦役甚寡，巡狩行教，周流五嶽，西教沃民，東至黑齒，存心於天下，加志於窮民，一民飢，則曰我飢之也，一人寒，則曰我寒之也，一民有罪，曰我陷之也，百姓戴之如日月，親之如父母，仁昭而義立，德博而化廣，故不賞而民勸，不罰而民治，先恕而後教，單均刑法以儀民。』帝王世紀說：『帝堯陶唐氏，祁姓也，母曰慶都，孕十四月而生堯於丹陵，名曰放勛，或從母姓伊祁氏，年十五而佐帝摯，授封於唐，爲諸侯，身長十尺，常夢攀天而上之，故年二十而登帝位，以火承木，都平陽。置敢諫之鼓，天下大和，命羲和四子羲仲、羲叔、和仲、和叔，分掌四嶽。諸侯有苗氏，處南蠻而不服，堯征而克之於丹水之浦，乃以尹壽、許由爲師，命伯夔訪山川谿谷之音，作樂六章，天下大和，百姓無事。』論語說：『大哉堯之爲君也，巍巍乎唯天爲大，唯堯則之，蕩蕩乎民無能名焉，巍巍乎其有成功也，煥乎其有文章。』大戴禮說：『宰我曰：請問帝堯，孔子曰：高辛之子也，曰放勛，其仁如天，其智如神，就之如日，望之如雲，高而不驕，貴而不豫。』莊子說：『昔堯之治天下也，使天下人欣欣焉人樂其性。』淮南子說：「堯之治天下也，舜爲司徒，契爲司馬，禹爲司空，后稷爲大田師，奚仲爲工；其導萬民也，水處者漁，山處者木，谷處者牧，陸處者農，地宜其事，事宜其械，械宜其用，用宜其人，澤皐織罔，陵阪耕田，得以所有易所無，以所工易所拙。是故離叛者寡而聽從者衆，譬若播棊丸於地，員者走澤，方者處高，各從其所安。」從上所引證來看，可以知道堯的時代，是上古政治安定的時代。

在堯的時代雖然政治很安定，但遭遇着一次的大水災。吳越春秋說：「堯遭洪水，人民泛濫，逐高而居，堯聘棄，使民山居，隨地造區。」又說：「遭洪水滔滔，天下沉漬，九州閼塞，四瀆壅閉。」孟子說：「當堯之時，水逆行，氾濫於中國，蛇龍居之，民無所定，上者爲巢，下者爲營窟。」史記夏本紀說：「當堯之時，鴻水滔天，浩浩懷山襄陵。」在如此的大水災中，堯舉舜而敷治，舜使益掌火，益烈山澤，禹疏九河。以少數人之力量而治很大的洪水，這是不可能之事。據史記：「禹乃遂與益、后稷奉帝命，命諸侯百姓，興人徒以傅土，行山表木。」可見實際作治水工作的，還是諸侯百姓，換句說：就是散居岳瀆間的各氏族（百姓）全體人員及各氏族的世襲酋長普通酋長（諸侯）。有人說：堯時代的大水災，或以冰河融解以後的長時間，大量的水還匯積在大陸內，未曾流出，又因大量的雨水或上游高地水源的增加，致成爲一次最大的水災。但是我們要知道地球的冰河時代及其次數，大概可分爲四期：第一次距今約五十萬年，在這次冰河時代地球上還沒有人類；第二次距今約四十萬年前。第三次距今約十七萬年前。第四次距今約五萬年前。堯帝距今不過四千二百九十二年左右，冰河的融解，斷不至融解而遷延許久的年代。且冰河融解時，人類祇有避居別處，沒有水患的地方，說不到治水的方法。堯舜時代第一重要的政治問題，便是禪讓。史記五帝本紀說：『堯曰：嗟四嶽，朕在位七十載，汝能庸命，踐朕位。嶽應曰：鄙德，忝帝位。堯曰：悉舉貴戚及疏遠隱匿者。衆皆言於堯曰：有矜在民閒曰虞舜。堯曰：然，朕聞之，其何如？嶽曰：盲者子；父頑，母嚚，弟傲，能和以孝，烝烝治，不至姦。堯曰：吾其試哉；於是堯妻之以二女，觀其德於二女。舜飭下二女於嬀汭（嬀汭水名，在山西永濟縣南六十里）如婦禮。堯善之，乃使舜愼和五典，五典能從；乃徧入百官，百官時序；賓於四門，四門穆穆，諸侯遠方賓客皆敬；堯使舜入山林川澤，暴風雷雨，舜行不迷；堯以為聖，召舜曰：汝謀事至而言可績，三年矣，汝登帝位，舜讓於德不懌。正月上日，舜受終於文祖，文祖者，堯太祖也。於是帝堯老，命舜攝行天子之政。……堯立七十年得舜，二十年而老，令舜攝行天子之政，薦之於天；堯避位凡二十八年而崩。……堯崩，三年之喪畢，舜讓避丹朱於河南之南；諸侯朝覲者不之丹朱而之舜；謳歌者，不謳歌丹朱而謳歌舜；舜曰：天也，夫而後之中國，踐天子位焉。』堯舉舜，諮詢于四嶽（岳），四嶽是什麼人，就是當時部落之長。古代部落其酋長多居山林（尚書亦有四嶽之名）這個四嶽，是與堯共同統治各部落的，而堯為當時各部落首領中之長，即是四嶽共同推戴之長，堯之推位讓賢，自然先徵求他們的意思，所以說：『汝能庸命踐朕位』，等到他們不允意，然後徵求貴戚及疏遠隱匿者。據清朝宋鳳祥所考究，堯舜時候的四岳，一共有三起人，第一起就是羲仲、羲叔、和仲、和叔四個；第二次分做八伯，四個是驩兜、共工、放齊、鯀，今無可考。第三起就是伯夷等八人。周禮疏序引鄭尚書注說：『四岳，四時之官，主四岳之事，始羲和之時，主四岳者，謂之四伯；至其死，分四岳事，置八伯，皆王官。其八伯惟驩兜、共工、放齊、鯀四人而已，其餘四人無文可知矣。』四岳是共幾起人？他們所主持的是何種職務？我們無從考究。據韓非子外儲說：『堯欲傳天下於舜，鯀諫曰：不祥哉，孰以天下而傳之於匹夫乎？堯不聽，舉兵而誅殺鯀於羽山之郊;共工又諫曰:孰以天下而傳之於匹夫乎?堯不聽,又舉兵而誅共工於幽州之都,於是天下莫敢言無傳天下於舜。』韓非子之說,是堯之傳位於舜,當時未得四嶽之同意的。

舜是黃帝八代孫,黃帝生昌意,昌意生顓頊,顓頊生窮蟬,窮蟬生敬康,敬康生句望,句望生蟜牛,蟜牛生瞽瞍,瞽瞍生舜。史記說:『虞舜名重華,冀州人也,作什器於壽丘(在魯東門之北),就時於負夏,(負夏衛地)舜父頑,母嚚,弟傲,皆欲殺,不可得,即求在側。舜耕歷山,歷山之人皆讓畔;漁雷澤,雷澤之人皆讓居;陶河濱,器皆不苦窳。堯乃賜舜絺衣與琴,爲築倉廩與牛羊。舜舉八凱,使主后土以揆百事;舉八元,使布教於四方;皋陶爲大理,民服其實;伯夷主禮,上下咸讓;垂主工師,百工致功;益主虞,山澤開闢;棄主農,則百穀時茂;契主司徒,百姓和親;龍主賓客,遠人至;與九韶之樂,鳳凰來翔;舜年五十,攝行天子事;年五十八而堯崩,年六十一,代堯踐帝位,踐位三十九年,南巡狩,崩於蒼梧之野(今道州寧遠縣),葬於九疑(九疑亦名蒼梧山),是爲零陵。』綱鑑彙纂說:『帝廣開視聽,求賢人以自輔,立誹謗之木,恭己無爲,彈五弦之琴,……舜以樂教天下,重黎舉夔,舜以爲樂正,命延益八絃爲二十五絃之瑟,夔修九招六列六英,以明帝德;於是正六律,和五聲,以通八風,而天下大服。』論語說:『舜有臣五人(禹稷契皋陶伯益)而天下治。』又說:『無爲而治者,其舜也與,夫何爲哉?恭己正南面而已矣。』孟子說:『舜流共工於幽州,放驩兜於崇山,殺三苗于三危,殛鯀於羽山,四罪而天下咸服。』論語所謂舜無爲而治,都不是實際的話,證以孟子之說,則知舜曾與各部落的酋長(諸侯)發生很大的爭鬪,又和苗族發生很劇烈的戰爭。苗爲遠古之一強族,黃帝所戮之蚩尤,即爲彼中酋長,少昊之衰,九黎亂德,黎即是苗族,顓頊起而誅之;高辛之衰,九黎再亂,堯復起而誅之,於是有丹水之役；堯既命舜攝位，苗族之在中國南方者，度必有興師之事，古史說竄三苗於三危（山名，甘肅燉煌縣南，）三危在當日爲西裔最遠之地，若非苗之好亂，必不令徙至此地。舜代對付苗民，列爲四凶之一，則其行動必仍猶曩昔之不服中夏，及舜既命禹攝位，而苗民之在中國者，故態復萌，所以又有「有苗勿率，命禹徂征」之事。（註十七）苗族古稱黎，漢以後稱俚，亦作里，其地居正南，故古書多稱爲蠻，今所謂苗，卽蠻字之轉音，此族當五帝時曾據今長江中流洞庭、彭蠡之間，後爲漢族所破；周時江域之地入楚，此族退居湖南，自漢以後沿洞庭流域西南退。這兩大民族在上古時代的互相爭鬭，文化必有所模仿，如苗族的刑法、兵器、甲冑、宗教等，漢族有多少的因襲。（註十八）以上將上古期文化的溯源，和上古前期的文化形態，略爲敍述。列子楊朱篇有說：『太古之事滅矣，孰誌之哉？三皇之世，若存若亡，五帝之事，若覺若夢；三皇之事，或隱或顯，億不識一；當身之事，或聞或見，萬不識一；目前之事，或存或廢，千不識一。』我們考證上古的歷史和上古的文化歷程，因爲證據的稀少，文字記載之缺乏，其所知亦億不得一也。

參考書舉要

（註一）太平御覽卷二。

（註二）章嶔著中華通史第一册一四九頁。

（註三）引說見太平御覽卷七十八。

（註四）蒙文通編古史甄微第一節引。

（註五）通鑑紀事本末前編卷一。

（註六）社會通詮漢譯本十頁。

（註七）列子湯問篇及呂氏春秋
（註八）劉師培中國歷史教科書。
（註九）曾松友中國原始社會之探究引 Lowie: Primitive Society, p. 17.
（註十）中華通史第一冊一六二頁引。
（註十一）山海經大荒北經第十七又易君左編中國社會史第十三頁。
（註十二）拙著中國政治思想史大綱，一章第一節。
（註十三）呂振羽著史前期中國社會研究一二五至一三二頁，李則綱著始祖的誕生與圖騰九頁。
（註十四）摩爾根著古代社會。
（註十五）始祖的誕生與圖騰一二頁，胡愈之譯圖騰主義五七頁。
（註十六）綱鑑彙纂卷一。
（註十七）中華通史第一冊一七五頁。
（註十八）呂思勉著中國民族志第一章五頁，拙著中國文化演進史觀五三頁。

第二章　夏代之文化

第一節　夏代之政治社會

夏代首出之君是大禹，大禹是黃帝的玄孫，姓似氏。黃帝生昌意，昌意生顓頊，顓頊生鯀，鯀生禹。(註一)禮緯說：『禹母修己呑薏苡而生禹因姓姒氏』遁甲開山圖說『古有大禹，女媧十九代孫壽三百六十歲入九嶷山，仙飛去。後三千六百歲，堯理天下洪水既甚，人民墊溺，大禹念之，乃化生於石紐山前。女狄暮汲水，得石子如珠，愛而吞之，有娠，十四月生子，及長能知泉源，代父鯀理洪水，堯帝知其功，如古大禹知水源，乃賜號禹。』吳越春秋說：『鯀娶有莘氏之女名曰女嬉，年壯未孳，嬉於砥山得薏苡而吞之，意若為人所感，因而妊孕，剖脅而產高密，家於西羌，地曰石紐，石紐在蜀西川也。』由上面各種的傳說，皆稱禹是感神異之物而生，是氏族社會時代之一種神話。莫爾甘說：『希臘氏族名之改變，由他們維持其氏族的宗祖之母親的名稱，而將其始祖之出生歸之於這個母親與一個特殊之神所擁抱而來。』(註二)不啻給這傳說下了一個解釋。但是從另一方面來看，黃帝、少昊、顓頊、嚳、摯、堯、舜、禹、八代君統授受之制，同出於一族，不必傳子，至禹乃確定傳位之法，這表明世運的進步，(註三)非淺演社會所能有的事。禹既受舜禪，不稱帝而稱王，循前代之政績，作樂曰大夏，頒曆曰夏時，(以建寅月為歲首，陰曆正月為建寅，自漢至清皆用此曆）任皐陶、益等以政，而國大治；南巡守，會諸侯塗山（安徽懷遠縣），諸侯遠近畢至，執玉帛者萬國，又濟江而東，在會稽召集羣臣與會，防風氏後至，加以殺戮。懸鐘、鼓、磬、鐸、鞀，以待四方之士曰：教寡人以道者擊鼓，諭以義者擊鐘，告以事者振鐸，語以憂者擊磬，有訟獄者搖鞀。一饋而十起，一沐三握髮，以勞天下之民。（註四）出見罪人，下車問而泣之。大戴禮說：『宰我曰：請問禹？孔子曰：高陽之孫，鯀之子，曰文命，敏給克濟，其德不回，其仁可親，其言可信；聲爲律，身爲度，左準繩，右規矩，履四時，據四海，平九州，戴九天，明耳目，治天下。』論語說：『禹吾無間然矣，菲飲食而致孝乎鬼神，惡衣服而致美乎黻冕，卑宮室而盡力乎溝洫。禹吾無間然矣。』以上引說，均是稱道禹之執政的。禹在位八年，子啓繼位，享諸侯於鈞臺的地方（河南禹州城北門之外），諸侯從之，歸於夏都（即安邑）。有扈氏者，爲夏同姓諸侯，以堯舜傳賢，啓獨繼父位不服，故伐啓，啓召六卿以征之，大戰於甘（陝西鄠縣附近），卒滅之，諸侯咸來朝。啓在位九年沒，子太康立。太康無道，游畋無藝，不卹民事，於是內亂發生，而太康因之失國。至內亂之所由生，各有異詞：（一）由逸周書之文觀之，內亂之生，由於啓之五子，而平其內亂者，則爲彭壽。是書說：『啓之五子，忘伯禹之命，假國無正，用胥興作亂，遂凶厥國。皇天哀禹，賜以彭壽，思正夏略。』據此則太康之失國，是啓之五子所爲，故夏有五子歌之作。（二）由五子歌觀之，內亂之生，由於有窮后羿，而當時並未聞有平羿之人。是歌說：『太康尸位，以逸豫滅厥德，黎民咸貳。乃盤游無度，畋於有洛之表（洛水之外），十旬勿反。有窮后羿，因民勿忍，距於河。』據此則太康之失國，是由后羿所致。（三）由竹書紀年之文觀之，啓與太康之時各有內亂，而不相涉。在啓時爲武觀之亂，在太康時爲羿之亂。是書說：『帝啓十一年，放王季子武觀於西河。十五年，武觀以西河叛。彭伯壽帥師征西河，武觀來歸，十六年陟（啓沒。）帝太康元年癸未，帝即位，居斟鄩（河南鞏縣西南。）畋於洛表，羿入居斟鄩，四年陟（太康沒。）是武觀與羿各爲一事，時序亦先後不同。（註五）太康即位，荒於游畋，卒見困於羿而沒，后羿乃立太康之弟仲康而自己爲相。仲康即位後，首命胤侯掌六師以專征伐之權，時羲和沉亂於酒，胤侯承王命征伐之。仲康在位十三年崩，子相立。帝相既立，時權歸后羿，相爲羿所逐，居商丘（湯所居亳邑地，今歸亳州，）依同姓諸侯斟灌、斟鄩氏。有窮后羿因夏民以代夏政，羿恃其善射，不修民事，好畋獵，棄武羅、伯困（通鑑外紀作伯因、）熊髡、龍圉而用寒浞；寒浞是伯明后寒之讒子弟，棄浞于夷，羿收之，使相己，寒浞行媚於內，施賂於外，愚弄其民，娛羿於畋，羿至終不改其行，家衆烹殺之，夏遺臣靡，奔有鬲氏（國名，）寒浞自立，寒浞因羿之妻室生澆（論語作奡）及豷，澆長，寒浞使澆滅斟灌、斟鄩氏，弑帝相，后緡方娠，逃出自竇，歸於有仍，生少康，帝相二十七歲崩。少康既長，爲仍牧正，澆使人臣椒求之，乃奔有虞，爲庖正，虞君以其女二姚妻之，以綸地居之（綸今平陽府滎河縣，）有田一成（十里，）有衆一旅（五百人）。能布其德，賴以中興。夏有舊臣靡，自有鬲氏收斟灌、斟鄩之遺民，舉兵滅寒浞而立少康。少康復使其臣女艾滅澆於過，使其子季杼滅豷於戈（過、戈二國名，）乃歸故都安邑，即位，夏代巨患由是悉平。少康即位之後，其一復田稷之官，爲周先世肇基之始。其一使商冥侯治河，爲商先世肇基之始。少康初都安邑，後又遷原（河南濟源縣，）在位二十一年沒，子杼嗣位，自原遷至老邱（河南陳留縣西北。）杼在位十七年而沒，子槐嗣位。槐在位二十六年沒，子芒嗣位。芒在位十八年沒，子泄嗣位。泄在位十六年沒，子不降嗣位。不降在位五十九年，不降遜其位於弟扃，歷扃在位之十年而不降沒，不降沒後之十一年，扃沒，子廑嗣位，復居西河（即安邑。）廑在位二十一年沒，不降之子孔甲嗣位。孔甲主政，諸多失德，周語所謂：『孔甲亂夏，四世而隕。』（孔甲至桀，凡四世而夏亡。）孔甲初立，居西河，後畋於萯山，（泰山南城縣東有東陽城，孔甲畋於東陽萯山卽此，）漸次失政，又好鬼神而有亂行，諸侯叛之，夏政以衰。孔甲在位三十一年沒，子皐嗣位。皐在位十一年沒，子發嗣位。發在位十一年沒，子癸嗣位，世稱爲桀。桀初卽位，居斟鄩（河南鞏縣西南，）後又遷河南（河南禹縣。）中國言暴君，必數桀紂，桀失政之大者如下：（一）殺戮忠良。綱鑑彙纂說：『自孔甲以來，諸侯多叛，桀尤爲無道，暴戾頑狠，有趙梁者，教爲無道，勸以貪狠，天下顫怨而患之。』干辛爲桀之暴臣，曹觸龍爲桀之諛臣，皆爲桀所信用。大夫關龍逢，懼，引黃圖以諫，桀焚黃圖，殺龍逢。尙書帝命驗說：『夏桀無道，殺關龍逢，絕滅皇圖，壞亂歷紀，殘賊天下，賢人遁逃。』（二）惑於女寵。帝王世紀說：『帝桀淫虐，有才力，能伸鉤索鐵，手能搏熊虎，多求美女，以充後宮。』初桀得妹喜，桀傾宮以居之，妹喜美於色，桀嬖寵之，所言皆從。後伐珉山，珉山莊王進其二女，曰琬曰琰，桀嬖琬琰，遂棄妹喜於洛。管子說：『桀女樂三萬人，晨譟聞於衢，服文繡衣裳。』（三）奢靡宴樂。綱鑑彙纂說：『爲瓊宮瑤臺，殫百姓之財，肉山脯林，酒池可以運船，糟隄可以望十里，一鼓而牛飲者三千人。』帝王世紀說：『爲瓊室瑤臺，金柱三千，始以瓦爲屋，以望雲雨，大進侏儒倡優，爲爛漫之樂，設奇偉之戲，縱靡靡之聲，日夜與妹喜及宮女飲酒。』尸子說：『昔者桀紂縱欲，欲長樂以苦百姓，珍怪遠味，必南海之葷，北海之鹽，西海之菁，東海之鯨，此其禍天下，亦厚矣。』從上引證而觀，桀失政如是之甚，宜乎亡國。湯興師伐桀，會戰於鳴條（山西安邑縣，）夏師敗績，桀出奔三朡（山東定陶縣東北，）商師征三朡，戰於郕（山東汶上縣西北，）桀又敗績，被獲於焦門（在今安徽巢縣，）湯放之於南巢（安徽巢縣東北，）後三年，沒於亭山（安徽和縣，）夏遂亡。自禹至桀，歷十七主，凡四百四十年。

參考書舉要

（註一）綱鑑彙纂卷一夏紀又史記夏本紀。
（註二）楊譯古代社會下册一二四頁。
（註三）夏曾佑著中國古代史第一章二四頁。
（註四）淮南子氾論訓。
（註五）中華通史第一册二〇八頁。

第二節　夏代之文化形態

近人謂中國之進化，始於禹，禹以前皆宗教所託言，此雖未可據爲定論，然中國上古文化至禹而發展加速，此是事實，茲將夏代之文化概述如下，以資參證。

（一）農業　中國農業之開始，是於神農時代，新語說：『民人食肉飲血，衣皮毛，至於神農，以爲行蟲走獸，難以養生，乃求可食之物，……教民食五穀。』淮南子修務訓說：『古者民茹草飲水，……時多疾病毒傷之害，於是神農乃始教民播種五穀。』中國農業雖是開始於神農，而中國農業社會的安定，則是託始於夏禹，摧毀農業社會之基礎是水患，而中國上古時代的水患，是夏禹所平治，水患平治，而後農業社會纔能安定。上古的水患，不是始於禹，堯典上說：『湯湯洪水方割，蕩蕩懷山襄陵，浩浩滔天，下民其咨。』孟子滕文公上說：『當堯之時，天下猶未平，洪水橫流，氾濫於天下。』可知在堯時已有水患。案女媧氏時：『四極廢，九州裂，水浩漾而不息，於是女媧氏，斷鰲足以立四極，積爐灰以止淫水。』其後共工氏與顓頊爭爲帝，怒觸不周之山，共工氏振滔洪水以薄窮桑，江淮流通，四海溟涬，民皆上邱陵，赴樹木。似洪水之患，實起堯以前，不過至堯之時，始着手治水患，初命鯀治水，沒有功績，繼命鯀的兒子禹治水。淮南子說：『堯之時，天下大水，禹身執畚鍤以爲民先，疏河而導九支，鑿江而通九路，辟五湖而定東海。』又說：『禹沐淫雨，櫛疾風，決江疏河，鑿龍門，闢伊闕，修彭蠡之防，乘四載，隨山刊木，平治水土，定千八百國；夙興夜寐，以致聰明，輕賦薄斂，以寬民氓，布德施惠，以振困窮，弔死問疾，以養孤霜；百姓親附，政令流行。』莊子說：『昔者禹堙洪水，親自操橐耜而雜天下之川，股無跋，脛無毛，沐甚雨，櫛疾風，置萬國。』禹的治水，非他個人的功勞，而是賴羣衆的協助。史記說：『禹乃遂與益、后稷，奉帝命，命諸侯百姓，興人徒以傳土，行山表木，定高山大川……乃勞身焦思，居外十三年，過家門不敢入。陸行乘車，水行乘船，泥行乘橇，左準繩，右規矩，載四時，以開九州，通九道，陂九澤，度九山；令益與衆庶稻，可種卑溼；令后稷與衆庶難得之食；食少，調有餘相給，以均諸侯。』中國古代的傳說中有一件大事，就是五帝時代的末期，有一場洪水之災，幸大禹出來，把牠治平。禹時的洪水，古書上沒有敍明來歷，就地理上揣測起來，大概是黃河的水患：第一，是黃河流域，係我們漢族的先民繁殖的地方，當時災情的重大和普遍，一定是受黃河汎濫的影響；第二，黃河從古以來常有水災發生，在大禹的時代，預料亦有洪水。（註一）禹見了黃河的水患，便決定先行整理黃河的水道，從黃河上游積石山地方整理起，一路疏通，把龍門、呂梁（在現今山西省離石縣地方）和砥柱（在現今山西省垣曲縣南）三處阻塞水道的山石，設法鑿開，把下流分成九條水道，通入渤海，與黃河中水患平定，人民纔能安居樂業而農耕纔有着手的地方；禹貢內有禹『開九州通九道』之事，所謂九州即兗州、冀州、青州、徐州、揚州、荊州、豫州、梁州、雍州。九州既定而農業纔有用力的基礎。尚書大禹謨記禹語舜說：『於！帝念哉！德惟善政，政在養民。水火金木土穀（六府）惟修，正德利用厚生（三事）惟和。』善政在於養民，而養民最要者惟穀，穀之產生在於農。中國自神農以後，即以耕稼立國，惟上古之時，農術未精，地力易竭，故有暘耕制度，（場暘古通，穀田不耕則廢為場，休田作牧，）游牧與耕稼並行。至新田力竭，復歸舊田，而休田之制，易為趄田，即爰土易居之義。夏代之田分三等：不易者為上田，一易者為中田，再易者為下田。（註一）夏代授田制，是沿用井田之法，其詳不可得考；農業初啓之時，土地是歸於部落所公有，而個人固各有分地，然各有分地至何種程度，則又不可詳考。通考卷一言黃帝之時已有井田：『黃帝經土設井，以塞爭端，立步制畝，以防不足，使八家為井，井開四道而分八宅，鑿井其中，（一）不洩地氣，（二）無費一家，（三）同風俗，（四）齊巧拙，（五）通財貨，（六）存亡更守，（七）出入相同，（八）嫁娶相媒，（九）有無相貸，（十）疾病相救。』玉海引李衞公問對亦說：『黃帝始立邱井之法，井分四道，八家處之，其形井字，開方九焉。』此言井田之起於黃帝，然黃帝以後，此井田制度未見稱述。史記稱：『舜耕歷山，歷山之人皆讓畔。』而韓非子難一篇則說：『歷山之農者侵畔，舜往耕焉，朞年甽畝正。』所謂「侵畔」「讓畔」是沒有一定的制度，故言井田之導源於黃帝，乃託古以見重，非眞有其事。宋儒王應麟有說：『溝洫之成，自禹至周，非一人之力。』（註二）井田制度，雖然是始自夏代，然亦代有變更，孟子說：『夏后氏五十而貢，殷人七十而助，周人百畝以徹，其實皆什一也；徹者，徹也；助者，籍也。龍子曰：治地莫善於助，莫不善於貢；貢者，較數歲之中以為常，樂歲粒米狼戾，多取之而不為虐，則寡取之。

凶年糞其田而不足，則必取盈焉。』朱子因而註之說：『夏時一夫授田五十畝，而每夫計其五畝之入以爲貢；商人始爲井田之制，以六百三十畝之地，劃爲九區，區七十畝，中爲公田，其外八家各授一區。』顧亭林對於夏殷之制懷疑起來，他說：『夫井田之制，一井之地，劃爲九區，故蘇洵謂萬夫之地，蓋三十二里有半，而其間爲川爲路者一，爲澮爲道者九，爲洫爲涂者百，爲溝爲畛者千，爲遂爲徑者萬。使夏必五十，殷必七十，周必百，則是一王之興，必將改畛涂，變溝洫，移道路以就之，爲此煩擾而無益於民之事也，豈其然乎？蓋三代取民之異，在乎貢助徹，而不在乎「五十」「七十」「百畝」；其「五十」「七十」「百畝」，特丈尺之不同，而田未嘗易也；故曰：其實皆什一也。』（註四）顧亭林所謂「五十」「七十」「百畝」，特丈尺之不同，而田未嘗易，然使周闢地日多，井田地畝之加多，亦有可能的。古代井田口分之制，究爲幾多呢？據孟子於滕文公上說：『方里而井，井九百畝，八家皆私百畝，同養公田，公事畢，然後敢治私事。』韓詩外傳卷四說：『古者八家而井田，方里而爲井，其田九百畝，八家爲隣，家得百畝，公田十畝，餘二十畝共爲廬舍，各得二畝半。』漢書卷二十四上說：『理民之道，地著爲本。故必建步立畝，正其經界。六尺爲步，步百爲畮，畮百爲夫，夫三爲屋，屋三爲井，井方一里，是爲九夫。八家共之，各受私田百畮，公田十畮，是爲八家八十畮，餘二十畮，以爲廬舍。』古代力役生產，在於井田，在此田制中，誠有如班固在漢書所說：『出入相友，守望相助，疾病相救，民是以和睦，而教化齊同。』有人說古代是沒有井田的制度，井田制度是一個理想，但是古代農業開始以後，在私有田土未發生以前，必有一種土地制度，在共同勞力的耕種之下，井田制度之發生，是有可能的。顧炎武日知錄說：『古來田賦之制，始於禹。水土既平，咸則三壤，後之王者，不過因其成蹟而已。詩曰：「信彼南山，維禹甸之，畇畇原隰，曾孫田之，我疆我理，南東其畝」然則周之疆理，猶禹之遺法也。」總之，自夏禹以後，中國土地制度，是日漸詳密的。

（二）稅制　唐虞之時，中央之財政與地方之財政，亦截然劃分，冀州甸服，有賦無貢。禹平水土，制爲貢賦：『冀州：厥土惟白壤，厥賦惟上上錯，厥田惟中中。兗州：厥土黑墳，厥田惟中下，厥貢漆絲，厥篚織文。青州：厥土白墳，海濱廣斥，厥田惟上下，厥賦中上，厥貢鹽絺，海物惟錯，岱畎絲枲鉛松怪石，萊夷作牧，厥篚檿絲。徐州：厥土赤埴墳，厥田惟上中，厥賦中中，厥貢惟土五色，羽畎夏翟，嶧陽孤桐，泗濱浮磬，淮夷蠙珠暨魚，厥篚玄纖縞。揚州：厥土惟塗泥，厥田惟下下，厥則下上上錯，厥貢惟金三品，瑤琨篠簜，齒革羽毛惟木，島夷卉服，厥篚織貝，厥包橘柚錫貢。荊州：厥土惟塗泥，厥田惟下中，厥賦上下，厥貢羽毛齒革，惟金三品，杶幹栝柏，礪砥砮丹，惟箘簵楛，三邦底貢厥名，包匭菁茅，厥篚玄纁璣組，九江納錫大龜。豫州：厥土惟壤，下土墳壚，厥田惟中上，厥賦錯上中，厥貢漆枲絺紵，厥篚纖纊，錫貢磬錯。梁州：厥土青黎，厥田惟上下，厥賦下中三錯，厥貢璆鐵，金鏤砮磬，熊羆狐狸織皮。雍州：厥土惟黃壤，厥田惟上上，厥賦中下，厥貢惟球琳琅玕。」至王城的外面：『五百里甸服，百里賦納總，二百里納銍，三百里納秸服，四百里粟，五百里米。』夏時一夫受田五十畝，較賦稅之中，不論豐歉，計五畝所入者以爲貢，孟子所謂：『夏后氏五十而貢』，朱子集註所謂：『夏時一夫受田五十畝，而每夫計其五畝之入以爲貢。』夏代稅制，大概如上述。

（三）幣制　管子說：『禹以歷山之金鑄幣，以救人之困。』通考錢幣考說：『虞夏商之幣，金爲三品，或黃或白或赤，或錢或布或刀或龜貝。』可知夏代已有錢幣之制。錢文古作泉，帛幣之興，有謂始於黃帝，有謂始於伏羲神農之世。易繫辭說：『神農日中爲市，致天下之民，聚天下之貨。』說文：『貨財也，從貝化聲。』廣韻引化淸經：『貨者化也，變化反易之物。』古時貿易之物，或以貝代泉，及後用以代泉者，不止一貝，因而有變化，故定名爲貨。漢書食貨志說：『貨謂布帛可衣，及金刀龜貝。』通志說：『自太昊以來有錢，太昊氏高陽氏謂之金，有熊氏（黃帝）高辛氏謂之貨，陶唐氏謂之泉。』所謂錢，所謂貨，所謂泉，是當時交易的媒介物，而簡單的商業已興起。管子稱：『禹以歷山之金鑄幣，』禹之時，已開始用金爲交易之媒介物。葉水心於策學備纂說：『古者以玉爲服飾，以龜爲寶，以金銀爲幣，錢只處其一，朝廷大用度大賜予皆用黃金。』漢書食貨志說：『禹平洪水，定九州，制土田，各因所生遠近，賦入貢棐，楙遷有無，萬國作乂。』農業既興之後，必繼之於商業之開始也。

（四）官制　夏仍古制，沿用封建。夏代封建之制，爵分三等：公侯爲一等，伯爲一等，子男爲一等（據春秋繁露及鄭玄說。）封地公侯方百里，伯七十里，子男五十里。每州之中，方百里之國二百，七十里之國四百，五十里之國八百，計一千二百國，合八州計之，共九千六百國，而畿內四百國，皆爲子男，故夏稱萬國。（註五）唐虞以上，世有五官之建，卽春官、夏官、秋官、冬官、中官。唐虞之世，所設各官，有百揆，總理庶政；四岳，統治諸侯；司空，典治水土；后稷，典司農事；司徒，典司教化；士，典司兵刑；共工，典司百工；虞，典司山澤；秩宗，典司祭祀；典樂，典司樂教；納言，出納帝命；州牧，分治諸侯。官制漸爲完備。上古官制，以五官爲最明，有人以爲自周以前，皆爲五官，六官之制，是自周代始。（註六）然尚書甘誓有「乃召六卿」之文，史記夏本紀亦有「乃召六卿」之句。通考職官考復說：『虞爲六官，以主天地四時，夏制六卿，（六卿卽六軍之將，周禮六軍皆命卿，按卽周禮之大宰、大司徒、大宗伯、大司馬、大司寇、大司空）其官名次，猶承虞制。』考禮記王制說：『天子三公，九卿，二十七大夫，八十一元士。』石梁王氏註：『唐虞稽古，建官惟百，夏商官倍。』可知唐虞設官不及夏時之多。至夏代地方制，還爲九州：如濟河惟兗州（今直隸東南山東西北）海岱惟青州（今山東東部以東）海岱及淮惟徐州（今山東南境及江蘇北境及安徽東北一隅）淮海惟揚州（今江蘇南境浙江西北部安徽全部）荆及衡陽惟荆州（今湖北南境湖南北境）荆河惟豫州（今湖北北境河南南境），華陽黑水惟梁州（今甘肅東南陝西南境及四川）黑水西河惟雍州（今陝西甘肅北境及嘉峪關外）。這地方制，是據禹貢所稱述，而地方官吏爲何，則未有說及。

（五）兵制　古代兵制之起，始自黃帝。其時以師兵分內外爲營衛：立外衛二十八以包中衛，立中衛二十以包外營，立外營十二以包內營，立內營四以應外衛，攻守居行，一循是法。唐虞之世，關於軍事上之設施，未聞其事。夏代兵制，其詳不可得考，惟兵出於農，計田賦以出兵車。章鴻釗中國銅器鐵器時代沿革考說：『越絕書謂禹以銅爲兵，固不必禹始爲之，特至禹而愈盛耳。左傳云：天生五材，民並用之，誰能去兵？五材謂金、木、水、火、土，是似有兵以來，即用金矣，故金有兵之義。』兵車是一種車戰的組織，而車戰所用之兵器，必是以銅質做成的。又尚書甘誓載夏啓有扈之征，有「大戰於甘，乃召六卿」之文，孔安國釋六卿爲六軍之將，而夏代設六軍以爲兵制的組織，可以無疑。尚書大傳說：『天子三公，一曰司徒公，二曰司馬公，三曰司空公。』月令正義說：『書傳三公領三卿，此夏制也。』三公之司馬公，是掌軍旅之事，夏代之軍權，是統於司馬公的。

（六）法制　刑法之始，論者以唐虞爲斷，或謂唐虞以上無肉刑，而僅有象刑。象刑是畫其象以治罪，於本人無傷。白虎通說：『畫象者其衣服象五刑也；犯墨者蒙巾，犯劓者以赭著其衣，犯臏者以衣蒙其臏，象而畫之，犯宮者屝，犯大辟者布衣無領。』書象治罪，刑屬至輕。書舜命皋陶作士，有「象以典刑流宥五刑」之說，刑之於象，而其宥之乃至於流，視象刑爲更重；無當於理。象以典刑，卽法用常刑之謂。五刑之目，始於唐虞，五刑爲墨、劓、剕、宮、大辟，皆屬肉刑。尚書呂刑說：『苗民弗用靈，制以刑，惟作五虐之刑曰法。殺戮無辜，爰始淫爲劓、刵、椓（卽宮）、黥。』是肉刑爲苗民所創。夏時承虞制，沿用五刑，大禹謨說：『帝曰：皋陶，惟茲臣庶，罔或干予正，汝作士，明于五刑，以弼五教，期于予治，刑期于無刑，民協于中，時乃功，懋哉。』至公佈於人民之法律則有禹刑，左傳晉叔向謂：『夏有亂政而作禹刑。』竹書紀年說『帝芬（卽帝槐）作圜土。』爲夏有牢獄之徵。甘誓說：『用命賞於祖，不用命戮於社，予則孥戮汝。』爲夏有孥戮之徵。書序說：『呂命穆王訓夏贖刑，作呂刑。』爲夏有贖刑之徵。（呂侯爲天子司寇命穆王訓刑以詰四方。）唐律疏義引尚書大傳說：『夏刑三千條。』隋志亦說：『夏后氏正刑有五，科條三千。』周禮司刑注：『夏刑大辟二百，臏辟三百，宮辟五百，劓墨各千。』以上均說及夏刑有三千條。我們再看夏書五子之歌，不但有治民之刑，且有正民之法。五子之歌說：『明明我祖（禹），萬邦之君，有典有則，貽厥子孫，關石和鈞，王府則有，荒墜厥緒，覆宗絕祀。』違背此典則者，必致覆宗絕祀，其重視國家的法律可知了。

（七）宗教　中國是多神教的國家，當上古時民智未開，看見日月星辰附麗於天者如此之光明；山川河海風雨雷霆，展佈於地者如此之變化；遂以爲天地之間，必有許多的神明主持之。古代聖人遂利用之以爲神道設教，使人民不敢爲惡；君后亦利用之以提高地位，使人民尊敬畏服。如神農之生，其母有神龍之感；黃帝之生，其母感電光繞斗之祥而有孕；少昊之生，其母感大星如虹下臨華渚之祥而有娠；顓頊之生，其母感瑤光貫月之瑞；舜帝之生，其母握登亦有大虹之感。在上者已藉神權以資提倡，而在下的人民，更因之以媚神媚鬼，資爲迷信之行。加以神仙陰陽五行之說，亦爲當時宗教思想之對象。五行之教，惟夏爲盛，洪範九疇，五行爲其始。行爲天行氣之義，播五行於四時，迭相休旺，是爲天行氣。五行有位置，有性質，有支配。水、火、木、金、土，此位置之說。水曰潤下，火曰炎上，木曰曲直，金曰從革，土爰稼穡，此性質之說。潤下作鹹，炎上作苦，曲直作酸，從革作辛，稼穡作甘，此支配之說。至於後世凡世間事物之以五成者，往往以五行之說而附會之，此皆導源於夏代五行的宗教思想。

（八）美術　美術或藝術，是人類在原始生活中亦表現的。人類的好美和審美之感，可說是與生俱來的，是與人類同其範圍的（Co-extensive with man）。美術是人類情感向外表現的傾向，表現的結果，增加快樂，減少痛苦；同時也可以由表現的結果，增加他人的快樂，減少他人的痛苦；所以美術是具有社會性的。野蠻人有野蠻人的美術，半開化人有半開化人的美術，文明人有文明人的美術；不過野蠻人的美術，不及文明人美術的進步而已。上古時代有上古時代的美術，中古時代有中古時代的美術，近代現代有近代現代的美術；不過上古時代的美術，不及近代現代美術的發展而已。茲將夏代的美術略述之如下：（甲）音樂。音樂在上古時已發明，庖犧神農之世，音樂代興，黃帝作咸池之樂，（通典注：咸，皆也，池，施也，言德無不施也。）金天作大淵之樂，高陽作六莖之樂，（通典注：莖根也，謂澤及下也。）高辛作五英之樂，（通典注：英，謂華茂也。）堯作大章之樂，舜作大韶之樂，（通典注：章，明也，言堯德章明也，韶，繼也，言韶能繼堯之德。）樂器至唐虞之世，八音（金、石、絲、竹、匏、土、革、木）始完備。書堯典說：『八音克諧，無相奪倫，神人以和。』呂氏春秋古樂篇說：『帝舜乃命質修九招六列六英（樂名）以明帝德。』又說：『禹立，勤勞天下，日夜不懈，通大川，決雍塞，鑿龍門，降通漻水以導河，疏三江五湖注之東海，以利黔首，』於是命皐陶作爲夏籥九成，以昭其功。』至孔甲時復作破斧之歌，爲東音所自始。(乙)繪畫。上古之世，有所謂河圖者，庖犧得之以畫八卦，此即爲古代畫事之起原。史稱黃帝臣史皇作畫，黃帝畫蚩尤形象，以威天下，當是繪事漸精之徵。尚書益稷篇帝舜說：『予欲觀古人之象，日、月、星辰、山、龍、華蟲作會，宗彝、藻、火、粉米、黼黻、絺繡，以五采彰施以五色作服，汝明。』鄭玄注：『會、讀爲繪，謂畫也。』據此夏代繪事，當更進步。(丙)彫鑄。伏羲制琴瑟，神農爲耒耜，黃帝作舟車，其時必有彫刻之技。堯時有五瑞之輯，對於玉亦能彫琢成器。舜時西王母獻白玉及玦。玦是玉佩，必彫刻成文理。關於冶鑄：黃帝鑄鼎於荊山之下。古器之最重者，莫如鐘與鼎，鑄鼎之術，固非小技所能。夏禹時，收天下美銅以鑄九鼎，鼎爲有邦之證，所謂傳國之寶。且夏禹鑄鼎象物，使民知神姦，其窮形盡狀，非精於技者，不易爲力。又左傳言成王分魯公以夏后氏之璜，璜爲半璧，古人所寶，經歷商周之時，其寶猶存，可知夏代玉工之精。古銅器之文，與使用最廣之雲雷文及罍之制，皆創於夏時，考罍字之缶（陶製之樂器）即雷之重文之省畫，由此可知是彫刻文樣於大陶器。（註八）（丁）建築。生民之初，穴居野處，沒有宮室棟宇。庖犧以前，有所謂有巢氏，發明構木爲巢之法。至於神農，始有明堂之作；明堂爲用至廣，凡君主禘祭、宗祀、朝覲、耕籍、養老、尊賢、饗射、獻俘、治曆、望氣、行政等事，皆在其中。堯之世，宮室力崇儉約，茅茨不翦，采椽不斲，宮垣室屋不堊色。虞舜之時有巖廊，巖廊之制如何，不得而知。孔子稱夏禹卑宮室，而啓有鈞臺。竹書紀年說：『帝啓元年，大饗諸侯於鈞臺，諸侯從帝歸於冀都，大享諸侯於璿臺。』考工記說：『夏后氏世室，堂修二七，廣四修一，五室三四步，四三尺，九階，四旁兩夾窻，門堂三之二，室三之一。』其制略有可考。假定其時以六尺爲步，其尺之長略等於周尺，則世室之長，不過今尺六丈有奇，廣亦不過八丈有奇，而其中之深室不過二丈，寬亦不過二丈有奇。世室之制度，亦是褊狹，不算廣大。（註九）

（九）教育　上古之世，明堂與學校本非二地，教賢在此，舉賢亦在此。唐虞之時，教育之法漸興。舜憂人民逸居無教，乃使契爲司徒，教以人倫；命伯夷典禮，夔典樂，設上庠下庠米廩之庠；可見明倫是堯舜時代所定之教育目的；禮樂是堯舜時代所定之教育方法；上下庠及米廩之庠，（明堂位篇載，米廩，有虞氏之庠也。）是堯舜時代所設之教育制度。夏代學校之名，不曰庠而曰序；大學曰東序，小學曰西序，惟鄉學曰校，均爲教民養老習射之所；是當時學校之制，必粗具規模。

（十）學術　上古學術屬於粗淺，然亦循序發展：（甲）天文。神農時，因天時以相地宜，曆學始有端緒。黃帝之世，命大撓探五行之情，占斗綱所建，於是始作甲子；命容成作蓋天，以象周天之形，綜六術以定氣運。（註十）顓頊高陽氏之世，命南正重司天以屬神，使治曆明時。（南正，官名，重，少昊之子。）堯時命羲、和曆象日月星辰，敬授民時，歲三百有六旬六日，以閏月定四時成歲。堯之治曆，以日之所在不能以目視，器窺乃爲之中星以紀之；又以日之出入，不可以一方之所見爲定，乃爲之立東西北四方之宅以分候之；且治曆別用璿璣玉衡來測度，使日月星辰，遲速合度。可知其時天文已有進步。夏代天文無顯著的發明，惟斯學愈闡精觀，禹之五疇五紀居其一。五紀之別：一曰歲，所以紀四時；二曰月，所以紀一月；三曰日，所以紀一日；四曰星辰，所以分敍氣節紀日月之會；五曰曆數，所以爲氣節之度而授時。史記夏本紀『孔子正夏時，學者多傳夏小正云。』據此，可知夏代天文曆法的進步。（註十一）（乙）數學。黃帝命隸首創作算數，為中國有數學之始。自數學既明，由是而有度以度物的長短，所謂十分為寸，十寸為尺，十尺為丈，十丈為引是也。由是而有量以量物的多少，所謂十龠為合，十合為升，十升為斗，十斗為斛是也。由是而有權以權物的輕重，所謂二十四銖為兩，十六兩為斤，三十斤為鈞，四鈞為石是也。至夏禹治水時，隨山刊木，必以勾股之算法測量山川，而定其高下。路史謂禹『審銓衡，平斗斛，立典則以貽子孫。』衡量之制，至夏亦確定。(丙)醫術。中國醫術之發明，實自古代；神農嘗百草，以救生民夭傷之命，黃帝之臣岐伯首以醫術著稱，雷公亦間接受之於岐伯。巫咸為唐堯之醫，史稱能以祝延人之福，愈人之病。路史謂：『禹生於蜀之廣柔縣石紐村，今之石泉縣也；石鼓山，其山朝暮二時，有五色霞氣；又有大禹採藥亭在大業山，其地藥氣觸人。』(註十二)可知禹時已注重藥物的調劑。(丁)哲學。易經是古代的哲理，夏之易曰連山，以艮為首。夏代哲理，始於洪範的垂訓。洪範九疇，初一曰五行，次二曰敬用五事，次三曰農用八政，次四曰協用五紀，次五曰建用皇極，次六曰御用三德，次七曰明用稽疑，次八曰念用庶徵，次九曰嚮用五福，威用六極。凡此皆是詳究宇宙發生的現象，以論究社會倫理政治思想之原理。(戊)歷史。漢書班固有說：『古之王者，世有史官，君舉必書；左史記言，右史記事，事為春秋，言為尚書。』劉知幾史通引歸雲僑說：『孔甲，黃帝主書史之臣，執青纂記言動惟實。』堯典有似於起居注；皋陶謨益稷，為朝廷瑣記；禹貢為地志，均屬於史類。孔子說：『夏禮吾能言之，杞不足徵也。』夏禮能言，是文獻之紀事足徵故也。

(十一)文學　中國的文學產生於甚麼時代，很難證實。本國文學史有說：『許叔重曰：倉頡之初作書，蓋依類象形，故謂之文；其後形聲相益，即謂之字；文者物象之本，字者言孳乳而寖多也。著於竹帛謂之書；書者如也。以迄五帝三皇之世，改易殊體，封於泰山者七十有二代，靡有同焉。由此觀之：古文不盡由倉頡作也。晉衞恆四體書勢云：自黃帝至三代，其文不改，與許說異。韋續字源言包犧氏獲景龍之瑞作龍書；少昊金天氏以鳥紀官作鸞鳳書；神農因上黨生嘉禾八穗作穗書；黃帝因卿雲見作雲書；堯因靈龜負圖作龜書；皆隨所見而製者也。』（註十三）古代文學作品名目，有葛天氏樂歌八闋（見呂氏春秋卷五古樂篇）伏羲有網罟之歌，神農有豐年之詠（見太平御覽引晉夏侯元辨樂論）堯時有擊壤之歌（見列子），舜有卿雲之歌（太平御覽引尚書大傳）如說上古時有文學，這些就是代表的作品。夏代文字之可考見者，有夏禹岣嶁碑（岣嶁山名，在今湖南衡陽縣北五十里，衡山之主峯，相傳禹得金簡書於此，夏禹碑今已久佚，但傳摹本）世或疑岣嶁碑爲僞，然路史說：『述異記空同山有堯碑禹碣。』輿地志說：『江西紫霄峯下石室中有禹刻篆文七十餘字，止鴻荒漾余乃六字可辨。』唐劉禹錫寄呂衡州詩說：『傳聞祝融峯上有神禹銘，古石琅玕姿，祕文龍虎形。』韓退之詩：『岣嶁山尖神禹碑，字青石赤形模奇。』則神禹紀功刻石之事，當或有之。

參考書舉要

（註一）中國史話第一卷十頁。
（註二）前漢書食貨志。
（註三）困學紀聞卷四。
（註四）日知錄卷七。
（註五）先秦文化史一一一頁引禮記王制及鄭玄註。

（註六）顧炎武求古錄禮說五官考。

（註七）拙著中國法律史大綱二九頁。

（註八）日本大村西崖著中國美術史漢譯本第三章。

（註九）柳著中國文化史上册九八頁。

（註十）綱鑑彙纂卷一。

（註十一）大戴禮補注夏小正篇。

（註十二）羅泌路史賦[illegible]山變皮隨筆。

（註十三）汪劍餘編本國文化史第一章第四節。

第三章　商代之文化

第一節　商代之政治社會

商王湯，帝舜司徒契之後，他欲王天下，乃任伊尹，內撫百姓以收人心，外征四方以服諸侯，遂代夏桀爲天子，都於亳（河南省歸德府治，）據殷本紀說：『契長而佐禹治水有功，……封於商。』（今河南睢縣。）詩商頌有說：『相土烈烈，海外有截。』崔述商考信錄說：『按商先世，詩書多缺，不可詳考。竊以時世推之，相土爲契之孫，當在夏太康世。蓋因太康失國，羿、浞淫暴，諸侯無所歸，而相土能修其德政，故東方諸侯咸歸之。商邱在東，而西北阻於羿、浞，是以號令東訖於海，而云海外有截也。』商邱爲相土所居，而成湯居亳，相距甚遠，必有播遷之事。史記記夏殷興亡的事有說：『自契至湯八遷，從先王居。湯征諸侯，葛伯不祀，湯始伐之。……當是時，夏桀爲虐政，淫荒；而諸侯昆吾氏爲亂。湯乃興師，率諸侯，伊尹從湯，湯自把越以伐昆吾，遂伐桀。……於是湯曰：吾甚武，號曰武王。桀敗於娀之虛，桀奔於鳴條，夏師敗績，湯遂伐三㚇，俘厥寶玉。……於是諸侯服，湯乃踐天子位。』湯以征誅，得統一天下，故武力特別發揚。詩商頌有說：『昔有成湯，自彼氐羌，莫敢不來享，莫敢不來王。』即其證也。湯既即位，反桀之治，以寬治民，除其邪虐，順民所喜，遠近歸之，乃改正朔。其得屢遭大旱二十四年，湯禱桑林之野，幸而得雨，湯備旱之法不傳，而僅以禱雨之舉，傳疑於後世，史稱其以政不節、民失職、宮室崇、女謁盛、苞苴行、讒夫昌、六事自責，言未雨而大雨方數千里，這等神話，未足據信。（註一）湯沒，太子太丁未立而卒。史記殷本紀說：『湯崩，太子太丁未立而卒，於是乃立太子之弟外丙，是爲帝外丙；帝外丙卽位二年崩，立外丙之弟中壬，是爲帝中壬；帝中壬卽位四年崩，伊尹乃立太丁之子太甲。……帝太甲既立，三年不明，暴虐不遵湯法，亂德，於是伊尹放之於桐宮（今河南偃師縣西南五里），三年，伊尹攝行政，當國以朝諸侯。帝太甲居桐宮三年，悔過自責反善，於是伊尹乃迎帝太甲而授之政；太甲修德，諸侯咸歸，殷百姓以寧。』孟子說：『太甲顛覆湯之典刑，伊尹放之於桐；三年，太甲悔過，自怨自艾，於桐處仁遷義；三年以聽伊尹之訓己也，復歸於亳。』太甲復統政，伊尹仍爲相，並作太甲三篇以戒之，諸侯咸朝，百姓以寧，商於是再治。然古本竹書紀年則說：『伊尹放太甲於桐，乃自立；七年，王潛出自桐，殺伊尹；天大霧三日，乃立其子伊陟、伊奮，命復其父之田宅而中分之。』何說爲是，未得而知。太甲在位三十三年沒，能紹先人之業，故稱太宗；中國君主之有廟號，此其始也。子沃丁立，在位二十九年沒，弟太康立，商代傳系兄終弟及之例由此始。太康在位二十五年沒，子小甲立。小甲在位十七年沒，弟雍己立。雍己不能綱紀庶政，號令不行，諸侯不朝，在位十三年沒，弟大戊立。大戊能修先王之政，明養老之禮，早朝晏退，問疾弔喪，遠方重譯而至者七十六國，商以此復興，諸侯歸之，尊其德稱中宗，在位七十五年沒，子仲丁立。（註二）仲丁在位十三年沒，國有內亂，弟外壬立。外壬在位十五年沒，弟河亶甲立。河亶甲在位九年沒，子祖乙立。祖乙用巫賢爲相，諸侯順服，在位十九年沒，子祖辛立。祖辛在位十六年沒，弟沃甲立。沃甲在位二十五年沒，國內又亂，而傳系更紛。祖辛之子祖丁，繼沃甲卽位，商代傳系以姪繼叔之例，又於此始。（註三）祖丁在位三十二年沒，沃甲之子南庚，繼祖丁即位，商代傳系從兄弟之繼承又於此始。南庚在位二十五年沒，祖丁之子陽甲即位，商代傳系從姪之繼其叔又於此始。自仲丁以來，廢嫡而更立諸弟子，諸弟子或爭相代立而至擾亂者九世於茲，諸侯因此不朝。陽甲在位七年沒，弟盤庚立改國號曰殷。盤庚之改號爲殷，乃以遷都北亳之故。清王鳴盛尚書後案卷六盤庚上以爲亳在偃師。史記集解說：『鄭玄曰治於亳之殷地，商家自此徙而改國號曰殷亳皇甫謐曰今偃師是也』。盤庚遷都之後，行湯之政，遵湯之德，殷道復興，諸侯來朝，商代政治因以再振。盤庚在位二十八年沒，弟小辛立，殷道復衰。商自仲丁以來，時興時衰，未達於眞正治平之境。小辛在位二十一年沒，弟小乙立。小乙在位二十八年沒，子武丁立。武丁賢明，與大戊盤庚齊譽而稱高宗。劉恕說：『武丁卽位之初，殷道中衰，甘盤遯世，朝多具臣，傅說賢而隱於胥靡，一旦舉而用之』。（註四）武丁立傅說爲相，使總百官，朝夕規諫，至是禮廢復起，國家大治，安內攘外，復有鬼方的征伐。鬼方爲西藏族之一派，卽後世西羌之別祖，當時散居西南荒服之地，卽滇蜀區域之邊。武丁用兵三年，遂克鬼方，征夷遂告成功。武丁在位五十九年沒，子祖庚立。祖庚在位七年沒，弟祖甲立。祖甲在位三十三年沒，子廩辛立。廩辛在位六年沒，弟庚丁立。庚丁在位二十一年沒，子武乙立。武乙徙都河北，國中衰敝，東夷寖盛，分遷淮岱。在位四年時，畋河、渭間而死。子太丁立，自沬（河南淇縣）復遷河北。太丁在位三年沒，子帝乙立，仍自河北遷沬。帝乙在位三十七年沒，子受辛立。受辛爲人，資辨捷疾，聞見甚敏，材力過人，智足以拒諫，言足以飾非，以爲天下皆出己之下。（註五）世號爲紂，其失政多與桀同。大名崔述商考信錄說：『紂之不善，尚書微子牧誓等篇言之詳矣，約其大概有五：一曰聽婦言，牧誓所謂牝雞之司晨者。二曰荒湎，酒誥所謂酣身，微子所謂酗酒者也。三曰怠祀，牧誓所謂昏棄肆祀，微子所謂攘竊犧牷牲者也。四曰斥逐貴戚老成，牧誓所謂昏王父母弟，微子所謂耄遜於荒，咈其耉長者也。五曰牧用憸邪小人，牧誓所謂多罪逋逃，是信是使，立政所謂羞刑暴德同於厥邦，微子所謂草竊姦宄罪合於一者也。論語之稱三仁，晉語之述妲己，卽大雅蕩之篇，爲後人之託言，而其譏切紂失，亦不外此五端。』然紂之惡，更有甚於是者，紂以九侯、鄂侯、西伯昌爲三公，九侯入於紂，紂不喜其女殺之，並醢九侯，鄂侯爭之，又脯鄂侯，西伯昌聞之嗟嘆，爲紂所知，又囚昌於羑里，（河南湯陰縣北九里，）比干進諫，紂怒殺之，剖視其心。且濫用非刑，慘施炮烙。但論語說：『子貢曰：紂之不善，不如是之甚也，是以君子惡居下流，天下之惡，皆歸焉。』錢塘夏曾佑亦說：『中國言暴君，必數桀、紂，猶之言聖君，必數堯、舜、湯、武也。今案各書中所引桀紂之事多同，可知其間，必多附會。蓋旣亡之後，其興者必極言前王之惡，而後己之伐暴爲有名，天下之戴己爲甚當，不如此不得也。』（註六）大名崔邁訥菴筆談說：『桀紂暴虐，止行於畿內耳，四方諸侯之國，不能暴虐也。』商紂的政治，是否有如上所說的殘暴，抑他的殘暴祇行於畿內，沒有行於四方諸侯之國，雖未能遽下判斷，然使紂沒有惡政，何以西伯昌得專征伐時，而西方之諸侯附昌者日多？又何致西伯發繼父昌嗣位，率兵東出伐紂時，諸侯叛殷會周者八百呢？商自成湯至受辛，歷主三十，凡六百四十七年而亡。（此據章嶔中華通史本說，惟據史記殷本紀集解譙周曰：殷凡三十一世，六百餘年，汲冢紀年曰：湯滅夏以至於受，二十九王，用歲四百九十六年。袁王綱鑑合編注：商二十八君，按經世書，自湯乙未至紂戊寅，該六百四十四年。）

參考書舉要

（註一）綱鑑纂卷一。

（註二）資治通鑑外紀卷二。

（註三）中華通史第二編二二〇頁

（註四）通鑑外紀卷三。

（註五）袁王綱鑑合編卷一商紀。

（註五）夏曾佑著中國古代史第一章二八頁

第二節　商代之文化形態

商代之文化，比較夏代文化爲進步，亦比較夏代文化爲足徵。茲分述之如下：

（一）社會風習（甲）婚姻。商代的婚姻，有人說是氏族社會的婚姻形式，約有三種：（1）一妻多夫制，流行於石銅兼用時代，在年代上推論，是在夏商之際。（2）暫時偶婚制，是從一妻多夫過渡到一夫多妻的一個短期的婚姻形式，推行這個婚姻形式的大概是在商末殷初之際。（3）一夫多妻制，盛行於殷代。（註一）商代末年及殷代初年，有一種暫時偶婚制的形式。例如易經中所載：『屯如邅如，乘馬班如，匪寇婚媾。』（屯六二）『乘馬班如，求婚媾。』（屯六四）『乘馬班如，泣血漣如。』（屯上七）『入於其宮，不見其妻。』（困六三）由這裏可以看出暫時偶婚制，夫妻的關係，家庭的聯繫，是薄弱易以動搖的。到了殷代的時候，因父權的確立，遂由暫時偶婚制轉變到一夫多妻制的婚姻形式。例如易經中所載：『畜臣妾吉。』（遯九三）『得妾以其子，無咎。』（鼎初六）『納婦吉，子克家。』（蒙九二）在這記載中，可以找出下列數種事實：（1）子可以承家。（2）有妾的產生。（3）婦女的商品化。還足以表現出殷代的父系家庭及一夫多妻的制度。禮記曲禮下有說：『天子有后有夫人有世婦有嬪有妻有妾。』天子娶十二人是夏制，殷增三九二十七人，總三十九人所增二十七世婦。公羊何休注謂殷制夫人不媵，或立娣以為繼室。可知殷代貴者是行一夫多妻之制的。(乙)喪葬。禮記檀弓上說：『殷人棺槨。』『殷人尚白，大事斂用日中。』『殷人殯於兩楹之間。』史記殷本紀裴駰集解引皇覽說：『湯冢在濟陰亳縣北東郭，冢四方，方各十步，高七尺。』是殷人對於喪葬是用棺槨葬後有墳墓以妥置死者，且有殉葬物。中央研究院殷墟發現之俯身葬，其殉葬物有觚有爵。凡此皆商代喪禮之可考者。(丙)飲食。據殷墟書契考釋文字第五有牛、羊、犬、尨、豕、豚、魚、雞、彘、雉等字，可見當時飲食的原料之多。又商人嗜酒之風獨盛，商器之中爵、尊、觶、斝、罍、壺、卣等皆屬酒器，微子說：『我用沉酗於酒，用亂敗厥德於下。』『天毒降災荒殷邦，方興沉酗於酒。』酒誥說：『在今後嗣王酣身，厥命罔顯於民，祇保越怨不易，誕惟厥縱淫泆於非彝，用燕喪威儀，民罔不衋傷心，惟荒腆於酒，不惟自息乃逸，厥心疾很，不克畏死，辜在商邑，越殷國滅無罹，弗惟德馨香祀登聞於天，誕惟民怨，庶群自酒，腥聞在上，故天降喪於殷。』殷人好飲群飲之風，可以見了。(丁)衣服。商代衣服之制不詳，據殷墟書契考釋文字第五有衣、裘、絲、帛等字，可知商代有以絲帛和獸皮等原料製為衣裘。

(二)農業　商代是畜牧社會，抑是農業社會，還是要考究的問題。據郭沫若在中國社會研究一書主張：(甲)商代和商代以前，都是原始共產社會。(乙)商代是畜牧盛行時代，農業已經發現時期，那麼商代的社會，必然是一個原始共產的氏族社會。我們知道原始共產社會與氏族社會是兩個不同的社會形式；前者是使用粗糙的石器；

後者金石並用前者是採集、漁獵經濟；後者是畜牧、農業經濟。如何能把共產社會與氏族社會併為一談，而說商代是原始共產的氏族社會呢？考古學家說原始社會是出現於二十萬年以前，商代至今約三千七百年，在時間上已相差很遠，而且郭氏已主張商代是畜牧盛行時代，農業已經發現時期，如何能說商代還是原始共產社會時期呢？

（註二）商代是一個畜牧和農業混合的社會，從詩書中可以證明如下：盤庚上說『若農服田力穡，乃亦有秋。』又說：『惰農自安，不昏作勞，不服田畝，越其罔有黍稷。』湯誓說：『今爾有衆，汝曰我后不恤我衆，舍我穡事而割正夏，』詩商頌說：『自天降康，豐年穰穰，』『稼穡匪解。』周書無逸篇亦說：『自時厥後立王生則逸；生則逸，不知稼穡之艱難，不聞小人之勞，惟耽樂之從。』由這些史料可以斷定商代不是完全屬於畜牧的社會。又據羅振玉殷墟書契考釋卷下所記：書契之中卜田狩者一百八十六；卜漁者十一；卜征伐者六十一；卜年者三十四；卜風雨者一百十二；卜出入者一百七十七；卜祭者五百三十八；雜卜四十七。其祭時用牲之數，或一，或二，或三，或五，或六，或十，或十五，或二十，或三十，或三十三，或三十七，或四十，而至於百。卜風雨是與農業有密切的關係。祭時用牲至於百數之多，可想見當時牧畜之盛。因此我敢斷定商代是牧畜和農業混合的社會。但至於商代末年，這種情形就不同，祇看周初農業之繁榮，就知道商代末年農業之發達，有連接的關係。且農業是與水患有重大的影響，有水患的地方，是不能容許農民的生產，而不能不遷徙的。史記殷本紀說：『自契至湯八遷。』其後『帝仲丁遷於隞，河亶甲居相，祖乙遷於邢，帝盤庚之時，殷已都河北，盤庚渡河南，復居成湯之故居。遷五遷，無定處。帝武乙立，殷復去亳，遷河北。』清代毛奇齡有說：『據書序及本紀，契至湯有八遷。湯至盤庚有五遷，共十二遷。且盤庚後更有遷者，似乎遷徙是殷家故事；然亦惟殷之所都，皆在河南北，屢受河患，故屢遷。』（註三）商代經營農業所獲的農產物中，有禾、黍、米、麥、桑、等，可由卜辭中文字看出，而黍之文字使用尤多；大抵黍之一物，爲當時人民所耕種，是常食的農產物。至於土地的分配，仍與夏代相同，係屬公有制度，非屬於私人所有。所謂「殷人七十而助」一語，雖不能斷定每人給田七十畝，但至少可以證明商代土地的分配，不是私有制度。（註四）

（三）稅制　商代租稅制度，見之於經書者，只有助法。何謂助法？即將田地劃爲九井，周圍八井，分與八戶之民，中央一井，使八戶共耕，將其所收穫作爲租稅，而奉納國家的。孟子說：『殷人七十而助。』注云：『民耕七十畝田，其助公家，則七畝而已。』陳澧說：『古者君授民田，其君若今之業主，其民若今之田賦。』（註五）陳登原說：『行助法時，民有私田百畝，而公田百畝之中，（據韓詩外傳卷四，八家於公田中，家取二畝半以爲廬舍，共二十畝，）八家分耕八十畝，是人耕百十畝，而出賦僅十畝，是謂什一取一。』（註六）商代土地制度及稅制如何，紛紛其說，我們沒有可靠的資料來證實；惟可知者，商民耕種，必將其收穫，用一部份供給於國家。又據朱子集註說：『商人始爲井田之制，以六百三十畝之地，畫爲九區，區七十畝，中爲公田，其外八家各授一區，但借其力以助耕公田，而不復稅其私田。』所謂助耕，亦是屬於征稅的一法。商代有一種圭田，是零星不成井之田，用爲貴族的分地。王制說：『夫圭田無征。』周官制度說：『圭田自卿至士，皆五十畝，此專主祭祀，故無征。』孟子說：『卿以下，必有圭田，治圭田者不稅，所以厚賢也。』凡此皆商代稅制的大概。

（四）商業　章嶔於中華通史第二篇有說：『商典市之官，不粥之禁，見具於王制。』考王制說：『圭璧金璋，不粥於市；命服命車不粥於市；宗廟之器，不粥於市；犧牲，不粥於市，戎器，不粥於市；用器不中度，不粥於市；兵車不中度，不粥於市；布帛精麤不中數幅廣狹不中量不粥於市；姦色亂正色不粥於市；錦文珠玉成器，不粥於市；衣服飲食，不粥於市（所以禁民之不儉）；五穀不時，果實未熟，不粥於市；木不中伐，不粥於市；禽獸魚鼈不中殺，不粥於市。』假定王制所說典市之官是屬於商代的商業制度，則在當時對於商品之售出有許多是加以限制的，有許多是不加以限制的。商業是隨工業而發展的，商代器具之製造，如骨器、石器、玉器、銅器等物品，及其他舟、車、矛、矢、鼎、俎、皿、爵、日常用具之類亦不少，由土中遺物發掘出來的可以推測當時工業的狀況。工業所造出來的商品，當然不是製造者的私用，而是入於市場發賣的。據管子說：『昔者桀之時，女樂三萬人，端譟晨樂，聞於三衢，是無不服文繡衣裳者。伊尹以薄（與亳通，荀子：古者湯以亳）之游女工文繡纂組，一純得粟百鍾於桀之國。』（註七）這是說明商以工業製造品和夏的農業原料品互相交換，而利用過商業的政策。

（五）幣制　商代的幣制有三種，就是金屬幣、玉屬幣和貝屬幣。竹書紀年說：『成湯二十一年鑄金幣。』管子說：『湯以莊山之金鑄幣，而贖人之無糧賣子者。』賈逵說：『夏商錢幣，分爲三等，黃金上幣，白金次之，赤金爲下。』這是當時用金屬的證明。至於玉幣和貝幣，則採用玉和貝積量之小者，其大者則不用以爲貨幣。當時對於玉屬幣叫做珏，貝屬幣叫做朋。通志說：『商代幣錢亦謂之布。』（註八）布是甚麼？據詩衛風：『抱布貿絲。』疏：『此布幣謂絲麻布帛之布，幣者布帛之名。』可見商代亦有用布帛爲貨幣。又據史記殷本紀有說：『南宮括散鹿臺之財。』（鹿臺，商紂聚財之所，在今河南淇縣。）清代王念孫說：『散鹿臺之財，本作散鹿臺之錢，今本作財者，後人依晚出古文尚書改之也。晚出尚書武臣篇，散鹿臺之財，正義引周本紀曰：命南宮括散鹿臺之錢。又曰：言鹿臺之財，則非一物也；史記作錢，後世追論以錢爲主耳。是史記本作錢不作財也。』（註九）據此可知商代末年（包括殷代而說）已行使貨幣之錢。

（六）官制　商代封爵封地，與夏略同，而國數比夏爲減少。封爵分公侯伯三等，子男爲畿內諸侯及蠻夷之稱，小國則稱附庸。封地公方百里，侯七十里，伯五十里。有八州，每州方千里，建百里之國三十，七十里之國六十，五十里之國百有二十，凡二百一十國，共得一千六百八十國。畿內方千里，建百里之國九，七十里之國二十一，五十里之國六十三，凡九十三國。所餘之地計方百里者六十四，方十里者九十六，以爲元士祿田，合以八州（九州並王畿而言）所封之國，共得封國一千七百七十三。受祿之制：大國（公國）之君食二千八百八十人。次國（侯國）之制食二千一百六十人。小國（伯國）之君食一千四百四十人。商制天子建天官，先六太，曰太宰、太宗、太史、太祝、太士、太卜，爲典司六典之官。次立五官：曰司徒、司馬、司空、司士、司寇，爲典司五衆之官。次立六府：曰司土、司木、司水、司草、司器、司貨，爲典司六職之官。次立六工：曰土工、金工、石工、木工、獸工、草工，爲典制六材之官。（註十）其他如阿衡、左相、父師、少師各職，亦略見於古書，但不如周初官制的完備。

（七）兵制　古者寓兵於農，因田而制軍賦。漢書卷二十三說『殷周以兵定天下矣，天下既定，戢藏干戈，教以文德，而猶立司馬之官，設六軍之衆，因井田而制軍賦。……有稅有賦，稅以足食，賦以足兵，故四井爲邑，四邑爲丘，丘十六井也，有戎馬一匹，牛三頭。四丘爲甸，甸六十四井也，有戎馬四匹，兵車一乘，牛十二頭，甲士三人，卒七十二人，干戈備具，是謂乘馬之法。一同百里，提封萬井，除山川沈斥（沈謂居深水之下，斥鹹鹵之地）城池邑居園囿，術路（術謂大道）三千六百井，定出賦六千四百井，戎馬四百匹，兵車百乘，此卿大夫采地（因官食地故曰采地）之大者也，是謂百乘之家。一封三百一十六里，提封十萬井，定出賦六萬四千井，戎馬四千匹，兵車千乘，此諸侯之大者也，是謂千乘之國。天子畿方千里，提封百萬井，定六賦六十四萬井，戎馬四萬匹，兵車萬乘，故稱萬乘之主。戎馬車徒干戈素具，春振旅以搜，夏拔舍以苗，秋治兵以獮，冬大閱以狩，皆於農隙以講事焉。五國爲屬，屬有長，十國爲連，連有帥，三十國爲卒，卒有正，二百一十國爲州，州有牧，卒正三年簡徒，羣牧五載大簡車徒，此先王爲國立武足兵之大略也。』商代六軍之制，是沿襲夏代的，而兵事之政則專於司馬，至於周代兵制則沿襲於商代。在商代之始，兵車不及萬乘，呂氏春秋卷八簡選篇說：『殷湯良車七千乘，必死六千人。』（御覽卷三百二十五必死下有士字。）商書湯誓說：『王曰格爾衆庶，悉聽朕言，非台小子，敢行稱亂，有夏多罪，天命殛之。』據此，商湯之兵力必遠勝於夏桀，不然，湯豈敢誓師以討伐麼？

（八）法制　韓非子卷九說：『殷之法，刑棄灰於街者，子貢以爲重，問之仲尼，仲尼曰：知治之道也，夫棄灰於街，必掩人，掩人人必怒，怒則鬬，鬬必三族相殘也，此殘三族之道也，雖刑之可也。』又說：『殷之法，棄灰於公道者斷其手。』王應麟困學紀聞評說：『以商鞅之法爲殷法，又託於仲尼，法家之侮聖言如此，均不足據也。』觀此，則商代刑棄灰的重刑，是否事實，不得而知。商代五刑，仍沿古制，若公布於民之法律，則有湯刑。春秋傳，昭公五年，晉叔向有說：『商有亂政而有湯刑。』此或以湯之官刑當之，故墨子謂殷湯亦作官刑。又白虎通以殷之牖里，與夏之夏臺，周之𡇂圄，同爲圜土，是商亦有牢獄之徵。商書湯誓說：『爾不從誓言，予則孥戮汝，罔有攸赦。』是商亦有牢獄之徵。呂覽孝行篇引商書說『刑三百，莫重於不孝。』是商代刑律成數有三百條，而以不孝爲大罪之徵。書盤庚上說：『無有遠邇，用罪罰厥死，用德彰厥善；邦之臧，惟汝衆；邦之不臧，惟予一人有佚罰。』商代刑與德並用，刑與德兼重。多方說：『乃惟成湯，克以爾多方簡代夏作民主。愼厥麗乃勸，厥民刑用勸，以至於帝乙（商太丁之子）罔不明德愼罰，亦克用勸。要囚殄戮多罪，亦克用勸，開釋無辜，亦克用勸。』由上引證來看，商代不單是重刑罰，而並重德教的。（註十一）

商代社會所有權尚未甚確立，婚姻又從習慣，所以民事方面訴訟較少，刑訴方面訴訟較多。章太炎蓟漢微言說：『商律刑名法例最具，是以其言閎括，可以行遠。』茲將商代刑名分列於後：（甲）徒刑。從殷墟文字彙篇裏可以考查出來的是「奚」字[illegible]……，從手持索，以拘罪人。（第十）「執」字[illegible]……，象刑具之形，有罪而執之。（待問篇第四）「圉」一字[illegible]……，象罪人入獄而猶拷之形。（待問篇第六）（乙）身體刑。「劓」字[illegible]，說文解字：『劓，刑鼻也，从刀臬聲，或從鼻作劓。』此外泰誓有斮脛之刑，盤庚有劓割之刑。（丙）生命刑。殷墟文字類篇『殺字[illegible]从說文解字：殺，戮也，从殳杀聲。』據史記殷本紀，死刑又有炮烙、醢脯、剖心之刑。（丁）族刑。尚書泰誓：『罪人以族。』孔安國傳說：『一人有罪，刑及父母兄弟妻子。』據沈家本刑制分攷說：『泰誓爲東晉人僞作。』商代是否眞有族刑，不得而知。

（九）宗教　古代的宗教，是敬天的宗教，是以天爲代表上帝的。皋陶謨說：『天聰明，自我民聰明；天明畏，自我民明威。』太甲篇說：『皇天眷佑有商，俾嗣王克終厥德，實萬世無疆之休。』當湯伐夏之時，一則曰：『有夏多罪，天命殛之。』再則曰：『夏氏有罪，予畏上帝，不敢不正。』是以替天伐暴爲理由且商代進一步而尊神祀鬼信巫。禮記表記說：『殷人尊神，率民以事神，先鬼而後禮。』商頌五篇皆祭祀之詩。那篇說：『猗與那與，置我鞉鼓，奏鼓簡簡，衎我烈祖。湯孫奏假，綏我思成。鞉鼓淵淵，嘒嘒管聲，既和且平，依我磬聲。於赫湯孫，穆穆厥聲。庸鼓有斁，萬舞有奕。我有嘉客，亦不夷懌。自古在昔，先民有作。溫恭朝夕，執事有恪。顧予烝嘗，湯孫之將。』烈祖篇說：『嗟嗟烈祖，有秩斯祜，中福無疆，及爾斯所。既載清酤，賚我思成。亦有和羹，既戒既平。鬷假無言，時靡有爭。綏我眉壽，黃耇無疆。約軧錯衡，八鸞鶬鶬。以假以享，我受命溥將。自天降康，豐年穰穰。來假來享，降福無疆。顧予烝嘗，湯孫之將。』商書亦多言祭祀鬼神之事。盤庚上說：『茲予大享于先王，爾祖其從與享之，作福作災，予亦不敢動用非德。』說命中說：『黷于祭祀，時謂弗欽，禮煩則亂，事神則難。』高宗肜日篇說：『王司敬民，罔非天胤，典祀無豐于昵。』祭祖先是尙鬼，尙鬼故信巫。君奭篇說：『在太戊時，則有若伊陟、臣扈，格于上帝，巫咸乂王家；在祖乙時，則有若巫賢。』祭必擇日故卜筮在商代甚爲興盛。所以我敢說中國神權的制度，是確定於商代的。

（十）美術　（甲）音樂。呂氏春秋古樂篇說：『殷湯卽位，夏爲無道，暴虐萬民，侵削諸侯，不用軌度，天下患之。湯於是率六州以討桀罪，功名大成，黔首安寧。湯乃命伊尹作爲大護，歌晨露，修九招六列，以見其善。』（大護、晨露、九招、六列，皆樂名。）大護，左傳作大濩。今考甲骨文有濩字，卽大濩之樂。至於辛受之時，好爲靡靡之樂，而淫聲由此興。

（乙）繪畫。商初伊尹從湯言素王九主之事，所謂九主，卽法君、專君、授君、勞君、等君、寄君、破君、國君、三歲社君，均圖畫其形。（註十二）這爲商代畫象之始。高宗武丁時，夜夢得聖人，名曰說，以夢所見視羣臣百吏，皆非，乃審其象，以圖形求之於天下得之。(註十三)由此可知商代繪畫藝術的進步。(丙)雕鑄。湯初謀夏，受大球小球，其伐三朡，並俘寶玉。商代土工、金工、石工、木工、獸工、草工，皆有專職，所以雕刻冶鑄的藝術隨之進步。土工爲陶瓦之器，金工則冶鑄銅器，石工木工獸工，則各爲石作木作及皮革細工之事。祭祀所用的禮器，亦有新製，如斝與著尊，著尊不加文飾，而斝則飾以禾稼。若食器雖杯觴之微，亦施以刻鏤，當時所作的銅器，雅有文飾，卽其鼎彝，隨處可以考見。今所存之鼎、尊、卣、觚、爵、盤等古器，敝壞不可辨別。若一字銘，則幾限於商代的器皿，如庚、辛、癸、子孫、舉、木、田、中、非等字，或爲當時帝王之名，或紀年代先後之序。更有立戈、横戈、禾、斧、矢、車、兕、龍、虎、獸之形及人之持戈、戟、旂、刀、干等之款識，是商器的特徵。器物之中，如上記之文字或象形者，卽宗廟之器。銘文中之人名有祖乙、小乙、武乙、天乙等字者，亦可斷爲商器。(註十四)清代末年，殷墟(河南彰德)出土的器物，與河南仰韶及山東龍山出土的器物相比較，其中類似之點甚多。殷墟的陶器，有藍文，方格文，圓足有蓋，寬耳多與龍山相同。其三足鬲、甗、皿諸器，尤顯爲自龍山陶器演化而來者。殷墟的骨蚌器及石器，龍山亦有之，惟石斧及小長石斧，則付闕如。殷墟的單色陶片、石粟鑿、石戈、陶彈、陶輪多與仰韶(河南澠池縣仰韶村)相同。惟石鏃則殷墟多帶翼。殷墟的銅器，如矛、斤、矢鏃、戈、瞿(戟屬)在西伯利亞多有之，歐洲方面，亦有類似者。(註十五)中國銅器時代，開始於何代，這是值得注意的。胡適與顧頡剛在古史辨中以爲商代是新石器時代，而不是銅器時代。繆鳳林以爲中國金屬器之使用，遠在殷商之前。(註十六)章鴻釗之分期，以爲始用銅器時代，在炎黃之世，銅器全盛時代，在夏商周三代。(註十七)馬衡以爲始入銅器時代之時，至遲亦當在商初，雖其時或爲石器銅器交替之時，但不能不謂之銅器時代，故言中國之銅器時代，必數商周兩代。(註十八)郭沫若以爲殷代都還是金石兼用的時代。(註十九)曾松友在中國原始社會之探究說及：『紫銅器的發現在年代上來推論，大概在夏商之際，安特生在甘肅採掘的，多屬此項。到了殷代之時，銅（青銅）的應用已經是非常的普遍了。據近年來在黃河流域，特別是河南各地出土之銅器，除了少數夏商之間的用具外，其餘大部份的，都是殷代產物。羅振玉在發掘龜甲文時，同時發現的銅器極多，較之安特生在甘肅所採掘的，精緻而進步得多，而且多數是青銅做的。羅振玉、馬衡兩人，從甲骨文中證明此種器具爲殷代之產物。因此這裏我們可以得到下列兩個結論：(一)夏商以前，爲石器時代；而夏、商兩代，爲石銅兼用時代。(二)中國銅器時代之開始，實際上就是在殷代的時候。』上說如當，則商代雕鑄事業，必比前代爲進步。其次，關於雕玉，周書說：『武王俘商舊寶玉萬四千，佩玉八萬。』可知商代雕玉之盛，商代積如許大量之玉材，其大部分必爲雍州所貢。雍州西及和闐界，則此等玉材，必取自和闐。考和闐，卽于闐，于闐在葱嶺之北，卽今新疆之和闐城，有河出其南山，卽于闐河，于闐爲產玉最富之國，且爲玉器最多之國，商代寶玉如是之多，文化必有所接觸。(丁)建築 商代初年，有說似爲穴居。民國十八年春季，中央研究院在殷墟之發掘，曾發現長方坑與圓坑的遺址，秋季發掘所見長方坑更多，深六七咪（合營造尺三・一一五尺），有至十咪者，長二三咪。坑中之物，皆比較完整而豐富，若非商人住居之穴，至少當爲窖藏之穴。商代中葉及晚年，建築已有進步，甲文中有室、宅、京、家、寢、門、牢、圂，皆是住宅。又有宮卽宮，爲最普遍之屋，有𩫖卽墉，爲家室之牆垣，有亞，王國維以爲明堂，其制頗似北平之四合院。在殷墟發現遺址中，有版築痕跡，又有石像柱礎，足見建築亦頗有整齊宏大者。(註二十)考工記說：『殷人重屋：堂修七尋，堂崇三尺，四阿，重屋。』鄭注：『四阿，若今四柱屋，重屋，複笮也。』此殷初明堂制之可考者。史記殷本紀說：『紂爲鹿臺。』集解：『如淳曰：新序曰鹿臺其大三里，高千尺。』又御覽八十四引帝王世紀說：『紂造傾宮瑤臺，七年乃成，其大三里，其高千仞。』商代晚年建築工程，高至千尺，等於百丈，想是過於鋪張之詞，未必有如是之崇高。

（十一）教育　據禮記王制，殷有左右二學。王制說：『有虞氏養國老於上庠，養庶老於下庠。夏后氏養國老於東序，養庶老於西序。殷人養國老於右學，養庶老於左學。』又說：『五十養於鄉，六十養於國，七十養於學。』按鄉卽鄉學，國卽國中之小學，學卽在郊之大學。』鄭玄注：『此殷制明矣。』孟子說：『殷曰序。』鄉學曰序，立於州遂。書說命下說：『念始典于學，厥德修罔覺。』又說：『惟學遜志，務時敏，厥修乃來，允懷于茲，道積于厥躬。』可知在商代是提倡教學的。古代以天文學教民，設靈台於學校，以供觀察天文之用。上古靈台在明堂中，與大學同地。商代亦有靈台，可知觀象望氛是屬於學校的職責。王制說：『命鄉論秀士，升之司徒，曰選士；司徒論選士之秀者而升之學，曰俊士。升於司徒者不征於鄉，升於學者不征於司徒，曰造士。樂正崇四術，立四教，順先王詩書禮樂以造士；春秋教以禮樂，冬夏教以詩書。王太子，王子，羣后之太子，卿大夫元士之適子，國之俊選，皆造焉。凡入學以齒。將出學，小胥，大胥（皆樂官之屬）小樂正簡不帥教者以告於大樂正，大樂正告於王，王命三公九卿大夫元士皆入學，不變，王親視學，不變，王三日不舉，屏之遠方，西方曰棘，東方曰寄，終身不齒。大樂正論造士之秀者以告于王而升諸司馬，曰進士；司馬辨論官材，論進士之賢者以告于王而定其論，論定然後官之，任官然後爵之，位定然後祿之。』孔疏謂此爲殷制，可見商代對於教育注意到獎勸懲戒的方法。

（十二）學術　（甲）天文學。商代紀時之法，比前代進步，其法以干支紀日，而以干爲主，積十日爲一旬，積三旬爲一月，積十二月爲一祀（年）。一年又分春夏秋冬四時，正二三爲春，四五六爲夏，七八九爲秋，十十一十二爲冬。月有大小，大月三十日，小月二十九日。一年爲十二月，遇閏則置十三月。中國的太陰曆，是起原於商代。夏商周三代，月正之建，各有不同。其法以斗柄所指爲主，斗柄一歲而周天，畫其周天之度爲十二辰，以應十二月。子爲正北，午爲正南，卯爲正東，酉爲正西，其餘以次左旋。天開於子，地闢於丑，人生於寅，斗柄建此三辰之月，皆可以爲歲首。夏以寅爲人正，故建寅爲正月；商以丑爲地正，故建丑爲正月；周以子爲天正，故建子爲正月。凡此，皆上古天文學之可考者。（乙）歷史學。殷代之史，列於尚書者，有商書盤庚，微子，皆以人名篇，爲後書本紀列傳之所本。又採士大夫之歌詠以爲商頌，則爲史詩。中國是否有過像荷馬伊里亞得（Iliad）與奥德賽（Odyssey）一類的史詩，這是文學史家所引爲討論的。而詩經商頌、魯頌等篇記述東征西討的戰功，其性質和荷馬史詩相同。（註二十一）書經湯誓，是湯伐桀的時候的誓師詞，即是現在所謂告民衆書。這是商代重要的文獻，追索中國商代歷史的起源，不能抹煞這篇古書。（丙）哲學。商代哲理之學，以易經爲最著。商之易曰歸藏，以坤爲首，象萬物之莫不歸藏於地，故名。易出於卦而非卦，卦出於圖而非圖。繫辭上傳說：『生生之謂易，成象之謂乾，效法之謂坤，極數知來之謂通，通變之謂事，陰陽不測之謂神。』說卦傳說：『昔者聖人之作易也，將以順性命之理，是以立天之道曰陰與陽，立地之道曰柔與剛，立人之道曰仁與義。』太極圖說：『乾道成男，坤道成女，二氣交感，化生萬物。萬物生生，變化無窮也。』何謂易？易是表示自然界生命之綿延演進，表示宇宙之變動發展的法則。萬物之生生，是根據宇宙之一部分的地球，地球亦隨宇宙自然界的變化，而表現生命的擴展，所以說：『萬物莫不歸藏於地。』易常在運動不息之物理空間，由一動一靜而分陰陽，陰陽合而五行生，由五行之變化，而構成化學上既知之八十餘種原子，由原子而構成種種物質分子，所謂『萬物莫不歸藏於地，』是表示一動一靜演變的實性也。

（十三）文學　商代之文，倍於前古，如湯誓、湯誥、盤庚諸篇，多臣諫君之作，文多質直，辭理充富。說苑湯大旱祝辭說：『政不節邪？使人疾邪？苞苴行邪？讒夫昌邪？宮室崇邪？女謁盛邪？何不雨之極也。』京房易傳湯嫁妹辭：『無以天子之尊而乘諸侯，無以天子之富而驕諸侯，陰之從陽，女之順夫，天地之義也。往事爾夫，必以禮義。』禮記湯盤銘：『苟日新，日日新，又日新。』凡此，多是韻文駢語，沒有充分的文學意味。惟箕子的麥秀歌，爲箕子過殷故墟而作：『麥秀漸漸兮，禾黍油油，彼狡童兮，不與我好兮。』（註二十二）又伯夷叔齊的採薇歌。武王滅殷，夷齊恥食周粟，隱於首陽山，採薇而食，飢餓將死而作歌：『登彼西山兮，採其薇矣。以暴易暴兮，不知其非矣。神農、虞、夏，忽焉沒兮，我安適歸矣？吁嗟徂兮，命之衰矣！』（註二十三）這兩首歌，含着極豐富的詩歌意味。在寥寥十數字中，將亡國的慘狀和亡國原因，寫出表露凄涼悲惋的情緒，這是何等經濟的文學手筆。關於商代之文字學，見於甲骨文，甲骨文之初步研究，限於文字，積三十年之經驗，大部分文字已能識別，其結果中國文字之學，大起變遷；向來一切字義之解釋，皆以說文爲準則，等到金石之學興，學者已能稍稍引用金文，以訂正許書之得失，至甲骨文出，更能本之以說明文字本原，不特說文不盡可靠，亦可與金文比較研究，以證其字原，故論甲骨文字之功績，當以影響文字學者爲最大。向來研究骨文者，專重文字之研求，其所追尋的方向，約有六端：一爲考釋，二爲分類，三爲文例，四爲禮制，五爲地理，六爲世系；後三者已攔入歷史的範圍。研究甲骨文者，由清代孫詒讓始，繼有羅振玉、王國維諸氏，其他商承祚、羅福成、唐蘭、徐中舒、余永梁、吳其昌等，皆能成一家之說。研究結果，此類著作之出版甚富。（注二十四）甲骨文出土後，影響於中國文字學者甚大：(1)考知原始文字之形體與文法。研究甲骨，始知原始文字，凹而下陷，彷鳥獸蹏迒之迹。其行款讀法，或左或右，或下或上，顛倒錯亂，初無一定之規則。且字上間塗朱墨，與古玉古陶同，與近人用朱用墨亦同。(2)證明所謂籀文即古文。許慎說：『宣王太史籀著大篆十五篇，與古文或異。』然許書所載之籀與古或異之字，往往古籀本合。如四之古文作𠃢，籀文作亖，今卜辭中四字正作亖，從知許慎所謂籀文非古文，是錯誤的。(3)表明古象形字因形示意，不拘筆畫。甲骨文中犬、羊、馬、鹿、豕、龜、龍等字，雖繁簡不同，然皆爲象形，一望而知。不特象形字是如此，其餘指事、會意、假借之字，亦多有同文異體。可知字之初起，原非有一定的形式。(4)與金文互相發明。甲骨文與金文形體相似之處甚多。有甲骨文與金文全同者，如甲、乙、丙、丁、戊、己、庚、辛、壬、癸、一、元、天、方、且、王、中、平等字，皆是。其不甚習見之字，如余、午、盂、卣、歸、母、魯，亦是。有金文不識，賴甲骨文而識者，如甲文子字作𡿺，而巳字作号或作[illegible]。因之金文中叔娟鼎之乙子，史頌鼎之丁子，輅任簋之癸子，皆爲甲子表所無，昔人所不能解釋者，今釋爲乙巳、丁巳、辛巳、癸巳，數百年之糾紛，迎刃而解。(5)糾正許書之失誤。說文一書，違失甚多。古籀之違失者，如古文一下出弌，二下出弍，三下出弎，中下出𠁧，册下出𥫔，皆爲甲文及金文所無。又如籀文馬下出影，車下出𨏥，亦爲甲文金文馬字之筆誤。篆文之違失者，如福字，許注：備也，从示畐聲。然卜辭中作𥙆，从酉乃尊也，會意，非形聲字，許說誤。又如門字，篆文𩰊，許注：兩士相對，兵杖在後，象門之形。然卜文惟像兩手對搏形，不見兵杖之形，許說失之。又如邑字，許注：國也，从口从卪。

今卜辭作[glyph]，[glyph]，即象八席地形，非從尸，許說亦誤。(6)說明文字之變遷。如將甲文、金文、篆文、隸書排列觀之，可見甲文之演化爲金文，再演化爲篆文，又演化爲隸書、楷書，循序漸進，其逐步變遷之跡，可以考尋。(註二十五) 由上引證而觀，商代之文學文字學在歷史上是具有價值的。

參考書舉要

(註一)中國原始社會之探究一〇八頁。

(註二)李麥麥著中國古代政治哲學批判三頁。

(註三)毛奇齡著經問卷八。

(註四)岑紀譯中國古代社會附錄五中國古代土地制度之研究。

(註五)陳澧著東塾讀書記卷七。

(註六)陳登原編中國文化史卷一，一一三頁。

(註七)管子輕重甲第八十。

(註八)鄭行巽編中國商業史三二頁。孟世傑著先秦文化史一七五頁引。

(註九)王念孫著讀書雜志史記第一。

(註十)禮記曲禮下鄭玄注指爲殷時制。

(註十一)拙著中國法律史大綱三一頁。

(註十二)史記殷本紀史記索隱。

(註十三)國語楚語。

(註十四)日本大村西崖著中國美術史漢譯本四頁。

(註十五)周傳儒著甲骨文字與殷商制度八五頁。

(註十六)繆鳳林評馬衡中國之銅器時代。

(註十七)章鴻釗著中國銅器鐵器沿革考。

(註十八)馬衡著中國銅器之時代。

(註十九)郭沫若著中國古代社會研究。

(註二十)甲骨文字與殷商制度八一頁。

(註二十一)曹聚仁著中國史學一三頁，拙著中國近代政治史緒論五頁。

(註二十二)宋微子世家。

(註二十三)伯夷列傳。

(註二十四)孫詒讓著契文舉例。羅振玉著殷商貞卜文字考殷虛書契考釋，商承祚著殷墟文字類篇。葉玉森著殷契鉤沉。王襄著簠室殷契徵文。郭沫若著甲骨文字研究。林泰輔龜甲獸骨文字。胡光煒甲骨文例。陸懋德著甲骨文之歷史及其價值。余永梁著殷墟文字考及續考。聞宥著研究甲骨文字的兩條新路。董作賓著甲骨文研究之擴大。馮宗麟著甲骨文字學史等論著。

(註二十五)甲骨文字與殷商制度四六至四八頁。

第四章　周代之文化

第一節　周代之政治社會

周朝的先世是后稷，史記說：『周后稷名棄，其母有邰氏女，曰姜嫄。……帝堯聞之，舉棄爲農師，天下得其利，有功。帝舜曰：棄，黎民始飢，爾后稷，播時百穀，封棄於邰（今陝西武功縣），號曰后稷，別姓姬氏。后稷之興，在陶唐、虞夏之際，皆有令德。后稷卒，子不窋立。不窋末年，夏后氏政衰，去稷不務，不窋以失其官，而奔戎狄之間。』不窋以後的世系，是不窋生鞠，鞠生公劉，公劉生慶節，慶節生皇僕，皇僕生差弗，差弗生毀隃，毀隃生公非，公非生高圉，高圉生亞圉，亞圉生祖類，祖類生古公亶父，古公亶父子季歷，季歷生昌，是爲文王。自稷至文王，凡十五世，考其年代，自帝堯至殷末，至少已歷千二百年。這一千二百年的時代，文物制度，當然有許多的進步。詩：『文王在上，於昭于天，周雖舊邦，其命惟新。』文王於受命之年稱王，而先斷虞、芮之訟（虞在今山西平陸縣東北，芮在今陝西朝邑縣。）繼伐犬戎、密須（今甘肅靈臺縣）、耆國（今山西長子縣）、邘（今河南河內縣境）。後又伐崇侯虎，而作豐邑（今陝西鄠縣境內。）自岐下而徙都之。淮南子說：『文王之時，紂爲天子，賦斂無度，殺無止，康梁（酖樂）流湎，宮中成市，作爲炮烙之刑，刳諫者，剔孕婦，天下同心而苦之。文王四世累善（大王、王季、文王、武王。）修德行義，處岐、周之間，地方不過百里，天下二分歸之。文王欲以卑弱制強暴以爲天下去殘除賊而成王道，故太公爲之謀主也。』（註一）文王何以統一天下？就是在他能裁制強暴除殘去賊。換句說他的政治比紂王好得多的緣故。周書無逸說『文王不敢盤於遊田，以庶邦惟正之供；文王受命惟中身厥享國五十年。』文王沒太子發立，是爲武王。武王立後曾舉行伐紂的事，史記載：『九年武王上祭於畢，東觀兵至於孟津。爲文王木主，載以車中軍。武王自稱太子發言奉文王以伐，不敢自專。……是時諸侯不期而會盟津者八百諸侯。……於是武王徧告諸侯曰殷有罪不可以不畢伐，遂率戎車三百乘虎賁三千人甲士四萬五千人，以東伐紂。……諸侯兵會者車四千乘陳師牧野。帝紂聞武王來，亦發兵七十萬人距武王。……紂兵皆崩畔紂，紂走，反入登於鹿臺之上，蒙衣其珠玉，自燔於火而死。』這一場的大戰，兩方的兵力相懸如此之大，而武王到底能掃除紂王的勢力，非賴當時諸侯之歸向，不能有此戰功。武王既誅紂以定中原，又伐奄以奠東方，孟子說『周公相武王誅紂伐奄，三年討其君。』趙岐注：『奄，東方無道國，奄大國，故伐之。』武王定商奄之後，乃封太公於齊以表東海，封召公於燕以臨其北，封周公於魯以處其南。（註二）封商紂子祿父，撫殷之餘民，以京師封紂子武庚爲殷後（有說武庚卽祿父）三分其地置三監，使管叔、蔡叔、霍叔、治而教之。自紂城而北謂之邶，南謂之鄘，東謂之衞。以三公鎮東土，以三監鎮殷墟，鞏固他的統治權。武王沒，成王幼，周公攝政，管叔、蔡叔疑周公專王室，不利於成王，乃挾武庚以作亂，周公興師東伐，作大誥，遂誅管叔，殺武庚，放蔡叔，收殷之餘民，以封康叔於衞（今河南淇縣東北）遂遷殷頑民於洛邑。尙書大傳說：『周公攝政一年救亂（謂管蔡）二年克殷（謂武庚）三年踐奄，四年建侯衞，五年營成周，六年制禮作樂，七年致政成王。』據此，周公實爲周代之大軍事家大政治家。（註三）

成王誦在位三十七年沒，子釗立，是爲康王。康王在位二十六年沒，子瑕立，是爲昭王。成康之世，刑措四十餘年不用，號爲太平之世。昭王在位五十一年，以德衰，曾帶兵南征，在漢水中溺死。據歷史學家的考證，大概長江流域的楚國，在周初雖受封子爵，那時已漸漸強盛，有與周王室競爭的形勢，周天子用兵征伐，不幸大敗，昭王因此溺死。昭王死後，兒子穆王滿繼立。穆王是一位有作爲的國君，曾征伐犬戎（是匈奴族一個部落）後世稱爲穆天子。（註四）帝王世紀說：『穆王修德教，會諸侯於塗山，命呂侯爲相，或謂之甫侯，五十一年，王已百歲老耄，以呂侯有賢能之德，於是乃命呂侯作呂刑之書。』穆王既內修政理，更外攘夷狄。穆王西征，是周代的一件大事。匈奴列傳說：『武王放逐戎夷，其後二百有餘年而穆王伐犬戎。後二百有餘年，犬戎攻殺幽王驪山下。』後漢書東夷傳說：『徐夷僭號，乃率九夷以伐宗周，西至河上，穆王畏其方熾，乃分東方諸侯，命徐偃王主之。偃王處潢池東，地方五百里，行仁義，陸地而王者，三十有六國，（韓非子五蠹篇說，割地而朝者三十六國）穆王後得驥騄之乘，乃使造父御以告楚，令伐徐，一日而至；於是楚文王大舉兵而滅之。』時穆王方有事西征，徐偃王乘之，率九夷以伐宗周，穆王之兵，尚西征未返，不得已暫分東方命主之，而楚人亦欲得志於漢東，故穆王令楚伐徐，周楚之兵合，而偃王遂敗。穆王西征，祭公謀父率師從之，初至陽紆（山名，本陝西鳳翔府境）繼進至崑崙之邱（帕米爾高原附近），由此益西，至於西王母，又進至曠原（裏海傍近）然後東還，綜穆王所經路程，共歷一萬餘里，巡狩之遠，實爲歷史上所少見。英人帕克爾(E. H. Parker)說：『穆王所行，卽由現時大路，約自蘭州、西寧之間，經新疆之羅布泊，至烏魯木齊，此或卽西王母之地。』帕克爾並就穆天子傳計算其行程：『爲去時三百日，回時三百日，共行一萬三千三百華里，約日行二十

英里。』（註五）

穆王沒，子繄扈立，是爲共王。共王在位十二年沒，子囏立，是爲懿王。時西戎侵鎬，狄人侵岐，懿王乃自鎬徙都槐里（陝西興平縣東南。）其後王師北伐犬戎，敗績，王室遂衰。懿王二十五年沒，共王弟辟方立，是爲孝王。孝王在位十五年沒，懿王子燮立，是爲夷王。夷王在位十六年沒，子胡立，是爲厲王。史記說：『厲王卽位三十年，好利，近榮夷公；大夫芮良夫諫，王不聽，卒以榮爲卿士，用事。王行暴虐侈傲，國人謗王。召公諫曰：民不堪命，王怒，得衞巫，使監謗，以告則殺之。諸侯不朝。三十四年，王益嚴，國人莫敢言，道路以目。三年，相與叛，襲厲王。厲王出奔於彘。太子靜匿召公之家，國人聞，乃圍之。召公以其子代太子，太子竟得脫。召公周公二人相共行政，號曰共和。共和十三年，厲王死於彘。太子靜長於召公家，二相乃共立之，是爲宣王。』帝王世紀說：『厲王荒沉於酒，淫於婦人。』中國歷史上箝制人民言論的自由，人民受不了壓抑，起來倡導革命，當以厲王統政時期始。宣王卽位後，二相輔之，修政，法文、武、成、康之遺風，故能舉周室中興之績。惟西戎滅大駱（非子之父）之族，玁狁（北狄）謀內寇之師，宣王因命秦仲征西戎，尹吉甫伐玁狁，方叔征荊蠻，召虎平淮夷，又親率六師以征徐，徐人亦懾服，至是四方咸定。其後戎族日強，宣王連用師於戎，皆不利。先伐太原之戎，未有克勝；既伐條戎（左傳地名補注：條卽鳴條。鳴條岡在山西安邑縣北三十里，）敗績；伐姜戎，戰於千畝（今山西安澤縣，）又敗績。可見周代初年北方的外夷，既樹立強固的基礎。宣王在位四十六年沒，子宮湼立，是爲幽王。幽王伐有褒，褒人進褒姒，幽王嬖愛褒姒，生子伯服，以虢石父、褒姒之譖，廢申后及太子宜臼，宜臼出奔申。王欲殺太子宜臼，求之於申，申侯弗與，王伐之。申侯與鄫人召西夷犬戎伐王，王舉烽火徵兵，兵不至，犬戎遂殺王於驪山下（驪山在西安府臨潼縣東北，）虜褒姒，盡取周寶賂而去（註六）中國歷史上以外夷的勢力侵進國內而誅殺其君主，當以幽王統政時期始。

幽王既爲犬戎所殺，申侯、魯侯及許文公立平王於申。平王以酆鎬逼近戎狄，不可居，乃於元年，遷居洛邑。（是年爲西曆紀元前七七〇年，民國紀元前二千六百八十一年。）

從周平王四十九年，即魯隱公元年（民國紀元前二六三三年，）至周敬王三十九年，即魯哀公十四年止（民國紀元前二三九二年，）中經二百四十二年，爲春秋的時代。在這時代有勢力的諸侯，有晉、齊、楚、秦、魯、燕、蔡、曹、衞、鄭、吳、宋、陳、越十四國；其中比較強的，有齊、晉、秦、楚、吳、越六國。（甲）齊國。齊國的始祖，姓姜名呂尙，是文王武王的謀臣。武王定天下之後，封於營丘（山東樂昌縣，）後世遷徙到薄姑（在博興縣境，）又遷徙到臨淄（今之臨淄縣），史記說：『太公至國，修政，因其俗，簡其禮，通商工之業，便魚鹽之利，而人民多歸齊。』及周成王少時，管叔蔡叔作亂，淮夷畔周，乃使召康公命太公說：『東至海，西至河，南至穆陵（臨海縣南大峴山上的穆陵關，）北至於無棣（今河北盧龍縣，）五侯九伯，汝實征之。』齊由此得專征伐，成爲大國。至齊桓公時，用管仲爲相，先行整理內政，獎勵工商業，竭力開發財富，訓練軍隊，使國家強盛，提倡尊王攘夷的口號，幫助燕打退山戎，把敵人驅逐，恢復邢衞兩國的封地；又召集諸侯兵進攻楚國，責備他不敬王室的罪過，因此諸侯都知道齊國的聲威，聽他的號令。桓公死後，齊國大亂，霸業從此中止；宋襄公起兵替齊國代平亂事，並想繼續齊桓公建立霸業，惟被楚國打敗，受傷而死。從此成了晉、楚、秦三國爭霸的局面。（註七）（乙）晉國。晉國的始祖，是成王的兄弟，喚做唐叔虞，是周王室同姓的諸侯。唐叔虞的兒子燮，因地有晉水，改稱晉侯，後世徙到曲沃，又遷到絳。到春秋時代，已滅了附近翼、霍、魏、耿、虞、虢等小國，佔有現今山西省的南半部和陝西省的東境，河南省的北境。史記說：『當此時，晉疆西有河西，與秦接境，北邊翟，東至河內。』晉國就成爲一個強國。(丙)楚國。楚國是帝顓頊之後，受封的叫做熊繹，熊繹之後五傳而至熊渠，史記說：『熊渠甚得江漢間民和，乃興兵伐庸、揚粵，至於鄂。……乃立其長子康爲句亶王，中子紅爲鄂王，少子執疵爲越章王，皆在江上楚蠻之地。』熊渠之後七傳而至熊儀，是爲若敖；若敖再傳而至霄敖，是爲蚡冒；蚡冒卒，蚡冒的兄弟熊通，弒蚡冒的兒子而代立，是爲楚武王。春秋時代，楚國的地方已經西至現今四川省的東部，北至河南省的南部，東至江蘇、安徽的北部，南至湖南、江西的北部。莊王時，制鄭服宋勝晉，遂以稱霸。(丁)秦國。秦國之先，史記說是帝顓頊之苗裔。他的後世有一個叫做造父的，替周穆王御而西游，周穆王封他於趙城（今山西臨汾縣）便是七國時趙國的始祖。又有一個叫做非子的，替周孝王主持馬政，周孝王封之於秦（今甘肅天水縣）爲附庸，便是秦國的祖宗。周平王東遷以後，秦國遂有機會開拓疆土，到了春秋時候，已佔有現今陝西甘肅一帶的地方，當初西周發跡所據形勢重要的區域，都歸秦國所有。(戊)吳國。吳的先世，是吳太伯，太伯弟仲雍，皆周太王之子，而王季歷之兄。太王欲立季歷以及昌，於是太伯、仲雍二人乃奔荊蠻，文身斷髮，示不可用。太伯之奔荊蠻，自號句吳，荊蠻義之，從而歸之者千餘家，立爲吳太伯。太伯卒無子，弟仲雍立，是爲吳仲雍。自太伯至壽夢凡十九世，壽夢時，吳始通於中國。少子季札，歷聘諸邦，聲聞遂著。晉人結吳制楚，吳楚屢用兵，至闔廬破楚，夫差滅越，遂霸江南。後越國起而覆滅其國。(己)越國。越王句踐，其先禹之苗裔，而夏后帝少康的庶子無餘，始封於會稽，（今浙江紹興縣）至允常稱王。允常之時，與吳王闔廬戰，而相怨伐；允常沒，子句踐立。夫差滅越，句踐報之，卒以覆吳稱霸。入戰國滅於楚。除此六國以外，可稱爲二等國的，有魯（今山東的曲阜縣）、衞（康叔封於朝歌，春秋時爲狄所破，遷於楚丘，今河南滑縣）、曹（武王弟叔振鐸封於陶丘，今河南定陶縣）、宋（微子封於商，今河南商丘縣）、鄭（宣王的弟友封於鄭，今陝西華縣，後來東徙於虢鄶之間，今河南鄭縣）、陳（陳胡公舜之後，封於宛丘，今河南淮寧縣）、蔡（蔡叔度之子胡，封於蔡，今河南上蔡縣，平侯遷新蔡，今河南新蔡縣，昭侯遷州來，今安徽壽縣）、許（伯夷之後，封於許，今河南許昌縣，靈公遷於葉，今河南葉縣，悼公遷於夷，實城父，今安徽亳縣，遷於析，實白羽，今河南內鄉縣）等國。春秋時，諸侯互相戰爭，強幷弱，大兼小，衆暴寡，當初凡千八百國，至是時諸侯存者，祇百六十餘，其間最有關係者十四國而已。這等國家互相爭霸，或地醜德齊，待隙而動，或肆意兼併，無所顧忌，或翦除異己，殘民以逞；那末，領土因此而日益割裂，社會受了劇烈的變動，而文化因此有急激的趨勢。（註八）其次，貴族在政治上具有雄厚的勢力，常執諸侯的政柄，因爲諸侯要連結貴族的勢力，以擴張他的權威，久之，成爲尾大不掉之勢，各貴族之間，又因利害衝突，時起政爭，致成兼併的局面。（註九）

春秋之後，是爲戰國。太史公作六國表，始於元王元年，迄秦二世，凡二百七十年。實則春秋左傳終於元王八年，當自貞王元年始入戰國，而秦始皇二十七年以後，即秦統一之時，未可附入於戰國。考史家所謂戰國時代，實無確定界限。劉向序戰國策說：『其事繼春秋以後，訖楚漢之起，二百四十五年間之事。』司馬光作資治通鑑，始於周威烈王二十三年（西曆紀元前四〇三年，民國紀元前二三一四年。）柳詒徵於中國文化史說：『戰國之始末，自周貞王迄秦滅齊，凡二百四十八年。』（註十）孟世傑於先秦文化史說：『戰國時代之起始，似宜斷自三家分晉以後，即威烈王二十三年，命晉大夫魏斯、趙籍、韓虔、爲諸侯之年。』（註十一）日人高桑駒吉於所著中國文化史說：『戰國之世，自周威烈王二十三年起至秦的統一止，其間凡百八十三年，便是這個時代；若把春秋以後就作爲戰國，則共爲二百六十年間。』（註十二）

春秋與戰國最大的分水線，就是周代春秋期至戰國期，兼併戰爭的局面更愈趨愈下。顧亭林於日知錄有說：『春秋時猶尊重禮信，而七國則絕不言禮與信矣；春秋時猶尊周王，而七國則絕不言王矣；春秋時猶嚴祭祀，重聘享，而七國則無其事矣；春秋時猶論宗姓氏族，而七國則無一言及之矣；春秋時猶宴會賦詩，而七國則不聞矣；春秋時猶有赴告策書，而七國則無有矣。邦無定交，士無定主，此皆變於一百三十三年之間，史之闕文而後人可以意推者也。』劉向戰國策序有說：『仲尼既沒之後，田氏取齊，六卿分晉，道德大廢，上下失序。至秦孝公捐禮讓而貴戰爭，棄仁義而用詐譎，苟以取強而已矣。夫篡盜之人，列爲侯王；詐譎之國，興立爲強。是以轉相倣效，後生師之，遂相吞滅，幷大兼小，暴師經歲，流血滿野，父子不相親，兄弟不相安，夫婦離散，莫保其命，湣然道德絕矣。』趙岐孟子題詞解有說：『周衰之末，戰國縱橫，用兵爭強，以相侵奪。當世取士，務先權謀，以爲上賢。先王大道，陵遲隳廢，異端並起，如楊朱墨翟放蕩之言，以干時惑衆者非一。』孫奭孟子正義序亦有說：『自仲尼既歿，戰國初興，至化陵遲，異端並作。儀衍（張儀公孫衍）肆其詭辯，楊墨飾其淫辭，遂致王公納其謀以紛亂於上，學者循其蹤以蔽惑於下。』從上引證來看，就知道戰國的時代，是暴政橫行，爭戰不息，豪強兼併，人民憔悴的時代。戰國時代的形勢，就是在春秋時代，號稱大國的晉，分爲韓、趙、魏；越滅於楚，而北邊的燕漸強；於是韓、趙、魏、齊、楚、燕、秦並爲七國。茲略爲分述於後：（甲）趙國。趙都晉陽（山西陽曲縣，）累徙至邯鄲（直隸邯鄲縣。）初晉之范氏、中行氏、知氏，及韓、趙、魏，號六卿，擅國政。定公時，范中行作亂，後敗亡，六卿並爲四。四卿之中，知氏獨強，知伯（即荀瑤，）向韓、魏求地，韓康子、魏桓子皆與之。又求地於趙，趙襄子不與。知伯憤怒，遂率韓、魏攻趙。襄子奔晉陽，三氏隨而圍之，知伯決晉水（在山西陽曲縣西南）灌其城，城不浸者三版。襄子使張孟談潛出與韓魏約共圖知氏，知氏滅之，爲三家分晉之始。襄子再傳至列侯籍，始受周命，與韓、魏同列諸侯，時威烈王二十三年。及蘇秦倡六國合從之說時，趙實主謀，趙武靈王胡服騎射，北破林胡、樓煩（在山西外，）西窺秦。傳子惠文王，用藺相如爲上大夫，廉頗、趙奢爲上將，以折強秦，此趙之極盛時代。其後秦伐韓，韓上黨（山西潞安府）降趙，秦移師攻之，趙敗於長平（山西高平縣，）秦將白起，坑趙降卒四十萬，趙自是遂衰弱；然廉頗、李牧皆良將，秦尙忌之；末年嬖臣郭開用事，屛斥廉頗，使不復任用。又受秦間金，誅李牧，牧死後，又四年，秦滅趙。

（乙）魏國。魏都安邑（今山西夏縣有故城，）後徙大梁（河南開封，）自魏桓子滅知伯，子文侯斯立，以卜子夏、田子方爲師，任魏成爲相；樂羊、吳起爲將；勝秦，克中山（直隸定縣，）並能好賢禮士，國人稱仁，上下和合，遂受周命爲諸侯。文侯斯沒，子擊立，是爲武侯。擊沒，子罃立，是爲惠王。惠王之世，卑禮厚幣以招賢者，孟子至梁，惠王不能用，東敗於齊，南辱於楚，西困於秦，喪師失地，僅保大梁。惠王沒，子赫立，是爲襄王。周顯王三十五年，襄王會齊宣王於徐州以相王。（註十三）四十一年，秦張儀伐魏取蒲陽，旣而歸之，魏盡入上郡十五縣以謝秦（今陝西延安府、榆林府、綏德州，戰國初魏上郡地，）秦用商鞅，以削魏爲強秦之計，以後連歲侵奪，魏遂亡。

（丙）韓國。韓都陽翟（河南禹縣，）康子之子武子虔，列於諸侯，並鄭而有國。當秦孝公之強，韓昭侯用申不害爲相，遂免諸侯的侵伐。然六國中，韓爲最小，後遂先滅於秦。（丁）齊國。春秋末年，田常弒簡公，執齊政，四傳至田和，受命爲諸侯。齊當宣王辟畺之世，盛喜游說文學之士；騶衍、淳于髡、田駢、愼到、環淵之徒七十六人，皆賜列第爲上大夫，故說客以齊爲多。宣王沒，子湣王地立，初謀合楚制秦，後楚與秦合，齊亦折而事秦。秦旣出其謀以制楚，復謀制齊，齊與韓、魏合師以抗秦，遂有函谷之捷。齊湣王盛時，秦王稷謀合之伐趙，乃自稱西帝，別遣使至齊，尊湣王爲東帝。湣王輕視諸侯；燕素與齊不洽，乃謀伐齊，燕樂毅約秦、趙、楚、魏，共出師與齊兵戰於濟水之西，齊兵大敗，燕師入臨淄，湣王出奔莒，燕下齊七十餘城，齊國幾滅。（周赧王延三十一年，民國紀元前二千一百九十五年。）後齊王用田單計，先後復失地。惟不修戰備，不助諸侯攻秦，及五國盡滅，齊亦隨之以亡。（戊）燕國。燕是召公之後，都於薊（今北平，）入戰國始大，及昭王時，卑禮招賢，任樂毅爲上將，伐齊，收齊七十餘城，盡郡縣之以屬縣，惟三城（聊、卽墨、莒）未下，而昭王死，惠王卽位，用齊人反間，疑樂毅，而使騎刼代爲將，（註十四）齊大破燕軍；燕、齊劇戰，二國俱疲，秦乃更得志。燕太子丹，見秦滅六國，恐其禍至，遣使荆軻，刺秦王不中，乃遣軍伐燕，五歲而卒滅燕國。（己）楚國。六國中楚最大，陳、蔡、吳、越、魯等國之地，皆入於楚。楚威王時，蘇秦以合從之說動之，然未有結果；及懷王時，受秦之煽動，離齊交，終爲秦所敗。秦得巴蜀，制楚上游，未幾秦將白起拔郢，燒夷陵（湖北宜昌，）頃襄王徙都以避之，最後徙壽春（安徽壽縣，）秦兵日偪，至負芻時，國遂亡。（庚）秦國。秦自孝公用商鞅變法，令徙都咸陽（陝西咸陽縣東，）把全國的人，都驅到農戰一途，於是秦的國勢，就驟然強盛，伐魏，魏獻河西地（陝西東北部地，）惠王任張儀，更東略魏地，誠有如張儀所說：『秦地半天下，兵敵四國，被山帶河，四塞以爲固，虎賁之士百餘萬，車千乘，騎萬疋，粟如丘山。』（註十五）在戰國時代中，可算最強。及范睢說昭襄王以遠交近攻之策，秦之作戰計畫可以分三路看：民國紀元前二二二四年取漢中至二一九一年，司馬錯伐楚，取黔中，楚獻河北之地；白起伐楚取鄢、（春秋時的鄢陵）鄧、（今河南的南陽縣）西陵、（今湖南的東胡縣）再伐楚，拔郢，（春秋時楚都今湖北江陵縣北十里之紀南城）燒夷陵，（在宜昌縣）這一支可以算出長江流域的兵。其出河南的支兵，是從陝西出函關的一條路，民國紀元前二二二二年，伐韓，拔宜陽，（今河南的宜陽縣，）韓和東西周都入秦人的掌握。又出一支兵於河北，伐韓拔野王，（今河南的河內縣，）派白起，大敗趙軍於長平，（今山西高平縣，）坑降卒四十萬，攻破上黨，（今山西晉城縣，）北定太原，由娘子關到河北，繼圍趙之都城邯鄲，（今河北邯鄲縣，）賴魏國公子無忌，敗秦軍於邯鄲下，苟延殘喘。紀元前二一六〇年，秦又伐韓，取滎陽，（今河南滎澤縣，）成皋，（今河南汜水縣，）及秦始皇立，把趙、燕、魏等國吞滅。最後被滅者為齊國。齊地較遠於秦，有三晉為之遮蔽，范雎所謂遠交，其意在齊。齊自湣王地傳襄王法章，而至王建，關東諸國，或合從攻秦，而齊皆未參與，為諸侯所惡。秦始皇二十六年，乃使王賁、蒙恬攻齊，齊王建降秦，遂滅齊為郡，秦遂統一天下了。秦國能滅六國，有數種重要原因：（甲）秦居關中，據上游，扼地勢的要害。（乙）秦和戎狄競爭最烈，以磨礪而強。（丙）秦國開化較晚，風氣樸實，國力比六國充實。（丁）秦歷代多英主，能吸收六國的人才為己用。（戊）秦之政策固定，不輕易變更，又能變法自強，努力農戰。（己）秦能利用外交軍事之所長，以應付六國。以上數端，皆為秦在戰國時代，能居於政治領導地位的緣故啊。

參考書舉要

（註一）太平御覽皇王部卷八十四引。

(註二)蒙文通編古史甄微一一八頁。

(註三)尚書大傳見禮記明堂位疏。

(註四)中國史話第四章二十六頁。

(註五) E. H. Parker, Ancient China Simplified, p. 217.

(註六)綱鑑彙纂周紀卷二。

(註七)中國史話第六章四一頁,白話本國史第五章七三頁。

(註八)拙著中國文化演進史觀一八頁。

(註九)拙著社會思想與社會問題六三頁。關於春秋時代之各國形勢詳述完備者,有顧棟高之春秋大事表。

(註十)柳著中國文化史上册三二五頁。

(註十一)孟著先秦文化史二三三頁。

(註十二)高桑駒吉著中國文化史漢譯本二十九頁。

(註十三)御批通鑑輯覽卷九。

(註十四)戰國策卷二十。

(註十五)戰國策卷十四。

第二節　周代之文化形態

周代是中國上古文化的燦爛時代,亦是中國上古歷史的劇變時代。因爲歷史變遷的急劇,所以文化的發展亦比較的迅速。夏曾佑說:『有周一代之事,其關繫於中國者至深,中國若無周人,恐今日尚居草昧,蓋中國一切宗教典禮、政治文藝，皆周人所創也，中國之有周人，猶泰西之有希臘。』（註一）周代的文化詳於周禮，周禮，亦稱周官以與尙書周官篇相混，改稱周官經，今稱周禮。周禮是書名，有說爲周公居攝以後所作，擬周室之官制，書成而未實行者。（註二）易君左說：『周禮一名周官，爲備錄周一代政治之書，相傳出於周公旦之制作。上自王室中央政府諸機關，下至諸侯國法制、經濟、財政、軍事、教育、產業之大小無論矣，小至於閭門村落之警察衛生，無一不詳細記載，是誠研究中國古代之寶典，而其影響後世之政治，亦頗重大。……雖然，周禮果出於周公之手乎？此乃一重要之疑案。何者？如周初之上古，既已行如彼複雜而有秩序的政治耶？夫周代政治之爲武斷，吾前已言之而無疑矣。封建者，一種之聯合國也。王室之勢力，對其同姓諸侯，或可期其政令之劃一，然謂其政令直能施行於異姓之國，夫孰能無疑？……周禮出自周公之手之傳說，乃至周禮爲紀錄周初法制之想像，礙難成立，已如前言。雖然，若卽斥周禮爲一不足取之僞書，則較奉周禮爲古大聖人之寶典者，尤爲謊謬。據吾人思之，周禮者，實漢代學者書案上所撰而成之一種編纂物也。特其所蒐集採取之材料，多爲吾人前此所未知者耳。譬之史記，不以其書爲漢代之著述，而沒卻上古之記事，周禮之價值亦然。故吾人但究其所記錄之事實爲何，初不必問其所著述之人物爲如何也。』（註三）然周初得國，以武力經營天下，封爵至千七百七十三國，安見其政令不能施行於異姓之國呢？周公爲周代傑出的大政治家，周禮爲記載政制之書，卽不是周公一人的撰述，亦當時才智之士所纂輯之書。秦漢時代，君權統制，斷不需要此詳細的近於地方分權的規制。周禮分天官、地官、春官、夏官、秋官、冬官六篇，秦火後，漢河間獻王得之於山巖屋壁之中，而失冬官一篇，因以考工記補之；西漢之季，杜子春習周禮，能略識其字。光武以後，鄭興、鄭衆，皆以周禮解詁著；

鄭康成(玄)乃集諸儒之說爲周禮注。倘爲漢代之著作物，則不致經秦火而後得之於山巖屋壁之中，又同時代之儒者，於同時代之人所著之書又何致祇能略識其字呢？章實齋說：『自有天地而至唐、虞、夏、商，迹既多而窮變通久之禮亦大備，周公以天縱生知之聖，而當積古留傳道法大備之時，是以經綸制作，集千古之大成，則亦時會使然。』(註四)章氏以爲周代既經過唐、虞、夏、商，約一千五百餘年時會之久，其鑒古創制，實有可能的。朱子說：『大抵說制度之書，惟周禮、儀禮可信，禮記便不可深信。周禮畢竟出於一家，謂是周公親筆做成固不可，然大綱却是周公意思。某所疑者，但恐周公立下此法，卻不曾行得盡。』(註五)張震南說：『周禮一名周官經，凡六篇，爲周代政典之總彙，相傳爲周公致太平之書；或以其中條目猥瑣，且間與周制不合，因疑其爲僞託者，然價值終在也。』柳翼謀說：『周秦西漢著書者多矣，今其書之存者，或第言立法之意，或粗舉治國之方，無一書能包舉天下萬事萬物，一一爲之區分條理，而又貫串聯絡，秩然不紊，如周官者。學者試思當經何等經驗思想學力，而後能成此書乎？即令未嘗實行，僅屬於一個人之理想，然此一個人之理想產生於此時代，已足令人驚詫，矧其官守法意，降至春秋戰國，猶名遺迹可尋乎！』(註六)毛奇齡周禮問說：『周禮斷非周公所作，然周制全亡，所賴以略見大意，而其爲周則尚居十七。』(註七)孫詒讓治周禮特說：『中國開化數千年，而文明之盛莫尚於周，故周禮一經，政法之精詳，與今泰西所以致富強者，若合符契。』柯金(M. Koknh)說：『周禮不能視爲完全在漢代製作的東西，很顯然的，這本書的底稿就是周代的公文集錄，而且很多舊的原稿都遺失了，這些原稿上的話，司馬遷都引證過。周公制定的禮法之喪失，這一事實無論如何，不能作爲懷疑現時周禮一書根據。』(註八)德人夏德(Friedrich Hirth)於所著支那古代史(The

Ancient History of China）引法人俾優（Edouard-Constant Biot）之說如下：「周禮爲周代文化生活最重要的典據，亦爲後代之嚮導，對於爲政家之模範，永受世人之尊重，殆無可疑。其於國民之教養，實居重大之位置，世界之書籍中罕見其匹儔。且其關於公共生活及社會生活，詳細說明，於陶冶後代之國民，具有非常之勢力。因襲之久，世人因此詳細之規定，殊不能任意而行，社會萬般之生活，無論一言一行，無不依其儀式。俾優氏以爲此中詳細的規定，其主要之目的，惟在使人除去公私生活上放縱粗野之行動，使肉體與道德，共具有一定不變之性格，更於其上築成一不變易狀態之政府焉。俾優氏此言，不可謂非卓識。支那王朝雖屢變更，彼等支那人自周禮之時代，至於現今，對於此種儀式因襲的尊敬之結果，至於使支那與支那人國家與國民，均具有鞏固不變之性質云。」（註九）從上引證來看，周禮是表現周代文化生活重要之政書，不論其是否爲周公一人所撰述，而於周代的文獻上，有重要的價值的。

（一）社會風習　周代社會風習之可考者如下：（甲）飲食。西周飲食常用穀類；穀類有稻、粱、菽、麥、黍、稷。蔬菜多用羹，肉食有牛、豕、羊、雞、雁、雉、兎、鱉、鹿、鯉、魴、鱮等，而犬、馬、熊、狼之屬，亦多捕食。春秋之世，鼃、蜃、蛤，亦登食品。戰國之世，雞、豚、狗、彘，是畜以此種爲食品。烹調製作之法，在禮記內則一篇，可得大概。凡取飯於器中，皆以匕，而承之以手，故當未食先盥其手，將食則仰其手而奉之，既食則覆其手以棄餘粒。若賓主會食，則主人以酒進賓，謂之獻，賓報主人以酒謂之酢，主人飲食勸賓，謂之酬，正獻既畢之酒謂之旅酬，旅酬既畢之酒謂之無算爵。飲物有酒、醴、漿、清等，周時有杜康者，改良酒之造法，爲燕饗必需品，朝廷設酒正掌之。醴是甘甜之酒，漿、清爲食物之附屬品。至春秋戰國，無甚變易。

周代之制，食物之衆寡以爵位之貴賤爲差；天子燕食，羞用百二十品；大夫燕食，有膾則無脯，有脯則無膾；上大夫庶羞二十品；羹食自諸侯以下至於庶人無等；士以下恆食黍稷，大夫以上加稻粱。周代飲食之禮，詳於儀禮。(乙)衣服。周代平民衣服大概相同，周官大司徒：『以本俗六安萬民，……六曰同衣服。』鄭注：『民雖有富者，衣服不得獨異。』閭師：『凡庶民不蠶者不帛，不績者不衰。』(註十)其皇后及公卿大夫之禮服，則有專官掌之，有司裘一職，掌爲大裘以供王祀天之服。有司服一職，掌王之吉凶衣服。有典絲、典枲、縫人、染人各職，爲衣服來源的供給。據劉師培中國歷史教科書所載：『西周衣服之制，周代著衣之法，則行禮之時，必開服而袒其袖，凡吉凶禮均左袒，覲禮則右袒，衣之近體者爲裼衣，裼衣亦名中服，裼衣以上之衣名曰上服，袒上服亦謂之裼，不袒上服謂之襲，(禮記)又無論何服，均有緣飾，或謂之純，在冠則純其梁之兩方，(曲禮疏)在衣則純領及袂口，(禮記疏)在裳則純其幅及下，(士喪禮注)深衣則又純其邊，(禮記注)此西周服飾之大略也。』周制深衣，如今之大領寬袖長衫，大約士以上以冕服爲禮服，(冕服有韍韍制與韠同長三尺，下廣二尺，上廣一尺，天子直，公侯前後方，大夫前方後挫角，士前後正，)以深衣爲便服；庶人以深衣爲禮服，以短褐爲便服，女子則衣裳相連，與男子之上衣下裳者不同，男女衣服多用襲衣(重衣)衣料有褐、帛、絺、綌、緆、布、錦、縞等品。周末貴族婦女，有衣羅、紈、綺、縠者。男女皆束帶，男用革，女用絲，其著於首者，有冠、弁、冕，孫詒讓周禮正義說：『凡服，尊卑之次，繫於冠，冕服爲上，弁服次之，冠服爲下。』其弁服冠服之差別，詳於任大椿弁服釋例。其著於足者有舄、屨，屨是一物而異名。(丙)婚姻。中國古代婚姻，是由於掠奪的形式而進於購買的形式。周代納幣的事情，就是這個遺意。禮記昏義疏：『納徵，納聘財也。春秋謂之納幣，其則緇帛五兩。』禮記雜記疏：『納幣，以物言也；納徵，以義言也。』儀禮昏禮注：『徵，成也，使使者納幣，以成昏禮。』周禮春官大宗伯鄭鍔注：『婚禮有六，其五用鴈，獨納徵不用鴈，以其束帛可執，故納幣用玄纁，天子加以穀圭。』周禮說：『穀圭七寸，天子以聘女。』說到諸侯方面，如春秋上：『成公八年，夏，宋公使公孫壽來納幣。』『莊公二十二年，冬，公如齊納幣。』可見諸侯娶妻，仍然要納幣。至士庶人方面，周禮上說：『凡嫁子娶妻，入幣純帛，無過五兩。』禮記雜記說：『納幣一束，束五兩，兩五尋。』可見不納幣是不能得妻子的。由贅婚中可以得到反證，史記說：『淳于髡者，齊之贅壻也。』說文解贅字是『以物質錢，』那末贅壻不外是家貧沒有聘財，以身爲質的了。婚姻程序方面，要有父母之命，媒妁之言，纔可，所以詩齊風南山說：『娶妻如之何？必告父母。』又說：『娶妻如之何？非媒不得。』如有不告父母，不用媒人，而男女發生關係，便算違背禮法。戰國策燕策說：『處女無媒，老且不嫁，舍媒而自炫，弊而不售。』管子也說：『求夫家而不用媒，則醜恥而人不信也。』男女婚姻期限，大概男子三十而娶，女子二十而嫁，然曲禮定男子二十而冠，內則稱女子十五許嫁，既冠則有爲人父之道，許嫁亦有適人之義，而禮必以三十、二十爲規定，特舉其遲者言之耳。嫡庶之別，周代頗嚴，毋以妾爲妻，見諸葵丘之命（僖九年）左傳哀公六年：『公子荆之母嬖，將以爲夫人，使宗人釁夏獻其禮，對曰：無之，公怒曰：女爲宗司，立夫人，國之大禮也，何故無之？對曰：周公及武公取於薛，孝惠取於商，自桓以下取於齊，此禮也則有，若以妾爲夫人，則固無其禮也。公卒立之，而以荆爲太子，國人始惡之。』立一個妾，臣子加以抗爭，國人姍以非議，可見當時界限之嚴。及春秋戰國之世，男女雜亂，怪狀百出，淫亂無恥，以鄭衛爲最，陳次之，各國亦不甚相遠。考之詩國風衛俗之淫亂，至於男女相約，俟於城隅，婚姻動懷，遠其父母。鄭俗之淫亂，至於遵大路而攬人袪，相輕薄而謂爲子都。陳俗之淫亂，至於女子不績麻，而赴男女歌舞之會。(註十一)甚至有奪子婦者，如衛宣爲其子伋娶於齊而自取之。有奪昆弟之妻者，如魯穆伯爲襄仲聘己氏而自取之。有妻好淫而夫縱之者，如衛侯爲夫人南子召宋朝。有欲奪人妻而先滅人國者，如楚文王滅息取息嬀。私約私奔，則有魯莊公之從孟任，(莊三十二年傳)魯泉邱人女之奔孟僖子，(左昭十一年傳)郧陽封人女之奔楚平王，(左昭十九年傳)諸如此類，不勝枚舉。可知春秋戰國時代風俗之日下了。(丁)喪葬。周代喪葬之禮，貴賤異制。天子死曰崩，諸侯曰薨，大夫曰卒，士曰不祿，庶人曰死。在床曰尸，在棺曰柩。(註十二)周制，人死必復。男子稱名，人子稱氏。復而不蘇，然後敢行死事。送死之禮，周代最備，終時有初終之禮，葬有葬禮，致祭有祭禮，訃有訃禮，弔有弔禮，臨有臨禮，賷襚賻賵，有賷襚賻賵之禮。人死時必爲之沐浴，又緣生食，死不欲虛其口，乃有飯含之事；故天子飯以玉，諸侯以珠，大夫以米，士以貝，飯含而後用襲(衣尸曰襲)，襲而後設冒，乃陳小斂之衣而行小斂，小斂後則奉尸於堂。大斂必於阼階上，既殯則置於西階上。大殮則加以公服。棺周於身，槨周於棺。天子棺槨九重，諸侯五重，大夫三重，士二重，庶人有棺而無槨，棺槨均用木。其葬期：天子七月，諸侯五月，大夫三月，士逾月。樹土爲冢，置棺其下，冢人掌之。周禮正義說：『冢人掌公墓之地，辨兆域而爲之圖。先王之葬居中，以昭穆爲左右。凡諸侯居左右以前，卿大夫士居後，各以其族。』(註十三)可見周代埋葬的地點，是依尊卑貴賤編定的。又說：『墓大夫掌凡邦墓之地域，爲之圖，令國民族葬而掌其禁令，正其位，掌其度數，使皆有私地域。』疏注云：『古者萬民墓地同處者，謂凡邦國都邑，各有廣闊之墓地數區，令萬民皆葬於其處，是爲公地域。其族葬則每族各有私地域，爲公地域所包。……得以族葬後相容者，謂於公地域中分別區界，爲某族之墓域。

使令族同葬，足以相容，是爲私地也。』據此則周代實規定有公共的墓地，與今日歐美各文明國家規定有公共墓地相同。令國民族葬而掌其禁令，是族葬各從其親，不能違背的。孟子於滕文公篇有說：『死徙無出鄉。』趙注：『死，謂葬死也；無出鄉，卽墓地同處之義。』可見此制，延至戰國時代，都是如此，與後世各私其葬地，而以風水相標榜者不同。周代服制，親喪三年，哭踊均有常節，寢苦枕塊，既葬而祭曰虞。期年而小祥，又期年而大祥，大祥更間一月則爲禫祭，禫祭則除服，故三年之喪二十五月而完畢，自天子至於庶人皆通行之。其他服制，則自三年遞降分七等。(戊)巫覡。巫覡衆多，可以知道社會之崇尚迷信。周禮正義說：『司巫掌羣巫之政令，若國大旱則帥巫而舞雩。』(註十四)疏注：『掌羣巫之政令者，敘官云男巫無數，女巫無數，司巫總掌之，故云羣巫，明其人數多也。云若國大旱則帥巫而舞雩者，爾雅釋訓云舞號雩也。』周禮正義又說：『國有大烖，主帥巫而造巫恆。』杜子春云：『司巫率巫官之屬會聚常處以待命也。玄謂恆，久也，巫久者，先巫之故事，造之當案視所施爲。』風俗通義祀典篇說：『周禮，女巫掌歲時以祓除釁浴。』可知周時民間有女巫祓除不祥之事。韓詩說：『鄭國之俗，三月上巳之溱洧兩水之上，招魂續魄，秉蘭草，祓除不祥。』此種風氣，是行於春秋戰國之時。(己)行動禮俗。凡迎賓，主人行匹敵之禮，於大門外，主人尊者，於大門內。凡入門，賓入自左，主人入自右，皆主人先入。入門必三揖，升階皆三讓，賓主敵等者，俱升俱降，不敵者不俱升，升階均連步。周之拜禮有九：頭至地者爲稽首頓首拜，頭叩地者爲頓首拜，頭至手者爲空首拜，戰栗變動之拜爲振拜，拜而後稽顙者爲吉拜，稽顙而後拜者爲凶拜，先屈一膝者爲奇拜，再拜者爲襃拜，且俯下手者爲肅拜；大抵門外之拜，皆東西面，堂上之拜皆北面，室中房中之拜，則以西面爲敬。凡與尊者相見，必有所執，是謂之摯；天子用鬯，諸侯用圭，卿用羔，大夫用雁，士用雉，庶人用鶩，工商用雞；凡賓執摯以見，主人必辭，故士見士，士見大夫，主人皆辭摯；兩士相見，則以賓向時所執者還之於賓，賓亦辭讓而後受；婦人之摯，棗栗腶修，（捶脯肉施薑桂，）無摯，不能成禮。古時皆席地而坐，坐必正席。行步視地而異名，室中謂之時，堂上謂之行，堂下謂之步，門外謂之趨，中庭謂之走，大路謂之奔。

（庚）階級。周代階級之風益盛；自士以上，貴者之階級，爲諸侯卿大夫；自士以下，非貴者之階級，爲庶人。當時階級之制頗嚴，左傳魯桓二年師服說：『吾聞國家之立也，本大而末小，是以能固；故天子建國，諸侯立家，卿置側室，大夫有貳宗，士有隸子弟，庶人工商，各有分親，皆有等衰，是以民服事其上，而下無覬覦。』昭公七年楚芋尹無宇說：『天有十日，（十天）人有十等，下所以事上，上所以共神也；故王臣公，公臣大夫，大夫臣士，士臣皁，皁臣輿，輿臣隸，隸臣僚，僚臣僕，僕臣臺。』可知春秋時代各國自諸侯以下，必有許多階級，名分之間，上尊下卑，井然不可混亂。（註十五）古代之奴隸，是由俘虜得來的，或由犯罪收爲奴婢的。應劭風俗通說：『古制無奴婢，奴婢皆是犯罪者。』周禮秋官司寇司厲：『司厲……其奴男子入於罪隸，女子入於舂藁。』就是指此。（註十六）春秋時代的奴隸，完全是服於公役，很少是私人畜奴的，其時有所謂丹書，大概就是奴隸的戶籍簿。至戰國時，社會之階層，已不像春秋時之嚴，用人亦漸不拘資格，或由匹夫而爲將相，或朝爲貧賤而暮爲公侯，或起自刑餘，或出於盜藪。（註十七）貴族的階級，到那時就漸崩潰起來，還是由於平民人口日益增加，勢力日益膨脹，不久自然可以壓倒貴族的勢力。其次由於下層社會的擡頭，如管仲起於罪隸，甯戚起於牧豎，百里奚起於乞丐，已開其風氣。（註十八）（辛）任俠之風。任俠是表見人民的習性；齊國之民，貪而好勇，楚民輕而刻詐，燕趙慷慨悲歌，秦民質樸強悍；若任俠之風，則起於春秋，而盛於戰國。春秋之時，晉有公孫杵臼、程嬰，秦有假息、仲行、鍼虎，吳有專諸。戰國時代，有豫讓、要離、聶政、朱亥、荆軻、高漸離、田光、樊於期等，此輕死重義的風操皆足爲社會之表率也

(二)農業　周代是中國上古農業發展的時代。農業的基礎是田畝，而周代田畝制度如何，是值得考究的。周代的田畝制度是井田，而井田制度的有無，亦是值得考究的。胡適是不承認中國上古眞有井田制度，他的假設是：(1)古代從部落進爲無數小國，境內還有無數半開化的民族，王室不過是各國中一個最強的國家，故能做一個名義上，宗教上，政治上的領袖，無論如何決不能有「豆腐干塊」一般的封建制度。(2)不但「豆腐干塊」的封建制度是不可能的；「豆腐干塊」的井田制度也是不可能的。井田的均產制，乃是戰國時代的烏托邦，戰國以前，從來沒有人提及古代的井田制，孟子也只能說「諸侯惡其害己也，而皆去其籍」，這是託古改制的慣技(註十九)胡漢民對於井田的意見是：(1 古代的井田制度，除了孟子再沒有可靠的書；孟子所說是依據古制，或是參上他自己的理想，不必打這考據的官司；但以理想推測，井田制雖不必盡照孟子所說那麼整齊，卻也斷不至由孟子憑空杜撰。土曠人稀的時代，人民以一部落一地方共有田地，不是希奇的事。(2)井田法雖不可詳考，總是土地私有權未發生的時代，共有共用土地的習慣之整頓方法。廖仲愷對於井田的意見是：(1)春秋有初稅畝這項紀事，可以證明魯國到宣公時初壞井田，這個證據若確，那麼井田制度不能斷他是孟子的「託古改制」，「戰國時代的烏托邦」了。(2)井田制度，假定牠是上古民族由遊牧移到田園，由公有移到私有當中一個過渡制度；以社會進化的程序看來，這種井田制度不只是可能的，而且是自然會發生的。(3)中國行井田制度的時候，所謂「普天之

下，莫非王土」對於土地當然不會發生法律上私權的觀念；人民是不能有地的，卻無不能用地的。地之所出，一方養活人民，一方供給國用，好處就在這裏。中國井田制度和外國均地制度，自然有很多不同之點；但是於不同的地方不同的民族中要尋出絕對相同的制度，除湊巧之外，是萬不會有的事。至於豆腐干塊不豆腐干塊，是不關緊要，周得國之後，在絕對的領域內，畫土分疆，封給同姓子弟和異姓功臣，也不是事實上萬不能整齊。近世在新發見的土地上新興的國家，如美國澳洲之類，他們所分的行政區域，也差不多是整方塊頭的，幾千年後的論史家，難道也去懷疑。(註二十)就以上三方面的主張來看，我是贊同胡漢民廖仲愷的意見。胡適說：『古代井田制度，除了孟子再沒有可靠的書。』據此以爲井田制是「戰國時代的烏托邦」須知孟子是戰國時人，戰國距離西周不遠，倘周代沒有井田制度，孟子豈能憑空揑造，以欺騙當時諸侯？這去西周不遠的史實，是容易明白的，當時諸侯，又何致受他的欺騙？孟子若託古改制，何不遠溯堯舜以前的時代？而竟近溯相去不遠的西周？井田制度，是上古由公有轉移到私有一個過渡；當私有制未確定的時期，土地是公有公用的，上古時人口少土地多，將國家領有的許多地方，分配給人民耕種，人民用其餘力助耕國家的公田，爲賦稅的一部分，非但是必要，而且是可能的。井田制，不過一個形容詞，斷不如胡適所說有如「豆腐干塊」的形式，然後方可成爲井田。孟子說：『詩云：雨我公田，遂及我私，惟助爲有公田，由此觀之，雖周亦助也。夫仁政必自經界始，經界不正，井地不均，爵祿不平；是故暴君汙吏，必慢其經界；經界既正，分田制祿，可坐而定也。請野，九一而助，國中什一使自賦，卿以下必有圭田，圭田五十畝，餘夫二十五畝。死徙無出鄉，鄉田同井，出入相友，守望相助，疾病相扶持，則百姓親睦。方里而井，井九百畝，其中爲公田，八家皆私百畝，同養公田，公事畢，然後敢治私事，所以別野人也。』（註二十一）孟子在這裏所提出的，不但是井田的制度，而且是這種制度的精神。由此可知井田制，不是戰國時代的烏托邦，也不是孟子憑空杜撰的。我們看：『請野九一而助，國中什一使自賦』這句話，野，是郊外都鄙之地，九一而助，爲公田而行助法的；國中，郊門之內，鄉遂之地，田不井授，但爲溝洫，使什而自賦其一，是用貢法的。可知井田制，是隨地方情形不同而變更，此如山地與平原，山地不能畫分井田，而平原則可畫分。又於井田以外，尙有莊園、牧地、村落、城鎮、菜圃、樹林、荒地、河流、湖沼等，也是不可畫分爲井田，安能一概推論呢？孟子說到：『仁政必自經界始，經界不正，井地不均，穀祿不平，是故暴君汚吏必慢其經界。』孟子在這裏明明指出經界是古代已行過，後世暴君汚吏，乃慢其經界而有侵奪之事，安能說孟子是憑空杜撰呢？我們知道從土地制度的歷史變遷說，必經過四個時期：第一，自由耕種的時期；第二，公有土地時期；第三，國有土地時期；第四，私有土地時期。據孟子說：『方里而井，井九百畝，其中爲公田，八家皆私百畝，同養公田。』這是每家分田百畝，一井八家，合八百畝，加上公田百畝，爲九百畝。周禮地官司徒說：『乃經土地，而井牧其田野；九夫爲井，四井爲邑，四邑爲正，四正爲甸，四甸爲縣，四縣爲都，以任地事而令貢賦』又說：『上地夫一廛，田百畮，萊五十畮；中地夫一廛，田百畮，萊百畮；下地夫一廛，田百畮，萊二百畮。』是其計口授田的單位爲夫，一夫受田百畝。春秋井田記說：『人年三十，受田百畝，以食五口，五口爲一戶，父母妻子也。』（註二十二）漢書食貨志說：『井方一里，是爲九夫，八家共之，各受私田百畝，公田十畝，是爲八百八十畝，餘二十畝，以爲廬舍。』何休公羊解詁說：『一夫一婦，受田百畝，以養父母妻子，五口爲一家，公田十畝，卽可謂什一而稅也。廬舍二畝半，爲田一頃十二畝半。八家而九頃，共爲一井，故曰井田，廬舍在內，貴人也。公田次之重公也私田在外賤私也』穀梁氏在春秋宣公十五年初稅畝傳說『古者三百步爲里名曰井田。井田九百畝，公田居一。』韓嬰在韓詩外傳說『古者八家爲井方里而爲井廣三百步長三百步一里其田成百畝廣一步長一步爲一畝廣百步長百步爲百畝。八家爲鄰家得百畝餘夫各得二十五畝餘二十畝共爲廬舍各得二畝半』從上引證來看皆是說明古代實有井田制度可以假定說周代是由公有土地時期到國有土地時期，是適合於土地制度的歷史變遷。日人長野郎說：『周朝的土地制度就是井田制，這制度當然是周朝突然發生的，在黃帝時代，因人口的增加與部落自治的關係，已經有了這種制度的萌芽周朝不過是隨着人民的欲望完其大成而已。』(註二十三)又說：『井田制，既不是一朝一夕所能完成，也不是一朝一夕所能廢止。牠是經過了長期的發展過程與崩潰過程的。就是說井田制是由黃帝到周初經過了一千多年的長時期完成的；在唐虞時代開始發生，至夏商已經備了完整的形態，至周朝完其大成。在春秋戰國時代開始崩潰，至秦完全廢止。這是井田制的發展過程與崩潰過程。在春秋戰國制崩潰的時代中同時有三代的遺制殘存，並且還有許多人極力企圖恢復這種已趨崩潰的井田制。當時井田制雖然崩潰，而實際上還是重農的。如管仲相齊，不許工商與農民雜居，依職業的異同而行自治。「管仲相齊桓公，制國爲二十一鄉，工商之鄉六，士農之鄉十五，一鄉之中民人雜居，無見異思遷之弊，有觀摩切磋之効。」西門豹治鄴，鑿十二渠，引川河而灌田。這些都是企圖井田復活的明證。』(註二十四)但是井田制崩潰的原因在那裏呢？(甲)經濟的原因：(1)在於人口的增加，從前畫定的土地分配，不足給井田制以實施的困難。(2)生產技術進步的結果，增大生產力，從前使用木製的耒耜，至春秋戰國冶金業發達，以鐵製造犂耙的農具，耕作能力因此增大；又因經濟發達，發生商業資本與土地資本，引起土地的私有和兼併。商人勢力侵入農村後，動搖了農村經濟的基礎。(乙)政治的原因：(1)周代及周以前，諸侯領土狹小，可以施行田之授受；後來因諸侯間互相爭奪地盤，擴大自己的領土，領土擴大，難以實行調查戶口；戶口難以調查，則井田制沒有實行的可能。(2)春秋戰國時代，戰爭頻仍，戰爭結果，破壞了戰爭區域內的農村農地，因此井田制不能維持。(3)春秋戰國時代，商業資本發達，商人乘機擡頭，如弦高之犒師，呂不韋之爲秦相，在政治上得了活動的地位；有了活動地位，金錢日多，必以其資本購買田地，兼併之事行，而井田制自隨之崩潰。(4)戰國時代的諸侯，與從前的封建諸侯不同，大諸侯成爲獨立的國家，經多次戰爭，鞏固中央集權的力量；同時官僚士大夫攫取政權，於是領土制變爲采邑制，而采邑漸漸變更性質，成爲官僚士大夫階級的私有地，許多的農民，遂由公民的地位，墮入農奴的地位；人民爲要脫離農奴的束縛，反希望土地的私有。(丙)社會的原因：(1)井田制，是建立於互助協同精神之上的；春秋戰國，變亂日甚，爭侵日多，這種精神加以破壞，而井田制也不能不隨之破壞。(2)上古人民是純樸的，井田授受不能正確，沒有甚麽關係，及春秋戰國，人智日進，因土地肥瘠的不同，而授受不能正確，社會的豪強者，不能不加以破壞了。

在周代實行井田時，也看到土地授受不能正確，所以想法子來救濟這種情形。百畝授田，爲井田制的原則，然土地肥瘠不同，有每耕種二年休耕一次，或每隔一年休耕一次，或休耕二年，纔可復種；則百畝授田，顯然不均。乃有百五十畝，二百畝，三百畝授田的變例。地官大司徒篇說：『凡造都鄙，制其地域而封溝之，以其室數制之，不易之地，家百畮；一易之地，家二百畮；再易之地，家三百畮。』鄭司農說：『不易之地，歲種之，地美，故家百畮；一易之地，休一歲乃復種，地薄故家二百畮；再易之地，休二歲乃復種，故家三百畮。』（註二十五）據此，土地分配的面積，雖有不同，實際還是百畝授田的原則。百畝授田既爲周代定制，當時的畝，究竟有多少呢？文獻通考中載『六尺爲步，百步爲畝。』古代的尺步，與現在當有差異。孟子梁惠王章中有說：『百畝之宅，樹之以桑，五十者可以衣帛矣。雞豚狗彘之畜，無失其時，七十者可以食肉矣。百畝之田，勿奪其時，數口之家，可以無饑矣。』由此可以知道百畝田之出產，只可供一家數口之食，他的面積，不是怎樣的大了。我們雖不能確定說當時百畝之田究竟等於現在多少的面積，但是可以說，百畝之田，僅可以供一家數口之食的一塊不大的耕地。（註二十六）周代治地之法，可分三種：（甲）井田，周詩大雅說：『雨我公田，遂及我私。』是也。（乙）畫井無公田，且稅夫。周禮考工記說：『匠人爲溝洫，九夫爲井，井間廣四尺，深四尺，謂之溝；方十里（卽十井）爲成，成間廣四尺，深四尺，謂之洫；方百里爲同，同間廣二尋，深二仞，謂之澮。』一井之地，本爲九區，今居九夫，則雖畫井，已無公田。（丙）不畫井而但制爲溝洫者。周禮地官司徒遂人說：『凡治野，夫間有遂，遂上有徑；十夫有溝，溝上有畛；百夫有洫，洫上有涂；千夫有澮，澮上有道；萬夫有川，川上有路；以達於畿。』（註二十七）井田以一方里之地，畫爲九區，此則從十而進，不從九。從上述三種制度之異點，卽在井與不井。一種固爲井田，二種雖無公田，然仍有井之痕跡，惟溝洫則純以十進，與一二種不同。因此學者遂有三種不同的意見：（a）言周制井之助法與不井之貢法互用者。溝洫以十爲數，井田以九爲數，井田溝洫，不可苟合，故鄭康成以爲周制畿內用夏之貢法，稅夫無公田；邦國用殷之助法，制公田不稅夫。（註二十八）卽孟子所謂：『野九一而助，國中什一使自賦。』是也。（b）言純用井田者。陳及之說：『周制，井田之制，通行於天下，安有內外之異哉？遂人言十夫有溝，以一直度之也。

（註二十九）陳祥道說：『遂人所言者，積數也；匠人所言者，方法也。積數，則就計其所有者言之；方法則積其所圍之內者言之；其實一制也。』換言之，即謂遂人所言，乃許多井和爲一數時應有之溝洫；而匠人所言，則一個井地之設施，初無若何之不同。（c）更有言井田乃周制，而溝洫非周制者。b派混遂人之說，與匠人之說爲一談，易祓周禮總義說：『或者欲以匠人溝洫，求合於遂人治野之制，若必欲以一面而牽合其數，則十夫有溝，爲一里之井；十倍之而爲十里之成，又十倍之而爲百里之同，而至兩山之川，得無太遼絕乎？以是匠人溝洫，不可拘以成周之法，或出於商夏之制，未可知也。』（註三十）周代之田，有這三種區別，有因襲前代者，有因地制宜者，並非舉全國方萬里之土地，以一種法制限制而整齊之，不能有所異同也。

周代井田之制，至春秋戰國時，已經破壞，當時暴君，均視土地爲一己的私產，如襄公元年，賜季友，汾陽之田是也；其他汚吏，亦乘機奪田，如襄公十年，鄭之四族奪民之田是也。春秋時之地主，大抵乃政治上的豪族，如鄭之司氏堵氏，是鄭之大夫；晉之范宣子，分祁氏之田，皆是晉之大夫，當時所謂地主，非屬於經濟的富族，而屬於政治的豪族。

周代有遂人之制：『以土宜教甿稼穡，以興耡利甿，以時器勸甿。』所謂以土宜教甿稼穡者，即高田種黍稷，上田種稻麥是也。興耡利甿者，即興起其民，以相佐助耕作也。時器勸甿者，即以耒耜之屬，種蒔之器，以勸民耕種也。此外掌理水田則有稻人『稻人掌稼下地，以瀦畜水，以防止水，以溝蕩水，以遂均水，以列舍水，以澮寫水，以涉揚其舍作田。』所謂稼下地，是以水澤之地種稻也。所謂以瀦畜水……以澮寫水，均言田間如何節蓄水利之道，以涉揚其舍作田，是除所應舍之草而後治田種稻耘耨也。對於惰農之處置頗嚴，周禮地官司徒篇說：『凡田不耕者出屋粟。』

夫三爲屋，出屋粟者，謂罰其出三家之稅粟也。掌穀則有廩人：『廩人，掌九穀之數，……以歲之上下，數邦用，以知足否；以詔穀用，以治年之凶豐。』『凡萬民之食食者人四鬴，（四升爲豆，四豆爲區，區一斗六升，四區爲鬴，鬴六斗四升，十鬴爲鍾，鍾六斛四斗，）上也；人三鬴，中也；人二鬴，下也。若食不能二人鬴，則令邦移民就穀，詔王殺邦用。』周代豐歉，以人食四鬴者爲上年，卽大熟之年。三鬴者爲中年，二鬴者爲下年，卽饑荒之年。解凶荒之困則有遺人：『遺人，掌邦之委積，以待施惠；鄉里之委積，以恤民之囏阨；門關之委積，以養老孤；郊里之委積，以待賓客；野鄙之委積，以待羇旅；縣都之委積，以待凶荒。』水旱爲天災，無論那一代免不了，詩經大雅雲漢章述周宣王憂旱自省情形，第一章說：『天降喪亂，饑饉荐臻。』第五章說：『旱旣太甚，滌滌山川，旱魃爲虐，如惔如焚，我心憚暑，憂心如熏。』春秋之世，列國有饑，互相乞糴之事，亦所常有，如魯隱公六年，京師（周室）來告糴，公爲之請糴於宋、衞、齊、鄭。魯莊公二十八年，大無麥禾，臧孫辰告糴於齊。魯僖公十三年至十五年，秦晉互相乞糴是也。

（三）稅制　三代賦稅法皆由井田而生，孟子說：『夏后氏五十而貢，殷人七十而助，周人百畝而徹，其實皆什一也。』（註三十一）趙岐注：『貢者民耕五十畝，貢上五畝；助者民耕七十畝，以七畝助公家；徹者民耕百畝，徹取十畝爲賦。』孟子又說：『野九一而助，國中什一使自賦。』可知周代的耕地稅收制度是一種複雜而非單一的制度。既有井田徵取九分之一的公田稅制，又有在農民的生產品中而稅取十分一的稅制；並且因耕地之性質而有超過和低於十分一的稅收制度。周官大小司徒之下，掌土地賦稅的專官，是載師，他的職務如下：『載師，掌任土之法，以物地事，授地職，而待其政令。……凡任地（謂任土地以起稅賦）國宅無征，園廛二十而一，近郊十一，遠郊二十而三，甸、稍、縣、都皆無過十二，唯其漆林之征二十而五。凡宅不毛者有里布，（江永說：孟子夫布卽閭師之夫布，里布卽載師之里布，蓋戰國時爲一切之法，凡居廛之民，不問其有職無職，而皆使出夫布，亦不問其毛與不毛，而皆使出里布，此爲額外之征。）凡田不耕者出屋粟，凡民無職業者出夫家之征。（民無職業者猶出夫稅家稅，夫稅是百畝之稅；家稅是出士徒車輦給徭役。）以時徵其賦。』『閭師掌國中及四郊之人民六畜之數，以任其力，以待其政令，以時徵其賦。』疏說：『掌國中及四郊之人民六畜之數者，主國中郊里版籍之法，與司民爲官聯也。此官爲國中及四郊吏之長，而兼掌六鄉賦貢之事。』（註三十二）這時的賦稅，完全是以自然生產品來繳納。胡鈞中國財政史講義引說：『太宰以九職任萬民，民有專職，卽有物貢。閭師任農以耕事，貢九穀。任圃以樹事，貢草木。任工以飭材事，貢器物。任商以市事，貢貨賄。任牧以畜事，貢鳥獸。任嬪以女事，貢布帛。任衡以山事，貢其物。任衡以澤事，貢其物。』周禮說：『以九賦斂財賦，一曰邦中之賦，二曰四郊之賦，三曰邦甸之賦，四曰家削之賦，五曰邦縣之賦，六曰邦都之賦，七曰關市之賦，八曰山澤之賦，九曰幣餘之賦。』（註三十三）孫詒讓說：『周官司稼以年之上下出斂法，是以年之上下爲賦法輕重之差也；而載師任地，則四郊、甸、稍、縣、都，有十一至十二三等之法，是又以地之遠近爲輕重之差矣；周之徹法，蓋當兼此二者。徹之云者，通乎地之遠近，年之上下，以爲斂取之法。』可知周代之稅，是分有許多的等級的。到了周衰之末，戰國縱橫，用兵爭強，以相侵奪，這時候各國相競以剝削一般的平民，孟子看到這樣所以主張普及民衆幸福，排斥剝奪民脂民膏的統治階級。他說：『今之諸侯，取之於民，猶禦也。』禦是什麼？禦人於國門之外，取其財物，這豈不是強盜之行爲麼？孟子把他們剝奪的行爲叫做『富桀、輔桀』，又說是『率獸而食人。』（註三十四）

（四）商業　周代一切設施之中，商政比較完善，據周禮天官『太宰以九職任萬民，……六曰商賈阜通貨賄。』地官大司徒『頒職事十有二，……六曰通財。』這是專司商政的職官。大司徒以下，則設有下列職官：（1）載師掌任土之法，商人要想市中空地，就要向他請領。（2）閭師掌任商以市事貢貨賄。（3）司市是市官之長，掌市治之教政刑量度禁令，司市以下設有：（a）胥師掌其次的政令，並且平貨賄懸禁令；（b）賈師掌辨別貨賄，平定物價的事；（c）司虣掌維持市場秩序的事務；（d）司稽掌衣服視覘和商品是否合法的事務；（e）胥掌出入的禁令；（f）肆長掌肆的政令和貨賄的平正。（4）質人掌平市的物價，和人民牛馬兵器珍異之類。（5）廛人掌征收稅款和罰款，以繳納於泉府。（6）泉府掌操縱與持平物價，以適應人民的需要和供給。（7）司門掌管國門，以視察貨物的出入。（8）司關掌國貨之璽節，以檢查奸商。（註三十五）據上的引證，就知道王朝與各國的商貨交通，四方珍異，多集於京師，而詐僞飾行漏稅犯禁者日多，國家有商政以爲統治，有商官以爲監督，其制度的嚴密可見。在商業政策上，凡百貨之利於民生者，固然徵集，但不合格的貨物，就加以禁止。至於市場的制度，則有三種：其一爲大市，大市爲日中之市，是百姓貿易最盛的市場。其二爲朝市，朝市爲早市，以家於城市的商賈居多。其三爲夕市，夕市爲晚市，交易者以販夫販婦爲多。還有較進步的商業制度，就是信用制度和公司制度。前者如天官小宰：『以官府之八成經邦治……四曰聽稱責以傅別，……六曰聽取予以書契，七曰聽買賣以質劑。』稱責，就是借貸；傅別，就是契書，如今世借款存根收條之類；取予，就是出予和受入，而書契則爲關於記載款項的出予，和受入簿書的目錄，如今世支給來往銀錢的票條之類；至於買賣所用的質劑，則如今世發票單據之類。後者如秋官朝士：『凡民同貨財者，令於國法行

之』鄭司農注『同貨財者謂合錢共賈者也以國法行之司市爲節以遣之』合錢共賈有些像近代的公司組織。（註三十六）

春秋戰國時代，商業更加發展。從太史公貨殖傳的說明，就可以知道當時的商業經濟的情形，在那裏說出都會的發展，及城市與城市通商之普遍化。貨殖傳說：『洛陽東賈齊、魯，南賈梁、楚，一都會也。』『齊帶山海，人民多文采布帛極技巧通魚鹽，……集貨多財。』『鄒、魯、濱洙、泗地小人衆，好賈趨利，甚於周人。』『雍西、隴、蜀之貨物多多賈。』『周人都河南人民衆多，西賈秦、翟，北賈種代。』『睢陽亦一都會也。』『郢都西通巫巴，東有雲夢之饒。』『長安，四面輻湊並至而會。』『陶爲天下之中，諸侯四通，貨物交易所也。』『邯鄲、漳河之間，亦都會也。』『陳在楚、夏之間，通魚之貨，其民多賈。』『吳、東有海鹽之饒，章山之銅，三江五湖之利，江東一都會也。』貨殖傳所列舉的，是各國的都會，各國的都會是商業經濟的中心。當時商業既有如斯的發展，而商品的種類，大概有下列各種：原料品或自然品，有牛、馬、羊、彘、麻、繭、絲、魚、鹽、漆、皮、革、鐵、銅、錫、羽、玳瑁、寶石，此外還有各種植物土產品，並且食糧在當時成爲通貨。製造品：鐵器、銅器、陶器、軺車、牛車、素木器、竹器、布帛、絲、刺繡、細布、文綵、熟皮貨、雕刻等。韓非子外儲說：『楚有賣其珠於鄭者，爲木蘭之櫝，薰桂椒之櫝，綴以珠玉，飾以玫瑰，輯以羽翠，鄭人買櫝而還其珠。』可知在奢侈品中，有這樣精緻的商品。

（五）幣制　周代幣制，所以便利人民。周時原穆公之諫景王說：『古者天降災戾，於是乎量貨幣，權輕重，以振救民；民患輕，則爲作重幣以行之，於是有母權子而行，民皆得焉；若不堪重，則作輕而行，亦不廢重，於是有子權母而行，小大利之。』其時交易之媒介物，種類甚多，有珠玉，有黃金，有刀布；以質來說，黃金爲上，白金（銀）爲中，赤金（銅）爲下。周初太公立九府圜法，黃金方寸，而重一斤，錢圜函方，輕重以銖。金以斤爲重，錢以銖爲重。蓋自周以前，錢爲泉形，降而爲刀器，由周而來。錢爲圜法。當時金與銅錢並用，均爲合法之流通貨幣，黃金均爲通用之品。戰國策東周惠公條：『趙取周之祭地，周君患之，告於鄭朝，鄭朝曰：君勿患也，臣請以三十金復取之。』是通用黃金之記載。又周禮地官載師：『凡宅不毛者有里布。』鄭衆注：『布參印書廣二寸，長二尺，以爲幣，貿易物。』後人以爲鈔幣之類。古代錢幣輕重之制不一，周景王二十一年（民國紀元前二千四百三十一年），患錢輕，更鑄大錢，徑一寸二分，重十二銖，文曰大錢五十，此周代錢幣之可考者。楚莊王旅在位，以爲幣重，更以小爲大，百姓不便，皆去其業，孫叔敖言於王，遂令復如故，此楚國錢幣之可考者。古代太公幣有杏字，杏爲齊地，當爲齊之貨幣無疑，此齊國錢幣之可考者。趙國錢幣，依晉國舊制，內外皆圓，此晉錢趙錢之可考者。蘇秦往燕，貸人百錢，後償以百金，此爲燕國錢幣之可考者。（註三十七）周代使用金屬貨幣，是無可疑的；依漢書食貨志所記載，太公之時，不僅以金爲貨幣，似已鑄造圓形而有方孔的錢。據梁啓超中國古代幣制考說：『錢即銚，銚即鍬，古者以農具之錢，爲交易之媒介之要具，後此錢幣仍像其形，而襲名曰錢，觀古代之錢，其形與今之鍬酷相類，則其命名之所由，可以見矣；錢爲本字，周代或稱爲泉者，乃同音假借字，後儒妄以如泉之流釋之，實鑿壁虛造也。後世之錢，圓周方孔，此乃鑄造技術之進化，形雖變而稱不改，於是錢幣之名，遂爲錢幣所奪，而世無復知錢之本爲何物矣。』又辭源說：『古者以農器爲交換媒介，其後制幣因象其形爲之，今見古錢有貨布字者，其形即古錢䑏之錢也，後世始爲圓形方孔形，仍沿錢之名耳。』太公立九府圜法，錢圜函方，可知是時鑄造技術的進步，至戰國時代，產業發達，交易繁盛，貨幣運用更多，就中以黃金的運用爲普遍，戰國策中關於黃金的記載甚多，例如『黃金萬溢爲用』（秦一第三）『予之五千金』（秦三第五）『鄭襃亦以金五百金』（楚第十六）『黃金千鎰』（趙二第十九）『於是齎蘇秦車馬金帛以至趙』（燕一第二十九），戰國時大都會已發生，商業繁盛，因而黃金貨幣之流通更廣。

（六）交通　周代與國外交通，大概始自周武王。據竹書紀年卷上說：『周武王十五年，肅愼氏來賓。』挹婁即古肅愼之國，周武王及成王時，皆貢楛矢石砮。成王在位三年，有泥離之國來朝，其人稱自發其國，從雲裏而行，聞雷霆之聲在下，或入潛穴，又聞波瀾之聲在上，視日月以知方國所向，計寒暑以知年月。考國之正朔，則序曆與中國相符，成王接以外賓之禮。（註三十八）法國鮑梯氏（Pauthier）謂泥離國或即埃及國，泥羅河之轉音。久良（Stan Julien）謂印度拿拉鎮（Nala）之轉音，法顯佛國記作泥梨城，屬摩竭提國。拉克伯里（Terrien Lacouperie）謂緬甸伊勒瓦第河（Irawadi）西岸奴萊（Norai）古國。（註三十九）周成王四年，旃塗國獻鳳雛。五年有因祇之國，去王都九萬里，獻女工一人。（註四十）十年，越裳氏來朝。交阯之南有越裳國，周公居攝六年，制禮作樂，天下和平，越裳以三象重譯而獻白雉，周公乃歸之於王，薦於宗廟。（註四十一）周昭王二十四年，塗修國獻青鳳丹鵲各一雌一雄。（註四十二）周穆王時，越崑崙，下至弇山。周孝王五年，西戎來獻馬。周幽王九年，申侯聘西戎及鄫。（註四十三）這是周代在陸地或海上與各國交通的概略。至南洋菲律賓與中國之交通，或遠溯於周秦之上，如菲律賓大學歷史教授克來說：『西曆紀元前當中國周秦時，菲人已與中國來往，菲之政府，且屢致貢於中國，中國以天朝自居，亦賞以爵物及珍物，此政治上之關係也。中國商人常至菲賓貿易綢米等物，歲三月至五月而返，此商業上之關係也。」克氏並舉明證多端：『一曰血統有關；二曰風俗禮節相髣髴；三曰農具相同；四曰宗教儀式亦與中國相同；可見菲律賓與中國最早已有關係云。』（註四十四）周代中國與域外交通，僅據竹書紀年述異記穆天子傳等書的記述，未有充分的明證。

（七）官制　周初官制，太師、太傅、太保，即爲三公，少師、少傅、少保，別爲三孤，而三孤又號孤卿。其他又有天官冢宰以掌邦治，地官司徒以掌邦教，春官宗伯以掌邦禮，夏官司馬以掌邦政，秋官司寇以掌邦禁，冬官司空以掌邦土，謂之六卿；各有徒屬職分，用於百事。孤卿與六卿並，則爲九卿。其下有中大夫、下大夫、上士、中士、下士，士之下有府史、胥、徒、工、賈之職；可知周代官司之備，勝於夏商二代。

周代中央政府官制表

官	長	職掌	屬官
1. 天官	大冢宰	總理諸政	各有大夫士之屬官六十官之總數爲三百六十
2. 地官	大司徒	掌民政教育	
3. 春官	大宗伯	掌祭祀禮樂	
4. 夏官	大司馬	掌兵馬出征	
5. 秋官	大司寇	掌刑辟訟獄	
6. 冬官	大司空	掌百工土木	

統計周代中央官數與地方官數，凡五六萬人。杜佑通典說：『周內官二千六百四十三人，外諸侯國內六萬一

千三十二人。』沈彤周官祿田考說：『六官凡五萬九千三百餘人。』周代官制，另有女職一萬五千九百五十八人；計內外官及內職掌人七萬九千六百二十五人。(註四十五)做官的人數既多，而最重者，是要遵守國家的法典，而後上下的秩序不致凌亂。周禮：『太宰之職，掌建邦之六典，以佐王治邦國：一曰治典，以經邦國，以治官府，以紀萬民。二曰教典，以安邦國，以教官府，以擾萬民。三曰禮典，以和邦國，以統百官，以諧萬民。四曰政典，以平邦國，以正百官，以均萬民。五曰刑典，以詰邦國，以刑百官，以糾萬民。六曰事典，以任百官，以生萬民。以八法治官府：一曰官屬，以舉邦治。二曰官職，以辨邦治。三曰官聯，以會官治。四曰官常，以聽官治。五曰官成，以經邦治。六曰官法，以正邦治。七曰官刑，以糾邦治。八曰官計，以弊邦治。』國家的法典，施於太宰，而掌之者，復有各種官職。如小宰、司會、太史、內史、御史、匡人、大行人，均是分掌及施行國家之法典的。周代法典，有詳密之條文，其有不信者，則考諸太史，非一二人所能以意為出入高下；另有官聯之一法，可知其立法之精密。周禮小宰：『以官府之六聯合邦治：一曰祭祀之聯事。二曰賓客之聯事。三曰喪荒之聯事。四曰軍旅之聯事。五曰田役之聯事。六曰弛斂之聯事。凡小事皆有聯。』此種組織，是使互相監視，不使一機關獨斷一事，以遂其營私舞弊之謀，是立法之善者。凡官吏供職，至每歲之終，查驗其施政之良否，以為廢置；每三年則大計羣吏之治而誅賞之，故吏治能澄清，而不致於腐敗。又有司會一職：『以參互考日成，以月要考月成，以歲會考歲成。』此職是注重會計，嚴以鉤考，以免官吏之貪黷營私。

春秋之世，列國僭竊紛紜，雖多更制，而命官之法，猶依據周初例，如：周室有宰，而魯、宋、齊、楚、吳等國，皆有太宰。周有司徒，而魯、宋、晉、楚、鄭、衞等國，皆有司徒。周有司馬，而魯、晉、鄭、蔡等國，皆有司馬。周有司寇，而魯、晉、齊、鄭、衞等國，皆有司寇。周有司空，而魯、鄭、陳等國，皆有司空，是也。其他如卜祝之官，樂舞之司，行人之師，地方縣大夫之秩，列國定名，大概相類，統是依據周制而創立。其立異者，如魯之左宰，宋之右師，晉之三軍將佐，齊之左相，楚之令尹，皆為一國所特有。至戰國之世，變古之風日烈，戰國官制上的要點有三：（甲）君，例如：秦商鞅之為商君，羋戎之為華陽君，白起之為武安君，張儀之為武信君，蔡澤之為剛成君，齊田嬰之為靖郭君，田文之為孟嘗君，田單之為安平君，楚昭希恤之為彭城君，黃歇之為春申君，趙成相之為奉陽君，趙豹之為平陽君，馮亭之為華陽君，樂乘之為武襄君，李牧之為武安君，廉頗之為信平君，趙奢之為馬服君，樂毅之為望諸君，趙勝之為平原君，魏公子無忌之為信陵君，燕公孫操之為成安君，皆為戰國有封君制度之證。（乙）侯，例如：秦魏冉之為穰侯，范睢之為應侯，呂不韋之為文信侯，嫪毒之為長信侯，齊鄒忌之為成侯，楚卞和之為陵陽侯，趙李同父之為壽侯，魏龐涓之為除寧侯，皆為戰國有封侯制度之證。（丙）客卿，例如客卿竈之為秦攻齊，蘇秦之為齊客卿，趙有客卿東里子，而魏尤重視客卿，皆為戰國有客卿制度之證。（註四十六）周代職官班爵祿之制，據通典載『天子一位，公一位，侯一位，伯一位，子男同一位，凡五等也。君一位，卿一位，大夫一位，上士一位，中士一位，下士一位，凡六等。大國君十卿祿，卿祿四大夫，大夫倍上士，上士倍中士，中士倍下士，下士與庶人在官者同祿。（趙岐注：庶人在官未命為士者。）次國君十卿祿，卿祿三大夫，大夫倍上士，上士倍中士，中士倍下士，下士與庶人在官者同祿。小國君十卿祿，卿祿二大夫，大夫倍上士，上士倍中士，中士倍下士，下士與庶人在官者同祿。皆祿足以代耕也。（註四十七）周代班爵祿之制，大概如上述，其詳不得而知。至於戰國，祿或以石計，如史記所載燕王噲自三百石吏以上而效之子之者，即其一證。（燕王噲，燕易王子，噲愚暗，子之專國。）又如呂不韋舍人六百石以上奪爵，孟子爲齊卿，其祿十萬鍾，皆當日制祿大端之可見者。

周代之地方官制，據通典載：『周官有縣正各掌其縣之政令而賞罰之。春秋時列國相滅，多以其地爲縣，則縣大而郡小，故傳云上大夫受縣，下大夫受郡，縣邑之長曰宰曰尹曰公曰大夫，其職一也。至於戰國，則郡大而縣小矣，故甘茂謂秦武王曰宜陽大縣名曰縣，其實郡也。』（註四十八）按照周禮王城之外爲鄉，鄉之外爲外城，外城謂之郭，郭外爲近郊，近郊之外爲遂，遂之外爲遠郊，遠郊謂之野，野之外爲甸，甸之外爲稍，稍之外爲縣，縣爲小都，小都之外爲鄙，鄙爲大都；甸、稍、縣、都之地，都是采邑。鄉以五家爲比，五比爲閭，四閭爲族，五族爲黨，五黨爲州，五州爲鄉；比長是下士，閭胥中士，族師上士，黨正下大夫，州長中大夫，鄉大夫就是卿。遂則五家爲鄰，五鄰爲里，四里爲酇，五酇爲鄙，五鄙爲縣，五縣爲遂；遂大夫、縣正、鄙師、酇長、里宰、鄰長比鄉官遞降一級。（遂大夫是中大夫，里宰是下士，鄰長無爵。）六鄉之吏，計鄉大夫六人，州長三十人，黨正百五十人，族師七百五十人，閭胥三千人，比長一萬五千人，六遂之吏同六鄉相等，共有三萬七千八百七十二人。鄉遂之制，是直隸於天子而行自治之制的區域。鄉遂之組織，法同而名異，周官大司徒：『五家爲比，五比爲閭，四閭爲族，五族爲黨，五黨爲州，五州爲鄉。』周官遂人：『五家爲鄰，五鄰爲里，四里爲酇，五酇爲鄙，五鄙爲縣，五縣爲遂。』其官多由民舉而受天子之命，其職等於王官，而爲地方自治之領袖。管子立政篇說：『分國以爲五鄉，鄉爲之師，分鄉以爲五州，州爲之長，分州以爲十里，里爲之尉，分里以爲十游，游爲之宗；十家爲什，五家爲伍，什伍皆有長焉。』小匡篇說：『五家爲軌，軌有長；十軌爲里，里有司；四里爲連，連有長；十連爲鄉，鄉有良人，五鄉一師。』兩篇所載小有異同，然都與周官相近。周禮正義說：『鄉大夫之職，各掌其鄉之政教禁令。』

『遂大夫各掌其遂之政令』鄉遂之事，所掌之事，大概可分四項：(甲)調查人畜車輦旗鼓兵革以及田野稼器。(乙)教民讀法以勸善戒惡。(丙)教民稼穡以力田畝。(丁)掌徵斂以供國家財政。從上所引證來看可以知道周代地方官制之完善。

(八)軍制　周代計井田以出軍賦，是寓兵於農的。通考說：『班固漢志：般周以兵定天下矣。天下既定，戢藏干戈，教以文德，而猶立司馬之官，設六軍之衆，因井田而制軍賦。地方一里爲井，井十爲通，通十爲成，成方十里；成十爲終，終十爲同，同方百里；同十爲封，封十爲畿，畿方千里。有稅有賦，稅以足食，賦以足兵。故四井爲邑，四邑爲邱，邱十六井也，有戎馬一匹，牛三頭。四邱爲甸，甸六十四井也，有戎馬四匹，兵車一乘，牛十二頭，甲士（在車之士）三人，步卒七十二人，干戈備具，是謂乘馬之法。一同百里，提封萬井，（舉四封之內）除山川沈斥（沈斥水田瀉滷術大道）城池邑園囿術路三千六百井，定出賦六千四百井，戎馬四百，兵車百乘，此卿大夫采地之大者也。（采，官也。因官食地，故曰采地）是謂百乘之家。一封三百一十六里，提封十萬井，定出賦六萬四千井，戎馬四千匹，兵車千乘，此諸侯之大者也，是謂千乘之國。天子畿方千里，提封百萬井，定出賦六十四萬井，戎馬四萬匹，兵車萬乘之主，戎馬車徒干戈素具，春振旅以蒐，夏茇舍以苗，秋治兵以獮，冬大閱以狩，皆於農隙以講事焉』。（註四十九）周禮大司徒：『令五家爲比，使之相保；五比爲閭，使之相受；五閭爲族，使之相葬；五族爲黨，使之相救。』此種相保相救的互助方法，當然要靠各地方的民兵。此種民兵，是由何處產生呢？小司徒：『乃會萬民之卒伍而用之，五人爲伍，五伍爲兩，四兩爲卒，五卒爲旅，五旅爲師，五師爲軍。』夏官序：『凡軍制，萬有二千五百人爲軍，王六軍，大國三軍，次國二軍，小國一軍，軍將皆命卿。二千有五百人爲師，師帥皆中大夫；五百人爲旅，旅帥皆下大夫；百人爲卒，卒長皆上士；二十五人爲兩，兩司馬皆中士；五人爲伍，伍皆有長。』此等軍隊之組織，伍兩起於比閭，而兵與民爲一，是因農事而定軍令的。周制萬有二千五百人爲軍，至五霸時此制遂見破壞；齊桓公作內政以寄軍令，其法以五家爲軌，五人爲伍；十軌爲里，五十人爲小戎；四里爲連，二百人爲卒；十連爲鄉，二千人爲旅；五鄉一帥，萬人爲一軍，國有三軍。（齊語）晉文公濮城之戰，有兵車七百乘。（左傳僖公二十八年，杜預注，五萬二千五百人。）楚莊王邲之戰，爲乘廣三十乘，分爲左右，（杜預注，十五乘爲一廣，百人爲卒，二十五人爲兩，十五乘爲大偏，言一廣十五乘，有百二十五人從之。）可知春秋時霸國全軍，皆不及十萬人。至戰國之世，則燕帶甲數十萬，車六百乘，騎六千匹。趙帶甲數十萬，車千乘，騎萬匹。韓帶甲數十萬。魏武士二十萬，奮擊二十萬，廝徒十萬，車六百乘，騎五千匹。齊帶甲數十萬。楚帶甲百萬，車千乘，騎萬匹。此數皆十倍於春秋。（註五十）戰國時代各尚權謀，以相侵奪，戰爭頻繁，所以需要許多的兵士。陳漢章統計戰國戰爭之數，『戰國二百四十八年中，魏趙用兵四十八，魏韓四十九，魏秦七，魏楚二，魏伐宋、鄭、中山各二，伐翟、燕、齊各一，韓秦用兵二十一，韓伐齊、鄭各三，伐宋二，救魯一，趙秦用兵二十，伐燕一，燕伐齊、趙各一，齊伐魏九，伐魯、燕各三，伐趙、莒各一，楚救鄭伐鄭各二，攻魯三，伐燕、齊、秦各一，秦伐楚九，伐燕、伐齊各三，伐蜀三，五國伐秦二，三國擊秦二，五國擊秦一，四國擊楚一，三國伐楚二，三國救趙一，六國敵秦無。』（註五十一）統計二百四十八年中，大小戰二百二十二次。在此戰爭頻繁之世，少數的兵力自然不能應付的。

關於周代的兵器，則有刀、劍、戈、矛、殳、戟之類；在春秋時代皆屬銅造，春秋以後，漸用鐵兵。（註五十二）又有弓、矢、杆、楯、犀甲、兕甲、合甲之類，皆爲戰時利器。戰術在春秋時，尚用車戰。一車甲士三人，一人主御，一人主射，一人持矛，凡持矛者居右，謂之車右；又有步卒七十二人。到戰國時代漸漸趨重於騎兵，趙武靈王之胡服習騎射（史記趙世家），此爲古今戰術之一大轉關。戰術既異，所以殺人之數亦衆，每戰以斬首五六萬爲常。春秋以前，行徵兵制，戰國以後，爲召募制；召募制既行，武事不普及於全體的民衆，而柔弱的風氣遂盛行了。

（九）法制　中國文化至周代而大有進步，法制亦至周代較爲完備。周自文王時，卽已有法，左傳昭七年：「周文王之法曰有亡荒閱，（註：荒，大也；閱，蒐也；有亡人當大蒐）所以得天下也；吾先君文王作僕區之法，（僕，隱也。區，匿也。）曰盜所隱器，與盜同罪。」左傳文十八年：「先君周公制周禮曰：則以觀德，德以處事，事以度功，功以食民。作誓命曰：毀則爲賊，掩賊爲藏，竊賄爲盜，盜器爲姦，主藏之名，賴姦之用，爲大凶德，有常無赦，在九刑不忘。」逸周書嘗麥解：「維四年孟夏，王命大正正刑書，大史筴刑書九篇。」此是指成王四年修改刑書。竹書紀年：「穆王五十一年作呂刑。」史記：「諸侯有不睦者，甫侯言於王，作修刑辟，命曰甫刑。」是周律至穆王時，又修改刑律一次。周代的法制，詳見於周禮，大司徒：「以鄉八刑糾萬民：一曰不孝之刑，二曰不睦之刑，三曰不婣之刑，四曰不弟之刑，五曰不任之刑，六曰不恤之刑，七曰造言之刑，八曰亂民之刑。」（註五十三）大司寇：「大司寇之職，掌建邦之三典，以佐王刑邦國，詰四方。一曰刑新國用輕典，二曰刑平國用中典，三曰刑亂國用重典。以五刑糾萬民：一曰野刑，上功糾力；二曰軍刑，上命糾守；三曰鄉刑，上德糾孝；四曰官刑，上能糾職；五曰國刑，上愿糾暴。以圜土聚教罷民，凡害人者，置之圜土而施職事焉，以明刑恥之。其能改者，反於中國，不齒三年；其不能改而出圜土者殺。以兩造禁民訟，入束矢於朝，然後聽之。以兩劑（今之券書）禁民獄入鈞金三日乃致於朝，然後聽之以嘉石平罷民，凡萬民之有罪過而未麗於法，而害於州里者，桎梏而坐諸嘉舍役諸司空；重罪旬有三日坐，朞役其次九日坐、九月役；其次七日坐，七月役；其次五日坐，五月役；其下罪三日坐，三月役；使州里任之，則宥而舍之。』（註五十四）可見重輕之罪，皆有定制。又說：『凡諸侯之獄訟，以邦典定之；凡卿大夫之獄訟，以邦法斷之；凡庶民之獄訟，以邦成弊之。』可見法制，亦依階級而核定的。小司寇：『以五聲聽獄訟，求民情：一曰辭聽；二曰色聽；三曰氣聽；四曰耳聽；五曰目聽。』很像法醫檢驗制度。鄉士說：『若欲免之，則王會其期。』遂士說：『若欲免之，則王令三公會其期。』縣士說：『若欲免之，則王命六卿會其期。』由士而司寇，由司寇而王，很像三級三審制度。鄉士說：『羣士司刑皆在，各麗其法，以議獄訟。』很像陪審合議制度。秋官所載之下屬，其所謂府者，即今日書記官之類；所謂史者，即今日司法機關錄事之類；所謂胥者，即今日司法機關之承發吏或司法警長之類；所謂徒者，即今日司法機關之司法警察或庭丁之類；可見周代司法制度之詳密。（註五十五）

周代中央之司法機關，有大司寇卿一人，統率其屬而掌邦禁，其下有小司寇、中大夫二人；士師、下大夫四人；鄉士、上士八人，中士十有六人；旅，下士三十有二人；府，六人，史，十有二人，胥，十有二人，徒百有二十人。以下又有遂士、縣士、方士、訝士、朝士、司民等職。小司寇之職是：『掌外朝之政，以致萬民而詢焉，一曰詢國危，二曰詢國遷，三曰詢立君，……以五刑聽萬民之獄訟，附於刑，用情訊之，至於旬，乃弊之，讀書則用法。……以八辟麗邦法，附刑罰，一曰議親之辟，二曰議故之辟，三曰議賢之辟，四曰議能之辟，五曰議功之辟，六曰議貴之辟，七曰議勤之辟，八曰議賓之辟。』雖有寬宥之典，而是依階級而議減刑的。有三刺之制：『以三刺斷庶民獄訟之中，一曰訊羣臣，二曰訊羣吏，三曰訊萬民，聽民之所刺宥，以施上服下服之刑。』以三訊並用，而要以民爲斷，所訊取於民，乃得其情之實，此是不濫用刑罰的。有司刑之制：『司刑掌五刑之法，以麗萬民之罪，墨罪五百，劓罪五百，宮罪五百，刖罪五百，殺罪五百。』此五刑之法，是始於周代的。其他倘有司約掌邦國及萬民之約劑；司盟掌盟載之法；職金掌凡金玉錫石丹青之戒令；司厲掌盜賊所用傷人兵器及所盜財物；司圜掌收教罷民；掌囚掌守盜賊；掌戮掌斬殺賊諜；此設官分職，是井井有條的。

周代身體刑，已如前述，分墨、劓、剕、宮、殺五刑，而在刑法分則上，則以詐欺竊盜罪、不孝不友罪、飲酒罪而科刑。費誓說：『踰垣牆，竊馬牛，誘臣妾，女則有常刑。』康誥說：『元惡大憝，矧惟不孝不友，……乃其速由文王作罰，刑茲無赦。』酒誥說：『厥或誥曰：羣飲，汝勿佚，盡執拘以歸于周，予其殺。』周人以飲酒細故，竟科以死罪，或者是害怕人民因羣飲而造亂，所以非加以重刑不可。

周自平王東遷時候，晉、鄭、魯三國最強，後來鄭、魯衰了，就成五霸的局面，到春秋下半段，在那時代戰爭殺戮之事，時時發生，其司法情形如何，無從詳細考察，惟據春秋、左傳、國語這幾部書，仔細研究起來，覺得那時代的司法，大概是黑暗腐敗的。詩大雅瞻卬篇有說：『邦靡有定，士民其瘵，蟊賊蟊疾，靡有夷屆，罪罟不收，靡有夷瘳；人有土田，女反有之，人有民人，女覆奪之，此宜無罪，女反收之，彼宜有罪，女覆說之。』召旻篇說：『旻天疾威，天篤降喪，瘨我飢饉，民卒流亡，天降罪罟，蟊賊內訌。』小雅雨無止篇說：『昊天疾威，弗慮弗圖，舍彼有罪，既伏其辜，若此無罪，淪胥以鋪。』菀柳篇說：『有鳥高飛，亦傅於天，彼人之心，於何其臻，曷以靖之，居以凶矜。』秦風的黃鳥篇說：『交交黃鳥，止於棘，誰從穆公，子車奄息，維此奄息，百夫之特，臨其穴，惴惴其慄，彼蒼者天，殲我良人，如可贖兮，人百其身。交交黃鳥，止於桑，誰從穆公子車仲行；維此仲行，百夫之防，臨其穴，惴惴其慄；彼蒼者天，殲我良人，如可贖兮，人百其身。交交黃鳥，止於楚，誰從穆公子車鍼虎；維此鍼虎，百夫之禦，臨其穴，惴惴其慄；彼蒼者天，殲我良人，如可贖兮，人百其身。』方玉潤詩經原始卷七論及三良從死命出穆公，或以爲康公迫死，或以爲秦俗如此。由此可以知道君主專制時期，是任意枉法，生殺予奪。顧棟高春秋刑賞表敍有說：『余觀春秋二百四十年，知天子之所以失其柄而旁落於諸侯，諸侯之所以失其柄而僭竊於大夫陪臣者，皆由刑賞之失政爲之。徵諸經傳可考而知也。蓋當春秋之初，猶能爵命儀父爲諸侯，而伐鄭伐曲沃，猶能誅叛討篡，刑賞未盡失也。而乃伐鄭而射王中肩，伐曲沃而荀賈尋爲晉所滅，其罪當滅國絕世，而天子不聞赫然震怒，列侯不聞敵王所愾，從此姑息養癰，馴至潰爛，此豈一朝一夕之故哉？』此可以證明春秋時代法律失效的概況。封建時代，諸侯各自有法，故在春秋戰國時，諸侯各自有法，其初法律爲少數人所掌握，不令一般人識其內容，其後則公開之。關於法典，左傳：『昭六年三月，鄭人鑄刑書。』『定九年，駟顓殺鄧析而用其竹刑。』此是鄭國之法。左傳：『襄九年，宋使樂遄庀刑器。』此是宋國之法。左傳：『文六年春……宣子於是始爲國政，制事典，正法罪，辟獄刑，董逋逃，由質要，治舊汚，本秩禮，續常職，出滯淹，既成，以授太傅陽子與太師賈佗，行使諸晉國，以爲常法。』此是晉國之法。左傳：『昭七年，楚芋尹無宇曰：吾先王作僕區之法，曰盜所隱器，與盜同罪，所以封汝也。』此是楚國之法。管子：『昔吾先王，世法文武，設象以爲民紀。』此是齊國之法。說苑：『衛國之法，竊駕君車罪刖。』此是衛國之法。春秋時除周法外，各國均有自制的法律，看上所引證，可以知道了。

春秋刑名之可見者如下：（甲）身體形。（1）貫耳。左傳：『子玉復治兵於蒍，終日而畢，鞭七人，貫三人耳。』（2）刖刑。左傳：『晏嬰諷景公以踊貴屨賤。』踊，是刖足者之屨，言刖者多，刑罰重也。(乙)徒刑。春秋『僖五年冬，晉人執虞公。』(註五十六)左傳『襄二十一年，會於商任，錮欒氏也。』(丙)流刑。流刑是放逐之意，春秋『宣元年，晉放其大夫胥甲父於衞。』左傳：『晉人討不用命者，放胥甲父於衞，而立胥克。』(丁)死刑。(1)殺刑。春秋：『隱四年九月，衞人殺州吁于濮。』『宣十一年，楚人殺夏徵舒。』(2)刺刑。春秋：『成十六年乙酉，刺公子偃。』(3)烹刑。左傳：『楚白公爲亂，既死，其徒微之生拘石乞而問白公之死焉，乞曰：此事也，克則爲卿，不克則烹，何害，固其所也，乃烹石乞。』(4)梟首。左傳：『叔孫昭子殺豎牛，授其首於寧風棘上。』(5)肆刑，既戮陳尸曰肆，左傳：『尸崔杼於市。』其他有醢刑，如宋醢南宮萬，猛獲。有轘刑，如齊轘高渠彌。有人祭，如僖十九年邾人執鄫子，用之於社。有戮尸，如齊懿公爲公子與邴歜之父爭田，弗勝，及即位，乃掘而刖之。有族刑，如秦法有三族之罪。從以上簡略之引證，可以知春秋時代用刑之嚴酷。但在那時有識之士亦不以爲然的，如鄭叔向所說：『儀刑文王，萬邦作孚，將棄禮而徵於書，錐刀之末，將盡爭之，亂獄滋豐，賄賂並行，終子之世，鄭其敗乎？』(註五十七)內史過說：『國之將興，其君齊明衷正，精潔惠和，其德足以昭其馨香，其惠足以同其民人，神饗而民聽，民神無怨，故明神降之，觀其政德而均布福焉；國之將亡，其君貪冒辟邪，淫佚荒怠，麤穢暴虐，其政腥臊，馨香不登，其刑矯誣，百姓攜貳。』(註五十八)以刑之矯誣爲國家將亡徵象之一，可以知道嚴刑不爲當世有識之士所重了。

關於民法之身分，春秋時階級制度盛行，有許多的名目差別，公羊宣十二年傳：『楚子重云：諸大夫死者數人，廝役扈養死者數百人。』左傳昭七年傳：『天有十日，人有十等。』在人民之身分上是不平等的。關於婚姻制度，須有父母之命，詩經齊風南山：『娶妻如之何，必告父母。』須有媒妁介紹，南山：『娶妻如之何，非媒不得。』須有相當聘禮，春秋：『成公八年夏宋公使公孫壽來納幣。』可以一夫多妻，公羊傳隱元年何注說：『等而上之，天子有十二女，士庶人有一妻一妾。』妻妾身分是不同的。

戰國時代，諸侯各自有法，至李悝而集其大成，社會組織至那時有劇烈的變遷，滅國者踵趾相接，各國以戰爭的結果，其公卿大夫或變爲平民，或平民中以智識的增進，地位的轉移，就可以與貴族比肩，各國注重人才，競爭強弱，就努力以招納賢人，所以平民階級能走上政治活動的地位，而刑罰所加，不致貴賤區分，當然比較春秋時代爲普及了。

關於法典：韓國有刑符，申不害所作；魏國有法經，李悝作；楚國有憲令（史記屈原列傳，懷王使屈原造爲憲令）；秦有變法之令（以衞鞅爲左庶長卒定變法之令）而各國法律以李悝法經爲詳。嘉穀堂集卷一說：『李悝法經六篇，卽漢藝文志之李子三十二篇，在法家者，後人援其書入律令，故隋以後志經籍諸家不載，据唐六典注稱：魏文侯師李悝，集諸國刑書，造法經六篇，一盜法，二賊法，三囚法，四捕法，五雜法，六具法。元王元亮唐律疏議云：『盜法今賊盜律，賊法今詐僞律，囚法今斷獄律，捕法今捕亡律，雜法今雜律，具法今名例律是也。』（註五十九）桓譚新論引李悝法經正律略說：『殺人者誅，籍其家，及其妻氏，二人及其母氏。大盜戍爲守卒，重則誅，窺宮者臏，拾遺者刖，曰爲盜心焉。』雜律略說：『夫有一妻二妾，其刑刵，夫有二妻則誅，妻有外夫則宮，曰淫禁。盜符者誅，籍其家，盜璽者誅，議國法令者誅，籍其家及其妻氏，曰狡禁。越城，一人則誅，十人以上夷其鄉及族，曰城禁。博戲，罰金三布，太子博戲則笞，不止則特笞，不止則更立曰嬉禁。挈相居，一日以上則問，三日四日五日則誅曰徒禁。丞相受金在右伏誅；犀首(官名)以下受金則誅金自鎰以下，罰不誅也曰金禁。』減律略說：『罪人年十五以下罪高三減罪卑一減年六十以上小罪情感，大罪理感。』可見李悝立法的嚴密。

戰國時代，韓秦二國用刑，比較爲殘忍，前漢書刑法志說：『陵夷至於戰國，韓任申子，秦用商鞅，連相坐之法，造參夷（夷三族）之誅，增加肉刑大辟，有鑿顛抽脅鑊烹之刑。』當時定刑有各種類：(甲)身體刑。魏國有刖黥，史記：『龐涓既事魏，得惠王將軍，而自以爲不能及孫臏，臏至，龐恐其賢，以刑法斷其兩足而黥之。』楚國有笞，史記：『張儀嘗從楚相亡璧，意儀盜，執掠笞數百，不服，釋之。』秦國有黥、劓、斬左右趾、宮刑，史記秦始皇本紀：『隱宮徒刑者七十餘萬人。』(乙)流刑。史記秦始皇本紀：『三十三年，築亭障以逐戎人，徙謫實之初縣。』索隱：『徙有罪而謫之，以實初縣，卽止自楡中屬陰山以爲三十四縣是也。』(丙)名譽刑。(1)士伍。秦本紀：『武安君白起有罪，爲士伍，遷陰密。』(以罪奪爵皆稱士伍。)始皇本紀：『自今以來，操國事不道如嫪毒不韋者，籍其門，視此。』(謂籍沒其一門，皆爲徒隸，不得爲仕宦。)(丁)死刑。(1)車裂，史記：『秦惠王車裂商君以殉。』(2)斬刑。史記：『斬首數百。』(3)梟首，史記集解：『懸首於木上曰梟。』(4)腰斬。史記：『不告姦者腰斬。』(5)矺死。史記：『十公主矺死於杜。』(6)阬刑。史記：『皆阬之咸陽。』(7)體解。通典：『後又體解荆軻。』(8)戮尸。始皇本紀：『將軍壁死卒屯留蒲鶮反，戮其屍。』(戊)族刑。通考：『秦文公二十年，法初有三族罪。』其他尙有誹謗朝廷罪，史記高帝本紀：『父老苦秦苛法久矣，誹謗者族。』降敵罪，史記商君列傳：『匿姦者與降敵同罰。』(案律降敵者誅身沒家。)偶語詩書及不燒詩書罪。史記始皇本紀：『丞相李斯請燒詩書百家語有敢偶語詩書者棄市以古非今者族』姦非罪，始皇出游，上會稽祭大禹頌秦德敍及整飭風俗有禁止淫佚殺之無罪之文。社會愈進步人事愈複雜，而法制亦愈嚴密，我們看自西周至戰國時代，就可以知道了。

（十）宗教　周公郊祀后稷以配天，宗祀文王於明堂，以配上帝，有清廟以配享功臣。周代並重鬼神，分鬼神爲四種：在天者爲天神卽上帝，在地者爲地示（卽山川之神）人死曰鬼卽祖，百物曰鬽，而卽以鬼神之等級，見主祭者之貴賤。惟天子可祭天，諸侯祭其封內之山川，大夫祭其祖先，庶人無廟而祭於寢。（註六十）古代典禮以祭爲重，祭以天爲尊，君主代表天可以祭天，他人則不能祭天。周禮春官冬日至祭昊天上帝於圜丘，圜丘在南郊，故曰郊祭。郊祭不一，龍見而雩，則有雩酒；或祈農事，則有祈穀之祭。其時日先後各有不同，圜丘祭在冬至，祈穀在孟春，雩在仲夏，而均得以郊祭賅之。周禮春官：『大宗伯之職，掌建邦之天神、人鬼、地示之禮，以佐王建保邦國。以吉禮事邦國之鬼神示，以禋祀祀昊天上帝，以實柴祀日月、星辰，以槱燎祀司中司命飌師雨師。以血祭祭社稷五祀、五嶽，以貍沈祭山林、川澤，以疈辜祭四方、百物。以肆獻祼享先王，以饋食享先王。以祠春享先王，以禴夏享先王，以嘗秋享先王，以烝冬享先王。』『小宗伯之職，掌建國之神位，右社稷，左宗廟，兆五帝於四郊，四望四類亦如之。』（註六十一）由此可以知道當時對於祭祀的隆重。

周代祭天之外，有五帝之祭，五帝亦各有其所配；太皥配木，炎帝配火，黃帝配土，少皥配金，顓頊配水，五帝之祀，掌於太宰，裘冕而祭，掌於司服。有寒暑之祭，籥章有仲春逆暑仲秋迎冬之樂。有日月之祭，祭日於東，時在春分；祭月於西，時在秋分。古者祭以天爲尊，而地次之，惟人君得祭地，諸侯不與；夏日至祭地於方澤，方澤在北郊，故亦稱郊祭。周時祭地，如壇壝樂舞圭璧之屬，均與祭天之禮相殊；祭天一歲有四次，而祭地則夏至以外無聞。祭地之外，又有社稷，社祭土神，稷祭穀神。經傳於社稷或分或合，或僅言社，凡王爲羣姓立社曰大社，王自爲立社曰王社，諸侯爲百姓立社曰國社，諸侯自爲立社曰侯社，古者社稷並稱亦並祀。社稷之外又祭山川，同一山川，遠而望之，則名曰望，祭於其地，則直曰祭山川，古時山川之祭，以四望爲最尊，四望是祭五岳、四鎮、四瀆。人鬼之祭，爲祭宗廟、祭帝王、祭功臣。三代祭祀，以周爲最繁，可說是中國多神教之典型時代。古人認陰陽二力，爲萬物的起原；他崇拜最大的對象，便是天地；崇拜天的對象，是日月星辰；崇拜地的對象，是山、川、河、海、春、夏、秋、冬的四時，金、木、水、火、土的五行，由此原理以推衍發展，而成爲多神宗教的理論；所以神仙、陰陽、五行、雜占之說，爲宗教論之四綱。戰國之初，屈原爲賦有登仙之說，其時有宋毋忌、王子喬、充尙、羨門高之輩，各以仙術著名；燕人爲方士仙道，修言形解消化之術，大爲列國人君所迷信；齊之威王因齊，宣王辟彊，燕之昭王平聞海上蓬萊、方丈、瀛洲三神山有諸仙人及不死之藥在，遂使人入海以求之；可見當時人君之宗教信仰。陰陽五行之論，在戰國時亦與神仙之說相糅合；齊人騶衍，既以陰陽主運顯名諸侯，又創爲五德終始之說，以爲五行更旺，終始相生，王者易姓，取法於是。上古神權之論與神仙陰陽五行之說，成爲宗教形式的信仰，所以迷信之風獨盛。

（十一）美術　（甲）音樂。周代是非常注意音樂的。周公以禮制作樂爲治國要具，故音樂視夏商兩代，較爲進步。考武王克商，乃命周公作大武，大武是周之征伐行武。周禮春官有典樂之官，春官宗伯：「大司樂掌成均之法，以治建國之學政，而合國之弟子焉；凡有道者有德者使教焉，死則以爲樂祖，祭於瞽宗。以樂德教國子，中、和、祇、庸、孝、友。以樂語教國子，興、道、諷、誦、言、語。以樂舞教國子，舞雲門、大卷、大咸、大磬、大夏、大濩、大武。（雲門、大卷，黃帝樂，大咸，堯樂，大磬，舜樂，大夏，禹樂，大濩，湯樂，大武，武王樂。）音樂是與宗教之典禮聯繫舉行的，如祀天神時，乃奏黃鍾，歌大呂，舞雲門。祭地示時，乃奏大簇，歌應鍾，舞咸池。享先祖時，乃奏無射，歌夾鍾，舞大武。尙有樂師一職，掌國學之政，以教國子小舞。凡舞有帗舞，有羽舞，有皇舞，有旄舞，有干舞，有人舞。音樂是與舞蹈共同舉行。有大師一職，掌六律六同，以合陰陽之聲。陽聲：黃鍾、大蔟、姑洗、蕤賓、夷則、無射，陰聲：大呂、應鍾、南呂、函鍾、小呂、夾鍾；皆文之以五聲宮、商、角、徵、羽；皆播之以八音金、石、土、革、絲、木、匏、竹。故樂器的種類甚爲繁多。大師之外，有少師、大胥、少胥、磬師、鐘師、笙師、籥師，以掌樂器。當時以精音律著名者，有伶州鳩、師摯、師襄、師曠等。周代非常注重音樂，由音樂以觀察國風與民俗，政治與教化。左傳襄公二十九年吳子使札來聘篇說：「請觀于周樂，使工爲之歌周南、召南，曰：美哉！始基之矣，猶未也，然勤而不怨矣。爲之歌邶、鄘、衛，曰：美哉淵乎！憂而不困者也。吾聞衛康叔武公之德如是，是其衛風乎？爲之歌王，曰：美哉！思而不懼，其周之東乎？爲之歌鄭，曰：美哉！其細已甚，民勿堪也，是其先亡乎？爲之歌齊，曰：美哉！泱泱乎大風也哉！表東海者，其大公乎？國未可量也。爲之歌豳，曰：美哉蕩乎！樂而不淫，其周公之東乎？爲之歌秦，曰：此之謂夏聲，夫能夏則大，大之至也，其周之舊乎？爲之歌魏，曰：美哉渢渢乎！大而婉，險而易行，以德輔此，則明主也。爲之歌唐，曰：思深哉！其有陶唐氏之遺民乎？不然，何憂之遠也？非令德之後，誰能若是？爲之歌陳，曰：國無主，其能久乎？自鄶以下無譏焉。爲之歌小雅，曰：美哉！思而不貳，怨而不言，其周德之衰乎？猶有先王之遺民焉。爲之歌大雅，曰：廣哉！熙熙乎！曲而有直體，其文王之德乎？爲之歌頌，曰：至矣哉！直而不倨，曲而不屈，邇而不偪，遠而不攜，遷而不淫，復而不厭，哀而不愁，樂而不荒，用而不匱，廣而不宣，施而不費，取而不貪，處而不底，行而不流，五聲和，八風平，節有度，守有序，盛德之所同也。』由此可以看出周代是如何看重音樂，由音樂以觀察到國風民俗，則在其時音樂之造詣，是很深微的了。孔子在春秋時，是很注重音樂，又是提倡音樂，以爲政教修明之本。論語說：『子在齊聞韶，三月不知肉味，曰不圖爲樂之至於斯也。』『顏淵問爲邦，子曰：行夏之時，乘殷之輅，服周之冕，樂則韶舞，放鄭聲，遠佞人，鄭聲淫，佞人殆。』(註六十二) 呂氏春秋說：『世濁則禮煩而樂淫，鄭衞之聲，桑間之音，此亂國之所好，衰德之所說；流辟誂越慆慢之音出，則滔蕩之氣，邪慢之心感矣。』(註六十三) 自春秋入戰國，四國之新聲作，而古樂日淪，於是魏人槌鑿之聲，楚人瀟湘之樂，齊人房中之譜，燕人變徵之音，雜奏喧陳；又加以齊謳吳歈，楚些巴嬥之音，而樂奏更多變化了。(乙)繪畫。繪畫至周，日漸發達。據周禮有司常一職，掌九旗之物名，各有屬以待國事，日月爲常，交龍爲旂，通帛爲旜，雜帛爲物，熊虎爲旗，鳥隼爲旟，龜蛇爲旐，全羽爲旞，析羽爲旌，爲畫旗之證。司服所掌，有衮冕鷩冕毳冕之屬，爲畫衮之證。司尊彝，掌六尊六彝之位，其別有雞彝鳥彝山尊諸名，鄭玄說：雞彝鳥彝謂刻而畫之爲雞鳳凰之形，山尊是刻而畫之爲山雲之形，爲畫尊彝之證。(註六十四) 其他在王宮之正門，則畫之以虎；在射禮之侯，則畫之以雲氣；又於王座之後，則畫之以斧置扆（似屏風）以示威；在明堂四門之墉，則畫堯、舜、桀、紂之象，及周公抱成王以朝諸侯之形。當時壁畫，非僅限以明堂，卽王侯公卿之家廟，亦極盛行。在楚則有圖成天地山川，神靈琦瑋，及古聖賢與怪物之行事。(註六十五) 至於春秋，魯公輸班之畫鑫，楚葉公之畫龍，大要不離乎動物。齊景公忤曰好馬，命畫工圖而訪之。戰國之世，繪畫一科，注意到地形宮室，如燕太子丹使荆軻獻督亢地圖於秦，而秦每破諸侯，寫倣其宮室，作於咸陽北阪之上，均其實例。(丙)雕鑄。周代雕刻冶鑄之術，亦有進步，有所謂玉人者，主於雕琢寶玉；又有雕人之官，掌雕刻之事。周禮大宗伯：『玉作六瑞，以等邦國。』所謂六瑞：(1)鎮圭。王執之，長尺有二寸。(2)桓圭。公執之，長九寸。(3)信圭。侯執之，長七寸。(4)躬圭。伯執之，長七寸。(5)穀璧。子執之，徑五寸。(6)蒲璧。男執之，徑五寸。鎮圭，則雕琢四鎮之山；桓圭，則雕琢宮室之象；信圭躬圭，則雕琢人形；穀璧，則雕琢米粒；蒲璧，則雕琢編爲綱目之蒲席文。六器亦多有雕礪之文飾，白琥則有作虎形。其屬於政治上之雕玉器，有冒圭，天子執冒四寸，以朝諸侯；有大圭，長三尺，天子服之；有土圭，長尺有五寸，建邦國以度其地而制其域；有琬圭，九寸，王使之瑞節；有琰圭，九寸，以除慝，以易行；有珍圭，以徵守，以恤凶荒；有穀圭，七寸，天子以聘女。可見當時雕刻事業之發展。(註六十六)周代的書籍，是寫於竹簡而雕刻的，論衡量知篇：『斷木爲槧，釋之爲版，刀加刮削，乃成奏牘。』周禮：『司書掌邦中之版。』『司士掌羣臣之版。』版是冊籍，而文字是雕刻於冊籍的。據考工記：『築氏爲削。』鄭注：『今之書刀。』書刀是古時刊削竹簡所用之刀。冶鑄之術，始見於考工記：『攻金之工，築氏執下齊，冶氏執上齊，鳧氏爲聲，㮚氏爲量，段氏爲鎛器，桃氏爲刃。』鄭注：『多錫爲下齊，大刃削殺矢鑒燧也；少錫爲上齊，鍾鼎斧斤戈戟也。聲，鍾錞于之屬。量，豆區鬴也。鎛器，田器錢鎛之屬。刃，大刃刀劍之屬。』考工記又載：『金有六齊：六分其金而錫居一，謂之鍾鼎之齊。五分其金而錫居一，謂之斧斤之齊。四分其金而錫居一，謂之戈戟之齊。參分其金而錫居一，謂之大刃之齊。五分其金而錫居二，謂之削殺矢之齊。金錫半，謂之鑒燧之齊。』觀此不惟冶鑄有專官，卽金錫參合之法亦甚詳。(註六十七)銅器之冶鑄，周代更有成績。周於祭祀賓客之禮之酒器，謂之六彝六尊；六彝是雞彝、鳥彝、斝彝、黃彝、虎彝、蜼彝。六尊是犧尊、象尊、壺尊、著尊、大尊、山尊，各視其禮之用而異。炊烹之器，則有鼎、鬲、鍑、甗、盉等。盛酒之器，則有尊、罍、彝、舟、卣等。酒觴之屬，則有爵、觚、觶、角、斝等。其餘各飲食之器，則有簠、簋、豆、敦、瓿、壺等。盥滌之器，則有匜、盤等。量器則有鐘、鈁等。樂器則有鎛、鐘、錞、鐲、鐃、鐸等。兵器則有劍、矛、戈、戟、戚等。（註六十八）此等器物之創成，足徵冶鑄事業之發展。（丁）建築。周代建築之術，比夏商二代，更有進步。周禮考工記匠人：『匠人營國，方九里，旁三門。……周人明堂，度九尺之筵，東西九筵，南北七筵，堂崇一筵，五室，凡室二筵。……王宮門阿（棟）之制五雉（雉長三丈高一丈），城隅之制九雉。』（註六十九）周禮夏官：『量人掌建國之法，以分國爲九州，營國城郭，營后宮，量市朝道巷門渠，造都邑亦如之。』又逸周書作雒解：『乃位五宮、太廟、宗宮、考宮、路寢、明堂。』觀此，周代建築明堂朝廟宮寢所規劃的制度，非淺演社會所可同日語的。周初明堂，沿殷舊制，方一百一十二尺，高四尺，階廣六尺三寸，其宮周垣方三十步，在鎬京之近郊，爲天子宗祀朝諸侯聽政之地，列於五宮之一。天子諸侯，均有三朝：（1）燕朝即內朝，在王寢門外，路門之內。（2）治朝在應門之外，對內朝而言，則曰外朝，對外朝而言則曰內朝。（3）外朝在庫門之外，爲象魏所懸之地，亦爲嘉石肺石所置之地。天子宮寢有六寢，一爲路寢，其五爲小寢，後有六宮，王后治之。凡民居必有內室五所，室方一丈，所謂環堵之室。東西室爲庫藏之所，中三室爲夫婦所居之室，中一室，有門向南，中三室，前爲庭院，院之東西各一室，東室西向，西室東向，謂之側室，爲妾婦所居之室；又前二步爲外室，則正寢，亦平列五室，中三室，爲男子所居之室，東爲東夾室，西爲西夾室，皆屬於房；東夾之東，爲藏祖考衣冠神主之室，西夾之西，爲五祀神主之室，民居規模，亦井然有條，可見周代建築術之進步。（註七十）至春秋之世，魯有頖宮，齊有嘖室，晉有施惠宮，越有飛見樓，秦有祈年觀。

戰國時，建築之事，比春秋爲更多，田齊創爲九重之臺，不可謂不高；春申宮、楚黃歇之所造，周一里二百四十一步，樒之高者至五丈二尺；霤之高者至二丈九尺；趙有野臺，可以望見田齊中山之境；魏襄王且謀築中天之臺；可見戰國時建築術的進步。（戊）陶器。周代常用之陶器有瓦陶，以之作轆轤之用者有鈞。戰國之時，有文飾瓦陶器之類，而遺存至今者，僅有豐宮四神之瓦當，（靑龍爲東，白虎爲西，玄武爲龜蛇，北朱雀爲南，皆星座之神，形如其名。）及近年由土掘出有如銅器文樣之半瓦當而已。

（十二）教育，　周代的教育，有國學和鄉學的區別，又有大學和小學的區別。大學和小學，是以程度淺深分的；鄉學和國學，一個是貴族進的，一個是平民進的。（註七十一）（甲）太學。周時文化發達，學校制度較爲完備，大司樂、大胥、小胥、諸子，則掌大學教育者，周禮春官宗伯：『大司樂掌成均之法，以治建國之學政，而合國之子弟焉。』『大胥掌學士之版，以待致諸子。』『小胥掌學士之徵令而比之。』『諸子掌國子之倅，掌其戒令，與其教治。』（註七十二）周之學成均居其中，其左東序，其右瞽宗，此是大學。大學之學科：（1）三德三行。師氏：『以三德教國子，一曰至德以爲道本，二曰敏德以爲行本，三曰孝德以知逆惡。教三行，一曰孝行以親父母，二曰友行以尊賢良，三曰順行以事師長。』（2）六藝六儀。保氏：『教六藝，一曰五禮，二曰六樂，三曰五射，四曰五馭，五曰六書，六曰九數。教六儀，一曰祭祀之容，二曰賓客之容，三曰朝廷之容，四曰喪紀之容，五曰軍旅之容，六曰車馬之容。』（3）樂德樂語樂舞。大司樂：『以樂德教國子，中、和、祗、庸、孝、友。以樂語教國子，興、道、諷、誦、言、語。以樂舞教國子，舞雲門、大卷、大咸、大磬、大夏、大蕿、大武。』（註七十三）至大學之入學年齡：據尚書大傳說：『公卿之太子，大夫元士之適子，十有三年，始入小學，見小節焉，踐小義焉；二十入大學，見大節焉，踐大義焉。』朱子大學章句序說：『人生八歲，則自王公以下，至於庶人之子弟，皆入小學，而教之以洒掃、應對、進退之節；禮、樂、射、藝、書、數之文；及其十有五年，則自天子之元子衆子，以至公卿大夫元士之適子，與凡民之俊秀，皆入大學，而教之以窮理正心修己治人之道；此又學校之教，大小之節，所以分也。』（註七十四）按八歲入小學，十五歲入大學，是大戴禮保傅傳及白虎通之說；十三年入小學，二十入大學，是尚書大傳之說；朱子是從保傅白虎通之說，二說未知孰是。（乙）小學，周時小學有三個：（1）在虎門之右，大戴保傅篇『王子年八歲，出就外舍』，盧注：『小學謂虎門師保之學』是。（2）在公宮南面，王制所謂『小學在公宮之南』是。（3）在西郊，王制所謂『虞庠在國之西郊』是。這三個小學，是專指王城以內說的。據文獻通考引禮書說：『四代之學，虞則上庠下庠，夏則東序西序，商則右學左學，周則東膠虞庠，而周則又有辟雍、成均、瞽宗之名，則上庠、東序、右學、東膠，大學也，故國老於之養焉；下庠、西序、左學、虞庠，小學也，故庶老於之養焉。記曰天子設四學，蓋周之制也。周之辟廱，即成均也。東膠即東序也，瞽宗即右學也。蓋以其明之以法，和之以道，則曰辟廱；以其成其虧，均其過不及，則曰成均；以習射事，則曰序；以糾德行，則曰膠；以樂祖在焉，則曰瞽宗；以居右焉，則曰右學。蓋周之學，成均居中，其左東序，其右瞽宗，此太學也。虞庠在國之西郊，小學也。』又說：『凡侯國皆立當代之學，而損其制曰泮宮。凡鄉皆立虞庠，凡州皆立夏序，凡黨皆立商校，於是四代之學，達於天下。』（註七十五）

周代鄉學，可分三級。學記：『家有塾，黨有庠，州有序。』家塾，即今之初級小學；黨庠，即今之高級小學；州序，即今之初級中學；設於鄉者，謂之鄉庠，即今之高級中學。依周制，二十五家爲閭，四閭爲族，五族爲黨，五黨爲州，五州爲鄉，一鄉共有一萬二千五百家，六鄉就是七萬五百家；遂、縣、鄙、鄭、里、鄰之口數與鄉相等，學校的數目相同，統計六鄉六遂一十五萬人口之中，有如現在之高級中學十二所，初級中學六十所，高級小學三百所，初級小學六千所，鄉遂不及現在一個大縣，而學校如此之多，地方教育之發達，可以知了。(註七十六)至專門之學藝：有兵學，命大司徒教士以車甲；大司馬仲春教振旅以辨鼓鐸，教坐作進退；仲夏辨號名，以教夜戰；仲秋教治兵以辨旗兵；仲冬教大閱，以修戰法。有農學，遂人以土宜教甿稼穡；遂大夫教稼穡，簡稼器，修稼政；草人掌土化；稻人掌水利；司稼掌巡邦野之稼而辨種性。有工學，攷工一書，皆教工藝之學。有丱（古文礦字）學，丱人掌金玉錫石之地，若以時取之，則觀其地圖之形色而授之。女子教育：據禮記內則說：『女子十年不出，姆教婉娩聽從，執麻枲，治絲繭，織紝組紃，學女事以供衣服。觀於祭祀，納酒漿籩豆菹醢，禮相助奠。』家庭教育：據禮記內則說：『子能食食，教以右手；能言，男唯女俞，男鞶革，女鞶絲；七年，男女不同席，不共食；八年，出入門戶，及即席飲食，必後長者，始教之讓。』據上所述，女子教育及家庭教育，可知其概。周代末年，孔子設教於洙泗，子夏設教於西河，蘇秦、張儀學於鬼谷，韓非、李斯俱事荀卿；私人講學之風亦盛。

周代選舉取士之制，據通典說：『周官大司徒職，以鄉三物教萬民而賓興之；詩、書、禮、樂謂之四術；四術既修，凡士之有善，鄉先論士之秀者，升諸司徒曰選士；司徒論選士之秀者，而升諸學曰俊士；既升而不征者曰造士；大樂正論造士之秀者，升諸司馬曰進士；司馬論進士之賢者，及鄉老皋吏獻賢能之書于王，王再拜受之，登于天府，藏于祖廟，內史書其貳而行焉；任其職也，則鄉大夫鄉老舉賢能而賓其禮，司徒教三物而興諸學，司馬辯官材以定其論，太宰詔廢置而持其柄，內史贊與奪而貳於中，司士掌其版而知其數，論定然後官之，任官然後爵之，位定然後官之；擇材取士，如此之詳也。」（註七十七）周代選擧取士，是根據教育之進修而爲之階梯，不但注重智術，而且注重道德的。

周代國家教育制度表

學校名	學官	弟子	學齡及學年	學科	考校	登進	絀罰
	大司徒小司徒						
小學 天子之小學在虎門之左 諸侯之小學在公宮南之左	師氏 保氏	太子 國子 國之賢族子弟	八歲至十三歲 學年爲七年 謂之小成	就傅時學書記學幼儀十三歲學樂誦詩舞勺成童舞象學射藝 師氏教六德六行 保氏教六藝六儀	一年視離經辨志 三年視敬業樂羣 五年視博習親師 七年視論學取友		
大學 天子曰辟雍 諸侯曰泮宮	大司樂 樂師 籥師 大胥 小胥 大師	王太子 王子 羣后之大子 卿大夫元士之嫡子 國之俊選	十五歲至二十歲 學年爲二年 謂之大成	冠時學禮舞大夏 惇行孝弟 樂正教之以詩書禮樂	知類通達 强立而不反	進士 大樂正論造士之秀者而升諸司馬 官 司馬論定其材使之試守 爵 任官後然爵之 祿 位定然後祿之	觀禮 有不帥教者王命三公九卿大夫元士皆入學習禮以化之不變王親視學 屏斥 不變屏之遠方終身不齒

（十三）學術　學術之在一國，其直接影響者，關於人類文化之進步；其間接影響者，關於社會人羣之盛衰。我在人類進化觀一書人類進化與學術之關係篇曾說過：『一國人之思想各有其特異之點，由其特異之點，發揮光大而爲學術之結晶體，必有異也。』（註七十八）所以一國家有一國家的學術，一時代有一時代的學術，不能盡屬相同。周代春秋戰國，爲中國學術思想爭鳴獨盛千古的時代，究其原因，是由當時人士能利用其思想言論之自由，以發揮獨特的見解，故能樹立一新旗幟。梁啓超於中國古代學術思想變遷史有說：『周既不綱，權力四散，游士學者，各稱道其所自得以橫行天下，不容於一國，則去而之他而已；故仲尼干十二君，墨翟來往大江南北，荀卿所謂無置錐之地，而王公不能與之爭名，在匹夫之位，則一君不能獨畜，一國不能獨容，言論之自由，至此而極。』據此可知這時代學術思想之進步，固非偶然的。茲略爲分論如下：（甲）天文學。天文學至周頗見進步，推測星宿運行之術，既經開始，將周天之星分爲二十八宿，四方各有七星：卽東方蒼龍，有角、亢、氐、房、心、尾、箕；北方玄武，有斗、牛、女、虛、危、室、壁；西方白虎，有奎、婁、胃、昴、畢、觜、參；南方朱雀，有井、鬼、柳、星、張、翼、軫，是也。又將列國領土，分配於各星，名曰分野，凡屬於分野之分星，若有變異之時，則此分野國，當有災難，因此徵候吉凶的占星術（Astrology）說發達起來，如周之史佚，萇弘，魯之梓愼，晉之卜偃，鄭之裨竈，齊之甘德，楚之唐昧，趙之尹皋，魏之石申，俱以星占名世，但候星氣以察禨祥，陷於迷信，惟於天文學之經驗，間接亦有所補助。周代測天之器，設世官以掌之，周禮夏官：『挈壺氏縣壺以水火守之，分以日夜。』壺盛水以爲漏，晝夜共百刻；冬至晝漏四十刻，夜漏六十刻，夏至反之；春秋二分，晝夜各五十刻，日未出前二刻半而明，既沒後二刻半乃昏，於是減夜五刻以益晝。土圭爲測日影之器，周禮春官典瑞：『土圭以致四時日月。』春官馮相氏『冬夏致日，春秋致月，以辨四時之敍。』（致謂立八尺之表，以致其景。）地官司徒：『以土圭之法測土深正日景以求地中，日南則景短多暑，日北則景長多寒，日東則景夕多風，日西則景朝多陰，日至之景尺有五寸，謂之地中。』鄭衆注：『土圭之長尺有五寸，以夏至之日立八尺之表，其景適與土圭等，謂之地中。』周禮匠人建國，水地以縣，（以水準望地之高下，於四角立柱，懸繩以正柱。）置槷以縣，眡以景，（於所平之池中央樹八尺之臬，以縣正之，眡景以正四方。）爲規識日出之景與日入之景，（測日出之景，規之求其交點。）晝參諸日中之景，夜考諸極星，以正南北。（註七十九）戰國時，楚人甘德著天文星占八卷，魏人石申著天文八卷，後世謂之甘石星經，爲世界最古之恆星錄。（註八十）厤法在周起了多少變動，夏以建寅之月爲正月，殷以建丑之月爲正月，周以建子之月爲正月，此是以十二支分方位，正北爲子，正南爲午，正東爲卯，正西爲酉。據北斗星光芒所指之方向，而別爲建寅建丑建子等。故周之正月，適當夏的十一月；而殷的正月，適當夏的十二月；夏的正月，則現在太陰厤的正月是也。據史記說：『夏正以正月，殷正以十二月，周正以十一月，蓋三王之正若循環，窮則反本，天下有道，則不失紀序，無道則正朔不行於諸侯；幽厲之後，周室微，陪臣執政，史不記時，君不告朔，疇人子弟分散，或在諸夏，或在夷狄，是以其禨祥廢而不統，……履端於始，序則不愆；舉正於中，民則不惑；歸邪於終，（邪，餘分也，終，閏月也。）事則不悖，其後戰國並爭，在於彊國禽敵，救急解紛而已，豈遑念斯哉。』（註八十一）可知當時司天文厤法者皆有專官。（乙）算學。算數之學，至周代始有專書，卽是周髀算經。四庫全書提要總目說：『是書內稱周髀長八尺，夏至之日晷一尺六寸。蓋髀者股也，於周地立九尺之表以爲股，以影爲句，故曰周髀。其首章周公與商高問答，實句股之鼻祖。……其本文之廣大精微者，皆足以存古法之意，開西法之源。』周禮地官九數，掌於保氏，所謂九數，即九章算數，所謂九章：即方田、粟米、差分、少廣、商功、均輸、盈不足、方程、勾股。九章之中，雖未有割圓之術，然考工記所記，輪輻三十，以象日月，蓋弓二十八，以象星，弓人爲弓，天子之弓，合九而成規，諸侯之弓，合七而成規，大夫之弓，合五而成規，士之弓，合三而成規；則古人於割圓弧矢之術，似已窺及，故能言之鑿鑿，不失規矩。（內）醫學 周代醫術甚爲進步，凡醫皆屬於太宰，而萬民皆得從而治之。周禮：『醫師掌醫之政令，聚毒藥以共醫事，凡邦之有疾病者，有疕瘍者，造焉，則使醫分而治之；歲終則稽其醫事，以制其食，十全爲上，十失一次之，十失二次之，十失三次之，十失四爲下。……疾醫掌萬民之疾病，四時皆有癘疾，春時有痟首疾，夏時有痒疥疾，秋時有瘧寒疾，冬時有嗽上氣疾，以五味、五穀、五藥養其病；以五氣、五聲、五色眡其死生，兩之以九竅之變，參之以九藏之動；凡民之有疾病者，分而治之，死終則各書其所以，而入於醫師。瘍醫掌腫瘍、潰瘍、金瘍、折瘍之祝（注）藥劀殺之齊。凡療瘍，以五毒攻之，以五氣養之，以五藥療之，以五味節之。凡藥以酸養骨，以辛養筋，以鹹養脈，以苦養氣，以甘養肉，以滑養竅，凡有瘍者，受其藥焉。獸醫掌療獸病，療獸瘍，凡療獸病，灌而行之，以節之，以動其氣，觀其所發而養之，凡療獸瘍，灌而劀之，以發其惡，然後藥之，養之，食之，凡獸之有病者，有瘍者，使療之，死則計其數以進退之。』（註八十二）從上引證而看，周代之重視醫學可知。其時醫師之有名者，則有扁鵲、鄭人，姓秦氏，名越人，在齊、趙治病，能見五臟癥結，能識趙簡子之疾，起虢太子之死，知齊桓侯之不治，名聞當世。扁鵲至秦，秦太醫令李醯，自知技不如扁鵲，乃使人刺殺之。扁鵲死後，秦醫獨盛，至於關東諸國，亦有良醫，其著名者，惟齊之文摯；文摯爲威王因齊治疾，謂須以怒而解，因誤用其藥，以激怒因齊，因齊怒而疾果解；文摯不但明生理之學，而且兼通心理之學。醫術之著名者，已如上述，而衞生養生之論亦盛。老聃主屏六害：一曰薄名利，二曰禁聲色，三曰廉貨財，四曰損滋味，五曰屏虛妄，六曰除疾妒，謂此六者若存，則養生之道徒設。而韓非主張『神不注於外則身全，身全之謂得。』呂覽亦說『凡生之長也順之也。使生不順者，欲也，故聖人必先適欲。』凡此諸說，具見立論之精。(丁)光學。古代已知鑄金爲陽燧，以取火於日。至墨子，出對於光學始作較有系統之研究，惜其學不傳，一二鱗爪，僅見於墨經上下：(1)墨子已知光必直行，故說：『景光之人煦若射，下者之人也高，高者之人也下。』人似爲入之訛，煦說文通昫，日出溫也，若射，言直行也。光入密室，經小孔，則下影在高處，高影在下處，故說：『下者之人也高，高者之人也下。(2)墨子已知光之複射，故說：『光至影亡。』至極也，孔愈少者，則影界愈清，徑大一分，則光多一分；複射再展大，則影模糊不背形，故說：『影亡。』墨子又說：『木杝，影短大，木正，景長小。』杝，斜也；短，淡也，大光複射多也，小光複射少也，淡者雖長，而視之如短，不清故也。(3)墨子已知光必聚焦點，故說：『在遠近有端與於光，故景庳內也。』庳當作庫，內納也，景庫卽焦點，墨經或謂之正，或謂之內。鏡上有端與光，則聚於焦點也。(4)墨子已知凸球面鏡生虛像，故說：『景之臭無數，而必過正，故同處其體俱然。』臭，蓄也；過正，過焦點也；聚光之遠近，視圓凸深淺，淺凸則聚光遠，深凸則聚光近，同此圓凸，又視物光爲遠近：物遠則聚光近，物近則聚光遠。物之遠者莫如日，凸鏡焦點，則聚光最近限也；遠物影至此而止，其體俱然，物與日兩體俱遠，則影合於近限，故曰：同處其體俱然，物若近，則影加遠，影與限亦不同處，此凸面鏡所以所照皆虛，而直立於鏡之背後。(5)墨子已知凹球面鏡之影必倒立，故說：『臨鏡而立，景到。』『足敝下光，故成景於上，首敝上光，故成景於下。』(6)墨子已知凹鏡像之大小及正倒，故說：『鑒者近中，則所鑒大，景亦大遠中則所鑒小，景亦小；鑑位（立字訛）量（景字訛）一小而易，一大而缶（正字）。』

凹面鏡	光源位置	像之大小	位向
遠中	球心以外	小	倒
近中	球心焦點間	大	倒
近中	焦點內	大	正

周代之研究光學，具有條理者僅此。(註八十三)（戊）論理學。論理是分別是非眞僞異同名實之學，周代雖沒有系統之論理學，而各家之中，亦有許多關係於論理學上的理論，孔子要正名，墨子說：『言有三表，』楊子說：『實無名，名無實，』公孫龍有名實論，荀子有正名篇，莊子有齊物論，尹子有刑名之論，諸子之中，墨家所論尤精。墨子之經上篇，全是界說，經下篇全是許多定理，別墨有精密之知識論，小取篇說辯的各種方法。(註八十四)（己）歷史學。周代史官，有大史、小史、內史、外史、左史、右史之分。官史的記載，在西周以前已開其端，而私人撰史的風氣，到春秋戰國纔大盛。考平王東遷以前，周室還是中央政府，古代只中央有正式的歷史記載，所以孟子說：『王者之迹熄而詩亡，詩亡然後春秋作，春秋天子之事也。』又考春秋起於魯隱，秦記起於周平王十八年，史記說：『秦文公十三年，初有史以記事。』（文公十三年，即平王十八年。）晉史亦始於平王中年，左傳昭十五年說：『孫伯黶司晉之典籍，以爲大政，……晉於是乎有董史。』漢班彪說：『唐虞三代，詩書所及，世有史官，以司典籍，暨於諸侯，國自有史。』由上引證而觀，可知平王東遷以前，各國諸侯，尙不敢正式撰國史。莊子天運篇說：『孔子西藏書於周室。』史記六國年表說：

『秦既得意，燒天下詩書，諸侯史記尤甚，爲其有所刺譏也。詩書所以復見者，多藏人家；而史記獨藏周室，以故滅。』可證當時西周史記藏於中央所在，經秦焚燒，其官家書籍流傳於民間者，得以保留。春秋、左傳、國語、諸本，是出於私人之手，故得流傳。（註八十五）把春秋的價值看得很高的，有孟子，他說：『孔子作春秋而亂臣賊子懼。』春秋一書，所述的史事起於魯隱公元年，斷於哀公十四年，其間凡二百四十年；這是一部中國最早的編年史；孔子所作的春秋，是根據魯史舊籍而作的，所記的年月，都是魯侯的年月，所記的事實，並不限於魯國；春秋的時代，社會起了劇烈的變化，臣弑君，子弑父，常時發見，所以修春秋以寓褒貶，使亂臣賊子畏懼。左傳與國語二書，一般人認爲是左丘明所作，但是史記只說左丘撰國語，沒有說過左丘撰左傳，左丘與左丘明是否一人？左傳與國語是否出於一人之手？現在無從辨證；但這兩部書確是戰國時人的歷史名著。左傳一書有三個特色：『第一，不以一國爲中心點，而將當時數個主要的文化國，平均敍述。第二，其敍述不局於政治，常涉及全社會之各方面。對於一時典章與大事，固多詳敍，而所謂瑣語之一類，亦采擇不遺，故能寫出當時社會之活態，予吾儕以頗明瞭之印象。第三，其敍事有系統，有別裁，確成爲一種組織體的著述，對於重大問題，時復遡原竟委，前後照應，能使讀者相悅以解。』（註八十六）劉知幾說：『左氏爲書，不遵古法，……然而言事相兼，煩省合理。』（註八十七）至於國語和左傳的不同點：國語是分國敍述的，比較左傳編年統述的體裁，大不相同；國語不載年月，並且多記當時人的言論；左傳載年月，所記的多是諸國間相關的行動。春秋戰國間的史書，除了春秋、左傳、國語之外，還有不知撰人名字的竹書紀年、世本、戰國策，這三部書都是當時的重要事記。據梁啓超所考，世本的內容篇目，有帝系，有世家，有傳，有譜，有氏姓篇，有居篇，有作篇，作篇是記各事物的起原，可說是完備的史籍。戰國策至今存有三十三篇，是分國敘述的，所記的事是上繼春秋，下至秦、楚之起，太抵是周末秦初人所撰。至於竹書紀年，所敘的事實上自夏、商，下至戰國，是戰國時魏人作的。（庚）經學。六經之成爲有系統的書，是始自孔子。如易經由孔子授商瞿，再傳而爲子弓，復三傳而爲田何。書經由孔子授漆雕開，凡九傳而至孔鮒。詩經由孔子授子夏，六傳而至荀卿，荀卿以之授浮邱伯及毛亨，浮邱伯爲魯詩之祖，毛亨爲毛詩之祖。春秋自左邱明作傳，而六傳至荀卿，荀卿以之傳授張蒼，是爲左氏學之祖。公羊傳及穀梁傳，咸爲子夏所傳：公羊由子夏授公羊高，公羊氏世傳其學，五傳而至胡毋生，是爲公羊學之祖。穀梁傳由子夏授穀梁赤，穀梁赤以之授荀卿，復由荀卿授申公，是爲穀梁學之祖。禮經，孔門弟子如曾子、子游等，皆深於禮；六國之時，傳禮經者復有公孫尼子、青史氏諸人，（見漢書藝文志）而孔門弟子，復爲禮經作記，又雜採古代記禮之書，以及孔子論禮之言，成大戴禮及小戴禮；其他子思之作中庸，七十子之徒作大學，咸附列於禮經之中。樂經，孔門弟子如子夏、子貢，皆深於樂；惟當世學者，溺於墨子非樂之說，致戰國之時，治樂經者益少。孟子通五經之學，作孟子七篇，鄒、魯之民，身習六經之文，至周末風氣未衰。（辛）哲學。中國之哲學至周代算是很發達了。哲學至周代，分許多源流派別，司馬遷拿學說來分派，卽是陰陽、儒、墨、名、法、道德；漢書藝文志加以縱橫、雜、農、小說十家，其中去小說家，謂之九流。九流謂儒家、道家、陰陽家、法家、名家、墨家、縱橫家、農家、雜家。諸家之學，淮南要略則以爲起於救時之弊。當周代春秋戰國之世，社會起了大變動，政治上亦發生紛擾，因此賢君良相，競求才智以自輔，學者亦欲表見思想道術，以挽救時弊。孔子弟子三千，身通六藝者七十二；孟子後車數十乘，從者數百人；楊朱、墨翟之言盈天下，雲蒸霞蔚，成爲大觀。茲將此時代哲學派別，略爲分述如下：（甲）自然主義派哲學。自然主義派之哲學思想，至老、莊而大爲開展。中國哲學史上把宇宙自身作爲「實在」而考究過的人，當以老子爲嚆矢。老子論宇宙的根原，有一不可名的理假名之爲道。他說：『有物混成，先天地生，寂兮寥兮，獨立而不改，周行而不殆，可以爲天下母，吾不知其名，名之曰道。』（註八十八）但他不以道爲最高的位置，所以說：『人法地，地法天，天法道，道法自然。』自然，是宇宙間最原始的活動；這種活動，是無主宰的自動，是萬物的根原。『道生一，一生二，三生萬物，萬物負陰而抱陽，沖氣以爲和。』道是什麽？道就是自然的法則，自然的法則，不同人爲的法則，故說：『視之不見名曰夷，聽之不聞名曰希，搏之不得名曰微。』（註八十九）『道沖而用之或不盈，淵兮似萬物之宗。』『譬道之在天下，猶川谷之於江海。』（註九十）以上可以證明「道」是自然的法則，又是形成萬物的法則。莊子的思想，是淵源於老子，天道篇說：『天道運而無所積，故萬物成。』莊子更進一步以論道在自然上的法則：（1）虛靜（2）恬淡（3）寂寞（4）無爲。這四個法則，是道的法則，又是自然的法則。能依據這自然的法則來做，則人類社會的一切，可以解決。所以說：『明白於天地之德者，此之謂大本大宗，與天和者也；所以均調天下，與人和者也。』『帝王之德，以天地爲宗，以道德爲主，以無爲爲常。』『故君子不得已而臨莅天下，莫若無爲；無爲也，而後安其性命之情。』（註九十一）又天下篇說：『芴漠無形，變化無常。死與生與？天地並與？神明往與？芒乎何之？忽乎何適？萬物畢羅，莫足以歸。』因爲自然的法則，是變化無常，人類亦莫能測其究竟，且不能限制束縛。人類社會不自然的法律制度，皆爲其所反對，這是何等徹底的精神。（乙）人爲主義派哲學。此派哲學包涵儒法二家，儒法二家的思想，有許多是不相同的；但拿他們的思想和自然主義派的思想比較一下，也有相同之處。因爲前派是主張以自然爲依歸，而此二家是認定社會國家之事是可以人爲的方法改造的。(註九十二)人爲的方法，在儒家方面主張禮治，在法家方面主張法治。(1)儒家。儒家哲學以孔子爲領袖，又可說以孔子集其大成。孔子之哲學思想，以仁爲中心。仁在自己方面則如何以成仁，在國家社會方面則如何以行仁政，所以說：『己欲立而立人，己欲達而達人。』『己所不欲，勿施於人。』『施諸己而不願，亦勿施於人。』『子張問仁於孔子，孔子曰：能行五者於天下爲仁矣。請問之？曰：恭、寬、信、敏、惠。』何以實現仁？在於『克己復禮爲仁。』何以實現仁政？在於禮讓，『不能以禮讓爲國，如禮何？』司馬光涑水紀聞說：『何謂禮？紀綱是也；何謂分？君臣是也。』孔子之主張禮讓，推原於正名，因爲能正名，則上下之階級定，而社會之秩序成了。(註九十三)孟子於孔子所提倡的仁字，多添出一個義字來，仁之弊可流於無差等，義可以稍示節制，孟子釋仁義的分際說：『人皆有所不忍，達之於其所忍，仁也。人皆有所不爲，達之於其所爲，義也。』仁所以一視同仁；義所以杜絕倂奪。據此，可以知道儒家的哲學思想，是注重人爲的力量，以矯正國家社會之不良不正，以達到最高之理想的。(2)法家。法家哲學昌明於春秋戰國間，是因當時社會變遷日烈，清淨無爲之教，德禮感化之言，皆不足以範圍人心，而當賴國家強制力之法，以挽救社會之衰落。管子說：『智者假衆力以禁強虐，而暴人止。』商君說：『民衆而姦邪生，故立法制爲度量以禁之。』韓非說：『治民無常，唯治爲法。』尹文子說：『萬事皆歸於一，百度皆準於法。』凡此皆以人爲之法而達到國家之治平的。(註九十四)(丙)博愛主義派哲學。博愛主義派哲學，當以墨子爲代表。墨子思想在先秦時代佔重要的地位，韓非子顯學篇說：『世之顯學，儒墨也。』儒墨兩派的勢力，在先秦時代是平行的。墨子的哲學，是博愛主義的哲學；墨子的思想，是博愛主義的思想。他不但提倡博愛的思想，而且實行博愛的主義。將維喬楊大膺合編之中國哲學史，列墨子哲學，爲苦行主義派的哲學，不足以包括他思想的內容。淮南子稱：「墨子服役者百八十人。」又說：「墨子汎愛兼利而非鬭，其道不怒。」『不累於俗，不飾於物，不苟於人，不忮於衆，願天下之安寧以活民命。』日儒渡邊秀方於中國哲學史槪論有說：『墨子以兼愛說博名，這說是他的學說的眞髓。蓋當時社會狀態和人心多有反乎天志的地方，他看到了非這學說，不能得到救濟，所以倡了出來。其論法又爲實證的，客觀的，公平無私，所以尤有價値。本來愛這東西的內容是有種種差別的。譬如唯愛自己的心，圖未來的解脫，則有印度婆羅門那樣的愛。只愛自己的身，拔一毛而利天下也不幹，則有楊朱那樣的愛。由親及疏，貌爲仁愛，而實爲差別，則有儒家一流的愛。他現在墨子的愛，和他們都不同，他視人的親如己的親，人的身，如己的身，兼相利，兼相愛，其間無絲毫差別；無差別的平等愛，就是他的兼愛。』（註九十五）墨子兼愛中篇說：『視人之國，若視其國；視人之家，若視其家；視人之身，若視其身。是故諸侯相愛，則不野戰；家主相愛，則不相篡；人與人相愛，則不相賊；貴不傲賤，詐不欺愚。凡天下之禍篡怨恨，可使毋起者，以相愛生也。』兼愛上篇說：『若使天下兼相愛，國與國不相攻，家與家不相亂，盜賊無有，君臣父子皆能孝慈，若此則天下治。故聖人以治天下爲事者，惡得不禁惡而勸愛？故天下兼相愛則治，交相惡則亂。』他以兼相愛爲對象，又可說是以兼相愛爲方法，以達到天下治的目的。達到天下均治，非一國一家所能做成，而要共同的國，共同的家，一齊纔能做成。他兼相利之說，雖然戴上多上功利主義的色彩，但他的思想，是以博愛主義爲出發點的。春秋戰國時代之哲學，大概以這三派爲主幹，而這三派的思想，在那時，可說是佔在時代的前線。

（十四）文學　中國的文學，直到周代纔興盛起來，周以前，是不重文學的。我們看『夏尚忠，商尚質，周尚文』的話，就可以知道周以前是不注重文學的。孔子說：『郁郁乎文哉！吾從周。』是周代重文一個證據。可說周代是中國文學的勃興時代。（註九十六）在這時代有重要的作品，爲中國文學界的寶典者，就是詩經。牠在文學史上看來，影響很大。自韋孟的諷諫詩、在鄒詩，東方朔的誡子詩，韋玄成的自劾詩、戒子詩、戒子孫詩，唐山夫人的安世房中歌，傅毅的迪志，仲長統的述志詩，曹植的元會、應治、責躬，乃至陶潛的停雲、時運、榮木，無不顯著的受着詩經裏各詩篇風格的感化，可知詩經在中國文學史上的價值。（註九十七）詩經是古代最偉大最可信的文學作品，大約是公元前第三、四世紀至公元前第六世紀北部民間詩歌的總集，除商頌而外，詩經之詩盡屬周人所作。商頌是記述當時的歷史事實，與印度游也拉（Uyara）之摩訶婆羅多（Mahabharata），希臘荷馬爾（Homeros）之伊麗雅特（Iliad）等略具同一性質。詩經的詩歌，本有三千餘首，被孔子刪定後，爲三百零五篇，尚有南陔、白華等六篇笙歌，有其義而亡其辭，三百餘篇的詩歌，分爲風、雅、頌三種。風始周召二南，至邶、鄘、衛、王、鄭、齊、魏、唐、秦、陳、檜、曹、豳諸風，普通稱爲十五國風；雅有小雅、大雅，頌有周頌、魯頌、商頌。據詩序說：『風，風也，歌也；上以風化下，下以風刺上。至於王道衰，禮義廢，政教失，國異政，家殊俗，而變風變雅作矣。……雅者，正也，言王政之所由興廢也；政有大小，故有小雅焉，大雅焉。頌者，美聖德之形容，以其成功告於神明者也。』朱子之說：『凡詩之所謂風者，多出於里巷歌謠之作，……若夫雅頌之篇，則皆成周之世，朝廷郊廟樂歌之辭。』『興者，先言他物，以引起所詠之辭也。賦，敷陳其事，而直言之者也。比者，以彼物比此物也。』（註九十八）近人鄭振鐸重行分類如下：（註九十九）

詩經

- 一、詩人的創作——（正月、十月、節南山、嵩高、烝民等）
- 二、民間歌謠
  - （1）戀歌（靜女、中谷、將仲子等）
  - （2）結婚歌（關雎、桃夭、鵲巢等）
  - （3）悼歌及頌賀歌（蓼莪、麟之趾、螽斯等）
  - （4）農歌（七月、甫田、大田、行葦、既醉等）
  - （5）其他
- 三、貴族樂歌
  - （1）宗廟樂歌（下武、文王等）
  - （2）頌神樂歌或禱歌（思文、雲漢、訪落等）
  - （3）宴會歌（庭燎、鹿鳴、伐木等）
  - （4）田獵歌（車攻、吉日等）
  - （5）戰事歌（常武等）
  - （6）其他

以上三種分類，比較切實，詩人的創作及貴族的樂歌，即爲傳統文學；民間的樂歌，乃是純粹的民衆文學。雅、頌爲詩經中傳統文學的代表，都可佩之歌絃，論語子罕篇說：『吾自衛反魯，然後樂正，雅、頌、各得其所。』又可爲教育人的手段，禮記經解篇說：『孔子曰：入其國，其教可知也。其爲人也，溫柔敦厚，詩教也；疏通知遠，書教也。……其爲人也，溫柔敦厚而不愚，則深於詩者也。』孔子對於詩的批評有文學上情感的功用：『子曰：詩可以興，可以觀，可以羣，可以怨。』詩經在文學修辭方面亦表見美麗，漁洋詩話說：『余因思詩三百篇，眞如化工之肖物，如燕燕之傷別，籊籊竹竿之思歸，蒹葭蒼蒼之懷人，小戎之典制，碩人次章寫美人之姚冶，七月次章寫春陽之明麗，而終以女心傷悲，殆及

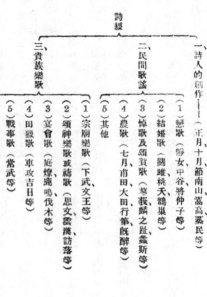

公子同歸；東山之三章，我來自東，零雨其濛，鸛鳴於垤，婦嘆於室；四章之其新孔嘉，其舊如之何？寫閨閣之致，遠歸之情，遂爲六朝唐人之祖！無羊之或降於阿，或飲於池，或寢或訛，爾牧來思，何蓑何笠，或負其餱，麾之以肱，畢來既升；字字寫生，恐史道碩、戴嵩畫手，未能如此極妍盡態也。』中國的文學，是以詩經爲基礎，中國各種文體各種詩體中所引用的字彙典故重言雙聲疊韻以及命意遣辭的方法，多由詩經導其先路。章學誠說：『後世之文，其體皆備於戰國，人不知；其源多出於詩教，人愈不知也。』又說：『學者惟拘聲韻謂之詩，而不知言情達志敷陳諷諭抑揚涵泳之文，皆本於詩教。』（註一百） 張世祿說：『歐洲而無荷馬詩，則魏琪爾、但丁、彌兒頓諸人，或永不產生於世上。中國而無詩經，則楚辭以下之文藝，亦將無以產出。歷史連綿生長之關係，亦可以文藝觀之也。』（註一百一） 中國中古時代的詩，莫不胎原於詩經，摯虞文章流別論說：『古之詩，有三言四言五言六言七言九言，古詩率以四言爲體；而時有一句二句，雜在四言之間；後世演之，遂以爲篇。古詩之三言者，「振振鷺」「鷺于飛」之屬是也；漢高廟歌多用之。五言者，「誰謂雀無角，何以穿我屋」之屬是也；於俳諧倡樂多用之。六言者，「我姑酌彼金罍」之屬，是也；樂府亦用之。七言者，「交交黃鳥止于桑」之屬是也；於俳諧倡樂多用之。古詩之九言者「洞酌彼行潦挹彼注茲」之屬，是也；不入歌謠之章，故世希爲之。夫詩雖以情志爲本，而以成聲爲節。然則雅音之韻，四言爲本；其餘雖備曲折之體，而非音之正者也。』此言後代詩體，皆是淵源於詩經。從上引證來看，詩經在中國文學史上的價值就可以知道了。

詩經之外有楚辭，楚辭是繼承詩經而產生的一部楚國文學總集。詩經與楚辭，是古代文學界的兩顆明星。詩經與楚辭的不同，前者是北方文學之大成，偏於實際的；後者是南方文學之導師，偏於理想的。（註一百二） 鹽谷溫中國文學概論說『楚辭者，楚國之文學也。古代漢族之文明，先發自黃河沿岸，所謂中原之地，文教早開。然南方之揚子江流域，王化所及甚遲，故詩經十五國風之中無楚風。考楚之文學，實始於戰國時，屈原爲之祖。然凡物之起，必有原因，如楚辭之雄麗文學，非突然而出，必因鬻熊在數百年前所蒔之種子，久已萌芽，文教漸開，復由左史倚相等培養之，遂出屈、宋之大文豪，惜舊史殘闕，文獻不足徵。』詩經是代表北方民族性的文學，爲征伐時代的產物；楚辭是代表南方民族性的文學，是混戰時代的產物。一個是平民文學，多於傳統文學；一個是貴族文學，多於平民文學。一個是富於寫實的意味，一個是富於浪漫的思想。(註一百三)楚辭產生於楚國，創造者爲屈原。漢書藝文志略稱屈原賦二十五篇，然無篇目，今考劉向集本，離騷一篇，九歌十一篇，天問一篇，九章九篇，遠遊、卜居、漁父各一篇，恰合漢志所言二十五篇之數。楚辭中之離騷，是一種創格，就形式上說，詩經中的詩，是很短小的小詩；離騷是長篇的文章。詩經中的詩，是以四言爲主；離騷就開了七言之端。詩經中的詩是很拘謹的；離騷就放縱無拘束。就實質說：詩經的情感，是溫柔敦厚；離騷的就極爲熱烈。詩經中除了陳風中有巫詩，此外沒有神話；離騷中乃有極豐富的神話。(註一百四)文心雕龍說『離騷軒翥詩人之後，奮飛辭家之前，氣往轢古，辭來切今，體漫於三代，而風雅如戰國，所謂雅頌之博徒，詞賦之英傑也。是以枚、賈追風而入麗，馬、揚沿波而得奇。』(註一百五)可見離騷在文學上影響之大了。春秋戰國時，不但爲學術思想的黃金時代，而在各家著述中，多具有文學的價值，如孟子七篇，其文辭富於文學的趣味，詞意駿利而深切，譬喻贍美而妥適；其他如荀子之文以義盛，墨子之文以質盛，莊子之文以理想盛，孫子之文以詭譎盛，韓非之文以博喻騁富盛，愼到之文以密理析巧盛，其文學思想，橫奔直突，爲中國文學燦爛光華的時代。

(十五)外交　春秋戰國時代，爲各國互相對立競爭的時代，所以在戰爭之外，極注重外交，其中如齊桓、晉文之輩，主盟中夏，外交成法，彼此遵守，莫敢或異。晉叔向說：『是故明王之制，使諸侯歲聘以志業，間朝以講禮，再朝而會以示威，再會而盟以顯昭明。志業於好，講禮於等，示威於衆，昭明於神。自古以來，未之或失也。』(註一百六)鄭游吉說：『昔文襄之霸也，其務不煩諸侯，令諸侯三歲而聘，五歲而朝，有事而會，不協而盟。』又說：『先王之制：諸侯之喪，士弔，大夫送葬；唯嘉好聘享三軍之事，於是乎使卿。』(註一百七)外交要注重國際的道義：(甲)禮。左傳說：『九日郜子來朝，禮也。衞子叔、晉知武子來聘，禮也。凡諸侯即位，小國朝之，大國聘焉，以繼好結信，謀事補闕，禮之大者也。』『齊人卒平宋、衞於鄭；秋會於溫，盟於牙屋，以釋東門之役；禮也。』(乙)信。齊桓公『衣裳之會十有一，未嘗有歃血之盟也，信厚也。』文公說：『信，國之寶也，民之所庇也。得原失信，何以庇之？所亡滋多！』(丙)敬。內史過說：『不敬則禮不行，禮不行則上下昏，何以長世！』孟獻子說：『郤氏其亡乎？禮，身之幹也；敬，身之基也；郤子無基。』(丁)義。越之滅吳，吳王請成，越王不許，說：『昔天以越予吳，而吳不受；今天以吳予越，越可以無聽天之命，而聽君之令乎？』(註一百八)所謂天命，即是天道，天道爲義之所當行，而不能違背的。春秋之世，外交使節有三種：一爲聘問通好弔災慶賀之使，此頗類於現代駐於主國之外交官，是使之正則。一爲會盟參與之使，此頗類於現代國際會議派遣之使，是使之特則。一爲通命示整之使，此頗類於現代戰爭法上之軍使等，是使之變則。(註一百九)春秋戰國之時代，邦交分兩種：一爲平時的邦交，一爲臨時的邦交。國與國之交際爲邦交，將以『協近鄰，結恩好，安社稷，息人民』，爲春秋時代所最重視。春秋時表示邦交之方式，爲類頗多，其由國君自見於天王，或往見諸侯，總稱曰朝。據爾雅釋言注『臣見君曰朝，」是朝雖指相見而實限於臣見君。國君不自見於天王或諸侯，則遣使通問以修好，故爾雅釋言謂「聘，問也；」儀禮聘禮：「大聘曰聘，小聘曰問」。天子間歲一問諸侯，此是周在春秋時，除霸主號召尊王外，實際上處於邦國之列，自不能不以聘問求諸侯之好。諸侯之聘於諸侯，其式有二：一爲大國之對於小國，應用朝者，改用爲聘；一爲於朝之外，國無論大小，用聘以繼好修民。諸聘皆執圭璋，圭以聘君，璋以聘夫人；既行禮之後，璧以享君，琮以享夫人，執玉帛以相存問，所以厚恩惠也。行聘之日，主君使卿致饔餼之禮於賓館，行聘已訖，君親執醴以禮賓；而食則在朝，燕則在寢，所以厚聘禮也。聘禮之設，所以濟兩國之好，故儀容皆有一定；失禮則不僅見譏於人，且或因之破裂國交。諸侯朝聘天子，天子則有撫慰；小國入大國而朝，大國則入小國而聘，是互相維持彼此的交好。然除彼此各自爲朝爲聘爲問之外，有報拜之事；報，是用以答友國的盛意；拜，是用以謝友國的厚德。通常之報，據左傳所載以報聘爲著。報聘是答鄰國的聘問，此不僅諸侯間有其事，卽周與諸侯間亦然。聘，不皆專爲遣使問好，而有用以爲涖盟者；報聘亦然。報爲答，而拜爲謝，故拜之程度深於報，必鄰國對我有大恩德而行之者。報，皆遣使以行；拜，則君或自往。隆重之拜，以拜師爲主，而其他次之。拜師，是以第三國加師於我，而鄰國救我於危而往拜之之謂。事之見於春秋者，例如：鄭子良相成公往晉拜師；季武子往晉拜師等是。尋常之拜，頗近於報而爲義則稍重於報；但與拜師之拜相較則較輕，故多遣使爲之。有拜王之賜命者，有拜鄰國之來朝者，有拜鄰國盡禮之言者。有臨時之拜，此種之拜，以臨時對於天王或鄰國之尊者強者而行之。春秋之世，各國如有大事政令，如會盟、戰伐、克取、君臣乖離、水火災害，相互爲告。春秋所書他國之事，卽係來告而書者，否則雖有所知，恐有謬誤不審，則記在簡牘，不得記於典策。通常之告，固不外以國之大事政令通知於鄰邦，而明休戚相關之義；但同時所謂告者，又往往含有求請之意，故以飢爲告者，則是請粟；以兵爲告者，則是請援。告之種類有告喪：凡王崩諸侯薨，通常皆有互相爲告，尤其爲同盟之國，最應如此。有告變：國有變端，亦嘗告於鄰邦，蓋使知其詳，或更聲其罪。有告災：國有災荒，如水火飢饉之屬，恆告之，期望鄰邦有所援助。有告難：國有危難，無論禍之發於蕭牆，難之發於外敵，皆有告於鄰國之例。有告勝：國難既平，或戰而勝敵，互相爲告，其宣告亂平者，稱爲告寧。告皆遣使以行，與聘問之事同有賓主之儀。諸侯之有告於天子，除赴之外，以兵寇爲急；其他諸國自視以爲大事而非天子之急，則不卽以告王。此種告急皆有贄幣，以示崇敬。大行人受之，以其事入告於王。故周禮大行人之職說：『若有四方之大事，則受其幣，聽其辭。』至於諸侯相告，則如聘禮所記：『若有言，則以束帛，如享禮；』『若有故，則卒聘，束帛加書將命。』有言，有故，是災患時事有所告請或問之謂。以上所述，皆當日國際間常時之往來，不積極含有政治上的意味。但春秋時代，亦猶今日，同爲邦國，強弱異等；強者掉弄智術，擴其勢力；弱者折衝樽俎，謀保社稷；因此在平常之交際外，並重臨時之策略，卽盟誓會遇諸事，今日國際法上之通商修好條約，雖不見於古之世，而政治上之同盟條約和國際間之各種會議，固早見於春秋時代。先言會同：會同，是會合而同之義，惟在古代國際關係上，有時亦各爲別；如諸侯朝於天子時見曰會，殷(衆)見曰同是也。會同之目的與作用，實爲廣泛，而最要者，則以維持和平爲主。會同之種類有弭兵之會，如『宋華元克合晉楚之成，』是也。有衣裳之會，如『桓公九合諸侯，不以兵車，管仲之力也，』卽指此而說。有兵車之會，謂諸侯以戎裝而會合，既會而皆有盟，具有歃血之形式，如穀梁傳謂齊桓『兵車之會四，未嘗有大戰也，愛民也。』卽指此而說。會同之範圍有霸主領導之會，諸侯自集之會，兩國相徵之會。盟誓之意義有諸侯盟於王之會同王臣監臨諸侯之盟諸侯盟於諸侯之間王及其使誓誥諸侯，諸侯與諸侯之間之相誓。盟誓之價值：一是指盟誓成立之價值而說，一是指盟誓存在之價值而說。盟誓之種類：有同盟，指同心爲善之意；有常盟，指盟之無特殊意義，僅以修好爲目的之意；有尋盟，指重申其舊盟及令其加入舊盟之意；有涖盟，指兩國修好或擇某地而盟之意；有改盟，指凡非平等之盟有可改正之意；有補盟，指諸侯共盟，後至者可以補盟之意；有復盟，指國交恢復，如兩國先已盟好，則同國際間之諸侯而再盟好之意；有要盟，指由威武要脅而成盟之意；有請盟，指願與相友國同盟之意；有乞盟，指君不來盟而遣使來盟，貶之使若叩頭乞盟之意。以上略爲引證，可知盟之種類既多，其範圍各自不同。諸國相會爲盟，有盟主；盟主，是主持盟會之事，此由齊桓創之，晉文繼之。盟主之地位，高於一切諸侯，其勢力能及於所領導之範圍。國際盟約不由國君相盟，而遣使爲盟者，亦有之；由卿大夫以代表兩國共盟者，亦許之；而附庸之國，則不許列於盟會。凡盟會，不許詐盟、背盟、逃盟、竊盟、後盟，蓋國際上之外交，是注重信義禮節，不得相違。（註一百十）春秋戰國時代，爲國際爭戰的時代，亦爲外交關係繁劇的時代，其壇坫折衝樽俎之間，與今日列國對峙的局面，是相同的。

周代爲中國上古歷史上的光榮時代，在此時代，不論思想、學術、文化，皆呈偉觀，此是經夏、商兩代蓄積其潛勢力以爲之基礎，又經春秋戰國相競對峙，以爲活躍的動機，故中國文化的曙光，實自茲開拓，而輝煌於世界文化之府也。

參考書舉要

(註一)夏曾佑著中國古代史第一章二九頁。
(註二)辭源上卷周禮註。
(註三)易君左著中國政治史要三三頁。
(註四)章實齋著文史通義原道上。
(註五)朱子語類卷八十六。
(註六)張震南著國史通略第二章一七頁引。
(註七)錢基博著古籍舉要卷七，四一頁引。
(註八)柯金著中國古代社會漢譯本五九頁。
(註九)柳著中國文化史上册二四一頁引。
(註十)周禮正義卷二十五，二八頁。
(註十一)張亮采著中國風俗史四十頁。
(註十二)禮記曲禮下。
(註十三)周禮正義卷四十一。
(註十四)周禮正義卷五十一。
(註十五)拙著春秋時代之貴族政制見拙著社會思想與社會問題一書附錄六三頁。
(註十六)周禮正義卷六十九。
(註十七)中國風俗史三六頁。
(註十八)拙著社會思想與社會問題六七頁。
(註十九)岑紀譯中國古代社會附錄井田制度的論戰，一寄廖仲愷的信。

(註二十)中國古代社會附錄井田制度的論戰，一一九二頁至二〇〇頁。

(註二十一)孟子滕文公篇。

(註二十二)後漢書劉寵傳注引。

(註二十三)長野朗著中國土地制度研究漢譯本一三頁。

(註二十四)中國土地制度研究漢譯本四二頁。

(註二十五)周禮正義卷十九。

(註二十六)中國歷代耕地問題七六頁。

(註二十七)周禮正義卷二十九。

(註二十八)困學紀聞卷四。

(註二十九)周禮訂義二十五。

(註三十)柳著中國文化史一七九頁引。

(註三十一)孟子滕文公上。

(註三十二)周禮正義卷二十四卷二十五。

(註三十三)周禮正義卷三。

(註三十四)拙著中國政治思想史大綱三十七頁。

(註三十五)周禮正義卷二十八卷二十九，又鄭行巽編著中國商業史三七頁

(註三十六)周禮正義卷六十八。

(註三十七)章嶔著中華通史第一册三五七頁。

(註三十八)拾遺記卷二。

(註三十九)張星烺著中西交通史料匯篇第一册五十九引 Early Chinese Civilization, pp. 39-41

(註四十)拾遺記卷二。

(註四十一)後漢書卷一百十六南蠻傳。

(註四十二)述異記卷下塗修音與途思相近，途思名見元史地理志。

(註四十三)竹書紀年卷下。

(註四十四)劉繼宣東世徵合著中華民族拓殖南洋史三頁引。

(註四十五)通典卷三十六。

(註四十六)中華通史第一册三五三頁。

(註四十七)杜佑通典卷三十五。

(註四十八)通典卷三十五。

(註四十九)文獻通考兵考。

(註五十)夏曾佑著中國古代史一八六頁。

(註五十一)陳漢章著中國上古史卷下四七頁。

(註五十二)石雅卷十二中國古代銅器鐵器沿革考。

(註五十三)周禮正義卷十九。

(註五十四)周禮正義卷六十九。

(註五十五)徐朝陽著中國刑法總論十六頁及拙著中國法律史大綱三三頁。

(註五十六)顧棟高春秋大事表十三刑賞執條。

(註五十七)春秋左傳卷十二。

(註五十八)國語詳註第一冊。

(註五十九)日本淺井虎夫著支那ニ於ケル法典編纂ノ沿革一五頁引。

(註六十)夏曾佑著中國古代史三三頁。

(註六十一)周禮正義卷三十三。

(註六十二)論語述而及衞靈公。

(註六十三)呂氏春秋季夏紀音初。

(註六十四)孟世傑著先秦文化史四〇六頁引。

(註六十五)日人大村西崖著中國美術史漢譯本五頁。

(註六十六)周禮正義卷八十，又謝英伯著中國玉器時代文化史綱二一頁引。

(註六十七)周禮正義卷七十八。

(註六十八)日人大村西崖著中國美術史漢譯本九頁。

(註六十九)周禮正義卷八十四。

(註七十)劉師培中國歷史教科書，又莊氏周官指掌，焦氏儀禮講習錄。

(註七十一)呂思勉著本國史第一編一三一頁。

(註七十二)文獻通考卷四十學校考，周禮正義卷四十二，柳詒徵編著中國文化史上卷一九二頁。

(註七十三)周禮正義卷二十五，卷二十六，卷四十二。

(註七十四)文獻通考卷四十引。

(註七十五)文獻通考卷四十引。

(註七十六)徐式圭著中國教育史略七頁。

（註七十七）杜佑通典卷十三。

（註七十八）見民國七年予所著人類進化觀一書九四頁。

（註七十九）陳文濤編先秦自然學概論六四頁引。

（註八十）朱文鑫著天文考古錄五頁。

（註八十一）史記卷二十三歷書。

（註八十二）周禮正義卷九。

（註八十三）陳文濤編先秦自然學概論七一頁引，南海鄒伯奇所著格術補湘陰殷家儁爲之箋注中多援引墨說。

（註八十四）胡著中國哲學史大綱一九九頁至二五二頁及范耕研著墨辯疏證卷二卷三。

（註八十五）周容編史學通論三五頁引。

（註八十六）梁啓超著中國歷史研究法二五頁。

（註八十七）史通載言篇。

（註八十八）老子道德經第二十五章。

（註八十九）道德經第十四章。

（註九十）道德經第四章，第三十二章。

（註九十一）拙著中國政治思想史大綱二三、二四頁引。

（註九十二）蔣維喬楊大齊合編中國哲學史綱要上卷四七頁。

（註九十三）拙著中國政治思想史大綱三十二頁。

（註九十四）管子君臣篇，商君君臣篇，韓非心度篇，尹文子大道篇。

（註九十五）渡邊秀方著中國哲學史概論一百三十八頁。

（註九十六）胡懷琛編中國文學史概要二一頁。

（註九十七）胡行之著中國文學史講話十九頁。

（註九十八）朱子詩經集注序。

（註九十九）鄭振鐸文學大綱。

（註一百）章學誠著文史通義詩教上詩教下。

（註一百一）張世祿著中國文藝變遷論四一頁。

（註一百二）謝無量楚辭新論及陳鐘凡中國韻文通論。

（註一百三）胡行之著中國文學史講話二五頁。

（註一百四）胡懷琛編中國文學史概要三一頁。

（註一百五）文心雕龍辨騷。

（註一百六）左傳昭公十三年。

（註一百七）左傳昭公三年又三十年。

（註一百八）左傳襄公元年，隱公八年，穀梁莊公二十七年，左傳僖公二十五年，左傳僖公十一年，左傳成公十三年，又越語。

（註一百九）陳顧遠著中國國際法溯源九五頁。

（註一百十）陳顧遠著中國國際法溯源第一編至第三編。

第二編　中國中古文化之探討

自始皇統政至五代末年，計由西曆紀元前二二一年起，至西曆紀元後九五六年（即民國紀元前二一三二年至一九五三年）爲期約一一八〇年，爲中古時期。在這時期，比以前的時期就不同了，先秦時期中國文化造成了基礎，秦漢以後至隋唐五代，爲中國文化擴張進展的時期，爲這個時期的代表者，就是漢唐。秦漢代成了大一統的局面，而上古文化至那時更有發展的趨勢。秦漢統一有四百餘年，其政教學術，影響於世者頗大。在文化上所影響最大者：（一）在外開拓國家的範圍。（二）在內開闢僻壤的文化。據漢書高帝紀：『十一年五月詔曰：粵人之俗好相攻擊，前時秦徙中縣之民南方三郡，使與百粵雜處，會天下誅秦，南方尉它居南方，長治之，甚有文理，中縣人以故不耗減，粵人相攻擊之俗益止，俱賴其力。』（註一）漢書南粵傳：『番禺南北東西數千里，頗有中國人相輔。』（註二）漢代東北西南的開拓，使中原的文化向四方移動，所以能够在中國文化史上樹一特色。讀史方輿紀要：『西漢之世，左東海，右渠搜，前番禺，後陶塗，東西九千三百二里，南北萬三千三百六十八里，可謂盛矣。』（註三）文化從舊地方的開拓而移殖於新的開拓區，與原有的文化移動區，必發生文化之融和、混淆、複合的特點。文化的移動，有國內和國外的區分，同一的國家，牠的領土倘是很廣大的，東西南北距離太遠，各方的文化型，必有多少的不同，但因交通的發達，而漸趨於同一。國外的和國內的文化，雖如何的歧異，但因文化移動的關係，國內和國外逐漸吸收融和。

此如遠古向美洲大陸去的黃色人種，從亞細亞移過去的時候，攜西伯利亞文化而去；探險家張騫從中國到亞洲西部，一方將中國文化傳入西部，一方將西部文化傳入中國。中國文化有了中心區和末梢區(Margins)，因此常由中心向末梢移動，末梢受了文化而發達進步，成爲第二次的中心，再移向其他末梢的作用，(註四)中國文化經中古時期的開拓，由黃河流域而至揚子江流域，又由揚子江流域而至珠江、西江流域，就是這個緣故。

參考書舉要

(註一)漢書卷一下。

(註二)漢書卷九十五。

(註三)讀史方輿紀要卷二。

(註四)F. H. Giddings, The Principles of Sociology: An Analysis of the Phenomena of Association and of Social Organization, p. 28.

第一章 秦漢時代之文化

第一節 秦漢時代之政治社會

秦統一中國，是歷史的大轉變期。牠能造成統一的局面，原因有五：（一）根據地在陝西，占着險要的位置；（二）秦國開化較晚，風氣樸實；（三）秦國和戎狄競爭最烈，人民以磨礪而剛健；（四）自穆公以後，即勤求人才而任用之，以圖富國強兵；（五）六國濫自攻伐，而無一定方針，秦則一致對外。（註一）自始皇撫有天下，自以爲德兼三皇，功邁五帝，乃號皇帝。秦始皇本紀：『丞相（王）綰、御史大夫（馮）劫、廷尉（李）斯等皆曰：昔者五帝地方千里，其外侯服夷服，諸侯或朝或否，天子不能制。今陛下興義兵，誅殘賊，平定天下，海內爲郡縣，法令由一統，自上古以來未嘗有，五帝所不及，臣等昧死上尊號，王爲泰皇，命爲制，令爲詔。王曰：去泰著皇，採上古帝位號，號曰皇帝。』（註二）嬴政稱皇帝之年，實前此二千數百年之結局，亦爲後此二千數百年之起點，不可謂非歷史一大關鍵。（註三）始皇統一諸侯的領土，疆域廣大，知道封建制度的弊害，所以改爲郡縣制度，集中權力於中央政府，分全國爲三十六郡，每郡置守、尉、監，中央政府管掌任免；在政府裏置丞相、太尉、御史大夫，使統攬行政軍事警察。又平均度量衡，均一字體，企圖以文化統一帝國，對於自己新政表示不滿的學者，加以殺戮，並焚燒他們的書籍，更在咸陽建築宏壯的阿房宮，營離宮於各地，屢次巡狩海內，表示帝權之神聖與國威之雄大。（註四）若秦始皇之焚詩書，是以政治力量摧殘文化，焚書之議，是出自李斯，而坑儒之禍，則始皇自主。李斯說：『五帝不相復，三代不相襲，各以治，非其相反，時變異也。今陛下創大業，建萬世之功，固非愚儒所知。且越（淳于越）言乃三代之事，何足法也。異時諸侯並爭，厚招游學，今天下既定，法令出一，百姓當家則力農工，士則學習法令辟禁。今諸生不師今而學古，以非當世，惑亂黔首。丞相臣斯昧死言：古者天下散亂，莫之能一，是以諸侯並作，語皆道古以害今，飾虛言以亂實，人善其所私學，以非上之所建立。今皇帝并有天下，別黑白而定一尊。私學而相與非法教，人聞令下，則各以其學議之，入則心非，出則巷議，誇主以爲名，異取以爲高，率羣下以造謗。如此不禁，則主勢降乎上，黨與成乎下，禁之便。臣請史官非秦紀皆燒之。非博士官所職，天下敢有藏詩書百家語者，悉詣守尉雜燒之。有敢偶語詩書，棄市。以古非今者，族。吏見知不舉者，與同罪。令下三十日不燒，黥爲城旦。所不去者，醫藥卜筮種樹之書。若欲有學法令，以吏爲師。』（註五）看以上引證，就知道始皇之焚詩書，以摧殘文化的動機，是在於維護他的統治權的緣故。始皇的政策有許多都是提高中央威權的，例如收集全國兵器，改鑄銅像和銅器，放在咸陽，使各地富豪十二萬戶，都聚居於京師等。是始皇時巡遊四方，所至立石頌德，蓋以表示天下之統一，而爲四海之共主。至東西南北大道，隨之次第開闢。他雖能藉威力以統一國內，但北方匈奴爲禍，常有南下的趨勢，因此應付外患有兩種方法：（甲）徙民略邊實邊。始皇本紀：『三十三年，發諸嘗逋亡人、贅婿、賈人略取陸梁地，爲桂林、象郡、南海，以適遣戍。西北斥逐匈奴，自榆中並河以東，屬之陰山，以爲三十四縣，城河山爲塞，徙謫實之初縣。』（乙）建築萬里長城。始皇以全力修築燕、趙曾築過之萬里長城，勞民傷財，亦所不計。始皇本紀：『適治獄吏不直者，築長城及南越地。』史記：『秦已并天下，乃使蒙恬將三十萬衆，北逐戎狄，收河南，築長城，因地形，用險制塞，起臨洮至遼東，延袤萬餘里。』（註六）爲着南北的防備，人民不僅疲於連年苦役，殞命者頗多，且賦斂日重，法令森嚴，奢侈暴虐，引起全國人心的不安，漸漸釀成叛亂的因子。漢書：『至於始皇，遂并天下，內興工作，外攘夷狄，收泰半之賦，發閭左之戍；男子力耕，不足糧饟，女子紡績，不足衣服，竭天下之資財，以奉其政，猶未足以澹其欲也。海內愁怨，遂用潰畔。』（註七）史記：『度不足，下調郡縣，轉輸菽粟芻藁，皆令自齎糧食，咸陽三百里內，不得食其穀，用法益刻深。七月，戍卒陳勝等反。』（註八）淮南子：『男子不得修農畝，婦人不得剡麻考縷，羸弱服格於道，大夫箕會於衢，病者不得養，死者不得葬，於是陳勝起於大澤，奮臂大呼，天下席卷而至於戲、劉、項、興義兵，隨而定，若折槁振落，遂失天下。』（註九）由上引證而看，就知道秦代政治腐敗的原因，和國祚傾覆的結果了。始皇三十七年（西紀元前二一〇，）親巡天下，周覽遠方，後遂崩於沙丘平臺（河北邢臺縣）丞相李斯爲上崩在外，恐諸公子及天下有變，乃祕之不發喪，趙高與丞相李斯陰謀，矯詔書，賜蒙恬、扶蘇、自殺，並擁胡亥爲二世皇帝。二世即位之後，趙高的權勢很重，一切由他專斷，又教二世殘殺自己的兄弟，壓制朝中的大臣，刑法比始皇時，更加嚴重；向民間調發苦工的事，比以前更爲繁多；叛亂的動機，就由此興起。陳勝、吳廣、陳餘、張耳、周市、韓廣、田儋、劉邦、項梁、項羽等，都起來倡亂，成爲一種反抗秦朝的勢力，六國的後人，也乘機而起。其中項羽、劉邦的力量較大。項羽、是項梁的姪子、項氏、本是楚國世代的將門，項梁起兵之後，聽了范增的計謀，立楚國後人名心的爲楚懷王，秦將章邯與各路豪傑戰，各路豪傑大都潰敗，項梁出兵救應，曾經戰勝章邯，其後二世、章邯、帶着兵士，再與楚軍大戰，項梁戰敗死，章邯勝了項梁，不再追擊楚軍；纔渡黃河去攻北方的趙國，把張耳、陳餘所立的趙王，困於鉅鹿（今河北省平鄉縣）趙王急向楚懷王求救，楚懷王乃發兵兩路：一路使宋義爲上將，項羽爲次將，范增爲末將往北路救趙；一路使沛公劉邦、往西路入函谷關，攻秦的京都。二世三年，宋義屯兵安陽（山東曹縣東）留四十六日不進，項籍因矯楚王令殺義，代爲上將軍，悉以兵渡河，與秦軍久戰皆捷，由是項籍（字羽）始爲諸侯上將軍，諸侯之勢，遂形日盛。據御批通鑑輯覽載：『初楚懷王與諸將約，先入定關中者王之；是時秦兵尚強，諸將莫利先入關，獨項羽怨秦殺項梁，奮願與沛公西入關，諸老將皆曰：項羽爲人慓悍猾賊，所過無不殘滅，且楚進取數敗，不如更遣長者扶義而西，告喻秦父兄，秦父兄苦其主久矣，今誠得長者往，無侵暴，宜可下，羽不可遣；獨沛公素寬大長者，可遣；王乃遣沛公收陳王、項梁、散卒以西。』(註十）沛公劉邦，兵力既盛，遂擊昌邑，下陳留，破武關。明年，入關，降秦王子嬰，入咸陽。蕭何收秦丞相府圖籍，得具天下要塞戶口多少強弱之處，封秦重寶府庫，還軍霸上（陝西長安縣東）申明楚王入關先王之約，與秦人立約法三章（殺人者死，傷人及盜抵罪，）以待後命。及項羽至函谷關，見關上已有兵把守，又聞沛公已定咸陽，大怒，使黥布把函谷關攻破，引四十萬大兵，抵鴻門（今陝西臨潼縣）準備攻擊沛公；沛公灞上軍，僅是十萬，范增告項籍急擊，項籍有個季父項伯，素與張良善，夜馳告良，請避去；張良要項伯見劉邦，邦請項伯申言于項籍，具陳所以待籍之意；邦自至鴻門來謝，范增謀死之，賴項伯、張良、樊噲等救護，逃回灞上。數日後，項籍引兵西屠咸陽，殺子嬰，燒秦宮室，掘始皇帝墓，大收秦寶貨婦女，出關而東，使人報命楚懷王，懷王答他『如約』二字。項籍乃陽尊懷王爲義帝，而徙于郴（湖南郴縣）纔殺之。又自立爲西楚霸王，以江淮一帶爲根據地，立沛公爲漢王，以巴蜀、漢中、爲封地，使不容易向中原發屍；又把關中地方，分爲三區，封章邯、司馬欣、董翳等，使遮塞漢王的出路。不久，劉邦用韓信爲大將，攻入關中，章邯戰敗，司馬欣、董翳等亦投降，出關吞滅各國，爲義帝發喪，宣言討伐項籍，統兵五十六萬，由洛陽東進，攻入霸王的京都彭城（今江蘇銅山縣）。霸王統精兵猛烈反攻，大破漢兵于睢水（今安徽靈壁縣東），殺漢兵三十餘萬，漢王與數十人輕騎逃滎陽（今河南滎澤縣），死守。漢王在滎陽，會蕭何留守關中，補充軍隊，通巴蜀的糧，接濟軍食，與楚軍相持。楚漢二年，項籍欲先破齊而後擊漢，漢以故得刼降附諸侯之兵，凡五十六萬，東伐楚，入彭城，籍聞之，令諸將擊齊，而自己以精兵三萬人，從魯出胡陵（山東魚臺縣東南），至蕭縣（今江蘇蕭縣），漢軍迎戰大敗，劉邦幾不免，會大風，楚軍亂，邦得亡去。彭城敗後，漢謀楚之心頓挫。九江王黥布平素與項籍不善，劉邦使隋何說之，使背楚而自集散卒，蕭何發關中兵以增益之，韓信亦以師會，兵勢漸盛，復與楚戰於滎陽，破之，又使韓信渡黃河擊魏，虜魏豹。項籍急圍滎陽，劉邦請和，願割地自保，另設反間之計，以去范增；范增見項籍疑己，積憤疽發而死。其後項籍因彭越之變，回師擊之，漢復軍成皋，項籍圍成皋，劉邦乃渡河奪韓信軍，使張耳守趙，韓信擊齊，並分兵以絕楚兵糧食，楚更難以自守；項籍不得已，乃與漢約，中分土宇，割鴻溝以西屬漢，以東屬楚，解師東歸。楚漢五年，劉邦追項籍，止軍於陽夏之南，期與韓信、彭越會師擊楚，纔圍項籍于垓下（今江南鳳陽府靈壁縣東南），項籍力垂盡，自刎而死，楚地悉平。時爲民國紀元前二千一百十四年。考秦自始皇二十六年并天下，至二世三年而亡，凡十五年，時間至爲短促，在此短促的時間中，將古人遺法盡力革除，爲一代創立新局面，但專制暴虐，不以民意爲根據，而劉邦起自布衣，遂成革命征伐之功，可知殘民以逞者，必難得長治久安之道也。

漢高祖姓劉名邦，以布衣起沛，八年而成帝業，因初王漢，遂建爲有天下之號。據通鑑輯覽載：『五年三月，漢王卽皇帝位。諸侯王將相共請尊漢王爲皇帝，漢王辭不敢當帝位，羣臣皆曰：大王起寒微，誅不義，立有功，德施四海，諸侯王不足以道之，居帝位甚實宜，願大王以幸天下；漢王三讓，乃於二月甲午，卽皇帝位氾水之陽。』（氾水在山東曹州府曹縣北，與定陶縣分界，今定陶西北。）始都洛陽，後用劉敬議，西遷關中。劉邦以平民起事，奠定漢基，用兵八年，多賴諸將匡助之力。漢書：『漢興自秦二世元年之秋（西元前二〇九）八載而天下乃平，始論功定封，訖十二年，侯者百四十三人；時大城名都，民人散亡，戶口可得而數，裁什二三，是以大侯不過萬家，小者五六百戶。』（註十一）後因諸異姓王，擁兵據地，將爲他日的禍患，遂次第加以撲滅，而列王鑒於禍機之迫，亦有不待其興討而自行舉兵叛亂者。漢初異姓諸王之討滅最早者，爲燕臧荼，平臧荼之後，以盧綰爲燕王，餘黨不靖，遣樊噲平之；代相陳豨作亂，盧綰發兵助漢，既又防豨亡及己，與豨連兵不決，邦定豨亂，知其事，召盧綰，綰恐不果行，疑其反，遣樊噲征之，綰亡入匈奴而死。韓信爲楚王，王淮北，都於下邳，有上書告信變者，初降爲淮陰侯，繼而呂后謀於蕭何，紿信，縛而斬之，夷三族。滅了楚王韓信後，分其地爲荊楚二國，封從兄劉賈爲荊王，封弟劉交爲楚王。其他滅了淮南王英布，封子劉長爲淮南王，封兄子劉濞爲吳王。滅了梁王彭越，分其地爲梁和淮陽二國，封子劉恢爲梁王，劉友爲淮陽王。廢了趙王張耳的兒子張敖，封子劉如意爲趙王。廢了燕王盧綰，封子劉建爲燕王。韓王公孫信被迫而降匈奴，只有長沙王因封地偏僻而小，所以能夠存在。又封自己的兒子劉肥爲齊王，劉恆爲代王。以天下爲一己的私產，其封異姓的功臣，所以籠絡實力派，恐怕他們據地自雄，又加以廢黜，而封自己同姓的子弟，但沒有顧及後來同室操戈的禍害。高祖沒，太子盈立，是爲惠帝，呂氏爲太后，因戚姬殺趙王如意，威權專擅，而惠帝亦不問政事，在位七年病歿。太子立，是爲少帝，呂氏臨朝稱制。漢書：『太后臨朝稱制，復殺高祖子趙幽王友，共王恢，及燕靈王建，遂立周呂侯子台爲呂王，台弟產爲梁王，建城侯釋之子祿爲趙王，台子通爲燕王。』（註十二）呂后稱制，凡八年，亦病卒，而袒劉之軍即起，劉氏諸王與陳平、周勃謀，共誅諸呂，以絕呂氏族人之難，密議迎立惠帝之弟代王恆，是爲文帝。

文帝既即帝位，深通民情，以寬厚之政臨民，除肉刑，免田租，定賑窮養老之禮，於是國用充實，天下大治，後世至稱其治績，爲秦漢之後第一。然自高祖以來，擁重兵，據形勢的王侯，見文帝以代王入承大統，益發驕縱，不復把帝室放在眼裏，淮南、濟北諸王謀反，吳、楚、齊諸王亦皆驕恣；賈誼看見弊害，乃進削地分封之策。漢書：『是時天下初定，制度疏闊，諸侯王僭擬，誼數上書陳政事，多所欲匡建，其大略曰：欲天下之治安，莫若衆建諸侯而少其力，力少則易使以義，國小則無邪心，令海內之勢，如身之使臂，臂之使指，莫不制從，諸侯之君，不敢有異心，輻輳並進，而歸命天子，……割地定制，令齊、趙、楚各爲若干國，使悼惠王、幽王、元王之子孫，畢以次各受祖之分地，地盡而止，及燕、梁、他國皆然；其分地衆而子孫少者，建以爲國，空而置之，須其子孫生者，舉使君之，諸侯之地，其削頗入漢者，爲徙其侯國，及封其子孫也，所以數償之，一寸之地，一人之衆，天子無所利焉。』（註十三）於是文帝於齊王襄死後，分封其諸子，爲齊、濟北、濟南、菑川、膠東、膠西六國，以割其勢。然吳、楚二國，仍然擁有很大的封地。文帝死，太子啓即位，是爲景帝。

景帝治黃老學，承文帝之後，對於政治無所更張。時鼂錯爲御史大夫，屢進削藩之說，諸侯王每有罪過，即削地，而楚、趙、膠西等王皆被削，諸王皆怨及朝廷。其後削及吳地，吳王濞遂反，膠西王卬、楚王戊、趙王遂、濟南王辟光、菑川王賢，膠東王雄渠都起來響應，是爲吳、楚七國之亂。帝大驚，斬御史大夫鼂錯以謝七國；反者猶不服，乃拜周亞夫爲太尉，同大將軍竇嬰將兵擊之，諸將破七國，斬首十餘萬級。及七國平定，乃將任用官吏權，收歸中央，不令諸侯王復治其國，諸國統治權雖減少，所擁的地方，仍然很廣大。自後國家承平無事，府庫日益充溢，而太倉之粟亦甚豐富。景帝沒，太子徹立，是爲武帝。

武帝爲雄才大略之君主，承前代豐富之餘，在位五十四年之間，文教盛於四海，國威振於遠方。建元元年，舉賢良方正直言極諫之士，上親自策問，擢董仲舒爲第一，仲舒連對三策。凡不在六藝之科，孔子之術者，皆絕其道，不使幷進。其時設大學，置五經博士，又招集文人詞客，公孫弘、司馬遷、司馬相如、孔安國、東方朔、朱買臣、枚皐等文人輩出。建元三年，欲廣行儒術，吾邱壽王、東方朔諸人，以次任用。元鼎四年，乃巡幸郡國，東至海上，北出長城，南至江漢，所至的地方從事祠祭，或行封禪。又從方士李少君言，親自祠竈，遣方士入海，求神仙不死之藥，因神仙而信符瑞，所獲白麟、朱雁、寶鼎、靈芝之屬，無不以爲天瑞。上舉各端，尙不足以盡武帝所爲。考其生平政績，最善以對外爲經略邊隅之策，卒至版圖大啓，國威奮張，中外形勢爲之一變。先平東甌、閩越、南越，繼平西南夷。匈奴在漢，聲勢甚大，武帝欲雪累世的屈辱，乃命衞青、霍去病、李廣利等出師征討，越狼居胥山（在喀爾喀部）抵瀚海（外蒙古之杭愛山）盡收河以南之地，置五原、朔方二郡，後又出兵隴西，斷絕匈奴和天山南路間的聯絡；定河西，置武威、張掖、酒泉、敦煌四郡，而實以屯田之兵；從此匈奴遠遁，漠南無王庭，而往來西域的道路遂開。綜武帝生平行事，可分爲三大端：（一）尊儒術，（二）信方士，（三）好用兵，此三者就表面觀之，則互相牴牾；旣尊儒術，何以又慕神仙？旣慕神仙，何以又好征伐？然論其實，則事乃一圓均由專制一念所發動而已。其尊儒術者，實視儒家尊君思想，為便於統制的工具；其好用兵者，實欲天下盡歸一己的掌握而後快意；至於信方士，則因富貴已極，他無可求，惟望不死，以長享人間之樂。然他的勳勞不可沒，是在於攘夷之功，不然金元之禍，早見於漢代了。武帝在位五十四年沒，子弗陵立，是為昭帝。霍光、金日磾、上官桀受遺詔輔少主，即位未幾，而有燕王旦及上官桀謀亂之事。亂平之後，霍光輔幼主，舉賢良文學，問民間疾苦，罷鹽鐵、酒榷、均輸官，不令與天下爭利。昭帝死無子，霍光迎立武帝之曾孫病已，是為宣帝。適霍光死，帝親政，信賞必罰，總核名實，一時良吏，如趙廣漢、朱邑、龔遂、尹翁歸、韓延壽、黃霸、張敞之屬，治民有美績，朝野共稱。又用趙充國降諸羌，常惠、馮奉世、鄭吉、陳湯等，常宣威於西域。發援兵助烏孫以攻匈奴，自是匈奴國勢日弱，其別種丁零迫其北，東胡的一部烏桓迫其東，烏孫迫其西，漢又迫其南，而其內部五單于之間，又自相爭亂，其領土遂全然分裂。車師（Turfan）通於匈奴，使鄭吉統兵擊破之，在其地屯田，及匈奴的西方諸國日逐王降漢，而葱嶺以東，遂盡行內附，鄭吉乃始為西域都護，建幕府於烏壘城（天山南路Chator）以鎮撫天山南路三十六國。羌侯狼何（小月氏種）遣使至匈奴，藉兵欲擊鄯善、敦煌，以絕漢道，乃行邊兵之制，以阻其謀。又令趙充國屯田降羌甚衆，遂置金城屬國，以處降羌。宣帝以戎狄賓服，思股肱之美，乃圖畫功臣之像於麒麟閣，（註十四）其武功與武帝相彷彿；但武帝用兵未及西羌，而宣帝且除戢西羌之禍。宣帝在位二十五年沒，太子奭立，是為元帝。漢書『元帝柔仁好儒，見宣帝所用多文法吏，以刑名繩下，大臣楊惲、蓋寬饒等，坐刺譏辭語為罪而誅，嘗侍燕從容言，陛下持刑太深，宜用儒生，宣帝作色曰：漢家自有制度，本以王霸道雜之，奈何純任德教，用周政乎？且俗儒不達時宜，好是古非今，使人眩於名實，不知所守，何足委任，迺嘆曰：亂我家者太子也。』（註十五）帝卽位後，專用儒術，給事中匡衡，提倡儒家禮讓德化之旨，遂遷爲光祿大夫，並置博士弟子員千人，比之武帝時置博士弟子員五十人，可謂此盛於彼。元帝在位十六年沒，太子驁立，是爲成帝。驁爲王政君所出，旣卽位，卽以元舅王鳳爲大司馬大將軍，領尙書事；又封舅王崇爲安成侯；王譚、王商、王立、王根、王逢時，爵關內侯；王氏之強盛，自是時始。外戚王氏專權，凡顯要地位，都被他一族佔領，就中王莽尤有奇才，佯爲謙恭，以博名聲，而爲大司馬，後擁立平帝，使納己女爲皇后，而自稱宰衡，位在諸侯王之上，而其時士民多阿諛之，上頌德表者至四十八萬人之多，王莽遂弑帝而立儒子嬰，自攝政事者三年，後卒廢之而篡天下，改國號爲新。西漢傳世，自高祖至儒子嬰，凡十三代，二百十四年而亡。

王莽代漢以後，所行大事約有四端：（甲）降斥劉氏。卽位後，降漢諸侯王皆爲公，王子侯皆爲子，又降諸侯王之爲公者悉上璽綬爲民，凡此皆欲斷劉氏之厚援也。（乙）濫授官爵。莽按金匱封拜其黨與，以王舜、平晏、劉歆、哀章爲四輔，甄邯、王尋、王邑爲三公，甄豐、孫建、王興、王盛爲四將，凡十一公。天鳳四年，更授諸侯茅土於明堂，以示旌功之典。（丙）紛更制作。莽建國爲新，制作之事紛起，改官名，立九廟，更幣制，定刑禁，政令繁瑣，州縣不堪其繁，人民苦於重斂。（丁）對外戰爭。匈奴勒兵朔方塞下，入寇中國，莽遣孫建等募卒三十萬，分道並出，窮追匈奴，然匈奴寇盜如故。繼遣兵擊西域及西南夷，外敵離畔，豪傑起於四方，天下遂大亂。時漢景帝六世孫劉縯、劉秀兄弟，舉兵春陵（湖北棗陽縣），與諸豪傑共擁立同族劉玄爲帝，大破王莽之兵於昆陽（河南葉縣），於是劉縯兄弟威名大震，劉玄忌之，乃殺劉縯，別遣將陷長安，斬王莽。王莽自稱帝至亡，凡十五年而亡。

王莽既亡，劉玄入都洛陽，旋遷長安。是時劉秀正循河北一帶平王郎及銅馬諸賊，遂卽位於鄗，旋奠都洛陽，號光武皇帝。繼遣將破赤眉，掃滅公孫述、隗囂、竇融、盧芳諸羣雄，天下復歸於一統。後漢書載：『初帝在兵間久，厭武事，且知天下疲耗，思樂息肩，自隴蜀平後，非儆急，未嘗復言軍旅。皇太子嘗問攻戰之事，帝曰：昔衞靈公問陳，孔子不對，此非爾所及。每旦視朝，日側乃罷，數引公卿郎將講論經理，夜分乃罷。』（註十六）又載：『初光武長於民間，頗達情僞，見稼穡艱難，百姓病漢，至天下已定，務用安靜，解王莽之繁密，還漢世之輕法，身衣大練，色無重綵，……勤約之風，行於上下，數引公卿郡將，列於禁坐，廣求民瘼，觀覽風謠，故能內外匪懈，百姓寬息。』（註十七）光武改王莽諸政，悉復漢舊，專心內治，修經術，尚禮樂，英雄氣概，雖不及高祖，然崇尚儒術，表彰氣節，開一代的風氣，遠非高祖所及。廿二史劄記：『西漢開國功臣多出於亡命無賴，至東漢中興，則諸將帥皆有儒者氣象，亦一時風會不同也。光武少時，往長安受尚書，通大義，及爲帝，每朝罷，數引公卿郎將講論經理，故樊準謂帝雖東征西戰，猶投戈講藝，息馬論道，是帝本好學問，非同漢高之儒冠置溺也；而諸將之應運而興者，亦皆多近於儒。……是光武諸功臣，大半多習儒術，與光武意氣相孚合，蓋一時之興，其君與臣本皆一氣所鍾，故性情嗜好之相近，有不期然而然者，所謂有是君，卽有是臣也。』（註十八）光武在位的政治與西漢不同者，略有數端：（甲）西漢外戚縱恣，至此一變而爲檢束。東漢外戚之禍，甚於西漢，然當光武之時，外戚恣肆之禍，尚無所聞，因能檢束故也。（乙）西漢功臣多戮辱，至此一變而爲保全。光武對於功臣，皆力主保全，在位之始，廣封功臣，皆爲列侯，列侯保其祿位，無誅譴者。（丙）西漢藩王本專擅，至此一變而爲馴順。西漢廣封宗室以爲藩王，其後禍變屢興，光武時，宗室共循法度，不致倡亂。（丁）西漢士節無榮典，至此一變而爲表章。西漢對於淸節之士，不加以注意，光武時，汲引高士爲務，其後士大夫轉相傚法，咸整飭其行誼。史稱光武同符高祖，實則光武比高祖爲賢。光武在位三十三年沒，太子莊立，是爲明帝。（註十九）明帝卽位，以鄧禹爲太傅，東平王蒼爲驃騎將軍。東平王蒼以爲中興三十餘年，四方無事，宜修禮樂，乃與公卿共議定南北郊冠冕車服制度，及光武廟中樂舞；又親臨辟雍，行大射養老之禮，引諸儒升堂演講，觀聽者甚衆。因崇尙儒術之效，自王太子諸王侯及大臣子弟功臣子孫，均受經書；又爲外戚諸家立小學於南宮，置五經師以授其業，自期門羽林之士，統令通孝經章句；崇儒之業，咸爲風尙，皆由明帝一人提倡致之。明帝在位十八年沒，太子炟立，是爲章帝。章帝承先世治平之後，一意守成，且重儒術，故政從寬厚，愼刑罰，省徭役，民賴其慶。曾下詔太常博士官及諸儒會白虎觀，議五經同異，帝親稱制臨決，作白虎奏議（今白虎通），名儒班固、賈逵等皆加參與，誠爲一代的盛事。章帝在位十三年沒，太子肇立，是爲和帝。和帝在位十七年沒，子隆立，是爲殤帝。殤帝在位一年沒，章帝之孫長安侯祜立，是爲安帝。安帝在位十九年沒，章帝孫北鄉侯懿立，數月沒，祜太子保卽位，是爲順帝。順帝在位十八年沒，太子炳立，是爲沖帝。沖帝在位一年沒，太后閻氏立章帝玄孫建平侯纘，是爲質帝。自和帝肇至質帝纘，外戚歷世用事，宦官乘之干事國政：（1）以外戚竇氏之用事而引起宦官鄭衆等之專權；（2）以外戚鄧氏之用事而引起宦官江京、李閏等之專權；（3）以外戚閻氏之用事，而引起宦官孫程等之專權；（4）以外戚梁氏之用事，而引起宦官單超等之專權。宦官之禍，釀成政治的危機，而所以造成宦官之禍，是由於外戚。外戚宦官之禍，無代無之，而以東漢爲甚：（1）以宦官用事之故，而激成黨錮之禍；（2）以宦官用事之故，而激成黃巾之禍；（3）以宦官用事之故，而激成董卓之禍。桓靈以前宦官之禍，爲外戚所釀成而桓靈以後，諸禍之相乘，尤以董卓之禍爲最烈。東漢內部既然是如此，而東漢對外的關係，現在述其大略如下：

東漢初年，曾立過戡定外族的功績，然不過把武帝開拓邊疆未完的功業繼續完成罷了；到東漢末年已經降服而散在內地的外族人，就漸變亂起來了。匈奴從呼韓邪降漢之後，對於中國很恭順，後來休養生息，部落漸盛，就種下背叛的種子。加以王莽撫馭政策的失宜，於是烏珠留若鞮、呼都而尸兩單于，就公然同中國對抗，北方大受其害。及匈奴內部因繼承問題爭亂，呼韓邪單于，遂投降中國，匈奴分爲南北。南匈奴的單于，入居西河美稷縣（今的鄂爾多斯左翼中旗）分派部下，駐紮邊地，助中國守禦。章帝末年，北匈奴益形衰弱，南匈奴要想併吞他，上書請兵，適章帝死了，和帝即位，竇太后臨朝，要使竇氏立功，乃命竇憲出征，大破北匈奴於稽落山，勒石燕然山而還。後二年（民國紀元前一八二一年，）竇憲又派左校尉耿夔出兵，大破北匈奴於金徽山（故城在今甘肅省平番縣西北，）因此，匈奴的主力，漸向西方遷移，不再侵犯中國，到了歐洲，就成爲後世的匈牙利人。王莽末年，不但匈奴背叛，西域也和中國脫離關係，一部分歸附匈奴。光武帝時，中國與西域一時隔絕。明帝討伐匈奴，乃使班超出使西域，先後在鄯善（樓蘭）于闐，攻殺匈奴使者，脅降鄯善、于闐，使西域各國，重服中國。八年後，西域又亂，繼由班超用兵討平。西域有羌族人建立的國家，東漢時屢侵中國，章帝末年，使張紆爲護羌校尉，勦辦爲首作亂的羌人，到底無法應付。後由鄧訓爲護羌校尉，注重安撫的辦法，羌人始稍安定。和帝時，用曹鳳的主張，恢復西海郡，把大小楡谷一帶，夾着黃河，開列屯田，以防羌人；至是羌人的擾亂，方始告一段落。當羌亂盛時，鮮卑、烏桓、和南匈奴，亦在東北一帶騷擾。鮮卑、烏桓、都屬於東胡族。鮮卑於匈奴被中國打平後，佔據匈奴舊地，乃與中國接界，東漢末年，勾結南匈奴，乘漢朝用兵平羌亂的機會，攻掠幽、冀、幷、涼四州部的北境；他的部落，分布極廣，爲後來五胡亂華時，鮮卑人勢力最強的張本。至於烏桓與南匈奴勢力較小，烏桓在柳城（今熱河省淩源縣）爲曹操所大敗，殺的降的，共有二十餘萬，遂陷於消滅。南匈奴呼廚泉單于，朝拜漢獻帝，被曹操留住在鄴城（今河南省臨漳縣），他的部下，分爲五部，有漢人爲司馬，以統制之，至此南匈奴也被馴服了。西漢和東漢，都是漢族同外族的鬬爭時期，也可說是漢族和北方異民族鬬爭的劇烈時期。因爲連年戰亂的結果，弄到國家內部元氣大傷，政治社會，遂陷於分崩離析的景況了。

參考書舉要

（註一）日人高桑駒吉著中國文化史漢譯本八八頁，呂思勉著本國史八五頁。

（註二）秦始皇本紀第六。

（註三）柳著中國文化史二十九章三六七頁。

（註四）日人西村眞次著世界文化史漢譯本一四六頁。

（註五）綱鑑彙纂卷四，歷代通鑑輯覽卷十一，又易君左著中國政治史要六十三頁引。

（註六）史記卷八八蒙恬傳。

（註七）漢書卷二四上食貨志。

（註八）史記卷六秦二世紀。

（註九）淮南子卷一八人間訓。

（註十）御批通鑑輯覽卷十一。

(註十一)通鑑輯覽卷十三，漢書卷一六高惠高后孝文功臣表序。
(註十二)漢書卷九十七上外戚傳。
(註十三)漢書卷四八賈誼傳。
(註十四)高桑駒吉著中國文化史漢譯本七七頁，御批通鑑輯覽卷十七。
(註十五)前漢書卷九元帝紀。
(註十六)後漢書卷一下光武紀。
(註十七)後漢書卷一〇六循吏傳序。
(註十八)廿二史劄記卷四。
(註十九)章嶔著中華通史第二册四七〇頁。

第二節 秦漢時代之文化形態

中國古來之文化制度，至秦漢而大變。周代是中國文化創新時期，而秦漢二代，是中國文化發展時期，從進化史的眼光來論上古中古的中國文化，我們相信中古文化期，有許多文化是超越於上古文化的，茲分爲敍述如下：

(一)社會風習　秦漢時代社會比之上古社會更爲複雜，而風習比之上古當然更爲複雜，茲據其可考者如下：（甲）飲食。高祖初定天下，廷臣承前代之風氣，好飲酒，高祖頗厭之，武帝時乃榷酒酤，以嚴其禁，未幾禁弛，羣飲之風如故。漢人飲食除穀類茶酒外，尚有餧、麻餅、饅頭、麵粉之屬，以供小飧。其普通製作飲食之法，率以鹽、豉、醋佐其烹調；蜜及蔗汁助其滋味。其香料除薑桂外，多用蒜荽及脂麻。其製作肉食，別有燒割之一法。性喜食犬，故屠狗炙食之事視爲平常，而豪傑亦樂爲之。（註一）漢代對於人民有賜酺之舉，可說是君民同樂。文帝初即位，賜民酺五日；十六年，得玉杯，令天下大酺。景帝後元年夏，大酺五日。武帝元光二年，令大酺五日；元朔三年，城朔方，大酺五日；太初二年，祠后土，令大酺五日；太始三年，令天下大酺五日。昭帝元鳳四年，令天下大酺五日。宣帝五鳳三年，大酺五日。人民五日會聚飲食歡樂的日子也不算少，據漢律三人以上無故羣飲酒，罰金四兩，這裏所說大酺五日，是特許不算違例的。（乙）衣服。漢代衣服，是分階級而制定的。天子所服，是分春、夏、秋、冬祭宗廟諸祀，則冠劉氏冠，以表尊敬。昭帝元鳳四年，帝加元服，百官冠服，爵非公乘以上，毋得冠劉氏冠。漢書載：『景帝中六年五月詔曰：夫吏者民之師也，車駕衣服宜稱，亡度者或不吏服，出入閭巷，與民無異。令長吏二千石車朱兩轓，千石至六百石朱左轓，車騎從者不稱其官衣服，下吏出入閭巷亡吏體者，二千石上其官屬，三輔（主爵中尉及左右內史）舉不如法令者。』（註二）百官冠服，宜符定制，是在景帝所規定，在漢初是不設車旗衣服之禁的，惟在高祖八年時，曾禁止賈人不得衣錦繡綺縠絺紵罽。（註三）文帝時，富人大賈庶民，得隨便穿著僭越帝服后服者有之，賈誼曾上疏說道：『今民賣僮者，爲之繡衣絲履偏諸緣，內之閑中，是古天子后服，所以廟而不宴者也，而庶人得以衣婢妾；白縠之表，薄紈之裏，緁以偏諸，美者黼繡，是古天子之服，今富人大賈嘉會召客者以被牆；庶人屋壁得爲帝服，倡優下賤得爲后飾，帝之身自衣皁綈，而宮人牆屋被文繡；天子之后以緣其領，庶人嬖妾緣其履；此臣所謂舛也。』（註四）據此可知當時的社會傾向奢華的風習，只在衣服的方面，已可以概見了。奢侈之風已盛，所以在成帝時，特下詔說：『聖王明體制，以序尊卑；異車服，以章有德；方今世俗奢僭罔極，靡有厭足，公卿列侯親屬近臣，四方所則，或奢侈逸豫，務廣第宅，治園池，多蓄奴婢，被服綺縠，設鐘鼓，備女樂，車服嫁娶葬埋過制，吏民慕效，浸以成俗，其申敕有司以漸禁之。青綠民所常服，且勿止，列侯近臣各自省改，司隸校尉察不變者。』（註五）一事奢侈，其他各事，也影響而奢侈了。（丙）婚姻。秦漢婚禮大端，雖未違反古意，而帝室間亦有不論行輩以成婚者：如惠帝盈之婚張氏，張氏乃盈姊魯元公主之女；哀帝欣之婚傅氏，傅氏乃傅太后從弟之女；張氏卑於盈而后，傅氏尊於欣而亦后，此不足爲訓者。（註六）漢代婚禮有四種不良的風習：（1）早婚。宣帝時王吉上疏說：『竊見當世趨務不合於道者謹條奏，吉意以爲夫婦人倫大綱，夭壽之萌也；世俗嫁娶太早，未知爲人父母之道而有子，是以教化不明，而民多夭。』（註七）（2）踰度。東漢王符著潛夫論有說：『嫁娶者車軿數里，緹帷竟道；騎奴侍僮，夾轂相引；富者競欲相過，貧者恥其不逮，一饗之所費，破終身之業。』（3）女亂。王吉疏說：『漢家列侯尚公主，諸侯則國人承翁主，使男事女，夫詘於婦，逆陰陽之位，故多女亂。』此是昧於夫婦敵體之義。（4）私夫。當時女子私夫，不以爲諱，如武帝之姊館陶公主寡居，寵董偃十餘年，武帝至主家呼偃爲主人翁，後主竟與偃合葬。（註八）昭帝之姊安鄂邑蓋公主寡居，私通丁外人，帝與霍光聞之，不絕主歡，詔丁外人侍主，是也。至婚禮舉行之時，大概以父主婚，而有幕帷之俗（即是以紗縠蒙女首，而夫氏發之，因拜舅姑，便成婚禮，）有撒帳之俗。男女結婚自由，如司馬相如之於卓文君；離婚自由，如朱買臣之妻，因貧求去，是也。其時一夫多妻之制盛行，公侯之宮，美女數百，卿士之家，侍妾數十，重男輕女之風亦盛。(丁)喪葬。死喪之禮，至漢代雖非盡違古禮，而亦有變更古禮以爲宜者，例如喪服禮說：『父母之喪，三年不從政』此本周初所規定，漢興尚循此意立法，故大臣有告寧之科，父母死，予寧三年，以終其喪，所以表示與庶人同制。漢代定律，凡士民不爲親行三年之喪者，不得選舉。對於士庶，旣然如此嚴厲，對於大臣亦自不得寬假。自文帝遺詔短喪，以日易月，於是後世習以爲常，大臣無有行三年之喪者，統計兩漢臣僚爲父母服三年之喪者甚少。人民服喪有延期二十年者，陳蕃爲樂安太守，民有趙宣葬親，不閉埏隧，居其中行服二十年，蕃與相見，問及妻子，而妻五子皆墓中所生，蕃怒治其罪，不特服中產子，且產子墓中，拘牽喪禮，費時失事，可謂不良之風習。秦漢厚葬之俗，係沿春秋列國之舊，至引盜賊之發掘，雖帝王陵墓，亦所不免。王帝陵前有石麒麟石辟邪石馬之屬，人臣墓前，有石羊石虎石柱之屬。元帝時貢禹奏言：『武帝時多取好女，至數千人，以塡後宮，及棄天下，昭帝幼弱，霍光專事，不知禮正，藏金錢財物鳥獸魚鱉牛馬虎豹生禽凡百九十物，盡瘞藏之；又皆以後宮女置於園陵，大失禮，逆天心，又未必稱武帝意也。昭帝晏駕，光復行之，至孝宣皇帝時，陛下惡有所言，羣臣亦隨故事，甚可痛也；故使天下承化，衆庶葬埋，皆虛地上以實地下，其過自上生，皆在大臣循故事之辠也。惟陛下深察古道，從其儉者，諸園陵女亡子者，宜悉遣，獨杜陵（宣帝葬杜陵，在今陝西長安縣）宮人數百，誠可哀憐也。』（註九）可知宮庭之厚葬，影響到普通的人民。又人民當未死之前，則有生壙，旣死之後，則有招魂，有挽歌，有行狀，有堪輿相地吉凶，（漢書藝文志有堪輿金匱書十四卷）旣葬之後，有碑文，有墓誌銘，而墓上須種柏作祠堂，祠堂之內，常設影堂。凡諸制作，都緣厚葬而來，最爲風俗之害者，卽相地吉凶之說，二千年來，承其弊而不能解除，古人所謂「葬不擇地」

之旨既失了。(戊)階級。秦代人民號稱黔首，已有階級制度之徵。六國故族，是當時之顯者，為人民所依附；秦滅六國，乃有徙關東諸族之事。漢興，從婁敬計，徙齊諸田，楚昭、屈、景，燕、趙、韓、魏後，及豪傑名家，以實關中，(註十)所謂豪傑名家，是與戰國諸姓之後，同為強族。其後武帝徙豪傑兼併之家於茂陵，宣帝募郡國吏民訾百萬以上徙平陵。這等人都是佔社會上之特殊地位的。奴婢之制，始於古代，漢世因之，視奴婢尤賤。人民遇着飢餓，常自賣為人奴婢，不獨私家，官府亦有之。漢世卓王孫有僮客八百人，程鄭亦數百人，王商有家奴至千人之多，可知富家養奴，並無限制。高祖令人民得賣子。五年下詔：『民以飢餓自賣為人奴婢者，皆免為庶人。』文帝時，免官奴婢為庶人。吳、楚七國反時，其首事者妻子，沒入官為奴婢，武帝建元元年皆赦遣之。董仲舒曾說武帝：『宜去奴婢，除專殺之威。』元帝時，貢禹言：『官奴婢十餘萬，游戲亡事，稅良民以給之，宜免為庶人。』成帝永始四年下詔：『公卿列侯，親屬近臣，多蓄奴婢，被服綺縠，其申敕有司以漸禁之。』哀帝時下詔：『諸侯王列侯公主吏二千石及豪富民，多蓄奴婢，田宅亡限，與民爭利，百姓失職，重困不足，其議限列。(師古註令條列而為限禁)有司條奏：諸侯王奴婢二百人，列侯公主百人，關內侯吏民三十人，年六十以上，十歲以下，不在數中；諸名田畜奴過品者，皆沒入縣官，官奴婢年五十以上，免為庶人。』(註十一)東漢沿襲前制，販賣奴婢如故，光武降詔：『敢炙灼奴婢，論如律。』當時奴婢必有受主人之炙灼，而赴訴無由，然後有此禁律。由上引證各事來看，就知道漢代賣奴蓄奴之盛。漢代奴婢名稱，有家僮、僮使、僮騎、私奴、白衣、(給官府馳走賤人、)庸保、雜作、臧獲、婢妾、奴客、傳婢、僮手、御婢、騎奴，這種種奴隸，可分為兩類，即是私奴和官奴。私奴的來源：(1)是由於邊疆蠻民的掠賣；(2)掠賣內地的良民，使為奴隸；(3)因飢餓，將其子女賣給他人為奴隸；(4)

因特殊事故，將自身賣給他人爲奴婢；（5）豪強強占良民爲奴婢（6）將子女入質，不能贖出，成爲奴婢。官奴的來源：（1）由輕罪的人而來的（2）因重罪被處死刑，其家族沒於官而爲奴婢的（3）人民納私奴於官以贖罪，或以之買官爵，而官府亦有沒收民間私奴的事實。官奴私奴既多，政府就屢屢發布免奴之詔令，有的是全部的解放，有的是局部的解放。（註十二）（己）任俠之風。漢初有田橫之客五百人，皆能表見義俠的精神，他如貫高、田叔、朱家、郭解、灌夫、汲黯、鄭當時、朱雲、樓護、陳遵等，並以重然諾、喜任俠稱於時。東漢義俠之風益盛，杜季良豪俠好義，爲馬文淵（援）所愛重。公孫述曾遣刺客制來歙、岑彭的死命。至若感知遇之恩而制服從厚，則有傅奕、李恂、樂恢、桓典、荀爽諸人，以讓爵爲高，則有韋元成、鄧彪、劉愷、桓郁、丁鴻、郭賀、徐賀諸人。輕生報仇，則有何容、郅惲諸人。可知任俠好氣，成爲當時社會的習尚。（庚）同居之習。漢人以分居爲惡俗，秦時令民有二男以上不分異者，倍其賦。賈誼所謂：『秦人家富子壯則出分，家貧子壯則出贅』，在漢代是不以爲然的。河內、潁川等地人民，好爭訟生分，黃霸、韓延年施政以化其俗。蔡邕與叔父從弟同居，三世不分財，鄉黨高其義。可知漢代以兄弟同居爲上，分居爲惡，成爲社會上普通的觀念。

（二）農業　戰國以後，井田廢止，社會上漸呈貧富不均的現象。中國一般儒者，多說井田的制度，是秦商鞅秉政時代始告崩壞的。史記秦紀所說的商君『開阡陌封疆』，所以必先廢井而後始置阡陌。據三通考載：『井田受之於公，毋得鬻賣，故王制「田里不鬻」。秦開阡陌，遂得賣買，……兼并之患自此起。』自經秦改制之後，受田不必計口，田畝不必歸還，以致形成地主階級，當時占有田畝的人，有下幾種：（1）富民，是自由買賣的結果。（2）武士，丞尉能得甲首一者（俘虜）賞爵一級，益田一頃。(3)官吏，各以爵秩等級名田宅。田畝爲這幾種人所占去，則豪強兼併之事在秦代已經開始了。豪強兼併之事，已經開始，社會上當然有希望爲大地主，以度其愉快安適之生活的。史記稱秦始皇不用王翦之言，而用李信以伐楚，卒至大敗，始皇乃復強起王翦：『王翦行，請美田宅池園甚衆。始皇曰：將軍行矣，何憂貧乎？王曰：爲大王將，有功終不得封侯，故及大王之向臣，以請園池爲子孫業耳。始皇大笑。王翦既至關，使使還請善田者五輩。或曰：將軍之乞貸，亦已甚矣。王翦曰：不然，夫秦王怚而不信人，今空秦國甲士而專委於我，我不多請田宅爲子孫業以自堅，顧令秦王坐而疑我耶。』(註十三)觀此，可以知道秦代的武人，欲挾其勢力以多得良田美地，爲子孫將來造成大地主的準備。地主日多，一方是富連阡陌，一方是貧無立錐，大多數的農民，不是失掉耕地，就是耕地日少，同時受着政府和地主的剝削。漢書食貨志稱『至於始皇，遂幷天下，內興工作，外攘夷狄，收泰半之賦，發閭左之戍，男子力耕，不足糧饟，女子紡績，不足衣服，竭天下之資財以奉其政，猶未足以澹其欲也。』(註十四)秦代農業政策之不良，所以影響到一般的貧農，起來暴動，陳勝、吳廣，原爲一雇農，首起發難，秦代政權，因而瓦解。漢代耕地問題，成爲最重要的問題，許多的耕地，集中於商人地主豪族富族中，章太炎檢論通法篇引崔寔政論之言有說：『漢承秦敝，尊獎兼併，上家累巨萬，厥地侔封君。』文帝時鼂錯說文帝說：『今農夫五口之家，服役者不下二人，能耕者不過百畝，百畝之收，不過百擔，春耕夏耘，秋收冬藏，伐薪樵，治官府，給徭役，四時之間，無日休息；又私之送往迎來，弔死問疾，養孤長幼在其中，勤苦如此，尚復水旱之災，急政暴賦，賦斂不時，朝令而暮改，如是有賣田宅，鬻子孫，以償債者。』漢武帝時的田蚡，治宅甲諸第，田園極膏腴；與蚡同時之灌夫，陂池田園，家累數千萬；成帝時的張禹，多買田至四百頃。武帝時董仲舒曾有限田之建議：『古者民不過什一，其求易供，使民不過三日，其力易足。民財，內足以養老盡孝，外足以事其稅，下足以畜妻子極愛，故民說從上。至秦則不然，用商鞅之法，改帝王之制，除井田，民得買賣，富者田連阡陌，貧者亡立錐之地。又顓川澤之利，管山林之饒，荒淫越制，踰侈以相高，邑有人君之尊，里有公侯之富，小民安得不困？』宋胡致堂說：『董仲舒欲以限田，漸復古制，其意甚美，而終不能行者，以人主自爲兼併，無異於秦也。』（註十五）兼併日甚，所以主張限民名田，名田是甚麼？據顏師古註：『名田，占田也，各爲立限，不使富者過制，則貧弱之家可足矣。』（註十六）此種辦法，實爲應時而生之制度。至哀帝時，師丹輔政，嘗建議說：『古之帝王，莫不設井田，然後治乃可平。孝文皇帝，承亡周亂秦兵革之後，天下空虛，故務勸農桑，帥以節儉，民始充實，未有兼併之害，故不以奴隸及民田爲限。今累世承平，豪富吏民貲數鉅萬，而貧弱愈困。蓋君子爲政，貴因循而重改革，然所以有爲者，將以救急也，亦未可詳，宜略爲限。』哀帝將這種建議，下諸廷尉，於是丞相孔光，大司徒何武奏請：『諸侯王列侯，皆得名田國中，列侯在長安，公主名田縣道，及關內侯吏民名田，皆勿過三十頃。』名田至三十頃之多，這種限田的辦法，也不是徹底的。（註十七）王莽代漢，銳志復古，欲圖根本救濟，遂提倡王田之制，下令國中說：『古者設廬井百家，一夫一婦田百畝，什一而稅，則國給民富而頌聲作。此唐虞之道，三代所遵行也。秦爲無道，厚賦稅以自供奉，罷民力以極欲，壞聖制，廢井田，是以兼併起，貪鄙生，強者規田以千數，弱者曾無立錐之居；……漢氏減輕田稅，三十而稅一，常有更賦，罷癃咸出，（雖老病者，皆復出口算）而豪民侵陵，分田劫假；厥名三十稅一，實稅什五也。父子夫婦，終年耕耘，所得不足以自存；故富者犬馬餘菽粟，驕而爲邪；貧者不厭糟糠，窮而爲姦，俱陷於辜，刑用不錯。予前在大麓始令天下公田口井，時則有嘉禾之祥，遭反虜逆賊且止。今更名天下田曰王田，奴婢曰私屬，皆不得買賣。其男口不盈八，而田過一井者，分餘田予九族鄰里鄉黨。故無田，今當受田者，如制度。敢有非井田聖制，無法惑衆者，投諸四裔，以禦魑魅，如皇祖考虞帝故事。』（註十八）王莽之王田制，未幾即敗，有下列三種原因：（甲）民可因循，難以更始。王田制行，中郎區博諫莽說：『井田雖聖王法，其廢久矣。周道既衰而民不從，秦知順民之心，可以獲大利也，故滅廬井而置阡陌，遂王諸夏，迄今海內未厭其弊。今欲違民心，追復千載絕迹，雖堯舜復起，而無百年之漸，弗能行也。天下初定，萬民新附，誠未可施行。』（註十九）莽知民怨，乃下令：『諸名食王田者，皆得賣之，勿拘以法，犯私買賣庶人者且一切勿治。』（乙）王田之制，爲豪族富族所深厭。王田之制，是不利於地主的，當然爲地主所反對，隗囂曾傳檄討莽，斥其『田爲王田，賣買不得。』其他之爲地主張目者，亦多反莽。（丙）奉行不善。奉行此制的官吏，常恐愒良民，各以官職爲姦，受取賕賂以自供給。有此三因，至均貧富之王田制度，非但富者未必歡迎，貧者亦感痛苦。莽初行王田制度時，曾申令：『不從王田制度者，殺無赦。』至此遂翻然改圖『聽王田得賣買，復三十稅一。』然亦難挽救王莽的敗亡。

後漢之時，荀悅又提倡限田的論調。他說：『古者什一而稅，以爲天下之中正。今漢氏或百一而稅，可謂鮮矣；然豪強人佔田逾侈，輸其賦大半，官家之惠優於三代，豪強之暴酷於亡秦，是上惠不通，威福分於豪強也。文帝不正其本而務除租稅，適足以資豪強也。且夫井田之制，不宜於人衆之時，田廣人寡，苟爲可也，然欲廢之於寡，立之於衆，土地布列在豪強，卒而革之，並有怨心，則生紛亂，制度難行。由是觀之，若高祖初定天下，光武中興之後，人衆稀少，立之易矣。既未悉備井田之法，宜以口數占田，爲之立限，人得耕種，不得賣買，以贍貧弱，以防兼并，且爲制度張本，不亦善乎？』(註二十)後漢（東漢）仍是繼續着土地的兼併，號稱恢廓大度的光武帝，亦不能自屏於土地私租之奉。後漢書稱建武十八年，使中郎將耿遵治皇祖廟舊廬稻田。(註二十一)其時攀龍之徒侵占吏兒，史稱：『孝明皇帝以皇子立爲東海公時天下墾田皆不實，詔下州郡檢覈百姓嗟怨……世祖見陳留吏牘上有書云：潁川、宏農可問，河南、南陽不可問。因詰吏，吏抵言於長壽街得之。世祖怒，時帝在幄後曰：吏受郡策，欲以墾田相方耳。世祖曰：即如此，何故言河南、南陽不可問？對曰：河南帝城多近臣，南陽帝鄉多近親，田宅踰制，不可爲問。世祖令虎賁詰問，乃首服，如帝言。』(註二十二)據此上自皇族，下至官吏，皆以兼併爲務。其餘鄉曲富豪之兼併者，其勢亦猛烈。後漢書樊宏傳：『樊宏，字靡卿，南陽湖陽人也。……其管理產業，物無所棄，課役童隸，各得其宜，故能上下戮力，財利歲倍，至乃開廣田土三百餘頃。其所起廬舍，皆有重堂高閣，陂渠灌注。』(註二十三)有田土三百餘頃，一頃計一百畝，則有三萬畝，有了三萬畝的地主，氣象之盛可知。桓君山在光武時疏陳時政，有說：『富豪之徒，中家子弟爲之保役，趨走與臣僕等勤，收稅與封君比入，是以衆人慕效，不耕而食。』仲長統亦說：『井田之變，豪人貨殖……榮樂過於封君，勢力侔於守令。』由此可知後漢地主的富厚。

漢代對於農業政策，是注意的。文帝時嘗躬耕以勸百姓，嘗下詔說：『夫農天下之本也，其開籍田，朕親率耕，以給宗廟粢盛。』又詔：『農天下之大本也，民所恃以生也，而民或不務本而事末，故生不遂，朕憂其然，故今茲親率羣臣農以勸之，其賜天下民今年田租之半。』十二年下詔：『道民之路，在於務本，朕親率天下農，十年於今，而野不加辟，歲一不登，民有飢色，吾詔書數下，歲勸民種樹，而功未興，是吏奉吾詔不勤，而勸民不明也；其賜農民今年租稅之生』又曰：『力田，爲生之本也，其以戶口率置孝弟力田常員，令各率其意以道民焉』。(註二十四)鼂錯上書文帝說：『方今之務，莫若使民務農而已矣，欲民務農，在於貴粟，貴粟之道，在於使民以粟爲賞罰，今募天下入粟縣官，得以拜爵，得以除罪，如此富人有爵，農民有錢，粟有所渫，夫能入粟以受爵，皆有餘者也取於有餘以供上用，則貧民之賦可損，所謂損有餘，補不足，令出而民利者也。』(註二十五)以貴粟之法，勸民務農；以入粟之法，爵賞富農；用意可謂無微不至了。景帝時注意到蓄積以備災害，二年下詔說：『雕文刻鏤，傷農事者也；錦繡纂組，害女紅者也。農事傷，則飢之本也；女紅害，則寒之原也。夫飢寒並至而能亡爲非者，寡矣。朕親耕，后親桑，以奉宗廟粢盛祭服，爲天下先，不受獻，減太官，省繇賦，欲天下務農蠶，素有畜積以備災害。』又注意到種樹，三年下詔說：『農天下之本也，黃金珠玉，饑不可食，寒不可衣，以爲幣用，不識其終始，間歲或不登，意爲末者衆，農民寡也。其令郡國務勸農桑，益種樹，可得衣食物。』(註二十六)武帝時獎勵人民種麥，董仲舒說上說：『春秋它穀不書，至於麥禾不成，則書之；今關中之俗，不好種麥，願詔大司農，使關中民益種宿麥，令毋後時。』(註二十七)武帝末年行代田之制，所謂代田，是以一畝之地，分而爲三，歲易其處種之，用力少而得穀多，此爲我國最早之農業經濟政策。漢書食貨志：『武帝末年，以趙過爲搜粟都尉。過爲代田，一畝三甽，歲代處，故曰代田，古法也。……過使教田太常三輔，率多人者田日三十畮，少者十三畮，以故田多墾闢。過試以離宮卒田其宮壖地，課得穀皆多，其旁地畮一斛以上，令命家田三輔公田，又教邊郡及居延城。是後，邊城河東、弘農、三輔太常民，皆便代田。』代田之制，是用力少而得穀多的。(註二十八)元帝時，禁止不良之吏妨害農事，建昭五年下詔說：『方春農桑興，百姓戮力自盡之時也，故是月勞農勸民，無使後時，今不良之吏，覆按小罪，徵召證案，與不急之事，以妨百姓，使失一時之作，亡終歲之功，公卿其明察申敕之。』（註二十九）成帝嘗東作時，令二千石勉勸農桑，出入阡陌，致勞來之。平帝於元始元年，置大司農部丞十三人，部一州，勸課農桑。漢代循吏中，如龔遂爲勃海太守，見齊俗奢侈，好末技，不田作，乃勸民務農桑，令口種一樹榆，百本薤，五十本葱，一畦韭，家二母彘，五雞，使民賣劍買牛，賣刀買犢，郡中皆有積蓄，吏民富實。召信臣守南陽，躬耕勸農，出入阡陌，時行視郡中水泉，開通溝瀆，起水門提閼，凡數十處，以廣灌溉，多至三萬頃；爲民作均水約束，刻石立田畔，郡中莫不耕稼力田，戶口增多。（註三十）漢代注重水利，爲國家農業經濟政策之要端。武帝時，鄭當時爲大農奏稱：『異時關東漕粟，從渭中止，度六月而罷，而漕水道九百餘里，時有難處，引渭穿渠，起長安並南山下，至河三百餘里，徑易，漕度可令三月罷，而渠下民田萬餘頃，又可得以溉田，此損漕省卒，而益肥關中之地，得穀，上以爲然，令齊人水工徐伯表，悉發卒數萬人，穿漕渠，三歲而通，通以漕大便利，其後漕稍多，而渠下之民，頗得以溉田矣。』（註三十一）武帝元鼎六年，兒寬爲左內史，請鑿六輔渠，益溉鄭國傍高卬之田。太始二年，趙中大夫白公，復奏穿渠引涇水，首起谷口，尾入櫟陽，注渭中，廣二百里，溉田四千五百頃。劉向以故九卿，召拜爲中郎，領護三輔都水。由此可以知道漢代如何注重水利事業。

漢代始行屯田之制，因疆域遼闊，邊境多事，軍師屢動，召募日廣，有長戍之兵，須增養兵之費，故移駐屯之兵，而興務農開墾之實。武帝元鼎六年，初置張掖、酒泉郡（在今甘肅，）而上郡、朔方、西河、河西（在今陝西綏遠寧夏等地，）開田官，斥塞卒六十萬人戍田。又置校尉屯田渠犂（在今新疆，）其後桑宏羊請屯田輪臺（在渠犂之西，今新疆地。）昭帝時，又屯田張掖郡及輪臺、車師、烏孫、休循、遼東。宣帝遣使屯田渠犂、車師等地，置都護，以屯田校尉屬之，而以趙充國屯田金城（在今甘肅）以破羌爲最有名。光武中興，海內蕭條，分遣諸將屯田內地，藉資糧儲。建武四年，劉隆討李憲，憲平，遣隆屯田武當。馬援以三輔地曠土沃，乃上書求屯田上林苑中，許之。六年，王霸屯田新安，夏李通破公孫述於西域，還屯田順陽。八年，王霸屯田函谷關，張純將兵屯田南陽。明帝永平十六年，北伐匈奴，取伊吾地，置宜禾都尉以屯田，遂通西域。順帝陽嘉元年，以湟中地廣，增置屯田五部，並爲十部。傅燮爲漢陽太守，廣開屯田，列置四千餘營。（註三十二）屯田之盛，可以想見。

漢代注重移民政策，以發展農業：（甲）移民就寬鄉。人多地少，無田可耕，不能不徙狹鄉之農民至寬鄉，以求得耕地。景帝元年下詔『間者歲比不登，民多乏食，夭絕天年，朕甚痛之。郡國或磽陿無所農桑繫畜，或地饒廣，薦草莽水泉利，而不得徙。其議民欲徙寬大地者聽之。』（註三十三）章帝元和元年，詔令郡國募人無田欲他界就肥饒者聽之，到所在賜給公田。桓帝時，崔寔謂：『今宜遵故事，徙貧人不能自業者於寬地。』獎勵人民由狹鄉徙寬鄉之舉，漢代不止一次。（乙）移民實邊。移民實邊，可以減輕內地人口之壓迫，且可藉此以開墾邊疆荒地。文帝十一年，募民耕塞下，開移民實邊之端。鼂錯論移民實邊，曾上書說：『令遠方之卒守塞，一歲而更，不知胡人之能，不如選常居者，家室田作，且以備之。』又說『臣聞古之徙遠方以實廣虛也，相其陰陽之和，嘗其水泉之味，審其土地之宜，觀其草木之饒，然後營邑立城，製里割宅，通田作之道，正阡陌之界。……種樹畜長，室屋完安，此所以使民樂其處，而有長居之心也。』（註三十四）武帝元鼎六年，分武威、酒泉地，置張掖、燉煌郡，徙民以實之。後漢光武帝建武十五年，徙雁門、代郡、上谷吏人六萬口，置常山關、居庸關以東。其後明帝、章帝、和帝、桓帝時，嘗募罪徒戍邊。漢代移民實邊政策，一方是注

意開墾荒地，一方是注意防備邊疆。(註三十五)

漢代不但注重移民政策，且注重救濟貧農政策。漢每以郡國公田假與貧民，振濟困乏。高祖二年，故秦苑囿園池，令民得田之。武帝建元元年，罷苑馬以賜貧民。(師古註，養馬之苑，禁百姓芻牧，今罷之。)昭帝元鳳三年，罷中牟苑賦貧民。宣帝地節元年，假郡國貧民田；三年，詔池籞未御幸者，假與貧民；又令流民還歸者，假公田，貸種食。元帝初元元年，以三輔太常郡國公田及苑可省者，振業貧民，江海陂湖園池屬少府者，以假貧民，勿租賦；永光元年，令民各務農畝，無田者假之。哀帝建平元年，太皇太后詔外家王氏田非冢塋，皆以賦貧民。後漢明帝永平九年，詔郡國以公田賜貧人各有差；十三年汴渠成，詔以濱渠下田，賦與貧人，無令豪右得固其利。章帝建初元年，詔以上林池籞賦與貧人；元和三年，令常山、魏郡、清河、鉅鹿、平原、東平郡太守，將未有墾闢的肥田，賜與貧民，給與糧種。安帝永初元年，以廣城游獵地及被災郡國公田，假與貧民；永初二年，悉以公田賦與貧人。(註三十六)兼併日甚，致貧民困乏，未有田可耕，國家假與公田，藉以救濟，亦是一時的良法。

漢代不但注重救濟貧農政策，且注重備荒政策。秦漢之際，兵爭連年，民失作業而大飢饉。漢高祖二年，米石騰貴，人相啖食，死者過半；高祖乃令民得賣子，就食蜀漢；天下既定，乃漕轉關東粟，以資救濟。文帝時賈誼上疏說：『漢之為漢，幾四十年矣，公私之積，猶可哀痛，失時不雨，民且狼顧，歲惡不入，且賣爵子，既聞耳矣：安有為天下阽危者若是而上不驚者。……夫積貯者，天下之大命也；苟粟多而財有餘，何為而不成；以攻則取，以守則固，以戰則勝，懷敵附遠，何招而不至。』(註三十七)觀賈誼之言，知道當時實少蓄積，所以賈誼極力提倡。至武帝時有水災的禍害，關東郡國多飢荒，遂注意到備荒，太倉之粟，致腐敗不可食。宣帝卽位後，歲數豐收，常平倉制，應運而興。食貨志載：『宣帝卽位，穀至石五錢，時大司農中丞耿壽昌奏言故事歲漕關東穀四百萬斛，以給京師，用卒六萬人，宜糴三輔、宏農、河東、上黨、太原郡穀，足供京師，可以省關東漕卒過半。蕭望之奏壽昌未足任，上不聽，事果便。壽昌遂白令邊郡皆築倉，以穀賤時，增其價而糴，以利農，貴時減價而糶，名曰常平倉，民便之。』（註三十八）及元帝卽位，天下大水，關東郡尤甚。二年，齊地飢荒，民多餓死，琅琊郡人民相食，在位諸儒多言鹽鐵官及比假田官常平倉可罷，上從其議，罷之。常平倉廢後，不復置。王莽時，穀價騰貴，人民飢死者什之七八。後漢明帝卽位，至永平五年，作常滿倉，立粟市於城東，粟每斛值錢二十，府庫環積。安帝之世，天下水旱，人民相食，遂令吏民入錢穀，得爲關內侯，以供救濟之費。獻帝興平元年，三輔大旱，穀一斗錢五十萬，豆麥一斛錢二十萬，人相啖食，帝使侍御史侯汶出太倉粟豆，爲饑人作饘粥。由上引述而觀，漢代是注重備荒政策的。

漢代雖然是注重救濟貧農政策和備荒政策，但不是徹底的，不是普遍的（如常平倉可罷廢）所以許多在飢餓線上的貧農，仍然沒有方法維持生計，不能不走到暴亂之路。當王莽時，遍地發生農民暴動，五原地方數千貧農，被飢寒所迫作盜；臨淮、琅琊（今安徽省）及荆州、綠林（綠林山名，和荆州皆在今湖北西部）暴起的農民，有幾萬人。以後遍地紛起的，有銅馬、大彤、高湖、重連、鐵脛、大搶、尤來、上江、青犢、五校、檀香、五幡、五樓、富平、獲索等大股，共百餘萬人，赤眉是其中最大的一部分；除赤眉外，有黃巾之亂。當東漢靈帝時，因官廳之追捕，遂暴動起來，各處響應，攻破許多大的城市，殺戮政府的大吏，後雖鎮壓下去，但還有其他許多的大股農民，因失掉耕地，無以維持生計，而

走入於盜賊暴動的隊伍中。(註三十九)

(三)稅制　秦代徵稅之苛過於古代，收民之賦，至於泰半，三分取二，不以爲重；三代舊制，均因地而稅，秦時乃舍地而稅人，於是民生困敝，海內交怨，而帝祚遂傾覆。漢代的賦稅，可以分下幾種：(甲)田賦。漢世鑒秦苛稅之弊，深知農民的痛苦，乃減其稅率，只徵十五分之一。漢書食貨志說：『上於是約法省禁，輕田租，十五而稅一，量吏祿，度官用，以賦於民，而山川園池市肆租稅之入，自天子以至封君湯沐邑，皆各自爲私奉養，不領於天子之經費。』高祖輕田租十五稅一，不久廢棄，至惠帝復減田租，十五稅一。文帝十三年，除民之田租，下詔說：『農，天下之本，務莫大焉。今勤身從事而有租稅之賦，是謂本末無以異也。其於勸農之道未備，其除田之租稅。』(註四十)自此次免租之詔令以後，直到景帝即位以前，人民不納田租者有十三年之久。景帝二年，下詔令民出田租，三十而稅一。昭帝始元六年，令民得以律占租。(武帝時賦斂繁多，律外而取，至是始復舊。)後漢建初三年，以穀貴用尚書張林之言，盡封錢，取布帛爲租。桓帝延熹八年，乃於常賦之外，每畝徵十錢。靈帝中平二年，又稅天下田畝十錢。這都是額外的苛稅。就大體上說來，漢朝田賦總是以三十稅一爲普通。(註四十一)(乙)算賦。算賦是人口稅，人民從十五歲起，至五十六歲止，每人每年出錢百二十文，謂之一算，以治庫兵車馬。惟賈人及奴婢出二算。其事起於高帝四年。(註四十二)又有七歲到十四歲出的，每人二十錢，以食天子，謂之口賦。惠帝六年，女子年十五以上至三十不嫁者五算。文帝定民賦四十，減輕三分一。武帝建元元年，詔民年八十復二口之算。宣帝甘露二年，減民算三十。元帝時，貢禹奏請民年二十乃算，他說：『古民亡賦算口錢，起武帝征伐四夷，重賦於民，民產子三歲則出口錢，故民重困，至於生子輒殺，甚可悲痛。宜令兒七歲去齒，乃出口錢，年二十乃算。……天子下其議，令民產子七歲去齒，乃出口錢，自此始。』（註四十三）成帝建始二年，減天下賦錢，算四十。（注：本算百二十，今減四十，為八十。）口錢是未成丁的人口稅，是於算賦之外，另行徵收的。民產子三歲，要出口錢，可見賦稅之重了。（丙）更賦。秦用商鞅之法，人民每月服役於郡縣，號為更卒；又服役於中都官，號正卒；一歲屯戍，一歲力役，三十倍於古。漢興，因循未改，民年二十而任徭役，至五十六而免，是為力役之征。其力役有卒更、踐更、過更諸種。昭帝紀如淳注：『更有三品：有卒更，有踐更，有過更。古者正卒無常，人皆更迭為之，一月一更，是謂卒更也。貧者欲得顧更錢者，次直者出錢顧之，月二千，是謂踐更也。天下人皆直戍邊三日，亦名為更，律所謂繇戍也。雖丞相子，亦在戍邊之調，不可人人自行三日戍，又行者當自戍三日，不可往便還，因便往一歲一更，諸不行者，出錢三百入官，官以給戍者，是謂過更也。』（註四十四）卒更，是指人民當服的兵役；踐更，是人民出錢僱人以代兵役；過更，是人民出錢代戍役，都是一種變相的納稅辦法。（丁）戶賦。秦漢之制，列侯封君食租稅，歲率戶二百，千戶之君，則二十萬，朝覲聘享出其中。漢代凡封建侯王食邑，俱以若干戶為率，每戶歲賦率二百，但是否由封君自行徵收？抑由田租算賦中按戶的比例扣除？不可得而知。（戊）雜稅。漢代之雜稅，可以分為幾種：（1）商稅。史記平準書說：『高祖乃令賈人不得衣絲乘車，重租稅以困辱之。』可見當時商賈有稅，而且稅很重。景帝時訾萬錢算百二十七。武帝元光六年，初算商車，商賈人船車二算，船五丈以上一算。武帝元狩四年，初算緡錢。漢書食貨志說：『商賈以幣之變，多積貨逐利，於是公卿言：商賈滋衆，貧者畜積無有，仰縣官，異時算軺車賈人緡錢有差，請算如故。諸賈人末作，貰貸賣買，居邑貯積諸物，及商以取利者，雖無市籍，各以其物自占，率緡錢二千而算一。諸作有租及鑄，（如淳註：以手力所作而賣之，）率緡錢四千而一算。匿不自占，占不悉，戍邊一歲，沒入緡錢，有能告者，以其半畀之。』（註四十五）(2)六畜稅。武帝時租及六畜。昭帝元鳳二年令郡國無斂今年馬口錢。翟方進請算馬牛羊（本傳張晏註馬牛羊頭數出稅算千輸二十。）(3)榷酤。榷酤是由公家專利以酤酒；漢朝初年有酒酤之禁，依律三人以上無故群飲者，罰金四兩。昭帝始元六年，令民得以律占租賣酒，每升四錢；至王莽時，始行官釀官賣的制度。(4)鹽鐵。鹽鐵之利，與自漢初，文獻通考說：『漢高祖接秦之敝，量利祿度官用，以賦於民，而山川園池市肆租稅之入，自天子至於封君湯沐邑，皆各自為奉養。不領於天下之經費。秦賦鹽鐵之利，二十倍於古，漢興循而未改。』（註四十六）食貨志載：『武帝元鼎六年，拜卜式為御史大夫，式既在位，見郡國多不便縣官作鹽鐵，器苦惡，賈貴，或彊令民買之，因孔僅言事，上不說，漢連出兵三歲，費仰大農，以均輸調鹽鐵助賦，故能澹之。』又說：『元封元年，桑宏羊為治粟都尉，領大農，盡代僅斡天下鹽鐵，酒請置大農部丞數十人，分部主郡國，各往往置均輸鹽鐵官，』可見鹽鐵為當時收入的大宗。此外尚有雜稅，如軍市租，市租，籍稾稅，海租。漢代為收稅之故，中央在各地設鹽鐵諸官。凡郡縣出鹽多者置鹽官，主鹽稅；出鐵多者置鐵官，主鼓鑄；有工多者置宮官，主工稅物；有水池及魚利多者置水官，主平水，收漁稅。（註四十七）

(四)商業　秦始皇徙各國豪富於咸陽，共十二萬戶，以振關中的商業。史記稱：關中富商盡諸田，田嗇田蘭，皆當時富商，他們由臨淄而遷咸陽，都是在通都大邑。若卓氏、程、鄭、孔氏者，或居邊地或處腹地，亦以實業世其家。至漢代商業，更加發展，所以太史公說：『漢興海內為一，開關梁，弛山澤之禁，是以富商大賈周流天下，交易之物莫不通，得其所欲。』（註四十八）因為富商大賈周流天下，所以漢代的商業很發達，商業發達，商人階級的勢力日益發展，因出，高祖令賈人不得衣絲乘車加重租稅以困辱之。其後市井之子孫，不得仕宦爲吏其最酷者爲市籍，凡商人一入市籍，政府每以嚴法加之。考漢初刑律謫戍於邊者七科，而商人占其四。（吏有罪亡命贅壻賈人故有市籍父母有市籍大父母有市籍）賈人之權利不得等於農民而從軍之義務則視他人爲重，其挫抑商賈可以見了。

漢初雖然是厲行賤商政策，但是對於國富並沒有危害的影響，至武帝時，對於商業是不取賤商政策的，而商賈反得爲高官商人的地位不同前時了，漢書所謂『縣官大空而富商賈或墆財役貧轉轂百數廢居居邑，封君皆氐首仰給焉』可以看見當時商人的富有情況。漢代工商業的大都會，大概是沿襲戰國和秦代以來之舊制的；其中如關中、三河、巴蜀、溫軹、邯鄲、洛陽、臨淄、巨野、江陵、吳、壽春、合肥、番禺、潁川、南陽之屬，在當時尤爲著名。

西漢末年，王莽時關於商業政策者如下：（甲）五均之制。王莽以周官泉府樂語五均爲藉口，在長安分東西市，五都爲中與東西南北之稱。司市以外並置交易丞五人錢市丞一人。司市以四時仲月定物之價爲其市平，民物不售者，用其平價取之；民欲賒貸者，錢府與之；萬物昂貴，則以平價賣與民；其價低賤減平者，聽民自相爲市。（註四十九）

- 長安五都之市
  - 長安東西市
    - 東市稱京
    - 西市稱畿
  - 五都
    - 洛陽
    - 邯鄲
    - 臨淄
    - 宛
    - 成都
  - 洛陽稱中餘四都各用東西南北爲稱
    - 司市師
    - 交易丞五人
    - 錢市丞一人

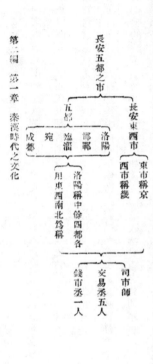

五均之市，設司市師一人，總其成，外設交易丞五人，錢府丞一人，各司交易出納之事。其司市師之在長安東西市者，則各以市令充之，而在五都者，則各以市長充之。(乙)六筦之令　王莽設六筦之令：鹽、酒、鐵、名山大川、均賒貸、銅冶。用富賈督之，乘機求利，人民愈病，復下詔每一筦申明科禁，犯者罪至死。

東漢自光武承大亂之後，中經明、章兩帝，政教昌明，商業觀念，視西漢爲變遷。東漢對於商業，雖無獎勵的明文，但沒有抑壓的政策。當時著名顯貴中如第五倫之販鹽，樊重之貨殖，不獨不以經商爲可恥之賤業，而且往來販鹽於太原、上黨，或治產置廬，或輻輳成市。仲長統稱：『豪人之室，連珠數百，膏田滿野，奴婢千羣，徒附萬計，船車賈販，周於四方。』可以推知當時商業的盛況。不過到了東漢末年，自經董卓之亂，天下奇荒，百物昂貴，尤以關中荒涼爲甚。其時穀類價格高漲，至於每石值錢五十餘萬，而豆類價格高漲，至每石值錢二十萬，眞是駭人聽聞。(註五十)曹操時，設法將鹽復行收歸國有，依舊置使者監賣，以所得羨餘，買耕牛以給百姓之流亡者，使他們從事耕種，這可說是一種利民的政策。

漢代之均輸法，是國家經營商業的一種政策，均輸是平均輸送，換句說：甲地之食料(或其他貨物)過剩，價格低廉，政府即照價收買貯藏之，若遇乙地缺乏食料時，即運輸該地出售，因此兩地食物可以調節，兩地物價可以保持平衡狀態，而政府可以得不少贏利，是也。據史記平準書集解引孟康之說：『謂諸當所輸於官者，皆令輸其土地所饒，平其所在時價，官更於他處賣之，輸者既便而官有利。』平準書記其事說：『桑宏羊爲大農丞，筦諸會計事，稍稍置均輸以通貨。』(註五十一)至均輸施行後，影響於社會經濟者如何？可於在鹽鐵論知之。本議篇說：『隴、蜀之丹漆旄羽，荊、揚之皮革骨象，江南之柟梓竹箭，燕、齊之魚鹽旃裘，兗、豫之漆絲絺紵，養生送死之具也，待商而通，待工而成。故聖人作爲舟楫以通川谷，服牛駕馬以達陵陸，致遠窮深，所以交庶物而便百姓。是以先帝開均輸以足民財，罷之不便也。』力耕篇說：『今山澤之財，均輸之藏，所以御輕重而役諸侯也；汝、漢之金，纖微之貢，所以誘外國而釣羌胡之寶也。夫中國一端之縵，得匈奴累金之物，而損敵國之用；是以贏驢馲駞，銜尾入塞，驒騱騵馬，盡爲我畜，驒鼦狐貉，采旃文罽，充於內府，而璧玉珊瑚瑠璃，咸爲國之寶。是以外國之物內流，而利不外泄也。異物內流，則國用饒；利不外洩，則民用給矣。』據此，可以知道施行均輸法，可發展國內商業，且可經營國外貿易。

西漢時代，爲國外商業開始的時代。當時之所謂國外，與今不同。當時之所謂匈奴，即今之內外蒙古；所謂朝鮮，其大部分即今之奉天；所謂南越，其大部分即今之兩廣；所謂西南夷，其大部分即今之四川、雲、貴；所謂西域，其大部分，即今之新疆。對於南越，有馬牛羊金鐵田器之貿易；對於西南夷及西域，亦各有適宜之交易品。輸入之品，以大宛之天馬，條支之大鳥爲最著；輸出之品，以邛竹杖、蜀布爲最著。到了東漢，除和匈奴、北單于通關市之外，更和烏桓、鮮卑通交易。至東羅馬帝國(Roman (Orient))和中國發生的貿易關係，是間接不是直接，是由安息人爲居間者；及羅馬破安息，兩方得舉行直接貿易。由中國以輸出羅馬的商品，以生絲、繒絹之屬爲大宗；由羅馬以輸入於中國者，以珠、玉、香料等類爲大宗。

(五)幣制　秦兼倂天下後，定幣爲二等，食貨志載：『秦幷天下，幣爲二等：黃金以溢名，爲上幣；銅錢質如周錢，文曰半兩，重如其文。而珠玉龜貝銀錫之屬爲器飾寶藏，不爲幣，然各隨時而輕重無常。漢興，以爲秦錢重難用，更令民鑄莢錢，黃金一斤，而不軌逐利之民，蓄積餘贏以稽市物，痛騰躍，米至石萬錢，馬至匹百金。』(註五十二)漢朝通用的貨幣，是金和銅兩種。漢高祖時，以秦錢重難用，改鑄莢錢，其錢過輕，所以不便於用。呂后二年，(西紀元前一八六年)覺莢錢太輕，又鑄造八銖錢；六年因行莢錢，私鑄大起，以致莢錢益增，其重量益減。文帝五年，改鑄為四銖錢，同時撤銷盜鑄錢令，使人民自由鑄造。其時文帝賜鄧通以蜀之嚴道銅山，許其鑄錢，鄧通以鑄錢而貲雄淩王，又吳王濞在豫章之銅山，招天下亡命之民而鑄錢，富裕等於天子，吳鄧所鑄之錢，形式重量均照漢制，流通全國。(註五十三)賈山曾上書諫說：『錢者，無用器也，而可以易富貴，富貴者，人主之操柄也，令民為之，是與人主共操柄，不可長也。』(註五十四)文帝從其言，復禁鑄錢。景帝六年，更定鑄錢，及偽黃金棄市之律。武帝建元元年，將四銖錢，改鑄為三銖錢；五年，罷三銖錢，行半兩錢；同年又廢半兩錢，改鑄為三銖錢，將盜鑄諸金錢者，處以死刑；後又使郡國鑄造五銖錢，可是因為郡國鑄錢以來，鑄造所甚多，而形式重量不劃一，人民之盜鑄愈多。漢書食貨志說：『自孝文更造四銖錢，至是歲(元狩四年)四十餘年，自建元以來，用少，縣官往往即多銅山而鑄錢，民亦盜鑄不可勝數，錢益多而輕，物益少而貴，有司言曰：古者皮幣，諸侯以聘享，金有三等，黃金為上，白金為中，赤金為下。今半兩錢法重四銖，而姦或盜摩錢質而取鋊，錢益輕薄而物貴，則遠方用幣煩費不省，乃以白鹿皮方尺，緣以繢，為皮幣，直四十萬，王侯宗室朝覲聘享，必以皮幣薦璧，然後得行。又造銀錫白金，以為天用莫如龍，地用莫如馬，人用莫如龜，故白金三品：其一曰重八兩，圜之，其文龍，名白撰，直三千。二曰以重差小，方之，其文馬，直五百。三曰復小，橢之，其文龜，直三百。令縣官銷半兩錢，更鑄三銖錢，重如其文。盜鑄諸金錢罪皆死，而吏民之犯者，不可勝數。』此時幣制可算一大改革，第一於金銅之外，採用銀、錫、白金等爲幣，爲後世用銀爲主幣之濫觴；第二創皮幣之制，爲後世寶鈔、關子、鈔票之濫觴；在貨幣史上是值得注意的。武帝元鼎二年，依公卿之請，在京師鑄造鍾官赤仄，（註五十五）以新錢一枚，當普通五銖錢五枚，對於租稅及出納，非赤仄錢，不得使用，其後赤仄錢賤，民巧法用之，不便，又廢。元鼎四年，完全禁止郡國鑄錢，專令上林三官（均輸、鍾官、辨銅三官）鑄造，將以前諸郡國所鑄之錢，一概廢銷；其銅移交於三官，此後盜鑄大減。自武帝元狩五年三官初鑄五銖錢，至平帝元始中，成錢二百八十億萬餘。

當時錢之比價甚高，故爲用甚大，文獻通考引石林葉氏之說：『漢書王嘉傳：「元帝時，都內錢四十萬萬，水衡錢一十五萬萬，少府錢十八萬萬，」言其多也，以今計之，纔八百三十萬貫耳，不足以當権貨務盛時一歲之入。蓋漢時錢極重而幣輕，穀價甚賤，時至斛五錢，故嘉言「是時外戚貲千萬者少，」正使有千萬，亦是今一萬貫，中下戶皆有之。漢律丞相、大司馬、大將軍月俸六萬，乃今六十貫，御史大夫四萬，而大將軍米月三百五十斛，下至佐史秩百石，猶月八斛有奇。其賜臣下黃金每百斤，二百斤，少亦三十斤，雖燕王劉澤以諸侯賜田生金，亦二百斤，梁孝王死，有金四十餘萬斤。幣輕故米賤金多。近世患國用不足，以爲錢少，故「夾錫」「當十」等交具，卒未嘗有補，蓋錢之多寡，係幣之輕重，不在鼓鑄廣狹也。』據葉氏之說，以爲錢雖少，但是錢的價值高，用處就覺得大了。

漢朝的幣制，到王莽時代，又一改變。王莽攝政，改革漢制，倣周錢子母相權之法，鑄造大錢及契刀、錯刀，與五銖錢並行。大錢，徑一寸二分，重十二銖，鑄大錢五十之文字；契刀、長二寸，其形如刀，有環如大錢、鑄契刀五百之文字；錯刀，以黃金鑲嵌一刀值五千之文字。這種種貨幣，與漢五銖錢、並行於社會。及莽卽位，以爲劉字之側有金刀之文，乃罷錯刀、契刀和五銖錢，更作金銀龜貝錢布之品。錢貨凡六品：小錢徑六分，重一銖，文曰小錢直一；其次幺錢，徑七分，重三銖，文曰幺錢一十；又次幼錢，徑八分，重五銖，文曰幼錢二十；又次中錢，徑九分，重七銖，文曰中錢三十；又次壯錢，徑一寸，重九銖，文曰壯錢四十；連前大錢五十計之，是謂錢貨六品，價值和所鑄之文相等。金貨凡一品：黃金重一斤，值萬錢。銀貨凡二品：朱提銀重八兩爲一流，值一千五百八十錢；其他銀一流，值千錢。龜寶凡四品：元龜徑長一尺二寸，值二千一百六十錢，名大貝十朋；公龜九寸，值五百錢，名壯貝十朋；侯龜七寸以上，值三百錢，名幺貝十朋；子龜五寸以上，值百錢，名小貝十朋。貝貨凡五品：大貝四寸八分以上，二枚爲一朋，值二百一十六錢；壯貝三寸六分以上，二枚爲一朋，值五十錢；幺貝，二寸四分以上，二枚爲一朋，值三十錢；小貝，一寸二分以上，二枚爲一朋，值十錢；其不盈一寸二分的不得爲朋，每枚值三錢。布貨凡十品：大布、次布、第布、壯布、中布、差布、厚布、幼布、幺布、小布，共十種。小布長一寸五分，重十五銖，文曰小布一百，自小布以上，遞加長一分，加重一銖，價值各加一百；直到大布，長二寸四分，重一兩，價值千錢。以上貨幣凡五物，六名，二十八品。布貨及錢貨皆配以銅鉛錫而鑄造之，其錢文質與周郭，均倣漢之五銖錢，布貨是仿周代之布貨的。王莽所改變之貨幣制度，如此複雜，人民大感不便。漢書食貨志說：『百姓憒亂，其貨不行。』民間私自通用的，仍是五銖錢。莽乃下詔嚴禁說：『敢有非井田挾五銖錢者，爲惑衆，投諸四裔，以禦魑魅。』但是仍不能令新幣通行，致農商失業，徬徨飲泣，坐鑄錢而抵罪者，自公卿大夫以至庶人，不可勝數。莽知到人民苦痛，乃只准使用一銖之小錢及「大錢五十」二種，把金、銀、龜、貝、布等貨幣悉行廢止；至天鳳元年復增減其價格，而行金、銀、龜、貝之貨，廢大小錢，而改行貨布、貨泉二種。貨布長二寸五分，厚一寸；首長八分餘，廣八分，其圜孔之徑二分半。

足枚長八分，其文右爲貨左爲布，重二十五銖，價格相當於貨泉二十五枚。圖如下：

貨泉（圓形之錢）徑一寸重五銖；文右爲貨左爲泉，一枚之價格爲一錢，與貨布二品並行。又以大錢行之既久，罷之恐怕人民不願，乃令暫時准許大錢與新貨泉俱每枚値一並行，六年之後，才禁止私鑄大錢。食貨志曾說及當時的情況：『每壹易錢民用破業而大陷刑，莽以私鑄錢死及非沮寶貨投四裔犯法者多，不可勝行，迺更輕其法，私鑄作泉布者與妻子沒入爲官奴婢，吏及比伍知而不舉告與同罪，非沮寶貨民罰作一歲，吏免官，犯者俞衆，及五人相坐皆沒入郡國，檻車鐵鎖傳送長安鍾官（師古註鍾官主鑄錢者）愁苦死者什六七。』王莽這次改革，不能不說是失敗了。自王莽死後，用布帛金粟爲交換媒介，至後漢光武建武十六年，始復用五銖錢，人民稱便。自是約百五十年間，均無變鑄之事，但至靈帝中平三年，因爲財政困難，鑄造四出文錢（四出文錢亦稱爲角錢，背面自孔之四隅向外廓處有線）。後獻帝初平元年，董卓壞五銖錢，更鑄小錢，悉取洛陽、長安之銅人、鐘虡、飛廉、銅馬等以充鑄，故貨賤物貴，穀石一斛，値錢數十萬。由上引述而觀，漢人嗜用五銖錢，已成積習了。（註五十六）

（六）交通　漢代之交通西域，爲中西文化溝通的導源，但漢初所謂西域，是指今新疆天山南北路而言，其後交通漸廣，凡西北之地概稱之爲西域。西域於武帝時始通，本三十六國，其後稍分至五十餘國，皆在匈奴之西，烏孫之南；南北有大山，中央有河，東西六千餘里，南北千餘里，東則接漢，阨以玉門陽關，西則限以葱嶺，其南山東出金城，與漢南山相連屬。其河有兩源：一出葱嶺山，一出于闐，于闐在南山下，其河北流，與葱嶺河合，東注蒲昌海。（註五十七）西域諸國之大者，爲月氏、烏孫、大宛；張騫奉使始開西域，其後驃騎將軍霍去病擊破匈奴右地，降渾邪休屠王，遂空其地，始築令居以西，初置酒泉郡，後稍發徙民充實之，分置武威、張掖、敦煌，列四郡。宣帝時天山南北及葱嶺東西諸國，悉屬漢之都護。自宣帝神雀三年至東漢安帝永初元年，漢威遠播，凡百六十載；其後設置西域長史，屯柳中（今新疆魯克沁回城，在土魯番之東），轄葱嶺以東之地。漢代通西域之路，有南北兩道：從鄯善傍南山（阿勒騰塔格山及託古茲山）北波河，至莎車爲南道；南道西踰葱嶺則出大月氏、安息，自車師前王庭隨北山（天山）波河（塔里木河）西行，至西勒爲北道。北道西踰葱嶺，則出大宛、康居、奄蔡。（註五十八）西域既經交通，關地萬里，西往之使相望於道，一歲之中多者十餘人，少者五六輩，遠者八九歲，近者數歲而返；而安息、奄蔡、黎軒、條枝、身毒等遠方之國，皆有漢之使迹。張騫西使，西域植物十有餘種，傳入中國，民到於今，尚受其賜；其他橫吹胡曲，希臘美術，輸入中國，尤爲有功文化。（註五十九）近年燉煌新出竹簡，有小學術數方技及屯戍文牘，可知漢代的文教，必遠及於葱嶺內外。其時中國貨物，流入西域諸國者甚多，遂輾轉而輸入東部羅馬，（即敍利亞、埃及、小亞細亞等處）據史記大宛傳所記，安息（Parthia），爲當時行商最盛之國，東西貿易，皆以此爲中心。（註六十）

西方的交通，已如上述，而東方北方西南方的交通，略述如下：（1）東方。朝鮮自周初立國，已受商、周文化的影響；然中間交通不盛，至漢武帝元封二年（前一〇九），發水陸軍滅衞氏古朝鮮，在其地置樂浪（平安南道黃海道京畿道）眞番（鴨綠江上流附近一帶之地）玄菟（咸鏡南道之地）臨屯（江原道之地）四郡；漢人於是漸由朝鮮半島至中部地方移殖。後漢書東夷傳稱：『自武帝滅朝鮮，倭使驛通於漢者三十許國。』光武中元二年，倭奴國奉貢朝賀，光武賜以印綬。是漢之文教，且由朝鮮而及於日本。其時日本北九州之住民，漸與樂浪郡開始交通，漢書地理志說：『樂浪海中有倭人，分爲百餘國，以歲時來獻。』當時中日交通之路，似由北海道中渡辦韓，沿馬韓海岸，逐漸北上，到樂浪郡者。樂浪郡之中心地爲朝鮮縣，即古之朝鮮首都王儉城，在今之平壤附近，朝鮮縣爲漢之極東互市場，濊貊、韓、倭人等遠近諸民族，似多集於此。自樂浪郡至後漢都城洛陽，則似不由海路，而由陸路遼東。文獻通考卷三百二十四載：『倭人初通中國也，實自遼東而來。』中日間之交通路，既有連絡，而漢代文化，乃有移入日本的傾向。按博多灣沿岸地發見許多中國製之銅劍銅鉾；筑前國、筑紫郡、春日村、大字須玖並系島郡、怡土村、大字三雲，發見甕棺內多中國古鏡、璧玉之類；又由系島郡、小富士村之海岸遺跡，發見王莽時代之貨泉，意料是由此交通路移入的。(註六十一)（2）北方。古代北方諸族，爲匈奴、烏桓、鮮卑，秦漢時匈奴最強，烏桓、鮮卑，皆爲所屏。廿二史劄記卷二『漢書武帝紀贊專贊武帝之文事，而武功則不置一詞；抑思帝之雄才大略，正在武功，因匈奴屢入寇，則使衞青七出塞，擊收河南地，置朔方郡，公孫敖築受降城，徐自爲築五原塞，千餘里列亭障，至臚朐，徙貧民實之。』這是由武力的擴張，而使交通的發展。東漢時，匈奴分爲南北，南匈奴附漢，入宅河南；北匈奴爲漢所破，漠北以空；北方異族之人，因此感受漢人之文化。(3)西南方。漢代同時注重西南夷的交通，前漢書載：『元狩元年，博望侯張騫言：使大夏時，見蜀布邛杖，問所從來？曰：從東南身毒國，可數千里，得蜀賈人市。或聞邛西可二千里有身毒國，騫因盛言大夏在漢西南，慕中國，患匈奴隔其道，誠通蜀身毒國，道便近，又亡害。於是天子乃令王然于、柏始昌、呂越人等十餘輩，間出西南夷，指求身毒國。至滇，滇王當羌迺留爲求道，四歲餘，皆閉昆明，莫能通。……使者還，因盛言滇大國，足事親附，天子注意焉。』(註六十二)可知當時的交通，已遠至印度。中國之交通印度，是得力於先開拓西陲的緣故；因爲開拓西陲，從匈奴人手中奪過了土耳其斯坦。土耳其斯坦之佔領，使中國之資借汎希臘文化，及佛教之由印度輸入中國，同成爲可能的事實。有漢一代，中國南方版圖也有擴張。紀元前一一〇年（武帝時）征服越南之後，檳榔樹便傳入御花園。交通與文化有重大的影響，是不可磨滅的事實。(註六十三)

漢代武功及於中亞一帶，同時西洋方面羅馬繼希臘而起，聲威也及於中亞一帶，於是中亞乃成爲當時東西文化交匯的樞紐。漢代中國人稱羅馬帝國爲大秦，又稱之爲犂軒，都是羅馬帝國的別名。中國人的足蹟，曾否到過羅馬帝國的本部，無可考證。後漢書西域傳，說甘英使大秦，抵條支，臨大海欲度，爲安息西界船人所阻而罷。但是中史所紀大秦使者及賈人眩民之屬，到中國來的就不少。後漢桓帝延熹九年，大秦王安敦遣使自日南徼外來獻，這裏所說的大秦王安敦，就是羅馬皇帝 Marcus Aurelius Antonius (121—180)。安敦於一六五年征服波斯，使者到中國在一六六年，路途遼遠，所以至漢土時，要在安敦征服波斯後一年了。後漢書西南夷傳，並說漢安帝永寧元年，撣國王雍由調，獻海西幻人，海西卽大秦，撣國在今安南北部，撣國西南是通大秦的。漢時中國與印度諸國的海上交通，頗爲頻繁。漢書地理志曾雜記自日南、障塞、徐聞、合浦船行所至的國名，其中的黃支國，卽印度的建志補羅（Kanchipura）因爲中國與印度、安息的海上交通很便，所以吳孫權黃武五年有大秦賈人至中國貿易的事。而漢時羅馬帝國與中國交通之盛，於此可見。（註六十四）

（七）官制　秦始皇既統一天下，中央政府置丞相、太尉、御史大夫；丞相以總諸政，太尉以掌天下之兵，御史大夫則輔丞相而監察諸政。行政、兵馬、監察三權分立，便無專權之患，而始皇則總攬此三大權于一身，而確定帝權的尊嚴。其他官職有奉常，掌祭祀禮儀；郎中令，掌宮殿掖門；衞尉，掌門衞屯兵；宗正，掌帝王之親族；治粟內史，掌穀貨；廷尉，掌刑辟；典客，掌賓客；太僕，掌輿馬；少府，掌山海地澤之稅。是時尚未有三公九卿之稱。漢之官制，大抵沿秦之舊。前漢書載『秦兼天下，建皇帝之號，立百官之職。漢因循而不革，明簡易，隨時宜也。其後頗有所改。』（註六十五）茲將漢代官制略述如下：（甲）中央官制。上公：太師、太傅、太保三職沿秦之舊。三公：丞相、大尉、御史大夫，漢改制爲大司徒、大司馬、大司空。九卿：太常，掌祭祀；光祿勳，掌宮殿掖門；中大夫令，掌門衞屯兵；太僕，掌輿服車馬；大理，掌刑獄；大鴻臚，掌賓客朝覲之事；宗伯，掌王族之事；大司農，掌穀貨之事；少府，掌山澤租稅。列卿：執金吾，掌徼循京師；將作大匠，治宮室；典屬國，掌蠻夷降者；水衡都尉，掌上林苑。宮官：詹事，掌皇后太子家事；長信詹事、長信少府、長樂少府，掌皇太后宮；大長秋，皇后卿；太子太傅、太子少傅，掌傅相太子。軍官：大將軍、票騎將軍、車騎將軍、衞將軍、前後左右將軍、列將軍。漢官以所食俸的多寡，表示官秩的尊卑。漢制三公號稱萬石，其俸月各三百五十斛穀；稱中二千石者，月各百八十斛；二千石者，百二十斛；比二千石者百斛；千石者九十斛；比千石者八十斛；六百石者，七十斛；比六百石者，六十斛；四百石者，五十斛；比四百石者，四十五斛；三百石者，四十斛；比三百石者，三十七斛；二百石者，三十斛；比二百石者，二十七斛；一百石者，十六斛。（註六十六）漢制三公九卿分理庶政，非天子的私人，故遇大事有所詔命，必下廷臣議之，參加廷議者，爲丞相、御史大夫、列侯、二千石、博士等官。（乙）地方官制。秦始皇時，鑒於前代封建之弊，改爲郡縣制。始皇從李斯之建議，將天下分爲隴西、北地、上郡、河東、上黨、太原、雁門、代郡、雲中、九原、邯鄲、鉅鹿、上谷、漁陽、右北平、遼西、遼東、齊郡、東郡、碭郡、薛郡、瑯琊、泗水、三川、潁川、南陽、漢中、巴郡、蜀郡、南郡、長沙、九江、會稽、南海、桂林、象郡、三十六郡，更小分之爲縣，每郡置守、尉、監，守以治民，尉以掌兵，監以監察。秦爲中央集權，諸王大臣不能私有土地；漢代高祖鑒於秦之孤立亡國，乃兼郡縣及封建兩制度而用之，大封諸王及功臣於各地，又任諸臣爲郡守。漢地方官爲二級制度，以郡國統縣。前漢書載：『郡守，秦官，掌治其郡，秩二千石，有丞，邊郡又有長史，掌兵馬。……景帝中元二年，更名太守。』（註六十七）通典載：『景帝中元二年，更名郡守爲太守，凡在郡國，皆掌治民、進賢、勸功、決訟、檢姦……郡爲諸侯王國者，置內史以掌太守之任，宣帝以太守吏民之本，數變易則下不安，民知其將久，不可欺罔，乃服從其教化，每拜刺史、守、相，輒親見問，觀其所繇，退而考察，以質其言。……成帝綏和元年，省內史，以相治民，則相職爲太守。王莽改太守曰大尹，後漢亦重其任。』（註六十八）前漢書：『縣令、長，皆秦官，掌治其縣，萬戶以上爲令，秩千石至六百石；減萬戶爲長，秩五百石至三百石，皆有丞、尉，秩四百石至二百石，是爲長吏；百石以下，有斗食、佐史之秩，是爲少吏。』（註六十九）秦有監御史，漢興省之，武帝置部刺史，以六條問事。前漢書：『監御史，漢省，丞相遣史分刺州，不常置。武帝元封五年，初置部刺使，掌奉詔條察州。』又載：『刺史班宣，周行郡國，省察治狀，黜陟能否，斷治冤獄，以六條問事，非條所問，卽不省。一條：強宗豪右田宅踰制，以強陵弱，以衆暴寡。二條：二千石不奉詔書，遵承典制，倍公向私，旁詔守利，侵漁百姓，聚斂爲姦。三條：二千石不卹疑獄，風厲殺人，怒則任刑，喜則淫賞，煩擾刻暴，剝截黎元，爲百姓所疾，山崩石裂，訞祥訛言。四條：二千石選署不平，苟阿所愛，蔽賢寵頑。五條：二千石子弟恃怙榮勢，請託所監。六條：二千石違公下比，阿附豪強，通行貨賂，割損政令。』（註七十）據此可知漢代地方官制中對於刺使一職的注重。武帝時郡上置州，爲冀州、幽州、并州、涼州、益州、交州、兗州、青州、徐州、豫州、荊州、揚州等十二州，每州置刺使，巡回屬下諸郡，監察郡守的施爲。成帝時，以刺使位卑乃更爲州牧，位在九卿之次；其後再爲刺使，又爲州牧；至後漢末年，其勢益強，直等於諸侯。漢之鄉官，是仿法秦制，惟小有增置。秦制大率方百里爲縣，十里則爲一亭，亭有長，十亭又爲一鄉，鄉有三老。三老掌教化，嗇夫職聽訟及收賦稅，游徼徼巡禁盜賊。東漢鄉官之制，尤爲周密，一里之地有里魁，什家伍家之民有什伍，主察善惡。考漢代三老、孝悌、力田，皆鄉官名。通典載：『漢鄉亭及官，皆仿秦置也。縣大率方百里，其人稠則減，稀則曠，鄉亭亦如之。高后元年，初置孝悌、力田二千石者一人，後廢。至文帝十二年，又置三老及孝悌、力田，無常員。平帝又置外史閭師官。』（註七十一）廿二史劄記載『漢文帝詔曰：孝悌，天下之大順也；力田，爲生之本也；三老，衆民之師也。其以戶口率置常員。章懷後漢書註：三老、孝悌、力田，皆鄉官之名也。三老，高帝置，孝悌、力田，高后置云。』（註七十二）漢代地方官制，是注意到下層的鄉官。

（八）軍制　秦時中央政府，有太尉，掌天下之兵，其下有衛尉，及其他諸種之官，以統率軍隊。諸郡置衛使，掌兵，又有材官，（謂有材力而善以挽強弓者，）及始皇築長城，守五嶺，乃發及謫戍，（謂發罪人使服兵役，）閭左，（閭門之右住富民，其左住貧民，閭左謂貧民之服兵役者。）漢代兵制，分京師、地方、邊外，茲略爲分述如下：（甲）京師兵。漢初拱衛京師之兵，分南北兩軍以相制，策海淵萃載『漢踵秦，置材國於郡國，而京師有南北軍之屯，南軍衛宮城，主之者衛尉；北軍衛京城，主之者中尉。衛尉居內，中尉居外，相爲表裏，使自相制。至若南北軍，皆隸於三公，而光祿歲以四科考第。』（註七十三）通考載『南軍有郎衛、兵衛，掌天子宿衛；北軍止於護城』。要之，南軍爲宮衛屯兵之所屬，北軍爲京輔兵卒之所隸，領二軍者，其權均重。至武帝時，增置八校尉，合城門校尉而爲九，俱屬北軍；又改中尉爲執金吾，掌北軍如故。至於南軍，雖專掌宿衛，然其間又有兵衛、郎衛之分。郎衛爲郎中令之所掌，其職守間同於衛尉；武帝改郎中之名爲光祿勳，而置期門、羽林以屬諸光祿；光祿與衛尉，同主宿衛，衛尉所率者兵，光祿所率者郎，此是郎衛兵衛的分別。後漢光武隨事設兵，有黎陽營、雍營之號。後漢書：『漢官儀曰：光武中興，以幽、冀、幷州兵騎克定天下，故於黎陽立營，以謁者監之。又曰：扶風都尉部在雍縣，以涼州近光，數犯三輔，將兵衛護園陵，故俗稱雍營。』（註七十四）其時京師南北軍，仍照前漢制度而略有更改。通考：『京師南北軍如故，則幷胡騎、虎賁二校爲五營，以北軍中候易中壘以監之。於南軍則光祿勳省車戶騎三將及羽林令，衛尉省旅賁令、衛士一人丞。』（註七十五）後漢書『北軍中候，本注曰：中興省中壘，但置中候，以監五營，胡騎並長水，虎賁主輕車，並射聲。』（註七十六）茲將京師兵組織列表如下：

- 掌三署郎宿衛
  - 五官中郎將
  - 左中郎將
  - 右中郎將

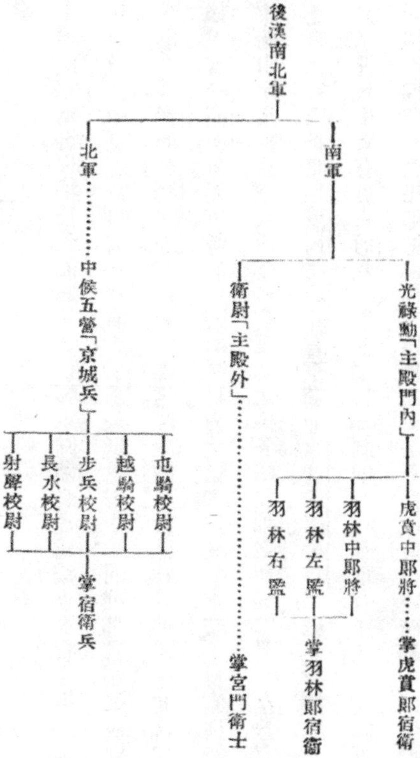

後漢中葉以後，兵不精練，每有寇警，則臨時徵調。通考：『安帝永初間，募入錢穀，得爲虎賁羽林緹騎營士，而營衞之選亦衰矣。桓帝延熹間，詔減羽林虎賁不任事者半俸，則京師之兵，亦更弱矣。外之士兵不練，而內衞兵不精，設若盜起一方，則羽檄被三邊，興發甲卒，取辦臨時，戰非素具，每出輒北。』(註七十八)至靈帝時，有西園八校尉之設，天子自爲統將。後漢書：『是時置西園八校尉，以小黃門蹇碩爲上軍校尉，……帝以蹇碩壯健而有武略，特親任之，以爲元帥，督司隸校尉以下，雖大將軍亦領屬焉。』(註七十九)茲將八校尉列表如下：

西園八校尉

- 上軍校尉蹇碩
- 中軍校尉袁紹
- 下軍校尉鮑鴻
- 典軍校尉曹操
- 助軍校尉趙融
- 右校尉馮芳
- 左校尉夏牟
- 佐軍校尉淳于瓊

後漢末年南北軍得以納錢穀而爲兵，故京師軍備漸衰，遂爲後來宦官掌握兵權，而招致漢室滅亡的原因。

(乙)地方兵。秦統一中夏，郡置材官，凡材官之所屬大抵俱爲步兵，而列郡官制，又設尉以佐守，典一郡之武職甲卒。漢興，郡國兵制，亦因秦而設。刑法志說：『天下既定，踵秦制而置材官於郡國。』其實彼時所置並不獨材官，又設立車騎、樓船。後漢書：『高祖命天下，選能引關蹶張材力武猛者，以爲輕車騎士、材官、樓船，常以秋後講肄課武，各有員數。平地用車騎，山阻用材官，水泉用樓船，蓋三者之兵，各隨其地之所宜。』(註八十)通考：『以漢史考之，大抵巴蜀、三河、潁川諸處，止有材官。上郡、北地、隴西諸處，止有車騎。而廬江、潯陽、會稽諸處，止有樓船。三者之兵，各隨其地之所宜。』(註八十一)又掌握兵權者有專官，通考：『郡國之兵，其制則一，有列郡，有王國，有侯國。郡有守，有都尉，尉佐太守典武，其在王國，則相比郡守，中尉比都尉，侯國有相，秩比天子令長；每歲郡守衛教兵，則侯國之相與焉；侯國之兵，既屬之郡，而王國之兵，亦天子所有，不可擅用。』（註八十二）後漢光武時，詔罷郡國都尉，並職太守；無都試之法，舉一切材官、騎士、樓船之衆，還復民伍，而所用者多長從之募士，郡國兵制由是漸壞。（丙）屯田兵　屯田之兵，是守邊而屯田，間亦被調作戰。

漢代初年，是行一種民兵制。前漢書：『漢儀注云：民年二十三爲正，一歲爲衞士，一歲爲材官騎士，習射御馳戰陣。又曰：年五十六衰老，乃得免爲庶民，就田里。』（註八十三）又說：『古者二十而傅，三年耕，有一年儲，故二十三而後役之。』王制正義引許愼五經異義說：『漢承百王，而制二十三而役，五十六而免。』可知漢代人民的服兵役，是很普遍的。策海淵萃裁：『漢與民二十則傅於籍，而歲及立秋，則嚴兵法之肄，公卿子弟，執戟以備宿衞，而博士郎中，皆課之射；當時民與士大夫，皆閑軍旅，或爲卒更，爲踐更，爲過更，民皆已練之兵，或取之於大農，取之於宗正，取之於太僕，士大夫皆可命之將，則漢制之善，在於兵不常聚，而將無常員，故材官騎士，布滿郡國，有事檄召，否則罷歸。』（註八十四）漢代初年，兵農未分，所役之兵，皆由徵調而來，自武帝時，始行募兵之制。東漢地方之兵，悉出於召募，於是漢初寓兵於農之法廢，而郡國轉無可恃之兵，東漢所以召亡，就是這個原因。

（九）法制　中國法制，至秦代而一變，秦代以前，趨重禮治，自戰國時，法家競起，經商鞅、李悝、申不害、韓非、愼到等，提倡法治之後，法學遂日益發達。秦國處戰爭攘奪之世，以嚴刑齊一國民的行動，以便專制獨裁，爭強於天下，而天下苦秦法的苛密，乃揭竿而叛之。漢高祖起自民間，知秦法不足以得民心，遂更改之。通考：『漢高祖初入咸陽，與父老約法三章，殺人者死，傷人及盜抵罪，餘悉除秦苛法，兆民大悅。』（註八十五）班固當時看見民心的趨向，社會的需要，特提出禮刑平行論以糾正秦代刑法之偏倚。前漢書：『夫人宵（肖）天地之貌（古貌字，）懷五常之性，聰明精粹，有生之最靈者也。……聖人取類以正名，而謂君爲父母，明仁愛德讓，王道之本也。愛待敬而不敗，德須威而久立，故制禮以崇敬，作刑以明威也。聖人既躬明哲之性，必通天地之心，制禮作樂，立法設刑，動緣民情，而則天象地，故曰：先王立禮，則天之明，因地之性也。刑罰威獄，以類天之震曜殺戮也；溫慈惠和，以效天之生殖長育也。書云：天秩有禮，天討有罪，故聖人因天秩而制五禮，因天討而作五刑。』又說：『文德者，帝王之利器；威武者，文德之輔助也。夫文之所加者深，則武之所服者大；德之所施者博，則威之所制者廣。三代之盛，至於刑措兵寢者，其本末有序，帝王之極功也。』（註八十六）從上引說可知班固實不主張秦代之偏重刑罰，而當以禮德並行也。漢代初年立法主寬，不過是漢高祖入關時一種吸收民心的工具；但自滅秦覆楚以後，即命蕭何定律，蕭何本秦時刀筆吏，熟習秦法，因取李悝所定法經六篇而損益之。李悝所定的爲盜法、賊法、囚法、捕法、雜法、具法六章；盜法者，用以治盜；賊法者，用以治賊；囚法及捕法，則包含今之監獄法及刑事訴訟法；雜法，則除盜賊外之一切刑法；具法則爲刑名，即今之刑法總則；其意以治國莫急於除盜賊，故列之於首；盜賊須急於囚捕，故次之；而以輕狡、越城、博戲、供假、不廉、淫侈、踰制，則入於雜法；最後則說明刑名加減之例，是爲具法，此爲李悝法經的次第。秦法即本於此，蕭何因襲之，又增戶法、擅興法及廐法三篇，命爲九篇，是爲九章律。（註八十七）據唐律疏義：『蕭何加悝所造戶、興、廐三篇，謂之九章。』其是否全襲法經之舊，抑略有更改之處，今不可考。惟漢律卻不盡屬於刑民法律，章太炎的檢論卷三漢律考所說：『案史記汲鄭列傳集解引如淳曰：「律，太守、都尉、諸侯內史各一人，卒史、書佐各十人，」是漢律有官制也。漢書高帝紀如淳注：「律，四馬高足爲置傳，四馬中足爲馳傳，四馬下足爲乘傳，一馬二馬爲軺傳，急者乘一乘傳，」是漢律有驛傳法式也。漢書律歷志曰：「度者，分寸尺丈引也，職在內官，廷尉掌之，」是漢律有度量章程也。由是言之：漢律非專刑書，蓋與周官禮經相鄰。自叔孫通定朝儀，而張蒼爲章程，通因作傍章十八篇，意者官制在通傍章，（太守之傅則後所改定）章程則在雜律淫侈踰制之部，或在傍章，不可知；驛傳法式，宜在廐律矣；其後應劭删定律令，以爲漢儀，（見晉書刑法志，）表稱國之大事，莫尙載籍，逆臣董卓，蕩覆王室，典憲焚燎，靡有孑遺，亦以見漢律之所包絡國典官令，無所不具，非獨刑法而已也。』如章氏說，則漢律範圍，包涵頗廣。據文獻通考刑志：『漢高祖後以三章之法，不足以禦姦，於是相國蕭何攈摭秦法，取其宜於時者，作律九章。』晉書刑法志：『蕭何定律，除參夷連坐之罪，增部主見知之條，益事律擅興廐戶三篇，合爲九篇。』玆略錄九章律如下：（一）盜律：（甲）刼略。刼略，卽今之強盜；略似唐律之略人，唐律強盜略人，均在賊盜律中。（乙）恐猲。猲以威力脅人，唐律恐猲取人財物，亦在賊盜律中。（丙）和賣買人。光武紀：『詔吏人遭飢亂，及爲青、徐賊所略，爲奴婢下妻，欲去留者恣聽之，敢拘制不還，以賣人法從事。』唐律和同相賣，亦在賊盜律中。（丁）受所監。受財枉法，刑法志：『吏坐受財枉法。』是指曲公法而受賂者。監指監臨，唐律監主受財枉法，在職制律。（戊）勃辱強賊。強賊已就拘執，卽應送官，今不送官，自行毆辱，是謂專擅。（己）還贓畀主。唐律諸以贓入罪，正贓見在者還主，卽是官物還官，私物還主。以上律目均見晉志。（二）賊律：（甲）欺謾。違忠欺上謂之謾，漢律，欺慢有處至死刑者。（乙）詐僞。背信藏巧謂之詐，與欺謾有別。（丙）踰封。李悝雜律有踰制，一曰踰封，當卽踰制，惟踰制所包者廣，踰封則限於封域；漢人於賊律，似於法經略有更改。（丁）矯制。擅矯詔命，雖有功勞，亦不加賞，漢律矯詔罪有至腰斬的。

(戊)賊伐樹木。漢時道側植樹，有所伐者，必加於罪。(己)殺傷人畜殺。賊盜有盜官私牛馬者殺，漢時殺牛罪，有至棄市。(庚)亡印。亡失符印，有害國家，故入賊律。(辛)儲時不辦。豫備器物不辦，並有害於國家，故入賊律。(壬)以言語犯宗廟園陵。唐律盜園內草木在盜賊律。其他尚有大逆不道，父母妻子同產皆棄市；殺不辜一家三人爲不道，敢蠱人及教令者棄市；立子姦母，見乃得殺之；鬬以刃傷人完爲城旦；無故入人室宅廬舍，上人車船，牽引人欲犯法者，格殺無罪；過失殺人不坐死。(三)囚律：(甲)詐僞生死。唐律詐病死傷不實入詐僞。(乙)告劾。晉志魏分囚律爲告劾律。(丙)傳覆。傳謂逮捕，覆爲審察。(丁)繫囚。漢世有訟繫之制，言寬容之意。(戊)鞫獄。漢世問罪謂之鞫，辭訟有劵書治之。(己)斷獄。斷決難分別之事。(四)捕律：捕律律目無可考，論衡：『漢正首匿之罪，制亡從之法。』唐律知情藏匿罪人，亦在捕亡。(五)雜律：(甲)假借不廉。唐律負債違契不償，亦在雜律。(乙)輕狡。(丙)越城。(丁)博戲。指戲而取人的財。(戊)淫侈。指過於奢侈。(六)具律：佚文可考者：(甲)一人有數罪，以重者論之。(乙)親親得相首匿。(丙)年未滿八歲及八十以上，非手殺人，他皆不坐。(七)戶律：戶律之目，晉志無文可考。(八)興律：(甲)上獄。(乙)擅興徭役。(丙)乏徭稽留。(丁)烽燧。(九)廐律：(甲)告反逮受。(乙)乏軍之興。(丙)上言變事。(丁)驚事告急。以上漢九章之律，其目之可考見者：盜九，賊十四，囚七，雜四，具二，興七，廐九，凡四十八。

漢代自蕭何編九章以後，常有編纂法典之舉。計叔孫通增附律十八篇，趙禹朝律六篇，張湯越宮律二十七篇，合計爲六十篇，凡三百五十九章，大辟四百九條，千八百八十二事，死罪決事比（以例相比）萬三千四百七十二事。(註八十八)昭帝時，據桓寬鹽鐵論刑德第五十五所說，則律令百餘篇，所以遂感刪定之必要。前漢書宣帝紀說：

『本始四年夏四月詔曰：律令有可蠲除以安百姓，條奏。』元帝紀說：『初元五年夏四月，省刑罰七十餘事。』雖然注意删定，而律令猶日增無已。只看成帝河平年的詔書說：『今大辟之刑，千有餘條，律令煩多，百有餘萬言。』就可推想一斑。漢代不祇有律，此外還有令甲、令乙、令丙、科、品、式等，以視律文有同等的效力。令與律合，則通曰律令。大抵令之所出，由於人主的意思，而其後嗣當共保守而依據之。故積之愈久，則命令愈多。當漢盛時，自令甲以下，已積三百餘篇，而漢律尚六十篇，倘以篇數多寡爲衡，則漢令多於漢律了。

漢代刑法分類如下：(甲)徒刑。一歲刑有罰作、復作，衛宏漢舊儀：『男爲戍罰作，女爲復作，皆一歲。』二歲刑有司寇作，漢舊儀『司寇男備守，女爲作如司寇，皆作二歲。』三歲刑有鬼薪、白粲，漢舊儀：『鬼薪者，男當爲祠祀鬼神伐山之薪蒸也；女爲白粲者，以爲祠祀擇米也，皆作三歲。』四歲刑有完城旦舂，惠帝本紀注應劭說：『城旦者，旦起行治城；舂者婦人不豫外徭，但舂作米，皆四歲刑。』五歲刑，有髠鉗城旦舂，漢舊儀：『男髠鉗爲城旦，女爲舂，皆作五歲。』(乙)財產刑。罰金，哀帝本紀注如淳引令甲：『諸侯在國，名田他縣，罰金二兩。』(丙)名譽刑。奪爵，景帝本紀：『奪爵爲士伍，免之。』師古注：『謂奪其爵，令爲士伍，又免其官職，即今律所謂除名也；謂之士伍者，言從士卒之伍也。』(丁)身體刑。(1)黥、劓、刖左右趾，刑法志：『今法有肉刑三。』孟康注：『黥劓二，刖左右趾，合之凡三也。』(2)笞，郎覬傳『漢法肉刑三，謂黥也，劓也，左右趾也，文帝除之，當黥者城旦舂，當劓者笞三百，當左右趾者笞五百。』(3)腐刑，腐刑即宮刑，如淳注：『丈夫割勢，不能生子，如腐木不生實。』(戊)死刑。(1)棄市，前漢書景帝本紀：『中元二年，改磔曰棄市。』師古注：『磔謂張其尸也，棄市，殺之於市也。』(2)腰斬，周禮秋官掌戮注『斬以鐵鉞，若今腰斬。』

(3)梟首，陳湯傳注：『梟謂斬其首而懸之也。』(己)族刑。洪邁容齋隨筆卷第二漢輕族人條『主父偃陷齊王於死，武帝欲勿誅，公孫丞相爭之，遂族偃。郭解客殺人，吏奏解無罪，公孫大夫議，遂族解。且偃、解兩人本不死，因議者之言，殺之足矣，何遽至族乎？漢之輕於用刑如此。』(庚)流刑。徙邊，魏書刑罰志『少傅游雅疏云：漢武帝時始啓河右四部，議諸疑罪而謫徙之。』(註八十九)西漢用刑可以議貴老弱而減刑，又可因過失、自首、贖罪、瘋狂、新主登位而輕刑。高祖時，死刑分腰斬及磔與絞三種，而鑊烹及夷三族則仍舊，五刑亦仍舊，惟墨改爲黥，剕改爲刖，斷舌刑，亦依然存在。惠帝即位，更定贖刑，凡民有罪買爵三十級得免死罪；三十級計錢六萬，此爲三代後贖刑之始。高后以夷三族之制太酷，下令廢除，然武帝時新垣平謀逆，復行三族之誅，是仍未廢除淨盡。文帝即位，以舊法爲太苛，並感於太倉令淳于公之女淳于緹縈之言，下詔廢除肉刑；然文帝所除者只爲黥、劓及刖左趾三者，而宮刑及刖右趾，則未有廢；且以笞代劓刖，本屬善政，然笞至三百及五百，則反爲死者多而生者少，較劓刖更爲重，名雖減輕，實爲加重。景帝時，以笞數太多，易至於死，下令減三百爲二百，五百爲三百；六年又定鑄錢僞黃金棄市律，並以笞者或至死，再減二百爲一百，三百爲二百，當笞者笞臀，不復笞背，毋得更人，畢一罪，乃更人，自那時以後，受笞刑者，乃較爲安全。武帝即位，乃詔張湯、趙禹等更定律令，張湯作越宮律，趙禹作朝律，於是有見知故縱之法，腹誹法，沉命法，凡秦之嚴刑，至是皆恢復，惠帝、文帝、景帝寬厚之政悉廢；至孝宣帝時，看了嚴刑之不當，乃詔令蠲除之。據文獻通考卷一百六十三說：『孝宣本始四年，詔郡國律令可蠲除以安百姓者，條奏，詔曰：間者吏用法，巧文寖深，是朕之不德也；夫決獄不當，使有罪興邪，不辜蒙戮，父子悲恨，朕甚傷之，今遣廷史與郡鞠獄，任輕祿薄，其爲置廷平，秩六百石，員四人，其務平之以稱猒意；於是選于定國爲廷尉，求明察寬恕黃霸等以爲廷平，季秋後請讞時，上常幸宣室齋居（重用刑故齋戒以決之）而決事獄刑號爲平矣。』但當時人臣中有不以設廷平爲然者，涿郡大守鄭昌上疏說：『聖王立法明刑者，非以爲治，救衰亂之起也；今明主躬垂明聽，雖不置廷平，獄將自正；若開後嗣，不若刪定律令，律令一定，愚民知所避，姦吏無所弄矣。今不正其本而置廷平以理其末也，政衰聽怠，則廷平將招權而爲亂首矣。』鄭昌此言，是以法治的昌明，在於修定律令，而不在於多設獄吏之意。宣帝地節四年下詔：『父子之親，夫婦之道，天性也。雖有禍患，蒙死而存之，誠愛結於心，仁厚之至也，自今子首匿父母，妻匿夫，孫匿大父母，皆勿坐；其父母匿子，夫匿婦，大父母匿孫，罪殊死，』此是本人道立法之意。其他對於被擄掠，或飢寒犯人，加以憐憫，年八十以上，非誣告殺人罪，皆不坐。元帝時，省刑罰七十餘事，其中屬死刑者三十四事。成帝河平中下詔：『甫刑云：五刑之屬三千，大辟之罰，其屬二百，今大辟之刑，千有餘條，律令煩多，百有餘萬言，奇請他比，（師古註：奇請謂常文之外，主者別有所請以定罪也。他比，謂引他類以比附之，稍增條律也。）自明習者不知所由，欲以曉喻衆庶，不亦難乎？於以羅元元之民，夭絕亡辜，豈不哀哉。其與中二千石博士及明習律令者，議減死刑，及可蠲除約省者，令較然易知，條奏。』（註九十）此是不以苛刑羅織人民之罪爲然。成帝鴻嘉元年，定律令，年未滿七歲，賊鬬殺人及犯殊死者，上請廷尉以聞，得減死；此是合於刑事上的責任能力。哀帝卽位，廢除誹謗抵欺法，更輕殊死刑八十一事，凡手殺人者，減一等。

漢代刑制，對於犯罪時期的計算，亦有注意。當定陵侯淳于長坐大逆罪誅，長之小妻乃始等六人，皆于事未發覺時棄去，或已改嫁，及長事發，丞相方進及大司空何武，皆主張乃始等依法坐，謂犯法者，各以發事律令論，乃始等棄去時，已在長犯大逆以後，當坐；而廷尉孔光則加以反對，謂乃始等去時，長之罪尙未發覺，今旣於發覺前棄去，或已改嫁，其義已絕，論之名不正，不當坐。寥寥數語，實與刑法上犯罪之時期有關。一主犯罪行爲說，一主犯罪結果說，此種問題在法學發達之今日尙各執一見，未有定論，而在二千年前已有人因此爭辯，是法律史上可注意的事。

漢律以鞏固君權及維繫君主尊榮之故，特設律令：(一)對帝室不敬罪：(1)闌入宮殿門，(2)闌入甘泉上林，(3)衣襜褕入宮，(4)出入殿門不下，(5)山陵未成置酒歌舞，(6)醉歌堂下，(7)犯蹕，(8)誹謗妖言，(9)祝詛，(10)腓非，(11)非所宜言，(12)廢格沮事，(13)附下罔上，(14)詐疾，(15)觸諱。(二)危害君主罪：(1)外附諸侯，(2)媚道，(3)反逆。(三)矯詔罪。(四)漏洩禁中語罪。觀此，皇帝隨便可以個人的意思，誅鋤人民了。

關於西漢民法，(甲)身分。西漢分人民爲士農工商四等，凡士有官職的，可謂之貴族。農工商則屬於自由民，自由民之下有奴婢。士以爵之上下而分別階級的，計爵凡二十級：如公主、上造、簪裊、五更、大夫、官大夫、公大夫、公乘、五大夫、左庶長、右庶長、左更、中更、右更、少上造、大上造、駟車庶長、大庶長、關內侯、徹侯等。農工而外，商賈在社會上的地位，爲政府所輕視。(乙)婚姻。漢代有法定的婚姻年齡，如惠帝令說：『女子十五以上不嫁者，五算。』婚姻過早，是有流弊的。(丙)承繼。宗法時代，祗有嫡長能叫父後，支庶不能叫父後。漢代初年仍保存這宗法的遺蛻制度。以上引述，可以略見前漢制定法律的概況。

自戰國至秦，任刑的法治主義，盛極一時；到了漢代，因爲儒家學說統於一尊的緣故，思想界對於嚴刑峻法，起了反動。儒家素來主張的德治感化主義，遂爲當時所推重。如董仲舒之主張任德不任刑；賈誼主張茂其德教而綏其刑罰劉向主張先德教而後刑罰可說是代表時代的思想。至於研究法律的專家，則有張叔、張湯、杜周、杜延年、于定國、路溫舒、鄭弘等，往往聚徒講授，至數百人，是比較東漢以後未有的盛事。及王莽篡奪孺子嬰的位以後，恐怕人民不附和，又以嚴刑治民，更定焚如之刑，犯罪者燒殺之，而夷三族及鑊烹之刑，又見於是時。王莽是一個託古改制的人，他由社會經濟的不平等，進而推論犯罪的來源，所以主張以「土地國有」「均產」「廢奴」，爲消滅犯罪的治本方法，但結果也是殘民以逞，如『敢有非井田聖制，無法惑衆者，投諸四裔，』是用嚴刑峻法貫徹他的主張。

東漢光武承王莽之後，頗有恢復西漢舊觀的趨勢，後漢書循吏傳序說：『初光武長於民間，頗達情僞，見稼穡艱難，百姓病害，至天下既定，務用安靜，解王莽之繁密，還漢世之輕法。』晉書刑法志說：『光武中興，留心庶獄，常臨朝聽訟，躬決疑事。』文獻通考刑志說：『後漢世祖建武二年，詔曰：頃獄多冤人，用刑深刻，朕甚愍之，孔子云：刑罰不中，則民無所措手足，其與中二千石、諸大夫、博士、議郎議省刑罰。』光武時，對於繫囚非犯殊死，皆不案其罪，凡殺奴婢不得減罪。高山侯梁統主張嚴刑，特上疏說：『元帝初元五年，輕死刑三十四事，哀帝建平元年，輕殊死刑八十一事，手殺人者減一等，二帝共輕死刑一百二十三事，自後人輕犯法，吏易殺人。』梁統雖主張嚴刑，但光武不以爲然，所以羣臣請增科禁不許，且蠲除邊郡盜穀五十斛罪至於死之例，令天下繫囚，自殊死以下及徒刑，各減本罪一等。凡婦女從坐犯徒者，除大逆不道外，皆遣歸家，每月出錢僱人於山伐木，以代鬼薪白粲。明帝卽位，首定贖刑，凡罪囚中二千石下至黃綬，貶秩贖論者，悉皆復秩還贖，天下亡命，殊死於下，聽得贖論，死罪入縑二十匹，刖右趾至髡鉗城旦春十匹，完城旦春至司寇五匹，犯罪未發覺，詔書到日先自告者，半入贖。明帝永平十八年，又詔令天下亡命，自殊死以下，贖死罪縑三十四，刖右趾至髡鉗城旦舂十四，完城旦舂至司寇作五匹，吏人犯事未發覺，詔書到日自告者半入贖。（註九十一）又定朴罰凡大臣有罪者用之。明帝善刑理法令分明日晏坐朝幽枉必達，斷獄得情，不愧爲一代英主。安帝時，大司農劉據以職事被譴，召詣尚書傳呼促步又加以捶撲，左雄上書以撲罰非古制，安帝納其言自後九卿無復捶撲者。章帝時，郭躬奏請重文可就輕者凡四十一事著於令。及陳寵代郭躬爲廷尉，帝納寵言詔除鉆鑽諸慘酷之科，解妖惡之禁，除文致之請（文飾致法之意）平議罪獄五十餘事。（註九十二）和帝時，廷尉陳寵上書請將律令條法之溢於呂刑者悉蠲除之，他說：『臣聞禮儀三百威儀三千，故呂刑大辟二百，五刑之屬三千，禮之所去，刑之所取，失禮則入刑，相爲表裏者也。今律令死刑六百一，耐罪（去頰鬚之刑）千六百十八，贖刑以下二千六百八十一，溢於呂刑者千九百八十九，其四百一十大辟，千五百耐罪，七十九贖罪，宜令三公廷尉，平定律令，應經合義者，可使大辟二百而耐罪贖罪二千八百，併爲三千，悉刪除其餘令。』適陳寵抵罪，遂未及行，至陳寵之子陳忠，復爲尚書時，略依陳寵意奏上三十三條，爲決事比，以省請讞之弊。安帝又除蠶室刑，解贓吏三代禁錮，狂易殺人得減重論，母子兄弟相代死聽之，並赦所代者，是皆陳忠本其父意以奏可的。順帝、桓帝、靈帝年間，凡繫囚罪未決，皆可入縑贖罪。桓帝時，更因黨禍定禁錮終身之制，此有如後世之無期徒刑。

後漢獻帝建安元年，應劭刪定律令爲漢儀，奏稱：『臣不自揆，輒撰具律本章句，尚書舊事，廷尉板令，決事比例，司徒都目，五曹詔書及春秋斷獄，凡二百五十篇，蠲去複重，爲之節文；又集駁議三十篇，以類相從，凡八十二事。其見漢書二十五，漢記四，皆刪敘潤色，以全本體；其二十六，博採古今瓌瑋之士，文章煥炳，德義可觀；其二十七，臣所創造，雖未足綱紀國體，宜洽時雍，庶幾觀察，增設聖聽。獻帝善之。』（註九十三）觀此，後漢末年，亦曾增修律令。獻帝建安中議者欲復肉刑，當時孔融建議以爲不可，他說：『上失其道，民散久矣，而欲繩之以古刑，投之以殘棄，非所謂與時消息者也；紂斮朝涉之脛，天下謂無道，夫九牧之地，千八百君，若各刖一人，是天下常有八百刖也，求世休和，弗可得已。』獻帝准其所奏。後漢一代，都是注重省刑，但究其實，亦不盡然，通考：『按自建武以來，雖屢有省刑薄罰之詔，然上下相胥以苛酷爲能，而拷囚之際，尤極殘忍；獨行傳載楚王英坐反誅，其所疏天下名士，有會稽太守尹興名，乃徵興詣廷尉，……詔獄就拷，諸吏不堪楚痛，死者大半，……且興不過以姓名罥罣，反形未具，公浮爲人誣以贓罪，陸續戴就所坐，不過以郡功曹不肯證成太守之罪，及非同謀之人，而乃窮極慘酷如此，則罪情稍重而不肯誣服者，拷死於狴犴之下，蓋不可勝計矣。』在君主專政時代，表面上雖以省刑罰爲號召，而在下之苛刑虐政，是司空見慣的。後漢刑名分爲：（甲）徒刑。分一歲刑，輸作司寇；二歲刑，鬼薪白粲；四歲刑，完城旦舂。（完者不加髡鉗而築城。）（乙）身體刑。分笞刑、宮刑。（丙）流刑。（丁）死刑。分殊死、戮屍。在刑法分則上，則分對帝室不敬罪，無尊上非聖人不孝罪，造作圖讖罪，藩王私通賓客罪，阿黨罪，刺探尙書事罪，瀆職罪，選舉罪，妨害秩序罪，誣告罪，私飲罪，殺人罪，毆傷罪，竊盜及強盜罪，買賣人口罪，姦宮婢罪，毀壞損棄罪。在軍法上，分爲擅權罪，辱職罪。

漢代法律，多爲晉、唐、宋、元、明、清所沿襲，其顯著者有數種：（甲）肉刑的廢除。漢代所廢除的肉刑，以髡、鉗、耐、三者代墨，以笞代劓刖，開後世笞杖刑之例。漢文帝曾一度廢除宮刑，至隋代始完全廢除。（乙）笞杖的創始。古代有鞭作官刑，朴作教刑之制，其詳不可考，至漢時始用笞，初時笞背，景帝時改易笞臀，後世沿用至滿清末年。（丙）贖罪的確定。漢代大開贖刑，凡納粟或納縑若干者，可免其罪。(註九十四) 此風一開，沿至今日，尚存罰金之制。(丁) 赦免的頻繁。漢代往往因君主一人的喜悅爲赦免之動機，如昭帝卽位後，曾大赦六次，此舉實破壞司法獨立至今大赦特赦復權，仍沿用不替。

前漢和後漢法院編制，大體相似。在中央有最高的法官廷尉，爲審理案件的推事；廷尉之外，有提起公訴的檢察官御史，而議獄之事多歸之台閣。在地方上有中央派出的司隸校尉及刺史，掌察舉百官以下及京師近郡犯法者，而郡守縣令亦相助按訊囚徒，決訟檢姦。至最低級的地方司法事務，有游徼亭長等官，以禁盜賊。後漢法律思想之可考者，如王符在潛夫論，對於赦贖，曾加以反對；仲長統在昌言，則以刑罰爲德教的輔助，罪非甚重者勿殺；孔融在肉刑議，則不以刖刑爲然；荀悅在申鑒，則提倡德刑並用；徐幹在中論，則主張賞罰同行；王充在論衡，則以任德爲重；班固在白虎通，則以刑罰爲佐德助治。從後漢法律思想而論，是很少主張以嚴刑爲治的。

(十) 宗教　漢代流行的思想，是陰陽五行；陰陽說是起源於周易，五行說是起源於洪範。周易是筮占的繇辭，比了甲骨爲後起，是商代以後的東西；洪範上的五行，以木、火、水、土、金五種物質與其作用統轄時令、方向、神靈、道德等事，其成爲系統的學說，是始自戰國。漢代承戰國之後，遂爲這種學說的全盛時代。論其要旨，以宇宙萬物，都由陰陽二氣所形成，火木屬陽，水金屬陰，土則居中，而由其相生相剋以起變化；於是將人事世運的變遷，遂盡歸於五行的推理；而所謂相生，則木生火，火生土，土生金，金生水，水生木；所謂相剋，則木剋土，土剋水，水剋火，火剋金，金剋木。漢儒大都敷衍此說，卽五常、五聲、五味、五色之類，都配之以五行，大儒董仲舒也用五行來說春秋，可見當時這種思想的興盛至讖緯學則脫胎於五行之說而開始於前漢哀平之際讖說文驗也則讖諱是豫言將來的效驗之謂。讖緯有易緯、書緯、禮緯、孝經緯、春秋緯等書錄載奇異之言王莽最信之後漢光武亦極尊信，依照讖文卽位自後讖緯之學大興直至後漢之末年仍然如是。古代帝王迷信神權有舉行封禪之事秦始皇曾到泰山頂上去行封禪，又到梁父去行禪禮。漢高祖得天下，沒有功夫做這事。到武帝時又舉行封禪。通鑑：『上行幸泰山修封祀明堂因受計還祠常山。』又載『上耕于鉅定還幸泰山，修封禪祀明堂見羣臣。』（註九十五）不但封禪且迷信神仙說與方士。通鑑載：『上自泰山東至海上，考入海及方士求神仙者莫驗，然益遣冀遇之十二月，親禪高里（山名在泰山下）祠后土，臨勃海，望祀蓬萊至殊廷（仙人廷）焉』求神仙不驗仍然希望再遇，可見武帝的迷信了。

道家之徒，喜說神仙，推老子爲天仙之長而唱導引、服餌、長生、飛昇之術，更敷衍之而謂去邪累，淸心神，積行樹功，累德增善，便可白日昇天，而獲長生云云。道教創立於後漢的張道陵，當創教的時候，令教徒誦老子，老子爲道教的祖師。張道陵入蜀之鶴鳴山修練，自稱得受老君祕籙行符水禁咒之法，講長生之術，謂著道書二十四篇後，遂爾登天而其孫張魯亦以符水禁魘推廣教門。後漢書：『張魯字公旗。初，祖父陵，順帝時客於蜀學道鶴鳴山中造作符書，以惑百姓。受其道者，輒出米五斗，故謂之米賊。陵傳子衡，衡傳於魯，遂自號師君。其來學者，初名爲鬼卒，後號祭酒，各領部衆，衆多者名曰理頭，皆校以誠信，不聽欺妄，有病但令首過而已。』（註九十六）張陵造作符書以惑百姓，傳到他的孫張魯時，信者益多，所在峯起，遂不可制，而號稱黃巾賊的張角亦其流亞。考張陵創教之初，不過承漢末喪亂，人民生活的不安定，遂假借鬼神符錄以聚徒惑衆而已。

佛教初次輸入期在東漢，而中國人知道有佛教卻是很早。朱士行經錄：『秦王政四年，西域沙門室利房等十八人始齎佛經來華，王怪其狀，捕之繫獄，旋放逐回國。』（註九十七）據梁啓超的意見以爲：『此經錄本不甚可信，……但最當注意者秦始皇實與阿育王同時。阿育派遣宣教師二百五十六人於各地，其派在亞洲者，北至俄屬土耳其斯坦，南至緬甸，俱有確證，或有至中國者，其事非不可能，但藉曰有之，然既與當時被坑之儒同一命運，則可謂與我思想界沒交涉也。』（註九十八）魏書釋老志：『按漢武帝元狩中，遣霍去病討匈奴，至臯蘭，過居延，斬首大獲；昆邪王殺休屠王，將其衆五萬來降，獲其金人，帝以爲大神，列於甘泉宮，金人率長丈餘，不祭祀，但燒香禮拜而已，此則佛道流通之漸也。及開西域，遣張騫使大夏，還傳其旁有身毒國，一名天竺，始聞有浮屠之教。哀帝元壽元年，博士弟子秦景憲受大月氏王使伊存口授浮屠經，中土聞之，未之信也。』據梁啓超的考證：『當西漢初年，居住在甘肅山谷間的小部落月氏，爲匈奴所迫，西徙大夏。其時大夏方爲希臘遠東殖民的根據地，亞歷山大王部將所建國。月氏人既驅逐了此地的希臘人，希臘人轉徙南下，移根據於迦濕彌羅，（即漢時之罽賓）月氏人更奪取迦濕彌羅，進而爲印度共主。這是西漢景武間到東漢桓靈間的事實。張騫奉使月氏，正月氏初占領大夏的時候，而伊存據經，卻正當月氏初征服迦濕彌羅的時候。』但魏書所稱武帝降昆邪王，得金人事，尚有疑問，所謂「金人率長丈餘，」當然是佛像，但昆邪王地鄰高昌，（今新疆土魯番地，）去印度甚遠，當時佛教勢力似未能及此，且求之他書，亦無此類記載，決不能據爲「佛道流通之漸」的證據。如上所述，我國人之知有佛教，當在西漢。日人高桑駒吉有說：『佛教說是秦皇、漢武之時，便已傳來，這話我們究竟難以承認他作事實；惟其後平帝時，說是博士秦景憲，曾受過大月氏使者口授的佛經似乎還有幾分近於事實。……只不過流傳不會廣罷了。故佛教之公然傳來中國仍須歸着到後漢明帝時。明帝之世，漢的威稜振於西域，而且正是佛教從大月氏流傳到支那土耳其斯旦地方的時候，故大槪是明帝得着傳聞，便命蔡愔前往西域去求他了。蔡愔等於是至大月氏，得佛經及佛像，又得迦葉摩騰（Kasyapa Matanga）竺法蘭（Dharma-rakcha）二僧爲伴，乃以白馬馱經像於西紀六十七年還中國。明帝於洛陽建白馬寺，命二僧先繙譯佛說四十二章經爲漢語；這實是中國設立佛寺，繙譯佛經之始。佛教由是稍稍流興，如楚王英以信仰的結果，遂繪像供禱祀，桓帝亦信之，於宮中建祠。又以明帝以後，漢威遍及西域，從而交通便利，於是支婁迦讖（Lokarakcha）從大月氏，安世高從安息，竺佛朔從印度，康孟詳從康居，相繼來中國，從事譯經，其勢便漸漸旺盛起來。我們看靈帝時有笮融者起佛寺，於浴佛日，招致五千餘戶，施以飲食，便知後漢末年，佛教弘通的盛況。』（註一百）漢明帝求法說，初見於王浮的老子化胡經：『永平七年甲子，星晝現於西方，明帝夢神人，因傅毅之對，知爲胡王太子成佛之瑞應，卽遣張騫等經三十六國，至舍衞，値佛已涅槃，乃寫其經，以永平十八年歸。』又梁僧佑三藏記四十二章經條下說：『使者張騫羽林郎中將秦景，……於月支國遇沙門竺摩騰，譯寫此經，還洛陽，藏在蘭臺石室』。（註一百一）以上所述，皆證明漢代佛教已傳入中國。劉光漢國學發微說：『漢魏之時，佛教入中國者，多屬淺顯之書。』佛教雖在漢代傳入中國，而其學術思想之影響於漢代者，不如唐宋兩代之廣。按佛教之來華，有謂始於秦始皇時者，有謂始於漢武帝時者，有謂始於漢哀帝時者，有謂始於東漢明帝時者，大槪以後說爲最有力。（王浮附張騫於明帝，是不知有東西漢之別。）

（十一）美術　（甲）音樂秦始皇時，前代廟樂只有大韶、大武。漢高祖時，叔孫通用秦樂人，制定宗廟之樂，又作昭容樂禮容樂。漢書禮樂志：『房中樂，高祖唐山夫人所作也。高祖樂楚聲，故房中樂楚聲也。』所謂楚聲，卽是楚國的音樂。長江流域有三個大國楚、吳、越，而楚國實爲南方之強，阮籍樂論：『楚之風好勇，故其俗輕死，……輕死，故有蹈水赴火之歌。』高祖以馬上得天下，其好楚聲，無怪其然。武帝時獎勵音樂，立樂府，任李延年爲協律都尉，司馬相如等作詩賦，論其律呂，使合於八音之調，作歌十九章。』禮樂志：『武帝立樂府，采詩夜誦，有趙、代、秦、楚之謳，以李延年爲協律都尉，司馬相如等，造爲詩賦，略論律呂，以合八音之調。』（註一百二）史記李延年傳：『延年善歌，爲新變聲。上方與天地諸祠，欲造樂，令司馬相如等作詩頌，延年輒承意弦歌，所造詩，謂之新聲曲。』漢代樂府，是那時合諸新樂的樂章，是從趙、代、秦、楚的街巷歌謠採集來的。劉勰文心雕龍樂府篇說：『樂府者，聲依永，律和聲也。』又說：『詩爲樂心，聲爲樂體，樂體在聲，瞽師務調其器；樂心在詩，君子宜正其文。』樂府本來是一種歌詩，但從班固的記載，當時所搜集的樂府，可分兩種：『一種是民間的歌謠，一種是文人的作品，這兩種未必都能協樂器之律，故使李延年爲協律都尉，來增刪修改，使都能入樂。（註一百三）漢郊祀歌共十九章，其名如下：練時日、帝臨、青陽、朱明、西顥、玄冥、惟泰元、天地、日出入、天馬、天門、景星、齊房、皇后、華爗爗、五神、朝隴首、象載瑜、赤蛟。此外有短簫鐃歌，亦隸於樂府，凡十八曲，其名如下：朱鷺、思悲翁、艾如張、上之回、翁離、戰城南、巫山高、將進酒、君馬黃、芳樹、有所思、雉子斑、聖人出、上邪、臨高臺、遠如期、石留。又有騎吹、橫吹兩種：騎吹是車駕從行道路所奏的樂歌；橫吹是軍中馬上所奏的樂。橫吹之曲，自漢張騫入西域，傳其法於西京，惟得摩訶兜勒一曲。李延年因更造新聲二十八解，其後惟存十曲，其名如下：『黃鵠行、隴頭吟、出關、入關、出塞、入塞、折楊柳、黃覃子、赤之楊、望行人。李延年所造二十八解，多雜羌胡之音，去古雅樂遠甚。(註一百四)至後漢明帝時立大予樂、周頌雅樂、黃門鼓吹樂、短簫鐃歌樂。大予樂，用之於郊廟上陵等之祭；周頌雅樂，用之於辟雍、六宗、社稷之祭；黃門鼓吹樂，用之於天子大宴羣臣之時；短簫鐃歌樂，則列軍陣時用之。明帝永平十年，召校官弟子作雅樂，奏鹿鳴，帝自御塤篪和之，始有意復古雅樂。章帝建初二年，以太常樂丞鮑鄴言，議制十二月律，並定殿中御食飯舉七曲，亦稱黃門鼓吹樂。章帝所定食舉諸曲，史未明言其是否雅樂。後漢書禮樂志：『章帝建初五年，始行月令樂。』又說：『元和二年，章帝幸闕里，奏六代之樂。』可知章帝修明雅樂，為漢代樂律的復古。至順帝陽嘉二年，始復黃鐘，作樂器，隨月律，雅樂始興。桓、靈之世，叠經喪亂，樂章文物，受不少的摧殘。(乙)繪畫。繪畫在春秋戰國之時，已有進步，至漢代其體漸多，如文帝在未央宮承明殿，畫進善旌，誹謗木，敢諫鼓等。武帝使畫天地及諸鬼神於甘泉宮。宣帝思及功臣之緯績，乃畫其像於麒麟閣。成帝使畫趙充國之像於甘泉宮，又於明光殿之粉壁上，畫正人烈士像。後漢光武帝，亦有畫功臣像二十八人于凌煙閣事，獻帝時，所建之成都學、周公禮殿，畫三皇五帝之君臣，及孔子七十二弟子於壁間，可知壁畫已盛行於其時。漢代以畫名者，有太常卿趙岐，高陽鄉侯蔡邕，河間王相張衡，張衡之地形圖一卷，尤為有名。(丙)雕鑄。秦代雕刻之最重要者有二：卽造璽與刻石。秦政既定中國，九鼎缺而不全，於是有玉璽之製，其原物卽為楚璧；初秦昭王稷，謀以十城易楚璧，不可得，及秦併六國，始得之，命李斯篆文，玉工孫壽刻「受命於天，既壽永昌」八字於其上，後子嬰奉之以降劉邦者，卽此物；由此可知孫壽乃當時有名之雕刻專家。至於刻石，則由於秦政巡遊國內，刻石於泰山、芝罘、碣石等處，以銘功德，而嶧山樹石之高，至於三丈一尺，刻工之整齊，與李斯之篆筆同傳。漢代藝術上之遺物，當以享堂碑闕之石刻畫為主，今據武陵及孝堂山祠石闕及其他現存漢碑以觀，可見是時石刻甚為流行。近世所得石刻，以魯孝王五鳳石刻為西漢石刻之始，語石載：『魯孝王五鳳石刻，金明昌（章宗紀元）二年，得於太子釣魚池側，今尚存曲阜孔廟。』（註一百五）東漢石刻極夥，門生故吏為其府主伐石頌德者，徧於郡邑。語石載：『東漢以後，門生故吏為其府主伐石頌德者，徧於郡邑，然以歐趙諸家校酈道元水經注所引，僅十存四五而已。……古刻淪胥，良可慨嘆。然荒崖峭壁，游屐摩挲，梵刹幽宮，耕犂發掘，往往為前賢所未見。』後漢靈帝時，刻石尤徵進步，試觀太學門外石經之立，均由鐫刻石而來，以五經文字之多，而居然能刊成全石，可見雕刻術的進步。漢代所製璽印力摹秦刻，乘與所用雙印，諸侯王公列侯以白玉，中二千石至四百石，皆以黑犀，三百石以下，皆以象牙，俱用雕刻。冶鑄之術，在秦則有咸陽十二金人，重各二十四萬斤，鎔造工程，可謂最大。漢代武帝時，有承露銅盤之造，靈帝時，鑄四大銅人，列於闕門之外，又鑄四大銅鐘，各有二千斤，懸於宮殿之前。銅器在漢代無甚進步；鑄尊、壘、彝、卣、敦之屬，亦極少見。漢代銅器之遺留於今者，當以鏡為第一；漢鏡有發見年歷之明徵，鑄飾之文樣，其中銘記之最古者，為王莽新建國二年之鏡，有線畫之文樣；靈帝熹平三年，有平面鑄出獸面與花文者；至於獻帝建安中物，則蒐集更多，其圓鏡背面，鑄有神人與異獸。漢代之銅器，尚有三代所無之硯滴、書鎮、作天祿、辟邪、天雞、蟠螭、角端（瑞獸）、龜、蛇、鹿、鳩等形，有用金銀錯雜者。其他有鐎斗（溫食物之器三足有柄）、溫壺、弩機、鐓帶鉤、杖頭、鳩車、舞鏡等；至銅龍之特立，金馬之創製，西京之世，亦已有之。（註一百六）（丁）建築 建築之世，至秦漢更有進步。顧亭林日知錄載：『秦滅六國，而始皇帝使蒙恬將十萬之衆，北擊胡，悉收河南地，因河為塞，築四十四縣，東臨河，徙謫戍以充之，而通直道自九原至雲陽，因邊山險壍谿谷可繕者治之，起臨洮至遼東萬餘里。又度河據陽山北假中，此并天下之後所築之長城也。』萬里長城爲秦代建築物之傑出者。至秦之宮殿，亦具大觀。史記載：『二十六年，秦每破諸侯，寫放其宮室，作之咸陽北阪上，南臨渭，自雍門以東至涇渭，殿室複道周閣相屬，所得諸侯美人鐘鼓以充入之。』又載：『三十五年，始皇以爲咸陽人多，先王之宮廷小……乃營作朝宮渭南上林苑中，先作前殿阿房，東西五百步，南北五十丈，上可以坐萬人，下可以建五丈旗，周馳爲閣道，自殿下直抵南山，表南山之顛以爲闕，爲複道，自阿房渡渭屬之咸陽，以象天極閣道絕漢抵營室也，阿房宮未成，欲更擇令名名之，作宮阿房，故天下謂之阿房宮。』(註一百七)據此，秦代建築物之偉大，可以想見。漢代宮室之壯麗，亦不下於秦。前漢書高帝本紀載：『蕭何治未央宮，立東闕、北闕、前殿、武庫、太倉，上見其壯麗，甚怒，謂何曰：天下匈匈，勞苦數歲，成敗未可知，是何治宮室過度也？何曰：天下方未定，故可因以就宮室，且夫天子以四海爲家，非令壯麗亡以藏威，且亡令後世有以加也。』未央宮周回二十八里，前殿東西四十丈，深十五丈，高三十五丈，臺殿四十三，其三十二在外，其十一在後宮，門闥凡九十五。可見規模之大。其他有建章宮，水經注：『建章宮周二十餘里，千門萬戶，其東鳳闕高七丈五尺，中有神明臺、井幹樓，咸高五十餘丈，北有太液池，池中有漸臺，高三十丈，南有壁門三層，高三十餘丈，中殿十二間，階陛咸以玉爲之，鑄銅鳳五丈，飾以黃金，樓屋上椽首薄以玉璧，因曰璧玉門。其長樂宮、咸陽宮之間，有渭橋，廣六丈，南北三百八十步，六十八間，七百五十柱，百二十二梁。』漢代西京宮之著於正史者五十有一，殿二十三，室十三，館十五，闕四，臺閣二十二，閣四，苑八，池七，極建築之大觀。東京宮之著於正史者十二，殿二十九，觀四，苑七，園五，池二，其數雖不似西京之多，而壯麗未滅。（戊）工藝漢代崇尚工藝，少府有考工室，各地有工官。漢書地理志載：『河內郡懷縣，南陽郡宛縣，濟南郡東平陵縣，泰山郡奉高縣，廣漢郡雒縣，均有工官。』（註一百八）工官之設及於各縣，藝術當能隨之發展也。

（十二）教育　漢承秦代焚書坑儒之後，文學壅塞，圖書散亡，及高祖定天下，諸儒始得修其業，文帝頗徵用儒者，始置一經博士。景帝不信任儒者，而竇太后又好黃老，故博士具官，雖以經授徒，而無考察試用之法。至武帝時，從博士董仲舒之對策，始興太學。（甲）太學漢代武帝時，始興太學，前漢書『孝武初立，卓然罷黜百家，表彰六經，遂疇咨海內，舉其俊茂，與之立功，興太學。』（註一百九）當時太學校長爲太常，教員爲博士，學生爲博士弟子員；博士初由聘請，中興以後，改用考試定之。其入學資格，分指定保定兩種，由校長指定，只須年達十八歲以上儀狀端正者，便得入學；其由郡國保送的，除具備上列條件外，還要好文學，敬長上，肅政教，順鄉里，出入不悖所聞，經地方長官呈請最高地方行政長官核准。其修業期限，或短或長，無一定的限制，要視所學的成績爲標準。每年年終考試一次，考試及格的，卽許卒業，補用郎中文學掌故等官。教材專採用詩、書、易、禮、五經，每經各置若干人，擔任教授。（註一百十）漢代太學，當初只有博士弟子五十人，昭帝時，增加一倍，宣帝時，增加二倍，至元帝時，增到一千人，成帝時，增加三千人。東漢初年，以光武熱心提倡學者，雲集京師，比較西漢爲發達，學生最盛時代在質帝、桓帝時，達三萬餘人。西漢建都長安，太學亦設立在長安，據三輔皇圖說，漢太學在長安西北七里，有市有獄。王莽時，把太學特別擴充，爲學生築舍萬區。東漢太學在洛陽城南開陽門，講堂長十丈，廣三丈，堂前石經四部。光武初年，起太學博士舍，內外講堂，爲諸生肄習之所。順帝時，更修學舍，凡所造構二百四十房，千八百五十室。（註一百十一）太學在漢代是最高的學府，天子在一定的時期，必親往省視一次，考查內部的情形。東漢光武、安帝、靈帝、獻帝，常往太學省視，當省視時，或召集太學的教授，講論經義或考查學生的程度或公開講演，社會人士環橋觀聽的常及萬人。漢代太學所產生的人才不少，西漢如息夫躬、蕭望之、匡衡、何武；東漢如王充、鄭玄、郭林宗、賈偉節諸人，或以學術知名，或以居官顯揚，他們在社會上的地位，有一部分潛勢力。

中央除了太學以外，在東漢還有兩所特殊學校：（1）鴻都門學。此校創立於東漢末年，因校址在鴻都門，所以稱做鴻都門學。學科是專習尺牘及字畫一類藝術，當時士大夫羣起反對這種學制，但靈帝爲貫澈他的主張，和滿足他的嗜好起見，不僅對於反對者置之不理，並且以高官厚祿獎勵之，有任爲刺使太守及尙書侍中，或給與侯爵等榮職。（註一百十二）（2）宮邸學。宮邸學校，可說是貴族學校。此校創始於東漢明帝。東漢有外戚樊氏、郭氏、陰氏、馬氏、四大族，他們子弟全是食祿之家，明帝給他們開學校一所，聘請五經教師，專以教授他們。此校設備完全，教授人選有時超出尋常太學，聲名彰著，傳到國外，引起外人的羨慕，國外如匈奴等國，也派遣生徒來漢留學。（註一百十三）

（乙）郡國學校。漢時地方公立學校，第一個創辦的就是文翁；蜀郡即現今四川省，在漢初還是草昧未開，文翁守蜀，着重地方教育，遂選擇郡縣小吏稍爲開通的十餘名，資送京師，受業於博士，學成之後，令其服務地方教育事業。一面建築學舍，招集生徒，稱爲學官弟子，成績優美者，補用郡吏，次等補用孝弟力田，文化因以發達。武帝見其成效卓著，詔令天下郡國倣行，地方教育日益興盛。平帝元始三年，復用王莽之議，設立學官，把郡國學校，分做四等：郡國曰學，縣道邑侯國所立曰校，鄉立曰庠，村聚所立曰序。學校置經師一人，庠序置孝經師一人，擔任教務。元始五年，復召天下通知逸經、古記、天文、曆算、鍾律、小學、史篇、方術、本草、五經、論語、爾雅、孝經、各教授法的數千人，遣詣京師，這就是造就師資的辦法。

漢代選舉除博士弟子外，最著者賢良孝廉；其餘科目亦多，所以取人不限一途。賢良始於文帝，所以待才智之士，由公卿大夫三輔太常與將軍列侯郡國守相各選賢良方正直言極諫之士，天子臨軒策問，親分別其優劣，或選補郎吏，或授以親民之官，是爲特科；其察舉之期與人數之多寡，依臨時詔書決定。孝廉亦始於文帝，所以待有德之士，其始或舉孝悌力田，或舉孝行，或察廉吏，賜以布帛。武帝以後，幷孝廉爲一，歲歲舉之。後又定制郡國人口二十萬以上歲察一人，四十萬以上二人，六十萬三人，八十萬四人，百萬五人，百二十萬六人，不滿二十萬，二歲一人，不滿十萬，三歲一人。限以四科：一曰德行高妙，志節清白，二曰學通行修，經中博士，三曰明習法令，足以決疑，能按章覆問，文中御史，四曰剛毅多略，遭事不惑，明足決斷，材任三輔縣令。（註一百十四）察舉之後，不令對策，直用爲尙書郎，或以補守相，沿襲既久，濫竽滋多。順帝時，乃定孝廉不滿四十，不得察舉，至京師，先詣公府，諸生試家法，文吏試牋奏，於是濫舉漸少，而孝廉就專重章句文法。茲將察舉諸科目列表如下：（註一百十五）

時期	科目
高祖	明德
武帝	明當世之務習先聖之術
昭帝	文學高第

宣帝	孝弟有行義聞於鄉里　厥身修正通文學明於先王之術宣究其意　茂才異倫
元帝	明陰陽災異　茂材特立
成帝	惇厚有行能直言　惇樸遜讓有行義　勇猛知兵法
哀帝	孝弟惇厚能直言通政事　明兵法有大慮
平帝	勇武有節明兵法　治獄平
光武	茂材　茂材四行
章帝	明經
安帝	有道　惇厚質直

漢代教育比較上古爲發達，故其造就的專門學者，亦有可觀，如蕭何之於律令，叔孫通之於禮儀，張蒼之於章程，洛下閎之於歷數，蓋公、曹參之於黃老，賈誼、鼂錯之於刑名，司馬遷、班固之於文史，董仲舒、揚雄之於儒術，劉向、王允之於博學，馬融、鄭元之於訓詁，張仲景之於醫方，張衡之於機巧，文翁、李忠之於教育，皆其傑出者。在經學方面言易有淄川田生，言書有濟南伏生，言詩有魯之申培公，有齊之轅固生，有燕之韓嬰，言禮有魯之高堂生，言春秋有齊之胡毋生，有趙之董仲舒。據此，可以知道漢代振興教育的結果，致人才有如此的興盛。

（十三）學術　漢代學術大概分論如下：（甲）天文學　中國天文史上可分爲五大時期：（1）自上古至春秋中葉，據辰以觀象授時之時代。（2）春秋中葉至戰國中葉，爲曆法準備時代。（3）戰國中葉至漢太初元年，爲曆法制定時代。（4）太初元年至明末，爲曆法變更時代。（5）明末至清末，爲引用西法時代。漢代言天文者，約有三家，一曰周髀，二曰宣夜，三曰渾天。宣夜之學，絕無師法；周髀術數具存，考驗天狀，多所遺失；惟渾天之說，差爲近理。其說則以天形如彈丸，地在其中，天包其外，於三家之說，較爲得中。漢代桓譚、張衡、蔡邕、鄭玄等，並依用此種學說。漢的天文學同於周，多不過占星術。有名的天文家，前漢有唐都及李尋，後漢有蘇伯朗及雅光。漢文帝後三年，立儀表以測日影長短。武帝元封七年，即太初元年，立晷儀下漏刻，以追二十八宿之位。武帝時，洛下閎始爲儀器，號曰渾天。宣帝時，耿壽昌始鑄銅爲象。和帝永元十四年，霍融改漏刻；十五年，賈逵始造太史黃道銅儀，定黃道宿度。順帝陽嘉元年，張衡造地動儀，適隴西地震，即有驗；張衡又作渾象，以漏水轉之璇璣，推測星之出沒，皆合符節。後漢書張衡傳：『陽嘉元年，復造形風地動儀，以精銅鑄成，員徑八尺，合蓋隆起，形似酒樽，飾以篆文山龜鳥獸之形，中有都柱，傍行八道，施關發機。外有八龍，並銜銅丸，下有蟾蜍，張口承之。其牙機巧制，皆隱在樽中，覆蓋周密無際。若有地動，樽則振，龍機發吐丸，而蟾蜍銜之；振聲激揚，伺者依之覺知。雖一龍發機，而七首不動，尋其方面，乃知震之所在；驗之以事，合契如神，自書典所記，未之有也。』(註一百十六) 由上引證以觀，在漢代已有地震測知機了。中國古代學者，對於天地開闢之說，少專門之書可考，惟略散見於子書，淮南子言之爲較詳。其書乃漢武帝初年淮南王劉安，集蘇飛、李尚、左吳、田由、雷被、毛被、伍被、晉昌八人，及儒者大山、小山之徒，編纂而成，而古代天文學，亦得於此書窺見其大體，其天文訓首段說：『天墜未形，馮馮翼翼，洞洞灟灟，故曰太昭。道始於虛霩，虛霩生宇宙，宇宙生氣，氣有涯垠，清揚者薄靡而爲天，重濁者凝滯而爲地，清妙之合專（高誘註：一作專）易，重濁之凝竭難，故天先成而地後定。天地之襲精爲陰陽，陰陽之專精爲四時，四時之散精爲萬物，積陽之熱氣生火，火氣之精者爲日，積陰之寒氣爲水，水氣之精者爲月，日月之淫爲精者爲星辰。』後漢張衡著靈憲，說天地開闢：『太素之前，幽淸玄靜，寂寞冥默，不可爲象，厥中惟靈，厥外惟無，如是者永久焉，斯謂溟涬，蓋乃道之根也。……天成於外，地定於內，天體於陽，故圓以動；地體於陰，故平以靜。動以行施，靜以合化，堙鬱構精，時育庶類，斯謂太元，蓋乃道之實也。』淮南子與張衡所論天體之說，亦歸於幽妙。在古代天文之理論有蓋天、渾天二說：天在上，地在下，此蓋天之說；天包於外，地居於中，此渾天之說；前漢之末，二說對峙，揚雄主渾天，斥蓋天；後漢王充，則據蓋天之說，以駁渾天。後漢張衡主渾天之說，自運巧思，作渾天儀，論及曆法，秦時以建亥之月爲歲首，以十月爲一年之始，以九月爲一年之終。漢代初年，亦沿用秦曆，及武帝時，作太初曆，遂據夏正以正月爲歲首。其後成帝時，作三統曆，平帝時，作四分曆，後漢靈帝時，又作乾象曆，故漢代曆法，有四次的變更。（註一百十七）

(乙)算學。漢代小學兼重書算。漢書律曆志：『數者一十百千萬也，所以算數事物，順性命之理也；其法在算術，宣於天下，小學是則，職在太史，羲和掌之。』後漢書鄭玄傳：『玄造太學受業，師事京兆第五元，先始通京氏易、公羊春秋三統曆九章算術。注九章算術，周公作也，凡有九篇，方田一，粟米二，差分三，少廣四，均輸五，方程六，傍要七，盈不足八，鉤股九。』（註一百十八）漢代北平侯張蒼，大司農中丞耿壽昌，皆以善算命世。張蒼自秦時爲柱下御史，明習天下圖書計籍，又善用算律曆，故張蒼能以列侯居相府，領主郡國上計。可知當時已注意到會計制度。(丙)醫學。漢代淳于意，精於醫術，其師元里公、乘陽慶，精於醫，與扁鵲同國，爲齊之臨淄人。淳于意治病，重切脈，又重經驗，然以不爲人治病之故，病家怨之，被誣有罪，其少女緹縈上書乞救，得以不死。淳于意之後，有馬長、馮信、杜信、唐安，雖能各傳其術，未聞精邃於師。東漢之世，蔡邕則有本草，涪翁則有鍼經，張機則有傷寒論、金匱要略諸書之著。要略所論，上卷說傷寒，中說雜病，下載其方並療婦人，其書與黃帝之素問，扁鵲之難經，同爲醫學上之三典。素問是內經之一卷，難經者內經之約言，而金匱要略則坦易切近，在三典中尤爲平實。(丁)歷史學　漢代尙書與春秋左氏傳尊爲經典，而以史記漢書等爲史，經與史之界畫始定。漢武帝時，始置太史公，命司馬談爲之，以掌其職，談乃據左傳、國語、世本、戰國策、楚漢春秋，採訪舊聞，增敍要義，期成一家之言，未成而死；其子遷爲太史令，續其志，起黃帝至漢武，有十二本紀、十表、三十世家，七十列傳，謂之史記，後世稱正史者，均無不標準於此。遷卒以後，間有著述，然多鄙淺，不足相繼，至後漢扶風班彪綴後傳數十篇，並譏正前失。班彪卒，明帝命其子固續成其志，以爲唐虞三代，世有典籍，史遷所記，乃以漢氏繼於百王之末，有所不合，故斷自高祖，終於孝平王莽之誅，爲十二紀、八表、十志、六十九傳，潛心積思，有二十餘年之久；章帝建初中，始奏表及紀傳，後以私改史記構罪繫獄，其十志竟不能就，固卒後，始命曹大家續成之。梁啓超對於史記漢書的批評有說：『史記以社會全體爲史的中樞，故不失爲國民的歷史；漢書以下，則以帝室爲史的中樞，自是而史乃變爲帝王家譜矣。』然劉知幾推崇漢書說：『包舉一代，撰成一書，學者尋討，易爲其功。』可知漢書在史籍上固有其不可磨滅的價值，不能以其爲帝王家譜而譏之。漢獻帝時，以班固漢書文繁難省，命荀悅仿春秋左傳之體爲漢紀三十篇，荀悅的本意，不過是想節略漢書，便於檢讀。漢紀以紀年體著書，對於漢書蕪雜的毛病，加以修正；比較左傳的簡略，又爲詳盡。劉知幾批評漢紀說：『歷代褒之，有逾本傳。班、荀二體，角力爭先。』章嶔於中華通史批評說：『悅易紀傳爲編年，雖詞約事詳，論辨多美，然實不足以望漢書；漢儒史學，自司馬遷外，班固爲尊，雖負嘉史之名，究以依據班書而就，即欲與之比隆班氏，未可能也。』(註一百十九) 據此，批評見解，各有不同。(戊)經學　秦始皇焚書坑儒，燒燬六經，儒學受了許多的挫折。漢代至武帝時，崇尚儒學，立五經博士，以後傳學受業，各有專家，茲分述于下：(1)易經。易在孔子之後，有卜商之傳，漢初田何，亦作易傳，田何以之授王同、丁寬、田王孫三人，而楊何受業於王同，復由楊何授司馬談、京房；丁寬治田氏易，復從田王孫問古義，以授田王孫；田王孫授施讐、孟喜、梁丘賀，遂有施、孟、梁丘三氏之學，而別有京房作京氏之學，費直作費氏之學。以上施、孟、梁丘、京氏四家，于西漢時皆立於學官，所謂易之今文。當時民間所私傳有費氏之學，費氏易出於費直，爲章句四卷，以彖、象、繫辭、文言說上下經，長於卦筮，無章句，字皆古文，是爲易之古文學。(2)書經。秦始皇燒經以後，直到漢興，研究尚書的學者約分兩派：(a)今文派。此派學說起源，是出於伏生。秦時焚書，伏生壁藏之，後兵起流亡，漢定，伏生求其書，失數十篇，獨得二十九篇，以教於齊、魯之間，伏生教濟南張生。伏生的支流，分作三派，即歐陽派、大夏侯派、小夏侯派。三派學說，在西漢時候，都是立於學官的，歐陽派的學說，於東京爲最盛。(b)古文派。此派學說起源，是出於孔安國。魯恭王壞孔子宅，得古文尚書，安國得其書，以考二十九篇，得多十六篇，獻之，但未列學官。(3)詩經。詩在漢代有魯詩、齊詩、韓詩、毛詩之別；以魯申公培之訓詁爲魯詩，齊轅固生之傳爲齊詩，燕韓嬰之傳爲韓詩，趙毛萇之傳爲毛詩。齊、魯、韓三家，於武帝時立於學官，毛詩至平帝時，始立于學官。(4)禮經。禮有禮儀、周禮及大戴禮、小戴禮之別。漢初高堂生傳士禮十七篇，即今之儀禮。又有李氏者，得周官之書，獻於河間獻王，是即今之周禮。高堂生之後，有后蒼者，通儀禮，以授戴德、戴聖、慶普，遂有三氏之學。又劉向好周禮，始置博士，周禮遂行於世。戴德曾刪劉向所纂錄之古文二百八十餘篇，爲八十五篇，是爲大戴禮；戴聖復刪大戴書爲四十六篇，是爲小戴禮，即今之禮記；後馬融加月令、明堂位、樂記三篇，共爲四十九篇，自是儀禮、周禮、禮記稱三禮並行在東漢以前的時候，本沒有三禮的名稱，因爲周官經和小戴禮，本不能稱他爲經，不過是和禮經相輔的書，自從鄭玄作三禮注，于是才有三禮的名稱。（5）春秋。春秋本有五派：卽左氏派、公羊派、穀梁派、鄒氏派、夾氏派。左氏派的學說出於魯的左邱明，左氏因孔子史記，具論其語，成左氏春秋。公羊派的學說是出於齊的公羊高，他的來源是出於子夏的。漢時胡毋生治公羊春秋，爲博士，與董仲舒同業，年老歸於齊，齊之言春秋者多宗事之。到東漢的時候，公羊派的學說很興盛，何休最爲名家，他所著的解詁，是依胡毋生條例而作的。穀梁派的學說，是出於魯之穀梁赤，是導源於子夏的。穀梁赤傳給荀卿，荀卿傳給魯人申公，申公傳瑕邱江公。宣帝時，江公之孫爲博士，以其學授胡常，是爲穀梁之學。以上三派學說各存門戶私見，互相攻擊。總括來說：公羊是今文學派，左氏和穀梁是古文學派；公羊是齊學，左氏和穀梁是魯學。在兩漢時候，公羊派的學最盛，穀梁次之，直到漢末，左氏派才盛行。三派以外，還有鄒氏、夾氏兩派之傳，史稱已亡於王莽時，故後世稱公羊傳、穀梁傳、左氏傳爲春秋三傳。（6）論語。西漢時之論語有魯論、齊論、古論之分，古論出於孔氏壁，凡二十一篇；齊論爲齊人所傳，共二十二篇；魯人所傳者爲魯論。（7）孟子學庸。漢文帝時孟子曾立博士之官，未久卽廢，然韓嬰、董仲舒、劉向、揚雄等極稱述其書，揚雄復爲之作注；東漢時程曾、趙岐爲孟子作章句，高誘有正孟子章句，鄭玄、劉熙等俱注孟子，然未嘗尊孟子爲經。至中庸、大學，自戴聖刪古禮記，附列於四十六篇中，爲小戴記之一部份，鄭玄等都有注，且以中庸爲讚聖論定，爲子思所作。董仲舒作春秋繁露，頗多引中庸語，但漢時的學者，援引大學和解釋大學的卻很少。（8）孝經。孝經有今古文之別，傳今文孝經的，是始於顏芝，芝傳子貞，凡十八章，而長孫氏、博士江翁、少府后蒼、諫大夫翼奉、安昌侯張禹，並傳今文，各自名家。

古文孝經，是出於孔氏壁中，與今文不同，後漢魯國三老獻之，劉向稱其字皆古文，許慎學孔氏古文，其子冲撰其說，馬融爲之注，鄭玄注古文孝經，沒有完稿，其孫小同爲之補成，即今所傳的鄭注。漢文帝時候，置孝經博士，是用今文派的，但不久便廢。(9)爾雅。爾雅於文帝之時，與孟子同立博士，後罷。武帝時有犍爲人舍人，（舍人是人名，不是官名，）作爾雅注，揚雄是崇信爾雅的，劉歆問業於揚雄，亦爲爾雅作注；東漢有樊光、李巡、孫炎等一般人，並作音義，鄭玄亦注爾雅，可惜都已失傳。漢代的經學大家，有公孫弘、董仲舒、孔安國、劉向、劉歆、揚雄、賈逵、馬融、許慎、鄭玄、何休、服虔等。這些學者，多爲考究諸經的意義而爲之作註釋，其他爲諸經作註釋者，亦復不少，然皆止於訓詁之學，別無新說的創建。(己)哲學。漢代之陰陽五行說及讖緯學，多少帶有哲學意味而近於神祕，而當時唯一的道門哲學家淮南子，其思想也沒有什麼的新奇處，淮南子的本體論，在原道訓、俶眞訓諸篇中，爲說頗詳密，蓋取之於老莊，加之以周易，更附之以漢代幽玄神祕的思想而成的。(註一百二十) 淮南子的本體論之中心思想，是在於道。道是精神的靈的超越一切特殊的經驗的東西；宇宙間一切現象，都是以道爲之根，因爲道能覆天載地，宇宙的一切現象，不能離開道爲實在的絕對。然道是什麼？淮南子沒有提出他具體的主張，所以他的思想，未免陷於神祕的形色。陸賈的根本思想，和易繫辭傳裏所說的一樣，道術乃由天地人三功德而生的；體天地之德，而全道術的人，就是世界的聖人；他的政治論，是根據這個思想而演生的。陸生新語道基篇說：『天地生物，地以養之，聖人成之，功德參合而生道術，故張日月，列星辰，序四時，調陰陽，布氣治性，次置五行，春生夏長，秋收冬藏，陽生雷電，陰成雪霜，養育羣生，一茂一亡，潤之以風雨，曝之於日光，……於茲先聖，乃仰觀天事，俯察地理，圖畫乾坤，以定人道，民始開悟，知有父子之親，君臣之義，夫婦之道，長幼之序，於是百官立，王道乃生。』所謂道術，是與天地化參，而後乃成王道。他是繼承老子及周易的思想，而雜於儒家的政治理論的。董仲舒的思想以天爲根據爲原理，人生百般的事業，以爲是從天理演生出來的。他提出道之大原出於天的話，而證明天人合一的中心思想。他在對策篇說：『善言天者必有驗於人，善言古者，必有驗於今。臣聞天者羣物之祖也，故徧覆包函無所殊，建日月風雨以和之，經陰陽寒暑以成之，故聖人法天立道，亦博愛無私，布德施行以厚之，設誼立禮以導之。』他所說的道，是測驗於人事，和道家所說的道，傾向於玄虛，是有不同的。揚雄是西漢學者的殿將，是繼承儒道二家思想的人，所謂折衷學派的學者。他所作的太玄，用以形成其哲學本體的，太玄是取老子的道體「玄」而來的；他又借易陰陽生生進展的原理以作說明。太玄是擬易之書，易以八八爲數，故其卦六十有四；玄以九九爲數，故其首八十有一；以此而演繹他的哲學思想，未免陷於公式主義。以上將漢代哲學之代表思想家，略比較其所主張的理論，以資參證。

(十四)文學　由先秦至漢代文學的進展，也跟着時代及政治的推移，進到了一個新階段。在秦以前，經過很長的封建割據時期，各國言語和各國文字，是不相同的。秦始皇統一中國，爲鞏固統一的文化基礎，所以實施文字統一，一方面改大篆爲小篆，製成一種簡省文字，以便於通行；一方面又以政府的命令，要全國書同文，把各種歧異的字，盡行廢除；從此以後，把許多怪異的方言淘汰，而有簡便的文字通行全國了。但是文字有了定型，不能隨方俗而變，久之便變爲不容易懂的典雅的古文，文與語便分道揚鑣了；文體與語體極端分化的結果，使學習文字，便成艱難的一件事，又因教育不能普及，遂使習用文字，成爲少數人的專業，因此文學的領域，跟着文語的分離，而劃分不同的範圍；一部分是普通民衆用口語謳唱的平民文學；一部分是文人學士，用古文寫的貴族化的古典文學；故漢代可說是貴族化的古典文學開始的時代。（註一百二十一）茲將漢代文學分述如下：（1.）散文。兩漢散文，是樸茂雄渾，大別言之可分爲三（a）政論家，如賈誼、劉向之類；（b）歷史家，以司馬遷、班固稱巨擘；（c）哲學家，如揚雄、王充之流。漢代散文，很少吟風弄月的閒文字，都是有爲而作。賈誼之過秦論及陳政事疏，鼂錯之言兵事書，論守邊備塞書，論募民徙塞下書，董仲舒之對賢良策，司馬遷之貨殖列傳，揚雄之諫不受單于朝書等，皆能就事論陳得失，爲文雍容渾厚，深切著明。漢代散文不立宗派，其所以爲人愛讀者，是因爲漢之文學家，能據筆直書，不模仿什麼殷盤周誥，而完全屬於創造的。（2）辭賦。漢之辭賦，直接來源，卻是楚辭，楚辭的體製，適介於詩賦之間，詩大都是短的，賦大都是長的，而楚辭的長短卻似賦，詩是可歌的，賦是不可歌的，班固漢書藝文志說：『不歌而誦謂之賦。』又說：『春秋之後，周道寖壞，聘問歌詠，不行於列國，學詩之士，逸在布衣，而賢人失志之賦作矣。大儒孫卿及楚臣屈原，離讒憂國，皆作賦以諷，咸有惻隱古詩之義。』可知賦原是表達個人深致的熱烈的情感。漢人初期作品，尙離楚辭不甚遠，直到了漢武帝時代，專獎勵文學之士，於是文人要誇張博學，所以一味敷陳典故，不顧及情感，漢賦就離楚辭而獨立。其時賦家輩出，成帝時進御之賦，多至千餘篇，爲漢賦最盛時期，卽西京時期；而東京時卻一味模仿，那最盛時期的作品，較之西京已減色了。（註一百二十二）漢代的賦，可以作一代文學的代表，王國維說：『凡一代有一代之文學，楚之騷，漢之賦，六代之駢語，唐之詩，宋之詞，元之曲，皆所謂一代之文學，而後世莫能繼焉者也。』（註一百二十三）漢賦在文學史上的位置，可以知道了。漢賦不止一派，漢書藝文志把他分爲四類：（a）爲屈賦，屈賦就是屈原的離騷、九歌、天問九章等篇及唐勒（唐勒賦今亡）宋玉所作的賦。在漢代賈誼、淮南王安諸人的賦，屬於屈賦，此類大抵是抒情的。(b)陸賦，就是陸賈的賦、陸賈有賦三篇今已不傳，而枚皋、朱建、嚴助、朱買臣等人的賦，漢志列於陸賦之屬，今亦不傳，今可見的只有揚雄的賦。此類大抵偏於辭說，為縱橫的變相。(c)荀賦，是荀子書中的賦篇，有禮、知、雲、蠶、箴等五篇，荀子以後，漢志所列的，今已不傳。荀子賦篇是主咏物的。(d)雜賦，本無一定體例，漢志所列，今亦不傳，無從考證。(註一百二十四)賦專為敷陳故實，堆聚成詞，所以可為古典文學的代表。漢初陸賈與賈誼，都是賦家能手，賈誼因懷才不遇，同調屈宋，曾作弔屈原賦等，哀感動人，可稱為帶有個性之作；但他的論文，實較賦尤為重要。其專以作賦著名的，有枚乘、司馬相如、東方朔等。此外嚴忌、嚴助、劉安、吾丘壽王、朱買臣等，亦能作賦，見稱於時。上述都為漢武帝時代的賦家。武帝死後，直到東漢末年三百餘年間，賦之作家仍不衰；最著名的有劉向、揚雄、王褒、班固、王逸、張衡、馬融及蔡邕等。漢人所作的賦，多是謳歌盛世，頌揚聖德的，在文學上沒有什麼意義，和明清文人所作的八股文同樣全無價值。(3)詩歌。漢代的文學，是分兩路發展的。一路是文人的貴族文學，趨向典雅一途，造成漢賦的作品；一路是民間的文學，趨向通俗一途，造成樸實的抒情詩。漢五言詩，普通稱為古詩；關於五古的起源，傳統的學說，都以為起於西漢。但清代學者中，如朱彝尊等，抱有懷疑的態度。(註一百二十五)大概西漢只有民歌，到了東漢中葉以後，民間文學的影響已深入，已普遍了，才有上流文人出來，公然仿效樂府歌辭，造作詩歌。漢武帝立樂府官，命人作郊祀歌十九章，尚有古代頌歌之遺意。漢之興，樂實始於高祖，命唐山夫人作房中歌，後來樂府大興，詩體為之改變，解放了字數之呆板和抒情之不暢。樂府之意義多端，有如下八種：即製詩協樂，采詩入樂，古有此曲，倚其聲而成詩，自製新曲，擬古咏古題，杜陵新題樂府，詠史樂府。樂府之命題不一，有歌、行、歌行、引、曲、吟、辭、篇、唱、調、怨、歎等。樂府歌辭，大都採自民間，依所用的樂器不同，分做三類：（a）鼓吹曲辭，所用均爲外族的樂器，歌辭亦含有外族的色彩，用於朝會道路，亦名短簫鐃歌。（b）橫吹曲辭，所用樂器亦來自外族，歌辭失傳不可考，是用於軍中的。（c）相和歌辭，所用爲本國固有的樂器，歌辭爲國人自己的創作，取材很寬廣。著名的如陌上桑，飲馬長城窟行，塘上行，有長至一千七百六十五字，被稱爲古今第一長詩的孔雀東南飛，徐陵玉台新詠錄此詩，並爲之序說：『漢末建安中，廬江府小吏焦仲卿妻劉氏，爲仲卿母所遣，自誓不嫁，其家迫之，乃投水而死，仲卿聞之，亦自縊於庭樹，時人傷之，爲詩云爾。』有說此詩，爲焦仲卿妻所作。此詩是中國文學史上一首空前的僅有的哀艷動人的長詩創作，內容寫得眞摯、誠實，宛如一幕悲劇擺在面前，作者描寫的技術眞是高妙。從以上所述的詩歌，我們可以看見古代民間豪士的不法，從軍的痛苦，婚姻的不自由，再嫁的不被輕視等社會實況。（註一百二十六）古詩十九首，爲漢代五言的傑作，此詩是何人所著，何時代產生，莫衷一是。玉台新詠以行行重行行，青青河畔草，西北有高樓，涉江采芙蓉，庭中有奇樹，迢迢牽牛星，東城高且長，明月何皎皎等八篇爲枚乘所作；文心雕龍以冉冉孤生竹一篇爲東漢傅毅所作；而文選統以失其姓氏，只題曰古詩。古詩十九首之外，有蘇李贈答詩，卓文君白頭吟，班婕妤怨歌行，莫不音調鏗鏘，情致婉轉，爲一代傑作。李陵與蘇武的贈答詩，唐劉知幾史通，宋蘇軾志林，清梁章鉅文選旁證，都說爲僞作。卓文君白頭吟，亦爲後人僞托，玉台新詠列爲古樂府六首之一，宋書樂志大曲中，稱爲古辭白頭吟，皆未言卓文君作。班婕妤怨歌行，一作怨詩，亦作紈扇詩，文選及玉台新詠皆載之。玉台新詠說：『成帝時，班婕妤失寵，供養於長信宮，乃作賦自傷，並爲怨詩。』但漢書外戚傳僅說：『婕妤退處東宮，作賦自傷悼。』沒有並爲怨詩的話，班固是她的姪孫，如果有詩，不應疏略不說，不能不令人懷疑爲僞托了。以上的詩，是情感豐富，爲民衆文學化的作品。(4)小說。漢書藝文志所著錄小說，有封禪方說十八篇，待詔臣饒心術二十五篇，原註皆云武帝時；待詔臣安成未央術一篇，臣壽周紀七篇，原註宣帝時；虞初周說九百四十三篇，原注，虞初武帝時人，號黃車使者。除心術、未央術似是方術而外，其他都是小說，而以武帝時的作品爲多。那些小說今皆失傳，內容如何，不得而知。另外有一類小說，如漢武內傳、飛燕外傳等，雖題名爲漢人作，但多係後人假托，不可認爲漢代的小說。（註一百二十七）

參考書舉要

（註一）張亮采著中國風俗史五三頁。
（註二）前漢書卷五帝紀。
（註三）前漢書卷一下高帝紀。
（註四）前漢書卷四十八賈誼傳。
（註五）前漢書卷十成帝紀。
（註六）章嶔著中華通史第二冊五五四頁引。
（註七）前漢書卷七十二王吉傳。
（註八）前漢書卷六十五東方朔傳。
（註九）前漢書卷七十二貢禹傳。
（註十）前漢書卷四十三婁敬傳又卷二十八地理志。

(註十一)徐天麟撰西漢會要卷四十九引。

(註十二)英國殷格蘭(John Kells Ingram)奴隸制度史漢譯本附錄二。

(註十三)史記卷七十三白起王翦傳。

(註十四)前漢書卷二十四上食貨志。

(註十五)讀史管見卷三。

(註十六)前漢書食貨志。

(註十七)前漢書食貨志。

(註十八)前漢書卷九十九中。

(註十九)前漢書卷九十九中。

(註二十)文獻通考卷一田賦考引荀悅漢紀卷八文帝紀。

(註二十一)後漢書卷十一引古今注。

(註二十二)東觀漢紀卷二。

(註二十三)後漢書卷六十二樊宏傳。

(註二十四)前漢書卷四文帝紀。

(註二十五)前漢書食貨志上。

(註二十六)前漢書卷五景帝紀。

(註二十七)前漢書食貨志上。

(註二十八)前漢書食貨志上。

(註二十九)前漢書卷九元帝紀。

（註三十）前漢書卷八十九。

（註三十一）西漢會要卷五十一引河渠書。

（註三十二）文獻通考卷七田賦考古今圖書集成戎政典屯田部。

（註三十三）前漢書卷五景帝紀。

（註三十四）前漢書卷四十九鼂錯傳。

（註三十五）萬國鼎著中國田制史上冊一一八頁引。

（註三十六）西漢會要卷五〇又兩漢書本紀。

（註三十七）御批歷代通鑑輯覽卷十四。

（註三十八）前漢書食貨志上。

（註三十九）張鳴皆著中國歷代耕地問題一二三頁後漢書卷一〇一皇甫嵩傳又朱儁傳。

（註四十）文獻通考卷一。

（註四十一）常乃德著中國財政制度史五四頁。

（註四十二）前漢書卷一上高帝紀如淳引漢儀注。

（註四十三）前漢書卷七十二。

（註四十四）前漢書卷七昭帝紀。

（註四十五）西漢會要卷五十二前漢書食貨志下。

（註四十六）文獻通考卷十五征榷考。

（註四十七）後漢書卷三七百官志。

（註四十八）史記貨殖列傳。

（註四十九）王孝通著中國商業小史二十九頁。

（註五十）鄭行巽著中國商業史七十八頁。

（註五十一）史記卷三十。

（註五十二）前漢書食貨志下文獻通考卷八錢幣考。

（註五十三）周伯棣編譯中國貨幣史一三頁。

（註五十四）文獻通考卷八錢幣考。

（註五十五）赤仄與赤側同其周廓以赤銅即純銅鑄造之因此稱之爲赤仄五銖鍾官是後來的上林三官之一。

（註五十六）文獻通考卷八錢幣考周伯棣編譯中國貨幣史十五頁常乃悳著中國財政制度史七十頁御批歷代通鑑輯覽卷二十。

（註五十七）西漢會要卷七十前漢書卷九十六上西域傳序。

（註五十八）漢書卷九十六上西域傳序。

（註五十九）張星烺撰中西交通史料匯篇第一册古代中國與歐洲之交通篇。

（註六十）Soothill: "China and the West" p. 15

（註六十一）日人木宮泰彥著中日交通史上册漢譯本十四頁。

（註六十二）前漢書卷九十五西南夷傳。

（註六十三）桑戴克著世界文化史漢譯本第二十二章中國文化全盛時期。

（註六十四）向達著中外交通小史五至七頁。

（註六十五）前漢書卷十九上百官公卿表。

（註六十六）前漢書卷十九上百官公卿表師古註。

（註六十七）前漢書卷十九上百官公卿表。

(註六十八)通典卷三十三職官十五。

(註六十九)前漢書卷十九百官公卿表。

(註七十)前漢書卷十九百官公卿表註。

(註七十一)通典卷二十職官二。

(註七十二)廿二史劄記卷二。

(註七十三)策海淵萃卷四十二兵制。

(註七十四)後漢書卷五十三竇憲傳註。

(註七十五)通考卷一五〇兵考二。

(註七十六)後漢書卷三十七百官志。

(註七十七)鄧之誠著中華二千年史卷一，一八七頁。

(註七十八)通考卷一五〇兵考二。

(註七十九)後漢書卷九九何進傳。

(註八十)後漢書卷一下光武紀注引漢官儀。

(註八十一)通考卷一五〇兵考二。

(註八十二)通考卷一五〇兵考二。

(註八十三)前漢書卷一上高帝紀注。

(註八十四)策海淵萃卷四十二兵制。

(註八十五)文獻通考卷二百六十三。

(註八十六)前漢書卷二十三刑法志。

（註八十七）拙著中國法律史大綱四五頁。

（註八十八）前漢書刑法志卷二十三。

（註八十九）楊鴻烈著中國法律發達史上冊一百七頁至一百十頁引。

（註九十）前漢書卷二十三刑法志。

（註九十一）後漢書明帝本紀及古今圖書集成一百六十四卷贖刑部。

（註九十二）淵鑑類函卷一百四十六。

（註九十三）文獻通考卷一百六十四後漢書卷七八應劭傳。

（註九十四）古今圖書集成卷一百六十四。

（註九十五）御批歷代通鑑輯覽卷十六。

（註九十六）後漢書卷一百五。

（註九十七）歷代三寶記卷一引。

（註九十八）梁任公近著第一輯佛之教初輸入。

（註九十九）梁任公近著第一輯中卷佛教與西域又宋佩韋編東漢宗教史二十二頁至二十四頁引。

（註一百）高桑駒吉著中國文化史百二十二頁。

（註一百一）梁僧佑出三藏記卷一引。

（註一百二）前漢書卷二十二通志卷四十九。

（註一百三）陸侃如著樂府古辭考二頁。

（註一百四）許之衡著中國音樂小史三十八頁。

（註一百五）柳詒徵編著中國文化史上卷四〇九頁引。

（註一百六）大村西崖著中國美術史漢譯本三十二頁。

（註一百七）史記卷六秦始皇本紀。

（註一百八）前漢書卷二十八。

（註一百九）前漢書卷六武帝紀贊。

（註一百十）徐式圭著中國教育史略十七頁。

（註一百十一）前漢書卷八十八儒林傳。

（註一百十二）後漢書靈帝本紀及蔡邕陽球傳。

（註一百十三）陳青之著中國教育史上冊一〇九頁。

（註一百十四）通志卷五十八選舉略。

（註一百十五）毛邦偉編中國教育史一一三頁。

（註一百十六）後漢書卷八十九。

（註一百十七）朱文鑫著天文考古錄六頁中崔朝慶著中國人之宇宙觀一至七頁章嶔著中華通史二冊五四一頁。

（註一百十八）後漢書卷六十五鄭玄傳。

（註一百十九）史通內篇又章嶔著中華通史第二冊五三八頁。

（註一百二十）日人渡邊秀方著中國哲學史概論漢譯本中世哲學第一編十二頁。

（註一百二十一）胡雲翼著中國文學史二八頁。

（註一百二十二）譚正璧新編中國文學史六二頁。

（註一百二十三）王國維著宋元戲曲史序。

（註一百二十四）胡懷琛編中國文學史概要四四頁。

（註一百二十五）陳鍾凡著中國韻文通論一四三至一四四頁。

（註一百二十六）譚正璧編中國文學史大綱三三頁。

（註一百二十七）胡懷琛編中國文學史概要四八頁。

第二章　三國時代之文化

第一節　三國時代之政治社會

漢末州郡割據互相兼併的結果，成爲魏、蜀、吳三國。魏國的始祖是曹操，他本人沒有稱皇帝，他的兒子曹丕，統一中國北方一帶，是爲魏文帝，奠都洛陽。丕在位之二年，（民國紀元前一千六百九十一年，）劉備由漢中王，進位爲帝，是爲蜀昭烈帝，奠都成都。又明年，孫權稱吳王，奠都建業；後七年亦稱帝，是爲吳大帝。這三個人最初在州郡開始割據的時候，沒有很大的勢力；其時曹操稱奮武將軍，部下不過千餘人。劉備在降虜校尉公孫瓚部下，爲別部司馬，所部兵士不滿千人。孫權的父親孫堅戰死後，長兄孫策依附袁術，也不過孫堅的殘部千餘人。那時聲勢最盛的是袁紹，據幽、幷、青、冀四州，劉表據荆州，劉焉據益州，袁術據壽春，馬騰、韓遂，據涼州，他們的勢力，都比這三人強大，然而結果都歸消滅，只剩了他們三人互相競鬬，各不相下。（註一）他們互相競鬬的結果，司馬氏卒把他們一起吞併。茲將三國混亂的局面，略述如下：後漢時代袁紹所據的地方廣大，所以勢力最強；但當時曹操假借名義，挾天子以令諸侯，也有相當的勢力。當董卓亂，州郡連兵討伐的時候，曹操覺得正有爲的機會，遂在黃河南岸一帶地方，擴充兵力，爲自立的準備；獻帝想得一個有實力的來作護衛，由外戚董承援引曹操，曹操因卽挾獻帝，遷都許昌，自爲大將軍，大權就落在他的手中曹操略地至徐州，徐州牧告急於劉備等，劉備率千餘人往救，及陶謙死，遺命迎劉備爲主，乃爲徐州牧。呂布襲取徐州，劉備往奔曹操，曹操便利用他去攻呂布，繼續委劉備做豫州牧，借兵給他，遂合力攻殺呂布，並擊破袁術。劉備本不是安分的人，不願居曹操指揮之下，恰獻帝受不住曹操的挾制，密令董承翦除曹操，事機不密，爲曹操發覺，董承被殺，劉備與曹操決裂，曹操攻劉備，劉備敗了，遂投奔袁紹。曹袁成對峙的形勢，曹操據黃河南岸，袁紹據黃河北岸，官渡一戰（今河南省中牟縣北境）袁紹大敗，氣憤而死；曹操乘機逐漸收併袁紹所據的幽、幷、青、冀四州地方，繼南攻荊州，劉表的兒子劉琮，把荊州投降曹操。劉備本來是依附劉表屯兵新野，（今河南新野縣，）荊州破了，逃往江陵，曹操派輕騎追到當陽長坂，（今湖北當陽縣，）兵敗，與諸葛亮等再逃往夏口，靠劉表的大兒子劉琦，以期勢力的恢復。

劉備逃至夏口，用諸葛亮計，約孫權，（孫權屯兵柴桑今江西省九江縣，）同拒曹操，諸葛亮以三分中國的主張，往說孫權，孫權乃決計出兵，派周瑜帶水軍三萬，與劉備合力共拒曹軍，雙方在赤壁（今湖北省嘉魚縣境內）作戰，曹軍駐長江北岸，周瑜駐南岸，曹軍不敵，幾乎全軍覆沒；劉備乘機收復武陵、長沙、桂陽、零陵、四郡爲根據地，三分之勢，就立了基礎。三國志載：『先主遣諸葛亮自結於孫權，權遣周瑜、程普等水軍數萬，與先主幷力，與曹公戰於赤壁，大破之，焚其舟船，……曹公引歸，先主表琦爲荊州刺使，又南征四郡，皆降。……琦病死，羣下推先主爲荊州牧，治公安。』（註二）劉備既得荊州，就想向蜀中發展，恰好益州劉璋招他相助，他就帶兵入蜀，不久劉備與劉璋不睦，遂奪取益州，又想向漢中、涼州發展，竟把漢中從曹操的手中奪下，並使關羽出兵攻取襄陽。

孫權因劉備入川想乘虛奪取荆州，劉備不願開釁，便和孫權妥協，把荆州地方平分；劉備使關羽守江陵，孫權使魯肅屯陸口，（今湖北蒲圻縣）當關羽進攻北方的時候，把江陵守兵盡數調赴前敵，後路空虛，孫權部將呂蒙，便發兵襲取江陵；關羽受前後夾攻，只得退軍，給伏兵擒殺，荆州乃全歸孫權所有。劉備進取西蜀之勢，受了大打擊。

民國紀元前一六九六年，曹操自稱魏王，一六九二年曹操死兒子曹丕繼立，就逼漢獻帝禪位，是爲魏文帝。劉備聞獻帝禪位曹丕，即於一六九一年，即皇帝位於成都，是爲漢昭烈帝。民國紀元前一六八三年，孫權亦在建業（金陵）即皇帝位，是爲吳大帝。

關羽被東吳擒殺，乃親自統兵伐吳，不料爲吳將陸遜在猇亭（今湖北宜都縣西）殺敗，劉備退至白帝城，（今四川奉節縣城東十三里，）一病而死，其子劉禪繼位，是爲後主，遺命諸葛亮輔政；以尚書令李嚴爲副；後主封亮爲武鄉侯，領益州牧，政事不論大小，咸決於亮。亮約官職，修法制，蜀以漸治。又以蜀、吳相爭，難以保全，乃派鄧芝往東吳講和，說道：『吳、蜀二國四州之地，大王命世之英，諸葛亮亦一時之傑也。蜀有重險之固，吳有三江之阻，合此二長，共爲脣齒，進可兼併天下，退可鼎足而立，此理之自然也。大王今若委質於魏，魏必上望大王之入朝，下望太子之內侍，若不從命，則奉辭伐叛，蜀必順流，見可而進，如此，江南之地，非復大王之有也。』權遂絕魏，專與蜀連和。魏知吳聯蜀，曹丕遂有親征之舉。魏文帝丕在位之五年，東巡至許昌，大興師伐吳，阻於江不能渡，下詔班師，繼又伐吳，吳人嚴陣固守，適大寒冰，不能渡江，遂歸，丕歿，子叡立，是爲明帝。

蜀、吳連和既成，諸葛亮先平四川省南部，和雲南省貴州省一帶的亂事，收服蠻王孟獲，然後整理內政，積極練兵，準備北伐，他率諸軍駐漢中，上疏說：『今南方已定，兵甲已足，當奬率三軍，北定中原，庶竭駑鈍，攘除奸兇，興復漢室，還於舊都。』因此遂進攻祁山（今甘肅西和縣西北）魏國不料蜀國突然出兵，很是驚惶，魏明帝親自引兵至長安，命張郃抵禦蜀兵，諸葛亮使馬謖當前鋒，與張郃戰於街亭（今甘肅秦安縣東北）謖違調度，舉動失宜，大爲郃所破，諸葛亮只得退回漢中。繼又出兵散關（今陝西寶鷄縣西）包圍陳倉（今陝西寶鷄縣東）因缺乏軍糧，無功而退。民國紀元前一六七八年，又因斜谷（今陝西郿縣西南）出兵，用流馬運糧，據武功五丈原，（武功即現今陝西郿縣，五丈原在縣西南，）與魏將司馬懿對陣，司馬懿死守不戰，諸葛亮乃分兵屯田，作持久之計，綱鑑彙纂說：『時與亮相守百餘日，亮數挑戰，懿不出，亮乃遺懿巾幗婦人之服，懿怒，上表請戰，亮曰：彼本無戰情，所以固請戰者，以示武於其衆耳，亮遣使者至懿軍，懿問其寢食及事之煩簡，不問戎事，使者對曰：諸葛公夙興夜寐，罰二十（杖罪二十）以上，皆親覽焉，所噉食不至數升，懿告人曰：諸葛孔明食少事煩，其能久乎？』又說：『亮病篤，帝使尚書僕射李福省視，因諮以國家大計，亮曰：公所問者，公琰其宜也，福復請蔣琬之後，誰可任？亮曰：文偉（費禕字）可以繼之。又問其次，亮不答，是月亮卒於軍中。』（註三）諸葛亮之死，可說爲國家鞠躬盡瘁而死。諸葛亮死後，蜀國蔣琬、費禕、相繼執政，都不大主張用兵。費禕死後，姜維掌握兵權，屢次出兵伐魏，勞而無功，而吳國大帝死後，忙着內亂，沒有工夫顧到北方。魏國於明帝死後，司馬氏攬權，亦有內爭，不能向外發展。三國疆土，因此無大變更。（註四）

民國紀元前一六四九年，司馬昭着鍾會、鄧艾、兩道伐蜀，鍾會取漢中，姜維守劍閣，（今四川廣元縣）會不能進，而鄧艾從陰平直下緜竹，忽然攻破成都，後主禪出降，蜀漢從此滅亡。於是晉國派羊祜鎮襄陽，王濬據益州，以圖吳。吳自大帝死後，少子亮立，諸葛恪輔政，吳當諸葛恪輔政時，曾一次出兵伐魏，諸葛恪死後，忙着內亂，沒有工夫顧到北方，只有陸抗守着荊州，抵禦西北兩面，陸抗死後，吳國就沒有人才了。民國紀元前一六三二年，王濬、杜預，從荊州、益州順流而下，王濬的兵先到，孫皓出降，吳國遂亡。至魏自明帝殁後，養子曹芳接位，以大將軍曹爽與司馬懿輔政，懿誣爽僭竊，殺爽，滅其族，自是魏政出司馬氏。懿殁，子司馬師輔政，廢帝芳而立文帝孫高貴鄉公髦。司馬師殁，弟司馬昭輔政，曹髦欲誅司馬昭，昭黨賈充使人弑曹髦，立曹奐。當時魏國的武人，除司馬氏一系之外，還有揚州一系；揚州系見司馬氏父子如此橫行不服，王凌、毌丘儉、諸葛誕先後起兵討司馬氏，都被司馬氏平定。曹奐即位時，司馬昭受封晉公，繼進爵為王，以其子中撫軍炎為晉世子。及司馬昭卒，子炎代之，迫曹奐禪位，廢為陳留王。自三國鼎立，凡六十年，而晉遂一統天下。(註五) 考蜀國凡四十三年而亡，吳國凡五十二年而亡，魏國凡四十六年而亡，在這幾十年間，政治混亂，戰爭頻繁，是中國歷史上一個變局。三國所據的地方：如魏據中原，有州十三，司隸、荊、豫、兗、青、徐、涼、秦、冀、幽、并、揚，郡國六十八。東自廣陵、壽春、合肥、沔口、西陽、襄陽。西自隴西、南安、祁山、漢陽、陳倉。蜀據巴蜀，置益、梁二州，有郡二十二。以漢中、興勢、白帝，並為重鎮。吳北據江，南盡海；置交、廣、荊、郢、揚五州，有郡四十三。以建平、西陵、樂鄉、南郡、巴邱、夏口、武昌、皖城、牛堵圻、濡須塢，並為重鎮。其後復得沔口、邾城、廣陵。三國疆界，均置重兵以相備。(註六)

三國時亦與外族發生關係，因而影響政治：(1)蜀與外族的關係。後主初年，益州郡耆帥雍闓殺太守，求附於吳，吳以為永昌太守。雍闓又使郡人孟獲，誘諸夷皆叛應闓，丞相亮以新遭大喪，撫而不討。經過二年，始率師由越巂入，斬雍闓等，生擒孟獲，七擒七縱，獲乃心服。亮入滇池，諸郡皆平。(2)吳與外族的關係。景帝時，交趾太守孫諝貪暴，郡吏呂興殺之，而請吏於魏，煽動諸夷九眞、日南皆響應，魏以興爲將軍，遣兵往助，未至，興爲其部下所殺，吳兵三攻交趾皆失敗後復取之。(3)魏與外族的關係。漢獻帝建安二十一年，南匈奴單于入朝于鄴，曹操留之，使右賢王監國，單于給錢穀如列侯，子孫襲號，分其衆爲左右前後中五部，各立貴人爲帥，選漢人爲司馬監督之，帥皆稱劉氏，自以爲漢甥。建安十一年，曹操征烏桓，破柳城，斬蹋頓，平上谷、右北平四部。二十三年，代郡、上谷烏桓反，操子彰，擊破之，終魏之世，服從中國，其旗移居內地，遂啓東晉五胡之亂。鮮卑亦稱東胡，其語言習慣與烏桓同，東漢後，匈奴衰，鮮卑始強。(註七)桓帝時，其酋長檀石槐，盡據匈奴故地，分其衆爲三部：東部自右北平至遼東，中部自右北平以西至上谷，西部自上谷以西至敦煌；屢爲邊患，靈帝發兵三萬征之，皆敗績。檀石槐死後，內部相爭，衆遂離散。而小鮮卑軻比能興盛起來，自雲中、九原，東撫遼水，屢屢侵寇邊疆；魏主叡時，幽州刺使幷領烏桓校尉王雄，遣勇士刺殺之，諸弟繼統其衆，在遼西、漁陽、右北平塞外，離邊疆遠，不復爲害。

三國時代，是我國南北對抗之始，這時代可注意的，是江域的漸次發達。前此江南的都會，只有一個吳。江北的廣陵，卻是很著名產業和文化的重心，還在長江的北岸。自從孫吳以建業爲國都，就做了東晉和宋、齊、梁、陳四朝建都之所。東晉以後，受北方異族的蹂躪，衣冠之族，避難南奔，間接影響南方文化的興盛，而孫吳在東南根據長江流域的優勢，自趨於發達的機運，各國互相對立，人才競勝一時，政治上的紛擾，亦間接影響於文化。

參考書舉要

(註一)韋休編中國史話第二十三章二十頁。

（註二）陳壽撰三國志卷三十二。
（註三）綱鑑彙纂卷十三。
（註四）韋休編中國史話第二十三章二九頁。
（註五）綱鑑彙纂卷十三李泰棻著中國史綱卷二第一章一三六頁湯睡菴編歷朝綱鑑全史卷二十三。
（註六）文獻通考卷三一五輿地考。
（註七）呂思勉著中國民族史七三頁李泰棻著中國史綱卷二第一章一三八頁。

第二節　三國時代之文化形態

三國爲期祇六十年之久，文化亦不過承東漢末季餘緒，未有特異彩色，茲略爲敍述如下：

（一）農業。　從漢末三國紛爭起，一直到後魏六朝的時候，是中國極紛亂的期間，幾百年全國不斷的戰爭兵禍，已將社會上一切的秩序和生產關係破壞不堪，不論直接間接，都影響到爲生產基礎的農業。黃巾之亂，繼以董卓之亂，社會秩序破壞很多，農民加入黃巾的暴動或被徵發而爲鎮壓暴動的及新興貴族互相殘殺的軍隊，徵發愈衆，社會愈紊，不能參加軍事活動的人只出於逃避，人民因爲暴動及被徵發遷徙流離之故，人口愈爲減少。仲長統傳載：『以及今日名都空而不居，百里絕而無民者，不可勝數。』（註一）李賢註：『孝靈遭黃巾之亂，獻帝嬰董卓之禍，英雄棋峙，白骨膏野，兵亂相尋，三十餘年，三方既寧，萬不存一也。』案劉禪降魏，送士民簿，領戶二十八萬，男女口九十四萬。孫皓降晉，戶五十二萬三千，口四百四十三萬餘。魏之戶口，據通考戶口考，有戶六十六萬餘，口四百四十三萬餘。三國合計，戶不及二百萬，口不及八百萬。其數調查雖未必可靠，然足見三國因戰事的頻繁，殺戮甚多，以致人口的減少。一方面又因懼戰事的波及，而逃避他處。三國志載：『關中膏腴之地，頃遭荒亂，人民流入荊州者十餘萬家。』(註三)後漢書：『青、徐士庶，避黃巾之難，歸劉虞者百餘萬口，皆收視溫恤，爲安立生業，流民皆忘其遷徙。』(註四)冊府元龜：『自廬江、九江、蘄春、廣陵戶十餘萬，皆東渡江，江西遂虛。』(註五)農民因遷徙不能安居樂業，耕作荒虛，穀物減少，致袁紹軍人皆食椹棗，袁術戰士取給蠃蒲，主要農產品的缺乏可想而知。三國的社會環境已如上述，而土地制度乃形成三種形態：(甲)國家莊園。當大亂時，農民不能獨立經營農業，國家經費和軍事的需要，減少下來的人口之租稅收入不敷應用，必須實行軍事化的農業經營，而且是集中的大量經營，才能適應這種需要；這經營的形式在軍事停止以前，是必須的；即在社會秩序恢復農民復耕以前，是必須的。國家莊園，是以軍耕爲主，經營形式以時以地而有不同，約略說之有四：(A)軍兵屯田。軍屯是國家莊園最主要的形式，最典型的，是鄧艾的屯田。三國志：『艾以爲陳、蔡之間，上下良田，可省許昌左右諸稻田，幷水東下，令淮北屯二萬人，淮南三萬人，十二分休，常有四萬人，且田且守，水豐常收三倍於昔，計除衆費，歲完五百萬斛以爲軍資，六七年間可積三千萬斛於淮上，此則十萬之衆五年食也。以此乘吳，無往而不克矣。』(註六)(B)州郡屯田。州郡屯田無異於軍兵屯田，但駐屯的軍隊，是移動的，而州郡的軍隊，是爲定着的。三國至晉，刺史、太守多由軍官兼任，而有時以農業經營之故，不令刺史、太守兼任軍職，則州郡的屯田，不復與軍屯相同。其中有很多刺史、太守，募民佃耕官田，完全不用軍兵。三國志：『徐邈爲涼州刺史，廣開水田，募貧民佃之，家家豐足，倉庫盈溢。』(註七)所謂屯田，僅是名義而已。(C)徙民屯田。徙民屯田，是移民另一地域設置田官主管官田的農業與募貧民及用軍士屯田，都不相同。建安十八年，梁習上表於曹操，請置屯田都尉領客戶六百夫於道次耕種菽粟以給人牛之費。(註八) 這種農官對屯田的設置及農民的分配可自由處置。三國志：『太祖欲廣置屯田，使國淵典其事，淵屢陳損益相土處民，計民置吏明功課之法，五年中倉廩豐富，百姓競勸樂業。』(註九) 農官直屬於最高的軍事領袖設官置吏於軍隊州郡，不發生關係。(D) 奴婢屯田。三國奴隸生產不佔主要，但奴隸的掠奪是很盛行，常使之和農民一樣參加生產代替士兵屯田。(乙) 大族莊園。大族根據社會上的特殊地位而有膏田滿野，成爲地方自足經濟。他大量地土的來源有四：(1)由土地兼併而集中於大族之手。(2)黃巾暴亂後，大族舉族遷徙，到處可佔有土地。(3)大族參與戰爭，軍事領袖，常以大量土地賜與。(4)小農在變亂時，爲求大族的保護，多以土地獻給大族，或以債務關係，繳納土地而爲之佃耕。他有佃農、賓客、部曲、倉頭、奴隸，以爲驅使。(丙) 民有土地。三國第三種的土地形態，就是普通的民有土地，這種土地多屬於小地主及自耕農，爲獨立的小農場經營，雖爲數不鮮，然以散漫及在軍事貴族及大族的高壓之下，飽受兼併之苦，各地都有這種情形，尤以敦煌爲甚。三國志：『郡在西陲，以喪亂隔絕，曠無太守二十歲，大姓雄張，遂以爲俗。……慈到，抑挫權右，撫卹貧贏，甚得其理。舊大族田地有餘，而小民無立錐之土。慈皆隨口割賦，稍稍使畢其本直。』(註十) 三國之君，對於田制略表不滿者，惟孫休。休於永安二年下詔：『自頃以來，州郡吏民及諸營民，多違此業，浮船長江，賈作上下，良田漸廢，見穀日少，欲求大定，豈可得耶？』(註十一) 良田漸廢，普通人民之有田地者日少了。

三國時水利事業，較有可觀者，惟魏國。三國志：『惇乃斷大壽水作陂，身自負土，率將士勸種稻，民賴其利。』

（註十二）又載：『太祖方有袁紹之難，謂馥可任以東南之事，遂表爲揚州刺史；馥旣受命，單馬造合肥空城，建立州治。……於是聚諸生，立學校，廣屯田，興治芍陂及茹陂、七門、吳塘諸堨，以溉稻田，官民有蓄。』（註十三）『郡界下濕，患水澇，百姓飢乏，渾於蕭、相二縣界，興陂遏，開稻田，郡人皆以爲不便。渾曰：地勢洿下，宜灌溉，終有魚稻經久之利，此豐民之本也。遂躬率吏民，興立功夫，一冬間皆成。比年大收，頃畝歲增，租入倍常，民賴其利，刻石頌之，號曰鄭陂。』（註十四）其他鄢汝新陂、小弋陽陂、戻陵堨、車箱渠、淮陽渠、百尺渠及潁水南北諸陂，因興修水利，灌溉田畝甚衆。吳、蜀二國之興修水利事，並不足稱，魏雖對於水利事業，較爲發達，然各陂多遏流水造成，頗背自然之理；且修治不堅，常虞潰決，故雖收一時的利益，日久則害累生。又各陂積水所封掩之地面積至廣，在土曠人稀之時，自不患無餘地蓄水，而在戶口漸增之後，則各陂之封淹廣土，實足增加耕地不足之恐慌，此是當時興修水利事業者，所不及料的。（註十五）

三國時之耕種方法，較前似無若何之進步，而北部承喪亂之後，開闢草萊，喜火耕而水耨，是反較前退步，惟用樓犂下種之法，實較前更爲普遍。魏志倉慈傳注引魏略說：『嘉平（魏主芳紀元）中，安定皇甫隆代趙基爲燉煌太守。……隆到，教作樓犂，又教衍溉。歲終率計，其所省庸力過半，得穀加五。』又翻車戽水之法，在此時應用於農事。魏志杜夔傳注：『時有扶風馬鈞，巧思絕世。……居京都，城內有坡可爲園，患無水以灌之，乃作翻車，令童兒轉之，而灌水自覆，更入更出，其巧百倍於常，此二異也。』農業技術的進步，對於農事，自有改良。犂耕發明，牛遂成爲農業之原動力，三國時北部殊感耕牛不足之恐慌，故衛覬建議官市犂牛，以給民之歸關中者。魏志衛覬傳：『覬書與荀彧曰：關中膏腴之地，頃遭荒亂，人民流入荊州者，十餘萬家，皆企望思歸，而歸者無以自業。……夫鹽，國之大寶也，自亂來放散，宜如舊制使者監賣，以其直益市犂牛，若有歸民以供給之。』因耕牛缺乏，政府且加以獎勵，如杜畿爲河東太守，課民畜牸牛草馬；顏斐爲京兆太守，課民畜豬狗以買牛。(註十六)三國時，魏之刺使郡守多有具振興農業之功績者。

天災水旱多影響於農事之進展，三國志：『黃初四年六月大雨，伊、洛溢流，殺人民，壞廬宅。』『赤烏八年，茶陵縣鴻水溢出，流漂居民二百餘家。』『太和二年五月大旱。』(註十七)又疫災蟲災等亦有害於農事的，如魏文帝黃初四年三月大疫。魏明帝青龍二年四月大疫。魏文帝黃初二年，冀州大蝗，人民飢荒等是也。

(二)社會風習。三國風習略述如下：(甲)飲食。三國時米、麥、豆爲主要的食糧，全漢文卷四十二王褒僮約說：『奴但當飯豆飲水。』後漢書卷五十三序說：『太原閔仲叔者，世稱節士，雖周黨之潔清，自以弗及也。黨見其含菽飲水，遺以生蒜，受而不食。』可知大豆久爲卑賤者及清貧者之食糧。後漢書獻帝紀興平元年：『是歲穀一斛五十萬，豆麥一斛二十萬，人相食啖，白骨委積。帝使侍御史侯汶出太倉米豆爲飢人作糜粥。』足證大豆與米麥同爲主要食糧。三國當荒亂之際，棗實、桑椹、蒲蠃之屬，下及野菜蓬實之類，均爲人所仰給。袁紹在河北，軍人仰食桑椹，袁術在江淮，取給蒲蠃。孔文舉爲東萊賊所攻，城將破，其治中左承祖以官棗賦與戰士。楊沛爲新鄭長，課民蓄乾椹，收䕆豆，積千餘斛，藏在小倉。適太祖爲兗州刺史，西迎天子，所將千餘人皆無糧。過新鄭時，楊沛進乾椹。盜賊李堪等將部曲入長安，拔取酸棗藜藿以爲食。三國時飲酒之風頗盛，荊州牧劉表跨有南土，子弟驕貴，並好酒。孫權於武昌臨釣臺飲酒大醉。孫皓每饗宴，無不竟日，坐席者均以七升爲限。蜀飲酒之風，似不及魏、吳，而飲茶之風特盛於蜀。(乙)衣服。三國時之被服材料，爲絲、麻、葛諸織物。吳志蔣欽傳：『權嘗入其堂內，母疏帳縹被，妻妾布裙，權嘆其在貴守約，卽敕御府爲母作錦被，改易帷帳，妻妾衣服悉皆錦繡。』但貧者只穿裘褐，魏志常林傳注引魏略淸介傳，謂吉茂好書，不恥惡衣惡食，冬則被裘，夏則短褐。(丙)婚嫁。三國時婚嫁喪葬均趨於儉樸，遠不若往昔之浮侈，魏志武帝紀建安二十五年注引傅子：『太祖愍嫁娶之奢僭，公女適人皆以皁帳，從婢不過十人。』(丁)喪葬。宋書禮志：『漢以後，天下送死奢靡，多作石室、石獸、碑銘等物；建安十年，魏武帝以天下彫弊，下令不得厚葬，又禁立碑。』魏志武帝紀建安二十五年注引魏書謂太祖『常以送終之制，襲稱之數，繁而無益，俗又過之，故預自制終亡衣服四篋而已。』魏志裴潛傳：『遺令儉葬，墓中惟置一坐，瓦器數枚，其餘一無所設。』魏志王觀傳：『遺令藏足容棺，不設明器，不封不樹。』蜀志諸葛亮傳：『亮遺命葬漢中定軍山，因山爲墳，冢足容棺，斂以時服，不須器物。』吳志呂蒙傳：『蒙未死時，所得金寶諸賜盡付府藏，敕主者命絕之日皆上還，喪事務約。』據此可知三國時喪葬之趨於節約的風氣。(註十八)

(三)稅制。三國土地的主要形態，是國家莊園與大族莊園，在國家和大族自足生產之下，雖爲租稅的繳納，對國家的收入無大的影響，僅是兩漢田租制度的遺留變質的存在着而已。兩漢的田租是土地收益稅三十稅一，很少的時期是十五分之一，向地主徵斂，地主則向佃戶取十分之五的地租。東漢末年，桓帝以修宮爲名，在田租之上附加每畝十文的土地面積稅，靈帝時此種稅制依然存在。這是由收益稅到面積稅的變化，也是由稅額游移到稅額固定的變化。(註十九)三國土地稅，吳、蜀二國沒有詳細的記載。三國志：『以諸葛亮爲軍師中郎將，督零陵、桂陽、長沙三郡，調其賦稅，以充軍實。』(註二十)吳孫休說：『良田漸廢，見穀漸少……亦由租入過重，農人利薄，……今欲廣開田業，輕其賦稅，差科強羸，課其田畝，務令優均，官私得所，使家給戶贍，足相供養，則愛身重命，不犯科法。』（註二十二）惟魏國定制每畝收田租四升。魏志武帝建安九年注：『魏書載公令曰有國有家者不患寡而患不均，不患貧而患不安；袁氏之治也，使豪強擅恣，親戚兼併，下民貧弱，代出租賦，衒鬻家財，不足應命；審配宗族，乃至藏匿罪人，為逋逃主，欲望百姓親附，甲兵強盛，豈可得耶？其收田租，畝四升。』可知武帝當早制定每畝四升之額，及破袁氏，乃推行於河北。後漢書仲長統傳載昌言損益篇有說：『今通肥饒之率，計稼穡之入，令畝收三斛，斛取一㪷，未為甚多。』可知武帝所定租額，不過百分取一，此額在曹丕受禪後，當仍無所變更。其次是戶調。曹魏的戶調，是基於土地私有，由西漢戶賦變來的。史記貨殖列傳載：『列侯封君食租稅，歲率戶二百，千戶之君則二十萬。』（註二十二）西漢的戶賦至東漢則變為戶調，東漢會要載：『明帝即位，赦隴西勿收今年租調。』（註二十三）又載：『桓帝延熹九年詔：歲比不登，其令大司農今歲調度追求及前年所調未畢者勿收。』三國志：『戶出絹二匹，綿二斤。』又載：『時袁紹舉兵南侵，遣使招誘豫州諸郡，多受其命，惟陽安郡不動，而都尉李通急錄戶調，儼見通曰：方今天下未集，諸郡並叛，懷附者復收其綿絹，小人樂亂，能無遺恨？』（註二十四）戶徵絲綿之制，實曹操所創，操久行此制，既破袁氏，乃推行於河北。據通考載魏之戶數為六六三·四二三；蜀亡時之戶數為二八〇·〇〇〇；吳亡時之戶數為五三〇·〇〇〇；魏之戶調制，如通行於蜀吳二國，則三國之戶徵收額若干，可以推知了。

三國時的租課，是國家莊園之內的佃農所交出之法定貢納所起的租課，雖是含有報償性質的地租，但和契約之對立不同。屯田為集體之農業經營，一面訓練農兵，一面徵收租課，曹操募民屯田許下，得穀百萬斛，州郡例置田官，所在積穀倉廩皆備，故操征伐四方，無運糧之勞，是得力於租課。（註二十五）三國屯田起租，有兩種方法：（1）是以上地的收益爲標準。（2）是以官給的耕牛頭數爲標準。以土地收益爲標準者，地租的多少以使用官牛與否爲定。持官牛者，官得六分，耕者得四分；持私牛者，耕者與官中分；此是魏晉通行的制度。（註二十六）

三國時國家的財政除去少數地稅戶調，完全靠莊園的租課，此外，是靠雜斂。三國志：『漸課民畜牸牛、草馬，下逮雞、豚、犬、豕，皆有章程，百姓勸農，家家豐實。』（註二十七）地租之外，人民所有的馬、牛、雞、豚、犬、豕都有徵斂，可見其時的苛征。又有魚稅，黃魚一枚，至收稻一斛，更屬一暴斂的政策。（註二十八）關稅在三國時亦有關征。魏書載庚戌令說：『關津所以通商旅，池苑所以禦荒災，設禁重稅，非所以便民，其除池籞之禁，輕關津之稅，皆復什一。』（註二十九）可知當時關稅，有抽收到什一以上的稅款的。

（四）工商業。三國時雖軍事倥傯，而商賈往來，未嘗斷絕。吳、蜀二國，共有長江，商賈往來，自多貿易。蜀國的錦，在當時尤爲著名，自吳、蜀通商以後，東吳人士就有錦衣可穿了。魏國在明帝時，嘗遣使攜馬至吳，以交換吳國的珠璣、翡翠和毒瑁，可知吳和魏也是通商的。關於國外商業，在魏一方，則有鮮卑酋長之上貢獻，求通市，曹操表寵以爲王。又有鮮卑人育延至并州求互市，并州刺使梁習許之。日本當時曾入貢於魏，實開中日互市的動機。在吳一方：孫權嘗遣將將甲士萬人浮海求夷、亶二洲，其人民嘗與會稽有貿易的關係。吳因地處南方，與大秦有海道之貿易，史稱：『黃武（孫權紀元）五年有賈人秦倫者，自大秦來交趾，交趾太守吳邈遣使詣權，權差吏會稽劉咸送倫，咸於道物故，倫乃徑還本國。』（註三十）同時我國船舶，亦常往來於師子國、左右蓋、交趾及日南一部，乃當時東西洋交通之樞紐故也。在蜀一方，大秦商賈東來，除與交趾互市外，又有水道通益州、永昌，永昌屬蜀，則蜀與大秦，是時必有貿易上的關係。三國時商業不甚發達，其原因蓋有數端：(1)由於生產量減少，人民無多物以供交換；(2)由於金屬貨幣不甚流通；(3)由於割據爭戰，貨財難以行遠故也。三國因爲戰爭頻繁的緣故，似舉行過專賣的政策：(a)專賣鹽。魏志衛覬傳：『覬書與荀彧曰：……夫鹽，國之大寶也，自亂來放散，宜如舊置使者監賣，……彧以白太祖，太祖從之，始遣謁者僕射監鹽官。』蜀志王連傳：『遷司鹽校尉，較鹽鐵之利，利入甚多，有裨國用。』吳志孫休傳：『永安七年秋七月，海賊破海鹽，殺司鹽校尉駱秀。』(b)專賣胡粉。全三國文卷三十二載劉放奏：『今官販賣胡粉，與百姓爭錐刀之末利，宜乞停之。』又有所謂軍市，乃軍旅所止臨時設立以應需要的。吳志潘璋傳：『璋爲人麤猛，禁令肅然，好立功夫，所領兵馬不過數千，而其所在常如萬人，征伐止頓，便立軍市，他軍所無，皆仰取足。』魏志倉慈傳引魏略：『至青龍（魏主叡紀元）中，司馬宣王在長安立軍市，而軍中吏士多侮侵縣民，斐（顏斐）以白宣王，宣王乃發怒召軍市候，便於斐前杖一百。』所謂侵侮縣民，即是軍人之強買強賣也。

三國時之工業，有機織業、造船業、製鹽業、冶鑄業。機織業包括絲織業及蔴葛織業。絲織業以蜀郡爲最盛，而蜀錦更爲有名。左思蜀都賦有說：『百室離房，機杼相和，貝錦斐成，濯色江波，黃潤比筒，籯金所過。』吳志孫權傳注引吳歷：『蜀致馬二百匹，錦千端，及方物。』足見成都絲織業之盛。北部絲織品之著名者，有縑、總、綃、繐、羅、紈、綺、縠之屬。全三國文卷六載魏文帝詔有說：『夫珍玩必中國，夏則縑、總、綃、繐，其白如雪；冬則羅、紈、綺、縠，衣疊鮮文。』吳之絲織業不甚發達，故曹丕鄙江東之衣布服葛。而華覈疏請獎民織績，吳志華覈傳載覈疏有說：『今吏士之家，少無子女，多者三四，少者一二，通令戶有一女，十萬家則十萬人，人織績一歲一束，則十萬束矣。使四疆之內，同心勠力，數年之間，布帛必積。恣民五色，惟所服用，但禁綺繡無益之飾。』織布之外又織帛，帛爲絲織物之總名，可見吳國亦有絲織。麻織業以江東爲最發達；葛織業亦以江東爲最盛。北部之上黨平陽麻織業亦頗足稱，故曹植欲買上黨布而晉許上黨及平陽民輸麻代絹。造船業以吳爲最發達，吳亡時，官有舟船達五千餘艘。建安郡蓋有一大船廠，常謫有罪之人至建安造船。魏造龍舟海船，魏志文帝紀黃初五年：『八月，爲水軍，親御龍舟。』明帝紀景初元年：『詔青、兗、幽、冀、四州大作海船。』作海船，是爲伐公孫淵用的。

三國時工業技術亦頗進步，魏志杜夔傳注引傅子謂：『馬鈞爲博士，居貧，乃思綾機之變，不言而世人知其巧矣。舊綾機五十綜者五十躡，（意林作籥）六十綜者六十躡，先生患其喪功費日，乃皆易以十二躡。』魏志韓暨傳：『暨乃長流爲水排，計其利益三倍于前。』魏志張既傳：『既假三郡人爲將吏者休課，使治屋宅，作水碓，民心遂安。』三國時水碓較前通用，魏末晉初王公大人多以水碓致富。水碓舂穀，成爲重要工業之一，非復農家的附業了。（註三十一）

（五）幣制。三國時代貨幣交易，仍用漢代貨幣遺制。所謂五銖錢，居於重要的地位。魏文帝時，因爲穀價很貴，就罷五銖錢，使百姓以穀帛爲買賣。至明帝時，因爲廢金屬貨幣而用穀帛相沿很久，民間巧僞漸多，競濕穀以要利，作薄絹以爲市，雖處以嚴刑，不能禁止。司馬芝等建議新鑄五銖錢，通行於市。明帝允准，故又把穀帛廢止。（註三十二）蜀國自劉備入蜀，在益州復鑄值百錢，圜法愈趨混亂。蜀志劉巴傳注引零陵先賢傳說：『及拔成都，士衆皆捨干戈赴諸藏，競取寶物，軍用不足，備甚憂之。巴曰：易耳，但當鑄直百錢，平諸物價，令吏為官市。備從之，數月之間，府庫充實。』直百錢形式如下：（註三十三）

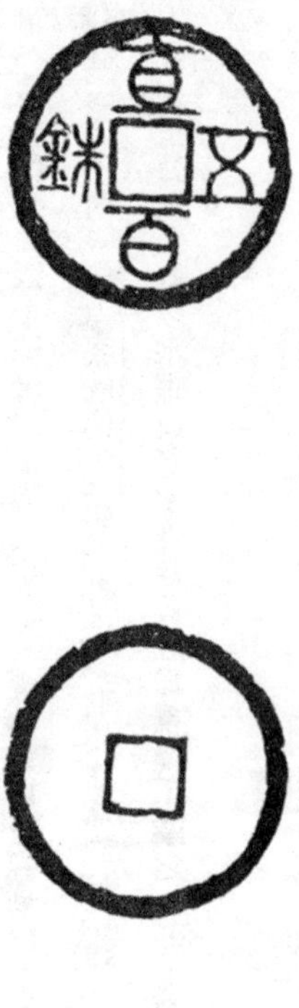

三國志旁證卷二十四載：『洪遵泉志云：蜀直百錢，建安十九年劉備鑄。舊譜云：徑七分，重四銖。又直百五銖錢，徑一寸一分，重八銖，文曰：五銖直百。』可知直百錢重輕是不一的。

吳國貨幣尤為混亂。吳志孫權傳：『嘉禾五年春，鑄大錢，一當五百，詔使吏民輸銅，計銅畀直，設盜鑄之科。』通典食貨典：『吳孫權嘉平（平乃禾之譌）五年，鑄大錢，一當五百，文曰：大錢五百，徑一寸三分，重十二銖。』古泉匯，有吳當五百大錢，圖其形式如下：

孫權赤烏元年，復鑄當千大錢，較蜀之當百錢，尤爲名不副實。至赤烏九年，孫權以民多不以大錢爲便，乃下詔罷去。古泉匯利集卷五，有吳當千大錢圖，其形式如下：

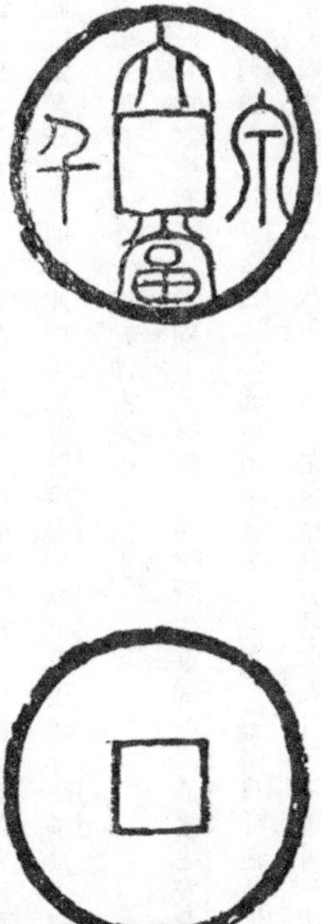

吳鑄大錢，至晉元帝時，尚多被通用，惟其價値遠低於面文。三國時，金屬貨幣似不甚通行，而非金屬貨幣，則反甚通用。非金屬貨幣，如絲織物、穀物、食鹽之類，皆其甚著者。魏志曹洪傳注引魏略：『文帝在東宮，嘗從洪貸絹百匹，洪不稱意。』貸絹百匹，非欲悉以製衣，是欲以絹市易他物。吳志孫皓傳，鳳凰元年注，引江表傳謂何定：『又使諸將各上好犬，皆千里遠求，一犬至直數千匹。』三國時，金屬貨幣之不通行有二因：（1）由亂事產業停滯，金屬貨幣失其交換效用，人民有賤金錢貴實物之心理，穀帛之屬，遂取得貨幣資格。（2）由於濫鑄惡錢，如董卓小錢、蜀吳大錢之類，使錢幣本身價值低落。又三國時，似曾使用過銀幣。三國志魏嘉平五年，賜郭修子銀千鉼，所謂鉼者，以其傾銀似餅，則與今所稱錠者其式原自不同，今之稱錠，即古之稱鉼是也。

（六）交通　三國時交通制度有可述者如下：運渠爲三國時所注重，魏志武帝紀建安七年：『遂至浚儀，治睢陽渠。』建安九年：『春正月，濟河，遏淇水入白溝，以通糧道。』建安十一年：『鑿渠自呼沲入泒水，名平虜渠，又從泃河口鑿入潞河，名泉州渠，以通海。』建安十八年：『作金虎臺，鑿渠引漳水入白溝，以通河。』魏志賈逵傳：『又通運渠二百餘里，所謂賈侯渠者也。』吳志孫權傳赤烏八年：『遣校尉陳勳將屯田及作士三萬人，鑿句容中道，自小其至雲陽西城，通會市，作邸閣。』據此可知三國時，是注重運渠的交通事業。交通工具：（1）舟船。續後漢書載：『吳鍵淮海，吞江漢，泛舟江湖，掎角而進。』（註三十四）全三國文卷七載魏文帝與孫權書：『知己選擇見船最大樟材者六艘，受五百石，從沔水送付樊口。』（2）木牛流馬。蜀志諸葛亮傳：『亮性長於巧思，損益連弩，木牛流馬，皆出其意。』元和郡縣志：『木馬山在景谷縣西南二十五里，諸葛亮之出祁山也，作木牛流馬以供運，於此造作，因以名焉。』木牛流馬，僅爲蜀之交通工具，其制如何，後無繼作，不得而知。

三國時海上交通頗爲發達：（1）日本。三國最北部之魏，滅公孫氏，併樂浪、帶方二郡，是時日本北九州之倭女王國，經帶方郡與魏通好。今據志倭人傳之記載，依次述其狀況如下：

魏明帝景初二年倭女王卑彌呼遣難升米、都市牛利等至魏，其使者由帶方郡官吏送至魏都洛陽，獻班布二疋二丈，此爲倭女王國第一次遣使。明帝深爲嘉納，下詔以卑彌呼爲親魏倭王，賜以金印紫綬，且任難升米爲率善中郎將，都市牛利爲率善校尉，贈卑彌呼以各種珍物。正始元年由帶方郡官吏送至倭女王國，此魏使至倭國之第一次。正始四年倭女王復遣伊聲耆、掖邪狗等八人至魏獻寶物，此爲倭女王國第二次遣使。正始六年，魏賜難升米黃幢於正始八年由帶方郡官吏送至倭國，此魏使至倭女王國之第二次。由帶方郡至倭女王國的道路，先沿韓國海岸南行，繼東行七千餘里，達狗邪韓國，於是離海渡海行千餘里，達對馬國。又南渡所謂瀚海，凡千餘里，到一大國，復海行千餘里，到末盧國，由此上陸，向東南行五百里，達伊都國，由帶方郡來之使者常駐節於此。更東南百里有奴國，又東行百里有不彌國，由此向東南行二十日，有投馬國，更南行水路十日，陸路一月，達邪馬臺國，此即女王之都。此等行程，係據魏使到倭女王國所見聞而記錄者，魏志倭人傳，曾詳記之。古來史家，對以上地名考證甚多，未有定說。然三國時代中國與日本已經交通，是顯明的事實。倭女王國與魏交通，所受中國文化之影響，頗爲顯著。魏明帝贈卑彌呼之品物中，有名爲紺地交龍錦，紺地句文錦等錦；有名爲絳地縐粟罽等毛織物；又有金銅鏡，眞珠，鉛丹等種種珍貴物品，此種新物質之輸進，可爲日本文化促進之動機。(2)羅馬，三國志載：『大秦(羅馬)一號黎軒，在安息條支西大海之西，從安息界安谷城乘船直截海西，遇風利，二月到，風遲或一歲，無風或三歲，其國在海西，故俗謂之海西。有河出其國，西又有大海，海西有遲散城，從國下直北至烏丹城，西南又渡一河，乘船一日乃過，西南又渡一河，一日乃過凡有大都三，御從安谷城陸道直北行之海北復直西行之海西復直南行，經之烏遲散城，渡一河，乘船一日乃過周迴繞海凡當渡大海六日乃到其國。』(註三十五)此是魏與大秦交通之航程。孫權黃武五年，有大秦賈人字秦論，來到交趾，太守吳邈遣送詣權，權問秦論方土風俗，論具以事對。可知吳國是與大秦國交通過的。(註三十六)

三國時，中國與西域之陸路交通，亦頗發達。魏志文帝紀延康元年春三月：『濊貊、扶餘單于、焉耆、于闐王皆各遣使奉獻。』魏志明帝紀太和三年冬十二月癸卯：『大月氏王波調，遣使奉獻，以調為親魏大月氏王。』可見西域諸王，均嘗通使於魏。

(七)官制。三國紛爭，對於制度沒有什麼改革，大概多仍漢舊，惟魏略有改制，茲分述如下：(甲)中央。(1)上公。魏無太師，初年惟置太傅，以鍾繇為之，後置太保，以鄭沖為之，位在三司之上。(註三十七)但未有何種實權，高柔上疏說：『今公輔之臣，民所具瞻，而置之三事，不使知政，非朝廷崇用大臣之義。』(註三十八)可以知了。(2)丞相。漢昭烈帝章武元年，以諸葛亮為丞相，六年以右將軍行丞相事。吳主權黃武中置丞相。吳主皓寶鼎元年，分置左右丞相，未幾復舊。(3)太尉。魏太尉賈詡薨，詔以廷尉鍾繇為太尉。漢昭烈帝章武三年，丞相亮上言，請太尉告宗廟。太尉本為武官，且兼及宗廟之事。(4)大司馬。漢制以大司馬冠大將軍、驃騎、車騎之上，以代太尉之職，故恆與太尉迭置，不并立。魏主丕黃初二年，以曹仁為大司馬，而太尉如故。蜀帝禪延熙二年，蔣琬由大將軍進大司馬。吳主權黃武七年，置大司馬；赤烏九年，分置左右大司馬。(5)大將軍。魏主丕黃初二年以車騎將軍曹仁為大將軍。蜀帝禪建興十三年，以蔣琬爲大將軍。吳主權黃龍元年，以陸遜爲上大將軍，諸葛瑾爲大將軍，後遂並設。大將軍位漢末猶在三公上。魏黃初中又有上大將軍之設；魏主叡青龍三年，晉宣帝自大將軍爲太尉，大將軍之職權，遂在三司之下。(6)九卿。漢獻帝建安十八年，魏國初置六卿，魏主丕即位，始置九卿，魏九卿名數與漢同。(註三十九)吳初設六卿，吳主休永安二年，始備九卿(註四十)以上官職，大概沿襲漢制。(乙)地方官制。魏據中原，有州十三，郡國九十五。蜀有州三，郡國二十四。吳有州五，郡國四十一。三國新置州郡，不在此內。地方官有刺史、太守、縣佐，大縣二人，小縣一人。三國中央官之權，日見剝削，而地方官之權，則日見膨脹。自魏以後，兩晉、南北朝，均爲州、郡、縣三級制。(註四十一)

(八)軍制。　魏之軍制，略如東漢南北軍。魏武爲相國，置武衛營相府，以領軍主之。文武增置中營，合武衛、中壘二營，以領軍將軍併五校統之。是時有中、左、右、前軍各一帥，又有中護中領軍領護軍將軍各一人。魏主丕黃初中，復令州郡典兵，每州置都督，後加四征四鎮將軍之號，又置大將軍都督兵柄，移於司馬氏，而魏遂亡。漢昭烈帝初置五軍，其將校略如漢，而兵有突將、無前、賨叟、青羌、散騎、武騎之別。吳兵有解煩、敢死兩部，又有車下虎士、丹陽青巾、交州義士、及健兒、武射之名；大概強者爲兵，羸者補戶，至有二百餘家。(註四十二)

三國水軍，吳比較爲多又較完備。三國志吳志註：『吳歷曰：曹公出濡須，作油船，夜渡洲上，權以水軍圍取，得三千餘人，其沒溺者，亦數千人，權數挑戰，公堅守不出，權乃自來，乘輕船從濡須口入公軍，諸將皆以爲是挑戰者，欲擊之，公曰：此必孫權，欲身見吾軍部伍也，勅軍中皆精嚴弓弩，不得妄發，權行五六里，迴還作鼓吹，公見舟船器仗軍伍整速，喟然嘆曰：生子當如孫仲謀，劉景升兒子，若豚犬耳。權爲牋與曹公，說春水方生，公宜速去，別紙言足下不死，孤不得安，曹公語諸將曰：孫權不欺孤，乃徹軍還。』（註四十三）三國志：『權西伐黃祖，破其舟，權復征黃祖，祖先遣舟兵拒軍，都尉呂蒙破其前鋒，而淩統、董襲等盡銳攻之，遂屠其城。』（註四十四）據此可知吳國水軍在當時的優勝。

（九）法制。魏代承東西兩漢之後，對戰國秦漢以來的法律，大加修改，並從新編列次序，成為後代法典的模範。魏代最先的法典是甲子科，此外又有新律十八篇。魏代所編法典，以新律十八篇為最重要。唐六典卷六註說：『魏氏受命，參議復肉刑，屬軍國多故，意寢之，乃命陳羣等採漢律為魏律十八篇，增漢蕭何律劫掠、詐偽、毀亡、告劾、繫訊、斷獄、請求、驚事、償贓等九篇。』又據劉劭傳說：『明帝即位，出為陳留太守，敦從教化，百姓稱之，徵拜騎都尉，與議郎庾嶷、荀詵等定科令，作新律十八篇。』（註四十五）此部新律在隋代已亡失，惟晉志載魏新律序略一篇，論魏改律之事頗詳。茲摘其大要如下：（子）改漢具律為刑名；（丑）將盜律中關於刼略為一部分，分出為刼略律；（寅）將賊律囚律中關於詐偽一部分，分出為詐偽律；（卯）將賊律中毀亡一部分，分出為毀亡律；（辰）將囚律盜律中關於告劾一部分，分出為告劾律；（巳）將盜律興律關於繫訊及斷獄部分，分出為繫訊律斷獄律；（午）將盜律中請賕一部分，分出為請賕律；（未）將盜律具律中關於擅之部分，並入興律，改稱擅興律；（申）除漢之廄律，改稱郵驛令；（酉）以盜律興律關於驚事部分，分出為驚事律；（戌）將盜律中還贓部分，分出為償贓律；（亥）別制免坐律。以上皆序略所載修改漢律九章的大略。（註四十六）此外還有單行法或特別法，如減鞭杖令、大辟減死令、士亡法，（時天下草創，多逋逃，故重士亡法，罪及妻子，）各條修改之處，如會赦及過誤相殺，不得報仇，殺繼母與殺親母同，毆兄弟加至五歲刑，囚徒誣告人反罪及親屬等。據晉志說：『陳羣、劉劭雖經改革，而科網本密。』任祀傳說：『魏承秦漢之弊，法制苛碎。』

可見魏律不是因修改而減輕的。其他又定州郡令四十五篇，尚書官令、軍中令合一百八十餘篇，此等篇名，久佚不可考。有所謂科令，是歷代帝王所定之令，用以補法律之所未有，或將舊法律加以增損的，等於今日的條例。

魏之刑罰分爲：（甲）徒刑。魏法序略說：『髡刑有四，完刑作刑各三。』（乙）財產刑。晉書刑法志：『魏明帝改士庶罰金之令，男聽以罰金。』（丙）身體刑。鈦左右趾及鞭杖。（丁）死刑。大辟及戮屍。（戊）族刑。魏法序略說：『至於謀反大逆，臨時捕之，或汙瀦，或梟菹，夷其三族，不在律令，所以嚴絕惡跡也。』謀反大逆之罪，君主可越出法律範圍之外，而加以重刑，如諸葛誕、王陵等都是因反叛受夷三族之刑。魏代刑法之減輕分自首、贖罪；刑之加重，以毆兄弟加至五歲刑；刑之消滅，由於君主之大赦特赦。在刑法分則上分帝室不敬罪，反逆罪，受賕罪，誣告罪，私復仇罪，殺繼母罪。關於民法：人民之身分有變相的奴婢，即所謂部曲，因魏代邊將擁兵自重，招募一種像後世家丁的兵，依靠主將移徙，後來竟成私人所有物，爲一種法律上的階級。關於承繼，除異子之科，使父子無異財，又可以異姓親戚承繼宗祧。

魏代的法律雖不因修改而減輕，然可以君主之意思而減刑。魏志明帝本紀：『法令滋章，犯者彌多，刑罰愈衆而姦不可止。往者案大辟之條，多所蠲除，思濟生民之命，此朕之至意也。而郡國蔽獄，一歲之中，尚過數百，豈朕訓導不醇，俾民輕罪，將苛法猶存，爲之陷阱乎？有司其議獄緩死，務從寬減。』（註四十七）因此非謀反及手殺人之罪，可以乞恩寬赦。又以女子因母家和夫家犯罪，常陷於二重的株連，遂下詔改定律令。（註四十八）至魏代法律思想家主張恢復肉刑者，有陳羣、鍾繇、傅幹；反對恢復肉刑者，有王朗；發揮儒家的德治主義者，有曹羲；以禮教爲重於刑罰者，有丁儀；以力田爲賞罰之本者，有王粲；思想淵源不同，所以主張不同也。

魏代的法院編制，大概和漢代差不多，中央最高的司法官是審理案件的推事廷尉，有提起公訴的檢察官司空，有掌管司法行政事務的都尚書郎。地方上有如漢代之司隸校尉及刺史以協助刑法訟獄之事。

三國除魏以外，尚有吳、蜀，因年代較短，多依漢制。吳國刑名，見於吳志列傳，其刑法中名譽刑爲禁錮；身體刑，分爲廷杖、鞭、剝面、鑿眼、刖足；財產刑爲罰金；流刑爲徙；死刑，分爲車裂、鋸頭、族刑爲夷三族。在刑法分則上有三條：即盜乘御馬罪，僞造貨幣罪，在官遭喪不交代罪。蜀國刑法，可考據的材料很少，蜀志有關於劉琰撾妻科罰的記載，魏延傳說及夷延三族；其他尚有私釀酒罪，徒刑，棄市刑。蜀之法制，多仍漢制，惟諸葛亮治蜀，多以法家之言爲本，信賞必罰，有功者雖仇必賞，有罪者雖親必誅，法治彰明，爲後代所不及。諸葛亮逝世後，而蔣琬、董允、費禕等繼之，年年大赦，專事姑息，法治之風，乃破壞無餘。（註四十九）

（十）宗教。魏文帝南巡在穎陰，有司爲壇於繁陽故城，登壇受紱，降壇視燎成禮，未有祖配。明帝景初元年，營洛陽南委粟山爲圜丘，十月下詔說：「蓋帝王受命，莫不恭承天地以章神明，尊祀世統以昭功德，故先代之典既著，則禘郊祖宗之制備也。昔漢氏之初，承秦滅學之後，采摭殘缺，以備郊祀。自甘泉后土、雍宮五畤，神祇兆位，多不見經。是以制度無常，一彼一此，四百餘年，廢無禘祀，古代之所更立者，遂有闕焉。曹氏系世，出自有虞氏，今祀圜丘，以始祖帝舜配，號圜丘曰皇皇帝天；方丘所祭曰皇皇后地，以舜妃伊氏配。天郊所祭曰皇天之神，以太祖武皇帝配。地郊所祭曰皇地之祇，以武宣后配。宗祀皇考高祖文皇帝於明堂，以配上帝。」（註五十）看以上所引述，就知道魏國的宗教制度了。魏之王肅，亦嘗議禘祫之禮，禘祭有三：（1）是四時之祭，禮王制：『春礿、夏禘、秋嘗、冬烝。』是夏商之禮。（2）

是殷祭，五歲一禘，三歲一祫，皆合羣廟之主，祭於大祖廟。（3）是大禘禮，大傳：『禘其祖之所自出，以其祖配之』是也。祫是大合祭先祖，公羊傳：『大祫者何？合祭也。毀廟之祖陳於大祖，未毀廟之祖皆升合食於太祖，五年而再殷祭。』五年之中，一祫一禘，故謂之再。王肅以禘爲殷祭之名，他建議禘祫之禮制，朝廷從之。

三國時，崇信道教者有嵇康。康常修性服食之事，聞道士遺言餌朮黃精，令人久壽，意甚信之。又以爲神仙稟之自然，非積學所致，至於導養得理，以盡性命，若安期、彭祖之論，可以善求而得，於是著養生論三篇，入洛，京師謂之神人。向子期難之，不能屈。子期（名秀，河內懷人）清悟有遠識，雅好老莊之學。初註莊子者數十家，莫能究其要旨，向秀於舊註外爲解義，以闡揚道教的理論。（註五十一）

佛教在三國，亦頗通行，西竺曇柯迦羅，曾至洛陽，大行佛法，且提倡戒法，與安息國沙門曇無德同在洛，出曇無德四分戒本（曇無德即法藏之意）沙門潁川朱士行，爲受戒之始。又天竺沙門白延，懷道遊化，至洛陽，止白馬寺，衆請譯經，遂譯無量清淨平等覺佛說須賴經等六部。同時外國三藏支彊梁接（魏言正無畏）至交州，譯法華三昧經六卷。（註五十二）天竺沙門康僧鎧，在洛陽白馬寺，譯郁伽長者所問經二卷，無量壽經二卷。吳國支謙，譯有菩薩本緣、維摩、法句、瑞應本起等經，數十種。凡此，對於中國印度文化之交通，是有所裨補的。（註五十三）

（十一）美術。（甲）音樂。三國爲期頗短，於美術史上，無甚重要，茲先就音樂論之：魏改漢巴渝舞曰昭武舞，改宗廟安世樂曰正世樂，嘉至樂曰迎靈樂，武德樂曰武頌樂，昭容樂曰昭業樂，雲翹舞曰鳳翔舞，育命舞曰靈應舞，武德舞曰武頌舞，文始舞曰大韶舞，五行舞曰大武舞，其他歌詩，多即前代之舊。（註五十四）吳國孫權即位，使韋昭製十二曲名，以述功德受命改朱鷺爲炎精缺，思悲翁爲漢之季，艾如張爲擄武師，上之回爲烏林，雍離爲秋風，戰城南爲克皖城，巫山高爲關背德，上陵曲爲通荊州，將進酒爲章洪德，有所思爲順歷數，芳樹爲承天命，上邪曲爲玄化。其餘仍用舊名不改。(乙)書畫。書畫除太傅鍾繇之三體書，侍中司空都鄉侯徐邈（字景山）之白獺畫以外，無有遺存者。吳王夫人趙氏，丞相趙達之妹，能書畫，善藝巧，曾以綵絲織龍鳳之錦，繡帛作五岳列國之地形。(丙)雕鑄。武帝陵之銅駝、石犬，明帝命造之昭陽、太極兩殿之翔鳳，司馬門外之銅人，內殿前之龍、鳳、奇獸，玉井之九龍、蟾蜍，索靖所指點歎惜之銅駝等物，空成爲歷史上之陳蹟；其雕琢之技術，實際上已無由知之。(丁)建築。三國之建築物亦有可觀。三國時，大都市如洛陽、長安，因初期大亂的影響，均失舊觀。吳志孫堅傳注引江表傳『舊京空虛，數百里中無煙火。』魏志董卓傳：『天子入洛陽，宮室燒盡，街陌荒蕪。』但蜀都、魏都皆豐富盛樂，其建築物甚爲可觀。文選左思蜀都賦：『于是乎金城石郭，兼市中區，既麗且崇，實號成都。闢二九之通門，畫方軌之廣塗；營新宮於爽塏，擬承明而起廬；結陽城之延閣，飛觀榭乎雲中，開高軒以臨山，列綺窗而瞰江，內則議殿爵堂，武義虎威，宣化之闥，崇禮之闈，華闕雙邈，重門洞開，金鋪交映，玉題相暉，外則軌躅八達，里閈對出，比屋連甍，千廡萬室。』文選左思魏都賦：『暨聖武之龍飛，肇受命而光宅，……修其郛郭，繕其城隍，經始之制，牢籠百王。……建社稷，作清廟，築曾宮以迴帀，比岡隒而無陂；造文昌之廣殿，極棟宇之宏規。』魏略：『是年起太極諸殿，築總章觀，高十餘丈，建翔鳳於其上。又於芳林園中起陂池，楫櫂越歌。』我們看以上的引證，蜀、魏兩都建築的美麗，不難想像而得了。

(十二)教育。魏、蜀、吳三國鼎峙，羣雄崛起，日事干戈，未遑從事教育，所以學校未有如何之發達。魏國立太學於洛陽，時慕學者始至太學爲門人，滿二歲，試通一經者，稱弟子；不通一經者罷遣。弟子滿二歲試通二經者，補文學掌故；不通經者聽候再試，亦得補掌故。掌故滿二歲試通三經者，擢高第爲太子舍人；不第者，隨後輩復試，試通亦爲太子舍人。舍人滿二歲，試通四經者，擢高第爲郎中；不通者隨後輩復試，試通亦爲郎中。郎中滿二歲，能通五經者，擢高第隨才敍用；不通者隨後輩復試，試通亦敍用。魏主丕黃初元年之後，復整理太學，備博士之員錄，依漢甲乙以考課；申告州郡有欲學者，須遣至太學。太學初開始時，有弟子數百人，至魏主叡太和、青龍中，中外多事，人懷避就，雖性非解學，多請求進太學；當時太學生有千數人，而主持講學之博士皆粗疏，無以教弟子，弟子本是避役，竟無能習學，百人同試，能考及者未有十人。魏主芳正始中，有詔議圜丘，普延學士；是時郎官及司徒領吏二萬餘人，其在京師者約有萬人，而應書與議者略無幾人；又是時朝堂公卿以下四百餘人，其能操筆者未有十人，可見當時學校教育的衰退。（註五十五）

吳國孫休永壽元年下詔置學官，立五經博士，將吏子弟願入學者就業，一歲課試，分別其品第，加以位賞。他曾下詔說：『古者建國，教學爲先，所以道世治性，爲時養器也。自建興以來，時事多故，吏民頗以目前趨務，去本就末，不循古道。夫所尚不淳，則傷化敗俗；其案古置學官，立五經博士，核取應選，加其寵祿。科見吏之中及將吏子弟有志好者，各令就業，一歲課試，差其品第，加以位賞，使見之者樂其榮，聞之者羨其譽，以敦王化，以隆風俗。』（註五十六）

關於選舉人才：魏延康元年，尚書陳羣以爲朝廷選用不盡人才，乃立九品官人之法，州郡皆置中正，以定其選擇，州郡之賢有識鑒者爲之區別人物，第其高下，又制定每郡人口十萬以上歲察一人，其有秀異者，不拘戶口；其武官之選由護軍主持之。州、郡、縣、俱置大小中正，各取本處人在諸府公卿及臺省郎吏有德充才盛者為之區別所管人物，定為九等。其有言行修著則升進之，或以五升四，或以六升五。倘或道義虧缺，則降下之，或自五退六，自六退七。是以吏部不能審覈天下人才士庶，故委中正銓第等級，憑之授受。及其弊生，只知人之閥閱，不復辨其賢愚，所以劉毅說：『下品無高門，上品無寒士。』是譏此種選舉制度。

（十三）學術。（甲）天文學。三國時吳、蜀、依漢曆用夏正，魏則改正朔，以建丑（十二月）之月為正月。魏文帝即位後，曾下詔說：『夫太極運三辰五星於上，元氣轉三統五行於下，登降周旋，終則又始。故仲尼作春秋於三微之月，每月稱王，以明三正迭相為首。今推三統之次，魏得地統，當以建丑之月為正月。考之羣藝，厥義彰矣。其改青龍五年三月，為景初元年四月。』黃初時，尚書陳羣奏稱：『曆數難明，前代通儒紛爭。黃初之元，以四分曆久遠疏闊，大魏受命，宜改歷明時，韓翊首建，猶恐不審，故以乾象互相參校。其所校日月行度弦望朔晦，校曆三年，更相是非，無時而決。案三公議，皆綜盡典禮，殊塗同歸，欲使效之璿璣，各盡其法，一年之間，得失足定。』奏可。於是太史令許芝，郎中李恩，及孫欽、董巴、徐岳、楊偉等，議論紛紜，校議未定，會文帝崩而議寢。至是楊偉造景初曆表上，帝遂改正朔，施行楊偉曆。及帝崩，復用夏正。（註五十七）至蜀國仍用漢四分曆，吳國則用乾象。吳國王蕃（字永元廬江人）博覽多聞，兼通術藝，著有渾天象說，理論頗為精深。（註五十八）（乙）醫學。解剖手術，三國已發明，惜無傳者，至今反學於西人，是可愧的事。（丙）經學。漢代治經，崇尚今文，至漢末三國之間，此風漸變，鄭康成今古文並重，而王肅極端崇信古文；及三國時，則今文家衰而古文家代興：（1）易經。東漢之末，說易者咸宗鄭注。自魏王弼作易注，舍象數而言義理，復作易略例，周易繫詞，韓康伯補其缺，以老、莊旨間雜之，與鄭注大異；蜀人李譔亦作古文易以攻鄭注。(2)書經。東漢末年，作書者咸宗鄭注。自魏王肅作尚書解，又僞作聖證論以攻鄭注，李譔作尚書傳亦攻鄭注，虞翻在吳並攻鄭注之失。王肅皇甫謐之徒，以孔氏古文尚書已失，乃僞造古文尚書二十五篇，然不爲當世所重。(3)詩經。當東漢末年時，說詩者咸宗毛、鄭，自魏王肅作詩解，述毛傳以攻鄭箋，李譔作毛詩傳亦與鄭箋立異。吳人陸璣作毛詩草木鳥獸蟲魚疏，詳于名物，有考古之功。(4)春秋。治春秋學者，王肅有左氏解，李譔有左氏傳，公羊、穀羊之學漸衰。(5)禮經。三國之時，治禮經者有魏人王肅，作三禮解，復作儀禮喪服傳，專與鄭玄立異。李譔三禮傳亦然，鄭說漸衰。(6)論語。東漢末年，說論語者多宗鄭註，魏人王肅作論語解，始與鄭註立異，而何晏諸人雜採漢、魏經師之說，成論語集解，而漢儒遺說，賴以僅存。(7)孟子。三國時，治孟子而因以成一家言者，則未之見。(8)孝經。三國說孝經者多宗鄭註，惟王肅著有孝經註，與鄭註不同。(9)爾雅。三國註爾雅者，有王肅等，而樂安孫叔然爾雅註，則與王肅所註不同。三國經學宗師，當推王肅。王肅的學問，不及鄭玄，論其見識，不能謂他爲劣。近年皮錫瑞著經學歷史，評鄭王優劣，他說及鄭玄綜合六經，是好的；但不把古文和今文分離，所以弄得不清楚。王肅也蹈其覆轍，既拿古文說來破鄭玄的今文說；又拿今文說來駁鄭玄的古文說；是方法上混合古今文。我們知道鄭玄在後漢，是企圖統一前後漢今古文的異說，爲適度的調和，他整理經學的方法，不能算爲錯誤的。（註五十九）

(丁)哲學。東漢之末，士夫厭於經生章句之學，四方學者會聚京師，漸開游談之風氣，至於魏世，遂有清談之目。魏志劉劭傳：『夏侯惠薦劭曰：臣數聽其清談，覽其篤論，漸漬歷年，服膺彌久。』時當明帝青龍中，清談之名目，似始見於此。所謂清談，就是當時的人士以他人生觀的見解而發

表一種哲學思想。日知錄載『三國鼎立至此垂三十年，一時名士風流盛於洛下，乃其棄經典而尚老莊，蔑禮法而崇放達。』儒家思想至此時表現沉滯，而厭世和浪漫的思想，遂激盪成爲兩大脈流，何晏、王弼、成爲當時的宗師。晉書王衍傳：『魏正始中，何晏、王弼等祖述老莊立論，以爲天地萬物皆以無爲本。無也者，開物成務，無往不存者也。陰陽恃以化生，萬物恃以成形，賢者恃以成德，不肖恃以免身。故無之爲用，無爵而貴矣。』這種思想都採自莊子、老子，以爲他們學說的根基。何晏作道德論，是溝通儒道之說，其論及虛無之旨，無名之論則純爲道家之言。其虛無之旨說：『有之爲有，待無以生，事而爲事，由無以成。夫道之而無語，名之而無名，視之而無形，聽之而無聲，則道之全焉。』其無名之論說：『爲民所譽則有名者也；無譽無名者也。若夫聖人名無名，譽無譽，謂無名爲道，無譽爲大。則夫無名者，可以言有名矣，無譽者，可以言有譽矣。』立論可謂精微。王弼十餘歲便好老、莊，嘗註老子，以闡明虛無之義，其要旨有二：一曰無名，謂一切名詞，皆反乎自然，無名之時，原甚周衍；及有名之時，強以諸名賦於各事物之上，即不周衍；雖盡力擴充其所表現之意義，亦僅一部分而已。名與實既非完全合一，而後人循名以察實，必發生錯誤，故說：『凡有皆始於無，故未形無名之時，則爲萬物之始。』二曰無爲，謂萬物之於自然，各有適合，不必有所作爲，故說天地任自然，無爲無造，萬物自相治理，故不仁也。仁者必造立施化，有恩有爲。造立施化，則物失其眞；有恩有爲，則物不具存。（註六十）據以上引證來看他們的哲學思想根據老、莊，是無疑的。

（十四）文學。　從屈原以後，直到漢末，很少大詩人的作家出現。等到建安之際，以曹氏父子爲文學運動的中心，而有王粲、劉楨等作家產生，詩學又放了異彩。這時代的文學，稱爲建安文學，上壓兩漢，下開六朝，而其中尤以曹植爲偉大。(註六十一)在文學作品之量而說，武帝作品實不多，文帝較多，而曹植最多。曹操所作以四言詩擅長，如短歌行，步出東西門行，有慷慨悲涼之概。曹丕所著像燕歌行、芙蓉池，都可稱爲大觀。又如雜詩：西北有浮雲等篇亦屬美瞻可玩。曹植（字子建）作品不但爲曹氏三人之首，建安文學界之首，實兩漢以至初唐所作詩，除陶潛外，沒有人可以比肩；唐代李太白、杜甫、諸賢，莫不思其風骨。故鍾嶸詩品說：『骨氣奇高，詞彩華茂，情兼雅怨，體被文質，粲溢古今，卓爾不羣。嗟呼！陳思（曹植世稱陳思王）之於文章也，譬人倫之有周孔，鱗羽之有龍鳳，音樂之有琴笙，女工之有黼黻。』沈德潛古詩源也說：『子建詩五色相宜，八音朗暢，使材而不矜才，用博而不逞博，蘇、李以下，故推大家。』曹植之詩足稱者，在於風骨之高，氣象之廣。蜀國實無文學家，其在文學史上佔地位的，算孔明所作的出師表。其他梁父吟在詩歌中還算上品。吳國無有名的文學家，卻有史家韋曜（曜本名昭，史爲晉諱改韋曜）曾著吳書五十五卷，和洞紀三卷，洞紀內中一定有許多很好的傳說，倘依文學史眼光來看，可列爲小說類。又魏文帝所作典論，是中國最早文學批評之一，應當注意的。

參考書舉要

(註一)後漢書卷七十九仲長統傳。

(註二)陳伯瀛著中國田制叢考七四頁引。

(註三)三國志魏志第二十一衞覬傳。

(註四)後漢書卷一百零三劉虞傳。

(註五)冊府元龜卷四八六。

(註六)三國志魏志第二十八鄧艾傳。

(註七)三國志魏志第二十七徐邈傳。

(註八)古今圖書集成經濟彙編食貨典卷二十一。

(註九)三國志魏志第十一國淵傳。

(註十)三國志魏志第十六倉慈傳。

(註十一)三國志魏志第三孫休傳又劉道元著中國中古時期的田賦制度六〇頁。

(註十二)三國志魏志第九夏侯惇傳。

(註十三)三國志魏志第十五劉馥傳。

(註十四)三國志魏志第十六鄭渾傳鏡海岑淵卷四十四水利。

(註十五)陶元珍著三國食貨志五一頁。

(註十六)魏志杜畿傳魏志倉慈傳注引魏畧。

(註十七)三國志魏志第二文帝紀吳志第二孫權傳。

(註十八)陶元珍著三國食貨志一一五至一二六頁。

(註十九)劉道元著中國中古時期的田賦制度一三五頁。

(註二十)三國志蜀志第五諸葛亮傳。

(註二十一)三國志吳志第三孫休傳。

(註二十二)史記卷一百二十九貨殖列傳第六十九。

(註二十三)東漢會要卷三十一。

(註二十四)魏志第一注引又魏志卷二十三趙儼傳。

(註二十五)魏志第一武帝紀。
(註二十六)文獻通考卷二引晉書卷四十七傅玄傳。
(註二十七)魏志第十六杜畿傳。
(註二十八)吳志第八薛綜傳。
(註二十九)魏志第二文帝紀延康元年二月注。
(註三十)梁書卷五十四。
(註三十一)陶元珍著三國食貨志一〇二頁至一一〇頁。
(註三十二)通志卷六十二食貨略第二。
(註三十三)古泉滙利集卷五。
(註三十四)錢理錄第三。
(註三十五)魏志第三十。
(註三十六)南史卷七十八夷貊傳梁史卷五十四諸夷傳中天竺國條。
(註三十七)楊晨三國會要卷九職官。
(註三十八)通典卷二十三公總序註。
(註三十九)通典卷二十五職官七。
(註四十)楊晨三國會要卷九職官。
(後四十一)陳顧遠著中國法制史一六五頁。
(註四十二)通考卷一五〇兵考二卷一五一兵考三。
(註四十三)三國志吳志第二孫權傳。

（註四十四）同上。
（註四十五）三國志魏志第二十一劉劭傳。
（註四十六）文獻通考卷一百六十四。
（註四十七）古今圖書集成第一百三十五卷引。
（註四十八）通典一百六十三卷。
（註四十九）拙著中國法律史大綱五六頁楊鴻烈著中國法律發達史上册一九五頁至二一五頁。
（註五十）劉汝霖編漢晉學術編年卷六引。
（註五十一）三國志魏志引嵇康傳世說簡傲第二十四。
（註五十二）佛祖統紀卷第三十五歷代三寶記卷第五高僧傳卷第一。
（註五十三）高僧傳卷第一開元釋教錄卷第二。
（註五十四）宋書樂志上卷二十二。
（註五十五）通典卷五十三，三國魏志第二文帝紀王肅傳註引魏略儒宗傳。
（註五十六）三國志吳志第三。
（註五十七）三國志魏志明帝紀及注引魏書晉書律曆志。
（註五十八）開元古經三國志吳志王蕃傳。
（註五十九）李泰芬著中國史綱一四一頁徐敬修著經學常識一〇七頁日人本田成之著經學史論漢譯本二六六頁。
（註六十）三國志魏志管輅傳注又鍾會傳注引何劭王弼傳。
（註六十一）胡行之著中國文學史講話五〇頁、

第三章　兩晉時代之文化

第一節　兩晉時代之政治社會

自司馬炎代魏，至恭帝禪位劉裕，凡十五傳，共一百五十六年。司馬炎受魏禪，即皇帝位，在位凡二十五年。當晉武平吳之後，天下纔算統一，但是自晉武平吳之後，不及二十年，天下又亂起來，其致亂之原因，最大的有兩端：(1)是晉武帝厲行封建制，釀成八王之亂。(2)是因當時散布塞內外的異族太多，沒有好方法統制他們。茲略爲敍述如下：(甲)八王之亂。魏朝待宗室甚薄，晉武帝有鑒於此，於是大封宗室諸王，授以職任，以郡爲國，邑三萬戶爲大國，置上中下三軍，兵有五千人；萬戶爲次國，置上軍下軍，兵有三千人；五千戶爲小國，置一軍，兵有千人。其諸王之仕於朝廷者，同授國邑，均得自選文武官，諸王以分權獨立，造成尾大不掉之勢。(註一)武帝頗事游宴，怠於政事，后父楊駿及弟珧、濟，並專朝政，權傾內外，世人謂之三楊，舊臣多被疏退，於是后戚用事，亂源就起來了。太熙元年，武帝病危，遺詔以汝南王亮與楊駿同輔政，帝崩，子衷立，是爲惠帝。楊后矯詔出亮於外，而專任駿，駿素無聲望，徒以后父得攬政柄。惠帝后賈氏妬忌多權詐，性復酷虐，不以婦道事楊太后，又欲參朝政，爲楊駿所抑，不能得志，賈后遂欲誅楊駿，惠帝永平元年二月，賈后召楚王瑋至京師，誣楊駿謀反，殺之，廢楊太后，以汝南王亮與太保衞瓘輔政。後又誣亮、瓘，有廢立之謀，后下詔瑋殺亮、瓘，又坐瑋以殺亮、瓘之罪，卽日殺瑋。后更加淫恣，廢太子遹，弒楊太后。時趙王倫在京師，素諂賈后，其嬖人孫秀陳說以太子之廢，人言公實與謀，宜廢后以釋此釁，倫從之。孫秀又恐太子有疑於倫，不如待后殺太子，爲太子報仇，可以立功。乃使人散放謠言，說殿中兵士要想廢掉皇后迎還太子。賈后遂把太子殺掉。永康元年，倫遂詔與齊王冏率兵入宮廢后，後又害之。倫自爲相國，侍中都督中外諸軍事。（註二）永寧元年，趙王倫自稱皇帝，遷帝於金鏞城，殺太孫臧。以孫秀爲侍中中書監，其餘黨與皆爲卿將。又以齊王冏爲大司馬輔政，成都王穎爲太將軍，河間王顒爲太尉，各還鎭。（註三）旋齊王冏及河間王顒、成都王穎共起兵討趙王倫，倫兵敗，其將王輿廢倫，斬秀，迎惠帝復位，倫賜死。帝拜齊王冏爲大司馬，加九錫，冏大權在握，沉於酒色，不入朝見，坐召百官，恣行非法。永寧二年，河間王顒上表，請廢冏，以成都王穎輔政，並檄長沙王乂爲內主。齊王冏遣兵襲擊長沙王乂，乂徑入宮，奉帝命討斬齊王冏。河間王顒本以乂弱冏強，冀乂爲冏所殺，而以殺乂之罪討之，廢帝立穎，己可以爲宰相專政。不料乂竟殺冏，不如所謀，乃遣將張方統兵與穎同向京師，帝下詔乂爲大都督，拒張方等，先勝後敗。時東海王越在京，慮事不濟，與殿中將夜中收乂，置金鏞城，密告張方，方取乂至營，炙而殺之。穎入京師，自爲皇太弟，都督中外諸軍事，國政廢弛，甚於冏時，大失衆望。永興元年，右衞將軍陳眕，長城故將上官己等，奉帝北討穎，穎使其黨石超拒戰，帝敗績於蕩陰，（今河南湯陰縣）石超執帝入鄴，（今河南臨漳縣境）東海王越遁歸國。平北將軍王浚，幷州刺史東嬴公騰均與太弟有隙，遂共約鮮卑烏桓討穎，（爲引外族入寇中國之始）穎遣將王斌、石超共同抗戰，但爲浚等所敗，鄴中大震，百官奔走，士卒離散，穎與數十騎，奉帝奔洛陽。適河間王顒，遣張方統二萬騎救穎，張方至洛陽，遇穎奔還，遂挾帝擁穎，大掠洛陽而歸長安，河間王顒，乃廢穎歸藩，更立豫章王熾爲皇太弟。（註四）洛陽空虛無主，於是東海王越再起兵傳檄山東，糾集義旅，謀迎惠帝復歸洛陽，自己以司空領徐州都督；范陽王虓等，共推東海王越爲盟主，其後越、虓發兵西向，顒遣穎東禦越、虓，越、虓不勝。虓本領豫州，敗奔河北冀州，刺史溫羨以州讓于虓，虓既得冀州，並乞師王浚，兵勢再盛，遂渡河，打敗成都王穎所督兵。河間王顒恐懼，設計殺張方，送東海王越乞和，越不許；諸將鬪張方死，益奮入關。越乃遣祁弘西往長安，河間王顒遂逃走，祁弘奉惠帝東歸關中皆下。惠帝入洛陽，以越爲太傅錄尚書事，虓爲司空鎮鄴。穎初拒虓兵敗，謀歸長安，因張方被誅，不敢進前，聞惠帝入洛陽，欲間道歸本國，爲頓邱（河北清豐縣）太守馮松所執，送鄴，范陽王虓幽之，不久虓沒，長吏劉輿以穎素爲鄴人所歸附，僞稱詔賜死。其後惠帝沒，弟熾立，是爲懷帝。懷帝下詔徵顒爲司徒，顒應詔發關中而東，而南陽王模（越之弟）恐怕顒進不利弟昆，使人在中途扼殺之，於是諸王作難者皆盡，惟越尚存。（註五）懷帝登位後，頗留心庶政，越不悅，殺帝親故，時國事不能安定，內憂外患，一時並至。永嘉五年，越憂懼而死。石勒乘越喪至苦縣（今河南鹿邑縣東）大敗晉兵，縱騎圍射，十餘萬人相踐如山，無一免者，乃剖越棺，盡殺晉之王公，虜懷帝北去，及懷帝遇害，吳孝王晏之子，即帝位，是爲愍帝，劉曜陷長安，被虜遇害，西晉遂亡。按自武帝至愍帝，凡四傳，共五十二年，都洛陽，史稱爲西晉。元帝退保江左，十一傳至恭帝，凡一百有四年，都建康，史稱爲東晉，合稱爲兩晉。（註六）兩晉之所以亡，由祖逖的說話，就可以證明，他說：『晉室之亂，非上無道而下怨叛也；由宗室爭權，自相魚肉，遂使戎狄乘釁，流毒中土。』（註七）因爲國內互相侵奪，自然會引起外侮來了。

（乙）五胡之亂。西北游牧民族，本來同中國民族雜居的。戰國末年，諸侯力征，諸戎乃爲中國所滅，餘類奔逃塞外。其後族類日多，又復出爲中國患。兩漢時，竭天下之力，歷百戰之苦，僅克勝之，而烏桓、鮮卑、匈奴、氐、羌、西域之衆，悉稽首漢廷，稱臣僕然。漢人之所以處置之者，其法甚異，往往于異族請降之後，即遷之內地。宣帝時，納呼韓邪，居之亭郭；趙充國擊西羌，徙之金城郡；光武時，亦以南庭數萬衆徙入西河，後亦轉至五原，連延七郡；煎當之亂，馬援遷之三輔。在漢人之意，以爲遷地之後，即不復爲患，不知其後患更甚。晉武帝時，侍御史郭欽上疏說：『若有風塵之警，胡騎自平陽（今山西平陽府）、上黨（今山西潞安府），不三日而至孟津（在河南孟津縣東），北地、西河、太原、馮翊、安定、上郡，盡爲狄庭矣。宜徙內地雜胡於邊地，峻四夷入出之防，此萬世之長策也。』惠帝時，太子洗馬（東宮官名）江統，作徙戎論，以警朝廷說：『四夷之中，戎狄爲甚，弱則畏服，強則侵叛。是以有道之君，牧夷狄也，惟持之有備，御之有常，雖稽顙執贄，而邊城不弛固守；雖強暴爲寇，而兵革不加遠征；期令境內獲安，疆埸不侵而已。魏武帝徙武都氐於秦州，欲以弱寇強國，捍禦蜀虜，此蓋權宜之計，非萬世之利也。今者當之，已受其敝矣。夫關中土沃物豐，帝王所居，未聞戎狄宜在此土也。非我族類，其心必異，而因其衰敝，遷之畿服，士庶翫習，侮其輕弱，使其怨恨之氣，毒於骨髓。至於蕃育衆庶，則坐生其心，以貪悍之性，挾憤怨之情，俟隙乘便，輒爲橫逆，而居封域之內，無障塞之隔，掩不備之人，收散野之積，故能爲禍滋蔓，暴害不測。此必然之勢，已驗之事也。此等皆可申諭發遣，慰彼羇旅之思，釋我華夏之憂，惠此中國，以綏四方，德施永世，於計爲長也。』（註八）這是何等明顯防範外族入寇的主張，獨惜當時朝廷不能用其後劉淵以惠帝永興元年，據離石，稱漢；元帝太興二年，石勒舉襄國，稱趙；晉穆帝永和十年，張重華自稱涼王；永和十一年，冉閔據鄴，稱魏；永和十二年，苻健據長安，稱秦；穆帝升平元年，慕容儁據遼東，稱燕；孝武帝太元十二年，後燕慕容垂據鄴，太元十四年，西燕慕容沖據阿房，皆稱燕；同年伏乞國仁據枹罕，稱秦；太元十五年，慕容永據上黨，稱燕；同年，呂光據姑臧，稱涼；安帝元興三年，慕容德據滑臺，稱燕；同年，禿髮烏孤據廉川，稱涼；段業據張掖，稱涼；安帝義熙三年，李玄盛據敦煌，稱涼；義熙四年，沮渠蒙遜殺段業自稱涼；義熙八年，譙縱據蜀，稱成都王；義熙十年，赫連勃勃據朔方，稱夏；義熙十二年，馮跋據和龍，稱燕；提封天下十喪其八，窮兵戰爭約一百三十六年，然後皆入於拓跋氏，是爲十六國。（註九）史家曾批評說：『晉之亡，大率中原半爲夷居，劉淵匈奴也，而居晉陽；石勒羯也，而居上黨；姚氏羌也，而居扶風；苻氏氐也，而居臨渭；慕容鮮卑也，而居昌黎；是以劉淵一倡，而幷、雍之胡乘時四起，自長淮之北，無復晉土，而爲戰爭之場者幾二百年；嗚呼！後之人思爲國家遠慮者，晉之事可鑒也。』（註十）五胡之亂可以區分爲四期：（1）胡羯最盛時代。自匈奴入居幷、雍，左部帥劉淵以雄鷙之才，都督五部，遂稱漢帝，遷都平陽，引兵南下，西取司、雍，東取青、兗，南抵嵩洛，幷、冀輸誠，有羯人石勒，從淵南侵，北據襄國，西征併漢，南取豫州，徙都鄴城，控制淮北，後爲鮮卑族所滅。（2）鮮卑最盛時代。自涉歸入寇，子廆降晉，據淮水上流，子皝繼之，徙都棘城，東破高麗，西兼段氏，乘後趙之衰，進軍入鄴，國號前燕，北有青、冀、幽、平，南有荆、徐、司、豫，後爲氐族所滅。（3）氐族最盛時代。自氐族分居西土，巴西一族，於漢末遷臨渭，李特以巴西之氐，率流民入蜀，子雄繼之，遂入成都，有梁、益、寧三州地，國號成，後爲漢人桓溫所滅。仇池一族，自楊茂搜以降，臣服鄰邦，據梁、益二州之間，故傳國最久。略陽一族，自苻洪東徙枋頭，漸成強族，乘燕人滅趙之機，佔據關隴，苻堅繼之，東滅前燕，西取涼州，版圖所及，南至長淮，繼取襄陽，侵蜀漢，窺壽春，有統一宇內之勢；後伐晉失敗，為鮮卑羌族所滅。(4)五胡競爭時代。當苻堅統一淮北，鮮卑羌胡，雜居內地，苻氏既敗，各籌自立之方，遂成五胡競爭時代：(a)鮮卑。當秦滅前燕，徙鮮卑於關右，秦政既衰，慕容垂東據中山，徇地河北，有平、兗、幽、司四州，是為後燕。時關中鮮卑慕容沖起兵華陰，進逼長安，稱西燕國，復東據并州，建都長子，(今陝西渭南縣，)後西燕滅於後燕，而後燕復亡於北魏。惟後燕將漢人馮跋，東據和龍，有平州地，國號北燕，北燕，北魏滅之；鮮卑族慕容德宗，由滑台徙廣固，據青、徐、兗三州，國號南燕，漢人劉裕滅之，是為鮮卑慕容氏之沿革。當胡羯西侵之日，鮮卑有乞伏國仁者，入居苑川，秦師既敗，整旅金城，略地秦涼，建西秦國，後兼併二涼，(後涼南涼，)得南安、武威附近，為匈奴族夏國所滅，是為鮮卑乞伏氏之沿革。自樹機能叛晉，禿髮一族，世居青海、河湟，乘苻秦之敗，建南涼國於廣川，得武威、湟中、諸地，卒見滅於西秦，是為鮮卑禿髮族之沿革。(b)氏族。苻氏既衰，氏族立國一隅，或據晉陽，或據隴西，卒致敗滅。時洛陽氏酋呂光，統一河西，據姑臧之地，卒因內亂蠭起，僅保武威，後降西秦，而氏族以滅。(c)羌族。當石勒時，南安羌族姚弋仲，東徙灄頭，復南遷降晉，子襄繼之，畔晉北旋，進降後秦，後姚萇乘苻氏之敗，據北地入長安，佔雍州全境，國號後秦，繼續東取河南，闢境潁、豫，傳國不久，為漢族劉裕所征，而關中之地，復入於夏，氏族由是遂亡。(d)匈奴族。自劉虎叛晉，遺族世居朔方，服屬秦代，至赫連勃勃；始立夏國之基，據朔方都統萬，乘劉裕滅秦之隙，南取關中，東征蒲坂，為西北強族。當夏國稱強時，有匈奴別族居盧水者，名沮渠蒙遜，據張掖之間，建北涼國，取西海、酒泉、燉煌，而酒泉、燉煌，復為漢族李暠所佔，國號西涼；後西涼併於北涼，而北涼及夏，復為北魏所併，胡羯由是遂亡。(註十一)

五胡亂華原因複雜：(1)由於侮戎，積怨而思亂；(2)由於玩戎，遷至內地而不加以防範；(3)由於罷州郡兵

備，而致戎狄跳梁；（4）由於淸談放達，不關懷國事。晉之所以亡，固非偶然的。茲列五胡十六國分合表如下（註十二）

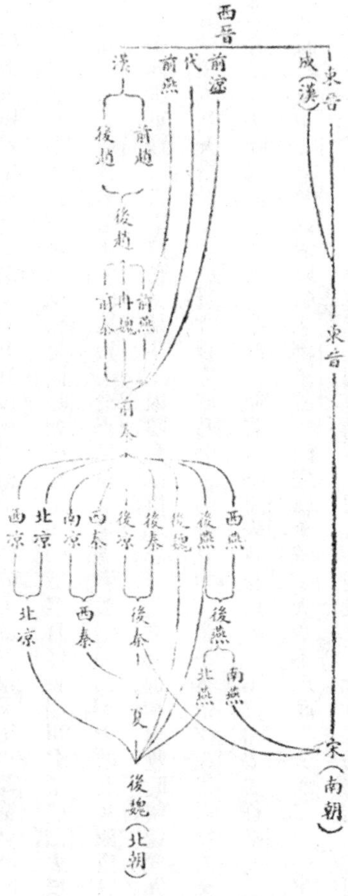

西晉末年，胡羯四起，大河南北，干戈雲擾，生靈塗炭；幸江南半壁，尙爲司馬氏所據，中原豪傑，相率歸附，故江北雖亂，江左尙爲平靜，因其建國於建康（卽建業，愍帝改，）故史家稱爲東晉。從元帝（名睿，乃宣帝曾孫瑯琊恭王覲之子）卽位建康以後，到慕容儁入鄴時，晉朝的東渡已經三十六年，這三十六年都是亂離的景況，茲分述如下：

（甲）王敦之亂。元帝正位，以王導爲相，以王敦爲將，羣從子弟皆列顯要，遂懷問鼎之心，帝惡而畏之，遂引劉隗、刁協、爲腹心，敦等不平；永昌元年正月，舉兵反，以誅劉、刁、爲名，率衆內向，帝遣王導、周顗、戴淵、分三路攻之，皆敗北。王敦進入石頭，殺周顗、戴淵、刁協等，惟劉隗北奔，得免於難。王敦擁兵不朝，自署丞相，帝以憂憤崩，太子紹立，是爲明帝。王敦移姑孰，（今安徽當塗縣）更加暴慢，以其兄含督江西軍，從弟舒爲荆州刺史，以兄含之子應爲武衞將軍，以錢鳳、沈充爲謀主，使沈充東收兵於吳興，溫嶠以王敦之謀入告明帝，明帝以王導爲大都督，敦病，以兄含爲元帥叛亂，含爲帝兵敗，敦亦病死，錢鳳等皆伏誅，亂遂平。(乙)蘇峻之亂。明帝崩，成帝立，尙幼，皇太后庾氏臨朝稱制，政事一決於后，后兄庾亮任法，頗失人心。歷陽（今安徽和縣）內史蘇峻討王敦有功，威望漸著，陰懷異志，庾亮微有所聞，因徵峻爲大司農，峻不服，遂約豫州刺史祖約反，江州刺史溫嶠，荆州刺史陶侃，皆起兵討峻，斬之於陣前，蘇峻弟蘇逸繼爲主帥，未幾伏誅，祖約奔後趙，爲石勒族誅，亂遂平。(丙)桓氏之亂。桓彝官至宣城太守，蘇峻之亂，爲峻所害，長子溫，尙帝女南康公主，穆帝永和元年，歷官至荆州刺史。其後桓溫兩道伐蜀，直逼成都，李勢出亡，前蜀就此滅亡。前蜀滅後，北方大亂，河南諸州，都來降晉，於是晉朝就想北伐。時朝廷忌桓溫的威名日盛，就引用名士殷浩，去抵抗他；殷浩都督揚、豫、徐、兗、靑五州軍事，姚襄率衆降浩，已又叛浩，浩棄軍走，桓溫遂奏廢殷浩；溫伐秦，大敗其兵，威望日著。哀帝時以爲大司馬，都督中外諸軍，錄尙書事，位在諸侯王上，因陰有不臣之志，擬先立功河、朔，以收時望，還受九錫。哀帝興寧元年伐燕，敗於枋頭，威名大損，於是急於廢立以立威，乃廢帝奕而立簡文帝。不久帝疾，桓溫以爲簡文臨終，必傳位於己；及簡文崩，遺詔以子曜爲嗣，溫怨憤死，弟沖代領其軍。時謝安執政，與桓沖不協，謝安與苻堅大戰於淝水，堅僅以身免，沖慚恥而終。及謝安卒，孝武帝以弟瑯琊王道子繼安執政，道子與帝不理政事。太元二十一年，帝遇弒，安帝立，帝舅王恭與道子不協，王恭鎭北府，後將軍王國寶勸道子因恭入覲殺之，恭知其謀，乃密結江州刺史殷仲堪，及桓溫之子玄爲援，已舉兵內向，以誅國寶爲名；道子殺國寶以說於恭，恭乃還。道子忌王恭、殷仲堪之強，以其子元顯爲將軍司馬，王愉爲江州刺史，割豫州所統四郡與之。時庾楷（庾亮之孫）爲豫州刺史，甚爲憎惡；乃說王恭、殷仲堪、桓玄，同舉兵內向，以誅王愉、尙之等爲名，朝廷大震。元顯使人說王恭之司馬劉牢之，謂叛恭事成，卽以王恭之位授之，牢之遂執恭以降，送京師斬之。朝廷以桓玄督江州，以殷仲堪督荆州，使各還鎭。其後桓玄及殷仲堪又相忌，桓玄殺仲堪，併其地。朝廷以玄督八州軍事，自謂三分天下有其二，遂謀篡位。安帝元興元年，以元顯爲大都督，以劉牢之爲前鋒，討桓玄。劉牢之旋降於玄，玄入建康，殺道子及元顯，自己綜理朝政，都督中外諸軍事，自稱相國楚王，迫帝禪國，號大楚。時元興三年二月，劉裕（卽宋武帝）劉毅（字希樂，彭城人）何無忌（東海郯人）等在京口合謀起兵討玄，大敗玄兵。玄挾帝走江陵，其下斬之。帝復位，桓玄弟桓振等復陷江陵。安帝義熙元年，何無忌、劉毅等討斬之，亂始平靖。惟朝政歸於劉裕，安帝祇垂拱而已。其後十六年，劉裕廢恭帝爲零陵王，篡帝位，東晉遂亡。（註十三）史家褚遂良說：『安帝卽位之辰，道子、元顯並傾朝政，主昏臣亂，未有不如斯亡者也。』（註十四）主昏臣亂，引起內部的紛爭；內部紛爭，必引起外侮的侵奪。五胡十六國亂華，是異族壓迫中國的大劇變。這一次有名的永嘉之亂，造成中國民族的大遷徙。以前中國文化的中心點，都在黃河流域，這次就轉到長江流域來了。以前沒有人跡的地方，以後就成爲繁華的區域了。（註十五）但是當中國民族受外族侵侮的時候，兩方民族的鬬爭是免不了的。當時有以五胡而屠殺華人者，如永嘉五年，石勒大破晉兵，將士十餘萬人，相踐如山。劉聰破洛陽，晉兵前後十二敗，匈奴遂掘晉諸陵，人民死者數萬。（註十六）石虎於攻城陷壘後，不別善惡，坑斬士女，少有遺類。（註十七）赫連勃勃（匈奴右賢王去卑之後）入長安，斬殺人以爲京觀，號髑髏臺。（註十八）東晉穆帝永和五年，則冉閔（魏郡內黃人）殺胡羯，死者二十餘萬戶投城外，悉為野犬豺狼所食。（註十九）民族鬭爭之禍，自古已然，於今為烈。

參考書舉要

（註一）章嶔著中華通史第二冊五八五頁。

（註二）李泰芬著中國史綱卷二，一四四頁。

（註三）綱鑑彙纂卷十四。

（註四）夏曾佑著中國古代史四一一頁。

（註五）章嶔著中華通史第二冊五九〇頁。

（註六）鄭之誠著中華二千年史卷二第三頁。

（註七）綱鑑彙纂卷十四。

（註八）同上又晉書卷九十七匈奴傳。

（註九）夏曾佑著中國古代史四一四頁引晉書卷一百一載記序。

（註十）綱鑑彙纂卷十四。

（註十一）劉師培著中國民族志。

（註十二）李泰芬著中國史綱卷二第一五九頁研究五胡十六國事除晉書諸國載記外尚有左列二種即湯球十六國春秋輯補刊在廣雅叢書太平御覽偏霸部三至十一。

（註十三）夏曾佑著中國古代史四五一至四五三頁李泰芬中國史綱一五〇至一五一頁。

（註十四）湯睡菴歷朝綱鑑全史二十七卷。

（註十五）拙著中國近世文化史二六頁。

（註十六）通鑑卷七八。

（註十七）晉書卷一〇六。

（註十八）晉書卷一百三十。

（註十九）晉書卷一〇七。

第二節　兩晉時代之文化形態

兩晉時代，是中國內亂外侮交侵的時代，從中國文化演進的階段來說，是文化的停頓時期，茲將此期的文化形態，擇要述之如下：

（一）社會風習。（甲）飲食。晉時風流相尚，奢靡相競，飲宴無虛日，而尤好飲酒。晉人飲酒之著名者，有畢卓、劉伶、胡毋輔之流；輔之嘗與畢卓、謝鯤、阮放、羊曼、桓彝、阮孚，散髮裸裎，終日閉室酣飲，光逸將排門入，守者不聽，光逸便於戶外脫衣露頭，於狗竇中窺之大叫，輔之驚異，即呼入，遂與飲，不舍晝夜，時人謂之「八達」。畢卓尤放縱，爲吏部郎，嘗飲酒廢職，比舍釀熟，畢卓因醉，夜至其甕間，爲掌酒者所縛，明旦視之，乃畢吏部，遽釋其縛，卓遂引主人宴於甕側，致醉而去。（註一）陶侃飲酒有定限，當時便以爲奇，可見風尚所趨。其他飲食亦甚奢靡，如何曾日食萬錢；謝安餚饌，屢費百金；石崇以蠟代薪，以飴澣釜；王濟以人乳蒸豘。珍饈有燕髀、猩脣、髯殘、象白等，荀勗、荀朗等善識味，俱稱於時。晉人孫皓，以茶荈賜韋曜，爲飲茶之始。時俗又效夷狄飲饌，武帝泰始後，中國相尚用胡床、貊槃，及爲羌煮、貊炙，貴人富室，必備其器，吉享嘉惠，皆以爲先，有似近人以西餐相尚。（註二）（乙）衣服。魏明帝時，好婦人之飾，改天子之冕前後旒，用眞白玉珠爲珊瑚珠；晉初仍舊不改，及過江，服章多闕，而冕飾以翡翠珊瑚雜珠，侍中顧和奏稱：『舊禮冕十二旒，用白玉珠，今美玉難得，不能備，可用白璇珠。』武帝從其言。其他尚有平冕、遠遊冠、高山冠、法冠、長冠、建華冠等，爲各級社會所服用。（註三）服飾有裙，當時男女皆著裙，即古時之裳；但古有裳而無袴，晉時裙袴並用。袍之貴重者有錦袍，貧寒者有韋袍。武帝太始初年，衣服上儉下豐，著衣皆壓褸。永嘉中，士大夫競服生箋單衣，晉末皆冠小而衣裳博大。（丙）婚姻。晉代婚禮大概衍漢餘緒；當時有一特異者，是同姓結婚，蓋重尙門第，大族不願婚配平民，遂成此種惡習。結婚納財，聘禮用羊，亦當時所通行。（丁）喪葬。魏晉喪禮，大體同漢。自漢文革喪禮之制，後代遵之，無復三年之禮。晉武帝遵漢魏之典，既葬除喪，然猶深衣素冠，降席撤膳。（註四）晉代期功之喪，獨以爲重，自祖父母以至兄弟姊妹妻子之喪，初喪去官，除喪然後就官；非如此，則上掛彈文，下干鄉議。自謝安期喪不廢樂，衣冠效之，遂成風俗。停喪之俗，自古所無，自建安離析，永嘉播遷，於是有不得已而停者，後世遂以爲常。如晉賀循爲武康令，嚴禁厚葬，及有拘忌回避歲月停喪不葬之俗。（註五）堪輿之說，亦起於晉。郭璞有葬經一書，爲後世堪輿家之祖，而當時民俗亦深信風水之說；陶侃聽老父之言，葬其父於牛眠之地，卒爲三公，習非成是，有如此者。（戊）階級。晉代階級有士庶二種，士爲望族，庶爲平民。士族又有舊門、次門、後門、勳門之分。推測原因，約有兩端：（1）自魏立九品官人之法，相沿既久，社會只知門閥，不復分別賢愚，門閥既貴，故人人皆以門第自矜。（2）五胡亂華，深入禹域，與華人雜處，婚嫁不禁，種族混淆，故衣冠之族，不能不自標異。當時士庶之見，深入人心，若天經地義，不能通婚，即其表見。司馬休之數武帝說：『裕以庶孽，與德文嫡婚，致茲非偶，實由威逼。』沈約之彈王源說：『風聞東海王源，嫁女與富陽滿氏；王、滿聯姻，實駭物聽……宜寘以明科，黜之流伍。』可見界限之嚴。(註六)晉代爲異族交侵時代，影響習俗，自有特異者。

(二)農業。三國紛爭，兵革未已，至晉武平吳，(西紀元二八〇年)歷時九十七年而後統一。晉武平吳之後，世轉升平，乃師井田遺制而行占田之法。晉書食貨志載：『男子一人占田七十畝，女子三十畝，其外丁男課田五十畝，丁女二十畝，次丁男半之，女則不課。男女年十六以上至六十爲正丁；十五以下至十三，六十一以上至六十五爲次丁；十二以下，六十六以上爲老小，不事。』茲立表如下：(註七)

西晉占田數

	占田	課田	共計
丁男	七十畝	五十畝	百二十畝
次丁男	七十畝	廿五畝	九十五畝
丁女	三十畝	二十畝	五十畝
次丁女	三十畝	無	三十畝

一夫耕田百二十畝，丁女次丁男等復別有田，則平均一戶所耕之田大增。田畝既多，耕者技術沒有進步，則耕作勢必較前粗放，每畝之收穫量必減少。傅玄爲御史中丞，上便宜五事，其四說：『古者以步百爲畝，今以二百四十步爲一畝，所覺過倍。近魏初課田，不務多其頃畝，但務修其功力，故白田收至十餘斛，水田收數十斛。自頃以來，日增田頃畝之課，而田兵益甚，功不能修理，至畝數斛已還，或不足以償種。非與曩時異天地，橫遇災害也，其病正在於務多頃畝而功不修耳。』(註八)晉代有官品占田之例，官品第一者占田五十頃，第二品四十五頃，第三品四十頃，第

四品三十五頃，第五品三十頃，第六品二十五頃，第七品二十頃，第八品十五頃，第九品十頃。(註九) 王公除藩封外，復得於京師置田宅。武帝曾下詔書爲之限制田畝，大國田十五頃，次國十頃，小國七頃。不僅限地主之土地，而又限及地主之佃戶。佃戶之限制亦依九品而分，所謂官品第一第二者佃客無過五十戶，第三品十戶，第四品七戶，第五品五戶，第六品三戶，第七品二戶，第八品第九品一戶。(註十) 然西晉占田限田之制，實行至何種程度？由史中發見事實，令人懷疑。考武帝於咸寧三年，賜陳騫廚田十頃，廚園五十畝；又賜衞瓘廚田十畝，廚園五十畝。(註十一) 爲上者既以土地爲恩物，贈送與人，則是首自破壞限田制度了。史稱石崇豪富，與王愷爭豪，設錦障至四五十里；其後石崇忤孫秀，秀殺崇而籍沒其家，得水碓三十餘區，倉頭八百餘人，他貨賄珍寶田宅稱是。有此富裕，當然是佔據許多田地，然後可以雄霸一方。王戎廣收八方園田水碓，周徧天下，積實聚錢，不知紀極。(註十二) 張輔初補藍田令，不爲豪強所屈；時彊弩將軍龐宗，西州大姓，宗之婦族護軍趙浚，僮僕放縱，爲百姓所患。張輔繩之以法，殺其二奴，又奪其宗田二百餘頃，以給貧戶。(註十三) 可知當時地方豪族，占田有至二百餘頃者。東晉之初，民之買賣田宅奴隸者，國家且徵稅，以承認其法律上的地位。凡貨賣奴隸馬牛田宅，有文券，率錢一萬，輸估四百入官，賣者三百，買者一百。(註十四) 可見限田制度之不容易遍行也。

東晉偏安之後，兼併之局，仍未有停止。元帝時應詹說：『軍興以來，征戰運漕，朝廷宗廟，既已殷廣，下及工商流寓，僮僕不親農桑而游食者，以十萬計。不思開食美利，而望國給民足，不亦難乎？古人有言曰：飢寒幷至，雖堯舜不能使野無寇盜；貧富兼併，雖皐陶不能使強不陵弱。』(註十五) 劉弘有說：『禮名山大澤，不封，與共其利。今公私兼併，百姓無復措手足，尙何謂耶？』(註十六)據此，兼倂之局，在東晉也不能免除了。

農業生產，晉初已注意到，朝廷勵精於稼穡，躬耕籍田，以爲天下倡。武帝泰始二年，以穀賤傷農，下詔議平糴，以勸農：『百姓年豐則用奢，凶荒則窮匱，是相報之理也。故古人權量國用，取贏散滯，有輕重平糴之法，理財均施，惠而不費，政之善者也。然此事久廢，希習其宜，而官蓄未廣，言者異同，財貨未能通達其制。更令國寳散於穰歲而上不收；貧弱困於荒年而國無備；豪人富商，挾輕資，蘊重貨，以管其利；故農夫苦其業，而末作不可禁也。今者省徭務本，幷力墾殖，欲令農功益登，耕者益勸，而猶或騰踊，至於農人並傷，今宜通糴，以充儉之，主者平議，具爲條制。』(註十七)然事竟未行，故於泰始四年下詔郡縣吏勸農，立常平倉：『使四海之內，棄末反本，競農務功，能宣奉朕意，令百姓勸事樂業者，其唯郡縣長吏乎？先之勞之，在於不倦，每念其經營職事，亦爲勤矣！其以中左典牧種草馬，賜縣令長相及郡國丞各一匹。是歲，乃立常平倉，豐則糴，儉則糶，以利百姓。』(註十八)泰始八年，武帝耕籍田，司徒石苞奏稱：『州郡農桑，未有殿最之制，宜增掾屬令史，有所巡幸。』(註十九)帝從之。石苞既明勸課，百姓安之。惠帝之後，政教陵夷，至於永嘉，喪亂更甚，雍州以東，人多飢乏，更相鬻賣，奔走流移，不可勝數。幽、幷、司、冀、秦、雍六州大蝗，草木及牛馬毛皆盡，又大疾疫，兼以飢饉，人民遂自食啖，食陷於水深火熱之境。

自中原喪亂，元帝寓居江左，江南爲火耕水耨之鄉，土地卑濕，無有蓄積，元帝乃課督農功，下詔二千石長吏，以入穀多少爲殿最，其非宿衞要任，皆宜務農，使軍各自佃作，卽以爲廩。又下詔督令先秋種麥。元帝太興二年，三吳大飢，死者日多，百官各上封事，後軍將軍應詹請於壽春（今安徽壽縣）設鎮，招集流散，勸課農功，其後齊王攸、束皙，均上議勸農。齊王攸奏稱『今宜嚴敕州郡，檢諸虛詐害農之事，督實南畝，上下同奉所務，則天下之穀，可復古政，豈患於暫一水旱便憂飢餒哉』？（註二十）束晳奏稱『今天下千城人多游食廢業占空無田課之實較計九州數過萬計，可申嚴此防令監司精察，一人失課負及郡縣，此人力之可致也。』（註二十一）明帝時，天下凋敝，國用不足，坐論時政，溫嶠因奏軍國要務其第二事則爲置田曹掾勸課農桑，他說：『司徒置田曹掾，州一人，勸課農桑，察吏能否，今宜依舊置之，必得清恪奉公足以宣示惠化者，則所益實弘矣。』（註二十二）據此可知當喪亂之時，更感覺於農業生產的必要。

（三）稅制。晉武帝統一天下，關於稅制，實行戶調法。晉書載：『丁男之賦，歲輸絹三疋，綿三斤，女及次丁男爲賦者半輸。其諸邊郡或三分之二，或三分之一，夷人輸賨布（即今之枲布）戶一疋，遠者或一丈。』（註二十三）戶調之法合田租戶口稅爲一事，固有異於兩漢。這是以田授丁，以丁爲戶，以戶爲課徵單位的稅法；以戶課徵，故叫做戶調，在晉稱爲「戶調之式」，歷南北朝而未有改。唐之租庸調，是以田授丁，以丁爲課徵單位；以後則以丁屬戶，以戶爲課徵單位，也是戶調的性質，不過形式略有不同而已。土地私有時期，課稅準則是複雜的，戶調則單純的以戶爲準，尤其是西晉合租穀於綿帛之中，準則更是簡單。但戶調的準則所在之戶的情形如果不同，課徵的多少，不能不隨之而異；並且戶調基於課田，不課田者之租稅，又與受田的戶調相異，應將課田與不課田的準則，分別去考察：

（1）課田的戶調準則。西晉之占田有兩種辦法：一是占田之通常的情形，男女都有土地的分配，而且不以年齡爲限制。一是納稅之田，叫做課田。有負擔租稅的能力者受課田，否則只占田，而沒有負擔。課田以年齡性別，爲分配標準;即以丁男丁女及次丁男爲土地多少之分配;故戶調以丁男成戶者爲戶調單位,次丁男成戶者半輸。州郡之在邊疆者戶調的多寡和內地不同;以距離之遠近爲戶調單位遞降的標準。遞降的標準,就是如晉書食貨志所說:『其諸邊郡或三分之二,遠者三分之一。(2)不課田的徵稅準則。不課田的徵稅準則有二:一是以戶爲準,一是以人爲準。稅率的高低也以距離的遠近而有不同。戶調的準則,既以課田與否而異,則戶調的稅率也以受田與否及其多寡而不同。茲分別如下:(1)課田的戶調稅率。人民達相當年齡即十六至六十歲爲正丁,十三至十五爲次丁,課田納稅。課田和納稅是同時的,但正丁及次丁受田多寡不同,戶調的稅率就不同。丁男之戶的稅率是歲輸絹三疋,綿三斤。女及次丁男爲戶者,稅率減丁男男戶之半,即絹一疋半,綿一斤半。邊郡的戶調稅率和這種規定相同,但以距離較遠而遞減,即按單位三分之二或三分之一輸納。(2)不課田的租稅稅率。不課田租稅的稅率和前述課征的準則一樣,是對邊外夷人而規定的,有兩種情形:以戶爲準則者,賓布戶一疋,遠者或一丈。輸米者叫做義米,遠夷不課田輸義米,每戶三斛,遠者五斗。以人爲準則者,係極遠的夷人,以人口輸算錢,每人二十八文。(註二十四)馬端臨以爲戶調之制,是可行的,他說:『按兩漢之制,三十而稅一者,田賦也;二十始傅,人出一算者,戶口之賦也。今晉法如此,則似合二法而爲一。然男子一人占田七十畝,丁男課田五十畝,則無無田之戶矣,此戶調所以可行歟?』(註二十五)

戶調之外有徭役,徭役是以征稅的形態,提供於國家政府的。晉代的徭役,丁男有被徵發爲軍役,或灌溉,防汛治水,土木事業等,次數既多,規模又大,在東晉時代,丁男的徭役,規定每歲不得超過二十日。(註二十六)

東晉有商稅的規定：凡出賣奴婢、馬牛、田宅者，有文件者，則依文件所載價值，抽百分之四，由賣者擔任三成，買者擔任一成；無文件者則依所估價值百抽四。此外更設通過稅，彷彿近代的關稅制度。東有方山津，西有石頭津，各置津主人，賦曹一人，直水五人，以檢察禁物及亡叛者；荻、炭、魚、薪之類，出津者並十分稅一以入官；淮水北有大市，其餘小市十餘所，置有官司征稅，商人不免苛索。（註二十七）東晉據有揚子江流域，約維持其統治權一世紀之久，在那種偏安的局面裏，以重稅以維持殘喘，是當然的結果。

（四）商業。晉武帝統一中國後，社會思想習俗，沿襲放達清談餘風，人民廉恥道喪，卑污嗜利，在商業上缺乏商業的道德，例如王戎賣李，恐佳種流傳於外，不能專利，於是在未賣之先，盡鑽其核，其立心之卑鄙有如是者。後來到了五胡亂華，晉室東遷，國計民生，紛紛擾攘，商業凋敝，就用不着說了。惟當時石勒，求通使交市，鎮西將軍祖逖不報書而聽互市，遂收利十倍，於是公私豐贍，士馬日滋。（註二十九）陶侃遷龍驤將軍、武昌太守時，立夷市於郡東，大收其利。（註三十）對於遠地的通商，有大秦國。晉書：『大秦國一名犂鞬，在西海之西，其地東西南北各數千里，有城邑，其城周迴百餘里，屋宇皆以珊瑚為梲栭，琉璃為牆壁，水精為柱礎，……其人長大，貌類中國人而胡服，其土多出金、玉、寶物、明珠、大貝，有夜光璧、駭雞犀及火浣布，又能刺金縷繡及織錦縷罽，以金銀為錢，銀錢十當金錢之一，安息、天竺、人與之交市於海中，其利百倍。鄰國使到者，輒廩以金錢，途經大海，海水鹹苦不可食，商客往來皆齎三歲糧，是以至者稀少。』（註三十一）國際貿易遠達大秦，惟中國以何種貨物與之互市，史書已不可考。又據英文本中國經濟史所說：『晉朝開始最嚴厲的禁止，從此地遷到彼地的禁令，這種禁令，甚至擴大到行商身上來。』（註三十二）若此說如眞?則遠航通商,晉代勢必加以禁止。但晉書所記如此之詳細,則遠地經商之事未必是假,而禁令也未必施於此種商人了。

(五)幣制。晉自中原紛亂,元帝過江,用孫氏赤烏舊錢,輕重雜行,大者謂之比輪,中者謂之四文。吳興沈充又著小錢,謂之沈郎錢,錢既不多,由是稍貴。孝武太元三年下詔:『錢國之重寶,小人貪利,銷壞無已,監司(據上海大光書局刊印中國歷代食貨志本可作司通典作可)當以爲意。廣州夷人寶貴銅鼓,而州境素不出銅,聞官私賈人,皆貪比輪錢(上海大光書局刊印中國歷代食貨志本作皆於此下貪比輪錢)斤兩差重,以入廣州,貨與夷人鑄敗作鼓,其重爲禁制得者科罪。』(註二十八)安帝元興中桓玄輔政立議欲廢錢用穀帛,當時爲孔琳之反對,未果行。晉代亦使用金銀,晉書束晳傳:『帝大悅,賜晳金五十斤。』元帝紀:『帝傳檄曰:有能梟石季龍首者,賞絹二千匹,金五十斤。』羊侃傳:『有詔送金五千兩,銀萬兩,以賜戰士。』石勒傳:『勒既還襄國,襄國大飢;穀二升,値銀二斤;肉一斤値銀一兩。』從上引證來看,可爲晉代使用金銀的明證。

(六)交通。晉代對於國內交通頗注意水道,晉武帝泰始十年,鑿陝南山,決河東注洛以通運漕。懷帝永嘉元年,修千金堨於許昌以通運。(註三十三)至對於國外交通,徵之於外族之雜居中國內地及其國王之遺使貢獻方物,就可以知道。茲略爲引論如下:(1)匈奴。匈奴之類,總謂之北狄,其地南接燕趙,北辟沙漠,東連九夷,西距六戎。建安中,魏武帝始分其地爲五部,部立其中貴者爲帥,選漢人爲司馬以監督之,魏末復改帥爲都尉,其左部、右部、南部、北部、各部落,聚居中國北部祁縣、蒲子縣、新興縣等地。武帝登位後,塞外匈奴大水,塞泥黑難等二萬餘部落歸化,帝復納之，使居河西故宜陽城下，後復與晉人雜居，因雜居相通之故，而文化自然轉相模仿。(2)夫餘國。國在玄菟北千餘里，南接鮮卑，北有弱水，地方二千里，戶八萬，有城邑宮室，地宜五穀，其人強勇，會同揖攘之儀，有似中國。武帝時頻來朝貢。(3)馬韓。馬韓居山海之間，無城郭，有小國五十六所，大者萬戶，小者數千家，各有渠帥，俗少綱紀，無跪拜之禮，居處作土室，形如冢，其戶向上，舉家共在其中，無長幼男女之別，不知乘牛馬，畜者但以送葬，俗不重金銀錦罽，而貴瓔珠，用以綴衣，或飾髮垂耳，俗信鬼神，嘗以五月耕種畢，羣聚歌舞以祭神。武帝太康元年二年，其主頻遣使入貢方物，後又請內附。(4)挹婁。挹婁在不咸山北，去夫餘國約六十日程，東濱大海，西接寇漫汗國，北至弱水，其地廣數千里，多深山窮谷，人民夏則巢居，冬則穴處，父子世爲君長，無文墨，以言語爲約，有馬不乘，但以爲財產而已。至武帝太康初，遣使貢獻，元帝中興，又至江左貢其石砮等物。(5)大宛。大宛西去洛陽二千三百五十里，南至大月氏，北接康居，大小七十餘城，土宜稻麥，有蒲萄酒，多善馬。武帝太康元年，遣使楊顥拜其王藍庾爲大宛王，及藍庾死，其子摩之立，遣使貢汗血馬。(6)康居。康居在大宛西北可二千里，其風俗習慣，略同大宛，地和暖，多桐、柳、蒲萄、牛、羊，出好馬。武帝泰始時，其王那鼻遣使上封事，並獻善馬。(7)林邑。林邑去南海三千里，其地人民性兇悍，果於戰鬭，倮露徒跣，以黑色爲美，貴女賤男，同姓爲婚，婦先娉壻，女嫁之時，著迦盤衣，橫幅合縫，如井欄，首戴寶花，居喪翦鬢，謂之孝，燔尸中野以爲葬。其王聽政，子弟侍臣皆不得近之；自孫權以後，不朝中國，至武帝太康中，始來貢獻。(8)扶南。扶南國去林邑三千餘里，地廣約三千里，有城邑宮室，人皆醜黑拳髮，倮身跣行，性質直，不爲盜賊，以耕種爲務；又好雕文刻鏤，食器多以銀爲之，貢銀以金銀珠香，亦有書記府庫，文字有類於胡，喪葬婚姻，略同林邑；武帝泰始初，遣使來貢獻。以上略述晉代與外族交通的大概。(註三十四)外族與中國交通，或以移殖中士之故，很多同化於中國的文教：(1)文學。史載劉淵幼好學，師事上黨崔游，習毛詩、京氏易、馬氏尚書，尤好春秋左氏傳、孫吳兵法，史學諸子，無不綜覽。劉和好學夙成，習毛詩、左氏傳、鄭氏易。劉宣師事樂安孫炎，沉精積思，不舍晝夜，好毛詩、左氏傳。劉聰穎悟好學，究通經史，兼綜百家之言，工草隸，善屬文，著述懷詩百餘篇，賦頌五十餘篇。劉曜博覽羣書，善屬文，工草隸，尤好兵書。石勒雅好文學，雖在軍旅，嘗令儒生讀史書而聽之，每評論古帝王善惡，聽者讚美。其他石弘、石虎、慕容皝、慕容儁、苻堅、苻丕、姚襄、姚興、姚泓、李庠、慕容寶、禿髮傉檀、慕容德、沮渠蒙遜等，皆好經籍而善屬文。(註四十五)(2)教育。史載劉曜立太學於長樂宮東，小學於未央宮西，簡百姓可教者千五百人，選宿儒以教之。石勒立太學，簡明經善書吏署爲文學掾，選將佐子弟三百人教之；又增置宣文、宣教、崇儒、崇訓、十餘小學于襄國四門，造明堂、辟雍、靈台，於襄國城西；命郡國立學官，每郡置博士祭酒二人，弟子百五十人。石虎令諸郡國立五經博士，復置國子博士助教，又遣國子博士至洛陽寫石經。慕容皝立東庠於舊宮，學徒甚盛，至千餘人。慕容儁立小學於顯賢里，以教冑子。苻堅廣修學官，召郡國學生通一經以上充之，六卿以下子孫，並遣受業，中外四禁二衛四軍長上將士，皆令修學。姚萇令諸鎮各置學官，勿有所廢，考試優劣，隨才擢敍。馮跋營建太學，以劉軒、張熾等爲博士郎中，簡二千石以下子弟年十三歲以上者教之。禿髮利鹿孤以田玄沖、趙誕爲博士祭酒，以教冑子。(註三十六)以上略爲引證，就可以知道晉代的外族，與中國交通而吸收中國文化，至有如此的程度。世界的民族，有互相移殖的傾向，而文化因民族間之移殖接觸，而有互相吸收模仿的傾向。近代的日本人，是六個人種的複合，即白色人種的舊阿夷奴(Palaeainu)黃色人種的南通古斯(Sou-

，them Tunguse）印度支那人（Indo-Chinese），漢人（Han），黑人種的尼格利陀（Negrito），與混合黑、白、黃、三人種血液而白人種遺傳較爲顯著的印度尼西亞人（Indonisians），六人種底血液混淆而造成了近代日本人。人種常伴有文化，是人類學上一大原則，則構成日本民族的六個人種實各有其相異的六種型式的文化，卽各各攜其生活樣式而來日本羣島，其後人種混淆，文化也因之而複合化了。在日本文化的構成中至少有三個要素，卽西伯利亞文化、中國文化、印度文化；但此等文化也非獨立，而是帶有複合性的。（註三十七）五胡十六國時代外族移殖中國，與漢族交通接觸，一方移來其本土之原有文化，以至中土；一方移居中國本土，與漢民族混淆而吸收中國的文化而成複合性，這是必然有而無可懷疑的現象。

（七）官制。（甲）中央。三國時，魏文帝復置中書監令，並掌機密，自是中書多爲樞機之任；其後定制，置大丞相第一品，後又有相國。晉惠帝永寧元年罷丞相，復置司徒；永昌元年罷司徒，幷丞相。其後或有相國，或有丞相，省置無常，而中書監令常管機要，多爲宰相之任。（註三十八）門下省，後漢謂之侍中寺，晉代給事黃門侍郎與侍中俱管門下衆事，或謂之門下省。其他有太常、光祿勳、衛尉、太僕、廷尉、太鴻臚、宗正、大司農、少府、將作大匠、太后三卿、太長秋，皆爲列卿，各置丞功曹主簿五官等員。太常有博協律校尉員，又統太學諸博士祭酒及太史太廟太樂鼓吹陵等令。衞尉、統武庫公車衞士諸治等令，左右都候南北東西督治掾，及渡江省衞尉。太僕統典農典虞都尉典虞丞左右中典牧都尉車府典牧等令，典牧又別置羊牧丞，太僕自元帝渡江之後，或省或置，太僕省故驊騮爲門下之職。廷尉，主刑法獄訟，屬官有正監評，並有律博士員。太鴻臚，統大行典客園池華林園鈎盾等令。宗正，統皇族宗人圖諜，又統大醫令史，又有司牧掾員及渡江，哀帝省幷太常太醫，以給門下省。大司農、統太倉籍田等事。少府、統材官校尉平準奚官等事。將作大匠、有事則置，無事則罷。太后三卿衞尉少府太僕隨太后宮爲官號。大長秋，皇后卿，有后則置，無后則省。

御史中丞、本秦官，秦時御史大夫有二丞：其一御史丞，其一爲中丞；中丞外督部刺史，內領侍御史，受公卿奏事，舉劾按章，歷漢東京至晉，因其制以中丞爲臺主。治書侍御史，晉置員四人，武帝泰始四年，又置黃沙獄治書侍御史一人，秩與中丞同，掌詔獄及廷尉不當者治之。侍御史，置員九人，品同治書，而有十三曹。殿中侍御史，置四人，渡江後置二人。符節御史，掌符璽令之職，武帝省幷蘭臺，置符節御史掌其事，謁者僕射，武帝省僕射，以謁者幷蘭臺。都水使，主陵池灌溉，保守河渠，武帝省水衡，置都水使者一人，以河隄謁者爲都水官屬。太子太傅、少傅，皆古官，晉武帝泰始三年始建官，各置一人，事無大小，皆由二傅掌之，並有功曹主簿五官。文武官皆假金章紫綬，著五時服。（註三十九）

（乙）地方。晉爲州、郡、縣、三級制度，州置刺史，郡置太守，河南郡京師所在則稱尹；諸王國以內史掌太守之任。縣大者置令，小者置長。外官權力，日趨於重，皆帶軍職；州與府各置僚屬，州官理民，府官理戎。晉制，刺史三年一入奏，郡守皆加將軍，無者爲恥。（註四十）鄉官之設，置郡國及縣，農月皆隨所領戶多少爲差，散吏爲勸農。又縣五百戶以上皆置鄉，三千以上置二鄉，五千以上置三鄉，萬以上置四鄉，鄉置嗇夫一人；鄉戶不滿千以下，置治書史一人；千以上置史、佐各一人，正一人；五千五百以上，置吏一人，佐二人；縣率百戶，置里吏一人，其土廣人稀，聽隨置里吏，限不得減五十戶；戶千以上，置校官掾一人。各縣置方略吏四人，洛陽縣置六部尉，江左以後，建康亦置六部尉，餘大縣置二人，次縣小縣各一人。關於藩屬，武帝置南蠻校尉於襄陽，西戎校尉於長安，南蠻校尉於寧州。惠帝元康中，護羌校尉爲涼州刺史，西戎校尉爲雍州刺史；南蠻校尉爲荊州刺史；及江左初，省南蠻校尉，後又置於江陵，改南蠻校尉爲鎭蠻校尉；安帝時於襄陽置寧蠻校尉。（註四十一）

（八）軍制　晉代中央軍有七軍五校之設。七軍卽左衞、右衞、前軍、後軍、左軍、右軍、驍騎，皆有將軍，而中領軍總統之；其前後左右，稱四軍。中領軍將軍本魏官，魏武丞相府自置；及拔漢中，以曹休爲中領軍；文武踐位，始置領軍將軍，以曹休爲之；主五校、中壘、武衞等三營，武帝初省去，使中軍將軍羊祜統二衞、前後左右驍衞等營，卽領軍之任。懷帝永嘉中，改中軍爲中領軍。元帝永昌元年，改北軍中候，後復爲領軍。五校卽屯騎、越騎、步兵、長水、射聲，各領千兵爲營，皆在城中。又有翊軍營……積弩營，亦典宿衞。五校於魏、晉時，猶領營兵，並置司馬功曹主簿；後省左軍、右軍、前軍、後軍爲鎭衞軍，其左右營校尉如舊，皆中領軍統之。（註四十二）武帝懲魏氏孤立，大封同姓，大國三軍，兵五千人；次國二軍，兵三千人，小國一軍，兵千五百人。（註四十三）武帝平吳之後，下詔天下罷軍役，表示海內大安，州郡之兵皆罷去，大郡置武吏百人，小郡五十人；及惠帝之後，屢有變難，寇賊蜂起，郡國以無備，不能制，天下遂大亂。（註四十四）

元帝南渡，有大將軍都督四鎭四征四平之號，然調兵不出三吳，大發不過三萬，每議出討，多取奴兵。晉書載：『發東土諸郡免奴爲客者，號曰樂屬，移置京師，以充兵役，東土囂然，人不堪命，天下苦之矣。』（註四十五）自是以後，每有征伐，則發僮奴充之。元帝立國江南，其初所統，本爲東南之旅，卽當時地方之兵，以後上游重鎭，兵士衆多，常過京師，狡健者資之以圖內寇，論者以爲東晉之始，復使州郡典兵，故有是禍；然溫嶠、陶侃等又嘗以州鎭重兵入衞國難，北方分裂，兵機萬變，全賴州鎭之兵抵抗，可知東晉地方之兵，未必盡有害於國家，其屯駐京口者，稱北府兵，（謝玄北鎮廣陵，以劉牢之爲參軍，領精銳爲前鋒，百戰百勝，號爲北府兵，）屯駐歷陽者，稱西府兵，而北府兵尤精勇。

（九）法制。魏代末年，司馬昭以律令太繁，科網太密，乃命賈充、鄭沖、荀勗、羊祜、王業、杜元凱、裴楷等十四人，就漢九章增十一篇，仍其屬類，正其體號，及新律成，而晉武帝已受魏禪，故頒行於晉代。通典載：『晉武帝泰始三年，賈充等修律令成，帝親自臨講，使裴楷執讀，四年正月，大赦天下，乃頒新律。』（註四十六）晉律是以蕭何九章律爲本，又加十一篇，計二十篇，將舊律刑名分爲刑名及法例二篇，餘則爲盜律、賊律、捕律、雜律、戶律、興律、廐律，一仍漢制；而詐僞、請賕、告劾、繫訊、斷獄、毀亡，則概同於魏制；又增加衞宮、水火、關市、違制、諸侯等五篇，共六百三十條，二萬七千六百五十七言，更設令附於律，律是不可更易的，令是因時制宜的，如軍事、農田、酤酒等，不以入律，而以爲令，凡律令合三千九百二十六條，十二萬六千三百言，合六十卷，又故事三十卷；故事爲昔日所常行之事，即一種品式章程。據寄簃文存說：『晉律就漢九章增定，故與魏律不同，無魏律之劫略、驚事、償贓、免坐四篇，而增法例、衞宮、水火、關市、違制、諸侯六篇，復漢之廐律一篇，而無因律，此增損之數也。』

晉代法院編制，中央最高的司法官有廷尉，廷尉是審理案件的推事；有御史，御史爲提起公訴的檢察官；有三公尚書，三公尚書掌理刑獄。地方司法管轄區域，有縣郡二級，縣大者置令，小者置長，有游徼、戶曹掾、法曹、賊曹掾、獄門亭長、都亭長、捕掾等員。郡皆置太守，置賊曹等員。

晉律內容較前代爲寬，減梟斬族誅從坐之條，去捕亡沒爲官奴婢之制，而過誤老小女人當罰金或杖者，皆令半之。（註四十七）及惠帝之世，政出羣下，每有疑獄，各出私情，刑法不定，獄訟繁滋。晉代刑法：（甲）徒刑，分爲二歲刑、三歲刑，四歲刑，髡鉗五歲刑，笞二百。（乙）身體刑，分鞭、髡、鈦、黥。（丙）財產刑，以罰金抵罪。（丁）名譽刑，爲除名。（戊）流刑，爲遷徙。（己）死刑，分爲梟斬、棄市、絞。（庚）族刑，誅及三族。晉懷帝永嘉元年曾除三族刑，直至明帝太寧三年，又詔復三族刑，惟不及婦人。其他刑之加重，爲屢犯、下之侮上；刑之減輕，分過失、老弱、議貴、贖罪；刑之消滅，分大赦、特赦。在刑法分則上，分反逆罪、露洩選舉罪、誣告罪、僞造官印罪，詐僞罪，盜開城門罪，逃亡罪，侵犯陵墓罪，姦非罪，毆兄姊罪，傷人罪，走馬衆中罪，戲殺人罪，父母殺子罪，挾天文圖讖罪，奇技異服罪。

關於民法上人民之身分，大概可分爲佃客、部曲、商賈等。佃客，是晉代新起的一種農奴制度，以官品之高下，爲佃客之多少，其客皆注家籍，均無課役，其佃穀與大家（主人）量分。部曲，有如後世投靠賣身的甘結的質任，（即周官所謂質劑任保，）晉武帝曾兩次下詔解放他們。商賈，則不得與社會上一般人受平等之待遇，而且異其章服。關於婚姻，特崇嫁娶之禮，以下聘爲正。婚姻的法定年齡，定十七歲，凡女年十七，父母不嫁者，長吏爲之擇配，是厲行國家的生產主義，甚至同姓也可以通婚，與自古相傳的周制相反。

晉代法律思想家，如劉頌（武帝時人）提倡刑法劃一之論；衞展（元帝時人）則主張刑法非以殘人，所以救奸；孔琳之（安帝時人）則主張肉刑不可恢復；葛洪則主張嚴定法律手續，以息訴訟，視刑罰爲捍刃的甲胄；傅玄則主張敬五刑以成三德，以立禮教。其他如張斐發明審判心理，論法更精細，他將晉律加以註釋，其中所釋頗多扼要之說，如『知而犯之謂之故，意以爲然謂之失，違忠欺上謂之慢，背信藏巧謂之詐，虧禮廢節謂之不敬，兩訟相趣謂之鬭，兩和相害謂之戲，無變斬擊謂之賊，不意誤犯謂之過，逆節絕禮謂之不道，陵上僭貴謂之惡逆，將害未發謂之牀，唱首先言謂之造意，二人對議謂之謀，制衆建計謂之率，不和謂之強，攻惡謂之略，三人謂之羣，貨財之利謂之贓。』又說：『刑者司理之官，理者求情之機，情者心神之使，心感則情動於中而形於言，暢於四肢，發于事業，是故姦人心愧而面赤，內怖而色奪，論罪者務其本心，審其情，精其事，近取諸身，遠取諸物，然後乃可以正刑；仰手似乞，俯手似奪，捧手似謝，擬手似訴，拱臂似自首，攘臂似格鬭，矜莊似威，怡悅似福，喜怒憂懼，貌在聲色，姦真猛弱，候在視息。』（註四十八）這是描寫犯罪者心理而後加以審訊之意，立論不是空幻的。

晉律行世最久，南齊書說及江左相承，皆用晉世張杜律，（張裴杜預，）晉武帝泰始四年，至梁武帝改律，凡二百三十七年。據隋書，梁命蔡法度定律，仍用張杜律本，陳則篇目條綱，一用梁法，可知梁、陳之律，仍襲晉律；推其原因，是晉自文帝秉政，卽議定律令，凡歷六載，其時議律諸人，皆一時俊彥，晉書稱新律頒發，百姓稱便，可知晉律的進步。（註四十九）

（十）宗教　（甲）多神教。晉武帝南郊燎告，未有祖配；泰始二年，詔定郊祀南郊，宜除五帝之座，五郊同稱昊天上帝，各設一座。太康三年正月，帝親郊祀，皇太子皇子悉侍祠。東晉元帝卽位於建康，議立南郊於巳地，太常賀循定制度，多依漢及晉初之儀式，帝親郊祀饗如泰始故事。成帝咸和八年正月郊天。康帝建元元年正月，親奉南郊。安帝元興四年應郊，郊天是極尊的祭禮，非天子不能祀。晉武帝泰始初年正月，宗祀文皇帝於明堂，以配上帝，又議明堂宜除五帝之座，同稱昊天上帝，各設一座；十年十月，詔復明堂五帝位，茲將明堂圖表引錄如下：（註五十）

東晉孝武帝太元十三年正月，祀明堂車服之儀，率遵漢制，出以法駕，服以袞冕。晉武帝泰始二年，定郊祀，北郊以先后配，後并圓方二丘於南郊。東晉元帝太興二年北郊未立，地祇共在天郊。明帝太寧三年七月，始詔立北郊。成帝咸和八年，於覆舟山南立北郊。凡此均是祭地祇之禮。此外，復有祭社稷祭山川之祀禮。

(乙)道教。晉代會稽王氏，世稱望族，而王羲之之子凝之世事張氏五斗米道甚篤。十駕齋養新錄說：『晉南渡後，士大夫多有奉五斗米道者，或謂之天師道。晉書何充傳：「時郗愔及弟曇奉天師道。」殷仲堪傳「少奉天師道。」王恭傳：「淮陵內史虞珧子妻裴氏有服食之術，常衣黃衣，狀如天師。」由是妖妄之稱，始登正史。』(註五十一)東晉初，有葛洪者，字稚川，好神仙導養之法，從鄭隱學煉丹祕術，聞交趾出丹，求爲句漏令，行至廣州，刺史鄧嶽留不令去，止於羅浮山煉丹，自號抱朴子，著書推論神仙之理，即以抱朴子爲名。其外篇，是擬王充論衡，故曲引旁證，以通其說。

可知道教當日流行之勢。(註五十一)

(丙)佛教　佛教至晉盛行南北。隋書經籍志載:「魏黃初中國人始依佛戒,剃髮爲僧。」有謂佛徒出家之俗,是自晉始。晉代印度及西域的佛教徒經天山南路及南海諸國而來者甚多,而中國的佛教圖,亦有赴印度及西域以求經典者。晉初法護(Dharmaraksha)赴西域,得了許多的梵經,回長安傳譯。惠帝時,印度僧竺叔蘭等來長安,譯諸經。又東晉時,印度僧佛圖澄(Buddhochinga)來後趙,爲石勒及石虎所尊信,常營佛寺,且諮以軍國大事。(佛圖澄天竺人,本姓帛,少學道,妙通玄術,永嘉四年,至洛陽,自云百有餘歲,常服氣自養,能積日不食,善誦神咒,能役使鬼神。)在這時常山的衛道安獨坐靜室凡十二年,大悟佛教的蘊奧,聞佛圖澄來居鄴,往入其門受教,大獲進益;佛圖澄死後,率門徒南遊,遣法汰於揚州,遣法和入蜀,而自與徒弟共往襄陽布教;後入前秦,爲苻堅所尊信,乃訂正前譯諸經之謬誤。繼而其門人慧遠,避前秦之亂至東晉,結白蓮社,專修念佛。先是佛教之大乘經,雖有被翻譯者,而其數不多,及龜茲僧鳩摩羅什(Kumaradiva)來,大譯大乘經論,遂與中國佛教以一大變化。(鳩摩羅什天竺人,世爲國相,父鳩摩羅炎,聰懿有大節,將嗣相位,乃辭避世家,東度葱嶺,龜茲王聞其名,郊迎之,請爲國師,並以妹妻之,及羅什生後,年七歲,母遂與俱出家,羅什從師受經,日誦千偈,年十二,其母攜到沙勒,國王甚重之,遂停沙勒一年,博覽五明諸論,專以大乘爲化,諸學者共師之,年二十,龜茲王迎之還國,廣說諸經,四方學徒,莫之能抗。)鳩摩羅什初爲前秦苻堅所迎致,未至而前秦亡,遂留居後涼,繼又受後秦姚興的尊信,姚興請入西明閣及逍遙園,譯出衆經,復使沙門僧䂮、僧遷、法欽、道流、道恒、道標、僧叡、僧肇等五百餘人,受羅什意旨,更令出大品經,以相讎校,遂出新大品經二十四卷；又譯大智釋論凡百卷，譯小品經七卷，在長安大寺，集四方義學沙門二千餘人，譯法華經，凡所出經論，有三百餘卷，後卒於長安。(註五十三) 其他佛馱跋陀羅 (Buddhabhadra)，曇摩卑 (Dharmapriya)，弗若多羅 (Punyatara)，曇摩流支 (Dharmaruci)，弗陀耶舍 (Buddhayasas)，卑摩羅義 (Vimalaksas)，曇摩耶舍 (Dharmayasas)，曇摩掘多 (Dharmagupta)，祇多密 (Gitamitra)，竺難題 (Nandi)，僧伽陀 (Samghata)，曇無懺 (Dharmaraksa)，等皆在東晉時代至東方譯經中土者。(註五十四) 西行求法諸師中，其著名的有法顯，受姚興之命，發長安陸路赴印度，繼赴師子國即錫崙，所經歷凡三十餘國，多得經律；十二年之後，遂由師子國搭商船，經耶婆提 (Yavadvipa) 即闍婆 (Java) 自南海歸中國，翻譯攜回之經典；又著佛國記，載見聞之事。(註五十五) 此外，有于法蘭、康法郎、曇覺、曇猛、寶雲、智嚴、智猛、慧叡等，皆到西方求法者，可見東晉時代佛教的興盛。

(十一) 美術　(甲) 晉樂。晉書樂志載：「武皇帝採漢魏之遺範，覽景文之垂則，鼎鼐維新，前音不改。泰始九年，光祿大夫荀勗始作古尺，以調聲韻。」永嘉之亂，伶官既滅，曲臺宣榭，咸變污萊，雖象舞歌工，自胡歸晉，至於孤竹之管，雲和之瑟，空桑之琴，泗濱之磬，百中不能備其一。(註五十六) 武帝時，郊祀明堂，均用樂章，如天地五郊夕牲歌，迎送神歌，明堂降神歌，地郊饗神歌，祠廟迎送神歌，正旦大會行禮歌，食舉樂東西廂歌，宴會歌，命將出征歌，勞還師歌等。武帝命傅玄，改漢之短簫饒歌曲，製爲二十二篇，述以功德代魏。改朱鷺爲靈之祥，思悲翁爲宣受命，艾如張爲征遼東，石留爲順天道，上之回爲宣輔政，雍離爲時運多難，戰城南爲景龍飛，巫山高爲平玉衡，上陵爲文皇統百揆，將祭酒爲因時運，有所思爲惟庸蜀，芳樹爲天序，上邪爲大晉承運期，君馬黃爲金靈運，雉子班爲於穆我皇，聖人出爲仲春振旅，臨高臺爲夏苗田，遠如期爲仲秋獮田，務成爲唐堯，黃爵行爲伯益；玄雲、釣竿、依舊名。其他尚有鼓角橫吹曲胡角、相和漢舊歌、吳歌雜曲、子夜歌、鳳將雛歌、團扇歌、懊儂歌等，始皆徒歌，後遂被之管弦。(乙)繪畫。晉代之名畫首推衞協，及師衞協之張墨與荀勗，張墨呼爲畫聖，荀勗出世於曹魏，至晉任尚書令，遺作搜神圖三卷，傳及於唐。東晉之世，有平南將軍武康侯王廙，明帝師之，善畫佛像，其從子王羲之，亦妙擅丹青。晉代最有名之顧愷之，其畫模仿衞協之風，其遺作女史箴圖卷，今尚留存，爲現存中國畫卷最古之實績。著有魏晉名臣畫贊，又有論畫一篇，皆模寫要法，今已不傳。此外，戴逵善畫山水人物故實，所作南都賦圖，至唐世尚遺存；賈惠遠于孝武帝太元中至廬山，立精舍，繪江淮名山圖爲當時所稱。(註五十七)(丙)書法。書法在晉代，亦漸趨於藝術化，能手輩出，如衞瓘、索靖、王羲之、王獻之等，就中尤以王羲之的書法爲最精妙，王獻之精草隸，後世稱爲二王。(丁)雕鑄。東晉自太和之時，造像大興，沙門竺道一之金鍱之千像，道安之丈八彌陀銅像，慧護之丈六釋迦銅像等，爲其濫觴。安帝義熙二年(西曆四〇六年)錫蘭王送來白玉具有高度四尺二寸之佛像，九年，法顯亦由天竺攜歸小佛像數尊，此種錫蘭所造白玉石像，與顧長康之維摩壁畫，同稱瓦官寺三絕寶中名品之一。當時北方五胡十六國中，鑿窟造像之風盛行，前秦苻堅建元二年，有樂僔沙門者，在甘肅燉煌鳴沙山之涯，穿一石窟，造佛像，所謂莫高窟是也。其後有在此處營石窟者，至唐武后聖曆時，西自九隴坂，東至三危峯，其間成窟寶千餘龕，即今所謂千佛巖是也。晉代銅器之存於今者，爲鏡與符，及日本最近所得愍帝建興三年武鄉侯所造塗金釜等。武帝太康二年鏡，惠帝元康元年鏡，永康元年鏡，皆似吳鏡，並與漢建安鏡，吳元鏡相似；鑄出神人異獸，其精巧則過之。(戊)建築。晉代鄴都(河南臨漳縣)之太極殿前，建樓柱鐙，皆雕鏤龍鳳百獸，芳麂臺上造銅龍；鳳凰門之柎觀，置塗金之銅鳳一對，高一丈六尺，舒翼如飛；又建春門之石橋柱，面悉鏤雲，柱上作蟠螭、治石甚工；密太武殿漆瓦金鐺、銀楹金柱，珠簾玉壁，窮極人工之巧妙。

（十二）教育　晉武帝統一全國以後，承曹魏太學的舊物稍加擴充，初設太學生三千人，後增至七千餘人，試其堪受教育者令入學，其餘遣還郡國。武帝咸寧二年起國子學。當時荀顗以制度贊維新，張華以博物參朝政，劉寔以禮法典秩宗，專擅各長，文獻振興，晉代教育本有發展之機勢；然士大夫輕禮法，尚放達，侈談玄理，風俗頹靡。惠帝元康元年，以人才多猥雜，欲辨其涇渭，於是制立學官，第五品以上得入國學。由是一般的教育權，遂被剝奪。東晉成帝咸康三年，祭酒袁瓌、太常馮懷請興學校，帝從之，乃立太學；而士大夫習尚莊、老，儒術不振。自穆帝至於孝武，並於中堂立太學，為臨雍習禮之所。孝武太元九年，尚書謝石請興復國學，詔令選擇公卿二千石子弟為國子生，設博士助教十八，擔任教授，又詔天下州縣皆修立鄉學；單就外面看去，教育事業算是發達，但內容腐敗，品課無章。國子祭酒殷茂有說：『自學建彌年，而功無可名，憚業避役，就存者無幾；或假託親疾，真偽難知，聲實渾亂，莫此之甚。』（註五十八）其中積弊，可以想見了。

關於地方學校，晉初雖經孝武詔令天下州縣設學，其實很少認真辦理，其中稍有頭緒的，要算是庾亮；當他鎮守武昌的時候，開置學官，起蓋講舍，購辦俎豆儀器，令子弟及大將子弟悉皆入學。他如虞溥為鄱陽內史，大修庠序，廣招生徒至七百餘人，是晉代鄉學僅有的成績。（註五十九）

晉代選舉之制，因承魏九品中正之制，弊端叢生，各州有大中正，郡國有小中正，皆掌選舉；凡吏部選用必下中正，徵其入居及祖父官名(註六十)爲中正者，高下任意，據上品者，非公侯之子孫，卽當途之昆弟；故當時有上品無寒門，下品無勢族之誚。東晉時，舉孝廉秀才者先試以策論；後試以經義；若落第，則舉主受罪，濫竽應舉之弊，因之革除；科舉制度，濫觴于此。

(十三)學術　(甲)天文學。武帝泰始元年，因魏之景初曆改名泰始曆。晉書律曆志載：『武帝侍中平原劉智，以斗曆改憲，推四分法三百年而減一日，以百五十爲度法，三十七爲斗分，推甲子爲上元，至泰始十年，歲在甲午，九萬七千四百一十一歲，上元天正甲子朔夜半冬至，日月五星始於星紀，斗二十一，得元首之端，名爲正曆。』『咸寧中，善竿(與算同)者李修、卜顯，爲術名乾度曆，表上朝廷，其術合日行四分數而微增月術，用三百歲改憲之意，二元相推，七十餘歲，承以強弱，強弱之差蓋少，而適足以遠通盈縮。時尚書及史官，以乾度曆與泰始曆，參校古今記注，乾度曆殊勝泰始曆，上勝官曆四十五事。』『穆帝永和八年，著作郎瑯邪王朔之造通曆，以甲子爲上元，積九萬七千年，四千八百八十三爲紀法，千三百五爲斗分。』(註六十一)中國古來的曆法，三年置一閏，五年二閏，十七年七閏，而以日月星辰之運行，毫無出入而爲同一之時，稱爲一章。但猶有些少之差，在數年之後，冬至之日，太陽便不在同位置上面，如是者稱爲歲差。東晉時，虞喜計算歲差，有每五十年則生一度之差之論，但歲差之論，主張各有不同。(乙)算學。晉之劉徽，幼時習九章算術，長再詳覽觀陰陽之割裂，總算術之根源，遂悟其意，爲之作注。(丙)音韻學。切韻之學，與佛經同入中國，其書能以十四字貫一切音，文省而義廣，謂之婆羅門書，惟其書不傳；然字母之法，濫觴於此，而切音之學，因以發生。晉張諒撰四聲韻林二十八卷，爲韻書之祖。(丁)醫學。西晉王叔和，纂岐伯、華陀之書爲脈經，推論精密，爲後世所宗。(戊)經學。西晉之時，漢、魏遺儒通經者不少；至東晉時，則各置博士；然以崇尙淸談之故，治經學之風，遠在漢魏之下。(1)易經。晉代經永嘉之亂，施、孟、梁邱之易遂亡，當時惟有董景道治京房易，而王弼之易，亦爲時尙所重。(2)書經。永嘉之亂時，歐陽、大小夏侯之義亡，孔氏古文久已失傳；東晉時，梅賾奏僞古文尙書，自稱得鄭冲、蘇愉之傳。晉代君臣信僞爲眞，立於學官，由是治尙書者咸以僞孔傳爲主。(3)詩經。晉經永嘉之亂，齊詩淪亡，董景道兼治魯詩，而毛詩之學最盛。(4)春秋。晉時，杜預作春秋釋例，與漢人立說不同。(5)禮經。晉代說禮，多宗王肅。(6)論語。江熙有論語集解，所列凡十三家，大旨與何晏相同。(7)孟子。晉時綦毋邃作孟子注。(8)孝經。鄭氏之孝經注，盛行於河北。(9)爾雅。郭璞作爾雅注、爾雅音義及爾雅圖譜。(註六十二)(己)史學。蜀人陳壽，仕晉爲著作郎，著三國志，凡六十五篇。在他以前，王沈曾纂過魏書四十四卷，魚豢亦撰過魏史，韋曜纂過吳書五十五卷；和他先後的，夏侯湛著過魏書，王隱撰過蜀記，張勃撰過吳錄，關於三國史實，異聞錯出；直到宋文帝時，兼採衆書，補注其闕。陳壽所著三國志，敍事簡明，而不冗漫，文章純潔，而不浮靡，後人稱爲良史；然其書法迴護甚多。廿二史劄記說：『壽修書在晉時，故於魏、晉革易之際，不得不多所迴護，而魏之承漢，與晉之承魏，一也。旣欲爲晉迴護，不得不先爲魏迴護，如魏紀書天子以公領冀州牧，爲丞相，爲魏公，爲魏王之類，一似皆出於漢帝之酬庸讓德，而非曹氏之攘之者，此例一定，則齊王芳之進司馬懿爲丞相，高貴鄉公之加司馬師黃鉞，加司馬昭袞冕赤舃……以及禪位於司馬炎等事，自可一例敍述，不煩另改書法，此陳壽創例之本意也。』(註六十三)陳壽書法所以迴護的原因，是他曾爲晉朝的官，不能不尊晉故也。(庚)哲學。西晉初年，北方胡人，漸次南下，二三十年間，把漢人驅逐起來，漢人被他們壓迫，遭了悲苦，所以人心漸流於厭世的放達的傾向，因此老、莊的思想，尤爲他們所歡迎。茲將此時代較爲有名的思想家，略述其哲學思想如下：（1）劉琨。劉琨所處的時代環境：（a）爲外族憑陵中國之時；（b）國家亂離不振之時。劉琨攻石勒，事功不成，感慨悲歌，故其哲學思想，有否定人生的意義而有厭世的觀念。他不以宇宙爲有意志的，在他答盧湛八首第二篇有說『天地無心萬物同塗禍淫莫驗福善則虛逆有全邑義無完都英蕊夏落毒竹冬敷』他對於宇宙之感想如何可以知了。他以人生爲可厭和悲苦的，在扶風歌有說：『顧瞻望宮闕俯仰御飛軒據鞍長嘆息淚下如流泉。』又給盧湛書有說：『自頃輈張，困於逆亂，國破家亡，親友凋殘；塊然獨立則哀憤兩集；負杖行吟，則百憂俱至。』

觀此，則可知其厭世悲苦，非爲個人之轗軻，而爲奔赴國難，事功不成，表見內心的慘痛啊！（2）郭璞。郭璞好古文奇字，妙於陰陽曆算。五行生剋之說，創始於黃帝，衍於董仲舒，盛於晉郭璞，開錮蔽人心之說，造端雖微，影響至鉅。他以宇宙爲一元的，江賦篇有說：『煥大塊之流形，混萬盡於一科，保不虧而永固，稟元氣於靈和。』山海經序有說：『夫以宇宙之寥廓，羣生之渾淆，自相潰薄游魂靈怪，觸象而搆，流形於山川，麗狀於木石者，惡可勝言乎？總其所以乖，鼓之以一響成其所以變，混之以一象；世之所謂異，未知其所以異；世之所謂不異，未知其所以不異；何者？物不自異，待我而後異，異果在我，非物異也；故胡人見布而疑黂，越人見罽而駭毳；夫翫所習見，而奇所希聞，此人情之常蔽也。』

他以爲世界之形形色色，種種物象，皆因人之主觀而異，而物之本身皆統一於宇宙的原理而相同。他以恬退爲目標的，設難客傲篇說：『竄泉之潛，不思雲翚熙水之彩，不羨旭晞；混光曜於埃藹者，亦渴願滄浪之深，秋陽之映乎？……故不恢心而形遺，不外累而智喪，無巖穴而冥寂，無江湖而放浪，玄悟不以應機，洞鑒不以昭曠，不物物我我，不是是非。』郭璞已主張恬退，故流於放任，忘形，隱智巧，消物我之見，齊生死之觀，他說：『蚊虻與天地齊流，蜉蝣與大椿齒年。』觀其言有似莊生之齊物論。（註六十四）（3）鮑敬言。晉世哲學，不外老、莊思想，惟鮑敬言之無君論，雖淵源於老子，要其立說，有類近世無政府主義。他說：『君臣既立，衆慝日滋，而欲攘臂乎桎梏之間，愁勞於塗炭之中，人主憂慄於廟堂之上，百姓煎擾乎困苦之中；閑之以禮度，整之以刑罰，是猶闢滔天之源，激不測之流，塞之以撮壤，障之以指掌也。』他反對有政府的原因，是以人民之利益爲本位的，因爲有了政府，必加重人民的負擔，民不堪命，必從而作亂。他說：『君臣既立而變化遂滋。夫獺多則魚擾，鷹衆則鳥亂，有司設則百姓困，奉上厚則下民貧。……民乏衣食，自給已劇，況加賦斂，重以苦役，下不堪命，且凍且飢，冒法斯濫，於是乎在。』他譬政府爲類於獺鷹，這是何等極端的無政府思想。（註六十五）其他何晏、王弼等的哲學思想，以「無」爲立論基礎，所以主張天地萬物生於「有」，「有」生於「無」。郭象、裴頠等反對此說，他們主張天地萬物，都是「有」組成；「有」不能化成「無」，「無」也不能化成「有」。裴頠崇有論說：『夫至無者，無以自生；故始生者，自生也。自生而必體有，則有遺而生虧矣。生以有爲已分，則虛無是有之所謂遺者也；故養既化之有，非無用之所能全也。理既有之衆，非無爲之所能循也。』裴頠以「有」爲元始，「有」是由於自生爲之推動，「無」不能生「有」，所謂「虛無」是「有」之所遺，這是何等精妙的理論。王弼說天地萬物生於「有」，「有」生於「無」，所以教人守着「無」，舉匠人制器爲例，證明人當守着匠人，不應當守着器。裴頠等以爲天地萬物生於「有」，「有」之先還是「有」，器雖生於匠，但匠也是「有」，不是「無」。郭象也是這種主張，他說：『一者，有之初，至妙者也；至妙，未有物理之形耳。夫一之所起，起於至一，非起於無也。』這是和老子學說立在反對的地位了。這種理論在晉代老莊思想縱橫時代，而能樹獨特的見解，不能不算是很精彩的了。

（十四）文學　（甲）文章。賦在兩漢極盛，到晉代也很發達，但有不同的，即兩漢之賦爲辭賦，多爲利祿的工具；晉代之賦爲駢賦，多供恬安娛樂之用。這時期的文章，可說是華美絢爛，然其弊止知拘泥於形體而不復問其精神，分析起來實有兩種不同之點：（甲）這時期的文學，不與現實社會相接觸，而接近自然，表現很強烈的厭世思想。（乙）這時期的文學不復以致用與載道爲目的，而傾向形式的唯美主義（註六十六）。晉代文學雖然傾向唯美主義，但是古典的形式的束縛的離卻實際社會的，祇可供宮庭官僚貴族的欣賞，不是眞正的理想的平民的唯美主義。西晉司馬氏統一中國，天下文人競集京師，文壇復振，當時左思做了一篇三都賦，人爭傳寫，竟使洛陽紙貴，可以看出愛好文學的風氣。西晉文學，以太康時期爲最盛，鍾嶸詩品說：『太康中三張二陸兩潘一左，勃爾復興，踵武前王，風流未沫，亦文章之中興也。』所謂三張二陸兩潘一左，即張華、張載、張協、陸機、陸雲、潘岳、潘尼、左思八人。就中負文譽最高的要推陸機、潘岳、左思。（乙）詩詞。晉代詩人當以竹林七賢之一阮籍爲巨擘，他作詠懷詩八十餘首，爲世所重。阮籍之外，要推嵇康；嵇康的詩以四言爲佳，不是完全摹仿詩經，能自出心裁去做，是四言詩作家中最後的一個人。嵇康、阮籍二人當魏、晉代興之際，時代較早，若求其純粹爲晉之詩人，爲傅玄、張華、張載、張協、陸機、陸雲、潘岳、潘尼、左思等，於擅長賦之外，兼擅長詩。漢魏之詩專主造意；晉代之詩唯止造詞；前者重內容，後者重外形，恰與漢之中葉楚賦腐敗而後同一情形，至晉而五言詩又漸顯腐敗之朕兆，其原因亦全相似。在太康八大作家中以詩而論，當推左思爲首，其所作詩以詠史八首爲著名。東晉時代，是中國一個大混亂的時代，北方完全陷於異族之手，這時詩人，非痛心於國破家亡，而以慷慨悲歌鳴其不平，卽消極的追踪於虛無漂渺的神仙思想之中，以寄托他困頓無聊之思。前者的代表是劉琨，後者可推郭璞，至陶淵明，出始擺脫環境羈縻，而專歌詠自然的詩人，爲中國詩史表現異彩。（註六十七）陶淵明保持樂天主義，向自然界而披露高的理想境，所以能爲田園詩人之開山祖。他的詩，以光風霽月之懷，鍾山川清淑之氣，抒寫邱壑煙霞之眞情與妙趣，一片天機，意隨筆下，毫無滯澀之苦。蘇東坡說：『吾於詩人無所好，獨好淵明詩。淵明作詩不多，然質而實綺，癯而實腴，自曹、劉、鮑、謝、李、杜諸人皆不及也。』（註六十八）淵明不但爲詩人，且爲一代文宗，能維持古文的命脈，他的歸去來辭，膾炙人口，歐陽修說：『晉無文章，唯陶淵明歸去來辭一篇而已。』（註六十九）至女作家中有蘇蕙，迴文詩，工巧無比，武后織錦迴文敍說：『觀其宛轉反復，皆才思精深，融徹，如契自然，蓋騷人才子之所難，豈必女工之尤哉。』（註七十）民歌中以子夜歌爲有名，牠是晉代一個女子所作的，女子名子夜，所以稱爲子夜歌，原有四十二首，後來跟着他做的，稱爲大子夜歌、四時歌、子夜警歌、子夜變歌等，這些歌，都是男女戀愛之詞，形式是五言四句的。（註七十一）（丙）小說。晉之小說，雖漸發達，然仍不出神怪的範圍。搜神記八卷，爲東晉干寶撰，搜神記，爲後世志怪小說所取法，津逮祕書所收分爲二十卷，文筆很簡潔。後搜神記，爲陶潛撰，乃係假托的。桃花源記，是中古時代有名的短篇小說。

參考書舉要

（註一）章嶔著中華通史第三冊七四八頁。

（註二）李泰棻著中國史綱卷二第一七二頁。

（註三）晉書卷二十五輿服志。

（註四）晉書卷二十禮志中。

（註五）晉書卷六十八賀循傳。

（註六）李泰芬著中國史綱卷二第一七五頁引。

（註七）萬國鼎著中國田制史上冊一四六頁。

（註八）晉書卷四十七傅玄傳。

（註九）晉書食貨志卷二十六。

（註十）同上。

（註十一）晉書卷三十五及卷三十六。

（註十二）晉書卷四十三王戎傳。

（註十三）晉書卷六十張輔傳。

（註十四）洪邁容齋續筆卷一。

（註十五）晉書卷二十六食貨志文獻通考卷二田賦考。

（註十六）晉書卷六十六劉弘傳。

（註十七）晉書卷二十六食貨志。

（註十八）同上。

（註十九）通典卷一食貨。

（註二十）晉書食貨志又齊王攸傳。

（註二十一）晉書卷五十一束晳傳。

（註二十二）晉書卷六十七溫嶠傳。

（註二十三）晉書卷二十六食貨志。

（註二十四）劉道元著中國中古時期的田賦制度一一五頁至一一七頁。

（註二十五）文獻通考卷二田賦考。

（註二十六）日人森谷克己著中國社會經濟史漢譯本一九四頁。

（註二十七）通典卷十一食貨鄭行巽編中國商業史八九頁。

（註二十八）通典卷八食貨。

（註二十九）晉書卷六十二祖逖傳。

（註三十）晉書卷六十六陶侃傳。

（註三十一）晉書卷九十七西戎傳。

（註三十二）Lee Ping Hua: "The Economic History of China" p. 192.

（註三十三）文獻通考卷二十五。

（註三十四）晉書卷九十七。

（註三十五）晉書卷一百〇七載記。

（註三十六）晉書卷一百〇四至一百二十九。

（註三十七）日人西村眞次著文化移動論漢譯本一七至一八頁。

（註三十八）鄭樵通志卷五十二職官略。

（註三十九）晉書卷二十四職官志。

(註四十)通典卷三三職官，

(註四十一)晉書卷二十四職官志。

(註四十二)錢儀吉補晉兵制晉書卷二十四職官志。

(註四十三)通考卷一百五十一兵考。

(註四十四)晉書卷四十三山濤傳通考卷一百五十一兵考。

(註四十五)晉書卷六十四會稽王道子傳。

(註四十六)通典卷一百六十。

(註四十七)文獻通考卷一百六十四刑考。

(註四十八)文獻通考卷一百六十四。

(註四十九)拙著中國法律史大綱五七頁至五九頁楊鴻烈著中國法律史上册二三三頁至二四〇頁。

(註五十)文獻通考卷七十三郊社考。

(註五十一)十駕齋養新錄卷十九天師。

(註五十二)李泰棻著中國史綱卷二第一七〇頁。

(註五十三)高桑駒吉著中國文化史一六八頁劉汝霖著東晉南北朝學術編年一二一頁至一五七頁。

(註五十四)馮承鈞著歷代求法翻經錄十六頁至二十頁。

(註五十五)高桑駒吉著中國文化史一六八頁。

(註五十六)晉書卷二十一樂志上。

(註五十七)日人大村西崖著中國美術史三五頁又晉書明帝紀顧愷之戴逵本傳歷代名畫記圖繪寶鑑畫史等書。

(註五十八)陳青之著中國教育史上卷一五八頁引。

(註五十九)徐式圭著中國教育史略二三頁。
(註六十)文獻通考卷三十六選舉考。
(註六十一)晉書卷十六律歷志。
(註六十二)徐敬修著經學常識一〇九頁。
(註六十三)趙翼二十二史劄記卷六。
(註六十四)拙著六朝時代學者之人生哲學八至十二頁。
(註六十五)拙著中國政治思想史大綱二一五頁引抱朴子之詰鮑篇。
(註六十六)胡雲翼著中國文學史六七頁。
(註六十七)譚正璧編中國文學史一二三頁。
(註六十八)陶靖節集卷端。
(註六十九)顧實編中國文學史大綱一一六頁引。
(註七十)謝無量編中國婦女文學史第五章二七頁引。
(註七十一)胡懷琛編中國文學史概要六四頁引。

第四章　南北朝時代之文化

第一節　南北朝時代之政治社會

東晉以後，南北幷立故史家以南北朝稱之。南朝凡四易姓：宋武帝劉裕，以篡晉得國，凡八主，六十年，而篡於齊。齊高祖蕭道成，爲漢相蕭何之後，凡七主，二十四年而篡於梁。梁武帝蕭衍，爲齊之同族，凡四主，五十六年，而篡於陳。陳武帝霸先，爲漢大邱長陳實之後，凡五主，三十三年，而滅於隋。北朝魏道武帝拓跋珪自稱帝後，傳至孝武，凡十一主，一百三十五年，而分爲東西。東魏孝靜帝在位十七年，爲北齊所篡。西魏自文帝至恭帝，凡三主，二十三年爲北周所篡。北齊文宣帝高洋，爲晉玄菟太守高隱之後，凡六主，二十八年，滅於北周。北周孝閔帝宇文覺，爲鮮卑之族，傳至靜帝，凡五主，二十年，爲隋所篡。總計南北兩朝，自北方統一之年至隋文帝平陳之歲，對峙，共一百五十一年之久，海內始歸統一，而南北朝之局，於此告終。(註一)

自劉裕討平桓玄之後，遂出兵伐南燕，破廣固，討平徐道覆、譙縱、劉毅、諸葛長民、司馬休之等，復出兵把後秦滅掉；東晉安帝任他爲相國，並封爲宋公，恭帝卽位，進封爲宋王；劉裕旣爲宋王，卽誅殺東晉宗室，逼恭帝禪位與他，是爲宋武帝。歷史上把宋武帝卽位的一年作爲南北朝的開始。南朝時，外族在中國北方的勢力，仍然沒有掃除。宋武帝把功臣宿將除盡，統兵將領，多是無能無力再經營北方，任憑北魏從容發展，成了南弱北強的形勢。宋武帝死時，魏明元帝乘喪伐宋，宋文帝元嘉七年詔簡甲卒五萬，給右將軍劉彥之伐魏，魏進攻虎牢（今河南汜水縣）拔之，彥之引兵還，坐免官，繼以檀道濟率衆伐魏，前後與魏三十餘戰，道濟多捷，魏縱輕騎邀其前後，焚燒穀草，道濟軍食盡引還。（註二）魏太武帝復自將南伐，至於瓜步（今江蘇六合縣）宋人沿江置戍堅守，魏帝勒兵而返，所過都邑，赤地無餘。

文帝在位，因事要廢皇后袁氏所生之太子劭，及賜淑妃潘氏之子始興王濬死，故太子劭舉兵弒帝，江州刺史沈慶之奉武陵王駿討誅劭、濬，駿立，是為孝武帝。孝武帝天資刻薄，武帝文帝的子孫，差不多給他殺盡。武帝卒，前廢帝子業立，荒淫無度，而刻薄同於孝武帝，孝武帝舊臣多給他殺掉。（註三）廢帝行事無道，為左右壽寂之所害。叔父湘東王彧立，是為明帝。時魏屢侵宋，宋亦圖北伐，於是兩方之戰事復興。大抵宋、魏交兵，當武帝裕之世，其爭點在於河南；至文帝義隆時，洛陽、虎牢、滑臺、不能守，乃漸由河南而東，竟南移於淮北，故彭城為其重鎮；至明帝彧之世，彭城亦不守，又移至淮南，淮陰又為重鎮。當日南北交綏，魏步步進窺，宋往往退讓，北勝南負，有若固定之例；惟宋擇帥之非宜，扼戍之不力，軍制上設備之不完整，皆失敗的原因。

宋、魏對治，兩方均有內亂，而宋之內亂，尤為劇烈！明帝彧以前，有彭城王義康之亂，南郡王義宣之亂，竟陵王誕之亂，海陵王休茂之亂。明帝彧時，有晉安王子勛之亂，彧在位九年沒，太子昱立，是為後廢帝，時則有桂陽王休範之亂，建平王景素之亂，皆其著者。內憂既生，外患頻起，此是必然的定例。

蕭道成討平桂陽王休範後，威權漸大，遂弑後廢帝，而立安成王準，是爲宋順帝。荆州刺史沈攸之和中書令袁粲，起兵討道成，都失敗而死。蕭道成遂篡宋自立，是爲齊高帝。

蕭道成，蘭陵人，爲漢相蕭何二十四世孫，篡位之歲，已在暮年，在位四年卒，子武帝蕭賾立。他很留心政治，在南朝諸帝中，比較是好的，在位十一年卒。武帝兄子西昌侯鸞，扶立太孫昭業，是爲鬱林王。鬱林王荒淫無度，在位一年，爲鸞所弑，立其弟昭文，旋廢之而自立，是爲明帝。明帝在位五年卒，子寶卷立，是爲東昏侯。他在東宮時，不好學，嬉戲無度，及即位，不與朝士相接，專親任宦官，昏淫爲南朝諸帝之冠，而且果於殺戮。豫州刺史裴叔業降魏，南朝遂失淮南之地。江州刺史陳顯達反，崔慧景討平之，慧景還兵攻帝，爲懿州刺史蕭懿所殺。東昏侯又把蕭懿殺掉，蕭懿的兄弟蕭衍，時爲雍州刺史，東昏侯密令荆州刺史南康王寶融，暗中圖之，寶融不聽，反舉兵反，自立於江陵，和帝以蕭衍爲東征將軍。蕭衍集僚佐說：『昏主暴虐，惡踰於紂，當與卿等共除之。』（註五）乃都督前鋒諸軍事，發兵東下。東昏侯戰敗，爲宦者所弑，其後和帝禪位於蕭衍，是爲梁武帝。史家曾批評道：『高帝欲爲子孫計，以盡滅劉氏之裔，而子孫亦塗炭於明帝；明帝欲爲子孫計，以盡滅本宗之支，而子孫復傾亡於蕭衍；夫然後知殺人以自利者，乃積禍以召殃者也！』這是實在的話。

梁武帝蕭衍，蘭陵人，好籌略，有才幹。初與范雲（字彥龍，）蕭琛（字彥瑜，）任昉（字彥昇，）王融（字彥長，）沈約（字休文，）陸倕（字佐公，）謝朓（字玄暉，）等並以文學爲齊景陵王子良所親，號爲八友。既篡位，勤理政事，境內稱治。初齊之亡，齊鄱陽王寶寅逃魏，魏封寶寅爲齊王，寶寅于天監二年（梁武紀元，）請兵伐梁，魏宣武帝許之，發兵助之南侵。天監四年，梁武帝大舉伐魏，以弟臨川王宏，都督北討諸軍事軍次洛口，器械精新，軍容之盛，爲百數十年來所未有。不料臨川王宏因風雨夜驚逃去，將士奔潰，死者近五萬人。魏圍鍾離，武帝令曹景宗都督諸軍救鍾離，大敗魏軍，魏軍悉棄其器甲爭投水死者十餘萬，斬首數亦相等。緣淮百餘里，尸相枕藉，生擒者五萬人，擄獲資糧器械牛馬驢騾，不可勝計。（註六）自後梁、魏、復各竭其國力以爭沿淮之地者數年，互有勝負。及魏末內亂，魏北海王顥奔梁，梁不乘機進復河南，乃以顥爲魏王，遣陳慶之將兵奉之北伐。武帝大通三年，魏孝莊帝北逃河內，陳慶之與顥進至洛陽，所向皆捷，及魏爾朱榮敗卒再奮，敗顥於河山，顥走死，慶收卒逃歸，軍士死散略盡，梁亦不繼遣軍救援，魏主復入洛陽，中幾之地，遂陷於淪亡。（註七）太淸元年，北朝東魏侯景以河南十三州降梁，梁遣兵援之，魏遣慕容紹宗拒戰，梁兵及侯景皆敗，魏高澄求成於梁，以離間侯景，景遂叛梁，由壽陽起兵，攻入建康，梁武帝因此餓死於臺城。侯景擁立簡文帝蕭綱，不久殺之，改立豫章王蕭棟，後又殺蕭棟，自稱漢皇帝。當侯景擾亂時，梁之宗室子弟，受封爲王的，都擁兵不救，獨有偏在南方的始興太守陳霸先，起兵討侯景。侯景稱皇帝時，湘東王蕭繹在江陵，卽皇帝位，是爲元帝。元帝開陳霸先起兵討侯景，亦派兵相助，乃把侯景討平。侯景雖經討平，梁之宗室又自相擾亂。元帝竟求救於北朝，把在成都自立的武陵王蕭紀滅掉，於是益州又歸北朝所有，而東方州郡，亦大半被北朝所併，自巴陵（今湖南岳陽縣）至建康，以長江爲界。後元帝又與北朝失和，北朝派兵攻入江陵，元帝被害。陳霸先聞元帝被害，乃與王僧辯共立元帝的幼子蕭方智於建康。而北朝又派兵送被擒的蕭淵明，爲梁朝皇帝，脅迫王僧辯迎立，王僧辯乃廢敬帝（卽蕭方智）使爲太子。陳霸先不服，攻殺王僧辯、廢蕭淵明，重立敬帝，最後又廢敬帝而自立，是爲陳武帝。（註八）陳武帝霸先，字興國，漢太丘長陳寔之後，及即位，自奉甚簡。歷朝易姓，多殺故主之宗族以絕後患，獨霸先不然，故史家稱之。在位四年卒，其子昌及姪頊，皆因江陵之陷沒於長安，兄子蒨立，是爲文帝。起自艱難，知民疾苦，明察儉約，尤勤政事。在位七年卒，子伯宗立，是爲宣帝。乘北齊之亂，取瓦梁、廬江、歷陽、合肥、高唐、壽陽等城。在位十四年卒，子叔寶立，是爲後主。荒淫無度，屢興土木，寵女色，尚浮華，又輕武士，將帥有過，即奪其兵，配以文吏，於是臣民解體。隋文帝開皇八年，遣兵分道渡江，遂入建康，後主被擒，陳遂亡。史家曾批評道：『叔寶賴叔堅之力，狼狽即位，使能精心勵氣，布澤流仁，以圖自治，則陳祚亦未至遽斬，奈何據手掌之地，（陳時地盤只有江東一隅）恣溪壑之險，宮人有學士之稱，文士有狎客之號，玉樹後新聲，貂蟬盈座，室竭其奢，極其侈，刼奪閭閻，殺戮忠諫，而東南王氣盡矣。……迨隋氏寫詔暴惡，命師東下，而猶談王氣，誇天塹，君臣嘻嘻，如燕雀處堂，而縱酒賦詩未歇也，虜軍飛渡，計投胥井，亦已後矣！』（註九）

北朝魏當太武帝時候，雖然強盛，然而連年用兵，國頗虛耗；文成帝立，守之以靜，民乃復安。文成帝卒，子獻文帝立，好佛，傳位於孝文帝。太后馮氏，弒獻文帝而稱制，及馮太后卒，孝文帝始親政。孝文帝是北魏一個傑出的人物。他遷都於洛，改族姓，禁胡服，興學校，革制度，從此以後，鮮卑族就與漢人同化了。然而北魏衰弱之機，亦兆於此時，其中有兩個原因：（甲）魏之宗室貴族官吏，沾染了奢侈的習慣，使政治腐敗，釀成內亂。（乙）自孝文帝遷都洛陽之後，對於北邊的六鎮，（懷朔、高平、禦夷、懷荒、柔玄、沃野）處置不善，以致他們怨恨，引起擾亂。孝文帝卒，宣武帝立，委政於高皇后之兄肇，及卒，孝明帝立，年方六歲，高太后臨朝。她欲殺掉胡貴嬪，爲中給事劉騰設法阻止。不多時，胡貴嬪和劉騰等合謀弒高太后並高肇，於是胡氏自稱太后，臨朝稱制。孝明帝與胡太后不睦，乃密召爾朱榮入京，以兵力脅制胡太后。胡太后聞訊，便把孝明帝殺掉。爾朱榮乃入洛陽殺胡太后，擁立孝莊帝。爾朱榮恃擁立功，專橫驕恣，孝莊帝把他殺死。爾朱榮的兒子爾朱兆，擁立長廣王元曄爲皇帝，起兵攻殺孝莊帝，不久又改立廣陵王元恭，是爲節閔帝。爾朱榮部將高歡，素有野心，起兵信都，宣言爲孝莊帝復仇，討伐爾朱氏，大破爾朱氏兵於鄴城，攻入洛陽，廢掉節閔帝，擁立廣陵王元脩，是爲孝武帝。高歡自爲大丞相。高歡居洛陽，屢以事與孝武帝有隙，歡迫令遷鄴，孝武帝不從，謀討歡，歡遂舉兵反。孝武奔長安，依宇文泰。不久，被宇文泰毒殺，擁立南陽王寶炬，是爲魏文帝。高歡入洛陽，也擁立清河王元亶的兒子善見爲皇帝，是爲孝靜帝，並遷都鄴城。於是北朝分爲東魏、西魏、兩國。

東魏政權，操之於高歡；西魏政權，操之於宇文泰：二魏名存而實亡。其後高洋篡東魏，是爲北齊；宇文覺篡西魏，是爲北周。

齊文宣帝（高洋）初代東魏而得國，頗能治其軍民，後嗜酒昏狂，濫殺無辜，賴有楊愔總攝機衡，政業因以不墜。北史載『及登極之後，神明轉茂，外柔內剛，果於斷割；又特明吏事，留心政術，簡靖寬和，坦於任使，故楊愔等得盡於匡贊，朝政粲然。』（註十）文宣帝卒，太子殷立，爲孝昭帝所廢，傳弟武成帝，荒怠無道，齊政始亂，後傳位於子緯，任用羣小，國勢益衰。時周武帝在位，見齊政衰敗，遂議伐之，克平陽；齊主自晉陽回攻不克。繼伐齊，克鄴。齊主緯出走，被執，齊亡。周武帝卒，子宣帝位。荒淫無度，周政遂衰，後傳位於靜帝，自稱天元皇帝。靜帝年幼，內史上大夫鄭譯等矯詔引宣帝后父楊堅輔政。楊堅大殺周宗室，盡握朝權。周書載：『尉遲迥爲相州總管，以隋文帝當權，將圖篡奪，遂謀舉兵。』(註十一)其他尚有鄭州總管司馬消難，益州總管王謙等同起兵討堅，皆爲堅所敗。楊堅削除異己勢力養成，遂代周而自立，國號隋。

參考書舉要

(註一)李泰芬著中國史綱卷二第一七六頁。
(註二)綱鑑彙纂卷十六。
(註三)呂思勉著本國史第二編一三四頁。
(註四)夏曾佑著中國古代史四七二頁。
(註五)綱鑑彙纂卷十六。
(註六)通鑑卷一四六。
(註七)繆鳳林著中國通史綱要一九六頁。
(註八)韋休編中國史話卷二第六七頁。
(註九)綱鑑彙纂卷十八。
(註十)北史卷七齊文宣帝紀。
(註十一)周書卷二十一尉遲迥傳。

第二節 南北朝時代之文化形態

晉自元帝南渡後，中原淪陷，州郡的廢置無常。及劉裕受晉禪位，奮晉室的衰弱，大事征伐，疆域稍廣，計約有州二十二，郡二百五十四，縣一千三百四十九。齊、梁、陳、三國繼之，疆域屢更，南北對峙，以大江爲限，江北元魏統治的區域較大，東接高麗，西至流沙，南臨江漢，北逾大磧，直到齊、周分治，沒有多大的變更。（註一）南晉和南北朝，是中國社會紊亂的時期。五胡亂華，塞外的民族，割據中國，住居在中國領土內的一部分因新的勢力的侵入，給中國民族以新的刺激，而文化上思想上種族上也起了一種新的變化。在另一方面鮮卑族在西晉末年，建設了許多國，就中如前燕等文化頗高。最後北魏大帝國造成了鮮卑民族與中國民族南北對抗的新形勢。到了北魏孝文帝時，極力採用漢化政策，遷都，易服，改姓名，改言語，使鮮卑族同化於漢族。從此中國民族內容擴大，釀成後來統一國家的新氣象。茲將南北朝時代之文化形態，略爲分述如下：

（一）社會風習　（甲）飲食。南北朝時，士大夫講究飲饌，甚爲奢侈，何勗以安食馳名，虞琮善爲滋味，食品有黃頷臛、獮猴脯、晨鳧、夜鯉、熊蒸、龍肝之類。梁書賀琛傳載：『今之燕喜，相競誇豪，積果如山岳，列肴同綺繡。露臺之產，不足一燕之資，而賓主之間，裁取滿腹，未及下堂，已同腐臭。』此數語足以代表當時侈靡的風氣。（乙）衣服。衣服有伍伯衣，支離衣，墨布褠，（宋書禮志）紅縠褌，（齊書鬱林王記）黃羅襦，（南史褚彥回傳）紫紗袜腹，（陳書周迪傳）又有天衣，（齊志輿物志）險衣（南史周弘正傳）等。當時南北特異者，則爲胡衣，南人喜著胡服、胡公帽等。北魏本屬胡人，而孝武則嚴禁國人胡服，民行既久，頗感不便，與趙武靈王之勸民胡服者，事相反而民皆不樂從。北齊有長帽短鞾，合袴襖子，合袴卽窮袴，袄子褶之有衿者，甚便於騎射。（註二）（丙）婚姻。江左立國，婚姻之禮，漸失之奢；其後南北分治，均不能免。齊武帝曾下詔說：『昏禮下達，人倫攸始，晚俗浮麗，歷茲永久，每思懲革，而民未知禁；乃聞同牢之費，華泰尤甚，膳羞方丈，有過王侯，富者扇其驕風，貧者恥躬不逮，或有供帳未具，動致推遷；宜爲節文，頒之士庶，如有故違，繩之以法。』觀此，可知南朝的婚俗了。後魏當太武帝，文成帝時，不但奢侈之俗，不易掃除，且婚姻多貪利嗜財，孝文帝曾降詔說：『乃者民漸奢尙，婚葬越軌，致貧富相高，貴賤無別；又皇族貴戚，及士民之家，不惟氏族高下，與非類婚偶，先帝親發明詔，爲之科禁，而百姓習常，仍不肅改。朕今憲章舊典，祇案先制，著之律令，永爲定準，犯者以違制論。』（註三）所謂貴賤無別，即是貪卑族之財，以成婚姻，不計氏族門第的高下。周齊分治而後，周武帝特下詔書說：『政在節財，禮惟寧儉；而頃者嫁娶，競爲奢靡，牢羞之費，罄財竭資，甚乖典訓之禮；有司宜加宣勒，使咸遵禮制。』不但南朝風俗奢侈，北朝亦然。娶妾之俗，亦起自南朝；北齊百官，大概無妾，因其時父母嫁女，必教之以妬；姑姊逢迎，必相勸以忌；以刼制爲婦德，能妬爲女工。（註四）指腹爲婚，殊爲陋俗，南史韋叡傳，韋放、與張率側室俱孕，因指腹爲婚姻。又北朝重早婚，年十二三即授室，如後魏獻文帝讓位時，年十七而孝文已五歲。北齊王族高儼死時，年十四，有遺腹子五人，當時早婚，必甚通行。（註五）(丁)喪葬。喪葬之後，有相墓之舉，如南史齊劉后、梁杜嶷、各傳，皆言其事。宋廢帝以不爲孝武帝所愛，將掘其陵，太史言不利於帝而止。喪用費事，始於北朝，北史魏胡太后父國珍沒，詔自始葬至七七，皆爲設千僧齋，令七人出家；百日設萬僧齋，令二十七人出家；是後世七七百日等名所自來，佛事用於喪禮，此爲濫觴。(戊)階級。當時風尙，右豪宗而賤寒畯，陔餘叢考載：『習俗所趨，積重難返，雖帝王欲變易之而不能；宋文帝重中書舍人蔡興宗，謂曰：卿欲作士人，得就王球坐，乃當判爾，若往詣球，可稱旨就席，及至，宏將坐，球舉扇曰：卿不得爾，宏還奏帝，帝曰：我便無如此何，球辭曰：士庶區別，國之常也。』可知士大夫在社會中之一種特殊勢力。又載：『六朝最重氏族，蓋自魏以來，九品中正之法行，選舉多用世族，當其入仕之始，高下已分。』（註六）階級炫異，降至唐代，其風猶存。

（二）農業　南朝時，頗注意勸課農桑。宋文帝元嘉八年閏六月下詔說：『自頃農桑惰業，遊食者衆，荒萊不闢，督課無聞，一時水旱，便有罄匱，不深存務本，豐給靡因。郡守賦政方畿，縣宰親民之主，宜思獎訓，導以良規，咸使肆力，地無遺利，耕蠶樹藝，各盡其力，若有力田殊衆，歲竟條名列上。』二十年，定耕籍儀注，下詔有司盡力勸課，考覈勤惰，十二月詔：『國以民爲本，民以食爲天。故一夫輟稼，飢者必及，倉廩既實，禮節以興。自頃在所貧罄，家無宿積；政欲暫偏，則人懷愁墊，歲或不稔，而病乏比室。誠由德政弗孚，以臻斯弊；抑亦耕桑未廣，地利多遺。宰守微化導之方，萌庶忘勤分之義。……有司其班宣舊條，務盡敦課，遊食之徒，咸令附業，考核勤惰，行其誅賞。』二十一年，親耕籍田，下詔揚州、浙江、江西、屬郡種麥，徐、豫、勸督種稻。二十九年正月，詔諸鎮盡力農事，隨宜給種。孝武帝孝建元年，詔諸郡守勸盡地利，力田善蓄者以名聞。其後廷臣周朗上書勸農，疏中有說：『田非膠水，皆播麥菽，地堪滋養，悉藝麻紵，蔭巷綠藩，必樹桑柘，列庭接宇，惟植竹栗。若此令既行，而善其事者，庶民則序之以爵，有司亦從而加賞。』（註七）孝武帝大明二年，詔被水災者貸給種糧，豐月停殺牛。三年，詔來歲使六宮妃嬪，修親桑之禮，立蠶宮於西郊。四年春正月，車駕躬耕，皇后親桑。七年，詔勤勸課，量貸麥種。明帝泰始三年春正月，以農役將興，太官停宰牛。五年正月，車駕躬耕籍田。南齊武帝永明三年，詔守宰勸課農桑；四年，躬耕籍田，給農糧種，孝悌力田，詳授爵位。鬱林王隆昌元年，詔州郡務耕殖，開地利。明年建武二年，詔守宰課農桑，凡游怠害業，即便列奏，主者詳爲條格。梁武帝天監十三年二月，輿駕親耕籍田、孝悌力田，賜爵一級；普通四年，貸農糧種，並獎勸人民，廣闢良田。元帝大寶三年，下命勸農，凡力田者，蠲免租稅。陳武帝天嘉元年三月，詔令守宰明加勸課，務急農桑。宣帝太建元年二月，親耕籍田六年，出倉穀拯農民，兼充種糧，勸民隨近耕種。（註八）從上引證而觀，南朝帝室如何注重農業就可以知道了。

南朝對於民食亦頗注重。宋文帝元嘉中三吳水潦穀貴人飢，彭城王義康主張積蓄之家，聽留一年之儲，餘皆勒使糶貸以制平價。齊武帝永明六年米穀布帛賤，上欲立常平倉市積爲儲出上庫錢五千萬於京師市米並令各州出錢於所在市易米麥豆絲等，以救民困。（註九）

南朝之時，非但井田成爲空談，即西晉之占田制度，在此時亦不能行，因爲占田必列人口之數，然在喪亂流離之際，戶口亦不可考。南齊高帝建元二年下詔：『黃籍民之大紀，國之治端，自頃民俗巧僞爲日已久，乃至竊注爵位，盜易年月，……或戶存而文書已絕，或人在而反托死板，停私而稱隸役，身強而稱六疾，編戶齊家，少不如此。』虞玩之曾說及：『恭始三年（宋明帝）至元徽四年（宋廢帝）揚州等九郡四號黃籍，共都九萬一千餘戶，於今十一年矣，而所增者猶未四萬。神州奧區猶或如此，江湖諸部，倍不可念。』（註十）由此可以見當日調查人口之不確，而晉代占田制度之不能行，因此貴族富室可以任意殖土兼併。宋書孔季傳說：『山陰豪族富室，頃畝不少，貧者肆力，非爲無處。』（註十一）當時孔靈符產業素豐，在永興立墅，周圍三十三里，水陸地二百六十五頃，豪族佔地之廣可知。梁武帝看見這種情形，在大同七年下詔說：『凡是桑田廢宅，公創之外，悉以賦給貧民，皆使量其所能，以授田分。如聞往者豪家富室，多占取公田，貴價僦稅，以與貧民，傷時害人，爲弊已甚。自今公田，悉不能假與豪家。已假者特聽不追。若富室給貧民種糧，共營作者，不在禁例。』（註十二）這裏僅能在官有公田中，杜貴族的侵佔，量貧人之所能，以授田分而已。

南朝國有土地和三國時國家莊園，不全相同。一部承襲三國以來軍兵佃耕制度，軍事領袖爲實際的領主；一部是國有土地分散於各地者。分散的國有土地，僅分配於無所附託的人民。梁天監七年詔：『凡天下之民流移之後，本鄉無復居宅者，村司三老及餘親屬，即爲詣縣，占請村內官地官宅，令相容受，使戀本者還有所托。』（註十三）國有土地，以軍兵耕種，除去江、淮各地的北府兵外，均不佔重要地位。北府兵的屯田，軍事領袖有大量土地及佃兵，以耕以守，不僅軍費自給，不依賴中央政府，而中央政府，反受軍事領袖的挾制，以至演成軍事領袖奪取政權的事實。（註十四）如『襄陽有六門堰，良田數千頃，堰久缺壞，公私廢業，世祖（劉裕）遣劉秀之修復，雍部由是大豐。』（註十五）又如梁夏侯夔爲南豫州刺史，都督七州諸軍事，他所經營，頗有可觀：『豫州積年寇戎，人頗失業，夔乃帥軍人於蒼陵立堰，溉田千餘頃，歲收穀百餘萬石，以充儲備，兼贍貧人。』（註十六）有了軍權，復兼有土地權，他的勢力，可想而知了。

北朝魏亦注重農業。當定中原時，兵革並起，民廢農業；既定中山，分徙吏民十萬餘家，以充京師，各給耕牛，計口授田。武帝天興初，制定都邑，勸課農耕，量校收入，以爲殿最；又復躬耕籍田，爲百姓表率。明元帝永興三年，令夫耕婦織。五年八月，置新民於大寧川，給農器，計口授田。太武帝太平眞君四年，下詔牧守勸課農桑，不得妄有徵發。文成帝太安元年，遣尙書穆伏眞等三十八人，巡行州郡，督察墾殖田畝。孝文帝延興二年三月，車駕耕於籍田；四月，詔工商雜伎，盡聽赴農，諸州郡勸民益種菜果；三年二月，詔牧守令長，勤率百姓，無令失時，家有兼牛，通借無者，若不從詔，一門之內，終身不能作官守宰不加督察，免所居官。太和元年，詔勸奬農桑，民有不從長教惰於農桑者，加以罪刑；九年十月，詔遣使者循行州郡，與牧守均給天下之田，還受以生死爲斷。宣武帝景明三年，詔修耕桑，躬勸億兆。孝明帝熙平元年，詔以災旱勸農肆力；正光三年正月，帝耕籍田。北齊設壇行親耕親蠶禮。文宣帝天保元年八月，詔諸牧民之官，專意農桑，勤心勸課。武成帝河清三年，定令每歲春月，各依鄉土早晚，課民農桑；自春及秋，男子十五以上，皆就田畝；桑蠶之月，婦女十五已上，皆營蠶桑。北周孝閔帝元年春正月，親耕籍田。明帝二年春正月，亦親耕籍田。武帝建德四年春正月，下詔刺史守令，親加勸農。從上引證而觀，北朝帝室，也是注重農業的。

均田制，由北魏創行。自王莽王田以後，此實爲改革之一幟。北魏是由鮮卑一部族所樹立的國家，在建國以前，他們是游牧民族，生活於氏族制度之下，建國以後，傾慕華風，實行模仿中國的文化。據魏書食貨志載，太祖既定中山，即『分徙吏民及他種人工伎巧十餘萬家，以充京都，各給耕牛，計口授田。』但這裏只算均田的影子，正式的均田制，差不多是在此後百年間，即孝文帝太和九年方始頒布實行的。魏書載：『太和九年，下詔均給天下民田：諸男夫十五以上，受露田四十畝，婦人二十畝，奴婢依良。丁牛一頭，受田三十畝，限四牛。所受之田，率倍之，三易之田再倍之，以供耕作及還受之盈縮。諸民年及課則受田，老免及身沒則還田，奴婢牛隨有無以還受。諸桑田不在還受之限，但通入倍田分。於分雖盈，沒則還田，不得以充露田之數，不足者以露田充倍。諸初受田者，男夫一人給田二十畝，課蒔餘，種桑五十樹，棗五株，榆三根。非桑之土，夫給一畝，依法課蒔榆棗。奴各依良。限三年種畢，不畢，奪其不畢之地。於桑榆地分雜蒔餘果及多種桑榆者不禁。諸應還之田，不得種桑榆棗果，種者以違令論，地入還分。諸桑田皆爲世業，身終不還，恆從見口。有盈者無受無還，不足者受種如法。盈者得賣其盈，不足者得買所不足。不得賣其分，亦不得買過所足。諸麻布之土，男夫及課，別給麻田一畝，婦人五畝，奴婢依良，皆從還受之法。諸有舉戶老小癃殘無受田者，年十一以上及癃者，各授以半夫田。年踰七十者，不還所授。寡婦守志雖免課，亦授婦田。諸還受民田，恆以正月。若始受田而身亡及賣買奴婢牛者，皆至明年正月乃得還受。諸土廣民稀之處，隨力所及，官借民種蒔，後有來居者，依法封授。諸地狹之處，有進丁受田而不樂遷者，則以其家桑田爲正田分；又不足，不給倍田；又不足，家內人別減分，無桑之鄉，準此爲法。樂遷者聽逐空荒，不限異州他郡，唯不聽避勞就逸。其地足之處，不得無故而移。諸民有新居者，三口給地一畝，以爲居室，奴婢五口給一畝，男女十五以上，因其地分口課種菜五分畝之一。諸一人之分，正從正，倍從倍，不得隔越他畔。進丁受田者恆從所近，若同時俱受，先貧後富，再倍之田，放（仿）此爲法。諸遠流配謫、無子孫及戶絕者，墟宅桑榆盡爲公田，以供授受。授受之次，給其所親；未給之間，亦借其所親。諸宰民之官，各隨地給公田，刺史十五頃，太守十頃，治中別駕各八頃，縣吏郡丞各六頃，更代相付。賣者，坐如律。」（註十七）上述均田辦法有五要點：（甲）受田種別。平民所受之田，有露田、桑田、麻田、及宅地。（乙）還受規定。還受之田，只限於露田、麻田，桑田不在還受之限。人民達到賦課的年齡，卽行受田，老邁及身沒則還田。若依奴婢與牛而受得之田，則隨牛與奴婢之有無，以定還受。（丙）一般限制。已受田者在地足之處，不得無故遷移，更不得避勞就逸遷移；平民僅及定限之田不得賣，田已達到應受定限不得再買。（丁）通融辦法。北魏的均田規定，非完全破除私有制度，故其所授之田，非奪取於富者之手，是將無人耕種之田，依一定規則，分配於無田耕種之人罷了。所以此制，對於田地有盈者或超過額定限度者，則不受不還。

但田不足定限者，或田已超過定限者，且鼓勵其買賣。在土廣人少之處，一人能耕多少，則聽其耕種多少；而願意遷到此地耕種之人，則不受限制。(註十八)(戊)官吏公田宰民官吏隨等級的高下，而為給田的多少受給之田當去職時則移交後任，不得有變賣情事。北魏均田制所由定立的最後目的，不在求財產之平均，而在求生產額的增加，以圖國家收入的增加。劉恕曾批評魏之均田制說：『後魏均田制度，似今世佃官田及絕戶田出租稅，非如三代井田也。』(註十九)又黃震孫限田論說『彼口分世業之法，吾謂獨元魏之世可行之耳。蓋北方本土曠人稀，而魏又承十六國縱橫之後，人民死亡略盡，其新附之衆，土田皆非其所固有，而戶復可得而數，是以其法可行。』(註二十)均田制之所以可行在為相當限度之均給，非完全的均田啊。

北齊的均田制，大體係沿襲北魏舊法，特加以多少變更。田土分配法，據隋書載：『其方百里外，及州人，一夫受露田八十畝，婦四十畝。奴婢依良人，丁牛一頭受田六十畝，限止四牛。又每丁給永業二十畝為桑田，其中種桑五十，限榆三根，棗五根，不在還受之限。非此田者，悉入還受之分。土不宜桑者，給麻田，如桑田法。』(註二十一)據此可知北齊對於土地的分配，在限度上，授田種別上，都與魏制，略有不同。

後周受田規定，人民十八歲起受田，至六十五還田，有室者受田百四十畝，單丁受田百畝。凡十八以上受宅地五畝，七人以上四畝，五口以下三畝。(註二十二)

(三)稅制　南朝的賦稅，大都因晉之舊，沒有什麼大變更，至於差役法，據宋孝武帝大明中王敬宏上言，以十五至十六宜為半丁，供半役；十七為全丁，供全役。(註二十三)齊自東昏侯永元以後，魏每來伐，人民就役甚苦，百姓名

注籍詐病以避差役，故責病者納租布以免役。陳文帝天嘉二年時，以國用不足，設立鹽稅。（註二十四）

北朝賦稅課徵的準則有四：（甲）以戶爲課徵準則。以戶爲課稅準則，是北魏自始至終的制度。在計口授田時代，置八部帥以監督稅收，（註二十五）其後對分散的稅權，始收歸郡縣管轄。孝文帝太和元間（公元四七七至四九九）立三長以檢查戶口，戶調的基礎確立，戶始爲戶調課徵的唯一準則。（乙）以貲產爲課徵準則。魏初以戶爲單位，而收田租和絹綿爲主要的稅法，另外還有貲賦，就是貲產稅。太武帝太平眞君四年詔：『今復民貲賦三年，其田租歲輸如常。』（註二十六）（丙）以羊爲課稅準則。明元帝泰常六年詔『六部民羊滿百口調戎馬一匹』（註二十七）（丁）以田畝爲課徵準則。孝明帝孝昌二年冬稅京師田租畝五升，借貸公田畝一斗。（註二十八）至課徵的稅率如下：明元帝永興五年時，詔州六十戶出戎馬一匹；泰常六年時，詔二十戶，輸戎馬一匹，大牛一頭。至農業復興時期，則隨人民之生產而斂收。文成帝泰安中常賦之外，雜調十五，頗爲繁重。戶調帛二匹，絮二斤，絲一斤，粟二十石。孝文帝延興三年，河南六州之民，則戶收絹一匹，綿一斤，租三十石，（註二十九）這都是班祿前的稅率。班祿後，戶增調三匹，穀二斛九斗；調外之費，原爲每人帛一匹二丈，又增調外帛滿二匹。班祿後的稅率，較班祿前增加除課於人身之二匹外，帛五匹，穀二十二石二斗，絮二斤，絲一斤，徵收的物品，是隨各地方的出產而不同。（註三十）均田以後的戶調制度，以一夫一婦爲課徵單位，其民調一夫一婦，帛一匹，粟二石。男子年十五以上未娶者四人出一夫一婦之調。奴婢八口當未娶者四人，即奴婢八口和一夫一婦相當。北齊稅法，男子由十八歲起負擔調之義務，二十歲起，徵其力役，力役至六十歲免除，而租調義務則在六十歲還田時免除。至租調額數，輸納中央政府者二石，輸郡以備水旱災荒者五斗，合計二石五斗。一夫一婦之調，絹一匹，綿八兩。奴婢各輸良民之半額每牛一頭，納調二尺，墾租一斗，義租五升。(註三十一)後周的稅法，人民自十八歲至六十四歲，皆負有租調義務，有室者歲不過絹一匹，綿八兩，粟五斛，丁者半之；其非桑土，有室者布一匹，麻十斤，丁者半之。豐年則全徵，中年半之，若遇凶年則不徵。差役法，凡人自十八以至五十九歲，皆任力役，豐年不過三旬，中年二旬，下年則一旬。凡起徒役，無過家一人，其人有年八十者，有一子不從役，百年者家不從役，廢疾非人不養者，一人不從役，凶年則無力征。(註三十二)商稅，則後魏規定稅入市者人各一錢，至於市中店舍，則分為五等，按等級的高下，以定稅額的大小。北齊也設有關市店舍之稅，後周對於入市也有稅，稅率訂為每人一錢。北魏北齊後周，對於鹽酒都有稅。(註三十三)

(四)商業　南朝梁、陳時，凡貨賣奴婢馬牛田宅，有文件，率錢一萬，輸估四百入官，賣者三百，買者一百；無文件者隨物所堪，亦百分收四，名為散估，南朝諸代，歷以為常。至於國際貿易，據宋書和梁書所載，當時中土人士西往大秦甚者少；但大秦商人之來交趾者則嘗有之，當時此項貿易，並非直接操於中國人士的手中。北朝如北史所載，大秦多產珍奇貨物，東南通交趾，水道通益州、永昌，這足以證北朝時，有國外貿易。(註三十四)洛陽伽藍記載：『自葱嶺以西，至於大秦，百國千城，莫不款付，商胡販客，且奔塞下，所謂盡天地之區矣；樂中國土風，因而宅者，不可勝數；是以附化之民，萬有餘家，門巷修整，閶闔填列，青槐蔭、柏，綠柳垂庭，天下難得之禍，咸悉在焉；別立市於洛水南，號曰四通市，民間謂永橋市，伊洛之魚，多於此賣，士庶須膾，皆詣取之，魚味甚美，京師語曰：伊洛鯉魴，貴於牛羊。』(註三十五)由此可見外商販賣於中土，且樂於移殖了。北朝魏之官吏，初因無俸，多兼商業，仰機射利，魏書載『詔曰：刺史牧民，為萬里之表，自頃每因發遣，逼民假貸，大商富賈，要射時利，旬日之間，增贏十倍，上下通同，分爲潤屋；故編戶之家，困於凍餒；豪富之門，日有兼積。爲政之弊，莫過於此。其一切禁絕。』(註三十六)由此可知當時的官吏有利用他的地位以經商獲利。

商業之外，礦冶工業較爲發達。南齊武宗永明時，南廣郡界蒙山下，有城名蒙城，地有燒鑪四所，高一丈，廣一丈五尺。北魏宣武帝延昌三年春，有司奏長安驪山有銀鑛，二石得銀七兩。又白登山有銀鑛，八石得銀七兩。下詔並置銀官，常令採鑄。又漢中舊有金戶千餘家，常於漢水沙淘金。(註三十七)鑄鐵爲農器兵刃，各處都有，以相州牽口冶爲工，故常鍊鍛爲刀，送於武庫。

(五)幣制　宋文帝元嘉七年，(西紀元四三〇)立錢署法，鑄造四銖錢，重如其文，形式與漢之五銖錢相同。二十四年，因四銖錢之盜鑄多，物價騰貴，所以鑄造大錢，一文相當於四銖錢二文。錢形不一，人民殊感不便；二十五年，乃廢大錢，而鑄造五銖錢。孝武帝孝建元年，鑄四銖錢，面文刻孝建字樣，背面爲四銖，後除去四銖之文字，僅有孝建二字，錢面之記年號，始於此。廢帝永光元年二月，鑄造二銖錢，同年三月廢去；景和元年，又行使二銖錢，形式轉細，官錢每出，民間卽模彷之，而大小厚薄，皆不及官錢。其無輪廓，不磨鑢者，謂之耒子；尤輕薄者謂之荇葉，市井通用之。此外還有一種薄小的惡錢，叫做鵝眼錢，綖環錢，入水不沉，隨手破碎。因而物價暴騰，斗米價至萬錢。明帝泰始初年，禁鵝眼錢，綖環錢，其餘准許通用；且禁人民鑄錢，官署亦停鑄。泰始二年，普禁新錢，僅使用古錢。(註三十八)梁初，唯京師及三吳、荊、郢、江、湘、梁、益各州用錢，其餘州郡，則雜以穀帛交易，交、廣之地，全以金銀爲貨。梁武帝天監元年，鑄新錢，文曰五銖，另外鑄無肉廓者，謂之女錢，二品並行。百姓或私以古錢交易者居多；故屢下詔書非新鑄二種之錢，不准通用，但好利之徒，私用更甚；普通四年，乃盡罷銅錢，更鑄鐵錢，人以鐵錢易得，私鑄大起，及大同以後，鐵錢有如山積，物價騰貴，交易者以車載錢，不復計數目多少而惟論貫；商旅奸詐，因之以求利。(註三十九)武帝大同元年，乃下詔通用足陌錢，人民不從。敬帝太平元年，詔令雜用古今錢；二年，鑄四柱錢，以一當二十，後又改為以一當十，未幾復用細錢。

陳初，承梁代喪亂之後，鐵錢不行，始使用梁末之兩柱錢及鵝眼錢；兩柱錢重，鵝眼錢輕，亦均同價流通，人民多鎔毀兩柱錢而鑄造鵝眼錢者日多，間有用錫錢，兼以粟帛為交易者。文帝天嘉三年，改鑄五銖，此項五銖，一文當鵝眼錢十文使用。宣帝大建十一年，鑄造大貨六銖，以一當五銖之十，與五銖錢並行，後又以一當一，人皆不從，嶺南諸郡，遂以鹽米布交易，俱不用此錢，及宣帝卒，遂廢六銖錢而行五銖錢了。(註四十)

北朝錢幣，初尚完好，並准民間鼓鑄，其後漸至濫惡，與南朝相同。北魏自孝文帝太和一九年起，始鑄太和五銖，詔京師及諸州鎮，皆通用之，內外百官的俸祿，皆準絹給錢，每一匹定錢二百，各處並派遣錢工，備爐冶，人民欲鑄造錢者，准就官爐以鑄之，銅必精鍊，無所和雜。(註四十一)宣武帝永平三年，又鑄造五銖錢，京師及諸州鎮，或不用，或有止用古錢，不行新錢，致商貨不通，貿遷隔閡。(註四十二)孝莊帝之初，私鑄益多，錢更薄小，至有飄風浮水之譏，時米一斗，幾值一千。永安二年，准祕書郎楊侃之奏，鑄造永安五銖，並欲抬高官錢，故特令在京邑二市出賣藏絹，每匹三百文者，均降低為二百文，因此反使盜鑄者日多。

北齊在高歡霸政之初，猶用永安五銖；遷鄴以後，私鑄日多，形式有種種，而自冀州以北，錢不通行，交易者皆以絹布。高歡乃收回國內之銅及錢，依舊式更鑄，流之四境。其後漸鑄造細薄之錢，致偽造競起。及高洋（文宣帝）篡東魏而即帝位，天保四年，廢永安錢，改鑄常平五銖，其後仍不免有私鑄之風。

後周之初，尚用魏錢，乃更鑄布泉之錢，以一當五，與五銖並行。梁益之境又雜用古錢交易，河西諸郡，或用西域金銀之錢，而官不禁。建德三年，更鑄五行大布錢，以一當十，與布泉錢並行。四年又以邊境之錢人多盜鑄，乃禁五行大布錢不得出入四關，布泉之錢聽入而不聽出。五年，以布錢漸賤，而人不用，遂廢之。宣帝大成元年又鑄永通萬國錢，以一當千，與五行大布、五銖，凡三品並通用。(註四十三)

（六）交通 （1）日本。日本在第四世紀與朝鮮半島的關係日益密接，第五世紀間，遂進而與中國南朝交通。南史夷貊傳：『晉安帝時，有倭王讚遣使朝貢，及宋武帝永初二年，詔曰：倭讚遠誠宜甄，可賜除授。』宋書文帝紀：『元嘉七年正月，倭國王遣使獻方物。……元嘉十五年，是歲倭國遣使獻方物。』宋書夷蠻傳：『二十年，倭國王濟遣使奉獻，復以為安東將軍倭國王。』又載：『濟死，世子興遣使貢獻，世祖大明六年詔曰：倭王世子興，奕世載忠，作藩外海，稟化寧境，恭修貢職，新嗣邊業，宜授爵號，可安東將軍倭國王。』齊書東夷傳：『建元元年，（齊高帝之年號，）進新除使持節都督倭新羅、加羅、秦韓、慕韓六國諸軍事安東大將軍倭王武，號為鎮東大將軍。』梁武帝新建國亦仿齊高帝建國事，進倭王武為鎮東大將軍之例，進武稱號為征東大將軍。由上引證以觀，南朝對於日本的交通，是頻繁的無疑了。（2）西域。後魏統一江北時，國威日盛，西域諸國如龜茲、疏勒、烏孫、鄯善、焉耆、車師、悅般、渴槃陀、粟特九國，皆來朝貢，魏遣行人王恩生等二十輩報聘，然爲柔然所執，不得達。太武帝乃滅其國。魏太延三年，又遣侍郎董琬等使西域，至烏孫，烏孫王遣導譯送琬等至大宛、康居二國，厚加報撫，旁國聞之，爭遣奉貢，凡十六國之多。（註四十四）後魏之世，洛陽有附化之西域人萬有餘家，此等附化之人多來自葱嶺、大秦之間，環居之處，門巷修整，閭闔塡列，青槐蔭柏，綠柳垂庭，有如今日北平之東交民巷。（註四十五）（3）南洋　南洋訶羅單國、闍婆達國、干陀利國，先後於元嘉、孝建年間奉表入貢。訶羅單國治闍婆洲，與闍婆達國同在今爪哇地。干陀利即後世所稱三佛齊，在今蘇門答臘東南境。此外，尚有盤盤（在馬來半島南境）、丹丹（亦在馬來半島南端）、婆利（今之婆羅洲）等地，在南北朝時候通貢的。干陀利國，據文獻通考在南海洲上，其俗與林邑、扶南略同，出斑布、吉貝、檳榔，特精好。宋孝武帝時，其王釋婆羅郡鄰陀，遣使竺留陁獻金銀寶器。（註四十六）梁代馬來半島通中國者：有頓遜國，在今柔佛部地；丹丹國，在今馬來吉蘭丹地；又蘇門答臘、婆羅洲等地，均遣使貢獻方物。

（七）官制　（1）中央　南朝官制，多承晉制，雖設宰相，非尋常之職。通典載：『宋孝武帝，初唯以南郡王義宣爲丞相，而司徒府始如故，亦有相國。……齊丞相不用人，以爲贈官。梁罷相國，置丞相，罷丞相，置司徒。陳又置相國，位列丞相上，幷丞相並爲贈官。按自魏、晉以來，宰相但以他官參酌機密，或委知政事者則是矣，無有常官。其相國、丞相或爲贈官，或則不置，自爲尊崇之位，多非人臣之職。其眞爲宰相者，不必居此官。』（註四十七）又載：『自魏、晉重中書之官，居喉舌之任，則尚書之職稍以疏遠。至梁、陳，舉國機要悉在中書，獻納之任，又歸門下，而尚書但聽命受事而已。』（註四十八）至九卿之官，亦皆設置，但均失其職，歸入尚書各曹中，中央執政權者唯尚書、中書、侍中。茲列簡表於下：

（註四十九）

區別	官名	員數	備考
尚書省	尚書令	一員	後漢總謂尚書臺，亦謂中臺，宋曰尚書寺，亦曰尚書省，亦謂之內臺。又魏以五曹尚書二僕射一令爲八座，宋齊八座與魏同。
	左右僕射	各一員	魏晉及江左省置無常，置二則爲左右僕射，或不兩置，但曰尚書僕射。
	列曹尚書	六或五員	晉太康中有吏部、殿中、五兵、田曹、度支、左民爲六曹尚書，及渡江有吏部、祠部、五兵、左民、度支、五尚書。宋有吏部、祠部、五兵、左民、度支、都官、六尚書。齊梁與宋同。
	左右丞	各一員	晉時左丞主臺內禁令，右丞掌臺內庫藏廬舍。
	尚書郎		晉尚書郎選極清美，號爲大臣之副，武帝時有三十四曹，後又爲三十五曹，置郎中二十三人，更相統攝，或爲三十六曹。東晉有十五曹，官衮小減。宋高祖時有十九曹，元嘉以後有二十曹。梁加三曹爲二十三曹。陳有二十一曹。
中書省	中書監	一員	中書省自魏晉始。梁陳時，凡國之政事，並由中書省掌之。
	中書令	一員	
	中書侍郎	四員	中書侍郎，副掌王言，更入直省。
	通事舍人		晉宋以後，唯掌呈奏，宣達王言，甚用事。

門下省		
侍中	四員	門下省，後漢謂之侍中寺。給事黃門侍郎，與侍中俱管門下衆事，或謂之門下省。至齊亦呼侍中爲門下。梁門下省，有侍中給事，黃門侍郎四人。梁侍中功高者，在職一年，詔加侍中祭酒，與散騎侍衞功高者一人，對掌禁令，有似宰相職。陳之侍中亦如梁制
給事黃門侍郎	四員	魏晉以後，黃門侍郎，並爲侍衞之官。

北朝魏官制，多屬草創，至孝文帝太和中，王肅制官品百司位號，皆仿南朝。魏書載：「魏氏世君玄朔，……掌事立司，各有號秩，及交好南夏，頗亦改刱，……餘官雜號，多同於晉朝。……其諸方雜人來附者，總謂之烏丸，各以多少稱酋庶長，分爲南北部，復置二部大人以統攝之。……太祖（道武帝）登國元年，因而不改，南北猶置大人，對治二部。是年置都統長，又置幢將及外朝大人官。其都統長領殿內之兵，直王宮，幢將員六人，主三郎衞士直宿禁中者，自侍中已下中散已上皆統之。外朝大人無常員，主受詔命，使出入禁中，國有大喪大禮，皆與參加，隨所典焉。」（註五十）明帝神瑞元年春，置八大人官，大人下置三屬官，總理萬機，故世號八公。

北齊置官，多因後魏，雖有左右丞相之職，而其爲宰相秉朝政者，多爲侍中。後周仿周禮設官，乃以大冢宰爲宰相之任，革侍中、中書之名而不用，然其所謂納言、內史，即門下中書職掌。丞相之外，別有三公。魏、晉、宋、齊、梁、陳、後魏，俱以太尉、司徒、司空當之，後周以太師、太傅、太保當之。隋書載：「周太祖初據關內，官名未改魏號，及方隅粗定，改創章程，命尚書令盧辯遠師周之建職，置三公三孤，以爲論道之官，次置六卿，以分司庶務。」（註五十一）所謂六卿，即是天官府、地官府、春官府夏官府、秋官府、冬官府。茲列北周官制九命簡表如下：

三公	太師、太傅、太保	正九命
三孤	少師、少傅、少保	正八命
六卿	天官府　管冢宰等衆職 地官府　領司徒等衆職 春官府　領宗伯等衆職 夏官府　領司馬等衆職 秋官府　領司寇等衆職 冬官府　領司空等衆職	正七命

六卿之下，有諸上大夫正六命；諸中大夫正五命；諸下大夫正四命；諸上士正三命；諸中士，正二命；諸下士，正一命。

九卿列職，秦、漢最重，三國不廢其制，晉、宋、齊因之。梁武帝時，以太常卿加置宗正卿，以大司農爲司農卿，三卿是爲春卿；加置太府卿，以少府爲少府卿，加置太僕卿，三卿是爲夏卿；以衛尉爲衛尉卿，廷尉爲廷尉卿，將作大匠爲大匠卿，三卿是爲秋卿；光祿勳爲光祿卿，大鴻臚爲鴻臚卿，都水使者爲大舟卿，三卿，是爲冬卿；凡十二卿。後魏以太常，光祿、衛尉，謂之三卿；太僕、廷尉、大鴻臚、宗正、大司農、少府，謂之六卿。北齊以太常、光祿、衛尉、宗正、太僕、大理、鴻臚、司農、太府合爲九寺。後魏之世九卿亦號九寺，但非官寺連稱；官寺連稱自北齊始。至後周則廢九卿之名，將其職掌，隸於六卿。（註五十二）

（乙）地方。南朝置丹陽尹，領京師所治；後魏初立代尹，後改爲萬年尹，遷洛以後，置河南尹，東魏改爲魏尹，北齊則有清都尹，後周有京兆尹，南朝諸代，以揚州刺史爲京輦重任，以諸王領之，其權勢與丹陽尹相表裏。後魏無司隸之官，而代以司州牧，北齊亦然，後周則別爲雍州牧。東晉以後，疆域日削，喜多置州郡以自張大，於是僑置的州郡甚多，往往僅有空名，實無轄境；當時軍人多以個人而都督許多州的軍事，轄境仍舊很大，後魏以守令治郡縣，而縣有大中小之分。北齊郡縣，分爲九等；後周守令，以戶數多寡定其命之高下，而無九等之繁。

（八）軍制　（甲）中央。南朝京衞，略同東晉，惟梁代別立六軍之稱，而以領軍、護軍、左衞、右衞、游擊、驍騎、六將軍，分統其衆。南朝屯備京城之兵，稱爲臺軍，有事之時，常資之以備患。宋書：『元嘉中，每歲爲後魏侵境，令朝臣博議，何承天陳備京之要，其大略，一曰：移遠就近，以實內地；二曰：浚復城隍，以增岨防；三曰：纂偶車牛，以飭戎械；四曰：計丁課役，勿使有闕。』（註五十三）齊武帝末年，魏孝文欲遷都洛陽，聲言南伐，下詔發揚州、徐州民丁，廣設招募以備之。南朝用募兵法，有常備臨時之分。常平軍，屯於建康及各重鎮；遇有緊急，臨時招募者，謂之臨時兵。北朝魏孝文帝行均田法，戶口可以稽查，徵兵之制漸復；當時每六十戶出戎馬一匹，其後每二十戶，出戎馬一匹牛一頭。太和十九年，詔選天下勇士十五萬人，爲羽林武賁以充宿。（註五十四）（乙）地方。劉宋以後，地方兵制，多承東晉，故國內大鎮，舉足重輕，繫一代之安危者甚大。後魏強兵，聚於六鎮，遷魏以後，六鎮鄰邊，其任漸輕，兵制以壞。後周分地方之兵爲百府，每府有一郎將統之，分屬二十四軍，開府各領一軍，大將軍凡十二人，每一將軍統二開府，一柱國主二大將，將復加持節都督以統之，凡柱國六員，衆不滿五萬人。（註五十五）其他尚有車戰：如魏太武眞君四年，北征柔然，利用兵車十五萬輛。有水軍：如宋文帝時，垣護之、從王玄謨攻魏滑臺，護之、以百舸爲前鋒；梁韋叡裝大艦爲水軍，以臨魏壘是也。

（九）法制　梁陳二朝各定新律，而享國日淺，禍亂相仍，當時習尚重黃老，輕名法，漢代總核名實之風，至是掃盡。北朝魏凡五次改定律令，孝文對於律令，至躬自下筆，凡有疑義，親自臨決，考訂之勤，超越前代，齊律科條簡要，仕門子弟，嘗講習之。自晉代以後，律分南北二支，南朝之律，至陳併於隋而止；北朝則自魏及唐，統系相承，至明清時猶沿其制。（註五十六）宋及南齊，均沿用晉之律令，宋文帝時，侍中蔡廓建議，以爲鞫獄，不宜令子孫下辭，明言父祖之罪，自今但令家人與囚相見，無乞鞫之詞，便足以明伏罪。朝廷從之。所謂乞鞫，即是請求覆訊，其意義與今日之上訴或控告同；所謂廢除子孫下辭，在今日訴訟法上，爲被告之親屬者，爲被告之未婚配偶，爲被告之法定代理人監督監護人者，皆不得爲證人，其原即本於是。（註五十七）齊武帝永明九年，令刪定郎王植之集註張杜舊律，合爲一書，凡千五百三十條，事未施行，其文殄滅。南齊法典，僅有永明律，據南齊書孔稚珪傳所載，有一千五百三十二條，與通典通考所載，數目不同。梁武帝時，取齊律制成梁律，據隋書載：「天監元年，以尚書令王亮等，參議斷定，定爲二十篇，一曰刑名，二曰法例，三曰盜刼，四曰賊叛，五曰詐僞，六曰受賕，七曰告劾，八曰討捕，九曰繫訊，十曰斷獄，十一曰雜，十二曰戶，十三曰擅興，十四曰毀亡，十五曰衞宮，十六曰水火，十七曰倉庫，十八曰廄，十九曰關市，二十曰違制，其制刑爲五等之差，……凡定罪二千五百二十九條」（註五十八）陳代是結束南朝偏安最後之一國，據楊鴻烈於所著中國法律發達史說及陳代司法，似比梁代，較爲清明，恐不盡然！梁時有測罰之制，即是刑訊，至陳代，則更變本加厲，凡有贓驗昭然，而不款伏者，則以立測之罰加之。陳代法律，有四種與梁代不同者：（甲）禁止軍人侵擾罪，（乙）不枉法受財罪。(丙)奢侈罪。(丁)左道不依經存罪。(註五十九)茲將南朝刑名列表如下：

罪名	犯罪	等差
死	死	大罪梟首 次罪棄市
髡鉗	五歲刑	
耐罪	二歲刑	
贖	一歲半歲百日刑並科	二百一百五十三十二十一十凡六等鞭 有制鞭法鞭常鞭
杖	一歲半歲百日刑並科	杖有大杖法杖小杖

北朝後魏，原是遊牧部落的民族，原始司法情形，不脫幼稚狀態，如魏書刑罰志所說：『置四部大人坐王庭，決辭訟，以言語約束，刻契記事，無囹圄考訊之法，諸犯罪者，皆臨時決遣之。』可見是以酋長意思規定刑罰而執行的。他們自統治中國後，極力模彷漢族的文化，前後經過九次的立法，隋書經籍志說：『後魏律二十卷，』但到唐代時全部已不見，魏志不載魏律篇目，魏書刑罰志所引者，有法例律，賊律，盜律，鬭律，以唐律疏義考之，魏尚有刑名律，宮衞律，戶律，廄牧律，擅興律，繫訊律，雜律，捕亡律，斷獄律。據通典載：『後魏起自北方，屬晉室之亂，部落漸盛，其主乃峻刑法，每以軍令從事，人乘寬政，多以違令得罪，死者以萬計，於是國落騷然。』(註六十)及道武帝平定中原後，患舊制太峻，命三公郎王德除其酷法，約定科令。太武帝神廳中，詔崔浩定律令，復增減刑罰。後魏對於死刑，有轘、腰斬、殊死、棄市四等，至懲治反逆罪，更爲野蠻，崔浩因修國史，即被籍沒受誅，范陽盧氏，太原郭氏，河東柳氏，因與崔浩有親黨

關係，就全被誅戮。法官對於審囚，多爲重枷，復以縋石懸於囚頸，傷肉至骨，勒令誣服，由此可知後魏的酷刑。

北齊是承繼後魏以異族統治北部漢人，比較後魏同化於漢人的程度少。北齊自文宣帝受禪後，命羣臣刊定魏朝麟趾格，又議造齊律，積年不成，其決獄仍依魏制。所謂麟趾格，是東魏於麟趾閣命羣臣議定的法制。北魏（後魏）分爲東西後，西魏則仍舊制，而東魏則孝靜帝更改舊制，於麟趾閣議定新法，謂爲麟趾格，頒行天下，後至齊代再爲修改。通考載：「北齊神武秉魏政，遷都於鄴，羣盜頗起，遂嚴立制。……又列重罪十條，一曰反逆，二曰大逆，三曰叛，四曰降，五曰惡逆，六曰不道，七曰不敬，八曰不孝，九曰不義，十曰內亂；其犯十惡者，不在八議論贖之限，是後法令明審，科條簡要，又勅仕門子弟常講習之，故齊人多曉法律，其不可爲定法者，別制權令二卷，與之並行。」（註六十一）北齊十惡之制，爲後世所取法，直至清末始行廢除。章太炎在五朝法律索隱說：「鮮卑僭盜，始有十惡之刑，十惡不盡對政府，其有反叛、惡逆、不敬諸條，則隨事可以比傅，明以法律擁護政府，且重以擁護君后者，自漢之亡，其風漸息，昌之者，則鮮卑也。」不道不敬，起於漢代，梁、陳二代，略有條例，北齊並非始作俑者。

後周，是以鮮卑族，承繼中國北部之統治權，有如北魏醉心羨慕漢人的文化，甚至有實施周禮的舉動。據程樹德著九朝律考後周考序有說：「綽（蘇綽）傳云：太祖欲行周官，命蘇綽專掌其事，綽卒乃令辯成之，並撰次朝儀，車服器用，多依古禮、史通謂宇文初習華風，軍國詞令，皆準尚書，太祖勅朝廷，他文悉準於此，陷於矯枉過正之失，乖夫適俗隨時之義，諒哉言乎！今周令雖佚，而隋書、禮儀、食貨諸志所採，與夫通典所集者，尚可得其大概，大抵官名儀制，一依周禮，並文何亦必求其相似，較之太玄之仿周易，中說之擬論語，殆尤甚焉。」通典載：「後周文帝秉西魏政，令，有司斟酌今古，通變修撰新律，革命後，武帝保定三年，司憲大夫拓拔迪奏新律謂之大律凡二十五篇。」周代以法律之條項，用尚書之體裁，優孟衣冠，作僞日拙，故隋氏代周，其律令獨採北齊，而不沿襲周制，一掃宇文迂謬之迹。

茲將齊周刑制列表於下：

北齊刑制

刑名	差別	附刑
死	轘 梟首陳屍 斬 絞	
流		論犯可死，原情可降，鞭笞各一百，髡之，投於邊裔，以爲兵卒，未有道里之差。
耐	五歲，四歲，三歲，二歲，一歲，	各加鞭一百，五歲加笞八十，四歲加笞六十，三歲加笞四十，二歲加笞二十，一歲無笞。
鞭	一百，八十，六十，五十，四十，	
杖	三十，二十，一十，	

北周刑制

刑名	差別	附刑
死	斬、絞、磬、裂、梟。	
流	衛服去皇畿二千五百里，要服去皇畿三千里，荒服去皇畿三千五百里，鎮服去皇畿四千里，蕃服去皇畿四千五百里。	衛服鞭一百，笞六十。要服鞭一百，笞七十。荒服鞭一百，笞八十。鎮服鞭一百，笞九十。蕃服鞭一百，笞一百。
徒	五年，四年，三年，二年，一年。	五年，鞭一百，笞五十。四年，鞭九十，笞四十。三年，鞭八十，笞三十。二年，鞭七十，笞二十。一年，鞭六十，笞十。
鞭	一百，九十，八十，七十，六十。	
杖	五十，四十，三十，二十，一十。	

（十）宗教　（甲）多神教。宋武帝永初二年正月，親祀南郊。齊高祖受禪明年正月，有事南郊，未配犧牲。梁武帝即位南郊，爲壇在國之南，致齋於萬壽殿。陳武帝永定元年，受禪修圜丘，柴燎告天。後魏道武皇帝即位二年正月，親祀上帝于南郊。北齊每三年一祭，以正月祀昊天上帝於圜丘。後周憲章，多依周制，正月祀昊天上帝於圜丘。明堂爲一種合宮之制，齊高帝建元元年，祭五帝之神於明堂，有功德之君，配明堂，制五室。梁、陳亦祀五帝於明堂。後魏文帝太和十三年四月，經始明堂，改營太廟。南北各朝，均祭日月星辰山川社稷。（乙）道教。梁書載：『陶弘景字通明，丹陽秣陵人也。年十歲，得葛洪神仙傳，晝夜研尋，便有養生之志。』（註六十二）隋書載：『陶弘景者，隱於句容，好陰陽五行風角星算，修辟穀導引之法，受道經符籙。』（註六十三）齊高帝、梁武帝，受其影響，加以禮義。北朝魏太祖好老子之言，詠誦不倦；天興中，儀曹郎董謐因獻服食仙經數十篇，於是置仙人博士，立仙坊，煮鍊百藥，道教大興。太武帝時，嵩山道士寇謙之，自說遇眞人成公興，後遇太上老君，授謙之爲天師，而又賜之雲中音誦科誡二十卷，並使玉女授其服氣導引之法，遂得辟穀之術，弟子十餘人，皆得其術。其後遇神人李譜，授予圖籙眞經六十餘卷，及銷鍊金丹雲英八石玉漿之法。太武於代都東南起壇宇，親備法駕而受符籙。後周承魏，崇奉道法，每帝受籙，如魏之舊。可知道教於南北朝，亦頗盛行。（註六十四）（丙）佛教。南北朝時，惟魏太武及周武帝，不信佛教，其餘多皈依佛法，西域僧徒之來華者，後先相望。宋時有僧徒佛駝什、浮陀跋摩、僧伽跋摩、曇雲密多、畺良耶舍、求那跋陀羅、僧伽達多、僧伽羅多哆、阿那摩低等來中國。齊時有求那毗地等來中國。梁時有拘那羅陀、求那跋陀等來中國。北周有攘那跋陀羅、達摩流支、闍那耶舍等來中國。其他弘法之士尚多。（註六十五）自晉以後，寺廟之建立，遍於南北，尤以南朝爲盛。梁高祖以三橋舊宅爲光宅寺，敕興繭與陸倕各製寺碑。謝舉、將宅內山齋，捨以爲寺。何敬容、捨宅東以爲伽藍，趨勢者，因助財造構。(註六十六)北魏在宣武帝時，民間私造寺廟，動盈百數，寺奪民居，三分且一。(註六十七)佛法盛行，宗派因以不同，當時有成實宗，三論宗，涅槃宗，華嚴宗，禪宗，攝論宗，俱舍宗，淨士宗，天台宗等。佛教之入中國，支派之分，以本時代爲始，諸宗之外，別有律宗，雖已盛行，而倘附着於諸宗之間，未能自立。

(十一)美術　(甲)音樂。梁武帝時，思弘古樂，他素通音律，遂平定樂器，以準古音，又自爲樂篇，被之聲音，及侯景亂作，樂制中絕。陳代雖取法宋、齊、梁三朝，更制雅樂，實無當以古意，至其末葉，樂律荒落。元魏興自北方，雖得中國樂器，然仍雜胡樂。魏書載：『太祖初，……正月上日，饗羣臣，宣布政教，兼奏燕、趙、秦、吳之音，五方殊俗之曲，四時饗會亦用焉。凡樂者樂其所自生，禮不忘其本，掖庭中歌眞人代歌（北歌，）上敍祖宗開基所由，下及君臣廢興之跡，凡一百五十章，昏晨歌之，時與絲竹合奏，郊廟宴饗亦用之。』(註六十八)至孝文帝時，深慕華風，力求復古，魏之雅樂，始得粗具。魏書載：『太和初，高祖垂心雅古，務正音聲，時司樂上書，典章有闕，求集中祕羣官，議定其事，並訪吏民有能體解古樂者，與之修廣器數，甄立名品，以諧八音，詔可，雖經衆議，於時卒無洞曉聲律者，樂部不能立，其事彌缺；然方樂之制，及四夷歌舞，稍增列於太樂，金石羽旄之飾，爲壯麗於往時矣。』又載：『逮乎末俗陵遲，正聲頓廢，多好鄭衞之音，以悅耳目，故使樂章散闕，伶官失守，今方釐革時弊，稽古復禮，庶令樂正雅頌，各得其宜；今置樂官，實須任職，不得仍令濫吹也，遂簡置焉。』通志載：『元魏孝文帝入洛，又收得江左所傳舊曲，及江南吳歌，荊楚西聲，總謂之清商，殿庭饗宴，亦兼奏之。』其後北齊傳習，仍嗜胡音，後周初定江陵，大獲梁氏樂器，及建六官，又有詳定音樂之詔，而未克竟行，及武帝當國，始變古樂，有雅歌十二曲，如俊雅、皇雅、胤雅、寅雅、介雅、需雅、雍雅、滌雅、牷雅、誠雅、獻雅、禋雅等。(註六十九)至周宣帝即位後，好令城市少年有容貌者，著婦人服而歌舞相隨，引入後庭，與宮人觀聽，戲樂過度，遊幸無節。(註七十)此是競尚淫靡之音。(乙)書畫 南朝善書者多，北朝較少。宋時王欣書法師王獻之，盡得其妙；孔琳以行草著，放縱快利；謝靈運書法亦入右軍之室。齊時王僧虔、王子敬，均善書。梁時蕭子雲，筆法能自拔流俗，梁武帝甚贊美之。王智永，王右軍之後，積年學書，筆力縱橫，大有祖風。北朝魏初，有崔悅、盧諶，並以善書名。南北朝繪畫名家，有劉宋之侍從陸探微，高士宋炳，蕭齊之謝赫，梁之元帝，右軍將軍吳興太守張僧繇，高齊（北齊）之直閤將軍楊子華，朝散大夫曹仲達，宇文周之常侍田僧亮等。陸探微以顧愷之畫法，作連綿不絕的一筆畫，筆法秀麗，有顧得其神，陸得其骨，張得其肉（張墨）的批評。宋炳居室四壁，皆畫山水，其所作山水，不徒作高尚理想之寫意畫，多由實地寫景，開後世畫家的創格。謝赫，描寫人物，毫髮無遺，著畫品錄，批評前人的優劣，作後世論畫的典型。元帝（名繹，字世誠）善畫人物，遺作職貢圖一卷，唐代尚為傳世之名品。(註七十一)張僧繇，梁人，善傳真，又能畫雲龍山水人物，有千變萬化之精技。楊子華善畫鞍馬人物，為北齊文宣帝所重視。曹仲達最善畫佛像。田僧亮以野服柴車之風俗畫，最為有名。馮提伽，北周人，其畫風格精密，北朝畫家氏為第一。(丙)雕鑄 南北朝因信仰佛教，故雕像益盛。劉宋明帝元嘉之際，丈六丈八銅像之製作，不一而足。蕭齊之高帝、文惠太子及竟陵王，並造像甚多；武帝永明時，石匠雷卑之瑞石釋迦像，可稱極鐫琢之巧。梁武帝信佛最篤，有光宅寺之丈八彌陀銅像，大愛敬寺之丈八銅像，同泰寺之十方佛銀像等。陳武帝時造金銅像一百萬軀；宣帝亦造二萬軀之金像。北朝造像更盛。元魏崛起，其藝術傳自師子國，遠非南朝所能企及，大同及龍門石佛至今成爲研究六朝雕刻的中心。（註七十二）魏書載：『興光（文成帝紀元）元年秋，敕有司於五級大寺內爲太祖已下五帝鑄釋迦立像五各長一丈六尺，都用赤金二萬五千斤』（註七十三）太安初，曇曜白魏主於京城西武州塞北面石崖，就而鐫之，開窟五所，鐫佛像各一，自後續有開鑿佛像高者有七十尺，次六十尺，小至徑尺。（註七十四）（丁）建築。劉宋而後，亭觀臺堂代有增飾，齊末東昏侯以青油爲堂，取名琉璃堂，南有樓，號曰穿鍼，其上懸佩千條，玉聲不絕，地鋪錦石，文采煥然。後魏遷洛而後，大夏門樓，峻傑崇閎，爲洛邑新城之冠。至寺觀之建築更爲華麗。楊衒之洛陽伽藍記載：『皇魏受圖，光宅嵩洛，篤信彌繁，法教愈甚！王侯貴臣棄象馬如脫屣，庶士豪家舍資財若遺跡，於是招提櫛比，寶塔駢羅，爭寫天上之姿，競模山中之影；金刹與靈臺比高，宮殿共阿房等壯。』又載『永寧寺，熙平元年靈太后胡氏所立，中有九層浮屠一所，架木爲之，高九十丈，有刹復高十丈，合去地一千尺，去京師百里遙已見之。』自文成帝至孝明帝之世，將作大匠蔣少遊，殿中將軍關文備、郭安興，青州刺史侯文和等，皆以建築機巧稱爲絕代名匠。上述永寧寺的九層塔，雕梁藻柱，青鎖金鋪，莊嚴炳煥，波斯國胡人說，此寺精麗，遍閻浮所無的。可知當時建築術的進步。

（十二）教育　（甲）南朝。宋武帝正位之後，便命有司立學，未及成功而死。他的兒子文帝，注意興學育才。元嘉二十年，在京師設立四個太學：（1）玄學，即老莊之學，由丹陽尹何尙之主持。（2）儒學，由散騎侍雷次宗主持。（3）文學，由司徒參軍謝元主持。（4）史學，由著作佐郎何承天主持。中國歷代國立學校，是以經術爲課程的，而此時對於佛老學術及歷史，且正式設立大學從事研究，面目獨闢，很值得贊美的。（註七十五）宋書載：『凡四學並建，車駕數幸次宗學館，資給甚厚。』(註七十六)宋明帝太始中，初置總明觀祭酒一人，有玄、儒、文、史四科，置學士十人。齊高帝建元四年詔立國學，置學生五十人，令張緒爲國子學祭酒，限定學生年歲須在十五以上，二十以下，入學資格是選派：(1)王公以下至三將作郎廷尉正；(2)太子舍人；(3)領護諸府司馬諮議經除勅者；(4)諸州別駕治中等見居官或罷散的子弟。南史載：『自是中原橫潰，衣冠道盡，逮江左草創，日不暇給，以迄宋、齊，國學時或開置，而勸業未博，建之不能十年，蓋取具文而已。』(註七十七)可知此爲高等教育沒有什麼發達。梁代武帝天監四年，詔開五館，建立國學，以五經教授，置五經博士各一人，各主一館，每館有數百學生。學生只問程度，不限資格，果具才能，雖寒門子弟，皆有入學的機會。學生由館供給膳宿，凡射策通明者，卽除爲吏。七年，又詔皇太子宗室王侯始就學受業，武帝親自釋奠於先師先聖，昭明太子蕭統，又引納才學之士，討論篇籍，講誦經學的風氣，盛極於一時。可惜武帝晚年迷於佛教，忽視經術，而學校由此漸衰了。

(乙)北朝　北朝學校較南朝發達，一則由於國君的提倡，一則由於時局比較的安定。魏道武帝初定中原，卽提倡經學，在首都平城，設立太學，置五經博士，充當教授；天興二年，增國子太學生員至三千人。世祖(太武)始光三年春，起太學於城東，後徵盧元、高允，而令諸郡各舉才學。獻文帝太安初，詔立鄉學，郡置博士二人，助教二人，學生六十人。後詔大郡立博士二人，助教四人，學生一百人，次郡立博士二人，助教二人，學生八十人，中郡立博士一人，助教二人，學生六十人。下郡立博士一人，助教一人，學生四十人。孝文帝太和中，改中書學爲國子學，建明堂辟雍，及遷都洛邑，詔立國子太學，四門小學。世宗(宣武)時，復詔營國學，樹小學於四門，大選儒生，以爲小學博士員四十人。其後海內淆亂，四方學校所存無幾。（註七十八）北齊之國學博士徒有虛名，國子一學生徒僅數十人；諸郡並立學，置博士助教授經，學生多屬備員，多被州郡官人的驅使，士流及豪富之家皆不從調。（註七十九）關於選舉制度：宋制，丹陽、吳會、會稽、吳興四郡歲舉二人，餘郡各一人，凡州秀才、郡孝廉，天子或親臨策試。齊代舉士考試，定策秀才格五問並得爲上，四三爲中，二爲合，一不合與第。（註八十）梁代定年未三十不通一經者，不得爲官。陳代唯經學生策試得第，可以未壯而仕。北魏有中正掌選舉，秀才對策第居中上，可以表敍。北齊凡州縣皆置中正，其課試之法，中書策秀才，集書策貢士，考功郎中策廉良。後周宣帝時，詔州舉高才博學者爲秀才，郡舉經明行修者爲孝廉，上州上郡，每歲一人。南北朝之選舉，亦是沿襲魏、晉之階級制度。

（十三）學術　南北朝學術大概如下：（甲）天文學。宋主頗好曆數，太子率更令何承休，私撰新法，他考校祕書監徐廣七曜曆，每記其得失，疏密差會，皆可得知。梁時置有銅儀，其運動得東西轉，以象天行，南北低仰，占驗辰曆，分考次度。（註八十一）後魏道武帝天興初，崔浩上五寅元曆。宣武帝景明中，詔太樂令公孫崇、趙樊生等共同考驗曆法，並令太常卿芳，率太學四門博士等，依所啓示者，悉集詳察。（註八十二）觀測天體之位置，必須有計時間之精密儀器，昔黃帝創觀漏水，制器取則，以分晝夜。漏刻之書，載於隋書經籍志者如下：梁員外散騎侍郎祖暅之，梁中書舍人朱史、陳太史令宋景等，均撰有漏刻經一卷，可知漏壺之器在南北朝時必很通用。此外，北齊命散騎侍郎宋景業，造天保曆，北周甄鸞，造天和曆，馬顯等上丙寅元曆。曆譜之用，所以揆天道，察昏明，以定時日，以處百事，爲天文學所宜注重的。（乙）算學。南齊祖沖之，有機思，又善算，注九章，造綴述數十篇。隋書載：『南徐州從事史祖沖之，更開密率法，以圓徑一億爲一丈，圓周盈數三丈一尺四寸五釐九毫二秒七忽；朒數三丈一尺四寸一分五釐九毫二秒六忽。正數，在盈朒二限之間。密率圓徑一百十三，圓周三百五十五，約率圓徑七周二十二。』(註八十三)茅以昇說：『此第五世紀世界最精之圓率也。其時印度僅有三一四一六，歐人亦僅僅至三一四一五五二之率，視此自有愧色。祖率睥睨天下，九原有知亦自豪矣。』(註八十四)(丙)機器學。宋武帝平關中得姚興指南車，有外形而無機巧，每行使人在內轉之，順帝昇明中太祖輔政使沖之追修古法，沖之改造銅機，圓轉不窮。沖之以諸葛亮有木牛流馬，乃造一器，不因風水，施機自運不勞人力，又造千里船於新亭江，試之日行百餘里。(註八十五)朱新仲猗覺寮雜記說：『南史祖沖之造千里船，不因風水施輪自運，亦因木牛流馬之制。』(註八十六)(丁)醫術。南朝人士雖考究醫學，不遺餘力，然不明生理解剖之學。(註八十七)梁世方書最稱繁博，而陶弘景、阮文叔等論錄尤多。(戊)歷史學。南北朝史家有名的如下：(1)范曄，宋文帝時人，著後漢書紀十，列傳八十，以後漢尚氣節之故，創爲獨行、黨錮、逸民三傳，表彰幽隱，史家之分門類自此始。(2)沈約，梁武帝時人，撰宋史凡一百卷，有帝紀十篇，列傳六十篇，志三十篇。又撰齊紀二十卷，梁武紀十四卷，晉書一百一十一卷。東漢以下編史者多無志，沈約始復其例。(3)蕭子顯，梁武帝時人，撰齊史五十九篇，有紀八篇，志十一篇，列傳四十篇。又著有後漢書一百卷，晉史草三十卷，這兩部書後世不傳。(4)吳均，梁武帝時人，撰通史凡六百卷。(5)何之元，陳時人，與劉璠、合撰梁典三十卷，書已不存。(6)崔鴻，後魏道武帝時人，撰十六國春秋，凡一百二十卷，原本已佚。(7)魏收，北齊文宣帝時人，撰魏書一百四十篇，有帝紀十二篇，列傳九十二篇，志十篇。魏收修史，隱惡揚善，意存規避，爲世所詬病。(己)經學。南北朝經學，據北史儒林傳所說，所爲章句，好尚互有不同：(1)

易經。河北盛行鄭易，當時言易者，皆出郭茂之門，李鉉、作周易義例，與郭茂之旨相同。江左盛行王弼注，立於學官；至南齊時採陸澄之言，始鄭、王並重。後又黜鄭崇王。梁、陳兩朝，說易之儒頗多，以褚仲都之周易講疏，周弘之正義疏，集其大成。(2)書經。鄭氏書注，行於河北，惟劉芳、作尙書音，則用王肅之注。南朝用僞古文尙書，至梁、陳時，則鄭、孔並立。(3)春秋。服虔、左氏注行於河北。徐遵明、作春秋章義，周、樂遜、作左氏序義，張仲、作春秋義例略，對於春秋，亦有所發見。江左一帶，左氏則偏崇杜預注，惟梁、崔靈恩、作左氏隆義，申服虔之注，而難杜預之注；虞僧誕、則與其相反。(4)詩經。詩則毛傳鄭箋之學，行於河北；劉獻之、魏之經師，作毛詩序義，李鉉、作毛詩義疏，劉鉉、作毛詩述義；河北治毛詩者，大抵兼崇毛、鄭。江左亦崇毛詩，若伏曼容之毛詩義，崔靈恩之毛詩集註，何允之毛詩總義，張璣之毛詩義，顧越之毛詩義疏，對於鄭玄、王肅之注，間有出入。(5)禮經。北朝崇鄭玄三禮注，熊安生、作周禮、禮記義疏，尤爲北朝所崇。江左治三禮者，有何佟之、何承天、王儉、何允、沈不害等，多雜採鄭、王之說。(6)論語。河北盛行鄭注論語，如李炫、作語義，樂遜、作論語序論，皆以鄭注爲宗。江左治論語學者，以何氏集注爲主，與北方墨守鄭注者不同。梁武帝時，皇侃的論語義疏，在中國雖失傳，卻流傳到日本，嘉慶四年自日本傳還中國，刊入知不足齋叢書中。(註八十八)由上所引述，南北朝經學，是風尙不同的。中國經學史論及其中的原因曾說：『南方水土和柔，兼被清談之風，其學多華；北方山川深厚，篤守重遲之俗，其學多樸。華，故侈生新意；樸，故率由舊章。』(註八十九)南北經學雖風尙不同，而諸儒治經之法，大抵相同，蓋漢人治經，以本經爲主，所爲傳注，皆以解經；至魏、晉以來，多以經注爲主，其所申駁，皆以明注而已。(庚)哲學。哲學以南朝爲盛，而北朝無聞，茲將此時之代表哲學家，略論其思想如下：(1)何承天。何承天，宋、東海郯人，他在達性論有說：『人以仁義立人非天地不生，天地非人不靈三才同體，相須而成者也故能秉氣清和，神明特達情總古今，制周萬物，妙思窮幽賾，制作侔造化。』他此說實承認人類之爲超人，有三種之意義：（a）人類與宇宙的關係。（b）人類與社會的關係。（c）人類與進化的關係。他不以人類分爲賢智下愚不肖之種種等級，而以全人類爲對象，視爲神明特達的超人。（註九十）（2）沈約。沈約，梁、吳興武康人，他難范鎮之神滅論而主張神不滅論。他說：『形既可養，神寧獨異，神妙形麤，較然有辨，養形可至不朽，養神安得有窮，養成不窮不生不滅，始末相較，豈無其人，自凡及聖，含靈義等。』沈約是主張凡屬人類都可以由修養而創造其不滅之價値的。他在高士贊中提出哲人之含義：（a）是避世的。（b）不爲富貴所淫的。（c）立身清潔，不爲世俗所汚的。（d）恬退自守，不與人爭名利的。他是主張人格有獨立性，尊嚴性的。（3）范鎮。范鎮，梁人，常侍竟陵王子良，子良信佛教，而鎮盛稱無佛。他主張形神唯一論，是很精闢的。他在神滅論答客問說：『神卽形也，形卽神也，是以形存則神存，形謝則神滅也。』又說：『形者，神之質；神者，形之用，是則形稱其質，神言其用，形之與神，不得相異也。』又說：『神之於質，猶利之於刀，形之於用，猶刀之於利。』有刀則有利，有利則有刀，捨刀無利，捨利無刀，這是自然的結論。可知他是破除形神二元論之說的。（註九十一）

（十四）文學　說到南北朝文學，不免帶幾分輕視，以爲當時的文學，全是綺麗頹靡，了無足觀。其實南北朝文學，大部分固然不脫綺靡之習，然當時的民歌，佛典與小品文字，也有很自然的作品，不能一概抹殺。茲分段述之：

（甲）文章　要明瞭南北朝文章之貢獻，非了解文與筆的區別不可。劉申叔說：『偶語儷詞謂之文，凡非偶語韻詞，概謂之筆。蓋文以韻詞爲主，無韻而偶，亦得稱文。』（註九十二）我的意思，以爲文章不必分文與筆，祇可分美文和通俗文。南北朝的文章，是駢文的大成時期，殊不愧爲美文。南北朝駢文，要算永明時代爲盛，南齊書載：『永明（武帝紀元）末盛爲文章，吳興沈約、陳郡謝朓、瑯琊王融，以氣類相推轂；汝南周顒，善識聲韻。約等文皆用宮商，以平上去入爲四聲，以此制韻，不可增減，世呼爲永明體。』（註九十三）到了梁武帝受禪後，范雲、江淹等並工詩文。北周書載：『時肩吾爲梁太子中庶子，東海徐摛爲左衛率，摛子陵及信，並爲抄選學士。父子在東宮，恩禮莫與比。既有盛才，文並綺艷，故世號爲徐庾體焉。』（註九十四）庾信有小園、枯樹、哀江南等賦，至今傳誦。南北朝也有散文家，如酈道元、水經注，楊衒之、洛陽伽藍記，尤爲有名。宋有臨川王義慶，撰世說新語，可說是小品文字。（註九十五）至梁昭明太子蕭統，選了一部文選，是中國文學史上一部著名的選本，影響於後世文學很深。劉勰的文心雕龍，是一部文學批評的書，在文學史上是很有價值的。（乙）詩歌。由宋到齊的詩，注重藻繪；由齊到梁、陳的詩，注重冶艷。聲律，沈約以前，格調較古；沈約以後，向調平仄一條路上走，走的沒有成熟，所以詩的音調不振。劉宋時代的大詩人有謝靈運、顏延之、鮑照、謝莊、謝惠連等。梁朝有蕭統、蕭綱、蕭繹，都能詩，所作的詩，多係輕艷一派，當時號爲宮體。此外江淹、范雲、柳惲、何遜、庾肩吾及其子信、徐摛及其子陵、吳均諸人，都是詩家。陳代有陳叔寶、徐陵、江總、陰鏗、張正見等，都能詩，他們的詩多偏於艷體。但是與古詩平行發展的，還有那樂府詩，是不假雕琢的民衆文學；宋、齊、梁、陳的詩人的小歌，大概都是模仿樂府民歌的；梁以後，此體更盛行，遂開後來五言絕句的體裁。南朝歌辭，有顏延之作的南郊登歌三首，王韶之作的宗廟登歌八首，謝莊的明堂歌九首，世祖廟歌二首，殷淡和明帝的章廟樂舞歌十五首等。梁代曾有改制樂器與曲名之事，今存的郊廟歌辭，皆爲沈約所製。北朝北魏沒有郊廟歌辭，北齊則很多，計有享廟樂辭十八首，明堂樂歌十一首，五郊樂歌八首，南郊樂歌十三首作者爲陸卬等。北周的郊廟歌辭，都是庾信所作，計有圜丘歌十二首，方澤歌四首，五帝歌十二首，宗廟歌十首大祫歌二首。(註九十六)其他北方民歌中有敕勒歌，木蘭辭可說是千古絕調。(丙)小說。南北朝時，佛教很通行，高深經典，社會民衆不能了解，佛教徒中的文士，就用佛教因果靈驗的事，用志怪的故事體裁發揮出來。這類的書籍今存者有顏之推的寃魂志一卷，其他有逸文可考者，有宣驗記、冥祥記、集靈記、旌異記四種，皆屬小說之類。總之：南北朝的文學，都是沾染了靡綺浮華；這種精神的表現，和時代環境有重大的關係，在文化史上所表現的，也爲這種精神所支配而表現了頹放的動向。

參考書舉要

(註一)宋文炳編中國民族史六八頁。
(註二)李泰芬著中國史綱卷二第二〇七頁。
(註三)章嶔著中華通史第三冊七四三頁引。
(註四)張亮采著中國風俗史九四頁。
(註五)李泰棻著中國史綱卷二第二〇九頁。
(註六)趙翼陔餘叢考卷十七。
(註七)宋書周郞傳。
(註八)宋希祥編中國歷代勸農考二八頁引。
(註九)馮柳堂著中國歷代民食政策史六一頁。
(註十)南齊書十四州縣志南兗州條。

(註十一)宋書卷五十四。

(註十二)梁書卷三武帝紀。

(註十三)梁書卷二武帝紀。

(註十四)劉道元著中國中古時期的田賦制度一二八頁。

(註十五)宋書卷八十一劉秀之傳。

(註十六)梁書卷二十八夏侯夔傳。

(註十七)魏書食貨志及通典卷一食貨。

(註十八)王漁邨著中國社會經濟史綱一七四頁。

(註十九)困學紀聞卷十六引。

(註二十)陸朗甫切問齋文鈔卷十五引。

(註二十一)隋書卷二十四食貨志。

(註二十二)通典卷二食貨志通考卷二田賦考。

(註二十三)通考卷一〇戶口考。

(註二十四)通考卷一五征榷。

(註二十五)二十四史九通政典彙要合篇卷一百十引魏書食貨志。

(註二十六)古今圖書集成經濟編食貨典卷二十二。

(註二十七)魏書卷三太宗紀。

(註二十八)魏書食貨志。

(註二十九)文獻通考卷二。

（註三十）劉道元著中國中古時期的田賦制度一七四頁引文獻通考卷二。
（註三十一）文獻通考卷二田賦考又王漁邨中國社會經濟史一七六頁。
（註三十二）隋書食貨志。
（註三十三）魏書卷一一〇食貨志隋書卷二四食貨志。
（註三十四）鄭行巽著中國商業史九〇頁。
（註三十五）楊衒之洛陽伽藍記卷三。
（註三十六）魏書卷五高宗文成帝紀。
（註三十七）南齊書卷三劉悛傳魏書卷一一〇食貨志。
（註三十八）文獻通考卷八錢幣考又日人吉田虎雄著中國貨幣史綱漢譯本一八頁。
（註三十九）隋書卷二四食貨志。
（註四十）隋書卷二四食貨志。
（註四十一）隋書卷二四食貨志。
（註四十二）文獻通考卷八錢幣考。
（註四十三）二十四史九通政典類要合編卷一百十一食貨引通考錢幣考。
（註四十四）洪滌塵編新疆史地大綱一一四頁。
（註四十五）張星烺撰中西交通史料匯篇第一册七四頁引洛陽伽藍記卷五。
（註四十六）劉繼宣東世澂合著中華民族拓殖南洋史八頁引。
（註四十七）通典卷二一職官三。
（註四十八）通典卷二二職官四。

(註四十九)鄧之誠著中華二千年史卷二第二〇七頁。

(註五十)魏書卷一一三官氏志序。

(註五十一)隋書卷二七百官志。

(註五十二)章嶔著中華通史第三册六九四頁。

(註五十三)二十四史九通政典彙要合編卷一百二十一引宋書何承天傳。

(註五十四)北史卷三魏孝文帝紀。

(註五十五)文獻通考卷一五一兵考三。

(註五十六)程樹德編中國法制史七十頁。

(註五十七)拙著中國法律史大綱五九頁。

(註五十八)隋書卷二五刑法志。

(註五十九)陳書武帝本紀宣帝本紀文帝本紀後主本紀。

(註六十)通典卷一六四刑二。

(註六十一)通考卷一百六十五刑考。

(註六十二)梁書卷五一陶弘景傳。

(註六十三)隋書卷三五經籍志四。

(註六十四)魏書崔浩傳又隋書卷三五經籍志四。

(註六十五)柳詒徵著中國文化史上册五〇八頁引。

(註六十六)梁書卷三七何敬容傳。

(註六十七)魏書卷一一四釋老志。

(註六十八)魏書卷一〇九樂志五。

(註六十九)通志卷四十九樂略。

(註七十)隋書卷一四音樂志中。

(註七十一)大村西崖著中國美術史漢譯本四二頁。

(註七十二)鄭之誠著中華二千年史卷二第三二四頁。

(註七十三)魏書卷一一四釋老志。

(註七十四)續高僧傳曇曜傳大唐內典錄卷四開元釋教錄卷六。

(註七十五)陳青之著中國教育史上册一六〇頁。

(註七十六)宋書卷九三雷次宗傳。

(註七十七)南史卷七一儒林傳序。

(註七十八)魏書卷八四儒林傳序。

(註七十九)通考卷四六學校考七。

(註八十)通考卷二八選舉考一。

(註八十一)隋書天文志四。

(註八十二)魏書律曆志上。

(註八十三)隋書卷十六律曆志上。

(註八十四)東方雜誌十五卷十四號中國圓周率略史科學雜誌第三卷第四期第四一一至四一八頁。

(註八十五)南齊書祖沖之傳。

(註八十六)朱新仲猗覺寮雜記卷下三五頁知不足齋本。

（註八十七）宋書顧覬之傳。

（註八十八）日本本田成之著經學史論漢譯本二五六頁。

（註八十九）馬宗霍著中國經學史七八頁。

（註九十）其詳可參閱拙著六朝時代學者之人生哲學一書。

（註九十一）梁書儒林范縝傳弘明集卷九卷十。

（註九十二）劉申叔著中古文學史一至三頁。

（註九十三）南齊書陸厥傳。

（註九十四）北周書庾信傳。

（註九十五）劉麟生著中國文學史一五九頁。

（註九十六）譚正璧編中國文學史一四八頁。

第五章　隋代之文化

第一節　隋代之政治社會

從董卓入據洛陽以後，到隋文帝統一天下以前，中國實在經過四百年異族和軍閥蹂躪的政治，及隋文帝統一天下以後，就換了一番新氣象。(註一)文帝名堅，姓楊氏，弘農華陰人，漢大尉震之後，父忠，仕魏，及周以功封隋公，堅襲其爵。堅之女爲周宣帝后，周靜帝立，堅以太后父秉政，遂移周祚。(註二)開皇九年，派總管賀若弼、韓擒虎進軍滅陳。此時離西晉永嘉之亂有二百七十餘年，南北形成對抗之勢，由西紀元四三九至五八九年，約一百五十餘年，及隋而南北統一了。(註三)

隋文帝統政以後，有他的短處，卽是猜忌、嚴酷；有他的長處，卽是節儉、勤於民事。通考載：『開皇九年，以江表初平，給復十年；自餘諸州，並免當年租稅。十年，以宇內無事，益寬徭賦，百姓年五十者，輸庸停放。十二年，詔河北河東，今年田租，三分減一，兵減半，功調全免。則其於賦稅，復闊略如此。然文帝受禪之初，卽營新都，徙居之；繼而平陳，又繼而討江南、嶺表之反側者，則此十餘年之間，營繕征伐，未嘗廢也。史稱帝於賞賜有功，並無所愛，平陳凱旋，因行慶賞，自門外夾道列布帛之積，達於南郭，以次頒給，所費三百餘萬段，則又未嘗嗇於用財也。夫既非苛賦役以取財，且時有征役以靡財，而賞賜復不吝財，則宜其用度之空匱也，而何以殷富如此？史求其說而不可得，則以爲帝衫履儉約，六宮服澣濯之衣，乘輿供御有故敝者，隨令補用，非燕享不過一肉，有司嘗以布袋貯乾薑，以氈袋進香，皆以爲費用，大加譴責。嗚呼！夫然後知大易所謂節以制度，不傷財，不害民，孟子所謂賢君必恭儉禮下，取於民有制者，信利國之良規，而非迂闊之談也。』（註四）至對於吏治，優賞守令有功不遺，故州縣多能稱職，如梁彥光、樊叔略、房恭懿、劉曠等，所治之地，均著有政績是也。其他對外的武功，亦有可述者如下：中國自周秦一直到南北朝，漢族與北方外族，匈奴等的交涉，告一段落。周、秦是漢族與外族對敵的時期；兩漢、是漢族征服外族的時期；魏、晉、南北朝，是漢族與外族混合的時期。其結果這些外族，有的消滅了，有的與漢族同化了。（註五）隋代新興的外族，就是突厥。突厥族在中國今稱回族，西人稱爲土耳其族（Turks）。洪鈞元史譯文證補說：『今日葱嶺西北西南諸部，我國統稱之曰回，西人則稱爲突厥。回紇之盛，威令未行於鹹海、裏海之間，其衰播越未越於葱嶺、金山以外。突厥盛時，東自遼海以西，至西海萬里，南自沙漠以北，至北海五六千里。極西之部可薩，亦曰曷薩，西國古籍載此部名哈薩克，即曷薩轉音，亦曰喀薩克，即可薩轉音，裏海、黑海之北，皆其種落屯集。』突厥族，我國古時稱爲丁令，後來稱爲鐵勒。丁令、鐵勒，本是一音兩譯；他們居住的地方，大約在現今西伯利亞的西南部。在南北朝以前，他們與漢朝的居住地域不相連接，先有匈奴人介在中間，後有鮮卑族介在中間。南北朝時，北魏的同族柔然，用了高車的羣衆，侵擾北邊。高車，就是鐵勒的一部。北魏分爲東西兩國之後，柔然族仍利用高車人和東西魏做敵國。至民國紀元前一千三百六十年時，始被突厥打破，突厥由是強盛。突厥之強，起於其首領土門，土門、攻柔然，大破之，柔然可汗阿那瓌自殺。土門於是自立爲伊列可汗，伊列可汗卒，弟木杆可汗立。西南破嚈噠，西北服結骨，北服鐵勒諸部，東北服寶帶、靺鞨，東南服奚、契丹，於是突厥的疆域北包西伯利亞，東北至滿洲，西接羅馬，西南包俄領中央亞細亞，開北方外族未有的盛況。及木杆可汗卒，弟佗鉢可汗繼位，佗鉢可汗卒，沙鉢略可汗繼立。沙鉢略可汗時，周亡隋興。先是周的人臣長孫晟，替周人送千金公主於突厥，對於突厥內情頗爲熟悉；隋文帝用了他的計劃，令突厥內部構兵，分爲東西。沙鉢略可汗卒，都藍可汗立。都藍死後，突厥復又內亂，隋文帝乘機統有其部，於是周、齊以來北方的強敵，就給隋朝的武力和外交政策所制勝。

以上就隋文帝的政績言之，至其失處，舉其大者如下：(1)誅戮大臣。文帝性猜忌信讒，功臣左右，無始終保全者，如梁士彥、宇文忻、劉昉、李君才、虞慶則、史萬歲等，皆不能自保。(2)輕視民命。利用酷刑，殘害民命，盜取一錢，聞見不告者，致坐死。(3)猜害諸子。文帝使諸子分據大鎮，乃以猜忌之故，多不能自全。(註六)開皇二十年，廢太子勇，立廣，楊素乘之大建威權，兄弟諸父並爲尚書列卿，諸子位至柱國刺史，廣營資產，第宅華侈，朝臣莫不畏附。文帝在位之二十四年有疾，楊素、柳述、元巖皆入閤侍疾，太子廣慮有不諱，須預防，擬手自爲書，封出問楊素，素條陳事宜以報，宮人誤送帝所，帝覽之大怒，所寵陳夫人又說太子無禮，欲召勇，付以大事。楊素聞以告廣，乃矯詔執柳述、元巖繫獄，盡遣後宮出入別室，俄而上崩，中外頗有異論，廣卽位，矯詔賜故太子勇死，縊殺之，並徙柳述、元巖於嶺南。(註七)司馬光曾批評文帝說：『昔辛伯諗周桓公曰：內寵並后，外寵貳政，孼子配嫡，大都偶國，亂之本也。人主誠能慎此四者，亂何自生哉？隋高祖徒知嫡庶之多爭，孤弱之易搖，曾不知勢鈞位迫，雖同產至親，不能無相傾奪，考諸辛伯之言，得其一而失其三乎？』(註八)

煬帝廣卽位以後，諸多失政，茲分述如下：（1）營宮室。以洛陽爲東宮，勅宇文愷與舍人封德彝等，營顯仁宮，發大江以南、五嶺以北，奇材異石，輸之洛陽；又求海內嘉木異草，珍禽奇獸，以實園苑，自長安至江都，置離宮四十餘所。又遣黃門侍郎王弘等，往江南造龍舟，及雜船數萬艘，東京官吏，督役嚴急，役丁死者，十之四五。（註九）（2）恣巡幸。大業元年，帝駕龍舟，幸江都，舳艫相接，二百餘里。二年，東都成，又發江都，沿途盛修儀仗。類此巡幸，不一而足，供億煩苛，歲費甚鉅。（3）奢淫。煬廣帝游幸無常，奢淫特甚；大業八年，密詔江、淮諸郡有童女端麗者，每歲進貢，宮廷穢亂，朝政日非。（4）黷武。大業七年，發兵二十四軍，總一百十三萬三千八百兵，分道伐高麗，雖獲勝利，而盜賊紛起。自大業九年以後，統計盜賊蠭起者，百餘處之多，羣雄割據要地者，有孟海公、甄寶車、劉元進、朱燮、管崇、吳海流、彭孝才、孟讓、向海明、李弘、張大彪、張起緒、魏麒麟、李子通、朱粲、翟松柏、孫華、林士弘、竇建德、李密、李軌等。（註十）大業十一年，煬帝北巡至雁門，爲突厥始畢可汗所圍，援兵至，乃解除。大業十二年，煬帝巡幸至江都，見中原已亂，無心北歸，宇文述的兒子，宇文化及等，因之作亂，遂弒煬帝，立秦王浩，擁衆北歸。隋將王世充，立東都留守越王侗，和李密相持，繼聯李密，叫他把化及堵住，化及就弒殺秦王，自稱許帝，後爲竇建德所殺。

時太原留守李淵，起兵攻破長安，奉西京留守代王侑爲帝，繼廢代王而自立。平定薛仁杲、李軌，滅掉劉武周。當竇建德據河北，河南則王世充和李密相持，世充、擊敗李密，李密、乃降唐。唐秦王世民攻王世充，圍洛陽。世充求救於竇建德，世民分東都圍軍，東據虎牢，生擒建德，世充、懼而投降，河南北州郡平定以後，乃發巴蜀兵，南擊蕭梁。唐將趙郡王孝恭、李靖克荊門、宜都二鎭，進至夷陵，破蕭銑將於淸江，直抵江陵，蕭銑投降，送之長安，斬於都市，江淮之間，杜伏威最強，他滅掉李子通，入朝於唐；於是南方也平定了。北方則高開道爲其下所殺，苑君璋、據馬邑，降突厥，後見突厥政亂，亦來降。梁師都、本據朔方，後復被討平。史家嚴迴瀾批評說：『斯時也，王世充、專擅於東，薛仁杲、稱據於西，梁蕭銑、角立於南，劉武周、飛揚於北，其間哮噉之羣風驅，熊羆之衆霧集，盜稱名字於草萊山谷間者，環隋區皆勍敵也。……惜哉！楊氏之業，不爲不富，不爲不強，不爲不乂安，父子甫二傳，宜未至遽爲天下笑，而煬帝縱樂一時，乃至亡身，以及天下，何也？豈天心厭亂，富淫人以奪之魄，而李氏當爲天子，乃蒼蒼之默有所寄歟？』(註十一)致堂胡寅說：『武王伐商，數紂之罪則多矣，煬皆有之，而殺父殺兄，則紂之所未有，其當討無疑矣；李淵聲其大逆不道之罪而舉兵討之，則雖德非成湯，亦無自愧於亳之載。』(註十二)由上引述而看，隋之滅亡，可以了然。

參考書舉要

(註一)呂思勉著本國史一五三頁。

(註二)湯睡菴原著綱鑑全史卷三一。

(註三)陳登原著中國文化史三六五頁。

(註四)通考國用門。

(註五)韋休編中國史話卷二第八十頁。

(註六)章嶔著中華通史第三冊七五六頁。

(註七)綱鑑彙纂卷十八。

(註八)資治通鑑卷一百八十隋紀四。

(註九)綱鑑彙纂卷十八。
(註十)隋書煬帝紀。
(註十一)綱鑑彙纂卷十八隋朝總論。
(註十二)歷朝綱鑑全史卷三十一。

第二節　隋代之文化形態

隋代四帝合三十八年,享國不久。談到文化,當然不能有什麼發展。茲略爲分述如下:

(一)社會風習　隋代社會風俗習慣上承南北朝,沒有多大的變遷:(甲)衣服。隋書載:『後魏已來,制度咸闕,天興之歲,草創繕修所造車服,多參胡制。……其魏、周輦輅不合制者,已勑有司,盡令廢除,然衣冠禮器,尚且兼行,今請冠及冕色並用玄,唯應著幘者,任依漢晉』。(註一)此是太常少卿裴正所奏請的,文帝納其議,於是採用東齊之法,規定服制。「乘輿」有袞冕、通天冠、武弁、黑介幘、白紗帽、白帢之制;服有五,若袞服、祭服之類。「百官」有祭服、朝服、公服、絳褠衣公服。六品以下,從七品以上,去劍佩綬。「武人」服武弁絳朝服,平巾幘、紫衫、大口袴。隋文帝始服黃,百官常服同於平民,皆著黃袍。煬帝時略有不同。隋書載:『煬帝時師旅務殷,車駕多行幸,百官行從,唯服袴褶,而軍旅間不便。至六年(大業)後,詔從駕涉遠者,文武官等皆戎衣,貴賤異等,雜用五色。五品以上,通著紫袍,六品以下,兼用緋綠,胥吏以青,庶人以白,屠商以皁,士卒以黃』。(註二)(乙)重視生日。文帝仁壽三年五月詔:『六月十三日,是朕生日,宜令海內爲武元皇帝元明皇后斷屠』。(註三)此爲後來民間重視生日之始,至今其俗不變。(丙)歌舞之俗。煬帝於每歲正月萬國來朝時，留至十五日，於端門外，建國門內，綿亙八里，列爲戲場，衣綿繡歌舞之婦人，殆有三萬人之多。（丁）階級。楊素諸子，家僮數千，後庭妓妾，曳綺羅者亦千數。（註四）又樂家的子弟，皆編爲樂戶，以別尊卑。（註五）（戊）喪弔。江南喪哭時有哀訴之言；山東重喪，則唯呼蒼天，抔功以下則唯呼痛深，便是號而不哭。又出喪之日，門前燃火，祓送家鬼。（註六）（己）遊戲。有幻術：大業十二年，突厥來朝，集四方散樂於東都，爲魚龍衍變之戲。有馬戲：以繩繫兩柱，二倡女對舞繩上，歌舞不輟。有競渡：每年五月望日，爲競渡之戲。（註七）

（二）農業　自隋文帝統一中國全部以後，以前僅施於北朝的均田制度，至是擴展到整個中國。但隋代的統治，爲時甚短，對於這種制度，究竟推行到如何程度，尚屬疑問？不過在相當的限度內，是實行了的。隋之均田制，即一夫受露田八十畝，婦人受露田四十畝，奴婢所受露田，與良民同。每男女另受桑田二十畝，爲永業田。倘土地不適於栽桑，則授麻田二十畝。園宅地每三口分給一畝，奴婢每五口分給一畝。人民十八歲爲受田之期，六十歲爲還田之期。（註八）隋書載：『開皇十二年，……時天下戶口歲增，京輔及三河，地少而人衆，衣食不給，議者咸欲徙就寬鄉。……帝乃發使四出，均天下之田，其狹鄉每丁纔至二十畝，老小又少焉。』（註九）可知均田之制，寬鄉與狹鄉是不同的。此外富貴之家，占田不同於平民。隋制自諸王以下，至於都督，皆給永業田，各有差，多者至一百頃，少者至三十畝，（通典作三十頃）京官給職分田：一品者給田五頃，每頃以五十畝爲差，至五品則爲田三頃，六品二頃五十畝，至九品乃爲一頃。外官亦各有職分田，並給公廨田，以給公用。（註十）富豪之家，並不以制度而停止兼併。楊素貪冒財貨，營求產業，田宅至有千百數之多。（註十一）當時太常卿蘇威，建議以爲戶口增多，民田不足，欲減功臣之地以給民，爲王誼所反對而未果。(註十二)隋代均田制度，明末清初學者王船山曾批評說：『均田令行，狹鄉十畝而籍一戶，其虐民可知矣！則爲均田之說者，王者所必誅而不赦，明矣。』(註十三)王船山在私有制度下而爲之張目，無怪其然。

隋代對於民食，注重設立義倉，在衞州置黎陽倉，陝州置常平倉，華州置廣通倉，轉相灌注，並漕關東及汾晉之粟，以給京師。開皇五年五月，工部尙書長孫平奏請令諸州百姓及軍人勸課當社，共立義倉，收穫之日，隨其所得，勸課出粟及麥，於當社造倉窖儲之，卽委社司執帳檢校，每年收積，不使損敗。若時或不熟，當社有飢饉者，卽以穀賑給。這是以當社義倉補官倉之不足。後以社倉改以上中下三等稅納糧，而義倉制度，遂發生變遷了。

隋代也注重勸農，煬帝大業三年，北巡狩，詔有司不得踐暴禾稼。惟以國祚淺短，勸農之政，不足觀也。

(三)稅制　隋代稅制，課徵的準則，和以前各代，略有不同。受田的戶調，以牀爲課徵單位，卽是娶妻成牀，納單位的租稅；單丁未娶者減半輸納。戶調的稅率，分爲兩點：一是戶調的正稅，一是戶調的附加稅。戶調的正稅，卽繼前代而來基於受田的戶調，以牀爲課徵的單位，隋書載：『丁男一牀，租粟三石，桑土調以絹絁，麻土以布絹絁以匹，加綿三兩，布以端，加麻三斤。』(註十四)絹絁和布，皆爲一匹，文帝時，減一匹爲二丈，此稅有爵位者不負擔，單丁及僕隸各一半，煬帝時，除婦人及奴婢部曲的課稅。戶調的附加稅，卽州縣置社倉積穀以備凶年，於戶調稅額之外，向人民徵斂的。

實施均田制，徵收賦稅徭役，對於村落組織，不能不求其嚴密，所以文帝在頒布均田法制之時，同時卽頒新令，使人民五家爲保，保有長；保五爲閭，閭四爲族，皆有正；畿外，置里正比閭正，黨長比族正，以相檢察。男女三歲以下爲黃，十歲以下爲小，十七歲以下爲中，十八歲以上爲丁，丁從課役，六十爲老，乃免。隋之兵役制度，和周略同，惟將役期縮短。開皇三年令『軍人以二十一成丁，減十二番，每歲爲二十日役。』（註十五）煬帝時，屢屢大興土木軍役，對於人民之勞動徭役誅求，實宅無限制；除前述租調而外，更課天下諸州各貢草木花果、奇禽異獸、骨角、齒牙、皮革、毛羽。（註十六）

（四）商業　隋當高祖時代，戶口歲增，諸州調物，每歲河南自潼關，河北自蒲坂，達於京師，晝夜不絕。（註十七）可知當時民間的富力及國內商業的繁盛是如何的程度了。商業區之大者，如長安、洛陽等地。蜀郡，僻處西陲，山川重阻，水陸所湊，貨殖所萃，爲中國西部一個商業大都會。丹陽、人物殷富，人民多以商販爲業。京口，東通吳會，南接江湖，西連都邑，四通八達，是一個商業的都會。宣城、毗陵、吳郡、會稽、東陽諸郡，四方商賈多集此間。豫章商業也很發達，婦女亦有在闤闠之間，勸助其夫，從事交易的。荊州自晉室東遷之後，南郡、襄陽，都是重鎮，爲四方之人湊會之所，所以商業很盛。其他南海、交趾，因近海，多產珍物，所以商賈之經營是間也甚衆。（註十八）

關於國際貿易，據裴矩所撰西域圖所載，由敦煌至於西海，通商往來可分三道：（1）北道，從伊吾，經蒲類海，鐵勒部，厥突可汗庭，度北流河水，至拂菻國，拂菻國就是東羅馬，可知隋代和西域通商，不獨以亞洲西北部爲限，且達歐洲的東部。（2）中道，從高昌、焉耆、龜茲、疏勒，度葱嶺，又經鏺汗、蘇對沙那國、康國、曹國、何國、大小安國、穆國，至波斯國，達於西海。（3）南道，從鄯善、于闐、朱俱波、喝槃陀，度葱嶺，又經護密、吐火羅、挹怛、忛延、漕國，至北婆羅門，達於西海。隋唐兩代，握中國對外貿易權者，爲阿剌伯與波斯兩國，外舶徧沿海及揚州各地，太平廣記，往往稱之。（註十九）

（五）幣制　當南北朝時代，中國的貨幣制度混亂已極，隋高祖既統一天下，想革除此種弊端，隋書載：『高祖既受周禪，以天下錢貨輕重不等，乃更鑄新錢，背面肉好，皆有周郭，文曰五銖，而重如其文；每錢一千，重四斤二兩。』（註二十）隋文帝鑄新錢，舊錢依然流通，但錢既雜出，百姓或私有鎔鑄，乃極力設法提倡新幣，以期畫一。（註二十一）隋書又載：『開皇三年四月，詔四面諸關，各付百錢爲樣，從關外來，勘樣相似，然後得過；樣不同者，即壞以爲銅入官。詔行新錢已後，前代舊錢有五行大布、永通萬國及齊常平，所在用以貿易不止。四年，詔仍依舊不禁者，縣令奪半年祿，然百姓習用既久，尙猶不絕。五年正月，詔又嚴其制，自是錢貨始一，所在流布，百姓便之。』開皇十年，晉王廣在揚州立五鑪鑄錢；十八年，漢王諒在幷州立五鑪；蜀王秀在益州立十鑪；又從晉王廣之請，在鄂州立十鑪，均許鑄錢，因之錢漸濫惡。（註二十二）是時見用之錢，和以錫鑞，錫鑞既賤，求利者多，私鑄日盛，錢愈薄劣，初每千猶重二斤，後漸輕至一斤，或翦鐵鍱，裁皮糊紙，以爲錢，相雜用之，經濟界的混亂可知了。（註二十三）

（六）交通　隋代對於交通事業，可說是很注重的。（甲）國內的（a）開通河渠：（1）廣通渠，開皇四年，東發潼關，西引渭水，因藉人力，開通漕渠，命宇文愷率水工，鑿渠引渭水，自大興城（隋都長安）東至潼關三百餘里，名廣通渠。（2）通濟渠，大業元年三月，發河南諸郡男女百餘萬，開通濟渠，自西苑引穀洛水達於河，自板渚引河通於淮。又發淮南民十餘萬，開邗溝，自山陽至楊子入江。（註二十四）（3）永濟渠，大業四年正月，詔發河北諸郡男女百餘萬，開永濟渠，引沁水，南達於河，北通涿郡。（註二十五）（4）江南河，大業六年十二月，令穿江南河，自京口至餘杭，八百餘里，廣十餘丈。（註二十六）（b）鑿馳道：煬帝發丁男數十萬，掘塹，自龍門，東接長平、汲郡，抵臨淸關，度河至浚儀、襄城，達於上洛，以置關防。大業三年五月發河北十餘郡丁男，鑿太行山達於幷州，以通馳道。(註二十七)又發榆林北境至其牙，東達於薊，長三千里，開爲御道。(註二十八)(c)築長城：高祖令發丁三萬於朔方、靈武築長城。開皇七年二月又發丁男十萬餘，修築長城。大業三年七月發丁男百餘萬築長城。大業四年七月發丁男二十餘萬築長城。(註二十九)對於國防的交通甚爲注重。(乙)國外的：(a)南洋航線的開闢：煬帝大業三年，遣使至赤土國，按赤土國就是現在的暹羅國，而赤土國所貢的方物有金芙蓉冠和龍瑙香之類。(註三十)有說馬來半島東北岸有赤土國，是扶南之別種，在南海中其地土色多赤故名。(註三十一)據丁謙考證在巴大年、吉蘭丹、丁加奴等部地。煬帝時，主事常駿、王君政等，請使赤土，帝遣齎物五千段以賜赤土王。(註三十二)又馬來半島之丹丹，曾貢方物，婆羅洲上之婆利國，在隋時國王利利邪那名護濫那婆，於大業十二年，(西紀元六一六)亦遣使朝貢。(註三十三)眞臘國在林邑西南，去日南郡，舟行六十日而至，並遣使貢獻。(註三十四)(b)西域的交通：煬帝廣在位，西域諸胡，多有至甘肅張掖縣，與中國交通互市者。煬廣使吏部侍郎裴矩，調查諸國山川風俗人事，撰西域圖記三卷，就其傳聞，一一記之，得國四十四；仍別造地圖，窮其要害，縱橫所盡，將二萬里，發自敦煌，至於西海。(註三十五)又於西域之地，置西海、鄯善、且末等郡，謫天下罪人，配爲戍卒。北史載：『煬帝時，乃遣侍御史韋節，司隸從事杜行滿，使於西藩諸國，得瑪瑙盃、佛經、十舞女、師子皮、火鼠毛而還。帝復令聞嘉公裴矩於武威、張掖間往來以引致之。……大業中相率而來朝者四十餘國，帝因置西戎校尉以應接之。』(註三十六)煬帝經略西域，招致諸番，且遣雲騎尉李昱使波斯遠地。(註三十七)(c)日本的交通：北史載：『開皇二十年，倭王姓阿每，字多利思比孤，號阿輩雞彌，遣使詣闕。』(註三十八)日本與隋朝的交通路，據隋書東夷傳所載:『上,遣文郎裴清使於倭國,度百濟,行至竹島,南望耽羅國,經都斯麻國,迥在大海中,又東至一支國,又至竹斯國,又東至秦王國,其人同華夏,以爲夷洲,疑不能明也。又經十餘國,達於海岸。自竹斯國以東,皆附庸於倭。』據隋書考察之,自百濟至難波津之路,與第五世紀日本與中國南朝交通時代之路,大略相同。因爲有了交通之路,日本遣留學生倭漢直福因、奈羅譯語惠明等十餘人至中國,吸收文化。(註三十九)

(七)官制 (甲)中央官制。文帝即位,罷周六官之制,復漢魏之舊,有三司、三公、五省、三台、九寺、五監等名,爲前代所有。文帝煬帝兩朝官制略有不同。文帝時,行台省置總管,尚書令僕以下官,一如尚書省職。以前所稱上柱國大將軍,開府儀同三師,光祿大夫之屬,並爲散官,不理職務。煬帝時,罷諸總管,其散官名號亦有廢置。(註四十)

隋代中央官制有五省:即尚書、殿內、門下、內史、祕書。三臺:即謁者、司隸、御史。九寺:即光祿、太常、衞尉、宗正、太僕、大理、鴻臚、司農、太府。五監:即國子、將作、少府、都水、長秋。至太師、太傅、太保三師,是坐而論道,不主國事的。太尉、司徒、司空三公,是參議國家之大事的。通典載:『隋文帝踐極,百度伊始,復廢周官,還依漢、魏,其於庶僚,頗有損益。……至煬帝初存稽古,多復舊章。大業三年,始行新令。有三臺、五省、五監、……於是天下繁富,四方無虞,衣冠文物爲盛矣。』(註四十一)五省之尚書:分掌國之要事,下置吏部、禮部、兵部、都官、度支、工部等六曹,各置侍郎一人,以貳尚書;又增左右丞,階與侍郎同,下有曹郎。門下:即侍中之職,掌獻納及進御之事。內史:即中書省之職,掌出納王命之事。祕書:掌圖籍著作之事。殿內:掌宮禁服御之事。三臺之御史:掌查糾彈劾之事。謁者:掌受詔宣撫中奏冤枉之事。司隸:掌諸巡查之事。九寺之太常:掌禮儀之事。光祿:掌膳食之事。衞尉:掌禁衞之事。宗正:掌宗室之事。太僕:掌輿馬之事。大理:掌刑辟之事。

鴻臚：掌外藩朝會之事。司農：掌上林太倉之事。太府：掌府庫財物之事。五監之國子：掌教育之事。少府：掌內府器物之事。都水：掌河隄水運之事。長秋：掌宦者之事。將作：掌營造之事。

（乙）地方官制　秦、漢地方制度，祇郡縣兩級，每州皆置刺史，直隸於丞相，官職雖卑而可以制太守。其後地方權重，地方制度，一變而爲三級制。東晉以後，僑置州郡，無其地而有官者比比。隋統一以後，州郡名稱雖異，轄境大小，實無所別，文帝乃始廢郡，以州治民。煬帝時，復廢州置郡，郡置太守，縣置縣令，僑州郡至是盡廢。郡太守之下，有丞、正、及諸府曹，煬帝時，加置通守，位次太守。縣令之下，有丞尉曹屬，初分九級，後亦分三等。官品，隋時定爲十八階；官祿，隨品級而分；別京官正一品，食祿至九百石，縣則分大小，多者至百四十石，少者亦有六十石。（註四十二）

（八）軍制　隋之軍制，沿用後周之府兵制，籍民爲兵，擇其強健者，蠲其租調，令刺史於農隙教練之，合爲百府，每府置主將，故有府兵之名。通考載：『隋兵制，大抵仍周、齊府兵之舊，而加潤色。其十二衛：曰翊衛，曰驍騎衛，曰武衛，曰屯衛，曰禦衛，曰侯衛，各分左右，皆置將軍，以分統諸府之兵。有郎將、副將、坊主、團主，以相統治。其外又有驃騎、車騎、二府，皆有將軍。後更驃騎曰鷹揚郎將，車騎曰副郎將，別置折衝、果毅，此府兵之大略也。』（註四十三）隋書載：『凡是軍人，可悉屬州縣，墾田籍帳，一與民同，軍府統領，宜依舊式。罷山東、河南及北方緣邊之地，新置軍府。』（註四十四）文帝時，將統攬軍務之權，集於王室，開皇八年，以晉王廣爲尚書令，冬十月出師，凡總管卒兵五十一萬八千，皆受晉王節度。以上爲平時軍制。至對外戰時軍制，略有不同。煬帝大業八年正月，下令四方之兵，皆集涿郡，伐高麗，編爲左右十二軍，凡一百一十三萬二千八百人，每軍大將、亞將各一人；騎兵四十隊，每隊百人，十隊爲團；步卒八十隊，分爲四團，團各有偏將一人，其輜重散兵等亦爲四團；使步卒挾之而行，進退有法。（註四十五）文帝時，對於軍人死難，禮加二等，戰亡之徒，許入墓域；可說是提倡軍國主義的精神。至於水軍，文帝命楊素、造大戰艦，名五牙，高至百餘尺，可容戰士八百人；造次戰艦，號黃龍，可容百人。伐陳時，楊素親統黃龍數千艘，規模算是很大的了。（註四十六）

（九）法制　隋文帝統一以後，改定刑法官制，各朝代相傳許多制度，到了隋代經過一番選擇淘汰，成功了開皇律。文帝紀說：『開皇元年冬十月戊子，行新律。』隋書刑法志載：『三年，因覽刑部奏斷獄數猶至萬條，以爲律尚嚴密，人多陷罪，又勑蘇威、牛弘等更定新律，除死罪八十一條，流罪一百五十四條，徒杖等千餘條，定留惟五百條，凡十二卷，自是刑網簡要，疏而不失。』（註四十七）通考載：『隋文帝初令高熲等更定新律，其刑名有五。』（註四十八）茲列表如下：

五	
死刑	斬，絞。
流刑	千里，居作二年。 千五百，居作二年半。
徒刑	一年。 一年半。 二年。 二年半。 三年。

刑	
杖刑	笞刑
六十。	一十。
七十。	二十。
八十。	三十。
九十。	四十。
一百。	五十。

隋代蠲除前代鞭刑，及梟首轘裂之法，其徒、流刑之罪，皆減輕。惟大逆謀反者，父子兄弟皆斬，家口沒官。又置十惡之條，多採齊制，略有損益。所謂十惡：卽謀反，今之內亂罪。謀大逆，謀毀山林及宮闕。謀叛，謀背本國以通外國。惡逆，謀殺尊親及丈夫。不道，慘毒殺人，或殺死一家數命。大不敬，對於君上有不敬之行爲。不孝，詛罵或遺棄直系尊親屬，以及與直系尊親屬別籍異財，居三年喪而嫁娶作樂，匿三年喪不條舉，或詐稱直系尊親屬死亡。不睦，殺死及謀賣親屬。不義，部民殺長官，軍士殺軍官，學生殺師傅，或妻匿夫喪而不舉哀。內亂，四等宗親以內之男女相姦。十惡及故殺人獄成者，雖會赦，猶除名。其在八議之科及官品第七以上犯罪，皆例減一等。煬帝末年，外征四夷，賦斂繁多，盜賊

蜂起，吏立嚴刑，如楊元感反，竟罪及九族。

關於法院編制，據隋書百官志：『置大理寺，大理寺卿少卿各一人，丞二人，主簿錄事各二人，大理寺不統署，又有正監評各一人，司直十人，律博士八人，明法二十人，獄掾八人。』所謂正監評與司直，很像現代之陪審制度。隋代審判制度沿襲漢、魏、晉成法，惟增加其級數為縣州郡。(註四十九)

(十)宗教　(甲)多神教。隋文帝受命再歲冬至日，祀昊天上帝於圜丘。煬帝大業元年孟春，祀感生帝，改以高祖文帝配，餘並仍舊。十年冬至，祀圜丘。隋文帝開皇十三年，議立明堂，季秋祀五方上帝於雩壇上，用幣各依其方，人帝各在天帝之左。隋因周制，夏日至祭皇地祇於宮城北郊十四里，為方壇，以太祖武元配祀。時當旱乾，乃祈嶽鎮海瀆及諸山川能興雲雨者。春分朝日，秋分夕月，又祀星辰山川社稷。(乙)圖讖。圖讖為迷信卜筮之一種，梁天監以後，頗重其制。及隋高祖受禪，禁之更嚴。煬帝即位，乃發使四出，搜海內書籍與讖緯相涉者，皆焚之，自是其學遂衰。(註五十)(丙)佛教。隋代有嘉祥，為一代大師，著述甚多，其較為重要者，有中論疏、百論疏、十二門論疏、三論玄義等書。(丁)回教。回教即亞拉伯人穆哈默德所創的伊斯蘭教(Island)，為後世回紇人所崇拜，故中國名為回教；又以其出於天方(即唐之大食，今之亞拉伯)，故又名天方教。隋煬帝大業年間，其徒蘇哈巴(一作撒哈八)等由海道入中國，於廣東番州建懷聖寺，是為中國有回教寺之始。(註五十一)

(十一)美術　(甲)音樂。隋開皇二年，詔太常卿牛弘、國子祭酒辛彥之、國子博士何妥等議正樂。煬帝大業二年，詔修高祖廟樂。惟當時刊正禮樂之事，竟無成功。有音樂家王令言，妙達音律，能聞樂聲而知興亡之事。(註五十二)

隋之清樂，有本漢所傳者，有魏、晉時所擬者，更加以北魏所收江南吳歌，荊楚西聲，也入於清樂之列。（註五十三）大業中，煬帝乃定清樂、西涼、龜茲、天竺、康國、疏勒、安國、高麗、禮畢九部。西涼五曲：楊澤新聲、神白馬、永世樂、萬世豐解、于闐佛舞。龜茲二十曲：萬歲樂、藏鉤樂、七夕相逢樂、玉女行觴、神仙留客、擲磚續命、投壺樂、舞席同心髻、泛龍舟、鬥雞子、鬥百草、善善還舊宮、長樂花、十二時曲、摩尼解、婆伽兒舞、小天舞、聖明樂、疏勒鹽。天竺二曲：沙石疆歌、天曲樂舞。康國四曲：戢殿農和正歌、末奚波池舞、前拔地舞、惠地舞曲。疏勒三曲：亢利死讓歌、遠服舞、鹽曲舞。安國三曲：附薩單詩歌、居和祇解、末奚舞。高麗二曲：芝栖歌、芝栖舞。禮畢二曲：單交路行、散花舞。九部樂，可算爲中國舊有音樂，是清樂、禮畢二部。其餘七部，是從西域輸入的。（註五十四）（乙）書畫。隋人書法，以趙孝逸、史陵、丁道護、爲有名，上以接武六朝，下以開唐諸子，可說是繼往開來，隋之名畫，當以朝散大夫展子虔、中散大夫鄭法士、睦州建德縣尉孫尙子、光祿大夫殿中將軍董仁伯、光祿大夫殿中將軍楊契丹、及于闐國人尉遲跋質那、爲著名。展子虔以畫車馬勝，孫尙子以鬼神鞍馬勝，鄭法士以游宴豪華勝，楊契丹以衣冠簪組勝，各有所長。隋代繪書之遺品，有夏侯郎所畫之三禮圖十卷，煬帝、所撰之古今藝術圖五十卷。（註五十五）（丙）雕鑄。隋文帝開皇十三年，十二月十八日，敕令廢像遺經，悉令雕板，開我國印刷術之始。雕板始自隋時，行於唐氏，擴於五代，精於宋人。（註五十六）隋代佛教造像之盛，非南北朝之比。文帝時，發詔修復廢寺，造金銀檀香夾苧牙石等像，大小一十萬六千五百八十軀；煬帝也鑄刻新像三千八百五十軀；禮部尙書張穎，捐宅爲寺，造十萬軀之金銅像；天台之智者大師，於一生之間，造像達八十萬軀；略爲引證，可知其盛況了。

（丁）建築。煬帝始建東都，每月役丁至二百萬人。大業元年三月，造顯仁宮，採海內珍異，以實園苑。五月，築西苑，窮極

華麗。(註五十七)又建迷樓，役夫數萬，經歲而成，千門萬戶，工巧之極，自古少見。(註五十八)

(十二)教育　隋初，自京邑達於四方，皆立學校，一時稱盛。文帝仁壽元年下詔，以學校生徒多而不精，惟簡留國子學生七十人，太學四門及州縣學並廢，遺散生徒，無慮千萬。煬帝即位，復開庠序國子郡縣之學，徵辟士人，講論得失於東都之下，納言定其次差，一以奏聞；其後教育隨政治的腐敗而衰落，著名學者，亦寥寥數人，如劉焯、劉炫、王通而已。

選舉之制度，諸州祇歲貢三人，工商不得入仕，雖有秀才之科，而上無求才之意，下亦無能應詔之人，治書侍御史李諤，以選才失中，上書說：『自魏之三祖，更尙文詞，忽人君之大道，好雕蟲之小藝，下之從上，有同影響，競騁浮華，遂成風俗，江左、齊、梁，其弊彌甚，貴賤賢愚，惟務吟咏，遂復遺理存異，尋虛逐微，競一韻之奇，爭一字之巧；連篇累牘，不出月露之形；積案盈箱，惟是風雲之狀；世俗以此相高，朝廷據茲擢士；祿利之路既開，愛尙之情愈篤；於是閭里童昏，貴遊總角，未窺六甲，先制五言，捐本逐末，流遍華壤，遞相師祖，澆漓愈扇。及大隋受命，聖道聿興，是以開皇四年，普詔天下，公私文翰，並宜實錄；如聞在外州縣，仍踵弊風，選吏舉人，未遵典則，臣既忝憲司，職當糾察，請勅諸司，普加搜訪，有如此者，具狀送台。』(註五十九)據此，可以知道當時選舉的流弊，及教育方法的錯誤，至隋代尙不能滌除，而盧愷、攝吏部尙書，與侍郞薛道衡、陸彥師等，雖想設法補救，而盧愷、薛道衡，竟及於除名了。(註六十)

(十三)學術　(甲)天文學。隋代用張賓、及張胄玄、所造之曆。隋書律曆志載：『高祖受禪之初，擢賓、爲華州刺史，使與儀同(官名)劉暉等，議造新曆。仍令太常卿盧賁、監之。賓等依何承天法，微加增損。四年二月撰成奏上。』

張賓等通治古今所造新曆，高祖下詔頒布天下施用。天文儀器：隋代有蓋天圖，繪星坐黃赤道及二十八宿度分。開皇十四年，袁充上晷影漏刻。大業初，耿詢、宇文愷作古欹器，以流水注之；尙有鐘車、鼓車、漏車，以報時刻。（註六十一）

（乙）經學。據隋書經籍志所稱：易經在南朝以鄭、王二注列在國學，在北齊唯傳鄭義，至隋王注盛行，鄭學漸爲衰微。書經在南方還講鄭、孔二家（孔安國尙書爲王肅所僞造）在北齊只傳鄭義。至隋雖孔、鄭並行，鄭氏較爲衰微。春秋，北方只傳左氏服義（服虔注），至隋代杜氏（杜預）盛行，服氏漸微。隋代以經學著名者，有劉焯、劉炫二人，是以北人而兼治南北二學，然焯是稍傾於北學，而炫是略傾於南學的。（註六十二）詩經的齊詩，魏代已亡，魯詩亡於西晉，韓詩雖存，無傳之者；惟毛詩鄭箋，至隋仍存在。（註六十三）禮經隋時鄭注，立於學官，而當時除周官六篇，古經十七篇，小戴記四十九篇外，其餘多散亡。論語至隋時，鄭氏注獨盛於民間。孝經，劉炫作孝經述義，分二十二章。（丙）歷史學。隋室統一，史學復振，命魏澹更撰魏書，矯正魏收之失；又詔修齊史，以李德林爲主。王劭爲隋書八十卷，但體例不完備。王胄、所修太業起居注，亦多散失。隋代史家，亦寥寥數人而已。（丁）圖書館學。開皇三年，祕書監牛弘等總集圖書，並加編次，存爲古本，召天下工書之士，補續殘缺，爲正副二本，藏於宮中，其餘以實祕書內外之閣，凡三萬餘卷。煬帝卽位，祕閣之書限寫五十副本，分爲三品，於東都觀文殿東西廂購屋以貯之；東屋藏甲乙，西屋藏丙丁。又置王府學士至百人，常令修撰。西京嘉則殿有書三十七萬卷，爲之詮次，得正御本三萬七千餘卷，藏於東都修文殿。（註六十四）

（十四）文學　（甲）散文。六朝以後，駢儷的作風之轉移，在隋及初唐已然；文壇的復古思想，在隋及初唐已微露端倪。隋時如李諤、王通、諸人所言，已啓唐代復古論調的先聲。李諤、力攻駢體之失，王通復標明道之旨，不論在消極上積極上破壞上建設上，均足爲唐代古文家的根據。(註六十五)隋代是對於六朝文學革命的一大轉機，開唐代文學的黃金時代，隋書文苑傳序說：『隋文、發號施令，咸去浮華。』可知隋文帝，是文學革命的領導者。(乙)詩歌。隋時楊素、虞世基、薛道衡的詩，已開唐初四傑的格律。當時以詩著者有四大家：薛道衡的清美，偏傳江左；虞世基的詩，性理悽切，世以爲工；孫萬壽的五言詩，爲當世所吟誦；王胄的五言詩，稱爲氣高致遠。隋時刪定操弄古曲爲一百四曲，大抵以詩爲本，參以古調；煬帝時復大製艷曲，以悅性情。隋代文學，可稱述者如上。

參考書舉要

(註一)隋書卷一二禮儀志七。

(註二)同上。

(註三)隋書文帝紀下。

(註四)隋書卷四八楊素傳。

(註五)隋書卷六七裴蘊傳。

(註六)顏氏家訓風操篇。

(註七)隋書卷十五音樂志隋書地理誌。

(註八)日人森谷克己著中國社會經濟史漢譯本二一四頁王漁邨著中國社會經濟史綱一八七頁。

(註九)隋書卷二四食貨志。

(註十)隋志卷二十四陳登元著中國土地制度一二〇頁。

（註十一）隋書卷四十八楊素傳。

（註十二）隋書卷四十王誼傳。

（註十三）王船山讀通鑑論卷十九。

（註十四）隋書卷二十四食貨志。

（註十五）隋書卷一文帝紀。

（註十六）隋書卷二四食貨志。

（註十七）同上。

（註十八）鄭行巽著中國商業史九三頁。

（註十九）太平廣記卷四四一卷四六四第三頁。

（註二十）隋書卷二四食貨志。

（註二十一）鄧之誠著中華二千年史卷三第三八頁。

（註二十二）日人吉田府雄著中國貨幣史綱漢譯本二一頁。

（註二十三）隋書卷二四食貨志。

（註二十四）資治通鑑卷一八〇隋紀四。

（註二十五）隋書卷三煬帝紀上。

（註二十六）資治通鑑卷一八一隋紀五。

（註二十七）隋書卷三煬帝紀上。

（註二十八）資治通鑑卷一八〇隋紀四。

（註二十九）隋書卷三煬帝紀上。

(註三十)鄭行巽著中國商業史九四頁。
(註三十一)劉繼宣東世徵合著中華民族拓殖南洋史一一頁。
(註三十二)隋書四夷傳。
(註三十三)北史卷九五婆利國傳。
(註三十四)北史卷九五眞臘國傳。
(註三十五)隋書卷六十裴矩傳隋書卷二四食貨志。
(註三十六)北史卷九七西域傳序。
(註三十七)向達著中外交通小史二一頁。
(註三十八)北史卷九四倭國傳。
(註三十九)日人木宮泰彥著中日交通史漢譯本上卷七九頁。
(註四十)李泰芬著中國史綱卷二第二二〇頁。
(註四十一)通典卷一九職官一。
(註四十二)隋書卷二八百官志下。
(註四十三)通考卷一百五十一兵考唐書卷五〇兵志。
(註四十四)隋書卷二高祖紀下通考卷一百五十一兵考。
(註四十五)資治通鑑卷一八一隋紀五通考卷一百五十一兵考
(註四十六)通考卷一百五十八兵考。
(註四十七)隋書卷二五刑法志。
(註四十八)通考卷一百六十五刑考。

(註四十九)朱方著中國法制史八二頁楊鴻烈著中國法制史上册三三三頁。
(註五十)毛邦偉編中國教育史一三七頁。
(註五十一)楊東蓴編本國文化史大綱二六八頁。
(註五十二)通考卷一百二十九樂考。
(註五十三)許之衡著中國音樂小史四三頁。
(註五十四)夢溪筆談卷五。
(註五十五)日人大村西崖著中國美術史漢譯本五八頁。
(註五十六)胡應麟少室山房筆叢卷四。
(註五十七)資治通鑑卷一八〇隋紀四。
(註五十八)韓偓迷樓記馮贄南部煙花記。
(註五十九)文獻通考卷二十八選舉考。
(註六十)毛邦偉編中國教育史一三六頁。
(註六十一)朱文鑫著天文考古錄九頁。
(註六十二)隋書卷三二經籍志一日人本田成之著經漢史論漢譯本二六四頁。
(註六十三)隋書卷三二經籍志一。
(註六十四)資治通鑑卷一二八隋紀六。
(註六十五)郭紹虞著中國文學批評史上卷一七六頁。

第六章　唐代之文化

第一節　唐代之政治社會

隋朝滅亡，中國復陷於亂，突厥部衆漸強，中國北方避亂的人民，大都奔逃突厥，於是突厥大盛；而在黃河流域稱強割據的豪傑往往向突厥稱臣；就是唐高祖李淵，從初起兵時，到統一中國，始終對突厥是很恭順，很屈辱的。（註一）唐高祖得天下大半由於秦王世民之力，而即位之後，卻立建成做太子；於是宮府諸將薛萬徹等屯兵於玄武門，擁秦王世民及武德九年八月，遂禪位於太宗。（註二）

唐太宗是歷史上一個賢主：（甲）用人援用賢智之士，如房玄齡、杜如晤、温彥博、魏徵、李靖、戴冑、王珪等。（註三）各人善建嘉謀，能斷大事。（註四）（乙）吏治太宗留心親民之官，致都督刺史縣令皆盡其職，仍恐有不盡職，乃出遊而巡察之。（註五）（丙）政績所論刑獄，皆無寃濫，東至於海，南至於嶺，皆甚太平。（註六）（丁）耀揚國威唐太宗積極訓練軍隊，準備與突厥決勝負。民國紀元前一千二百八十三年，突厥頡利可汗進兵侵犯河西，太宗遣李靖分道攻突厥，破定襄及鐵山，李世勣復敗之於白道，頡利可汗逃至中途，被唐將張寶相擒送京師，投降兵士十餘萬，東突厥乃滅亡。又吐蕃棄宗隆贊帶兵二十萬，攻唐朝的松州，唐太宗派侯君集把他打敗，棄宗隆贊來朝謝罪；其後他盡力介紹中國文化。民國紀元前一二六七年二月，太宗、派兵渡遼河，克遼東，進攻安市，（今蓋平縣境，）破高句麗援兵十五萬於城下。凡此，可以見太宗的武功能樹聲威於國外了。太宗卒，子高宗繼位，初年有長孫無忌、褚遂良、李世勣等一班文武名臣輔翼扶佐，故天下尙繼續貞觀的太平。高宗的功業很像太宗，外征較內治爲尤鉅，逐使唐初四十年間，東中南三方的亞細亞大陸，皆不脫唐朝的羈絆，所以漢族的勢力在當時成空前絕後的盛況。（註七）民國紀元前一二五年，高宗因高句麗、百濟攻新羅益急，遣蘇定方渡海攻百濟；百濟王義慈降，百濟人求救於高句麗、日本；高宗派劉仁軌大破日本兵於白江口。（註八）繼派李勣伐高句麗，滅之，唐朝在平壤設了一個安東都護府，以統治高句麗、百濟的地方，於是對東方的聲威大振。至於內政，史家曾批評道：『帝溺愛衽席，不戒履霜之漸，卒使妖后，斲喪唐室，貽禍邦家。』（註九）太宗後宮的才人當中，有武氏者，高宗納之爲皇后，以高宗多病，遂乘機干預政治，卒致權傾朝野；經中宗而後，唐室復興，繼而中宗皇后韋氏，參預朝政，通武三思，弒中宗，立溫王重茂，自攝政，同族皆置要津，於是睿宗之子臨淄王隆基起兵討誅韋后，並其黨羽，遂廢溫王而立睿宗；其後睿宗讓位於隆基，是爲玄宗。玄宗卽位之初，擧姚崇、宋璟爲相，接續又有張嘉貞、張說、李元紘、杜暹、韓休、張九齡等良相輩出，國家遂益臻殷富，乃有開元三十年間之治。至於對外，因突厥內亂，特派朔方節度使王忠嗣出兵，把他滅掉。當時吐蕃也請和好，後又兵衅復起，玄宗飭諸軍進討，纖取河西九曲之地，唐代國威，作最後的振起。

玄宗在位既久，驕慢漸生，奢侈宴樂，以致國用匱乏，聚斂於民。起初任用宇文融，後信任楊愼矜、韋堅、王鉷之徒。時宰相李林甫，媚事左右，迎合上意，以固其寵；杜絕言路，掩蔽聰明，以成其姦；妒賢嫉能，排抑勝己，以保其位；屢起大獄，誅逐貴臣，以張其勢；凡在相位十九年，養成禍亂，而玄宗不知悟。(註十)且復內行不修，廢王皇后而寵幸武惠妃，又納壽王妃楊太眞爲貴妃，由是楊氏一族，遽攬政權，楊國忠遂代李林甫爲相，未幾而安祿山之亂起。安祿山巧結楊氏之黨，深得玄宗信任，兼平盧、范陽、河東三節度使，統攬大權，陰蓄異志，遂率其部下及奚、契丹之衆十五萬南下，風靡河北，陷洛陽，自號大燕皇帝；繼破官兵，向長安進發，玄宗奔成都，傳位太子，是爲肅宗。時勤王之師，李光弼、郭子儀等奮起討賊，與史思明戰於嘉山，大破之，復河北十餘郡。(註十一)其後安祿山因溺愛少子，爲長子安慶緒所弒，安慶緒又爲其將史思明所弒；史思明亦溺愛少子，爲長子史朝義所弒，賊部紛亂，官軍勝之，先復長安，迎帝及上皇，次遣諸將討賊。及肅宗死，代宗立，得回紇援兵，遣雍王适、合諸道之兵，破史朝義，恢復洛陽，賊將李懷仙，又斬朝義來降，而天寶安、史之亂，至是遂告鎮定。(註十二)

唐自安、史亂後，政局日趨混亂，影響所及：(甲)外患迭起。回紇、吐蕃、南詔，相繼爲中國患，或婪索無厭，或陷落長安，或屢寇四川。(註十三)(乙)財政紊亂。安、史亂後，賦斂不定，有司隨意增科，自立名目。(丙)宦官爲禍。宦官參預機務，假寵竊靈，挾主勢以制下，居肘腋之地，爲腹心之患，卽人主廢置，亦常在掌握中；自穆宗以後八世，爲宦官所立者七君，可知其勢力的兇橫。(註十四)(丁)藩鎮跋扈。自玄宗置十節度使，天下精兵，遂在藩鎮；節度使多兼按察使、安撫使、支度使者，土地、人民、甲兵、財富，皆爲藩鎮所統，有天子的力量，不能制之。(註十五)唐自中世以後，弭亂收功，雖常靠鎮兵，而其衰亡，亦終以此。(註十六)當德宗卽位之初，不許藩鎮世襲，四鎮遂舉兵抗命，德宗命李晟、馬燧、李抱眞等分道討之，凡四年，始少定。(註十七)復以賞功問題，討叛者復叛，李希烈、朱泚繼之僭號，久乃平復。憲宗時，能以法度裁制諸鎭，淮西節度使吳元濟逆命縱兵掠及東畿，帝以裴度爲招討使，裴度用李愬計擒元濟，送斬京師；於是河北三鎭，先後納質歸朝，淄青李師道不服，下詔諸道討平之。自代宗以後，藩鎭據兩河以抗命，約有六十年之久，至是始復隸中央。（註十八）（戊）朋黨傾軋。穆宗時，李德裕與李宗閔有隙，互相構陷，朋黨之爭以起。文宗以後，李宗閔結牛僧儒以抗李德裕，力爭政權，時相排擠。宣宗時，李德裕、李宗閔、牛僧儒等皆先後貶死，黨爭始息。（註十九）（己）流寇滋擾。懿宗時，裘甫作亂於浙東，龐勛發難於桂林，雖震動一時，然不久卽爲王式、唐承訓等討平。乾符二年，王仙芝起兵山東，旋爲官軍所破敗死；然其部將黃巢統其衆，轉略河南、江西、福建、廣東諸州，纔陷洛陽，取長安，稱大齊皇帝，僖宗出奔蜀。（註二十）僖宗中和元年，車駕在陝西南鄭縣，沙陀李克用軍屯蔚州，鄭畋、程宗楚、仇公遇、李孝恭、拓跋思恭、王重榮、王處存、楊復光等起勤王之師，會兵討賊。自李克用破黃巢於渭南後，賊勢遂瓦解。（註二十一）（庚）羣雄割據。黃巢之亂討平，其部將朱溫來降，賜名全忠，任節度使，鎭汴（開封府）；以事與克用有隙，二人互相敵視。僖宗卒後，弟昭宗立，抱恢復之志，以朱全忠近而勢大，召其兵，全忠據河南北諸鎭，有挾天子以令諸侯之意，以威振四方，遂進爵梁王。當是時，羣雄四起，互相吞噬；其大而稱王者，北有燕王劉仁恭，據幽州，統直隸之地；晉王李克用，據晉陽，佔山西之地；西有岐王李茂貞，據鳳翔，倂關中隴西；蜀王王建，據成都，領四川；南有吳王楊行密，據揚州，收江淮一帶，西至沔口；吳越王錢鏐，據杭州，取浙江東南至海；楚王馬殷，據潭州，定湖南北，距江南逾嶺。割據擅命，莫能相制，而朱全忠，擁天子，據中原，地大兵強，旣遷帝於洛陽，以楊行密、李茂貞、王建、李克用等，樹興復唐室的旗幟，起兵來討，恐變生於中，遂弑帝，立其幼子祚，更名柷，是爲哀帝。天祐四年三月，全忠建國，奉帝爲濟陰王，遷曹州，五年二月二十一日，帝爲全忠所害，仍諡曰哀皇帝，唐傳二十帝凡二百九十年而亡。(註二十二)以上略述唐代政治社會變遷得失的原因結果，其詳可參閱新舊唐書資治通鑑等書。致堂胡寅，曾批評唐代君主有說：『唐有天下，歷二十君，爲子所逼奪者，三焉；爲婦所乘者，三焉；爲賊所逐者，五焉；爲妻所弑者，一焉；爲宦官所立者，九焉；爲所弑者，三焉；爲所廢者，一焉；爲方士所敗者，七焉；爲強臣所弑者，二焉；不爲小人所惑者，僅得二三，而無全德者矣。』然唐代雖禍亂相仍，而文治武功，冠絕各代，不能掩也。茲將唐代君主列表如下：

(1)高祖李淵——(2)太宗世民——(3)高宗治——(4)中宗哲——(5)睿宗旦——

(6)玄宗隆基——(7)肅宗亨——(8)代宗豫——(9)德宗适——(10)順宗誦——

(11)憲宗純——(12)穆宗恆——(13)敬宗湛——(14)文宗昂——(15)武宗炎——

(16)宣宗忱——(17)懿宗漼——(18)僖宗儇——(19)昭宗曄——(20)昭宣帝柷

參考書舉要

(註一)唐書卷五七劉文靜傳。

(註二)舊唐書卷六四隱太子建成傳舊唐書卷六八尉遲敬德傳。

(註三)唐書卷九八王珪傳。

(註四)舊唐書卷六六房玄齡杜如晦傳論。

(註五)唐書卷一九七循吏傳序舊唐書卷三太宗紀下。

(註六)舊唐書卷三太宗紀下。

(註七)日人高桑駒吉著中國文化史漢譯本一八四頁。

(註八)資治通鑑卷二百一唐紀十七。

(註九)歷朝綱鑑全史卷三五。

(註十)歷朝綱鑑全史卷三八。

(註十一)唐書卷二二五上史思明傳。

(註十二)日人高桑駒吉著中國文化史漢譯本一九四頁。

(註十三)張震南編國史通略一四三頁

(註十四)趙翼廿二史劄記卷二十唐代宦官之禍。

(註十五)唐書卷二一〇藩鎮傳序新唐書兵志。

(註十六)唐書卷六四方鎮表序。

(註十七)舊唐書卷一三三李晟傳。

(註十八)舊唐書卷一二四李正己附李師道傳國史通略一四六頁。

(註十九)舊唐書卷一七四李德裕傳唐書卷一七四李宗閔傳舊唐書卷一七二牛僧儒傳唐書卷一八〇李德裕傳。

(註二十)舊唐書卷二〇〇下黃巢傳。

(註二十一)唐書卷二二五下黃巢傳。

(註二十二)舊唐書卷二〇下哀帝紀陳慶年著中國歷史教科書中古史四七頁。

第二節　唐代之文化形態

(一)社會風習　(甲)飲食。唐人食品有湯料、臆炙、臉蒸、丸脯、羹臛、餾飣、餤餅、餛飩、糕酥、包子、麪糗等名目。其所食之肉，除六畜外，兼用鹿熊驢狸兔鵝鴨鴿子鱖鱉蟹蝦蛤蜊蛙等類。每值時節，專賣一物，如元日之元陽臠，人日之六一菜，上元之油畫明珠，二月十五之涅槃兜，上巳之手裏行廚，寒食之冬凌粥，四月八日之指天餕餡等，可說是膾炙人口。（註一）此外，風俗又好宴飲。通志載：『乃有墮業之人，不顧家產，朋遊無度，酣宴是耽，危身敗德，咸由於此；自非澄源正本，何以革茲弊俗。』（註二）都人士女，每至正月半後，各乘車跨馬，供帳於園圃，或在郊野中，爲探春之宴。（註三）在都城中，有園林別墅，歲時行樂，子弟侍側，公卿在席，飲酒賦詩，竟日忘歸。（註四）（乙）衣服。唐初士人以棠苧襴衫爲上服，一命以黃，再命以黑，三命以纁，四命以綠，五命以紫，士服短褐，庶人以白，而袍襴襴袖標襈之制，始於太宗朝。其時袍爲尋常供奉之服，長孫無忌請於袍上加襴，取象於緣，下詔從之。天寶初，貴游士庶，好衣胡服，爲豹皮帽；婦人則簪步搖，衩衣之制度，衿袖窄小，識者怪之。（註五）天寶中，士人之妻，著丈夫靴衫鞭帽。（註六）唐末，士人之衣色尚黑，故有紫綠，有墨紫，迨兵起時，士庶之衣，俱尚黑色。（註七）（丙）婚姻。唐代婚禮納采，有合歡、嘉禾、阿膠、九子蒲、朱葦、雙石、綿絮、長命縷、乾漆九事。膠漆取其固，綿絮取其調柔，蒲葦取其心可屈可伸，嘉禾義在分福，雙石義在雙固。常迎婦以粟三升塡臼，席一枚以覆井，枲三斤以塞窗，箭三隻置戶上；婦上車，壻騎而環車三匝，女嫁之明日，其家作黍臛；女將上車，蔽膝覆面，婦入門，舅姑以下，皆從便門出，復從門入，言當躪新婦迹，入門後，先拜豬櫬及竈，行禮則夫婦併拜，或共結鏡紐，娶婦之家，喜弄新婦，臘月娶婦不見姑。（註八）時通婚最重望族，依然六朝風氣。唐書載：『敬玄，凡三娶，皆山東舊族，又與趙李氏合譜，故臺省要職，多族屬姻家。』（註九）山東士人，尙閥閱，後雖衰，子孫猶負世望，嫁娶必多取貲，故人謂之賣婚。（註十）高宗下詔說：『自今以後，天下嫁女受財，三品以上之家，不得過絹三百匹；

四品五品，不得過二百匹；六品七品，不得過一百匹；八品以下，不得過五十匹。』由是觀之婚姻論財之俗，未能革除，所以朝廷嚴加限制了。唐代婚禮亦陷於奢華之弊，韋挺曾上疏太宗說：『今貴族豪富婚姻之始，或奏管絃以極歡宴，惟競奢侈，不顧禮經。』可知當時社會的風氣了。又唐代婚姻，亦不免早婚，唐代定制凡男子十五歲，女子十三歲，依法可以婚嫁。(丁)喪葬。唐代注重三年之喪，奪情之舉，或於國有金革時行之。代宗時下詔：『三年之喪，謂之達理；自非金革，不可從權。』厚葬奢華風氣所趨，李義府改葬祖父，羽儀導從轜輴器服，窮極奢侈。(註十一)睿宗太極元年六月，右司郎中唐紹上疏說『王公百官競爲厚葬，偶人像馬雕飾如生，徒以眩曜路人，本不因心致禮，更相扇慕，破產傾貲，風俗流行，下兼士庶，若無禁制，奢侈日增。』(註十二)玄宗時下詔規定冥器等物，仍定色數及長短大小，園宅下帳，並宜禁絕，墳墓塋域務遵簡要，凡送終之具，不得以金銀爲飾，違者加刑。(註十三)(戊)階級。唐代階級之制，嚴於隋代，大體上有下列的階級：(註十四)

- 人民
  - 良民
  - 賤民
    - 隨時的……隨身
    - 永久的
      - 雜戶
      - 番戶……官戶
      - 奴婢

所謂隨身，乃是根據僱傭契約的奴隸；所謂雜戶，乃是永久的賤民中之最上級的，少府監所屬之工樂雜戶，及太常寺所屬之太常樂人等；番戶一稱爲官戶，祇屬於本司，在州縣沒有戶籍，有次於雜戶的位置；奴婢乃是最下級

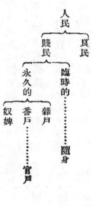

的，由於相坐沒官，而成爲奴婢的。倘有一種部曲，乃是將帥所私有之兵，經過六朝，到了唐代的時候，漸失去軍隊的性質，和奴隸差不多同樣看待。唐律疏議說：『奴婢賤人，律比畜產。』又說：『部曲不同資財，奴婢同資財。』可以看出兩者的區別。此外還有新得來的蠻人而役使爲奴婢的，大部分是由南方以至西南方來的，所以稱爲南口。（註十五）當時買賣奴婢之俗，以嶺南一帶爲甚。唐之中世雖立禁止之法，而其俗仍未捐除。除由南方得來的奴婢外，還蓄有西北邊疆之突厥奴、吐蕃奴、回鶻奴，而在東北之登州、萊州等處，則盛行販賣新羅奴。（註十六）（己）博戲。唐時賭博之事，上至天子，下至庶人，不以爲諱；如武后竟自置九勝博局，令文武官分朋爲戲；楊國忠竟以善摴蒱得入供奉。民間多於清明節舉行鬭雞戲，都中男女，以弄雞爲事，貧者弄假雞，互相競博。（註十七）

（二）農業　唐之均田制，大體仿照隋制，但有多少不同。一般耕作者，分受的公田，有三種：（1）穀田，即口分田，依收授法而收授的田地，後魏呼爲露田，唐則呼爲口分田；此種口分田，專門用作栽種穀物，對於十八歲以上六十歲以下，凡有勞働能力的男子，每人分派八十畝，六十歲以上，則減爲四十畝，如係篤疾廢疾者，只能分配到四十畝，寡婦或妾，可分三十畝，婦人及幼小者爲戶主的，則婦分給五十畝，幼小者分給二十畝。（2）園圃，在授田之始，各戶得分受二十畝之園圃地，以爲永業，惟須植桑養蠶。（3）宅地，屬永業性質，良民戶籍在三人以下，能分一畝的宅地；三人以上，則每三人增給一畝；宅地中有餘地，須作種菜之用。至僧尼道士，亦得分二十畝乃至三十畝的公田；以商工爲業者，其永業田口分田各減半。賤民中有雜戶官戶及奴婢，雜戶之地位，與良民最相近，可與一般農民受同等的田額，官戶所得，僅及農民口分田的半額。關於最低地位的奴婢，則無所規定。（註十八）

「唐代所授之田十分之二爲世業，八爲口分，身死則承戶者便授之；口分則收入官，更以給人。(註十九)田士的分配，不是機械地施行的。田士分配的原則，須依土地的寬狹而加以修正；田多足以分配的鄉稱寬鄉，否則稱爲狹鄉；狹鄉的授田，比較寬鄉減少一半。磽地或須休耕之田，則加倍授與。人民有身死家貧無以供葬者，聽賣永業田；流移者亦然；樂遷就寬鄉者，可賣口分田。(註二十)田畝收授，每年十月舉行；在授田的時候，先給貧者課役者及多丁之戶；授田在原則上，是於縣界內爲之；祇有當狹鄉的田有不足時，方可受寬鄉的田；死者的田收之以授無田者；身死於王事的，所受的分田，其子孫雖未達丁年，可以承繼之；因王事沒落外蕃不能歸者，在六年之內，其口分田，可由親屬同居人代爲管理；因戰受傷者，是終身不減口分田的。」

買賣田畝，在原則上，是不承認的；不過尙有例外：除上述原因，准賣永業田之外，口分田是不能賣的。補充住宅、邸店、碾磑的場合，准予出賣口分田；出賣田士以後，雖不足所定的畝數，也不能復受田士的分配。在買者方面，其所買畝數，只限於均田規定不足的畝數。賣者必須報官，得其承認，否則無效。諸田不得貼賃及抵押；違者財沒不追，地還本主。官人之永業田及賜田，欲賣及貼賃者，不在禁限。(註二十一)

唐代之均田制，實行到如何的程度，殊屬疑問？劉恕說過：『魏、齊、周、隋，兵革不息；農民少而曠士多，故均田之制存。至唐承平日久，故田制爲空文。』(註二十二)葉水心說：『要知田制所以壞，乃是唐世使民得自賣其田。始：……民得自有其田而公賣之，天下紛紛遂相兼併。』(註二十三)田可以自由買賣，則富豪可以兼併，富豪兼併，則均田制自然破壞了。新唐書載：「永徽中（高宗紀元）遷洛中，洛多豪右，佔田類逾制；敦頤、舉沒者三千餘頃，以賦貧民。」(註二十四）太宗之時，張長貴、趙士達佔部下腴田數十頃，奪之以賦貧民。（註二十五）所謂貧民，當然是無田可耕的人。其後雖禁口分田永業田買賣典貼，違者科罪，亦無濟於事。（註二十六）

唐代王侯官僚也有分受之田：(1)永業田，親王百頃，郡王五十頃，公侯伯子男，則由四十頃以至五頃；官吏無論職事官或散官，從正一品以下至從五品爲止，依各給差別而分給由六十頃至五頃，勳官也依等級而分給。(2)職分田，京官一品受二十頃，以下遞減，至九品爲二頃，諸州官吏二品十二頃，以下遞減至九品爲二頃五十畝；鎮戍關津兵瀆及在外之監官，五品受田五頃，以下遞減，至九品受田一頃五十畝；守護王宮的近衛隊長以下，親王府典軍以下及外軍的武官，多者爲六頃，少者爲八十畝。在事實上王侯官僚所分受之田，也不心足，而自行兼併，玄宗天寶十一年（西紀元七五二年）下詔說：『如聞王公百官及富豪之家，比置莊田，恣行吞併，莫懼章程。』（註二十七）可知官民私相違制，以破壞均田制了。

唐代曾行過漢代之屯田制。新唐書載：『唐開軍府以扞要衝，因隙地置營田，天下屯總九百九十二，司農寺每屯三頃，（按通典作三十頃以下，二十頃以上，爲一屯，以唐書有誤）諸鎮諸軍每屯五十頃。水陸腴瘠，播殖地宜，與其功庸煩省收率之多少，皆決於尚書省。苑內屯以善農者爲屯官、屯副。』（註二十八）天寶八年天下屯收者百九十一萬三千九百六十石。屯田的地方，在河南道、關內道、河北道、河東道、河西道、隴右道、劍南道等。（註二十九）

唐興重視農事，制皇帝享先農親籍田，皇后享先蠶親蠶桑之禮。唐高祖下令有司勸農；太宗耕籍親蠶，課考官吏；玄宗中興唐室，重視農業；肅宗令地方官親勸農桑；代宗貸種農民，務令安集；德宗勉務農桑各安生業；憲宗注重民利，勸課農桑；敬宗多買耕牛，分給貧民。至唐代末葉，勸課農事，漸見衰微。唐代官吏以勸農著稱者，有裴行儉、田仁會、李惠登、何易于等。(註三十)

唐代對於民食也很注重。唐高祖、武德元年九月，置社倉；太宗、貞觀二年，納尚書左丞戴胄之言，設義倉；高宗、武后之數十年間，貸義倉之穀以濟公私；玄宗、天寶八年，義倉所儲之糧，達六千三百十七萬八千六百六十石。唐代常平倉之設置，起於太宗，先就各州置倉，並規定其儲藏年限；高宗、永徽六年，在京東西二市，置常平倉；玄宗、開元七年，令關內、隴右、河南、河北、五道及荆、揚、襄、夔、綿、益、彭、蜀、漢、劍、茂等州，並置常平倉；天寶八年，常平倉儲糧凡四百六十萬二千二百二十石；德宗、於京師兩市，置常平官；德宗之後，常平義倉若存若亡了。(註三十一)

(三)稅制　唐初稅制，有租、庸、調之名。租者田租，即今之田賦；庸者力役；調則戶稅。唐之中葉，均田制度壞，租、庸、調、亦不能復行，遂改爲兩稅法。唐高祖、武德二年，初定租、庸、調法。凡授田者，丁歲輸粟二斛，稻三斛，謂之租。丁隨鄉所產，歲輸綾絹絁各二丈，布二丈五尺。輸帛者加輸綿三兩，輸布者麻三斤，非蠶鄉則輸銀十四兩，謂之調。用人之力，每歲二十日，閏加二日，不役者每日爲絹三尺，謂之庸。有事而加役二十五日者免調，三十日者租、調皆免，通正役不過五十日。輸以八月，發以九月。若嶺南諸州則稅米，上戶一石二斗，次戶八斗，下戶六斗，夷獠之戶，皆從半輸。蕃人內附者，上戶丁稅錢十文，次戶五文，下戶免之。內附經二年者，上戶丁輸羊二口，次戶一口，下戶三戶共一口。凡水旱蟲蝗爲災，十分損四分以上免租，損六以上免租、調，損七以上課役俱免。太皇太后、皇太后、皇后緦麻以上親，內命婦一品以上親，郡王及五品以上祖父兄弟，職事勳官三品以上有封者，若縣男父子，國子太學、四門學生、俊士、孝子、順孫、義夫、節婦同籍者，皆免課役。凡主戶內有課口者爲課戶，若老及男廢疾、篤疾、寡妻妾、部曲、客女、奴婢，及視九品以上官皆不課。（註三十二）唐武德年間租、庸、調的單位，以丁爲準。開元年間規定每家十丁放兩，五丁放一；原來之以丁爲單位者，變爲以田授丁以丁屬戶以戶爲單位的稅法。因爲唐初均田有寬狹鄉之分，又有容許買賣的規定，在人口增殖中已受者不還，成丁者不盡受，基於受田的租庸調，以不受田之故新加的人口不爲租稅的負擔。不能不由『有田則有租，有家則有調，有身則有庸』的一次變化之後，再變爲以丁屬戶，而有放免的規定，完全成爲以戶爲單位的租稅立法了。

代宗大曆四年，規定依戶之等第，定稅錢之多少，舊唐書載：『自今以後，宜准度支長行旨條，每年稅錢，上上戶四千文，上中戶三千五百文，上下戶三千文；中上戶二千五百文，中中戶二千文，中下戶一千五百文；下上戶一千文，下中戶七百文，下下戶五百文。』（註三十三）以戶之等第爲征收之標準；依財產之等級，爲定戶之標準。玄宗天寶四年詔書說：『今欲審其戶等，拯貧乏之人；賦彼商賈，抑浮惰之業；優劣之際，有深察之明，閭里之間，無不均之嘆。』（註三十四）定戶之目的，欲想達到征稅能夠均平。但自開元以後，天下戶籍久不更造，丁口轉死，田畝賣易，貧富昇降不實，及盜起兵興，財用益絀，而租、庸、調稅法乃陷於敗壞。陸贄說：『天寶季歲，羯胡亂華，海內波搖，兆庶雲擾，版圖壞於辟地，賦法壞於奉軍。』（註三十五）楊炎傳載：『自開元承平久，不爲版籍，貧富昇降，田畝換易，悉非向時，而戶部歲以空文上之。……天寶中王鉷爲戶口使，方務聚斂，以其籍存而丁不在，乃按舊籍除當免者，積三十年，責其租、庸，人苦無告，故法遂大弊。至德（肅宗紀元）後，天下起兵，因以飢癘，百役並作，人戶凋耗。……吏因其苛，蠶食於人。富人丁多者，以宦、學、釋、老得免；貧人無所入，則丁存焉。故課免於上，而賦增於下；是以天下殘瘁，蕩爲浮人，鄉居地著者，百不四五。』（註三十六）楊炎、疾其弊，乃創兩稅制，唐書載：『凡百役之費，一錢之斂，先度其數而賦於人，量出制入；戶無主客，以見居爲簿，人無丁中，以貧富爲差。不居處而行商者，所在州縣，歲三十分之一，度所取與居者均，使無僥倖。居人之稅，秋夏兩入之，俗有不便者正之；其租、庸、雜徭悉省，而丁額不廢。其田畝之稅，率以代宗大曆十四年墾田之數爲準，而均徵之；夏稅盡六月，秋稅盡十一月。』（註三十七）因爲戶籍、口籍、田册，三者均不修，想行「以丁身爲本」之租、庸、調舊制，是不可能的。但兩稅法，行之日久，流弊復生。陸贄論兩稅有七弊，皆可以陷人民於困窮。（註三十八）我們知道兩稅是以貧富爲標準，資產多者稅多，資產少者稅少，若不能行均田之制，則兩稅制，是不可易之法。

唐代尚有雜稅：（1）鹽稅。唐有鹽池十八，井六百四十，皆隸度支，鹽鐵使劉晏、上鹽法輕重之宜，因民所急而稅之，可以足國家之用。代宗大曆末年，增鹽利六百餘萬緡。（註三十九）（2）酒稅。代宗廣德二年，令天下諸州各量定酤酒戶，隨月納稅。歷憲宗、文宗、武宗、昭宗、各朝，均收酒稅。（註四十）（3）茶稅。德宗貞元九年正月，初稅茶。穆宗時，增天下茶稅。武宗時，又增江淮茶稅。後立稅茶十二法，人以爲便。（註四十一）（4）關稅。唐代關稅，可分二種：（子）內地關稅，凡諸道津會所在，都設關置吏，專徵往來商賈運輸貨物，如羊、馬、綾、絹等物。（註四十二）（丑）海關，凡南海番舶運貨由廣州上陸者，由市舶使，徵收進口稅。（5）鑛稅。玄宗開元十五年，開始稅銀錫。德宗時之鑛稅，每年收入銀錫各在萬斤以上，而銅鐵總在數十萬斤以上。宣宗時之鉛稅，每年計得十一萬四千斤。（註四十三）（6）苛捐。唐自安、史亂後，民物凋弊，國用不足，往往厲行苛捐，其性質屬於商稅者，約有四種：（a）率貸，就收什收其二的財產捐。（b）間架稅，凡屋兩架爲一間，分三等徵稅。（c）除陌法，凡有買賣，每緡官留五十錢。（d）皺陌納貿錢，凡以物貿錢，賠出時，於母錢之外，吏納子錢。（註四十四）苛捐日多，人民當然是很困苦的了。

（四）工商業　（甲）工業。唐的官營工業，隸於少府、將作、軍器三監。（1）製糖業。摩揭它國獻波羅樹，太宗遣使取熬糖法，即詔揚州上諸蔗，榨瀋，如其製，色味愈西域遠甚。（註四十五）（2）造船業。李皋常運巧思，造戰艦，挾二輪蹈之，翔風鼓疾，若掛帆席然，所造省易而久固。（註四十六）（3）紡織業。唐代的絲織物，名爲綾、絹、紵、紬、紗、羅、縠。麻織物稱爲布，葛布亦稱布。毛織物，則稱爲褐。官織機關，有染織署，東都有官錦坊。（註四十七）產絹、綾、絁、紬、綿、綄、葛布等品，以河南道、河北道、山南道、淮南道、江南道、嶺南道爲盛。（註四十八）其時尚方（官名）織成毛裙，因日光映照而異色，爲人所稱。（註四十九）（4）染色業。唐代染料，多爲植物，唐六典載：『凡染大抵以草木而成，有以花朵，有以莖實，有以根皮，出有方土，採有時月，皆率其屬，而修其職焉。』（註五十）（5）金屬工業。唐代打造金銀器皿者，有諸冶署中尚署。金工業之分類，有十四種：銷金、拍金、鍍金、織金、砑金、披金、泥金、鏤金、撚金、口金、圈金、貼金、嵌金、裹金等。（註五十一）（6）兵器工業。唐代武器製造工業，初屬少府監，後屬軍器監。玄宗時，有北都軍器監；諸冶監兼造兵器；各節度使屬下，亦有製造軍器的場所。軍器之鑄造，據唐六典敘述甚多。以上略爲引證，可知唐代工業的興盛。

（乙）商業。唐代甚注重商業，西京長安，東京洛陽，兩京都市，各設令一人，丞二人，錄事一人，府三人，史七人，典事三人，掌故一人，市令掌百姓交易之事，丞爲之貳。長安設東西兩市，計分爲南北十四街，東西十一街，街分一百有八坊，每坊廣長三百餘步。東都則設南北西三市。各市的開業和休業時間，都有規定；每日午中擊鼓三百聲而會集，日入前七刻擊鉦三百聲而散衆。(註五十二)德宗時，京師商業新創兩種制度：(1)常平權商賈錢，以充常平本錢，以屯積米粟布帛絲麻，平定市價。(2)宮市，長安宮中宦官往東西兩市買物以充宮中之用，往往抑勒市價。(註五十三)當時內地商業頗爲繁盛。玄宗天寶年間韋堅爲水陸轉運使開運河以通滻水各州貨物由河道以入京師諸州各揭其郡名，陳其所產貨物於栿上，如廣陵郡船卽於栿背上堆積廣陵所出錦、鏡、銅器、海味；丹陽郡船堆積京口綾衫緞；晉陵郡船堆積綾繡；會稽郡船堆積銅器、羅、吳綾、絳紗；南海郡船堆積瑇瑁、珍珠、象牙、沈香；豫章郡船堆積名瓷、酒器、茶釜、鐺、茶碗；宣城郡船堆積靑石、紙筆、黃連；始安郡船堆積蕉葛、蚺蛇膽、翡翠。(註五十四)如是者凡數十郡。可知當時貨物之運輸於京師者甚多。吳蜀之間，相距至千里以上，一在長江之極東，一在長江之極西，吳之鹽，蜀之麻，互相交換，商業之進步如此。其他商業都市，如太原、范陽、涼府、汴州、益州、瓜州等，均爲繁盛的地點。

關於國際貿易，唐初設互市監，專司大食諸番和中國往來通商之事。對外貿易的商港，有廣州、揚州、龍編、泉州等。據九世紀阿剌伯地理學家伊般哥達比(Ibn Khordadbeh)所著之道程及郡國志說：『中國當時之通商口岸有四：南曰 Lonkin，稍北曰 Khanfun，更北曰 Djanfun，最北曰 Khanton。』經日人桑原隲藏之考證，斷爲龍編(河內)、廣州、泉州、江都四埠。(註五十五)(1)廣州。廣州在唐代爲國際貿易之重要地點，開元時設有市舶使，購買外國商品，抽收船腳。李肇國史補說：『南海舶，外國船也，每歲至安南、廣州，師子國舶最大，梯上下數丈，皆積寶貨。』皇華四達記載廣州通海夷道有說：『至師子國，又西四日行，經沒來國，南天竺之最南國。……從沒來國至烏剌國，皆緣海東岸行。』(註五十六)元開撰唐太和上東征傳廣州條說：『西江中有波斯、波羅門、崑崙等舶，不計其數』可見其時貿易的興盛。廣州所聚居之阿剌伯人至成蕃坊，可以反證中外通商的狀況。(註五十七)(2)揚州。揚州在唐代以鹽政及漕運關係，成爲大商業都會，大食、波斯、胡人之流寓者甚衆。揚州胡店甚多，以珠寶爲業；文宗時准外商自由通商，不得重加稅率。(3)龍編。龍編卽安南之河內，唐時置安南都護，大食、波斯、猶太人等均以此爲來華起點。中國商船多往安南貿易。(4)泉州。泉州爲中日間往來的要道，海舶頗多，外番貢使多至此登岸。(註五十八)當時中國商人也有往阿剌伯一帶貿易者，通典載『杜環隨鎭西節度使高仙芝西征，天寶十年至西海，寶應初，因賈商船舶自廣州而回，著經行記。』(註五十九)足徵中國商船有至紅海一帶貿易者，故杜環始能附賈舶而回。唐代南方海路貿易之發達，已如上述；而西北方面對外之陸路貿易，亦頗隆盛。當時通道，係由陝西、西安，經甘肅、蘭州，沿新疆、塔里木河，以達西部亞細亞，我國絲商之往土耳其斯坦等處，以與阿剌伯人貿易，係遵此道而行。商業中心，以河西諸郡爲盛。德宗建中元年時，居留西安之外人達四千餘家之多。據宋敏求之長安志，李肇之唐國史補，段成式之西陽雜俎諸書所述，留寓外人以大食胡與波斯胡爲最多。(註六十)

唐代的行會亦有可觀，東市市內貨財二百二十行，西市內店肆如東市之制，可知唐代工商業之複雜化，分工之精密化。(註六十一)因爲工商業之複雜化，商業的經營，視前代爲興盛，而商業政策的設施，也視前代的規模爲遠大；除市舶司之設立外，並且有密切關係的商法，我們看唐律疏議規定斛斗、秤度、用物、物價，就可以知道了。

(五)幣制　唐高祖入長安時，民間使用的錢，是輕薄的小錢，因此，武德四年廢五銖錢，而行開元通寶。此錢徑八分，重量二銖四絫，卽以十枚爲一兩，千枚爲六斤四兩；並置錢監於洛、并、幽、益、桂等州，以鑄造之；其後歷代鑄錢，概以開元通寶爲標準，高宗顯慶五年九月，以天下惡錢多，令官方以好錢一，換惡錢五的比例收買之。乾封元年，新鑄乾封泉寶，其錢徑一寸，重二銖六分，以其一當舊錢十，而與舊錢並行，如此一年，舊錢多不能通行，物價飛漲，於是廢乾封泉寶，又行開元通寶。儀鳳年間，私鑄者甚多，乃令巡江官督，凡運送銅錫及鉛在五百斤以上者，得沒收於官。玄宗、開元六年，禁絕惡錢，行二銖四絫錢，收惡錢，鎔毀之，改鑄爲二銖四絫錢。開元八年，惡錢一千文，重滿六斤者，由官吏以好錢三百買入之，無好錢處，得依時價折算爲布絹雜物而買入之。開元二十六年，私鑄之惡錢，大爲增加，因此出絹布三百萬匹而收回之。天寶十一年，又出錢二十萬緡，收回兩京之惡錢。肅宗乾元元年，戶部侍郎第五琦，請鑄造乾元重寶錢，徑一寸，重每緡十斤，以一當十，並與開元通寶相參用；及爲相，請更鑄重輪乾元錢，以一當五十，與乾元開元通寶錢三品並行，因私鑄大起，物價飛漲，一斗米至值錢七千文，乃減重輪錢的價格，以一當三十。代宗即位，乾元重寶錢改爲以一當二，重輪錢以一當三，大小錢皆以一當一，人民稱便。憲宗元和元年，因錢之流通少，禁止銅器之使用。敬宗寶曆元年，禁止銷錢而爲佛像；文宗、太和三年，禁止製造佛像用銅。武宗、會昌六年，准許諸道觀察使，皆、得置錢坊，又把天下的州名，鑄在錢面，京師鑄造之錢爲京錢，交易上不准使用舊錢。(註六十二)

唐代信用紙幣，始自唐高宗永徽年間，曾印大唐寶鈔，橫額書大唐寶鈔，下書十貫。武宗、會昌年間，又發行九貫及一貫兩種，樣式相同，仿發天下，任民使用，僞造者斬。(註六十三)唐憲宗時，商賈至京師，委錢諸道院及諸軍諸使富豪家，以輕裝趨四方，勘驗合券，乃取之，號飛錢；此種飛錢，可節省貨幣現量，其功用與今世紙幣、支票、匯票相同，所以顧亭林、以爲唐代的飛錢，和明代的會票，是相同的。(註六十四)

（六）交通　唐代國內交通機關名驛，驛有舍，其非通途大道則曰館。三十里一驛，天下凡一千六百三十九所，二百六十所水驛，一千二百九十七所陸驛，八十六所水陸相兼。驛傳最高機關爲兵部，駕部郎中員外郎，掌邦國之輿輦車乘及天下之傳驛廄牧官私馬牛雜畜之簿籍。（註六十五）其交通機關行政之系統，列表如下：（註六十六）

監察	行政				
	中央	諸道	諸州	諸縣	諸驛
館驛使	兵部	館驛巡官	兵曹司兵參軍	縣令	驛長

唐代漕運，自開國時已有之，其後日益增多。玄宗以前，已注重江、淮之粟，但漕運辦理不善，故靡費多而成功少。肅宗以後，漕運專仰吸於江、淮，惟因大財政家劉晏的調度得宜，所以漕運的規模大具。劉晏以後，杜佑、李巽等加以整理；當藩鎮抗命，道路梗塞的時候，僻都長安的唐朝，能夠苟延殘喘，到百餘年之久，未始非漕運通達之功。（註六十七）

關於國外交通：（甲）陸路。由營州，入安東道；夏州，塞外通大同雲中道；中受降城入回鶻道；安西入西域道。（乙）海道。由登州海行入高麗、渤海；安南通天竺道；廣州通海夷道。（註六十八）當唐太宗討高麗時，舟師悉自萊州出。當時造船事業也甚發達，貞觀十八年七月，勅將作大監閻立德等往洪、饒、江三州，造船四百艘；二十一年八月，勅宋州刺史王波利等，發江南十二州工人，造大船數百艘。（註六十九）杜甫後出塞詠：『雲帆轉遼海，稉稻東來吳。』昔遊：『吳門轉粟帛，泛海陵蓬萊。』蓬萊，爲當時登州之治所；吳門，即指蘇州，似從松江入海，轉往遼海上之某地點。（註七十）新羅在唐代，已沿海與中國交通，而中國亦由海路與新羅來往；新唐書地理志引賈耽四達記，詳載航海路程，且依入唐求法巡禮行記及日人桑原所引之三國遺事與三國史記等記事，可知新羅人不但來往於山東，且至大江。（新羅國名三韓之一。）日本與唐代交通自舒明天皇二年（西紀元六三〇）犬上御田鍬始，至宇多天皇寬平六年（西紀元八九四）九月止，前後共十九次，其間歷二十六代，二百六十四年之久。第一期自舒明天皇至齊明天皇，凡三十年，有四次遣唐使。第二期爲天智朝之兩次遣唐使，時唐之百濟鎮將劉仁軌使郭務悰等爲使至日本之對馬，致牒書並禮物。第三期乃自文武天皇至孝謙天皇，約計五十年間，四次遣唐使，是時當唐中宗、睿宗、玄宗之世，爲唐代文化達於極點之期，爲日本遣唐使之最盛期；日本天平時代燦然美備的文化，多爲此期留唐之學問僧及學生所負擔。第四期自光仁天皇至仁明天皇，凡六十年間，有三次遣唐使，是時當唐安史亂後，文運漸衰，日本之學問僧學生，留學於唐之期間亦較短。（註七十二）日本遣唐使之人物，爲大使、副使、判官、錄事等官，選深通經史文藝優秀者任之，故在唐期間雖只一年內外，於移植唐之文化上，實有大力；他們所遊之地爲長安，長安實唐代文化的中心，且爲伊蘭系文化、印度系文化朝宗之地，他們所見聞，實在不少。自仁明天皇承和六年（西紀元八三九）至醍醐天皇延喜七年（西紀元九〇七），凡七十年間，往來唐日間之船中，有日本船與新羅船。唐之船舶則由明州（寧波）橫斷中國東海，經肥前國、松浦郡、値嘉島，入博多津。日本文武朝以前，留學生多至中國北部，文武朝以後，多至中國南部，他們學習經史，博涉衆藝，兼及醫術針砭。

唐代與南洋諸國，亦有交通通商，華僑之移殖南洋，自是始見於記載：（1）馬來半島諸國中，有赤土、丹丹、二國朝貢中國，並獻方物。(2)蘇門答臘諸國，有墮婆登及室利佛逝，遣使朝貢。(3)爪哇諸國，有訶陵國，獻玳瑁、女樂、牛犀等。(4)婆羅洲諸國有婆利國，獻方物。(註七十二)唐時爪哇、蘇門答臘、馬來半島之南部為中西海上交通要道，國人移殖者當復不少，惟書闕有間，不可詳考。顏斯綜南洋蠡測謂新忌利坡（即新加坡）有唐人墳墓。東西洋考謂爪哇國人分三種，即唐人、土人、西番賈胡，可證唐人往居諸土者正多。

唐代也曾與歐西交通。據唐會要載：「拂菻一名大秦國，在西海之北，東南與波斯接，地方萬里，列城四百。……貞觀十七年，其王波多力遣使獻赤玻璃、石綠、金精等物，太宗降璽書答慰。」(註七十三)拂菻之名，乃沿用隋書裴矩傳及鐵勒傳中之名，除抄錄古史之外，其新有記載，皆與東羅馬帝國情形相合。唐初之東羅馬，領土包埃及、猶太、敍利亞、亞美尼亞、小亞細亞、君士但丁堡，及多腦河南、巴爾幹半島諸地。總合之與上書所述地方萬里，列城四百，是相合的。(註七十四)當時航行中國與外國之貿易船，有稱南海舶、番舶、西南夷舶、波斯舶、崑崙舶、西域舶、蠻舶、波羅門舶、師子國舶。(註七十五)從上引述而觀唐代海外交通的興盛，可以知道了。

(七)官制　(甲)中央。魏、晉、南北朝時，國家機要，在中書、門下兩省，尚書不過執行政務，到唐朝就用三省的長官，即中書令、侍中、尚書令；後以太宗世民嘗為尚書令，臣下遂不敢居其職，就把次官僕射作為長官，與侍中、中書令，同為宰相；其品秩既崇，不欲輕以授人，故常以他官居宰相之職，而假以他名；其後又有所謂同中書門下、同平章事，同中書門下三品，大抵皆是宰相的別號。高宗以後，為宰相者，必加同中書門下三品之稱。玄宗以後，宰相常領他職：時方用兵，則為節度使，時崇儒學，則為大學士；時急財用，則為鹽鐵轉運使。唐制以侍中、中書令為真宰相，其餘以他官參掌者無定員，以新唐書宰相表考之，前後異稱，多至四十有餘，其名或有爲一人而設者。(註七十六)中葉以後，翰林學士和天子十分親近，又漸漸握起實權，玄宗於翰林院置待詔供奉命與集賢院學士分掌制勅，翰林學士的握權，和前此的中書省如出一轍。(註七十七)隋氏三省，尚書爲其一，唐沿其法，六部尚書以尚書省統之，吏、戶、禮、兵、刑、工之名，於是確立。九卿之設，隋同北齊，唐又同隋，積世相沿，未嘗更變。御史一官，太宗貞觀末，威權漸重；武太后時，改御史臺爲肅政臺，分置左右肅政二臺，別置大夫、中丞各一人，侍御史、殿中、監察各二十人，左以察朝廷，右以澄郡縣。(註七十八)中宗復位後，復名御史臺，仍分左右。睿宗時，命兩臺都察內事，後又把右臺廢掉。貞觀末年，御史中丞李乾祐奏於臺中置東西二獄，自後御史臺就多受詞訟，使犯司法兩權限。唐代中葉以後，又有宣徽南北院和樞密院，其初本以處宦官，沒有重要的職權，後來宦官威權日大，這兩種官的關係也就漸重。唐之設官，大抵皆沿隋舊，惟其格令，則規定於玄宗開元二十五年。據文獻通考載：「開元二十五年刊定職次，著爲格令：尚書省以統會衆務，舉持繩目；門下省以侍從獻替，規駁非宜；中書省以獻納制冊，敷揚宣勞；祕書省以監錄圖書；殿中省以供修膳服；內侍省以承旨奉引；御史臺以肅淸僚庶；九寺（太常、光祿、衛尉、宗正、太僕、大理、鴻臚、司農、太府）五監（少府、將作、國子、軍器、都水）以分理羣司；六軍（左右羽林、左右龍武、左右神武）十六衞（左右衞、左右驍衞、左右武、左右威、左右領軍、左右金吾、左右監門、左右千牛）以嚴其禁禦；一詹事府、二春坊、三寺（家令寺、率更寺、太僕寺）十率（左右衞、左右司禦、左右監門、左右清道、左右內侍）俾乂儲宮；牧守督護分臨畿服；設官以經之，置使以緯之（按察、採訪等使，以理州縣，節度、團練等使以督府軍事，租庸、轉運、鹽鐵、靑苗、營田等使以毓財貨，其餘細務，因事置使者，不可悉數）

自六品以下，率由選曹居官者，以五歲爲限。」可見唐代中央官制之有條不紊。(註七十九)

(乙)地方。隋代把州郡并做一級，唐沿其制，於其上再設一個道的區域，一道之中是沒有長官的。唐分天下爲十道：關內道二十二州；河南道二十八州；河東道十九州；河北道二十五州；山南道三十三州；隴右道二十一州；淮南道，一十四州；江南道，五十一州；劍南道，三十三州；嶺南道，七十州：凡三百六十州。自後併省，迄於天寶，凡三百三十一州。(註八十)每道各設巡察使，睿宗時改爲按察使，玄宗時改爲採訪處置使。肅宗以後，把天下分做四十餘道，各置觀察使；他的責任是在州郡中訪察善惡，並不直接理事，頗像漢代刺史的職權。然而到後來往往侵奪州郡的實權，州郡不敢與抗，凡有軍馬的地方，都設了節度使，有節度使的地方，任憑有多少使的名目，都是由他一人兼任，因此中央政府毫無實權可以管轄地方，成了尾大不掉之勢。(註八十一)唐代視縣令爲親民之官，頗加以注重，凡縣令在任，戶口增益，界內豐稔，清勤著稱，賦役平均者，先與上考，不在當州考額之限；郡縣官僚有共爲貨殖放債侵民者，准法處分。(註八十二)

(丙)藩屬。唐代武功擴展，版圖遼闊，對於藩屬，特設六都護統轄之：(1)安東都護府，初治朝鮮平安道平壤，後移遼河沿岸之遼東城，轄今滿洲及朝鮮之地；(2)安北都護府，初治鬱督軍山之南狼山府，後移陰山之麓中受降城，轄今外蒙古之地；(3)單于都護府，治山西大同府西北之雲中城，轄今內蒙古之地；(4)北庭都護府，治天山北路之庭州，今之迪化府，轄今天山北路；(5)安西都護使，治天山南路之焉耆，今之哈喇沙爾，轄今天山南路，及中央亞細亞；(6)安南都護使，治嶺南之交州，即東京之首府河內，轄今南海諸國。(註八十三)因轄地之遼闊，交通文化，更發生密切的關係了。

（八）軍制　唐代軍制，是沿襲南北朝的。京城諸軍，有羽林軍、龍武軍、飛騎、神武、神策各軍，以拱衞中央的政權。（註八十四）太宗時，依隋制置折衝府六百三十四於十道，其中有二百六十一屬關內道。折衝府有上、中、下三等，一千二百人爲上府，一千人爲中府，八百人爲下府，在赤縣爲赤府，在畿爲畿府。衞士以三百人爲團，有校尉，五十人爲隊，三十人爲火，有長，備六馱馬，驢米糧介冑戎器鍋幕，貯之府庫，以備兵事。關內置府三百六十一，積兵士十六萬，舉關中之衆以臨四方，置十二軍。（註八十五）府兵不僅鎮壓地方，並每年番上交代，而以宿衞京師。人民二十當兵，六十免役，能騎射者爲越騎，其餘則爲步兵，每歲冬季，折衝都尉則集府兵而習軍陣進退之法；平時則使之耕作，值番者則使之宿衞；事變起時，則待契符之下而出兵。高宗武后時，久不用兵，府兵法漸壞，至於宿衞不給，宰相張說請募兵宿衞，謂之彍騎。玄宗時，宿衞的兵有名無實，諸府空虛，所以安祿山一反，就無從抵禦。

節度使是當府兵制破壞以後纔發生的，其性質很像割據一方的軍閥，所以歷史上稱爲方鎮或藩鎮。唐玄宗於民國紀元前一一七〇年，爲注重邊防起見，在沿邊設置十個節度經略使，統攬一切軍政民政的大權。茲列表如下：

十

藩鎮的名稱	所管區域
1. 平盧節度使	河北道東部（奉天省）
2. 范陽節度使	河北道（直隸省）

節度使表（續）

3.	河東節度使	河東道（山西省）
4.	朔方節度使	關內道北部（甘肅寧夏）
5.	河西節度使	河西道（甘肅西北部）
6.	隴右節度使	隴右道（甘肅省）
7.	安西節度使	龜茲焉耆于闐疏勒四鎮
8.	北庭節度使	起天山北路俄領七川州
9.	劍南節度使	劍南道（四川省）
10.	嶺南節度使	嶺南道（兩粵及安南東京）

唐初對於馬政亦加注意，設監牧一官，領以太僕，有副監，有丞，有主簿等官以助之。自太宗貞觀至高宗麟德，四十年間，養馬七十萬六千匹，置八使以董之，設四十八監以掌之，跨隴右、金城、平涼、天水四郡之地，幅員千里。穆宗長慶元年，召募一千五百人馬驍勇者以備邊防；仍令五十人爲一社，每一馬死，社中之人共補之，營中之馬無闕。（註八十六）

唐初置軍器監，貞觀六年廢併入少府監。開元初，以軍器使爲監，領弩甲二坊，以後廢併不常。德宗貞元元年下詔，不許私家藏鎧甲之屬。憲宗元和元年，下令無故於街衢中帶戎仗及聚射者治罪。（註八十七）

唐代自府兵法度不守，軍士出於召募，以前更代番休之法不舉；在外方鎮可以專兵，在內宦官亦可以擁衆，（德宗委任宦官統帶禁軍，）馴致內外交亂，而唐室遂亡。

(九)法制　中國法律至唐而大備，可說唐代是集中國法律的大成，宋、元、明、清四代皆奉爲圭臬。我們試看留傳到現在整部法典如宋刑統、元史刑法志或元典章的一部分、明律集解、大清律例等書內容雖有繁簡之分，但體制相去不甚遠，由此可知唐律爲近代法典的模型。(註八十八)然唐代的法律，非一蹴而成，是經唐代君臣幾次之修訂，而後有此偉大的成績。唐高祖入關時，祇有約法十二條，武德元年詔劉文靜與通識之士，因隋開皇律令而損益之，遂制爲五十三條。太宗時命長孫無忌、房玄齡與法官更加釐改，定律五百條，分爲十二卷，如名例、衞禁、職制、戶婚、廄庫、擅興、賊盜、鬭訟、詐僞、雜律、捕亡、斷獄；自後律條始大備。(註八十九)既定之後，加以增補，故唐之法律有四：即律、令、格、式；律是問刑的科條；令是國家的制度；格是百官有司所治之事；式是所常守之法，其犯罪者，一斷以律。(註九十)茲將唐代修訂之法制，列表如下：(註九十一)

名稱	年代	撰者
武德律令式	武德七年三月	裴寂等撰
武德新格	武德九年六月	劉文靜等撰
貞觀律令格式	貞觀十一年正月	房玄齡等撰
貞觀留司格	貞觀十一年正月	房玄齡等撰
永徽律令格式	永徽三年	長孫無忌等撰
永徽律疏義	永徽四年十月	長孫無忌等撰
垂拱留司格散頒格	垂拱元年三月	裴居道等撰

神龍散頒格及式	神龍元年正月	唐休璟等撰
太極格	太極元年二月	岑羲等撰
開元格	開元三年正月	盧懷愼等撰
開元後格	開元七年三月	宋璟等撰
開元令	開元七年三月	宋璟等撰
唐六典	開元十年至二十五年	張九齡等撰
開元律	開元廿五年九月	李林甫等撰
格式律令事類	開元廿五年九月	李林甫等撰
貞元定格後勅	貞元元年	尙書省進
元和格式	元和二年七月	許孟容等撰
元和格後勅	元和十三年八月	鄭餘慶等撰
太和格後勅	太和四年七月	刑部撰
開成詳定格	開成四年	狄兼謩等撰
大中刑法總要格後勅	大中五年四月	劉瑑等撰
大中刑律統類	大中五年四月	張戣等撰

唐代法制，號稱完備，牠的精神所表現的：（甲）偏重倫理。凡子孫有不孝行爲，如殺傷毆打咒駡告詰等，固處以嚴刑；卽無關於犯罪行爲，如居喪嫁娶，居喪生子，父母在而兄弟別籍異財，亦分別處以徒刑，或一年或三年，且不在

八議之列，雖王親國戚亦一體治罪。(乙)偏重階級。唐代對於叛逆之罪，特加嚴刑；喪師失地罪不過斬，而謀反及大逆，除本身處斬刑外，子年十六以上皆絞，十五以下及母女妻妾子孫兄弟姊妹等並沒官，甚至異籍之伯叔父母兄弟之子，亦須流二千里。(丙)嚴懲貪污。凡官吏有受人民或屬下賄賂者，罪固不赦，即向人民及屬下乞貸或借用奴隸牛馬者，亦以坐贓論，即受人民及屬下供饋豬羊，亦以坐贓論；甚至其家人有受乞借貸役使以及買賣者，亦治以相當之刑。(丁)重視執行死刑。決定死刑，京師須五覆奏，諸州須三覆奏，其重視生命如是。至唐代法律有合於現代法律者，有數端如下：(1)刑事責任與刑之減免。刑事責任分二：(a)爲責任能力，(b)爲責任條件。責任能力即犯罪之能力，如未滿十三歲者，心神喪失者，已過八十歲者是也；而責任條件則爲故意或過失；其能力薄弱者，雖有罪得以減免，而過失與故意亦有重大區別；九十以上，七歲以下，雖有死罪，不加刑；此是確定刑事責任及刑之減免。(2)自首減免。凡犯罪自首一律原罪，或減或免，大抵犯未發覺而自首者原罪；知人欲告自首者，減二等。(3)規定共犯罪。(4)規定倂合論罪。(5)規定累犯罪。(6)規定損害賠償之制。(7)規定因傷致死之因果關係。凡此可見唐律的進步(註九十二)。我國法制，以唐代法制爲完成時期；以宋、元、明、清四代，爲承襲時期；唐律疏議一書，其所用名詞意義，令人一目了然；現代法制多仿法、歐美，其於刑法，亦多以唐律爲依歸。

唐代地方司法管轄，最下級有縣，縣之上有州或府，均以行政官兼理司法事務。縣令之下，有里正、坊正、村正，凡民事案件，由里正、坊正、村正裁判之；不服，則申訴於縣令；再不服，則申訴於州刺史。至刑事條件，在京師者，杖刑以下，由京師法曹參軍事審斷，徒刑以上，由大理寺訊斷；遇有死刑，則由大理寺判決後，直接奏報皇帝；其徒流刑，則咨送刑部覆核。倘遇有可疑的案，流徒以下，駁令更審，或巡爲覆判；死刑或交大理寺更審；其由皇帝發交覆訊者，則由刑部會同大理寺及監察御史同審，以期訊斷公平，不致枉濫。(註九十三)

(十)宗教　(甲)多神教。唐初天下太平，登封告禪之事，時時舉行。太宗貞觀五年，朝集使趙郡王孝恭等，奏請封禪，展禮名山，以謝天地。貞觀十一年，羣臣復觀封山，始議其禮。(註九十四)太宗將有事泰山，詔公卿博士，雜定其儀，顏師古乃撰定封禪儀注書，以後舉行，多從其說。高宗即位，公卿數請封禪，車駕東發巡狩，詔禮官博士，撰定封禪儀注；既封泰山之後，又欲遍封五嶽。永淳二年十一月，封禪於嵩嶽，詔國子司業李行偉等，詳定儀注，議立封祀壇，如圜丘之制。玄宗開元十二年十二月，文武百官吏部尚書裴漼等，上請封東嶽；開元十八年，百僚累表請封西嶽；天寶九年，百僚累表請封西嶽。中宗、景龍三年，親祀昊天上帝。德宗貞元十一月十一日，親祀南郊。唐代諸州祭社稷儀，頗爲隆重：當祭祀前三日，刺史散齋於別寢二日，致齋於廳事一日；亞獻以下應祭之官，散齋二日，各於正寢，致齋一日，皆於壇所。諸里祭社稷儀：前一日社正及諸社人應祭者各清齋一日於家正寢，而社稷及日月五星，是四時致祭的。

(乙)道教。唐高祖時，下詔立廟，祀老子。高宗曾至亳州老子廟拜謁，上尊號爲太上玄元皇帝，認爲始祖。(註九十五)玄宗極力提倡道教；武宗嘗召道士趙歸眞等八十一人入禁中，於三殿修金籙道場，於九天壇親受法籙。(註九十六)又聽了趙歸眞的話，拆毀佛寺四千六百餘所，勒令僧尼還俗的二十六萬餘人；三夷寺僧人勒令還俗的三千餘人，並建天下觀總共一千六百八十七所。(註九十七)中唐以後，上自君相，下至人民，多信丹餌，受害不淺。(註九十八)

(丙)佛教。佛教至唐代，可稱極盛。唐太宗時，玄奘自長安西去，經一百二十八國，取道天山南路、中亞細亞，以入印度，攜經典六百五十餘部以歸，大輸印度文化於中土。高宗、咸亨二年，義淨、航南海入印度，經二十五年，歷三十餘國，得梵本經論近四百部合五十萬頌。釋不空、於玄宗、開元二十九年，附舶達師子國，廣求密藏及諸經論五百餘部，至天寶五年還京。釋悟空、於天寶十年，隨使臣西去至龜茲等地，翻成十地迴向輪經。翻譯事業，超越前代。據道宣、續高僧傳、贊甯高僧傳三集，譯經篇中所載西來高僧不下數十人。當時天下寺廟總五千三百五十八所，凡僧尼之籍，三年一造；至武宗時，寺廟增至四萬餘所。茲將唐代佛教宗派，列簡表如下：（註九十九）

宗名	開祖	印度遠祖	初起時	中盛時	後衰時
成實	鳩摩羅什	訶梨 跋摩	晉安帝時	六朝間	中唐以後
三論	嘉祥大師	龍樹 提婆	同上	同上	同上
涅槃	曇無讖	世親	同上	宋齊	陳以後歸天台
律	南山律師	曇無德	梁武帝時	唐太宗時	元以後
地論	光統律師	世親	同上	梁陳間	唐以後歸華嚴
淨土	善導大師	馬鳴 龍樹 世親	同上	唐宋明時	明末以後
禪	達摩大師	馬鳴 世親 龍樹 提婆	同上	同上	同上
俱舍	眞諦三藏	世親	陳文帝時	中唐	晚唐以後
攝論	同上	無著 世親	同上	陳隋間	唐以後歸法相
天台	智者大師		陳隋間	隋唐間	晚唐以後

華嚴	杜順大師	馬鳴 堅慧 龍樹	陳	唐則天後	同上
法相	慈恩大師	無著 世親	唐太宗時	中唐	同上
眞言	不空三藏	龍樹 龍智	唐玄宗時	同上	同上

以上十三宗，只有俱舍、成實兩宗，是小乘，其餘都是大乘；其中天台一宗，係中國人所自創。

(丁)祆教。祆教以宇宙有陰陽二神，陽神代表善，陰神代表惡，以火表陽神，故又名拜火教。祆教，爲波斯國教，南北朝時，乃稍傳而東，唐初盛行於中國。高宗、武德時，敕立祆寺於長安，置薩寶府以掌其祭，有祆正、祓祝等官，皆以胡人充之。(註一百)

(丙)摩尼教。摩尼教始於魏、晉間波斯人摩尼所創，源本於火教，參酌佛教、祆教、耶穌教而成。唐初，已由波斯傳入中國，回紇人素崇其教。唐中葉以後，回紇人多移居中國內地，乃請於朝廷，於各地建摩尼寺，代宗賜額爲大雲光明。(註一百一)武宗時，罷摩尼寺，其教至宋不衰。

(丁)回教。回教即摩哈默德教，唐武德中，其徒撒哈八等，自大食由海道入中國傳教，建寺於杭州、廣州，是爲中國有回教寺之始。唐末，天山以南佛教漸衰，回教乘之，遂布其地；因回紇人多尊奉其教，故有回教之名。(註一百二)

(戊)景教。景教爲耶穌教之一派，爲東羅馬教徒乃司脫利安（有譯爲涅士脫流斯）所創設，得波斯所尊信，波斯王斐魯巳斯建爲國教，唐初與波斯交通，遂流入中國。太宗貞觀中，波斯人阿羅本攜經典來長安，太宗留禁中翻經，爲建波斯寺，度僧二十一人，其徒自號景教，表示教旨光輝發揚之義。高宗時，更於諸州建波斯寺，其教大行。玄宗、天寶四年改波斯寺爲大秦寺。(註一百三)德宗之世，長安大秦寺僧景淨建大秦景教流行中國碑，其碑日久隱沒，至明末始掘見。(註一百四)

(十一)美術　(甲)音樂。唐興，以隋代所傳南北之樂，梁、陳盡吳楚之聲，周、齊皆胡虜之音，未足爲世法，於是武德九年正月始命太常少卿祖孝孫考正雅樂。貞觀初，張文收善音律，取歷代沿革，截竹爲十二律吹之，備盡旋宮之義；太宗、召文收於太常，令與少卿祖孝孫參定雅樂。(註一百五)雅樂合四十八曲八十四調。玄宗時分樂爲三部：堂下立奏，謂之立部伎；堂上坐奏，謂之坐部伎；太常閱坐部不可教者隸立部，又不可教者，乃習雅樂；玄宗嗜音樂，設左右教坊以教授俗樂，當時教坊生員至二千人，太常樂工有萬餘戶。其後因戰亂音樂遂衰，然宣宗之時，猶有太常樂工五千餘人，俗樂一千五百餘人。唐代樂曲以燕樂爲最著，凡雅樂、清商、俗樂、胡樂等，後概以燕樂統之。著名樂曲有霓裳羽衣六么、渭城、柘枝等；樂曲是兼舞的。上所說的坐部伎，都是舞曲，是受西域龜茲曲的影響的。唐會要載：『開元十三年，詔燕國公張說，改定樂章，上自定聲度，說爲之詞，令太常樂工就集賢院教習，數月方畢，因定封禪郊廟詞曲及舞，至今行焉』(註一百六)據此可知樂舞有舉行於宗教祭祀之儀典中。唐時與外國交通頻繁，故傳來外國的音樂亦不少，如東夷二國(高麗、百濟)樂於太宗貞觀中傳入；南蠻諸國(扶南、天竺、南詔、驃國)樂於德宗貞元中傳入；西戎五國(高昌、龜茲、疏勒、康國、安國)樂於太宗朝傳入；北狄三國(鮮卑、吐谷渾、部落稽)樂，於玄宗開元中傳入。(註一百七)唐之十部樂，是混合中外的音樂。(乙)書法　太宗貞觀六年正月命整治御府古今工書鍾、王等眞迹，得一千五百一十卷。貞觀十四年四月二十二日，太宗自爲眞草書屏風以示羣臣，筆力遒勁，爲一時之絕。玄宗開元六年正月三日，命整治御府古今工書鍾、王等眞迹，又得一千五百一十卷；十六年五月，出二王眞迹及張芝、張昶等古迹，總一百六十卷，分賜諸王。(註一百八)可見書法雖小技，亦得在上者極力爲之提倡。當時以書法著名者六人：(1)虞世南之書，有透逸之趣；(2)歐陽詢之書，善作小楷；(3)褚遂良之書，工於楷隸；(4)張旭得草書之妙；(5)顏眞卿之書，遒勁秀拔；(6)柳公權之書，體勢勁媚，皆爲一時之選。(註一百九)(丙)繪畫。唐世畫家比較各代爲繁盛。武周時之畫家，有工部尚書大安縣公閻立德、中書令博陵縣公閻立本兄弟，並擅丹青，蜚聲當代。驃騎尉張孝師、司徒校尉范長壽、何長壽、宿衛官尉遲乙僧等，亦唐初善畫妙手。盛唐時代，有吳道玄、李思訓、李昭道父子、曹霸、韓幹、盧鴻、周昉、王維等輩，而畫法一變。李思訓爲北派之祖，王維爲南派之祖。芥子園畫傳說：『禪家有南北二宗，於唐始分，畫家亦有南北二宗，亦於唐始分，其人實非南北也。』南北二宗，各有傳統。中唐畫師，有畢宏、韋鶠，及張璪等，得自然之畫法。又有會稽僧道芬、處士鄭町、天台項容、青州吳恬、梁洽，及王默等出，皆能作山水。其餘邊鸞之花卉，戴嵩之水牛，蕭悅之竹等，亦甚著名。晚唐名畫，如佛教畫張南本，山水荊浩，亦屬有名。寺觀畫壁之盛，以唐爲極；善導大師，一生造淨土變相三百餘壁；吳道玄壁畫，在長安、洛陽，亦有三百餘間。至宋時尚留存唐之壁畫八千五百二十四間，可知其盛。幡畫在唐代佛教畫中，亦佔重要位置，可以懸掛壁間或架上，以作供奉之用，即所謂功德畫。(註一百十)(丁)雕鑄。雕刻與冶鑄之術，本時代亦有進步。以言雕刻，唐代印璽碑碣甚盛，而唐文宗時，校定九經文字，旋令上石，是美術上之一大進步。唐末始有墨版之書，此爲書册雕版之始。(註一百十一)至於冶鑄，當時江西之瓷藝，日漸進步，唐高祖時，有陶玉者，浮梁縣人，負瓷至陝州，而貢諸唐帝。杜甫詩：『大邑燒瓷輕且堅，扣如哀玉錦城傳。』可證當時陶瓷之進步。唐時茶盌爲世所寶者，有直隸順德府（邢州）之白瓷，與浙江紹興府（越州）之靑瓷，其瓷皆發淸妙和諧之樂音。(註一百十二)盛唐末，佛教之造像極盛；技巧發達，凌駕前代。高宗之世，有巧工吳智敏，塑士安生，巧匠張淨眼，相匠韓伯通等；武周時，竇宏果、孫仁貴等出，而塑士雕木等，各盡其妙。如唐山之宣霧山，磁州之響堂山，邠州之大佛寺，歷城之千佛山，益都之駝山，鞏縣及龍門之賓陽洞壁等，自唐初至盛唐末，磨崖龕像雕造無數。又玄宗時，詔西京及天下州郡，各建開元觀，以官銅鑄天尊像安置之。(註一百十三)唐代黃金朱提之瓶，金削寶鈿之刀，及一切器用之由於唐鑄者，後世崇尙，號曰唐風。(戊)建築　高宗永徽五年十一月，雇雍州夫四萬一千人修京羅城郭，以工部尙書閻立德主其事。玄宗天寶二年正月，築成都羅城，號曰金城。(註一百十四)其他，憲宗則有承暉殿之作；穆宗、則有百尺樓之造；皆一代著名之事。

(十二)教育　唐代教育制度，比較前代進步。由中央直接設立的學校，大要分爲三系：(甲)爲中央六學，是爲直系；(乙)爲二館，(丙)爲醫學，是爲旁系。直系之六學，卽國學、太學、四門學、律學、書學、算學，統隸於國子監。國子監的性質，等於現今的教育部；長官稱國子祭酒，(註一百十五)等於現今的教育總長。高祖卽位以後，恢復六朝舊制，把太學國子學仍舊分開。(1)國子學。國子學隸國子監，學生名額三百人，文武三品以上的子弟盡歸國學；教員博士二人，助教二人。(2)太學。太學隸國子監，學生名額五百人，文武四品五品以上子弟，盡歸太學；教員博士三人，助教三人。(3)四門學。四門學隸國子監，學生名額一千三百人，勳三品以上無封四品有封的子弟，及文武七品以上的子弟，盡歸四門學；教員博士三人，助教三人。(4)律學。律學隸國子監，高宗時，隸詳刑，學生名額五十人，八品以下的子弟，及庶人之通律學者年在十八以上二十五以下入此學；教員博士一人，助教一人。(5)書學，書學隸國子監，高宗時，隸蘭臺學生名額三十人八品以下的子弟，及庶人之通書學者入此學；教員博士二人。(6)算學，算學隸國子監，高宗時隸祕閣，學生名額三十人八品以下的子弟及庶人之通算學者入此學；教員博士二人。以上為中央直系之六學。(7)弘文館。弘文館，隸門下省，學生名額三十人，皇室緦麻以上親，皇太后皇后大功以上親，宰相及散官一品功臣身食實封者的子弟及京官職事從三品中書黃門侍郎的子弟入此學，教員無定額。(8)崇文館。崇文館，隸左春坊，學生名額二十人，入學資格同上，教員無定額。弘文、崇文二館，地位高於國學，要算全國學校中最貴族的學校。(9)醫學。醫學學生名額四十人，內有按摩生十五人，教員有醫博士、助教各一人，鍼博士、助教各一人，按摩博士一人，按摩師四人，咒禁博士一人。以上是屬於中央旁系的。中央六學二館學生的定額，總共二千二百六十名；到太宗貞觀年間，擴充學舍，增加名額，二館六學的學生，達到三千二百名；而國外高麗、日本等國，亦派遣人員來京留學，於是中央的生徒，在國力強盛期，達八千餘人。(註一百十六)

唐時學校課本是用三經：(子)大經，即禮記、春秋左氏傳；(丑)中經，即詩、周禮、儀禮；(寅)小經，即易、尚書、春秋公羊傳、春秋穀梁傳。學生修習大經、小經各一種，或者中經二種卒業的稱為通二經；修習中經、大經、小經各一種卒業的，稱為通三經；修習大經全數中經小經各一種卒業的稱為通五經。此是必修科；其餘孝經、論語，是隨意科。此外書學、律學、算學，皆有規定的教本。(註一百十七)

學校修業年期，除律學六年外，餘均定為九年，期滿，不能畢業的，令其退學。假期：每旬休息一日，五月給田假，九月給授衣假數日。學生家鄉在二百里以外的，於例假外，加給相當的行程。各學校考試，分三種：舉行於旬假以前，爲旬考；舉行於年終，爲歲考；舉行於畢業時，爲畢業考試。學生已經考試及格，則加以舉用；如仍願留學的，四門學生陞太學，太學轉國學。學生有違犯校規，或請假逾時的，皆令退學。

唐代州郡學校，比較中央學校爲簡單。通考載：『唐制，京都學生八十人，中都督府、上州各六十人，下州四十人，京縣五十人，上縣四十人，中縣、中下縣各三十五人，下縣二十人。州縣學生，州縣長官補，長史主焉，每歲仲冬，州縣館監舉其成者，送之尚書省。』又載：『武德七年，詔諸州縣及鄉，並令置學。有明一經以上者，有司試册加階；玄宗開元二十一年，敕諸州縣學生年二十一已下，通一經已上，及未通經，精神聰悟，有文辭史學者，每年銓量舉送所司簡試，聽入四門學充俊士。』（註一百十八）唐之教育制度，有一特別的限制，即是私人不得設立學校。（註一百十九）

唐代行科舉制度，凡舉士銓官，皆重考試。自魏、晉以來，造成之九品中正門閥制度，至是始完全廢除。且科舉盛行，白衣及第，門第之風遂衰。此實中古社會上一大變革，值得注意的事。

唐制取士之科有三：（1）由學館取者爲生徒；（2）由州縣舉者爲鄉貢；（3）由天子自詔者爲制舉。（註一百二十）貢舉科目，分秀才、明經、進士、俊士、明法、明字、明算、開元禮、童子、三傳、史科、道舉、制舉。各朝代所定科目不同。唐以試士屬禮部，試吏屬吏部；吏部主文選，兵部主武選。唐中葉以後，銓選制度漸壞，仕途遂冗濫了。（註一百二十一）

此外，足爲士子留一線之生機者，即書院制。書院之始，起於唐玄宗時，有麗正書院、集賢書院，本建朝省，爲讀書地；後衡州李寬建石鼓書院，始爲士人肄業自由研究學術之風，此爲先導。（註一百二十二）

（十三）學術　（甲）天文學。唐代對於天文學有研究者，有曹士蔿、李淳風、瞿曇悉達、一行、梁令瓚、南宮說、郭獻之、徐承嗣、徐昂、邊岡、傅仁均、崔善爲、祖孝孫等；他們或造曆，或改曆，或測各地晷影，以校其差。（註一百二十三）唐終始二百九十餘年，而曆八改，如戊寅元曆，麟德甲子元曆，開元大衍曆，寶應五紀曆，建中正元曆，元和觀象曆，長慶宣明曆，景福崇玄曆，以李淳風之麟德曆爲精密。（註一百二十四）開元十二年，沙門一行等，造黃道游儀以進，玄宗親爲之序，因遣太史官，馳往安南及蔚州，測候日影，經年乃定。（註一百二十五）唐時測影，已立里差之法，恆星移動，已得歲差之實，足證天文學之進步。其他造儀器者，有姚元、依古法立八尺表，梁令瓚、造黃道銅渾儀，南宮說、設水準繩墨植表，李淳風、造木渾天圖，皆爲唐代之傑出者。（乙）算學。九章算術、海島算經諸作，唐之李淳風，皆從事增注；唐代京師六學，算爲其一，可知對於此學之注重。測天之術，非精於算學者不可。（丙）醫學。唐之孫思邈、著千金要方行世。（註一百二十六）于志寧、與李勣、修定本草並圖，合五十四篇。（註一百二十七）甄權、撰脈經、鍼方、明堂人形圖各一卷，其弟立言、撰本草音義七卷，古今錄驗方五十卷。（註一百二十八）唐代有專門的醫學校，教授醫學；有醫、鍼、按摩、咒禁、四科，以資研究；可知於醫學甚費講求。（丁）養蠶學。唐代中西交通甚盛，當第六世紀的中葉，波斯僧侶有布教於中國境內者，得養蠶術，齎歸君士但丁，其後遂產出希臘的良好蠶絲；經六百餘年，乃傳播於意大利、法蘭西。（註一百二十九）唐代對於斯學，雖未有專書可考，然其學必甚昌，方可傳遠。（戊）歷史學。唐以前史皆私撰，而成於一人之手；唐以後史皆官撰，而成於多人之手；成於一人者，內容雖有可議之處，而精神常能一貫；成於多人者，編述比較公平，而卷帙多蕪雜。唐初令狐德芬建議請修史書，高祖從其議，命蕭瑀、王敬業、殷周禮、主撰魏史；封德彝、顏師古、主撰隋史；崔善爲、孔紹安、盧德言主撰梁史；裴矩、祖孝孫、魏徵主撰齊史；竇璡、歐陽詢、姚思廉主撰陳史；陳叔達、庾儉、令狐德芬主撰周史；經過數年，竟不能就而罷。（註一百三十）貞觀三年，太宗再令魏徵等修史，遂撰成齊、周、梁、陳、隋、晉等書。命姚思廉在祕書內省撰陳、梁二史，著有梁書五十卷，陳書三十六卷。又令魏徵、顏師古、孔穎達、許敬宗參加修齊史，成書八十五卷。于志寧、李淳風、韋仁安、李延壽等合撰隋志凡三十篇。貞觀十八年，太宗命房玄齡、褚遂良等，重修晉史，而許敬宗、來濟、陸元仕、劉子翼、令狐德芬、李義府、薛元超、上官儀等八人分功撰錄，成晉書一百三十卷。（註一百三十一）李延壽又嘗刪補宋、齊、梁、陳及魏、齊、周、隋等八代史，謂之南北史，凡一百八十卷。（註一百三十二）唐玄宗時，吳兢與劉知幾同撰唐史，並與劉知幾、朱敬則、徐堅合撰唐書八十卷。至中宗時，與劉知幾重修武后實錄三十卷。兢敍事簡核，號稱良史。（註一百三十三）其他，吳兢之貞觀政要、余知古之渚宮舊事、裴庭裕之東觀奏記，後人列諸雜史類；樊綽之蠻書，後人列諸載記類；李吉甫之元和郡縣志，後人列諸地理類；玄宗御撰之唐六典，後人列諸儀注類；劉知幾之史通，後人列諸史評類。（註一百三十四）其尤著者，如杜佑之通典，網羅歷代制度，書分食貨、選舉、職官、禮、樂、兵、刑、州郡、邊防八門，不但注重精神生活的禮教，且注重物質生活的衣食。其後宋鄭樵著通志，元馬端臨著文獻通考，清高宗詔羣臣撰三通，與皇朝三通，受他的影響不少。觀於唐代史學之盛，足徵唐代文化的昌明。（七）經學。自太宗命孔穎達及顏師古等撰五經正義，而後經籍無異說，每年明經，依此考試，天下士民，奉為圭臬。（註一百三十五）（1）易經。孔穎達崇信王弼注，故所作義疏，用王而遺鄭，於是漢學遂亡。惟李鼎祚崇鄭黜王，採漢儒注易之說凡三十五家，作周易集解，漢儒學說，復重見於世。（2）書經。孔穎達治尚書，本崇鄭義，及為尚書作義疏，則又以孔傳為宗，而排斥鄭注，鄭義遂亡。

(3)詩經。自孔穎達作詩義疏，兼崇毛、鄭，引申其說，不復以己意爲進退，守疏不破注之例，由是毛詩古義，賴以僅存。(4)春秋。孔穎達撰五經正義，左傳取杜預注，而漢學遂亡，至若公羊，則取徐彥疏，以何休解詁爲主；穀梁則取楊士勛疏，以范寧集解爲主。(5)禮經。孔穎達作禮記正義，賈公彥作周禮、儀禮義疏，皆宗鄭注，故鄭學得以留傳。(6)論語。韓愈及李翺作論語筆解，開北宋說經之先河。(7)孟子。韓愈及皮襲美諸儒，咸尊崇孟子，開宋儒尊孟之先聲。(8)孝經。劉子玄治孝經，力辨鄭注之非，司馬貞復黜其妄，故玄宗之御注孝經注，仍以十八章爲定本。(9)爾雅。唐代治雅學者，有裴瑜之爾雅注，足補郭璞爾雅注之缺。(註一百三十六)唐代定五經正義，使學者咸宗一義，以除南北學派之爭，然當時取士尊重詩文，雖有帖經之試，不足以勸獎專業之儒，幸有孔穎達諸家起來，使唐以前說經之書，後之人猶得按正義所引訂者，以考見梗概。(庚)哲學。唐之思想界，殆爲佛教所支配的，儒家思想的衰微，是當然的了；但爲中國本位思想作復興運動者，有韓愈、李翺；韓愈辨性之品，有上中下三級；情之品，有上中下三級；與孔子所說：『中人以上，可以語上也；中人以下，不可以語上也。』主張是相同的。他對於道德的解釋，以仁、道、德爲社會之最高理想。李翺說性，與韓愈有異，復性書有說：『人之所以爲聖者，性也；人之所以感其性者，情也。』李翺論性主平等，主一致，與其師之說性，是不同的；他使儒教生一種新活力新生面，是主張中庸「誠之道」，以復人類的本性。誠，是積極，不是消極；是活動，不是靜止；此點，是與佛家的哲學思想，立於反對的地位。

(十四)文學　唐代文學，在時期上區分，有分爲四個時期的，始於元朝楊士弘；有分爲三個時期的，始於清朝、王士禎論唐詩；有稱爲三變的，見於唐書文藝傳序。(註一百三十七)文藝傳序載：『唐有天下三百年，文章無慮三變，高祖、太宗，大難始夷，沿江左餘風，絺句繪章，揣合低昂，故王（勃）楊（炯）爲之伯；玄宗好經術，羣臣稍厭雕琢，索理致，崇雅黜浮，氣益雄渾，則燕（張說）許（蘇頲）擅其宗。是時唐興已百年，諸儒爭自名家，大曆、貞元間，美才輩出，擩嚌道眞，涵泳聖涯，於是韓愈唱之，柳宗元、李翺、皇甫湜等和之，排逐百家，法度森嚴，抵轢晉、魏，上軋漢、周，唐之文，完然爲一王法，此其極也。』（註一百三十八）茲將唐之文學分類說明如下：（1）駢文。唐初以駢文擅長者有王勃、楊炯、盧照鄰、駱賓王，天下稱四傑。（註一百三十九）（2）制誥文。制誥文負盛名者首推蘇頲、張說；陸贄則以曲盡事情爲能。陸贄所撰詔書，雖武夫悍卒讀之，無不揮涕感激。（註一百四十）（3）散文。唐代散文可說是從韓愈起首；韓愈以前，注重辭賦和駢語，雖散文中如李白上韓荊州書等類，但不能完全脫離南北朝的習氣；到了韓愈，覺得駢文太束縛，就起來提倡古文，使極呆板的駢文變爲散體文，韓愈這種運動，雖號爲復古，但可以說是革命。（註一百四十一）韓愈、喜作六經之文，如原性、原道、師說諸篇，是開宋代理學的文派。宋蘇東坡批評其文：『如長江大河，渾灝流轉』是實在的。（註一百四十二）韓愈提倡古文，附和者多，其中著名的是柳宗元，此外韓愈的學生，如李翺、張籍、皇甫湜諸人也很有名，但作品比不上韓、柳了。曾毅有說：『唐與八世百六十年間，文章承江左遺風，陷於雕章繪句之弊。貞元、元和（德宗、憲宗紀元）之際，韓愈、柳宗元出，唱爲先秦之古文，與李翺、李觀、皇甫湜等相應和，遂能挽回八代之衰，上踵孟、莊、荀、韓，下啓歐、蘇、王、曾，蓋古文之名始此，而唐以後之爲文者，莫不以韓、柳爲大宗。』（註一百四十三）（4）詩歌。唐代是詩歌的黃金時代，從形式上說，五言、七言、律詩、絕句各種的體裁，到唐代已極完備了。詩歌作者，初期是以王勃、楊炯、盧照鄰、駱賓王，及沈佺期、宋之問爲最著名，他們的詩，只講表面的精美華麗，不在實質上注意，是一種貴族文學；直到李白、杜甫出來，纔開闢新的局面，可以說詩歌的革新時期。（註一百四十四）在李、杜以前有陳子昂和張九齡二人，他們是革新的先驅者，不過沒有成功，直到李、杜纔算大功告成。李白、杜甫，是洗淨了六朝纖麗之習，自成一種唐詩。陳子昂和張九齡對於唐詩有很大的貢獻，不過天才及工力均比李、杜爲低。稍後則有白居易，創爲淺顯明白的詩歌，務使老嫗能解，在當時可稱爲新體，而取材又多留意社會狀況，所以被近人稱爲社會詩人。晚唐的古詩，如李商隱、温廷筠等所作，便流於輕艷，無足取了。（註一百四十五）唐詩之盛，據全唐詩所錄，作者凡二千二百餘人，詩四萬八千九百餘首，流傳到今的數量，已有從詩經以至六朝一千多年的詩的數量幾倍，不論在詩質上詩量上，都是開一新紀元。唐詩的特質，可說是創造的音樂的通俗的時代的。中國文學的變遷，以文體作代表，可分幾個時期：自周到唐，都是詩的時代；宋是詞的時代；元是曲的時代；明、清是小說的時代。在詩的時代中，周是四言詩時代，兩漢、是樂府詩時代，魏、晉、六朝是古詩時代，唐是新體詩時代。（註一百四十六）唐代的詩，雖然發展到極高的限度，而在民歌方面，卻沒有甚麼新的發展。唐代新發現的民歌，只有竹枝詞一種，竹枝詞是巴、渝、沅、湘間的一種民歌，牠在文學界是佔一個重要的位置。唐代所謂樂府，可分爲四種：（a）是文人做的郊廟歌及凱歌，是可以入樂的。（b）是文人借用漢、魏以來的樂府的舊題而作的詩，雖然稱爲樂府，不能入樂的。（c）是文人創制的新樂府，就是白居易的新樂府五十首，是不能入樂的；惟有古代採詩觀風的遺意，所以稱爲樂府。（d）是伶人所唱的樂歌，乃是取文人詩，略加改變，而成爲樂歌的。（5）小說。唐代是詩歌的黃金時代，同時也是文言小說的黃金時代。此文言小說，叫做傳奇。牠是六朝鬼神志怪書的演進。志怪書的題材，僅限於神變怪異之事，而傳奇則無所不包。以內容言，志怪書中多民間故事，而傳奇的主人翁非文士即貴族。但傳奇的內容有牠的時代背景：唐代是佛道二教並盛的時代，所以神怪故事，自會繼續六朝志怪書而在傳奇中特別發達。唐自武則天做了一時皇帝，女子的地位特別提高，女公主、女道士，在民間曾如神聖，在間接方面，戀愛心理自會流露出來，於是產生許多關於兩性間的羅曼故事；唐代藩鎮專橫，受過他們壓迫的人都希望能有剋服他們的人，而當時又曾出過幾個有驚人絕技的刺客，因爲這樣，所以又產生了許多前所未有的豪俠故事。(註一百四十七) 唐代小說之流傳者，今皆存載於唐人說薈（唐代叢書）與太平廣記二書，別其性質，略分三類：(a)神怪類，有秦夢記、枕中記、任氏傳、柳毅傳、南柯記、離魂記。(b)戀愛類，有游仙窟、霍小玉傳、李娃傳、會眞記、飛烟傳、章臺柳傳、楊倡傳、長恨歌傳。(c)豪俠類，有紅線傳、劉無雙傳、謝小娥傳、虬髯客傳、崑崙奴傳、聶隱娘傳。(註一百四十八) 唐人所作傳奇，以戀愛類爲優秀，作者大都能以雋妙的鋪敍，寫悽惋的戀情，其事多屬悲劇，故其文多哀艷動人。(註一百四十九) (6)戲曲：中國的戲曲，在宋以前似乎是沒有的。唐代的戲曲，確是唐代文學最少的一節。但聯合歌舞而表演故事，這種粗具規模的戲曲，在唐時已經有之。如大面（代面）、鉢頭、踏謠娘、參軍戲，是本於前代的；如樊噲排君難、康老子，是唐代所自創的。這時的歌曲大都兼舞，並或有演故事的，與後來戲曲不相同處，就是有唱而無白，究竟不是成熟的戲曲。在唐人樂曲之中，有爲後來南北曲中完全採用的，雖則在當時名之爲詞，然而已開曲體了，例如李白之憶秦娥、劉禹錫之瀟湘神、白居易之長相思、王建之宮中調笑、李白之菩薩蠻、白居易之憶江南等是也。(註一百五十)

唐代文學的發達，爲中國文化史上值得誇讚的事，但牠的發達有什麼原因呢？歸納來說，有三點：(子)政治的統一，物質上的進步。(丑)國家的提倡，樹之風聲。(寅)思想的自由，能表現作者個人的意志。唐代可算得我國民族最光榮的時期，政治清明，武功顯著，是不必說的了；就是文化遠播，文學昌明，也是宋、元、明、清四世所莫及的。(註一百五十一)

參考書舉要

(註一)張亮采著中國風俗史一〇八頁。
(註二)通志卷四四禮略三。
(註三)王仁裕開元天寶遺事。
(註四)舊唐書卷一六三盧簡辭附盧簡求傳。
(註五)姚汝能編安祿山事跡卷下。
(註六)馬縞編中華古今注卷中。
(註七)王讜編唐語林卷七補遺。
(註八)張亮采著中國風俗史一一八頁引酉陽雜俎。
(註九)唐書卷一〇六李敬玄傳。
(註十)唐書卷九五高儉傳。
(註十一)舊唐書卷八二李義府傳。
(註十二)通典卷八六禮四六。
(註十三)舊唐書卷八玄宗紀上。
(註十四)日人西山榮久著中國奴隸制度概說一文奴隸制度史二六一頁引。

（註十五）唐會要卷八十六。

（註十六）同上。

（註十七）陳鴻祖東城老父傳。

（註十八）王漁村著中國社會經濟史一九九頁日人森谷克己著中國社會經濟史漢譯本二二〇頁。

（註十九）舊唐書卷四八食貨志上。

（註二十）通典卷二食貨二。

（註二十一）同上。

（註二十二）困學紀聞卷十六列代田制考。

（註二十三）通考卷二引。

（註二十四）新唐書卷一九七循吏傳。

（註二十五）新唐書卷一〇五。

（註二十六）册府元龜卷四九五。

（註二十七）同上。

（註二十八）新唐書食貨志。

（註二十九）萬國鼎著中國田制史上册一九五頁。

（註三十）唐書裴行儉傳田仁會傳李惠登傳何易于傳。

（註三十一）馮柳堂著中國歷代民食政策史六九頁至七六頁。

（註三十二）唐書食貨志萬國鼎著中國田制史上册二〇〇頁。

（註三十三）舊唐書卷四八食貨志。

(註三十四)唐書卷五玄宗紀。
(註三十五)官公奏議卷十四。
(註三十六)新唐書卷一四五。
(註三十七)唐書卷一四五楊炎傳又唐會要卷八十三商務版一五三六頁。
(註三十八)陸宣公集卷二十二年塗亮本。
(註三十九)唐書卷五四食貨志四。
(註四十)通考卷一七征榷考四。
(註四十一)唐書卷五四食貨志唐書卷一八二裴休傳。
(註四十二)通考卷一四征榷考一。
(註四十三)鄉行巽著中國商業史一〇五頁。
(註四十四)(a)率貸唐書卷五一食貨志一。(b)間架稅續通志卷一一五食貨略四。(c)除陌法舊唐書卷一三五盧杞傳。(d)僦櫃納質
舊唐書卷一三五盧杞傳。
(註四十五)唐書卷二二一上摩揭它傳。
(註四十六)舊唐書卷一三一李皋傳。
(註四十七)全唐詩二十八織錦人。
(註四十八)鞠淸遠著唐宋官私工業一三一頁引唐六典戶部貢賦。
(註四十九)舊唐書卷三七五行志。
(註五十)唐六典卷二二。
(註五十一)圖書集成食貨典引唐六典。

（註五十二）唐六典卷二十。
（註五十三）鄭行巽著中國商業史九七頁。
（註五十四）王孝通著中國商業史一〇四頁。
（註五十五）同上書一〇七頁。
（註五十六）新唐書卷四三下地理志引唐代賈耽皇華四達記。
（註五十七）全唐文卷七六七。
（註五十八）王孝通著中國商業史一〇九頁。
（註五十九）通典卷一九一引。
（註六十）武堉幹編中國國際貿易史二二頁引。
（註六十一）宋敏求長安志卷八東市條。
（註六十二）王溥撰唐會要卷八十九泉貨日人吉田虎雄著中國貨幣史綱漢譯本二五頁。
（註六十三）王孝通著中國商業史一一二頁。
（註六十四）顧炎武撰日知錄卷十一。
（註六十五）唐六典卷五。
（註六十六）黃現璠著唐代社會概略二四二頁。
（註六十七）常乃悳著中國財政制度史一四九頁。
（註六十八）新唐書地理志。
（註六十九）通鑑卷一九七卷一九八。
（註七十）日人藤田豐八著中國南海古代交通叢考漢譯本一六二頁。

(註七十一)日人木宮泰彥著中日交通史漢譯本上卷九四頁。

(註七十二)劉繼宣束世澂合著中華民族拓殖南洋史十五至十八頁。

(註七十三)唐會要卷九九拂菻國又舊唐書卷一九八。

(註七十四)張星烺撰中西交通史料匯篇第一册一五九頁。

(註七十五)日人桑原隲藏著中國阿剌伯海上交通史漢譯本六一頁引新舊唐書。

(註七十六)章嶔著中華通史第三册八九四頁通典卷二一職官。

(註七十七)呂思勉著白話本國史二册一九四頁。

(註七十八)通典卷二四職官。

(註七十九)文獻通考卷四七至卷六七又二十四史九通政典彙要合編卷一三二至卷一三四通志卷五一至卷五七通典卷十八至卷四十詳爲記載。

(註八十)唐會要卷七十。

(註八十一)呂思勉著本國史二册一九五頁。

(註八十二)唐會要卷六九。

(註八十三)讀史方輿紀要卷五陳慶年著中國歷史教科書卷三。

(註八十四)唐會要卷七二。

(註八十五)同上。

(註八十六)文獻通考卷一五九兵考唐會要卷七二。

(註八十七)文獻通考卷一六一。

(註八十八)拙著中國法律史大綱七四頁。

(註八十九)文獻通考卷一六六刑考五舊唐書卷五〇刑法志唐會要卷三九。

(註九十)文獻通考卷一六五刑考五。

(註九十一)楊鴻烈著中國法律發達史上冊三六七至三六八頁。

(註九十二)朱方著中國法制史一一九頁。

(註九十三)拙著中國法律史大綱八八頁。

(註九十四)唐會要卷七引舊唐書禮儀志。

(註九十五)唐書卷三高宗紀舊唐書卷五高宗紀下。

(註九十六)舊唐書卷一八上武宗紀。

(註九十七)唐六典卷四。

(註九十八)舊唐書卷一七裴潾傳唐書卷七七武宗王賢妃傳唐書卷一八三畢誠傳唐書卷九二杜伏威傳。

(註九十九)呂思勉著本國史二冊二一五頁。

(註一百)通典卷四十職官二二。

(註一百一)釋志磐佛祖統紀卷四一。

(註一百二)何喬遠閩書卷七方域志。

(註一百三)唐會要卷四九。

(註一百四)景教流行中國碑頌並序可參閱王昶金石萃編卷一〇二又馮承鈞編景教碑考七五頁。

(註一百五)唐會要卷三二。

(註一百六)同上。

(註一百七)唐會要卷三三。

(註一百八)唐會要卷三五。

(註一百九)(1)舊唐書卷七二虞世南傳。(2)舊唐書卷一八九。(3)唐書卷一〇五褚遂良傳。(4)李肇國史補。(5)唐書卷一五三顏眞卿傳(6)舊唐書卷一六五柳公權傳。

(註一百十)大村西崖著中國美術史陳譯本九四頁。

(註一百十一)留庵編中國雕板源流考二頁。

(註一百十二)波西爾著中國美術漢譯本二〇頁陸羽茶經卷中。

(註一百十三)日人大村西崖著中國美術史漢譯本第十二章一一五頁。

(註一百十四)唐會要卷八六。

(註一百十五)陳青之著中國教育史上册一七六頁。

(註一百十六)文獻通考卷四一學校考二。

(註一百十七)徐式圭著中國教育史略三八頁毛邦偉編中國教育史一五〇頁。

(註一百十八)通考卷四六學校考七。

(註一百十九)同上。

(註一百二十)唐書卷四四選舉志上。

(註一百二十一)司馬光傳家集卷六八百官表總序

(註一百二十二)徐聞德錄卷中四〇頁。

(註一百二十三)朱文鑫著天文考古錄一〇頁。

(註一百二十四)舊唐書卷七九。

(註一百二十五)劉肅大唐新語卷九。

(註一百二十六)舊唐書卷一九一孫思邈傳。

(註一百二十七)唐書于志寧傳。

(註一百二十八)舊唐書卷一九一甄權傳。

(註一百二十九)日人高桑駒吉著中國文化史譯本二六〇頁。

(註一百三十)舊唐書卷七三令狐德棻傳。

(註一百三十一)舊唐書卷六六房玄齡傳。

(註一百三十二)舊唐書卷七三李延壽傳。

(註一百三十三)唐書卷一三二吳兢傳。

(註一百三十四)章嶔著中華通史三册九〇七頁。

(註一百三十五)馬宗霍著中國經學史九四頁舊唐書卷一八九上儒學傳序。

(註一百三十六)徐敬修編經學常識一一八至一二一頁。

(註一百三十七)胡樸安胡懷琛共著唐代文學六頁。

(註一百三十八)唐書卷二〇一文藝傳序。

(註一百三十九)唐書卷〇一王助傳。

(註一百四十)舊唐書卷一三九陸贄傳。

(註一百四十一)胡懷琛編中國文學史概要八九頁。

(註一百四十二)朱炳煦著唐代文學概論上卷七四頁引。

(註一百四十三)曾毅著中國文學史一六七頁。

(註一百四十四)胡懷琛編中國文學史概要七四頁。

(註一百四十五)胡樸安胡懷琛共著唐代文學一七頁。

(註一百四十六)胡雲翼著唐詩研究一二頁。

(註一百四十七)譚正璧編新編中國文學史二一二頁。

(註一百四十八)胡雲翼著新著中國文學史一五二頁。

(註一百四十九)譚正璧著中國小說發達史一六〇頁。

(註一百五十)盧冀野編中國戲劇概論二七頁。

(註一百五十一)劉麟生編中國文學史一七一頁。

第七章　五代之文化

第一節　五代之政治社會

梁、唐、晉、漢、周稱爲五代共八姓十三主，五十四年，（自西曆九〇七年至西曆九六〇年，）在此時代，眞是紛亂極了。按梁、唐、晉、漢、周舊各有一代之史，歐陽文忠公，始刪爲五代史，司馬溫公、修資治通鑑雖取歐陽公一二論說，而所援引書多是舊史，其言詞詳略，與歐陽公五代史，多有同異。（註一）

後梁太祖朱全忠既篡唐室，據大梁稱帝，其統治地北據河東，濱海，西至涇、渭，南逾江、漢，諸鎭畏梁之強，皆奉正朔，惟晉、岐、吳、蜀，仍稱唐的年號。太祖、與晉王李克用有舊怨，乃結好燕王，圍晉之潞州，（今山西潞安府，）後克用卒，子存勗立，破走梁軍，梁軍謀吞鎭（直隸正定府）定（直隸定州）兩鎭，兩鎭求援於晉，晉王大破梁軍於柏鄉，（直隸趙州屬縣，）合二鎭兵悉定燕地；太祖敗還，竟以荒淫爲子朱友珪所殺，朱友貞又殺其兄友珪而自立，是爲末帝。梁末帝性懦弱，不足以有爲，晉李存勗收其河北諸州，與梁夾河而戰，拔楊劉，（在泰安府東阿縣北，）遣李嗣源、取鄆州，（今泰安府東平縣，）斬梁將王彥章，進逼大梁，（後梁都城，今河南省開封府，）末帝自殺，後梁稱帝，凡二世，十七年而亡。（註二）

晉王李存勗，滅梁後，自稱皇帝，遷都洛陽，是爲後唐莊宗。卽位後，寵任伶人宦官，不問政事，賞賜無度，疏忌宿將，不恤軍士；又荒於遊畋，蹂躪民稼，上下咨怨。魏博（今直隸大名府）的兵戍瓦橋關（在直隸保定府雄縣南易水上）而歸的，就據鄴都作亂，奉王族李嗣源，據大梁；莊宗方謀東討，遂爲伶人郭從謙所弒；李嗣源入洛陽，卽帝位，是爲明宗。李嗣源本胡人，爲晉王李克用養子，更名嗣源，既卽位，盡革莊宗弊政，兵革少用，比較前代，粗爲小康；在位八年卒，子閔帝嗣位。此時，明帝的養子從珂，鎭鳳翔；其壻石敬瑭，素與從珂有隙，不得已自河東入朝，詔令移鎭鄆州，敬瑭拒命，求援於契丹，許賂以盧龍、及雁門關以北之地，契丹太祖，將五萬大兵南下，敗唐兵於汾曲（山西太原府城東），遂立石敬瑭爲晉帝，是爲後晉高祖。高祖引兵向洛陽，廢帝從珂自焚死，後唐四帝，十四年而亡。

石敬瑭既稱帝，奉表向契丹稱臣，事以父禮，割燕雲十六州獻之，並歲貢絹三十六萬匹；自是契丹遂強，改國號爲遼。（註三）高祖卒，兄之子齊王重貴立，是爲晉出帝。時景延廣用事，致書契丹，稱孫而不稱臣。初，河陽牙將喬榮，從趙延壽入契丹，契丹以爲回圖使（凡外國與中國貿易者，置回圖務，猶今之回易場）往來販易於晉，（註四）晉執其回圖使喬榮，凡遼人販易在晉的領土者，皆殺之，並奪其貨；遼太宗立大舉南侵，都招討使杜威，以二十萬投降，景延廣、被執自殺，契丹遂入大梁，捕出帝歸，後晉遂亡。（註五）

晉將劉知遠，在太原，聞後晉出帝、被捕，便自立爲皇帝；及契丹兵北歸，乃發兵入汴，是爲後漢高祖。其先沙陀人，仕晉以功，封北平王，及卽位二年，卒，子隱帝承祐立，在位任用羣小，濫殺無辜，樞密副使郭威，受命輔政，位任隆重，懼及禍，遂擁兵犯闕，殺隱帝；郭威、爲衆所推，卽帝位，是爲後周太祖。後漢主中原，不滿四年而亡。（註六）

後周太祖和後漢隱帝叔父劉崇不協，劉崇乃建北漢國於河東。及周太祖卒，養子世宗立，北漢乘喪借遼兵來伐，世宗大敗之於高平。世宗是個奮發有爲的君主，在位之時，已立一個安內攘外的計畫，就做了宋朝統一事業的根本。他深知禁衞軍的弊端，遂大加簡汰，在各州招募壯勇以補其闕，同時又減裁宂費，整頓政治。（註七）遣將取秦、隴，平淮右，復三關，威武之聲，四夷爲之震懾。（註八）世宗卒，子梁王宗訓立，是爲恭帝。時北漢與遼師南侵，詔令趙匡胤率兵抵抗，夕次陳橋驛，將士擁匡胤爲主，遂入汴，卽帝位，國號爲宋，是爲宋太祖。後周遂亡。（註九）

五代，爲中國歷史上亂離的時期；臣弒其君，子弒其父，兄弟相殺，強藩相併，嚴刑峻法，橫征暴斂，奸豪迭出，盜賊蜂起，爲釀成紛亂的原因。五代帝王，或及身而弒，或子孫爲戮，求能全其後者，周世宗一人而已。且五代帝王，皆以馬上得天下，其出身本至微賤，故爲軍將者，初不惜屈身求進，及既爲將而領方鎮，則以爲據有兵強馬壯者，皆可取天子之位，因此篡逆攻伐，互相迭出，視人民疾苦、國家喪亂，無足輕重。（註十）在此時期中，文化沒有若何的進步，是自然的道理。

五代並不是統一中國的皇朝，只是割據中的一國。當時地盤，是在中原；都城不在大梁，便在洛陽。歷史便把他們當作中央政府。其餘割據的各國，自用皇帝的尊號，自立朝廷；卽使有不稱皇帝的，政治上亦是完全獨立，不受五代皇帝的節制。所謂十國，不是同時並立，是前後合計而成的。如鎮海鎮東軍節度使錢鏐，據兩浙，是爲吳越。嶺南節度使劉隱，據嶺南，是爲南漢。武威軍節度使王審知，據福建，是爲閩。淮南節度使楊行密，據淮南，是爲吳。武安軍節度使馬殷，據湖南，是爲楚。劍南節度使王建，據東西兩川，是爲前蜀。荆南節度使高季興，據荆南自立，是爲南平。劍南西川節度使孟知祥，又據兩川自立，是爲後蜀。吳將徐知誥篡吳自立，建南唐國。後周時，後漢的北京留守劉旻，據河東自立，是爲北漢。吳之立國，凡四世，共四十九年而亡。前蜀之立國，凡二世，共二十三年而亡。楚之立國，凡六世，共五十五年而亡。閩之立國，凡六世，共四十九年而亡。吳越之立國，凡五世，共八十四年而亡。南漢之立國，凡五世，共七十年而亡。南唐之立國，凡三世，共三十六年而亡。後蜀之立國，凡二世，共四十一年而亡。荆南之立國，凡五世，共五十八年而亡。北漢之立國，凡四世，共三十一年而亡。（註十一）十國享國最久者爲吳越，享國最短者爲前蜀。十國之亡國最先者爲前蜀，亡國最後者爲北漢。

五代十國紛亂之中，所遺留於中國最大的惡影響，就是石敬瑭、甘心向契丹外族稱臣子，割了邊塞要地，引狼入室，使漢族處於外族威迫威脅之下四百餘年，成了歷史上重大的傷痕，文化上重大的災厄。從前五胡亂華，是他們降服中國後，對於漢族的一種掙扎一種擾亂，中國所受的影響，只是皇帝的朝廷被推翻，和人民受了很重的兵災而已。至於石敬瑭割地媚外，開了軍閥勾結外族的惡例，結果使中國開始被外族所征服，開始受外族所宰割，爲蒙古、滿洲覆亡中國的導火線。周、秦、和兩漢，與漢族交涉最繁的外族，是匈奴。漢以後，他們差不多完全被征服了。魏、晉時代，與漢交涉最繁的外族，是鮮卑；然而他們的一部分於五胡亂華的中間，爲漢族所同化了。隋、唐時代，與漢族交涉最繁的外族，是突厥和吐蕃；然而他們到唐朝末年，也都衰弱起來了。唐末五代時，興起的外族，是鮮卑遺族契丹。契丹太祖耶律阿保機，立爲可汗，建都臨潢（今熱河省屬阿魯科爾沁旗）他用兵吞併中國北方的各部族，西征回鶻（回紇）東北滅渤海，（滿族靺鞨人在今黑龍江、吉林兩省的地所建之國）服室韋，（契丹別種，）西北服黠戛斯，（屬突厥族今居中央亞細亞，）疆域東至海，西至金山，（今阿爾泰山，）流沙，（今新疆、甘肅兩省的沙漠，）北至臚朐河，（今克魯倫河，）南與中國接界，成爲中國東北一個大國。石敬瑭爲了內爭而援引契丹，以禍中國，其遺下的惡果，眞是不可恕的罪孽啊！

參考書舉要

(註一)綱鑑彙纂卷二七五代紀。
(註二)陳慶年著中國歷史教科書卷四。
(註三)舊五代史晉高祖紀。
(註四)資治通鑑卷二八三後晉紀四。
(註五)韋休編中國史話第二册一六一頁。
(註六)舊五代史漢隱帝紀。
(註七)呂思勉著本國史第三册三三頁。
(註八)五代史卷十二周本紀。
(註九)同上。
(註十)五代史緒論。
(註十一)五代史卷六一吳世家卷六三前蜀世家卷六六楚世家卷六八閩世家卷六七吳越世家卷六五南漢世家卷六二南唐世家卷六四後蜀世家卷六九南平世家卷七十東漢世家

第二節　五代之文化形態

（一）社會風習　（甲）飲食　五代時，江南善作道場羹脯麪蔬筍不等，士君子嗜之，名達九重，遂飭令御廚效法。（註一）吳越富於魚而造鮮奇異，有一種玲瓏牡丹鮓，以魚葉鬬成牡丹狀，既熟出盎中，微紅如坐開牡丹。（註二）後周廣順元年，下詔：天下州府舊貢滋味食饌之物，今後不須進奉，因當時各州縣，均進奉有名的土產，製成食物，供獻帝王。（註三）（乙）衣服。後唐時，庶人商旅，祇著白衣；社會婦女服飾，異常寬博，多費縑綾，有力之家，不計卑賤，均穿錦繡；唐莊宗特下令糾察。（註四）南漢僭制小國，乃作平頂帽以爲冠，由是風俗一變，皆以安豐頂爲尚。（註五）南唐後主昭惠國后周氏，寵嬖專房，創爲高髻纖裳及首翹鬢朵之粧，人皆效法。（註六）（丙）婚姻。五代婚禮不詳，其略可考見者，僅帝室之婚制而已。（丁）喪失廉恥。馮道歷事四姓十君，當時人士皆仰爲元老，而喜爲之稱譽。（註七）鄭韜光、事十一君，越七十載，士人皆稱頌之。（註八）張全義媚事梁太祖，妻女爲其迫淫，亦視作等閒。（註九）歐陽修撰五代史，對於當時風俗上之滅絕倫理，喪失廉恥，皆嚴詞痛斥，而於馮道傳言之尤切。世末風衰，是必然的趨勢啊！（戊）階級。自唐以皇族冠氏族之首，魏、晉以來，士大夫風習已經動搖，自五代之亂，譜諜散亡，門第風尚，乃完全摧毀。後漢乾祐元年，李嶼僕夫葛延遇上變告李嶼謀反，遂族誅李崧兄弟；自是士民家皆畏憚僕隸，不敢蓄奴；奴婢制度遂根本推翻。（註十）

（二）農業　自梁太祖開平元年（西紀元九〇七）至宋太祖陳橋受禪（九六〇）半世紀的紛擾，一切都陷於無制度，而田制當然不在例外。當時奪田之事，豪取巧得者甚多，如唐莊宗時，張全義降唐，封爲齊王，然其中官各領內司使務，或奪其田園居第，全義乃悉錄進納。（註十一）以全義降王之尊，而不免被人豪奪，其他小百姓可知了！

又李璘、爲唐宗室子，招致部下，侵奪民田百餘頃，以爲陵園壖地。(註十二)劉彥貞、決水城下，使民田皆涸，以賤價買取人民之腴田後，復漲安豐塘水，致積貧巨億。(註十三)地主之巧借名義，以獵取田地，小百姓受苦不言而喻了。周世宗時，許人請射承佃供給稅租，如三周年內本戶來歸者，其桑田不計荒熟，並交還一半；五周年內歸業者，三分交一分；如五周年外，除本戶墳塋外，不在交付之限。其近北諸州陷蕃人戶來歸業者，五周年外，三分交還二分；十周年內還一半；十五周年者，三分還一，此外不在交還之限。(註十四)可知此時雖有荒土，國家不能計荒授田，祇任人請射而已。至周世宗見元稹均田圖，歎爲致治之本，詔頒其圖法，使吏民習知，期以一歲大均天下之田，然祇能謂之均租，不得與北魏之均田相提並論。(註十五)

五代迭經亂離，民生憔悴，後唐明宗、嘗問馮道，以今歲豐，百姓濟否？馮道、誦唐人聶夷中田家詩，以復之。(註十六)於此，可見五代民生之艱困了。

五代帝王間有知道勸農者，如後唐明宗三年下詔，准百姓自鑄農器，以資利田。後周太祖廣順元年下詔，勸課耕桑，以豐儲蓄。世宗顯德三年留心農穡，思廣勸課之道。至賢吏之能勸農者，當推河南尹張全義，關於水利，周世宗顯德三年，以尙書司勳郎中何幼沖、爲開中渠堰使，命於雍、耀二州界，疏涇水以溉田。(註十七)

(三)稅制　五代稅制，大抵因襲唐之兩稅法，後唐明宗長興元年，視各地節氣早晚，分別兩稅及雜稅徵收日期，册府元龜載：「訪聞天下州縣官吏，於省限前預先徵促，致百姓生持送納，博買供輸，既不利其生民，今特議其改革，宜令所司，更展期限。」(註十八)所展期限如下表：(註十九)

		節候常早處	節候較晚處	節候尤晚處
大小麥麴麥豌豆	起徵期	五月十五日	六月一日	六月十日
	納足期	八月一日	八月十五日	九月
正稅、匹段錢、鞋、地頭、榷麴、蠶鹽、及諸色折科。	起徵期	六月五日	六月十日	六月二十日
	納足期	八月二十日	八月二十五日	九月

節候常早處有河南府、華、耀、陝、絳、鄭、孟、懷、陳、齊、棣、延、兗、沂、徐、宿、汶、申、安、滑、濮、澶、商、襄、均、房、雍、許、邢、鄧、雒、磁、唐、隋、郢、蔡、同、鄆、魏、汴、潁、復、曹、鄜、宋、亳、蒲等州四十七處。節候較晚處有幽、定、鎮、滄、晉、隰、慈、密、青、登、淄、萊、邠、寧、慶、衍十六處。節候更晚處有并、潞、澤、應、威、塞軍、大同軍、振武軍七處。後周世宗顯德三年令夏稅以六月一日起徵，秋稅以十月一日起徵，永爲定制。(註二十)五代是紛亂之世，所以民生日陷於痛苦。唐莊宗平定梁室以後，任孔謙爲租庸使，峻法以剝下，厚斂以奉上，天下怨苦，民多流亡。(註二十一)後漢隱帝時，三司使王章，聚斂益急，吏緣爲姦，民不堪命。(註二十二)吳越之地民間盡算丁壯錢以增賦輿，貧乏之家，父母不能保守，或棄於襁褓，或賣爲僮妾，至有將提攜寄於釋老以避稅者。(註二十三)劉銖移鎮青州，立法深峻，在任擅行賦斂，每秋苗一畝率錢三千，夏苗一畝錢二千。(註二十四)據此可知五代賦稅的繁重。

五代於兩稅之外，復多雜稅。冊府元龜載：『後唐莊宗同光二年二月敕：歷代以後，除桑田正稅外，只有茶、鹽、銅、鐵出山澤之利，有商稅之名，其餘諸司，並無稅額。僞朝以來，通言雜稅，有形之類，無稅不加。爲弊頗深，興稅無已。』(註二十五)所謂通言雜稅，無稅不加，可知當時的繁苛。通考載：『五季暴政所興，江東西釀酒則有麴引錢，食鹽則輸米，供須則有鞋錢，入倉庫則有覆錢。』(註二十六)後晉出帝時，令州郡稅鹽過稅斤七錢，任稅斤十錢，既案戶徵鹽錢，又加徵商稅，使利盡歸於官。(註二十七)後漢乾祐中，青鹽一石，抽稅一千文，是比較出帝時，又爲加重。後周太祖廣順中，始下詔青鹽一石抽八百文，鹽一斗；白鹽一石抽五百文，鹽五升。然鹽價既因抽稅增貴，而按戶所徵之鹽稅，又不放免，是一鹽而兩稅，民生益苦了。

五代時，酒歸官釀的時候，則禁私造；由民間自由私造的時候，則由官方徵以酒稅。後漢隱帝乾祐中，禁私麴，不論斤兩，皆處死罪。後周太祖廣順中，凡釀五斤私麴，卽處以極刑。(註二十八)

鐵稅制度有明文可考者，如後唐明宗長興二年，下詔開鐵禁，准人民自鑄農器什器之屬，在夏秋田畝上，每畝收農器錢一錢五分，隨夏秋二稅送納。(註二十九)

五代商稅有兩種：(1)後唐明宗天成元年，下詔各州府，置稅茶場，自湖南至京六七處納稅，以致商旅不通。(註三十)(2)後周太祖顯德五年，下令各州府，對於牛畜，祇徵以貨物稅，每一千抽稅錢三十，不准抽通過稅。(註三十一)此外正額之上，別加省耗，橫征百出，重爲民患。(註三十二)

(四)商業　五代干戈擾攘，爭奪相尋，當無商業可言；然就五代史考之，則往來貿易，仍未稍絕，就中尤以大梁爲梁、晉、漢、周帝都所在，水陸會通，遠近輻輳，隨政治的中心而爲商業的中心。其時南漢，雖僻處南服，而與嶺北通商，嶺北商賈至南海通商者亦多。(註三十三)湖南產茶，聽人民自採賣於北客，收其價以贍軍，每以境內所餘之物，易天下百貨。五代各國與外夷通商者甚多，輸入物品以馬匹、寶玉、銅銀爲大宗。唐明宗時，下詔沿邊置場市馬，諸夷皆入市中國，而回鶻、黨項之馬與寶玉亦同時輸進。(註三十四)高麗產銅，乃遣韓彥卿以帛數千疋，買銅於高麗。契丹在後晉也和中國有貿易往來，如河陽牙將喬榮入遼，遼以爲回圖使，專司兩國通商事務，猶今世各國駐外領商務官或商務專員一樣。

(五)幣制　五代幣制，亦屬紊亂，唐代惡錢，至五代仍未盡絕，江南商人，有挾帶錫鑞小錢，行使沿江各州縣者。(註三十五)唐莊宗同光二年，知唐州晏駢安奏請加以禁止，遂不許將惡錢換易好錢，如有私載，並行收納。明宗天成元年，以諸道州府多銷鎔見錢，以邀厚利，乃下令依盜鑄錢律科斷。(註三十六)後晉高祖天福三年，禁止將鉛、鐵、雜著、諸道有久廢銅冶，許百姓取便開鍊，官中不取課利，除鑄錢外，不得別鑄銅器。(註三十七)後周太祖顯德二年，立監採銅鑄錢，凡民間銅器，悉令輸官給直，隱匿不輸，五斤以上，加以死刑。(註三十八)五代相承用唐錢；諸國割據者，江南有唐國通寶，又別鑄如唐制而篆文，其後鑄鐵錢，每十錢以鐵錢六權銅錢四而行。乾德（前蜀王建僭元）後，只以鐵錢貿易，凡十當銅錢一。兩浙、河東自鑄銅錢，亦如唐制。四川、湖南、福建皆有鐵錢，與銅錢兼行。湖南有乾封泉寶，徑寸，以一當十。福建如唐制。(註三十九)

(六)交通　五代時交通，比較顯著者，爲中日船舶之往來，此等來往船舶，統屬中國商船，而日本船則甚少；因日本是時對於海外頗採消極態度的緣故。到日本之中國船舶，似皆發自吳越，橫斷中國東海，經肥前、松浦郡，値嘉島而入博多津。航海時，概利用季節風春夏來日秋冬歸國，與唐代之船舶無異。由中國往日之船以貿易爲目的，一面又爲吳越國與日本間的國交。西紀元九五三年，蔣承勳爲吳越王弘俶之使者往日並贈錦綺等珍品，而吳越王弘俶則曾託商客求天台論疏於日本。(註四十)五代時，中日間文化的交涉，已不如前代之重大，日本渡海之僧侶頗少，而僧侶之求法者，惟以巡拜天台、五台之聖蹟爲重要目的；其受中國的文化影響則甚少也。五代爲期五十三年之久，與西洋之交通在此短少時間當然沒有若何的發展；惟據五代史記之南漢世家中記南漢劉鋹寵波斯女之事有說：『劉鋹乃與宮婢波斯女等淫戲後宮，不復出省事。』可以反證當時與波斯等國，必有交通，否則必無波斯女來中國之事也。

(七)官制 (甲)中央。五代承唐舊制，以同中書門下平章事爲宰相。朱溫篡位，改唐之樞密院爲崇政院，至後唐復樞密使之名，郭重韜、安重誨等爲使，樞密之任，重於宰相，自後宰相遂失職。(註四十一)當時樞密之權最重，等於人主，不待詔勅，可以易置大臣。後晉出帝開運元年，勅依舊置樞密院，以宰相桑維漢兼樞密使。後周太祖顯德六年，命司徒平章事范質、禮部尚書平章事王溥同參知樞密院事。(註四十二)隋唐舊制，尚書之下，統列六部，五代六部之名亦不廢。(乙)地方。地方之官有京師、外州之別，京師所治恆立尹以理之。五代梁都汴州，置開封尹；唐都洛陽，爲河南尹；石晉都於汴，仍爲開封尹。州郡：後梁有七十八，後唐有一百二十三，後晉有一百零九，後漢有一百零六，後周有一百十八，不隸藩鎮的州郡，均置刺史以治其事；然朝廷委任刺史多以武人爲之，論者謂：『天下多事，民力困敝之時，不宜以刺史任武夫，恃功縱下，爲害不細。」(註四十三)因爲武人出身軍伍，對於民政，不知撫循之故；自宋太祖易以文臣牧民，遂改變此種風氣。

（八）軍制　五代時，兵役頗爲繁擾。梁太祖用法深嚴，將校有戰沒者，所部兵悉斬之，謂之拔隊斬；士卒失主將者，多不敢歸，乃文軍士之面，以記軍號，逃者皆處死。(註四十四)唐末帝時，下令各道州府縣鎮賓佐至錄事參軍都押衙教練使以上，皆習騎隊。晉初置鄉兵，號天威軍，教習歲餘，村民不嫻軍旅，竟不可用，悉罷去之。(註四十五)周世宗即位後，謀肅軍政，乃命大簡諸軍精銳者，升之上軍，羸者斥去之；由是士卒精強，所向皆捷。南唐時，組織民間軍隊，有七種：(1)新擬生軍，(2)新擬軍，(3)團軍，(4)凌波軍，(5)義勇軍，(6)自在軍，(7)排門軍。(註四十六)

關於水軍：吳越王錢鏐、大舉兵伐吳，以錢傳瓘爲諸軍都指揮使，帥戰艦五百艘以破吳。周太祖顯德四年，以南方水軍敏銳，乃於京城汴水側開地造船艦數百艘，招誘南卒，教習北人，數月之後，縱橫出沒，遂勝唐兵。(註四十七)五代時，將帥擁兵自專，視兵爲私有，所以爭戰未有寧日，而屢易朝代也。

（九）法制　五代對於法制，無甚改革，即有變易，不過形式而已。梁太祖開平四年，中書門下奏新刪定令三十卷，式二十卷，格一十卷，律並目錄十三卷，律疏三十卷，共一百零三卷，此爲大梁新定格式律令。(註四十八)五代多用酷刑，如梁太祖之族誅王師範於洛，唐莊宗之族誅梁臣趙巖等。(註四十九)晉時非刑，有以長釘參人手足，以短刀臠割人肌膚者。(註五十)五代非法之刑，莫甚於漢代，後漢高祖生日時，遣蘇逢吉疏理獄囚以祈福，凡囚犯無輕重曲直，皆殺之。(註五十一)漢法，有竊盜一錢以上者，即處死刑。(註五十二)隱帝時，處流言者，不論罪之大小，均加以死刑。(註五十三）其次莫如周代周代雖編訂大周刑統，在五代諸律中，較爲精審，然周法亦太嚴，羣臣有小罪者，乃處以極刑。薛居正舊史記載其事甚詳。（註五十四）

五代法院編制：後唐有大理寺，御史台，刑部；地方司法管轄區域，有縣與府。後晉有大理寺，御史，刑部。後周有御史台，刑部。關於刑名：五代刑名，大概也與隋、唐相差不多，惟身體刑，後晉有刺面之法，而死刑則特別殘酷。（註五十五）關於民法：五代史料頗感缺乏，惟宋刑統，後周有死商承繼的勅條；册府元龜也保存後周廣順二年開封府的奏文，可略窺物權債權的大概。（註五十六）

（十）宗教　（甲）多神教。後梁太祖開平二年十一月，自東京赴洛都，行郊天禮，自石橋備儀仗，至郊壇。三年正月，以河南尹張宗奭爲南郊大禮使。後唐莊宗同光元年，奉太祖配享明堂。後周太祖廣順三年九月，修建社稷壇，以備崇奉。周世宗顯德五年下詔釋奠武成王廟，每祭差上將軍、將軍充三獻官。後唐莊宗同光三年，寒食望祭於西郊。後周太祖廣順元年二月，寒食望祭於蒲地。世宗顯德元年六月，車駕征太原，回祭嵩陵。以上略爲引證，可以知道當時祭典，與前代沒有多大的分別。（乙）道教。五代崇信道教者，惟蘇澄隱得養生之術，名動當世。（丙）佛教。五代佛教，較爲衰落。後周世宗力排佛教，國內寺觀之被毁者，計三萬有餘所。

（十一）美術　（甲）音樂。後梁雅樂，紹承唐制，改十二和爲九慶，今之所傳，僅存八曲，其軼者祀地祇享宗廟皇后皇太子出入諸篇，惟郊祀之樂，尚可考見。後唐初用十二和舊樂，至明宗時，始有長興樂之名，隸於太常，然皆教坊雜曲，僅可用以饗燕；且其篇名，亦缺軼失傳，其正聲存者，惟廟中各室酌獻五曲而已。後晉雅樂，改唐十二和爲十二同，而其目缺略不詳。後漢雅樂有十二成曲，與鄭志所載唐世用樂之法一一脗合。後周雅樂有十二順曲：如昭順、寧順、肅順、感順、治順、忠順、康順、雍順、溫順、禮順、禋順、福順。（註五十七）有類於唐之十二和。（註五十八）（乙）繪畫善畫山水者，有後梁之關同，他的畫具巍峯窮谷峭拔之狀，林麓平遠杳漢之趣，一時爲人所推崇。人物有前蜀之禪月大師貫休，及後蜀之石恪；貫休畫十六羅漢甚工緻，石恪作壁畫，能表示其個性。花鳥有南唐之徐熙與蜀之黃荃；徐熙官於南唐，最善花鳥之寫生；黃荃嘗畫一雉，懸於八卦殿中，竟被鷹之誤擊，其技之工可知。（註五十九）又南唐後主李煜，善畫林木飛鳥，別爲一格。（註六十）梁之荊浩，所畫自成一體，能使學習者率循塗徑。（註六十一）（丙）雕刻蜀相毋昭裔刻十經于石，石凡千數，歷八年乃成。（註六十二）後唐明宗長興中，詔國子博士田敏與其僚屬校經，鏤之板上。（註六十三）和凝有集百卷，自篆於版，模印數百帙，分惠於人。（註六十四）（丁）陶器（1）祕色窰越州燒進，爲供奉之物，故稱祕色。（註六十五）（2）柴窰世傳柴世宗時燒者，故謂之柴窰。其質薄如紙，聲如磬。（註六十六）陶器柴窰最古，今人得其碎片，與金翠同價。

（十二）教育　五代是中國最紛亂的一個時期，說及教育，沒有什麼進展，其中梁太祖和周世宗，比較注意教育；梁開平三年修建文廟，周顯德二年修建國子監，這是在軍政時期注重教育的一個特例。其他南唐民間私立有白鹿洞書院，亦屬著名。關於選舉，五代之弊爲甚：五代五十餘年之間，惟梁與晉各停貢舉二年，至於朝代更易干戈擾攘之歲，貢舉未嘗廢也；每歲所取進士，其多者僅及唐盛時之一半，而三禮三傳學究明經諸科，唐雖有之，但每科所取甚少，五代自晉漢以來，明經諸科中選者，常及百人，蓋帖書墨義，太平之時，士鄙其學而不習，國家亦賤其科而

不取。五代爲士者往往從事帖誦，而舉筆能文者甚少，國家亦姑以是爲士子進取之途，故其所取，反數倍於盛唐之時。（註六十七）

五代學制之可考者，惟後唐一朝。後唐國學生限二百人，諸生入學，皆出束脩錢，及第後，出光學錢；是時爲監生者，大都苟且冒濫，國學亦僅具其名而已。

（十三）學術　（甲）天文學。五代曆家有馬重績、王處訥、王朴。初時用唐崇元曆，晉高祖天福元年，馬重績造調元曆。周廣德二年王處訥撰明元曆，周顯德二年王朴造欽天曆，分步日、步月、步五星、步發斂四術。當時民間有萬分曆，蜀有永昌、正象二曆，南唐有齊政曆，未詳何人所造，其法亦不可考。（註六十八）（乙）歷史學。五代爲中國文化史的黑暗時期，故各種學術沒有什麼的發達，關於史學，祇有後晉劉昫等奉勅撰著之舊唐書二百卷而已。是書與新唐書相比，互有短長，二書今並列於正史，猶五代史之有新舊二本也。（註六十九）

（十四）文學　五代在文化史上，雖是黯然無光，但在文學史上，則有多少的成績。（甲）詩。五代詩人，有羅江東、孫光憲、韓致光、韋端己、羅昭諫、韓偓、吳融、韋莊等。（註七十）此時之詩，有足以表見當代社會實況者，有司空圖、杜荀鶴等。司空圖之詩，含蓄有民族的精神。（註七十一）杜荀鶴之詩，以哀怨之微詞，反對內戰，征徭及枉殺平民。（註七十二）他們與吟風弄月的詩人，相懸甚遠。（乙）詞。五代文學，本以詞爲主體，花間集所集詞，有五百首，除去溫庭筠、皇甫松所作外，都是五代詞人所作。但作者雖散居各地，而作風一致，他們大都不能逃脫溫庭筠的影響。（註七十三）五代的詞，盛於西蜀與南唐，這因兩地比較平靜，且兩地君主，多愛好文學，文人多歸附之，其中尤以西蜀爲最盛；花間集所錄，多半蜀中詞人，其首出者當推韋莊。(註七十四)他作了一首長至一千六百六十六字之秦婦吟，寫當時慘亂的狀態，爲中國七言詩中第一長詩。他的詞，風流倜儻冠絕一時。其他詞人有牛嶠、李珣、毛文錫、顧敻、魏承班、歐陽彬、薛昭蘊、歐陽烱、王衍、孟昶等。此外，荆南詞家有孫光憲；中原詞家有和凝、李存勗；南唐詞家有南唐二主、及馮延己、成彥雄、徐鉉五人。五代詞比唐詞更加發達，翻開花間集便可知道。有人說：『五代的大詞家，當然要推李後主，其次要推馮延己、韋莊了。』(註七十五)周濟說：『後主詞如生馬駒，不受控制。』後主的詞所以高妙：(1)出於天才，(2)家學淵源，(3)由於環境。他於未亡國之先，詞句偏於側艷；國破家亡之後，始有哀艷之句，看他憶江南、相見歡等詞，可以知道了。(丙)歌曲。唐及五代的民間敍事歌曲，今存有：孝子董永、季布歌、太子讚等。(丁)變文。變文講佛經的故事而趨於普遍化通俗化的，如維摩詰經變文、降魔變文、佛本生經變文、目連救母變文等。講唱民間傳說故事的，有列國志變文、明妃變文、舜子至孝變文等。(丁)小說。五代小說，有徐鉉之稽神錄，沈汾之續仙傳，馮延己之黑崑崙傳，高彥休之唐闕史，尉遲偓之中朝故事，王仁裕之開元天寶遺事，劉崇遠之金華子，杜光庭之錄異記、神仙感遇錄等，皆爲後人所稱述。

參考書舉要

(註一)陶穀清異錄卷下。

(註二)同上。

(註三)舊五代史卷一一〇周太祖紀一。

(註四)舊五代史卷三一唐莊宗紀五。

（註五）陶穀清異錄卷下。
（註六）陸游南唐書卷一六后妃列傳。
（註七）五代史卷五四馮道傳。
（註八）舊五代史卷九二鄭韜光傳。
（註九）五代史卷四五張全義傳。
（註十）黃現璠劉鏞合著中國通史綱要中卷一七二頁鄧之誠著中華二千年史卷三第四一八頁引。
（註十一）舊五代史卷六三張全義傳
（註十二）五代史卷五七李璘傳。
（註十三）南唐書卷十七劉彥貞傳。
（註十四）容齋三筆卷九。
（註十五）新五代史卷十二周本紀圖書集成卷四四引冊府元龜。
（註十六）聶夷中詩二月賣新絲五月糶新穀醫得眼前瘡剜卻心頭肉。
（註十七）二十四史九通政典類要合編卷一七二五代食貨。
（註十八）冊府元龜卷四八八。
（註十九）萬國鼎著中國田制史上冊二六〇頁。
（註二十）冊府元龜卷四八八。
（註二十一）舊五代史卷一四六食貨志通考卷三。
（註二十二）新五代史卷三〇王章傳。
（註二十三）釋文瑩湘山野錄卷上。

(註二十四)舊五代史卷一〇七劉銖傳。
(註二十五)册府元龜卷四八四。
(註二十六)通考卷四。
(註二十七)二十二史劄記五代鹽麴之禁條。
(註二十八)同上。
(註二十九)舊五代史卷四二明宗紀。
(註三十)續通典食貨典。
(註三十一)通考卷十七征榷考。
(註三十二)册府元龜卷四八八。
(註三十三)五代史書南漢世家。
(註三十四)五代史書四夷附錄。
(註三十五)舊五代史卷一四六食貨志。
(註三十六)同上。
(註三十七)通考卷九錢幣考二。
(註三十八)同上。
(註三十九)同上。
(註四十)日人木宮泰彥著中日交通史上卷漢譯本二五五頁至二六四頁。
(註四十一)廿二史劄記卷二二引歐陽修五代史郭崇韜傳贊。
(註四十二)二十四史九通政典類要合編卷一七四五代職官。

（註四十三）廿二史劄記卷二二五代藩郡皆用武人一節引。

（註四十四）二十四史九通政典類要合編卷一七三五代兵文獻通考卷一五二兵考四。

（註四十五）同上。

（註四十六）馬令南唐書卷五後主。

（註四十七）九通政典類要合編卷一七三五代兵。

（註四十八）册府元龜卷一六三舊五代史刑法志。

（註四十九）舊五代史王師範傳莊宗紀。

（註五十）舊五代史卷一四七刑法志。

（註五十一）五代史卷三〇蘇逢吉傳。

（註五十二）續通志卷一五〇刑法略七。

（註五十三）同上又廿二史劄記六代濫刑一節。

（註五十四）二十四史九通政典彙要合編卷一七三引容齋洪氏隨筆。

（註五十五）拙著中國法律史大綱九四頁。

（註五十六）宋刑統卷十二引册府元龜引後周開封府奏文又見洪邁容齋三筆卷九射田逃田條。

（註五十七）二十四史九通政典彙要合編卷一七〇五代樂。

（註五十八）唐之十二和爲豫和、順和、永和、肅和、太和、舒和、休和、正和、承和、昭和、雍和、壽和。

（註五十九）日人大村西崖著中國美術史漢譯本一二四頁。

（註六十）宣和畫譜。

（註六十一）五代名畫補遺。

(註六十二)王昶金石萃編卷一二二引成都記。

(註六十三)晁公武石經考異序舊五代史卷一二六馮道傳。

(註六十四)舊五代史卷一二七和凝傳。

(註六十五)趙德麟侯鯖錄卷六。

(註六十六)S. W. Bushel 著中國美術下册漢譯本二三頁谷應泰博物要覽卷二。

(註六十七)二十四史九通政典彙要合編卷一七一五代選舉。

(註六十八)朱文鑫著天文考古錄一一頁五代史司天考。

(註六十九)辭源下册未部一九四頁。

(註七十)王士禎五代詩話例言五代詩話卷六引李忠定梁溪集全唐詩錄卷九四。

(註七十一)劉克莊後村居士詩話卷上。

(註七十二)陶宗儀輟耕錄卷九三。

(註七十三)譚正璧編新編中國文學史二三〇頁。

(註七十四)胡雲翼著中國文學史一六一頁。

(註七十五)劉麟生著中國文學史二四五頁。

結論

昔章實齋於文史通義中原道篇說過：『天地生人，斯有道矣，而未形也。三人居室而道形矣，猶未著也。人有什伍而至百千，一室所不能容，部別班分，而道著矣。仁義忠孝之名，刑政禮樂之制，皆不得已而後起者也。』章氏在這裏，實明顯指出人類先有社會組織，而後產生文化，但他以爲文化是不得而後起的。我以爲人類社會因生活的需要而有組織，又因補助生活的便利，解決生活的困難，而有文化的創造和演進。中國民族，爲世界衆多的民族，立國已有五千年的歷史，在世界文化的領域裏，成爲東亞文化的中心區，不論在縱的方面，横的方面，物質的方面，精神的方面，對於牠自成體系的文化形態，都有探討研究的必要。

中國過去的文化，已有了數千年的長期，牠的文化之變遷演進，在每一時代中，自然有多少的不同，很像波濤起伏，不能成爲固定的，故在某一時期中很進步，而在別一時期中，又很停頓了，很衰落了。我們不能維護中國幾千年來的文化，都是進步的，都是超越於世界各國的；我們祇可以研究中國上古中古近代的文化，把牠的實質表露出來，把牠的眞相揭發出來，從物質的精神的方面發見牠的質量；不能以自己的意思而自行創造歷史和文化。所以幾千年來的文化，有優良的，我們認他爲優良；有卑劣的，我們認他爲卑劣。在幾千年來我先民以其慘澹經營努力創造的成績，完成歷史的價值，和文化的價值；我們後代人，不能把牠一概輕視抹煞的。

一個民族，倘仍然在世界上佔有生存的地位，而不被其他民族蹂躪而滅亡的，他對於文化仍然必在於不斷的創造中，而促其發展進步。人類是進步的，文化也是進步的，希臘伊壁鳩魯(Epicureans)派的學者，摒棄人類遠古的黃金時代，及隨後人類退化的傳統信仰，而建立進步的觀念；我以爲他們的意見是很對的。文化是隨人類的智識的開發而進步的，又隨地理環境的適應而進步的；法國數學家及革命家康多塞(Condorcet)及十八世紀的百科全書派學者，他們相信人類是向上的，不是向下的；並相信人類將來的進步是無止境的。我在拙著中國政治思想史大綱緒論中曾說過：『歷史是人類生活演進的狀態，是人類在智識線上、道德線上、文化線上進步的紀錄』（見商務版五頁。）因此我們對於上古中古近代的中國文化，不能承認牠爲滿足，爲已達到於世界的高峯，且當樹立了進步的觀念，爲現在的未來的文化而努力創造，以企圖達到世界文化之至境。這是目前中國民族復興和更生的指針。英哲羅素離中國時，在北京教育部臨別贈言中有說：『中國的文化，向來以孔子學說爲基礎，而又有佛學的意味參雜在裏面，到了現在，已達到自然剝落的地步，既不能成就個人的事業，更不足以解決目下國內外各種政治問題；因爲從這千餘年來，已漸漸的衰頹喪失活動的勢力，正如歐洲蠻族南下以前希臘、羅馬、文化，喪失勢力的一樣；一味崇拜古人，不問他的價值，這種壞現象，一定免除不了。我以爲一個時代，應該自謀適合自己的道理，祖先的方法，在祖先時代，固然適合，但是不應該把他拿來適合自己的現在。』我引了羅素之說，並補充他幾句話：我以爲現在時代中國民族，應該振起獨立自由的精神，運用世界的新科學、新學術、新文化爲基礎，以謀適合現在的環境，達到中國民族新生命的途徑，而後足以恢復千餘年來已喪失的文化勢力啊！

附錄一

中國文化發展之路線（見民國二十六年二月更生雜誌）

人類生活的歷史因要適應自然的環境，憑着他應付的能力，表現他不絕的動作而創造許多的文化；在這許多創造的文化中，形成他生活史全部的狀態，保障他生存的地位。我們知道世界許多的國家，許多的民族中，因地理環境社會環境種種的不同，其文化特質，必有所不同。然因世界交通制度之日益發達，各種不同的文化特質漸漸改變而傾向於同一的路線。但是世界沒有達到大同的一天，各國家各民族的文化，有他不同的特點，我們可說文化發展之目的是相同的，而文化所走的路線，是不同的。

（甲）文化的概念　英國人類學者泰洛（Tylor）爲文化下一個定義說：『文化是包括知識信仰藝術道德法律風俗以及任何人在社會上所可獲得的才幹和習慣。』泰洛是注重人類能力和精神生活，以說明文化的意義的。有說：『文化是適於環境的產物，』有說：『文化是精神生活社會生活物質生活的三方面所匯合的現象。』我在中國文化復興之基本問題一書中，曾提出文化是人類以其精神力量，對於自然界創造的向上的努力的狀態。總之凡說及文化，都是人類在無限的歷史程途中發展演進的生活現象。倘某一個國家、某一個民族，他的文化型是固定的，最沒有發展能力的，這個國家和民族，會到死亡的陣線上了！

（乙）中國文化的特質　中國過去的舊式的文化，有許多是不適於現代的，有許多是與現代的新生活不相適應的。這種種不良的文化，已隨民族生命一部分的殘壘淘汰以去。然過去中國歷史上，中國文化尚有適應於現代人民的生活者，也許承受而發揮光大之，或與歐美新式的文化，結了不斷之線，而別創造一嶄新的優異的文化特質。從精神生活方面說：中國民族性是愛和平重人道的文化，但是愛和平重人道，要以中國民族本身能夠在世界上佔得生存的地位，然後能說到和平和人道。倘外族有危害中國民族生存的地位，須要從奮鬪中以求和平，抗戰中以求人道了。從社會生活說：中國歷來是主張忠（忠於國家）孝仁愛信義己立立人己達達人之最高社會道德的文化。能夠把這個道理擴大，可以鞏固中國民族團結之基礎，維繫社會而不致破裂了。從物質生活方面說：中國向來是主張利用厚生的，是主張重農貴粟的，且主張生之者衆，食之者寡，爲之者疾，用之者舒的，這物質生活之基本信條，我中國民族生當現代，如從實際做上，然後能使中國文化發揚光大，否則將這個基本信條倒置，這數千年農業文化的國家將陷於墜落了，那有文化進展之可言呢？

中國文化進展的路線，是要中國民族跑到生活的路線，不要跑到死亡的路線。換句說：中國民族本身要復興起來，對歐美文化迎頭趕上，而且要拚命趕上的。

（丙）中國文化發展的路線　中國文化發展之路線，是要重新估定中國文化的價值，是要中國民族走到更生之路，是要中國文化掃除本身將死滅的不良的氣質，而換以有活力有生命的氣質，是要吸收歐美新異的文化，而產生一較爲人道的幸福的和平的進步的文化。中國人對於歐美文明的態度，是有三種：第一種是保守的，這派人是具有一種成見，以爲中國的過去文明是樣樣都是好的，西方的文明除卻穿衣喫飯以外樣樣都是不好的；這種思想是不了解中國的文化，同時也是不了解西方的文化，是要不得的。第二種皆盲目贊美西洋文化的，以爲西洋的文化，樣樣都是好的，樣樣都是美的，不論英國之君主立憲也好，法美之民主政治也好，俄羅斯之人民陣線也好，德意之法西斯蒂也好，都是一概接納而包羅並蓄的，對於本國的文化，一概都是不好，一概都是要掃滅的，他們不知道西方文化眞正之優點在那裏？劣點在那裏？好像把外國的樹木移植中國的泥土裏，不問土地氣候環境如何？以爲總要移植，就可以生長的，他們的思想，對於保守派的驚醒，新青年之覺悟，是有益的，而對於中國文化本身，把優點也一概丟在毛廁裏，是有害的。第三派是取批評的態度，而具有中正的合理的眼光，而加以別擇的，以爲西方歐美的文化，不是樣樣都是好的，他的優點在那裏？他的劣點在那裏？中國文化不是樣樣都是劣的，估定中西文化的本身價値，而以創造世界未來之新文化爲目的，以更生中國民族之氣息。文化是好像一條汪洋不絕的長江大河，牠的本身，是常在變遷的，又是常在吸收模彷中的。我們不要以爲西方的文化是完全自生的，譬方希臘的文化，除卻牠本身具有的質素外，乃是吸收附近小亞細亞沿岸的文化而來，卽是愛琴（Aegean Sea）文化，同時在其東鄰有所謂東方文化，比之愛琴文化爲更發達，常有刺激愛琴文化的事實，此等古代的東方文化，或依海上交通，或由陸路而來，遂與愛琴文化相接觸，而刺激其進步。古代的西洋文化，是由希臘人與羅馬人，及東方基督教築其基礎。歐洲人取希臘、羅馬、猶太文化之特長，以完成其近代的文化。卽在非洲北部的迦太基，上古以貿易殖民地的經濟文化，提高歐洲地中海的西部文化。從上引證來看，就知道西方近代及現代文化之進步，也是由於上古中古時代鄰近的國家採擇牠文化的特長所致。

在中國文化發展史上有兩個時期，是當注意的：(一)是漢代。漢代以農業水利鹽鐵交通商業種種政策之講求，而文化大爲發展因文化充溢的現象，而文化向西移殖。(二)是唐代。唐代注重社會經濟的調劑，國家財力日益充溢，而文化大爲發展因文化發展而遂向東移殖，即日人多留學於唐而吸收中國的文化。茲列表如下：

←——漢

唐——→

在中國歷史上光榮的時代，文化日益充實發揮，環居各國家因接觸之故，而吸收中國的文化，這是必然有的現象。中國上古的文化，是由西北而伸展黃河流域，長江流域，珠江流域。牠的文化進展的線路，是取彎曲的線路。從過去文化發展的線路而觀察，珠江流域的開發，是在最後。而近數十年來南方文化之開發，又有由南伸展至北之勢。我們知道洪楊民族革命運動，是由珠江以伸展至長江流域的。國民革命運動，是由孫總理之領導，由南方發動以及武漢起義，統一全國的。民國十五年革命軍由廣州之誓師北伐，而至東北易幟，全國統一。維新運動，由南方康梁之領導，以至於戊戌政變的新政改革。西方商業制度之採取，西方學術之引用，由粵導其先驅，諸如此類，可以知道南方文化之開發，雖在後期；而西方新文化之接觸吸收，亦爲全國的先導。今後新文化之繼續創造，尤當負歷史上的重大責任啊！

我們知道國家的文化，有許多地方是難以平均發展的。譬方有等國家有以工業見長有等以農業見長，有等以軍備見長而重工業反爲落後（如日本）中國的文化是以農業文化見長而缺乏工業國家的文化。今後要平均發展，而後足以樹立。最後要說到的：中國現代的文化，要以民族復興文化復興爲平行線，不能將這兩個問題，視爲可以先後緩急區分，而當同爲着手解決的。在我海外旅行的程途中，如南洋英荷兩屬，菲律賓，婆羅洲，澳洲，紐絲蘭，日本，檀香山，南太平洋各羣島，南北美洲等地，我對於落後的民族，不少觀察接觸的地方，他們民族落後了，而文化也從而落後；他們的民族受了亡國之慘苦了，而文化亦遭受了滅亡的景況。他們的文化，而是被征服國家的文化，不是他們本身獨立的文化。他們的民族，雖能生存，而是被壓迫呻吟痛苦的生存。民族沒有獨立的生存地位，而文化亦沒有獨立發展的地位。中國今後文化發展的路線，是要取平行線的，換句說：要民族復興，同時要文化復興。欲期文化復興而民族不復興，是不可的。欲期民族復興而文化不復興，是不可的。文化復興，非是復古，是發展進取的意義，卽是民族的更生與文化的更生，而恢復歷史上的光榮時代之謂也。

附錄二

中國唯心派的政治思想與唯物派的政治思想（在中大法學院政治系演講）（見民國二十一年廣州民國日報副刊）

還世界是人類思想大奔流的表現有了事實纔有思想，有了思想隨發見人文種種制度典章文物和組織。人類道德宗教法律文藝倫理哲學政治種種的思想雖千態萬形，然不脫兩個派流，卽是唯物派的和唯心派的。各國思想有其特長，如印度以宗教思想見長，希臘以文藝美術思想見長，德國以哲學思想見長，而中國幾千年在文化史上，不失卻牠的位置，是以政治哲學（思想）見長。孫中山先生在民族主義第六講有說：

『中國有甚麼固有的智識呢？就人生對於國家的觀念，中國古時有很好的政治哲學。但是說到他們（歐美）的新文化，還不如我們政治哲學的完全。』

中國幾千年政治哲學的完全，爲甚麼中國幾千年的政治制度和政治組織，沒有發達像歐美的政治制度和組織，至於今日各種的政制，多是仿法歐美呢？論究當中的原因，是歷代的專制君主爲政的精神，雖有多少採用一般政治思想家所提倡所主張的理論和辦法，而在政治社會中，因不許有政治的集團，成爲有力的代表人民監督政府的組織，故歷代有許多的政治思想家所提倡所主張的政治理論和辦法，雖爲大多數人民的幸福利益而張目，到底沒有民權政治的組織，不能成爲民意代議制度的機關，所以幾千年來都爲君主專制政治的局面所籠罩。比方黃帝時有明臺之議，堯有衢室之問，舜有告善之旌，夏禹立諫鼓於朝，湯有總街之庭，這種種都是君主容納一般人民對於政治上的批評意見，然不是政治思想家以一個政治主張，號召人民組織政治集團，成爲有力的民意監督機關，故此等臨時所設備諮詢民意機關，不久也隨君主易位而烟消雲散；鄭有鄉校之設，齊有嘖室之議，也沒有成爲人民政治集團的組織，這可以說是君權政治專制的結果，致歷史上許多良好的政治思想，沒有成爲良好的政治制度啊。其次，秦併天下，排斥士流，批評政治之得失，至棄市滅族，歷代君主以儒家學說統於一尊，間有黨與，祇爲獵得富貴功名的政爭，不是以一個堂堂正正的主張，號召黨徒，達到政治上企圖的目的而政爭，故卒爲君主所威脅而掃蕩以盡。我們知道政治思想，不是憑空發生的，是根據時代的需要，社會的環境，國民的趨向而發生的；故由一代的政治情形，必發生一代的政治思想；又由一代的政治思想，影響到一代的政治制度和組織。政治思想，本是應付環境而發生的，很像一個醫生看見什麽的病人，然後應用什麽的方藥；也許有很多的醫生，沒有看清楚病人的病症，而所下的方藥是不對的；也許有很多的醫生，看清楚病人的病症，而所下的方藥是不對的。每一個時代，有一個時代的政治環境；每一個國家，有一個國家的政治環境；每一個民族，有一個民族的政治環境。判斷每一個時代每一個國家每一個民族的政治環境，是否優良？就要看那個時代那個國家那個民族，牠的政治制度和組織是否優良？就可以知道看牠的政治制度和組織是否優良，就要看那個時代那個國家那個民族牠發生的政治思想有沒有指導的實力，能不能發生影響？倘使政治思想沒有指導的實力，在那個時代那個國家那個民族，又沒有甚麼影響，那末這種政治思想，就沒有價值了。人類的智識思想，是創造社會和歷史的工具，又可說是創造社會和歷史的一種勢力。這種工具不良，這種勢力不固，牠的結果，會影響到社會的制度，會影響到歷史的文化。有許多思想家對於歷史演進的情形，取自然發生的態度或方法（Genetic method），以爲要找出那種制度所以發生的原因，所以變遷演化的道理，不得不認定那種制度適應當時的環境或救濟當時的弊病而設的。所以對於一種制度，不認爲是永常不變，不認是四海皆準的法則；人類智識思想也不是永常不變，是隨時代環境發生的，不是四海皆準，是隨社會狀態變遷的。古今來人類思想的發生和變遷，有取唯心的態度的，有取唯物的態度的。取唯心的：以爲世界周遭事狀的變遷，均是以心的原因爲主動，故主張『我知故我存。』取唯物的：以爲世界周遭事狀的變遷，均是以物的原因爲主動，故主張『物在故我在』。有折衷於唯心唯物於兩方面的：以爲世界周遭事狀的變遷，均是以心物二元交互作用爲主動的，故主張『物在故心在，心在故物在。』思想家的方法，是實驗，捨卻實驗的知，就沒有知；捨卻實際的思想，就沒有思想；凡百思想皆然，而政治思想亦然。淮南子說：『諸子之學，皆起於救世之弊，應時而興。』可見思想家所觀察的，都是社會的實際情形。但是何以在同一時代的思想家，其思想所主張有不同呢？這就是個人的特性及個人所接受之學術思想不同，或各人對於事物原體的觀察雖是相同，而所觀察的標準不同，故其結論不同。主張唯心的，以爲除卻心的原因之外，其他都是次要的原因。主張唯物的，以爲除卻物的原因之外，其他都是次要的原因。比方希臘的柏拉圖看見希臘社會實際生活的情形，他不主張唯心的救濟方法，而主張唯物的救濟方法，卽是將社會之組織，改爲共產，廢止金錢，並限制富人財額，不得過貧者四倍以上，且主張公共教育，公共食堂與體操訓練的方法，除此以外，不能實現他所期望的理想社會。樂利主義派的思想家如邊沁（Bentham 1718, 1732），他主張達到最大多數之最大幸福在法律基礎上，注重人民的權利法律的目的，所注重的，是安定生存富裕平等，政治是爲被治者公共利益存在的，可見他的政治思想，是注重於唯物的方面的。至歐美社會主義派的政治思想，注重社會生產工人、農人的解放和種種組織的改善，不問而知是趨重於唯物的。進化論派的政治思想，如斯賓塞，雖採用科學上的原理以立論，但是不知不覺流於唯心的。如社會靜止論中所說的生命觀念，就是從唯心主義中得來的，他反對近世社會主義家的國家職權論，而尊重個人的智識，才能以爲個人才能發展到了極點，便能得到最大的幸福，個人的權利，是從天賦得來，故主張個人的自由，這無疑的，他的政治思想，是注重於唯心方面的。中國幾千年的政治思想，多是趨重於唯心的，很少趨重於唯物的，而今對於中國幾千年的政治思想作一個鳥瞰，以證吾說。就道家的政治思想來說：老莊的政治論，是胚胎於哲學上之根本思想，他追踪於太古原始社會之理想組織，而極端注重無爲自然，而排斥一切智識上的政治行動，所謂舟車甲兵，和一切的更張，皆非其所留意。列子之理想在於營無爲之自然生活，與老子同，其於說符篇排斥專務於食與爭的行動，所謂華胥國，全然反對唯物的物質欲望。莊子之政治論，也是由其本體論出發，他的政治論在在宥篇可以表見：『聞在宥天下，不聞治天下。』所謂在者存之而不亡，自然任之而不益之意，宥者不囿於物之意。楊朱的政治論，根據於人類之利己心而發出取獨善的政治行爲，以爲人人不利天下，而天下可以治，可見道家的政治思想，是趨重於唯心的，無疑了。就儒家的政治思想來說：孔子是推重唯心的，他所主張之德化德治主義，是推重於誠意正心修身的，所以說：『道之以政，齊之以刑，民免而無恥，道之以德，齊之以禮，有恥且格，』『仁者以其所愛，及其所不愛，』『政者正之，子率以正，孰敢不正，』『其身正不令而行，其身不正，雖令不從，』對於人民要他們表現格心而免於遯心，孔子的政治論是趨重於唯心，是顯明的了。孟子的政治思想宗源於孔子，他提倡仁義禮智四德，而特重仁義，他答復梁惠王說：『王何必曰利，亦有仁義而已，』就可以知道了，孟子政治上之理想為王道或仁政，如何以達到王道或仁政呢？是在於不忍之心，行不忍之政而已。但在另一方面，他又主張：『有恆產者，乃有恆心，養生送死而無憾，為王道之始，』從此點而說，孟子的政治思想，也可說是折衷於唯心唯物兩方的。荀子從性惡論觀察，為其政治論的出發，以為人性不能無欲，有欲不能無求，有求不能無爭，有爭不能無度量分界以濟其窮，使各人在某種限度內，為相當的享用，庶幾物質分配，不致竭蹶，『養欲給求，』是他政治上的策略，故說：『裕彼民，故多餘，裕民則民富，民富則田肥以易，田肥以易，則出實百倍，以上法取焉，而下以禮節用。』他駁墨子說：『墨子之節用也？則使天下貧，粗衣惡食則瘠，則不足欲。』可見他是主張充溢人類的欲望的。梁啓超批評他的理論，頗與唯物史論觀調相近，誠然。就墨家的政治思想說來：墨子以兼愛交利為倫理說之根本思想，同時又為政治說之根本思想，日本三浦藤作於其所著中國倫理學史說：『墨子根據兼愛交利之根本思想，而倡實利主義之政治說。』他的立論似趨重於唯物的方面。但他說：『聖人以治天下為事者也，不可不察亂之所自起；當察亂何自起？起於不相愛。』不相愛是由於自私自利，所以他提倡『兼以易別，』『愛人待周愛人，然後為愛。』墨子的政治論，雖許多是傾向於實利和功利的思想，然尋索根本的意義，是推重於唯心的。就法家的政治思想來說：管子為霸道之實行者，霸道之完成，在於講富國強兵，其政治說帶濃厚之功利主義的色彩：『倉廩實，則知禮節，衣食足，則知榮辱。』可以表見他的思想，是傾向於唯物的。法家主張法治，不主張德治；法是在外的工具，而藉以約束人類內部的意志行爲。依說文之義，法是模型，就是這個意思。大體而論，法家的政治論，是趨重於唯物的。商子提倡農戰，以農戰可以達到富國強兵之目的，純是唯物派的理論，看他排斥詩、書、禮、樂、善、修、仁、廉、辯、慧十事，就可以知道了。慎到熱烈提倡法治，他說：『法者所以齊天下之動，智者不得越法而肆謀，辯者不得越法而肆議，士不得背法而有名，臣不得背法而有功。』無一不受法所裁定，不注重於唯心方面是無疑的。韓非對人性的觀察，以爲全由利己心所支配。修明政治，不是由於德治可以收效，而當應付人民以嚴刑峻法，而後可以收效的。這理論當然不是唯心的主張。在中古時期，一般的政治思想家，如陸賈、董仲舒、劉向、淮南子、揚雄、桓寬、桓譚、王充、王符、荀悅、仲長統、崔實、徐幹、傅玄、陶淵明、鮑敬言、劉勰、文中子、陸贄、韓愈、柳宗元等，近世的政治思想家，如周廉溪、邵康節、歐陽修、蘇軾、王安石、陸象山、王陽明、朱舜水、黃宗羲、顧炎武、王夫之、戴震、曾國藩等，除黃宗義外，大概趨重於唯心方面。現代政治思想家，如康有爲，他主張變法維新，他的大同書所定社會改造的綱目十三條，可說是傾向於唯物的方面。譚嗣同反對國家，反對綱常名教，也是注重於唯物的。至現代政治思想家如孫中山先生，他的政治論的偉大精深，已見於他各種的著述和演講，他是注重唯心呢？抑是注重唯物呢？依我的見解，他是重視唯心的，但也不輕視唯物的。他在建國方略自序說：

『夫國者人之積也，人者心之器也，而國事者一人羣心理之現象也；是故政治之隆汚，係乎人心之振靡，吾心信其可行，則移山塡海之難，終有成功之日；吾心信其不可行，則反掌折枝之易，亦無收效之期也。心之爲用大矣哉！

凡心也者，萬事之本源也，滿清之顛覆者，此心敗之也，民國之建設者，此心成之也』又在國民黨懇親大會訓詞有說：『改造國家，要根本上自人民的心理改造起。』諸如此類，不遑勝紀。可見孫先生對於政治的理論是極重視唯心的，我們又看建國方略二册自序有說『中國富源之發展，已成爲今日世界人類之至大問題，不獨爲中國之利害而已也……此後中國存亡之關鍵，則在此實業發展之一事也。』他六大計劃，是主張物質之種種建設的，可見孫先生的政治論也並不輕視唯物的。中國現在已到危急存亡之際，有許多人說：中國人心已死，不知抵抗外患，所以中國必亡，一般的軍閥官僚以地盤權利位置爲政爭的中心思想，不惜擺陷人民於水火中陷國家於險境，以如此的人心加以民族精神的散失薄弱，不論提倡任何的物質建設，也建設不來的，即有物質的建設，也必拱手讓人，如現在東三省一樣，故說唯心爲重，而唯物爲輕也。又有許多人說：中國現在是經濟落後，生產凋敝，人民受萬分的痛苦，加以帝國主義者之經濟剝削，更苦上加苦。倘使不從於物質的生產，物質的建設，中國不受外國的侵略而亡，也必受貧困破產的威脅而亡。而且惟有物質的生產，物質的建設，然後可救亡，有了種種的生產建設，人心纔可挽回，而不致今日人民精神的散失破碎。這種主張，就是以唯物爲重，唯心爲輕也。我以爲今日中國人心的渙散，民族精神的薄弱，物質建設的凋零，社會生機的刼削，處處都是被迫整個的國家和民族接近於危虞之境，救之之法，非兩者兼程並進不爲功，然耶？否耶？

附錄二

春秋時代之貴族政制（在中大法學院政治系演講）（見民國二十一年廣州朝暉雜誌）

春秋戰國時代，爲中國政治制度思想學術開展的時期，在這個時期中，社會起了變動，脫離上古時期洪荒之治。夏、商、周之世，神權政治爲極有力的支配，國語楚語觀射父有說：『古者，民神不雜，民之精爽不攜貳者，而又能齊肅衷正，其智能上下比義，其聖能光遠宣朗，其明能光照之，其聰能聽徹之，如是則明神降之，在男曰覡，在女曰巫。是使制神之處位次之，而爲之牲器時服，而後先聖之後之有光烈，而能知山川之號，高祖之主，宗廟之事，昭穆之世，……而敬恭明神者，以爲之祝。使名姓之後，能知四時之生，犧牲之物，……壇場之所，上下之神，氏姓之出，而心率舊典者爲之宗。於是乎有天地神明類物之官，謂之五官，各司其序，不相亂也。民是以能忠信，神是以能有明德。』從以上所引證知道（甲）人民與神意是互相聯繫的。（乙）神意是與宗教權互相聯繫的。（丙）宗教權是與政權互相聯繫的。（丁）政權是與宗法權互相聯繫的。（戊）宗教權是與姓氏互相聯繫的。考姓氏一是表血統之意義。說文：『姓，人所生也，因以爲姓，從女生。』段氏引釋文說：『女生曰姓，姓，謂子也。』正義釋爲『廣子孫』之意。一是表統治之意義。國語：『百姓兆民。』韋註百姓，百官也；官有世功受氏姓也。』潛夫論：『世能聽其官者而賜之姓，是謂百姓。』一是表功德之意義。古人於姓之來源，每以爲出於上之所賜：『天子建德，因生以賜姓，胙之土而命之氏。』潛夫論卷九說：『昔者聖王觀衆於乾坤，考度於神明，探命歷之去就，省羣后之德業，而賜姓命氏，因彰德功。』一是表秩序之意義。白虎通卷八：『人所以有姓者何？所以崇恩愛，厚親戚，遠禽獸，別婚姻也。故禮別類，使生相愛，死相哀，同姓不得相聚，皆爲重人倫也。』社會政制的演化，初有圖騰，每一圖騰，必有一種標幟，予游南太平洋各羣島，見土著之民，仍不脫初民圖騰之習，一圖騰之內禁止通婚，各有畔界。大抵中國的姓氏時，初也是別婚姻劃分部落之用意。往古的酋長，是一部落中出類拔萃的，他們因爲要固結勢力，指揮各族，乃有賜姓之舉。（昔堯賜契姓姬，賜禹姓姒。）婚姻之別，爲家族之起源，家族之擴充，遂爲宗法與封建，而貴族制度乃以發達。姓氏爲維繫家族宗法封建貴族的連帶。春秋時女人皆以姓稱，如宣姜、莊姜之類，然有時亦稱姜氏，可知姓氏是常相混用的。據通志姓與氏也有不同之點，即姓爲部落標幟，氏爲貴族特有，所以別平民的標幟，故貴族有氏，平民無之。鄭夾漈於通志說：『氏所以別貴賤者。貴者有氏，賤者有名無氏。今南方諸蠻，此道猶存。古之諸侯，詛辭多曰墜命亡氏，踣其國家，以明亡氏則與奪爵失國同，可知其賤也。』氏已爲貴族所專有，則研究春秋時代之貴族政制，不可不從姓氏的方面先着手。考隱公八年所紀：『天子建德，因生以賜姓，胙之土而命之氏，諸侯以字爲諡，因以爲族，官有世功，則有官族，邑亦如之。』胙土命氏，則被賜氏者必有世功，命氏之後，必得有領土，以爲食邑，食邑之下，必有人民足供驅遣，日久成爲貴族的集團。柳宗元所說：『諸侯歸殷者三千焉，資以黜夏，湯不得而廢；周者八百焉，資以勝殷，武王不得而易。』那時之所謂諸侯，不過是一個氏族擴充的部落，卽是封建之前身，眞正之封建制度，則自周代起，諸侯與貴族，皆封建制度的產物，統是依據宗法制度以推行的。天子分封諸侯，諸侯分封貴族，貴族演進而統理政權。貴族之制已成，等級界限劃分清楚，上下不可以混亂。魯桓公二年師服說：『吾聞國家之立也本大而末小，是以能固。故天子建國，諸侯立家，卿置側室，大夫有貳宗，士有隸子弟，庶人工商各有分親，各有等衰，是以民服事其上，而下無覬覦。』在封建貴族之世，階級觀念，甚爲重要。楚芋尹無宇有說：『人有十等，下所以事上，上所以共神也。故王臣公，公臣大夫，大夫臣士，士臣皁，皁臣輿，輿臣隸，隸臣僚，僚臣僕，僕臣臺。』可知春秋時代各國自諸侯以下，必有許多階級名分之間，上尊下卑，井然不可混亂。春秋時代，各國已有貴族，貴族據有土地人民，世世相傳，奴隸制度，必從而輔翼。春秋時貴族在政治上具有雄厚的勢力，常執諸侯的政柄，因爲諸侯要連結貴族的勢力，以擴張他的權威，久之成爲尾大不掉之勢，各貴族之間，又因利害衝突，時起政爭，致成兼併的局面。如襄公十九年，齊崔杼殺高厚於灑藍而兼其室，鄭子展子西率國人殺子孔而分其室。襄公三十年，楚公子圍殺大司馬蔿掩而取其室，類此者不一而足。貴族有城池人民，有官屬，有兵車，故往往可以結成偉大的勢力，一方又以宗族觀念，聯繫同宗，以鞏固他的勢力；以親屬觀念，聯繫異族，以保障封建的基礎。梁啓超先秦政治思想史說：『同族相互間，更有所謂宗法者以維繫之，而組織愈極綿密。』意即指此。周官所說：『以族得民』，也是此意。春秋時代貴族政制，嚴定階級，其守名分，尊祖敬宗，以演成家族本位的政治。孔子爲當時的政制擁護者，他先注重修身齊家，以修明政治。如論語泰伯篇說：『君子篤於親，則民興於仁；故舊不遺，則民不偷。』論語爲政篇說：『或謂孔子曰：子奚不爲政？子曰：書云孝乎，惟孝友于兄弟，施于有政，是亦爲政，奚其爲爲政？』其次就是正名。正名就是定名分；定名分，就是上下等差不致有混亂。論語說：『名不正則言不順，言不順則事不成，事不成則禮樂不興，禮樂不興則刑罰不中，刑罰不中則民無所措手足。』可見正名的重要。胡適之以爲：『正名主義，乃是孔子學說之中心問題。』梁啓超說：『孔子正名之業在作春秋。』但孔子何以要主張正名呢？就是孔子的政治思想要維持春秋時代之貴族政制，以保持封建的制度。名何以可正呢？就是要遵禮。因爲遵禮，就不致下層的社會凌奪上層的社會，上下不相凌奪則政治社會之秩序，可以維持而不致有戕賊之軌外行動。論語泰伯篇說：『恭而無禮則勞，愼而無禮則葸，勇而無禮則亂，直而無禮則絞。』論語里仁篇說：『能以禮讓爲國乎何有？不能以禮讓爲國，如禮何！』論語先進篇說：『爲國以禮。』論語八佾篇說：『事君盡禮。』又說：『君使臣以禮，臣事君以忠。』論語憲問篇說：『上好禮則民易使也。』禮運記孔子之言有說：『禮義以爲紀……示民有常，如有不由此者，在埶者去，衆以爲殃。』可見孔子主張遵禮，所以定名分；定名分所以制裁社會凌亂越法的行爲；因此，春秋時期之教育方針和制度，不能不根據於此爲標準。王制說：『司徒修六禮以節民性；明七教以興民德；齊八政以防民淫；一道德以同俗；養耆老以致孝；恤孤獨以逮不足；上賢以崇德；簡不肖以絀惡。』所謂六禮是冠、昏、喪、祭、鄉、相見。七教是父子、兄弟、夫婦、君臣、長幼、朋友、賓客。八政是飲食、衣服、事爲、異別、度、量、數、制。此外：『樂正崇四術，立四教，順先王詩書禮樂以造士，春秋教以禮樂，冬夏教以詩書。』春秋時代以禮維持社會之秩序，故教育之方針，遂傾向於禮教，而對於貴族子弟，尤爲注重。成公十八年：『荀家、荀會、欒黶、韓無忌爲公族大夫，使訓卿之子弟恭儉孝弟。』昭公七年：『孟僖子病，不能相禮，乃講學之，苟能禮者從之。及其將死也，召其大夫曰：禮、人之幹也，無禮無以立。』可見當時如何注重禮教了。

春秋時，以禮爲維持名分尊卑上下之等差，使不能有所叛越，然必在社會上足以維持他經濟的生活，而後貴族的權威纔可以保持。晉語說：『公屬百官，賦職任功，棄責薄斂，施舍分寡，救乏振滯，匡困資無，通商寬農，懋穡勸分，省用足財，利器明德，以厚民性，舉善援能，官方定物，正名育類，昭舊族，愛親戚，明賢良，尊貴寵，賞功勞，事耇老，禮賓旅，友故舊，胥籍、狐、箕、欒、郤、柏、先、羊舌、董、韓，實掌近官。諸姬之良，掌其中官。異姓之能，掌其遠官。公食貢，大夫食邑，士食田，庶人食力，工商食官，皁隸食職，官宰食加（家臣食大夫之加田）政平民阜，財用不匱。』襄公九年：『晉侯歸，謀所以息民。魏絳請施舍，輸積聚以貸，自公以下，苟有積者，盡出之。國無滯積，亦無困人，公無禁利，亦無貪民，祈以幣更，賓以特牲，器用不作，車服從給，行之期年，國乃有節。』襄公二十九年：『鄭子展卒，子皮即位（代父爲上卿），於是鄭饑而未及麥，民病。子皮以子展之命，餼國人粟，戶一鍾（六斛四斗爲鍾），是以得鄭國之民，故罕氏常掌國政，以爲上卿。宋司城子罕聞之曰：鄰於善，民之望也。宋亦饑，請於平公，出公粟以貸，使大夫皆貸。司城氏貸而不書（不書於策）爲大夫之無者貸，宋無饑人。』文公十六年：『宋公子鮑禮於國人，宋饑，竭其粟而貸之。』貴族想保持他的尊嚴，當然要在經濟上有舒展的地方，而封建時期中之食邑田地，及許多的奴隸，是他們經濟的基礎，這是明顯的事實。

貴族維持他經濟的基礎，要靠食邑田地，食邑田地有豐腴瘦瘠的不同。貴族子弟中有智愚賢不肖的分別，各率兵車以伸張他的勢力，（齊侯使公子無虧帥車三百乘，甲士三千人以戍曹，）於是大的貴族，併吞小的貴族，強的貴族，兼併弱的貴族。所以這種貴族的政制，遂崩潰起來了。（甲）平民增加的原因。一國中貴族祇是少數，其外多是平民，環族而居，平民人口日益增加，勢力日益膨脹，不久自然可以壓倒貴族的勢力了。（乙）政治上的原因。貴族之受兼併者，失勢者，失卻政權者，因地位搖動，而陷於崩潰。（丙）宗族維繫鬆懈的原因。宗族觀念，爲封建貴族維繫的信條，異族聯親，宗族繁衍，宗族觀念日益薄弱，宗族觀念日益薄弱，那末貴族保持宗族的主旨，日久遂失所依憑，而不能保障地位了。（丁）下層社會擡頭的原因。東周以後，如管仲起於罪隸，甯戚起於牧豎，百里奚起於乞丐，商人的弦高，可以干預軍國大事，白衣可以爲卿相，就可以證明了。我們知道時代是隨歷史的演進而演進的；歷史演進了，凡各時期之思想法律等等皆隨之而變動的。特權階級，官僚階級所演成的各種政制，雖然一時赫赫炎炎，然從過去歷史所演進的軌轍觀察一下，必隨之而變革，而爲眞正的民主制，代之而起，這是文化演進必然的趨勢啊。

附錄四

荀子對於教育思想的貢獻（二十五年民國日報教育週刊）

儒家思想中，荀子的思想，是値得注意的，而其教育之思想，亦具有特點，値得注意的。國學概要說：『孟子貴理想，荀子徵行事；孟子高談仁義，荀子精於禮制，而不爲高遠難行之言，較孟子尤爲切實。』胡適中國哲學史大綱說：『荀子學問很博，曾研究同時諸家之學說，因爲他這樣博學，所以他的學問能在儒家中，別開生面，獨創一種很激烈的學派。』又稱之說：『荀子在儒家中最爲特色。』可知荀子在儒家之地位，能與孟子同等；在先秦諸哲之思想中，亦有優異之處。此篇特舉其在教育思想之貢獻，略申一二。

（甲）荀子主張教與養並重　孔子對於冉有問而答之曰：『既富矣，又何加焉？曰教之。』荀子的思想是師承孔子的，他是主張富與教並重。富就是養，不富則衣食之源不給，故可說教與養並重。大略篇說：『不富無以養民情，不教無以理民性，故家五畝宅，百畝田，務其業而勿奪其時，所以富之也。立大學，謹庠序，修六禮，明十教，所以道之，詩曰：飲之食之，教之誨之，王事具矣。』荀子何以主張教與養並重，因爲徒養而不教，則發生很大的弊端。富國篇說：『天地生之，聖人成之，此之謂也。』所謂聖人成之，是重教的意思，故說『不教而誅，則刑繁而邪不勝也。』至徒教而不養，則凶年不能免凍餒之患，所以要：『兼而覆之，兼而愛之，兼而制之，歲雖凶敗水旱，使百姓無凍餒之患。』國家教育之成功失敗，全在教養並進。中國數十年之新興教育而不見有偉大之成效者，是徒然注重教而未有注重養也。換句話說：祇注重理論的教育，沒有注重生產的教育。

（乙）教育是變化原有的氣質　荀子教人爲善，主張必先移其性，移性之方法，莫過於積善。積善既久，必成習慣，則惡性不能發生，而教育之功可成。他說：『性也者，吾所不能爲也，然而可化也；情也者，非吾所有也，然而可爲也。注錯習俗，所以化性也，並一而不二，所以成積也；習俗移志，安久移質，並一而不二，則通於神明，參於天地矣。』然何以積善呢？他主張親師。他說：『有師法者，人之大寶也；無師法者，人之大殃也。』因此君子之學與小人之學不同，故說：『君子之學也，入乎耳，著乎心，布乎四體，形乎動靜，端而言，蝡而動，一可以爲法則；小人之學也，入乎耳，出乎口，口耳之間，則四寸耳，曷足以美七尺之軀哉！』積善可以變化氣質，而人之動靜，乃可合於禮法啊。

（丙）教育是注重人爲的力量　荀子哲學之中心思想，是推重人爲而懷疑自然。主張自發的力量，而反對依賴。他以爲人之性，順其自然，就是惡的，自然的性是惡，故當以人爲之力量使之善。他在天論篇說：『大天而思之，孰與物畜而制之？從天而頌之，孰與制天命而用之？望時而待之，孰與應時而使之？因物而多之，孰與騁能而化之？思物而物之，孰與理物而勿失之也？願於物之所以生，孰與有物之所以成？故錯人而思天，則失萬物之情。』這是與近世西洋主張征服自然的精神相似（可參閱商務版拙著中國政治思想史大綱四四頁）。自然的人性是惡的，故非以人爲的力量，不能排除此種惡性，性惡篇說：『直木不待檃栝而直者，其性直也；枸木必待檃栝然後直者，以其性不直也;今人之性惡,必將待聖王之治,禮義之化,然後皆出於治,合於善也。由此觀之,然則人之性惡明矣,其善者僞也。』清代錢大昕跋荀子說:『古書僞與爲通,荀子所言人之性惡,其善者僞也。此僞字卽作爲之爲,……可學而能,可事而成之謂僞。』人之性惡,可改爲善,作爲之道如何?卽教育是。性惡篇說:『今人之性,固無禮義,故強學而求有之也;性不知禮義,故思慮而求知之也。』『人無禮義則亂,不知禮義則悖。』可知荀子如何看重教育了。教育是求知的一種方法,也是求有的一種方法,所謂求有,卽是求有禮義。人沒有禮義卽悖亂,不成其所以爲人,故求有此禮義,而後人道立,有此禮義而後不致偏險悖亂。(荀子語)現代國家教育之所以未能遽收大效,只是看重求知,而沒有看重求有,換句話說:卽是沒有看重做人,沒有注重道德禮義。所以國家當到危急萬分之際,許多有智識的漢奸如殷汝耕等輩,不勝其衆。荀子說:『僞起而生禮義,然則聖人之於禮義積僞也,亦猶陶埏而生之也。』可見荀子是主張教育是可以改造人性的,這人爲教育的力量是萬不可忽略的。法國現代大科學家賴朋(Gastave Le Bon)於所著民族進化的心理定律中,曾主張智慧上的性質,是教育可以改變的。民族上遺留之品性的特質,是逃出了教育的勢力。他以爲種族的特性,是遺傳的累積,此種許多特性,經多年累積後,獲得極大之固定性,而決定了每一民族的模樣。但我以爲個人之自我品質和個人之種族品質,以教育人爲的力量改造,前者是易,改造後者是較爲困難,非經數代後之潛移默化不爲功。這先天的固定性,可以人爲的力量改變,卽荀子所謂從天而頌之,孰與制天命而用之之意也。

(丁)注重教與學並重　教育是包涵教與學,教與學不能分開,徒然知道教而不知道學,可說是形式的教育,而非實際的教育。荀子注重教，同時亦注重學。勸學篇說：『不登高山，不知天之高也；不臨深谿，不知地之厚也；不聞先王之遺言，不知學問之大也。干、越、夷、貉之子，生而同聲，長而異俗，教使之然也。』這是注重教的方法。他說：『學不可以已。』『眞積力久則入，學至乎沒而後止也。故學數有終，若其義則不可須臾舍也。爲之，人也；舍之，禽獸也。』又說：『吾嘗終日而思矣，不如須臾之所學也。』由此以觀，荀子非常注重學。學爲人生不可已，不可離。他非常注重自我活動，所以說『眞積力久則入』了。這是注重學的努力。

（戊）教育最高的目的　教育要具有目的，沒有目的之教育，很像航海之沒有目的地。教育之目的是什麽？愛蓮德(Eliot)定教育之目的爲能率（efficiency），裴葛萊（Bagley）定教育之目的爲羣體生活之能率（social efficiency），斯賓塞（Spencer）定教育目的爲完全生活。荀子特提出教育之最高目的，爲完成偉大之人格。他說『全之盡之，然後學者也。君子知不全不粹之不足以爲美也，故誦數以貫之（使習禮樂詩書之數以貫穿之）……是故權利不能傾也，羣衆不能移也，天下不能蕩也。生乎由是，死乎由是，夫是之謂德操。德操然後能定，能定然後能應；能定能應，夫是之謂成人。』教育要造就完成偉大之人格，而後教育之目的，纔能達到『生乎由是，死乎由是，』這堅定不能傾移之人格，非教育何以能『全之盡之。』

據此數端，足以見荀子對於教育思想的貢獻。略抒管見，未足以概其全也。

附錄五

民族的移殖與文化進展的相互關係（二十四年六月二十二日民國日報副刊）

關於文化演進的諸問題，我先後於省港各報發表九萬餘言的著論，然尚有許多未申之意，本題即當中的一個問題。我對於文化的見解，是採取多元說的，不是採取一元說的；以爲文化是包含許多的複雜因素，不能以一個原因解釋許多複雜的情形。

一個民族之向外移拓，是基於幾種的原因：（一）是因人口過多，（二）是因原居地生產不足供其生存，（三）是民族的拓殖力量的充實，有不得不向外發展之勢。民族的移殖與文化的傳播有重大關係，各地方的民族，有各地方原有的文化，有具大陸的文化，有具狹小地域的文化；有具獨創的文化，有模彷外族的文化。所以世界各民族有各民族的文化，而文化因民族移拓或傳播的關係，文化的質素更趨於新異的動向（其詳可參閱 (Goldenweiser; Alerander A; Early Civilization, An Introduction to Anthropology, New York p. 123) 就歷史上觀察，中國民族遷徙移殖，是有種種的原因，而結果與文化的發展是有關係的。考之上古中國民族，自帕米爾高原下山遷到平原，分道往東南東北兩方面進行，往東南方面進行的有三族，歷史家稱之爲東三系；往東北方面進行的，亦有三族，歷史家稱爲北三系。漢族初遷到中國北部，就在黃河流域六省，植其根基，春秋戰國時，漢族移徙至山東膠東道（卽山東半島）移徙前所居之民族是徐戎淮夷萊夷，經數百年之久將此等民族同化之。春秋戰國，南方民族一支在中國東南方佔領現在揚子江南岸，與浙江北部錢塘江流域，史書稱爲吳越二國，於春秋末年，與晉楚爭霸於中原後吳滅於越，越併於楚，楚又吞於秦此支民族完全同化於漢族。其他荆舒、羣蠻、南越、巴庸氏、羌等族，先後與漢民族的接觸而被同化。五胡十六國異民族多向中國本部移殖，不久亦喪失其所守而被漢族同化。考五胡十六國時代異族所以同化漢族之故有五種原因：（一）因雜居已久習於中國的政教；（二）因中國向來文化淵源長遠根深蒂固，不易受異民族的搖動；（三）因異族對中國文化素所信仰故易吸收；（四）因異民族向中國移殖之後，各方割據多用漢人爲政；（五）因異族的領袖多領導部下傾向中國文化，（唐史稱石勒褫氊裘、襲冠帶、釋介冑開庠序。）隋唐兩代突厥新興，佔據現在蒙古、新疆、滿洲和西伯利亞、中亞細亞一帶之地，分爲烏孫月氏二部落，南北朝末年，建立極大之遊牧帝國，南向中國移殖，唐代採積極政策，先後滅東西突厥，併其領土，融合其民族。唐室西境與吐蕃相接，吐蕃遣諸豪子弟留學中國，吐蕃移殖中國的遺民，漸次同化於漢族（參閱拙著中國文化演進史觀五七頁）契丹自有唐中葉以後，時與中國發生事端，後唐明宗時，乘中國內亂，每發兵南侵，後唐叛將石敬瑭滅後唐，割燕雲十六州與之，及契丹改國號爲遼，仿唐官制，採用科舉制度，其後爲女眞所滅而國亡，契丹遺民在女眞勢力範圍以內，漸次同化於漢族。元代蒙古族興起，乘機舉兵滅金室後，進侵中國，據陔餘叢考載：元朝蒙古人色目人，移殖中國內地，與內地人聯姻者頗多。據陳垣元西域人華化考：『畏吾兒（卽回紇）、突厥、波斯、大食、敍利亞等人本有文字本有宗教然一旦入吾華地改從華俗且多在文學上佔重要之地位（見北京大學季刊第一卷第四號）」據元史釋老傳『我國家肇基朔方未遑制作凡施用文字因用漢楷及畏吾兒文字以達本旨』可見元朝之傾向漢化清代入主中國滿人八旗駐防各省習漢語讀漢書滿文滿語日久遂至淪亡其住居於東三省者又以漢人移殖於該地者日多遂大部分爲漢族所同化從上引證來看就知道一民族之移殖於別國的疆土或以自己民族文化植基之厚不致喪失原來的文化或以自己民族移殖於別國領土之後爲其他較高文化的民族所同化這兩個定律是不能違越的。

世界各民族文化的起源是單調的其後種族繁衍社交日多文化漸複雜起來又因人口的移動受了地理環境特別氣候的影響而變遷各地的人種爲適調各地的環境生活而產生文化的特質與程度的不同這是常有的事又以人口遷移及接觸的關係而吸收異地不同的文化這也是常有的事就原始時代而論中國文化與小亞細亞及北美一帶的文化具有很相近的文化形體這是跟着種族遷移及接觸的關係中形成的同時北美與中亞細亞及中國等地一帶的人種其體質多屬於蒙古利亞種所以文化上較其他種族具有相同的傾向。

新石器時代的新疆是一個中亞與遠東文化交通的孔道因爲古代新疆沒有如現在的沙漠連綿同時山嶺亦不能阻止兩處民族的接觸所以甘肅河南一帶的文化皆和中亞發生了密切的關係有人說新疆是漢族文化的發源地自漢族遷入黃河流域後新疆便成了中國文化與西方文化交通的橋梁中國漢族是由中央亞細亞遷入的所以他的文化是和中亞發生密切的關係但漢族遷到中國境內後因地理環境的不同及與當地原有民族

接觸的關係，亦產生大量的異質文化。中國新石器時代的陶器（在河南發掘的）與俄屬士耳其斯坦安奴（Anan）所採掘新石器時代的陶器，其特質是相同的，雖兩民族間沒有直接的交通，但是間接形成是可能的。因安奴的文化傳播到中亞細亞的巴勒克什湖、伊犂河一帶，便由新疆傳到甘肅至河南一帶。

新石器時代的滿洲所採掘的石器，多與北美一帶之阿拉斯加、挨斯基摩人的石器相似，日本考古學家鳥居龍藏氏所著南滿遠古人種考，述半月式及長方式石刀很詳，以為此種石器與亞洲朱其察（Chukchee）人及美洲北部挨斯基摩人的石刀的形式相似，考古家以為新舊石器時代之亞美兩洲是沒有分開，故北美一帶之挨斯基摩人的文化，始能從亞洲分播過去。

據上所引證，可以知道中國民族從中亞新疆而遷入於黃河流域一帶，在移動的程途中，是和遷入於小亞細亞一帶之民族發生過文化接觸的關係；北美洲原始文化，是受了亞洲北部一帶文化的影響。中國原始文化，是與西方特別是中亞細亞一帶文化發生關係（其詳可參閱中國原始社會之探究一書）。

一個民族遷移的原因，固然很複雜，但總結起來，不外取得比較優良的經濟生活。其初雖然是純為經濟的生活，繼續何以使經濟的組織完善，何以使經濟的生活改良，何以使經濟的計劃實現，是要靠新質文化的創造。因此，原有文化之可以利用者則利用之，移殖後與當地民族接觸的文化，有可採取者則採取之。在人類世界的移殖史中，從未有見過一個民族把原有可以利用，可以根據的文化而全盤捨去的，又未見過自己民族與他方民族接觸的文化發生關係後，而不施以一種選擇作用，而加以全盤運用的。近代英國民族移殖於加拿大、新西蘭、維多利亞，新南威爾士，達斯馬尼亞澳大利亞西南部，好望角之肥沃部分，美國北部，及加利福尼亞等地，（英國移民移入於加拿大的爲百分之四十，移入美國的爲百分之二十七，澳大利亞與新西蘭的爲百分之十七，亞非利加的爲百分之五，可參閱 (Brown, R. N. The Principles of Economic Geography, p. 114)。英國移殖的人民，在海外各地方者，一方保持一部分原有的文化，一方從新創造一適應當地環境的文化。美國吸收了全世界的移民，最多，通稱爲『世界人種鎔鑛爐』，惟美國民族，以英國民族爲最多，其主要部分之文化，銜接於英國原有之文化者至鉅。即就英語之普遍於美國全地，就可以知道了。中國民族百年來之移殖於外國殖民地者甚多，這等僑民，一方吸受了當地的文化，以爲生存適應之張本；一方又保留多少原有中國文化生活習慣。日人川西正鑑於其所著經濟地理學原理曾說：及『一八四八年，美國加里福尼亞省的金鑛發見了以後，多數中國移民均渡航美國，從此形成顯著地的發展，但以風俗習慣不同，不能同化於移住國，……結果至一八八〇年，限制中國移民入口，至一八八八年全然禁止中國移民，就是在加拿大，也遭受同樣的運命。』居住於外國地方的中國移民，經多年的接觸，尚不能全化爲一外國人；居於中國本部的民族，豈能全化爲一外國人麽？我們知道文化的吸收與創造，無論如何變遷或進展，都有許多是受民族的生理條件和地理的社會環境所約制的。所以各國有各國相異的文化，各民族有各民族相異的文化，是自然的事實。然以交通移殖和接觸的關係，有許多的文化，是可以選擇吸收的，有等是可以共同發展的。這種歷史事實，研究文化史的人們，是不可忽略的。

附錄六

民族中興與文化中興之兩個定律（二十五年中興日報）

我記得在去歲曾發表歷史轉變與國人應有的思想態度一文，其中曾說過：『今日中國所遭遇之環境，自歷史以來未有之惡劣環境也；今日中國所遭遇之時代，自歷史以來未有之劇變時代也。』在這惡劣的環境劇變的時代當中中國民族當如何以應付？換句說：當如何以挽救國家民族之危亡。這是當前一個重大問題，而不能忽略的。

第一民族中興當以文化中興爲條件

中國民族到現在已陷於危險的時期，倘中國民族不能自救自立自強，而爲帝國主義的侵略者所併滅，則中國民族永不能翻身，所以要乘現在國家未亡的時候，而成中興民族的偉業。中國在歷史上有兩代（即元淸）爲異族所統治，用極端的武力來鎭壓中國，但是元代不百年而滅亡，淸代不三百年而亦滅亡，何以故？這就是民族意識，尙未消滅，而至終尙能舉獨立的旗幟，以推翻異族的統治之故。我們知道民族意識消滅，就是國家滅亡民族衰落的朕兆；而民族意識何以能增長？是賴於民族文化之培育；所以文化衰落的，他的民族是難以中興的。當德國略取亞爾薩斯羅蘭時，在小學校中，禁止教習法語，在社會上禁止法報之發行，禁止法國的服飾，戰後法國收回兩省，亦採同樣的手段對付德人，可知強者對付弱者，是以消滅弱者之文化為其手段的，文化之象徵失掉，則民族的意識必隨之而消滅；民族之意識隨之而消滅了，則國家必隨之而危亡。清代當隆盛時期，極力以科名富貴以消磨漢人之民族意識，而漢人之民族意識，倘潛伏於一部分的人民中，而為中國民族文化的寄託。故革命運動一起，遂隨之而煽揚。今日中國受侵略者的壓迫危害，已有如水益深如火益熱之境，中國民族之中興，須以文化之中興為其條件。不然，文化衰落，而民族精神與民族意識，無所寄託，而國家長此陷於不可挽救之深淵，這是多麼危險？孫總理在中國革命史曾說過：『對於世界各民族，務保持吾民族之獨立地位，發揚吾固有之文化，且吸收世界之文化而光大之，以期與諸民族並驅於世界。』所以民族中興，當以文化中興為其條件，這是一個定律。

第二文化中興當以民族中興為目的

文化中興，當以民族中興為目的，就是說：文化中興，當以民族中興為對象，而達到這個目的。倘中國吸收歐美各國之文化，而失卻民族的立場，以歐美文化為裝飾品，而不以歐美新興之文化為救濟民族之活命丹，以保持民族之獨立地位，以恢復民族原有之光榮地位，則失去目標，而文化本身，陷於惰性，入主出奴，必為西洋文化之征服者，不為中國文化之創建者。失去文化之獨立性，而民族之意識觀念，不能保存，民族之中興獨立，亦必無希望。在法蘭西革命之前夜，是陷於極難堪之現象，當時有從事於文化運動的領導人物，如福爾特（Valtaire）、狄地洛（Dederot）、孟德斯鳩、盧梭諸人，以思想之奮興，刺激國民革命之熱情，以使國家之中興起來。所以中國民族之『自力更生，」要以文化中興爲條件而文化中興，當以民族之中興爲目的。文化中興的標準：（一）是把中國歷史上文化的光榮時代，增加其盛況。（二）是興復中國固有之文化精神，而掃除其不良之文化質量。（三）是將民族意識覺醒使教育普及，學術科學深造，使中國文化在國際上之文化地位，能與列強同等。（四）以新文化之生機，爲中國民族本質之活血，使民族強化，而達到民族之中興地位。就是說：文化中興，當以民族中興爲目的，這是一個定律。

民族中興，而不以文化中興爲條件，則民族中興是沒有途徑。文化中興，而不以民族中興爲目的，則文化中興沒有指針。中國民族之『自力更生，』我以爲要實踐這兩個定律。

附錄七

介紹中國近世文化史（書林第一卷第三期）

中國近世文化史，陳安仁先生著，民國二十五年商務印書館出版。陳先生是專門研究文化史的學者，著作甚豐，這一本是比較巨大的著作。書中的敍述分爲四章：第一章宋代的文化，第二章元代的文化，第三章明代的文化，第四章清代的文化。每章各分爲若干節，其於政治、社會、社會風習、官制、軍制、田賦、教育、學術、交通、農工商業，以及家族制度、宗教、美術等，無不備具。在每一節裏面，可以看見其時代的波動概況；由其時代波動的概況，即能審其時代的文化；再由其文化的代表事物，以及其關係的評論。我們讀了此書，於不知不覺中，便很清晰的明瞭近世文化的情形。

人類以社會爲組織的基礎，未有社會，則人類的集團無所寄託，社會又以文化爲生活的基礎，未有文化，則社會的機能無所附麗。中國文化的進步，乃播種於伏羲、神農、黃帝、堯舜，而萌芽於夏商，發揚於周秦、漢唐，停頓於宋、元、明清之間。中國文化已開展於數千年前，在這數千年悠遠的歷史中，應當比世界任何國家爲優秀，乃反而落後，不能等量齊觀，斯則由於宋、元、明、清間文化停頓不進有以階之。這是關係於民族的消長，國家的盛衰，吾人欲起其沉而救其衰，則不可不知習近世的史實。欲使文化的程度有進步，以發揚我故有的光明，迎頭趕上他國，亦不可不知習近世的史實。這是此書作者著作的美意，實爲吾人所切需而必讀者。

此書於宋、元、明、清四代，各爲政治、社會、社會風習一節。這樣以時代而分段，當然比較以事類分段要忠實可靠多了。著者能忠實地維持其歷史家客觀的態度，而又濟之以學者剔抉的精當，不雜感情，不夾意氣，平明詳盡，敘述無遺。這是此書的優點。

著者敘述史實，具特殊的眼光，捉住其時代文化消長的原因，與各節互相照應。雖劃分代別段，又好像一氣呵成，使讀者興趣濃厚，得益尤多。如敘宋代的政治社會，以證其時文化的停頓，宋承五代割據之弊，猶能削平羣雄，統一中原，功績至足稱述。太祖於亂兵之後，致力於政治的改革，寬其法，薄其賦，求與民休息。又禁鑄佛、火葬、賭博的惡習；倡重農、尙儉、崇廉的厚風，開國之規模具矣。太宗時承其先人遺緒，遂有事於遼夏，但是北方的遼勢焰方熾，北伐之役，宋師敗績，於是和好之盟絕，遼人窺宋之心益急了。自眞宗澶淵之盟，迄於徽宗政和之世，苟且偷安，猶未能免於異族之患，甚至二帝被擄，國都南遷，終宋之世，河域非中國所有，況且大江南北，亦不免異族的蹂躪。我國從漢到唐，是漢族征服異族的時期，自宋至清，是異族征服漢族的時期，而其創痛之深，恥辱之大，亦莫過於宋代。不過北宋一代最有力的思想是苟安和平，上自君臣，下至士大夫平民，都有同一的見解。對外務求屈服忍辱，納幣講和，甚至西北小夏亦願拿錢媾和，對內也是苟安敷衍，鬧得民窮財困。這樣暮氣，不能不說是停頓。雖然另一方面的文化也在畸形的發展，到底救不了宋的滅亡。但是宋自開國以來，很尊重智識階級，而他們也很有威權，他們的勢力常能影響國政。宋朝末年蔡京、童貫等小人執政，有大學生陳東等伏闕上書，請除奸救國。南宋初年，這種士氣因外患的結果，一變而爲民族的義憤，李綱、岳飛之倫，對金人主張取強硬態度，終不失爲失敗的英雄。崖山之役，戰敗不屈自沉而死者十數萬人，那種壯烈雄偉的氣魄，誠足爲歷史上精神文化放一異采。到南宋末年，更有文天祥、陸秀夫一流志士出來替宋朝作最後的掙扎。宋亡以後，遺民如謝皐羽、鄭所南輩更大大的鼓吹民族思想，宋雖然終於亡了，而速元朝的滅亡，未始不是這種思想的影響。一直到明末清末和現在，一方面是歷史的事實，他方面就是其時代文化波動的概況。著者對於這些都能運用他的技巧，把握住政治的背景，各節裏的文化情形，就很清晰的顯示出來了。

風俗習慣，爲人類生活的表現，此社會優劣文化文野，俱於此而驗之。此書於各代的文化，特詳其時代的社會風習，如飲食、衣服、婚姻、喪葬等，拘稽典籍，別而出之。我相這一類的材料對文化方面最有功用，只可惜許多人不能應用牠。

家族制度，爲文化的表徵，其制度之良否，亦可驗其文化的盛衰。宋朝的暮氣不振，卽以儒家爲中心思想，敬宗和睦，而宗法轉盛，遂成其爲大家族制度。其弊在缺乏國家思想，養成忍耐的習慣，著者作此一節，蓋欲以之反證宋代文化不進的原因。元以異族入主中原，牧野之民，本無綱常禮教之可言，兄收弟妻，子烝父妾，上下相習，沿以爲俗。他掃平了歐亞許多國家，滅了南宋，建立了一個大帝國，四個大汗國，在政治史、文化史上，蒙古人都是一顆大彗星。他有了世界上幾個文化中心如中國、波斯、阿剌伯、印度、歐洲等都屈服於他勢力之下，他若稍有智識，至少可以做到融和世界文化的功作，可惜他是遊牧民族，生性又固執，只有一往不反的破壞，沒有建設。他由行國變爲居國的時候，反被中國故有文化征服了。由遊牧民族進而爲家族社會，承宋之弊，文化亦無進展。此書作者於人民生活有密切關係的文化諸方面，取材俱得其切要，吾人讀其書，視線之所至，其時代文化之情形，不勞拘稽而得矣。

明初卽當十五世紀之時，正歐洲航海事業剛發展的時候，中國的航海事業也同時發達。當元朝征服後印度半島及南洋羣島的時候，中國人對於航海已漸注意。到明成祖時代，遣宦官鄭和出使南洋，前後數次，其行踪東至菲律濱羣島，西至非洲東海岸，所至征服土著諸小國，替中國民族開了一條發展的新路，此後南洋寖成爲我族之殖民地。由鄭和之出使南洋而後，葡萄牙人華士哥德噶馬發現了南非洲的航路，自此歐亞交通開了一條新路徑。元世祖時羅馬教皇有派遣教士來華之擬議，因當時教會本身腐敗，卒未成功。葡萄牙人租了澳門，羅馬教徒逐漸向中國謀發展。神宗時代，意大利人利馬竇來華，遊南北二京，凡居中土三十年，替羅馬教在中國樹下了規模。教會人士對於中國文化之貢獻甚大，如曆法、機械、礮術、地理、醫藥等學，俱有很好的成績，而明末徐光啓之繙譯幾何原本，開中國數學界之先路，尤爲很大的成績。凡此者皆有賴於交通便利致之也。他如清代之交通，亦足促進我國文化之進步，作者於此類原原本本，和盤托出。我國關於歷史的著述，往往忽略了我國和世界的關係，今此書卻能放開眼光，從這一方面着手，誠爲得當。

文化史的缺乏，正是現在學術界的饑渴，雖然也有不少的著述出賣，可是務乎大體，切於實際的書確很少見。所見各別持論則偏，若此書之忠誠豐富，能供人以研究之資料者，尙不多見。余讀此書，深嘆其精覈，故樂爲介紹。

二十六年四月六日於中山圖書館專門學術研究室。

中華民國二十七年二月初版

中國上古中古文化史

每册定價國幣壹元貳角
外埠酌加運費匯費

著作者 陳安仁

發行人 王雲五
上海河南路

印刷所 商務印書館
上海河南路

發行所 商務印書館
上海及各埠